M∴I∴Helvécio de Resende Urbano Júnior 33°
G∴I∴G∴ do Sup∴ Cons∴ do Gr∴ 33 do R∴E∴A∴A∴
Ali A'l Khan S∴I∴

ARSENIUM
O SIMBOLISMO MAÇÔNICO
KABBALA, GNOSE E FILOSOFIA

M∴I∴ Helvécio de Resende Urbano Júnior 33º
G∴I∴G∴ do Sup∴ Cons∴ do Gr∴ 33 do R∴E∴A∴A∴

A R S E N I U M
O Simbolismo Maçônico
Kabbala, Gnose e Filosofia

"Então o sacerdote caiu em um profundo transe ou desmaio & disse à Rainha do Céu: Escreve para nós os ordálios; escreve para nós os rituais; escreve para nós a lei!" AL I § 33 – Aleister Crowley.

"Mas ela disse: os ordálios Eu não escrevo: os rituais serão metade conhecidos e metade escondidos: a Lei é para todos". AL I § 34 – Aleister Crowley.

Ali A'l Khan S∴I∴
אליאלהן

Copyright © By Editora Isis Ltda.

Editor:
Helvécio de Resende Urbano Júnior

Produção e Capa:
Editoração Eletrônica Sergio Felipe
Equipe Técnica Tiphereth777

Revisão:
Carolina Garcia de Carvalho Silva
Joaquim Antônio Tavares
Sassandra Dias Brugnera

DADOS DE CATALOGAÇÃO DA PUBLICAÇÃO

A∴'l Khan S∴I∴, Ali / Resende Urbano Júnior, Helvécio de, 1956.
Arsenium, o Simbolismo Maçônico: Kabbala, Gnose, Hermetismo e Filosofia/ Editora Isis, 2016 – São Paulo/SP.

ISBN 978-85-8189-050-0

1. Kabbala 2. Filosofia 3. Maçonaria 4. Religião 5. Gnose 6. Hermetismo

Índice para catálogo sistemático:

1. Maçonaria / Filosofia / Hermetismo / Kabbala e Gnose: Ocultismo 366.1

Proibida a reprodução total ou parcial desta obra, de qualquer forma ou por qualquer meio seja eletrônico ou mecânico, inclusive por meio de processos xerográficos, incluindo ainda o uso da internet sem a permissão expressa da Editora Isis, na pessoa de seu editor (Lei nº 9.610, de 19.02.1998).

Direitos exclusivos reservados para Editora Isis.

EDITORA ISIS LTDA
www.editoraisis.com.br
contato@editoraisis.com.br

DO AUTOR

Livros publicados

Manual Mágico de Kabbala Prática - Edições Tiphereth777, MG, Brasil, 2005.
Manual Mágico de Kabbala Prática - Ed. Gazeta Maçônica, SP, Brasil, 2007.
Manual Mágico de Kabbala Prática - Editora MADRAS, Brasil, 2011.
Kabbala - Magia, Religião & Ciência - Edições Tiphereth777, MG, Brasil, 2006.
Absinto - Edições Tiphereth777, Juiz de Fora, MG, Brasil, 2007. esgotado
Maçonaria, Simbologia e Kabbala - Editora MADRAS, SP, Brasil, 2010.
Templo Maçônico - Editora MADRAS, SP, Brasil, 2012.
Secretum - Manual Prático de Kabbala Teúrgica - Editora ISIS, SP, 2014.
Arsenium, O Simbolismo Maçônico: Kabbala, Gnose e Filosofia – Edições Tiphereth777, MG, Brasil, 2015.

Visões Caleidoscópicas de Hermetismo Gnóstico (O Filosofismo da Maçonaria Iniciática). Em preparo

Dedico este trabalho a meus pais, grandes amigos, e a Ana Lúcia, minha esposa, amiga maior, companheira de todas as lutas, que gerou Helvécio Neto, Rodrigo e João Eduardo, que hão de viver um dia numa Sociedade melhor, mais justa, construída por todos nós...

AGRADECIMENTOS

VV∴ IIr∴ na Senda da Luz Maior

Ir∴ M∴M∴ Antônio Fernando Alves da Silva
Sergio Felipe
Pod∴ Ir∴ M∴M∴ Joaquim Antônio Tavares 18°
Fr∴ Marco Antônio Lima Simiquel
Irmã R † Maria de Lourdes Dias Ibrahim de Paulo
Fr∴ R † Manoel Corrêa Rodrigues S ∴ I ∴
Pod∴ Ir∴ M∴I∴ Ney Ribeiro 33°
Pod∴ Ir∴ M∴I∴ Porfírio José Rodrigues Serra de Castro 33°
Fr∴ Tiago Cordeiro – Teth Khan 777
Soror R † Sassandra Dias Brugnera
Pod∴ Ir∴ M∴I∴ Wagner Veneziani Costa 33°
Pod∴ Ir∴M∴M∴ Gumercindo F. Portugal Filho 33°
Pod∴ Ir∴M∴M∴ Gustavo Llanes Caballero

À memória dos meus saudosos Irmãos,

Fr. R † Antonio Rezende Guedes / | \
Pod∴ Ir∴ M∴M∴ Belmiro Carlos Ciampi
Pod∴ Ir∴ M∴M∴ Carlos Rodrigues da Silva S ∴ I ∴
Ir∴ M∴M∴ Euclydes Lacerda de Almeida 18°
Fr∴ R † Jayr Rosa de Miranda
M∴M∴ Fr∴ R † Paulo Carlos de Paula 18° - Ir∴Miguel

ÌNDICE

PREFÁCIO 13

PRIMEIRA PARTE   15

SALMO 133 19
TRÊS SONETOS 20
CÓDIGO MAÇÔNICO 22
INTRODUÇÃO 23
A FRANCOMAÇONARIA 27
A LINHA DO TEMPO E ORIGENS DA FRANCOMAÇONARIA 28
A ARCA SAGRADA DO FRANCOMAÇOM 37
O QUE É A FRANCOMAÇONARIA? 37
ORIGEM DA FRANCOMAÇONARIA, ESTABELECIDA
PELA RAZÃO E PELA TRADIÇÃO 39
A MISSÃO DA MAÇONARIA 47
PROPOSIÇÕES E IDEAIS 50
AFORISMOS MAÇÔNICOS 51
PROPOSTAS DE PROGRAMAÇÕES E ATIVIDADES PARA UMA LOJA MAÇÔNICA 53
DOS CALENDÁRIOS MAÇÔNICOS 57
O QUE É D-US, O AMOR E OS CUIDADOS COM A ARTE MÁGICA,
OU SEJA, A ARTE REAL. 60
O QUE É D-US? 62
O BEM SUPREMO 66
O DOM SUPREMO 67

SEGUNDA PARTE   73

O SIMBOLISMO MAÇÔNICO GNÓSTICO 75
MAÇONARIA SIMBÓLICA, MÁGICKA E ESPIRITUALISTA 76
ASPECTOS DO SIMBOLISMO DE JANUS BIFRONTE 82
LIBERDADE, IGUALDADE E FRATERNIDADE 87
O FARAÓ AMENÓFIS IV – FUNDADOR DE UMA RELIGIÃO OU MAÇOM? 93
GRANDE HINO DE AKHENATON 96
A PIRÂMIDE DE KHEÓPS E SUA RELAÇÃO COM A MAÇONARIA SIMBÓLICA 102

TERCEIRA PARTE — 105
OS TRÊS GGR∴ SSIMB∴ 107

CAPÍTULO I — 111
GRAU DE APRENDIZ "INICIAÇÃO" 111
CONCEITO DA INICIAÇÃO MAÇÔNICA NO PRIMEIRO GRAU 113
A CERIMÔNIA DE INICIAÇÃO 116
A PERSONALIDADE MAÇÔNICA 123
O QUE ESPERA A FRANCOMAÇONARIA DE SEUS ADEPTOS? 124
O QUE A MAÇONARIA SE PROPÕE DAR AOS SEUS ADEPTOS? 124
A CONSAGRAÇÃO 125
O MANUAL DE INSTRUÇÃO OFICIAL 125
POSIÇÃO À ORDEM E O SINAL DO APRENDIZ 126
A PALAVRA SAGRADA 129
A PALAVRA SAGRADA E O NOME INEFÁVEL 130
O RESULTADO 135
A IDADE DO APRENDIZ 136

CAPÍTULO II — 139
GRAU DE COMPANHEIRO "ELEVAÇÃO" 139
O PRIMEIRO AUMENTO DE SALÁRIO (ELEVAÇÃO) 141
PITÁGORAS 141
O HIEROS LOGOS (O DISCURSO SAGRADO) 146
VERSOS ÁUREOS DE PITÁGORAS 149
O SIMBOLISMO DA ESCADA DE JACÓ 152
O TRABALHO 156
A PRIMEIRA "VIAGEM" 158
A VONTADE 158
A INTELIGÊNCIA 159
O TRABALHO BEM DIRIGIDO 159
A SEGUNDA VIAGEM 160
A LÓGICA 160
A ORDEM 161
CONCLUSÃO 161

A TERCEIRA VIAGEM 162
A ALAVANCA 162
A RÉGUA DE VINTE E QUATRO POLEGADAS 163
QUARTA VIAGEM 164
A IGUALDADE CARACTERIZADA NO NASCIMENTO DA VIDA 165
A EVOLUÇÃO DA VIDA E A DESIGUALDADE 166
A IGUALDADE É O FUTURO IDEAL DE VIDA? 166
O ESQUADRO 167
CONCLUSÃO 167
QUINTA VIAGEM 168
OS CINCO NÍVEIS (DEGRAUS) 168
A LUZ 170
O MANUAL OFICIAL 171
A BATERIA E A IDADE 171
POSIÇÃO E SINAL DO COMPANHEIRO 173
A PALAVRA SAGRADA 174
APÊNDICE A COMPANHEIRAGEM [LE COMPAGNONNAGE] 176
COMPAGNONNAGE HOJE 190

CAPÍTULO III   191

GRAU DE MESTRE "EXALTAÇÃO" 191
INICIAÇÃO NO CAMINHO ESPIRITUAL, A "EXALTAÇÃO" 193
AS TRÊS VIAGENS MISTERIOSAS 193
A PRIMEIRA VIAGEM 193
SEGUNDA VIAGEM 194
TERCEIRA VIAGEM 195
O JURAMENTO 197
O TEMPLO ESPIRITUAL 197
O ASSASSINATO DO MESTRE HIRAM 198
O ENTERRO DO MESTRE 201
EM BUSCA DO MESTRE 201
A BUSCA DO MESTRE 202
O RAMO DE ACÁCIA 203
O ENCONTRO 204
O QUE É O MESTRE HIRAM? 206

INSTRUÇÕES COMPLEMENTARES DO MANUAL
SOBRE A POSTURA E O SINAL DE MESTRE 208

A PALAVRA DE PASSE 208

A PALAVRA SAGRADA 209

A IDADE DO MESTRE 210

A MARCHA DO MESTRE 211

MEDITAÇÕES 212

UMA REFLEXÃO DAS RELAÇÕES ENTRE A COMPOSIÇÃO DO QUADRO
DE OFICIAIS DE UMA OFICINA MAÇÔNICAE A KABBALÍSTICA ÁRVORE DA VIDA 224

O QUADRO DE OFICIAIS E A ÁRVORE DA VIDA 228

DO TEMPLO DA MAÇONARIA MODERNA, SUA DISPOSIÇÃO E DECORAÇÃO 230

DA ASTRONOMIA DO TEMPLO MAÇÔNICO 235

OUTRA POSSIBILIDADE DE RELAÇÃO ENTRE OS OOF∴ DE UMA
LOJA MAÇÔNICA COM A SAGRADA ÁRVORE DA VIDA 245

SIMBOLISMO DO TEMPLO MAÇÔNICO 246

O TEMPLO DE ZOROBABEL (O SEGUNDO TEMPLO) 259

O TERCEIRO TEMPLO 262

A ARQUITETURA REPETE A COSMOLOGIA. 264

DIAGRAMA DO TEMPLO DE SALOMÃO, COMO FOI PROFETIZADO POR EZEQUIEL 267

V∴I∴T∴R∴I∴O∴L∴ 269

O PARADIGMA DA GRANDE OBRA V∴I∴T∴R∴I∴O∴L∴ ACRÓSTICO 280

O SAGRADO ANJO GUARDIÃO 293

APÊNDICE: AQUILO QUE NENHUM MAÇOM DEVE ESQUECER 295

QUARTA PARTE 301

HISTÓRIA, MITOLOGIA, COSMOLOGIA, EPISTEMOLOGIA E RELIGIÃO 303

CAPÍTULO I 305

ORIGENS HISTÓRICAS DO TEMPLO, DO CRISTIANISMO
E SUAS RELAÇÕES COM A FRANCOMAÇONARIA. 305

SUMÁRIO 305

CAPÍTULO II 339

REFLEXÕES SOBRE OS MISTÉRIOS DO BERÇO DAS
RELIGIÕES COMO UMA CRÍTICA NECESSÁRIA 339

COSMOLOGIA E EPISTEMOLOGIA 339

CAPÍTULO III — 387

- MAÇONS E JESUÍTAS 387
- UMA SÍNTESE DA HISTÓRIA DOS PAPAS 391
- MISTÉRIOS E INIQUIDADES DA CORTE DE ROMA 391
- AS VINTE E SEIS CONDENAÇÕES DA MAÇONARIA 413

CAPÍTULO IV — 421

- EFEMÉRIDES MAÇÔNICAS, A LINHA DO TEMPO HISTORIAL 421
- OS ILUMINADOS DA BAVIERA 425
- UMA BREVE REFLEXÃO 427
- CONSIDERAÇÕES SOBRE A TURBULENTA SITUAÇÃO 437
- DA MAÇONARIA NO BRASIL NO INÍCIO DO SÉCULO XIX 437

POSFÁCIO — 493

- REFLEXÃO SOBRE O HUMANISMO MAÇÔNICO, DENTRO DO EXISTENCIALISMO PROFANO. 493
- DUAS VERTENTES PODEROSAS: HUMANISMO E ESPIRITUALIDADE 495
- SARTRE NA CONFERÊNCIA DE 29 DE OUTUBRO DE 1945, EM PARIS 497

PALAVRAS FINAIS — 503

- UM TRIBUTO AO ETERNO 503
- A QUESTÃO DE D-US 503
- O MONADISMO ESPIRITUALISTA DE GOTTFRIED WILHELM VON LEIBNIZ 504
- PEQUENA BIOGRAFIA DE LEIBNIZ, SUA VIDA E PRINCIPAIS TESES 509
- PROVOCANDO REFLEXÕES 515
- O CONCEITO DE SUBSTÂNCIA E A MÔNADA EM LEIBNIZ ... 517
- A MATÉRIA COMO FENÔMENO E A METAMORFOSES DAS MÔNADAS 522
- A TEORIA DO CONHECIMENTO 523
- NECESSIDADE E LIBERDADE, O PROBLEMA DO MAL 526
- CONCLUSÃO 527
- BIBLIOGRAFIA 531
- NOTAS SOBRE O AUTOR 536

PREFÁCIO

De acordo com a definição enciclopédica, a Maçonaria é uma instituição necessariamente caritativa, filosófica e progressista, constituída por homens de notório saber, liberais e virtuosos que, sem quaisquer preconceitos raciais, religiosos, políticos ou de classe sociais, consideram-se irmãos entre si. Estes, por sua vez, possuem como objetivos principais a investigação da verdade, o estudo da moral e da prática da solidariedade humana. Vivendo em perfeita igualdade e intimamente unidos por laços de recíproca afeição, identificam-se, dentro e fora de Loja, como iguais perante o Eterno. Com muita confiança e mútua amizade, trabalham pelo melhoramento material e moral, pelo aperfeiçoamento intelectual e social da humanidade, promovendo e estimulando, uns aos outros, a prática das virtudes. Isso exposto compreende-se que, quando um profano manifesta o desejo de ingressar nesta Instituição, já deve ter tomado conhecimento dos seus princípios fundamentais, mesmo que seja em linhas gerais.

Outrora, a Maçonaria era uma Fraternidade apoiada num sistema de filiação e atuação extremamente hermético, no sentido mais rigoroso desta palavra, sistema este protegido e velado por juramentos, alegorias e símbolos que, aos poucos, foram sendo, em parte, desvelados, embora muitos profanos ainda permaneçam acreditando na existência de escabrosos e terríveis mistérios entre os pedreiros livres. Certamente ainda existe um grande segredo na Maçonaria e este reside no coração, na mentalidade e no espírito da pura fraternidade entre os Maçons, cuja origem está estribado no ternário *Liberdade, Igualdade* e *Fraternidade*, proclamado pelo insigne Louis-Claude de Saint-Martin (18/01/ 1743, Amboise, França – 13/10/1803, Châtenay-Malabry, França), denominado justamente como "O Filósofo Incógnito", que a atual Maçonaria encoraja, ressaltando, dele, os princípios de tolerância, o respeito mútuo e a liberdade de consciência.

Mesmo considerando suas nobres e sublimes finalidades, a Maçonaria *a priori* tem sido e ainda é singularmente mal compreendida e apontada, principalmente por aqueles interessados em manter a humanidade em seu atual estado de ignorância, desconhecendo seus mais nobres fundamentos, como sendo uma conglomeração de sectários fanáticos, que abrigaria em seu seio conjuradores facciosos contra a ordem estabelecida e capazes de reprováveis atos sanguinários. Tal crença, embora desprovida até mesmo de sentido, explicaria-se com a lamentável consequência da infiltração, em seus templos, de homens inescrupulosos, de baixa moralidade e escravos de interesses escusos, porém suficientemente argutos para contornarem as dificuldades da sua admissão à Ordem, a fim de colimarem objetivos, exclusivamente pessoais, em detrimento da nobreza da própria Instituição de que se valem. Estes, posteriormente desiludidos nas suas expectativas inconfessáveis por não encontrarem ambiente propício aos seus inconfessáveis desígnios, terminam abandonando-a e passam a liderar a fila dos difamadores e perseguidores da Instituição.

Contudo, a despeito das muitas infâmias, a Maçonaria vem predominando há séculos com seus ideais em favor da humanidade, graças a pureza de seus propósitos e a genuinidade de seus fundamentos. Não se apresenta como uma religião absolutamente exclusivista, nem científica, muito menos política. Ao contrário, engloba, em seu ideal máximo, todos os aspectos superiores das religiões libertadoras, das ciências não ortodoxas e das políticas que visam o absoluto relacionamento social e econômico em prol da humanidade e, em consonância a isso, nivela os maçons em Loja, independentemente de suas militâncias político-sociais, científicas ou religiosas, ou, ainda, de suas condições econômicas e sociais; desencorajando, por conseguinte, a perfilhação de ideias que lesem o direito de seus semelhantes como, também, proíbe, em suas Oficinas, quaisquer discussões sobre os assuntos ligados a sectarismos políticos ou religiosos. Seus ensinamentos conduzem seus componentes ao dever e à honra, quaisquer que sejam as circunstâncias vivenciadas pelos mesmos. Abriga, também, em seu escopo tradicional, a ajuda, o socorro e a proteção entre irmãos, mesmo com o risco da própria vida pessoal, promovendo a defesa mutua contra as injustiças, as perseguições de qualquer cunho ou de qualquer tipo de traição entre seus membros.

A existência e a manutenção dos três graus dentro da Maçonaria simbólica têm, indubitavelmente, sua origem na organização das antigas fraternidades operativas e iniciáticas que objetivavam, acima de tudo dos seus integrantes, a disciplina no aprendizado e a humildade no trato com aqueles que estavam na condição de Mestres. O primeiro grau (Aprendiz) é o alicerce dos GGr∴ simbólicos, também chamados de Maçonaria Azul, estruturado nos Mistérios do antigo Egito; tem como meta inicial o trabalho de esquadrejar e desbastar a Pedra Bruta dentro de si mesmo, ou seja, vencendo suas paixões e libertando-se de todas as arestas que possam constituir defeitos em seu caráter, criando, dessa forma, um sólido fundamento de sua própria elevação e exaltação perante os membros da Ordem que, por sua vez, tem como finalidade tornar seus adeptos dignos de se apresentarem perante o G.A.D.U. como adjudicadores da tarefa de reestruturar a moral da humanidade, que é o verdadeiro objetivo final da Maçonaria Universal.

A Glória ao Grande Arquiteto do Universo!

 Fr∴ R † Jayr Rosa de Miranda (Panyatara).

PRIMEIRA PARTE

"A Maçonaria é um terreno neutral, onde se defrontam todas as opiniões, todas as crenças, todas as ideias sérias e de boa fé, para discussão pacífica, de cujo embate fraternal resulte em novas verdades a juntarem-se às já descobertas, contribuindo, assim, para recrescer o bem estar da humanidade. Perdida seria a Maçonaria quando se deixasse absorver exclusivamente por qualquer doutrina particular e distinta, ou por qualquer escola filosófica ou social. Não mais seria o grande foco que ilumina e aquece, que depura, anima, ensina e despede todos os germes do bem, do bom e do belo, que se achem na consciência humana".

Cháine d´Union, 1889[1]

---

[1] La Chaine D'union - *Ed. Gloton, Paris*, 1889. p. 357.

Ó Tu, que tudo transcende, que estás mais além de tudo,
acaso me é permitido cantar-te chamando-te de outra maneira?
Como celebrar-te, ó Tu, que é transcendente a tudo?
Com que palavra dirigir-te louvores?
Com nenhuma palavra, efetivamente podes ser nomeado.
Sendo o único sem nome, engendras, sem dúvida,
tudo o que pode enunciar o verbo.
Como pode contemplar-te a inteligência?
Pois Tu não podes ser abarcado por nenhuma inteligência.
Sendo o único Desconhecido, engendras, sem dúvida,
tudo o que o espírito pode conhecer.
Tudo o que pode dizer a palavra e tudo o que não pode dizer a palavra.
Te proclama.
Tudo o que pode conceber o espírito e tudo o que não pode conceber.
Te glorifica. (...)
Abraças tudo não sendo Uno em Tudo.
Ó Tu, a quem se invoca sob tão diversos nomes,
como poderei chamar-te?
Ó Tu, que és o único a quem não pode chamar-se!
Que celeste inteligência poderá deslizar-se sob os véus
que Te recobrem com deslumbrante luz?
Tem piedade de mim, ó Tu, que estás mais além de tudo;
acaso me é permitido cantar-te chamando-lhe de outra maneira?

Ao D-us[*] Desconhecido ou Inominável.
Himnos Órficos, Madrid, 1987.

---

[*] Para não profanar o nome do Eterno e não o pronunciar em vão, a letra (e), sempre será substituída com (-).

SALMO 133[2]

Em latim

"Ecce quam bonum et Quam iucundumhabitare fratres in unum Sicut unguentum in capite Quod descendit in barbam barbam Aaron Quod descendit in ora vestimenti eius Sicut rosHermon quod descendit Iin montem Sion quoniam illic mandavit Dominus Benedictionem et vitam usque in saeculum"

Em hebraico

"Shir hamaalot ledavid: hinê ma tov uma naím shévet achim gam iáchad. Cashémen hatov al harosh, iored al hazacan, zecan Aharon sheiored al pi midotav. Ketal Chermon sheiored al harerê Tsión, ki sham tsiva Adonai et haberacha, chayim ad haolam."

SALMO 133

"OH! QUÃO BOM E SUAVE É QUE OS IRMÃOS VIVAM EM UNIÃO. É COMO O ÓLEO PRECIOSO SOBRE A CABEÇA. QUE DESCE SOBRE A BARBA, A BARBA DE AARÃO, E QUE DESCE À ORLA DOS SEUS VESTES. É COMO O ORVALHO DE HERMON QUE DESCE SOBRE O MONTE DE SIÃO; PORQUE ALI O SENHOR ORDENOU A BÊNÇÃO E A VIDA PARA SEMPRE."

---

[2] A abertura do Livro Sagrado marca o início real dos trabalhos numa Loja Maçônica, pois o ato, embora simples, porém solene, é de grande importância, pois que simboliza a presença efetiva da palavra do Grande Arquiteto do Universo.

TRÊS SONETOS

A.A.K.

Aprendiz

Quando aos teus pés caiu a espessa venda,
Nova luz ofuscou-te o olhar ansioso:
Surgiu-te todo um mundo luminoso.
E a tua alma surgiu-te iluminada senda.

Teu ser deste a Verdade, em oferenda,
E prometeste, em gesto generoso
Buscar sempre, no transe mais penoso,
Da tirania a queda, e do erro a emenda.

Agora, a trabalhar! Cinzel e maço
Empunha com ardor! A pedra bruta
Precisa de desbaste aprimorando.

Se a polires, ao fim de algum cansaço,
Terá vencido a tua própria luta,
E recebido a luz do Iniciado!

Companheiro

Da perpendicular ao nível já passaste,
E do físico plano ao plano espiritual;
Já se mostra polida a pedra em que lidaste,
E ao trabalho em conjunto estás apto, afinal.

Teu zelo, teu fervor, como que nunca baste:
Tua missão agora é mais transcendental.
Se queres merecer o grau a que te alçaste,
Sentir no coração o seu belo ritual,

Perscruta, Companheiro, o oculto simbolismo!
Procura-o transformar em profícuo realismo,
E das viagens decifra a alegoria: em diante,

Caminha, que verás crescer a luz radiosa,
Até que, deslumbrado, a alma feliz e ansiosa,
"Eu vi – possas dizer – a Estrela Flamejante!".

Mestre

"Horror, senhor meu D-us! O grande Hiram é morto!
Sucumbiu, de um perverso, a assassina pancada!
Já se desprende a carne, em podridão absorto
O corpo, e se perdeu a Palavra Sagrada!

Reinam no Templo a dor, o luto, o desconforto.
Mas eis que Hiram ressurge! – Assim dramatizada,
A lenda proporciona as almas reconforto,
Como deixa entrever a compreensão velada:

Pois se a Acácia vos é ó Mestres, Conhecida;
Se em vossos corações gravou-se esta legenda,
Como o sopro vital de profunda verdade,

Descobristes na morte o início de outra Vida;
Desvendastes, então, no símbolo da lenda,
Da alma a Ressurreição, para a Imortalidade!

CÓDIGO MAÇÔNICO

Adora o Gr∴ Arq∴ do Univ∴
Ama o teu próximo.
Não pratique o mal.
Faze o bem.
Deixa falar os homens.
O verdadeiro culto do Gr∴ Arq∴ consiste nos bons costumes; faze, pois, o bem, pelo amor do próprio bem.
Conserva sempre tua alma em estado de pureza, para compareceres dignamente perante o Gr∴ Arq∴, que é D-us.
Estima os bons, lastima o fraco, foge dos maus, porém não odeies a ninguém.
Fala sabiamente com os grandes, prudentemente com teus iguais, sinceramente com teus amigos, delicadamente com os pequenos, ternamente com os pobres.
Não lisonjeeis teu Ir∴ é uma traição; se teu Ir∴ te lisonjeie teme que te corrompa.
Ouve sempre a voz da tua consciência.
Sede o pai dos pobres; cada suspiro que tua dureza lhes arrancar aumentará o número de maldições que cairão sobre tua cabeça.
Respeite o estrangeiro, o viajante, ajudai-os: sua pessoa seja sagrada para ti.
Evita as questões, previne os insultos, coloca-te sempre ao lado da razão.
Respeita as mulheres, não abuses nunca de sua fraqueza e prefira a morte a desonrá-las.
Se o Gr∴ Arq∴ lhe deu um filho, agradeça-o, porém, treme pelo depósito que te confiou.
Sê para esta criança a imagem da Divindade.
Faze que até 10 anos, ele vos tema, que até 20 vos ame, que até morrer vos respeite. Até 10 anos sede seu mestre, até 20 seu pai, até a morte seu amigo.
Pensa antes em dar-lhe bons princípios do que boa aparência; que ele lhe deva uma retidão esclarecida e não uma frívola elegância.
Fazei-o de preferência homem honesto a homem hábil.
Envergonhares-te de tua profissão é orgulho; pensa que não é o cargo que te honra ou te degrada, porém a forma pela qual tu o exerces.
Lê e aproveita: vê e imita; reflete e trabalha, emprega tudo para utilidade de teus irmãos: é trabalhar para ti próprio.
Alegra-te com a justiça, combate a iniquidade; sofre sem te queixares.
Não julgues levianamente as ações dos homens, não censures e louva ainda menos; pertence ao G∴ A∴ D∴ U∴, que sonda os corações, apreciar sua obra.

INTRODUÇÃO

Falar de Maçonaria, além da *Francomaçonaria*, é falar de um *"Horizonte Perdido"*; é ousar além do "tempo e do espaço", é admiti-la além do *a priori*. Essa Tradição é perene e uma experiência *a posteriori* nos dá a nítida sensação de realizar o essencial do *dasein* (existir nesse espaço, nessa amplidão aberta), como diria Heidegger: *"O ser humano é guardião do nada"*; portanto, a transcendência do *dasein* é o nada e o nada é paradoxalmente tudo. O sentido do ser é tempo – isso significa que ser não é nada persistente, é algo passageiro, não é nada presente, mas acontecimento. Quem realmente ousa pensar a sua vida ou sua própria morte, descobre-se como verdadeiro acontecimento do ser. Essa descoberta já é quase a mais alta medida de autotransparência que o *dasein* consegue atingir para si mesmo. Se autoencobrimento é impropriedade, então a autotransparência é um ato da propriedade que compreende a si mesma como tal ato de propriedade além do *"ser e do tempo"*. Um olhar historial na diagonal do passado ganha soberania e o sentido que nos falta para entender aquilo que ainda não compreendemos.

Olhando o passado

Contemplemos o homem primitivo tendo em torno de si vários seres diferentes, cuja finalidade geradora lhe era desconhecida; vimos que necessitou perscrutar entre o que o rodeava e manifestava. Com admiração e respeito fazia de tudo um meio de se instruir e elevar-se. Não podendo descobrir as causas, contentava-se, ao menos, a bem compreender os efeitos. Examinou a qualidade física do corpo para se apropriar daquilo que lhe poderia ser útil e afastar tudo que pudesse ser-lhe prejudicial. Deveria tê-lo surpreendido o fenômeno do dia e da noite, na terra ornamentada, durante meses, de flores e de frutos. E, procurando apreciar as origens desses e de outros fenômenos, foi-se apercebendo das leis da física e da astronomia.

O sol e a lua eram tidos como imutáveis. Enquanto tudo em volta morria, esses elementos pareciam não ter tido começo e não deveria ter fim; a esses motivos de admiração aliava-se um senso de reconhecimento para o astro que o aquecia, para aquele que o iluminava, para a terra, sempre carinhosa, que periodicamente lhe oferecia seus produtos.

Os motivos de gratidão geraram um culto que se firmou pela ideia do bem e do mal – diariamente o ser humano entra na noite metafisicamente para existir de verdade; pensamos existir o essencial e esquecemos que ele só cresce quando vivemos inteiramente face à noite e ao mal, segundo nosso coração. É decisivo esse negativo com sua força primordial: não colocar nada no caminho da profundeza do *dasein*. É isso que temos de aprender e ensinar concretamente. É assim que se justifica os porquês dos hindus adorarem o Sol como gênio do bem, e em Sciapodo o mal; os persas tinham o bom elemento em Oromaze; e os israelitas, em *Jehovah* e na Serpente. Dentre os costumes de todos os povos, encontramos sempre o homem perplexo diante da natureza, procurando decifrar o mistério do ser que sofre a ação e do princípio que age. Notamos que um dogma fundamental sobre esses fenômenos foi ensaiado nos mistérios da antiguidade pelos gnosofistas. Eram tantas as surpresas da natureza que os mais atilados procuravam os meios fixá-las à lembrança para penetrar no conhecimento das suas causas; daí a necessidade de sinais para lembrar datas e atividades, para conservar a época das eventualidades memoráveis e fazer saber, entre eles, suas necessidades, como meios de reconhecimento e da transmissão do pensamento.

Justifica-se a origem dos hieróglifos e dos símbolos, em uso por todo os sacerdotes dos antigos povos, que para se fazerem conhecer, adotavam toques e palavras, algumas das quais ainda são conservadas pela Maçonaria atual.

Esses iluminados diziam-se intercessores dos povos junto à divindade e passavam a ser uma espécie de conselheiros e guias dos chefes e governantes.

Os primeiros preceptores do gênero humano pensavam que era impossível apresentar-se a "verdadeira luz" aos homens rudes, e escondiam da multidão o que iam descobrindo. Daí os mistérios e suas instruções que tinham o mesmo fundo de moral e de doutrina, e se pareciam nos seus cultos e nos seus símbolos. Não se diferenciavam senão pelo gênio e pelos hábitos particulares de cada povo, e, depois, pelas conquistas pacíficas de suas instituições e de seus sacerdotes. Os caldeus, os etíopes e os egípcios ensinavam secretamente as ciências e as artes, notadamente a arquitetura. Entre os egípcios, os arquitetos formavam classes separadas, que se entregavam ao ensinamento de uma parte especial dos conhecimentos humanos. Os neófitos, que aí eram instruídos, estavam, ao mesmo tempo, iniciados nos mistérios e formavam, fora do sacerdócio, uma casta ou corporação que, sobre os desenhos traçados pelos mestres, edificavam os templos e os outros monumentos consagrados ao culto dos deuses. Era esta casta que dava aos povos os reis, os sacerdotes, homens da ciência e os guerreiros.

O prestígio de que os arquitetos gozavam junto aos povos provinha da moral que ensinavam, mas também era devido, particularmente, ao estudo e à aplicação de uma ciência desconhecida, praticada pelos magos da Pérsia, que eram os segredos maçônicos, a que se dava, naquele tempo, a denominação de magia.

Os homens mais ilustres da antiga Grécia, como Pitágoras, Platão, Licurgo, e outros grandes talentos da humanidade, foram em visita aos santuários do Egito e se iniciaram nos mistérios, ou se tornaram maçons. E, assim, esses mistérios foram transportados para a Grécia, onde Orfeu, criando uma seita, fundou os mistérios de Samotrácia. Desde aí já se tinha a divisão dos mistérios, atribuída a esse gênio criador, com as partes exotéricas e esotéricas destinadas ao vulgo e aos iniciados.

Há quem afirme ter sido Pitágoras o fundador da primeira escola coletiva com os rituais maçônicos, nos últimos anos do sexto século antes de Cristo e até ter sido o consolidador da Maçonaria.

Não é nenhum segredo o fato de ter o maçom Synesios de Cyrene, Grécia (373–414), o grande orador e filósofo grego, pagão, nomeado bispo de Ptolemaida, somente depois de ordenado nos dogmas do diaconato, do sacerdócio e do episcopado, sem repudiar sua mulher ou aceitar, totalmente, a doutrina cristã. Deixou a Correspondência para isso comprovar e nela, além do seu grande espírito de imaginação invulgar, revelou uma sofística primorosa, máxima nos *Sonhos e dons do astrolábio*.

A imaginação fecunda dos gregos compôs com esses segredos e com as "introduções" uma parte da mitologia e Homero aproveitou suas ficções engenhosas e cantou-as divinamente. Fazia, porém, em sua oficina, os aspirantes descerem a um poço onde, para verem a verdade aí escondida, tinham que passar por duras provas: assistir ao julgamento dos mortos, conduzidos do outro lado de um lago pelo marinheiro Caronte; deviam entrar em uma urna que servia para lhes dar a ideia da passagem pelo rio Aqueronte, e decifrar o segredo dos três juízes que julgavam os candidatos.

A Maçonaria moderna, (após 1717), simbolicamente, conservou essas tradições, modificando em parte o que se tornou obsoleto.

Os escuros subterrâneos que percorriam os iniciados, os monstros, os espetros mais odiosos, todas essas coisas que se haviam inventado para as terríveis provas maçônicas, davam a ideia do inferno com o Cérbero, as Fúrias e as Sombras errantes. Depois é que apareciam os *Campos Elíseos*, lugar para onde eram conduzidos os iniciados ao sair das experimentações. O tártaro das sombras chorosas que gemiam de suas fraquezas era o lugar onde se trancavam aqueles que haviam sucumbido às provas.

Tais experimentações fizeram sentir que os homens que foram elevados à classe dos deuses haviam antes passado pelo inferno, para aí serem purificados de tudo quanto tinham feito de impuro. E a purificação se fazia pelo fogo, sendo conservada no ritual antigo da Maçonaria. Descer aos infernos ou se fazer iniciar era para os antigos eleitos a mesma coisa. Esses processos foram introduzidos na primeira prova da iniciação do aprendiz da Maçonaria egípcia e depois conservados, com algumas modificações, na dos demais povos. A biblioteca do Cairo, a documentação da *"Casa da Sabedoria"*, Loja maçônica fundada por Hakeu, onde se ensinavam as ciências filosóficas por meio de doutrinação oral e diversos papiros não podem ser tidos como apócrifos.

Torna-se necessário esclarecer que a expressão – maçom – designava aqueles que exerciam a arte de pedreiro, ao passo que arquiteto significava aquele que fantasiava. Depois, veio a ter a significação de chefe. Daí, os hebreus denominarem o seu D-us, ou seja, *Jehovah*, de *Grande Arquiteto do Universo*.

A FRANCOMAÇONARIA

«Un Maçon doit s'évertuer à étudier ce que l'on appele la Science Occulte, science qui – comme le constatait fort bien autrefois Le F∴ Ragon – révèle à l'homme les mystères de sa nature, les secrets de son organisation, le moyen d'attendre à son perfectionnement et au bonheur, enfin l'arrêt de sa destinée. Cette etude fut celle des hautes initiations égyptiennes ; et si, du temps du F∴ Ragon, elle fut reconnue nécessaire, croyez bien que rien n'est changé aujourd'hui et qu'elle pas moins indispensable qu'autrefois...

...Il y a, en Maçonnerie comme en Religion un exoterisme et un esoterisme à l'etude desquels chacun de nous doit s'appliquer, s'il veut arriver à la découverte de la vérité éparpillée, des degrés, et que devient Une pour celui qui, après avoir passé les dehors est devenu capable d'embrasser d'un coup d'oeil tout ce qui se rettache au governement du monde.»

F∴ Teder. Congrès Maçonnique 1908 – Paris

"Um Maçon deve se esforçar para estudar este assim chamado de Ciências Ocultas, ciência que – como bem observou uma vez o F∴ Ragon – revela ao homem os mistérios de sua natureza, o segredos de sua organização, o meio de alcançar o seu aperfeiçamento e felicidade, enfim, desligar do seu destino. Este estudo foi a alta inciação egípcia; e se o tempo do F∴ Ragon, ela foi reconhecida como necessária, acredite que nada mudou hoje e que não é menos essencial que antes.

Existe na Maçonaria, como na Religião, um exoterismo e um esoterismo para o estudo que cada um de nós deve se aplicar, se quiser chegar à descoberta da verdade dispersa (espalhada), aos graus, e que se torna Una (se refere a Ciências Ocultas) aqui, depois de passar por fora tornou-se capaz de abraçar num instante tudo que se relaciona ao Governo do mundo."

A LINHA DO TEMPO E ORIGENS DA FRANCOMAÇONARIA

  Rotular nossa Tradição como Católica, Budista, Hinduísta, seria uma digressão e até mesmo um despropósito dos Verdadeiros "Mestres do Passado".
  A Maçonaria jamais nasceu em ambiente eminentemente cristão. A Maçonaria é, e sempre será uma Ordem Iniciática, pontuada nos Mistérios Egípcios, Gregos e na Tradição judaico-cristã. O ritual do Terceiro Grau é uma dramatização hebraica dos Mistérios de Osíris. O Primeiro Grau é eminentemente egípcio, elaborado e adaptado à mentalidade judaica por Elias Ashmole; o Segundo Grau provém da Tradição Grega; do "Mistério de Elêusis" (em grego Ελευσίνα), uma cidade da Grécia Antiga, onde se realizavam os Mistérios de Elêusis, que eram ritos de iniciação ao culto das deusas agrícolas Demeter e Perséfone. Eram considerados os de maior importância entre todos os que se celebravam na antiguidade. Disso observarmos que todas a palavras "sagradas" e de "passe" desses graus são hebraicas.
  O "livro da Lei" da Maçonaria é aquele da religião a qual pertence o Candidato. Se ele for judeu, a Torah; se ele for cristão, o Novo Testamento; se ele for muçulmano, o Corão, e assim por diante. E, atualmente, em alguns ritos, sugere-se que para aqueles que são agnósticos, a Constituição do país em que se vive.

A.A.K.

A Maçonaria Iniciática sempre existiu e remonta, pelo menos em potência, aos tempos mais recônditos da história, e talvez além da Lenda.

Quarenta mil anos antes da nossa Era, os Colégios Iniciáticos da Atlântida e da Lemúria testemunhavam esplendores de uma primitiva civilização desaparecida e de um culto sagrado. Desta verdade secreta surgida dos templos e dos santuários, que não era uma religião, mas uma ciência, cujos traços essenciais podemos decifrar nos livros hieroglíficos e simbólicos da Kabbala. Em outras palavras, surgiu da Tradição oculta caldeu-egípcia, ciência dos Mistérios e dos Números, onde os adeptos hauriam conhecimentos, que lhes conferiam uma verdadeira superioridade entre os homens do seu tempo.

Como exemplos, podemos citar que a Cruz é análoga a Acácia, que a letra hebraica Vau, significa Laço. Ora, esta palavra contém o símbolo figurado do traço de união entre o visível e o invisível, o que cai sob os nossos sentidos e aquilo cuja revelação permanece reservada aos Mestres da doutrina secreta, aos iniciados, que possuem as chaves dos segredos herméticos, isto é, das grandes leis da Natureza e das criações, que dela derivam na ordem da matéria a na ordem do pensamento.

Existiram vários autores que dedicaram seus empenhos em tentar demonstrar a existência da Cruz antes do cristianismo. Um deles, Roselly de Lorgues – 1805-1898 –, demonstra argumentativamente, numa de suas obras, *La Croix dans les Deux Mondes ou la Clef de la Connaissance*, Hivert, 1845, que já existia a Cruz, muito antes da Era Cristã; é um fato, para ele, indiscutível em arqueologia. Mas o mais importante foi o que ele tirou das suas laboriosas pesquisas, sob o ponto de vista religioso, que não correspondem ao que o exame das tradições iniciáticas dos arianos, dos acádios, dos egípcios e, numa palavra da Kabbala se deduz. Iludiu-se quanto à significação real deste símbolo de antiguidade recôndita.

Nas inscrições cuneiformes dos mestres iniciados da Caldeia encontra-se este laço simbólico representado por letras cruzadas. Daí se derivam, através da Kabbala, as primeiras noções mal compreendidas *a priori* e desfiguradas da Rosa † Cruz, de onde reclamam sua origem a Francomaçonaria e todos os ritos ocultos, que a precederam.

29

A ciência dos Números é igualmente, para os maçons iniciados, a ciência do Absoluto. Inscrevendo uma cruz num quadrado, podem extrair-se, pela combinação de elementos retilíneos, todos os algarismos chamados árabes.

O Número 7 desempenha no simbolismo dos Rosa † Cruzes um papel tão considerável como o número 3, se bem que este, segundo a tradição ariana e caldaica, seja mais antigo. Liga-se aos mistérios do culto da "Rainha do Céu", honorificada entre os sacerdotes astrônomos de Assur e da Babilônia (*Bab-Ilu*: a porta do Céu), e os iniciados aos cultos de Osíris, de Adonis, de Atis e de Mithra. Existe também na base da lenda de Hiram, cuja significação oculta os iniciados do 1º e 2º graus da Francomaçonaria devem conhecer.

Não esqueçamos que os IIr∴ MM∴, os adeptos da Alquimia, os Hermetistas e os Gnósticos em geral, têm o dever de se considerarem membros de uma só família de pensadores e obreiros, que servem à causa do progresso, da justiça e da liberdade e se esforçam por liberar a inteligência humana da pesada herança de erros e de superstições, que os séculos lhe outorgaram pela lei do atavismo e pelo ensinamento das igrejas, e das escolas vinculadas à tradição fideísta e dogmática.

Os Credos que reclamam a fé cega estão em via de desaparecer. A exegese bíblica solapou as bases das religiões, oriundas do semitismo primitivo e da Teocracia sucessiva do sumo sacerdote de Israel, Esdras, após a volta do cativeiro. Se a doutrina gnóstica pode perpetuar até os nossos dias é porque ela guarda fielmente a tradição esotérica da Kabbala, sob um véu, bem tênue, de resto, mais de forma que de substância, porque os gnósticos são, no fundo, francomaçons, homens que tomaram a peito a missão de ensinar aos fracos e poderosos que são todos irmãos.

A antiga iniciação, para melhor se furtar à inteligência dos profanos, copiará do Mitraísmo e da filosofia neoplatônica de Alexandria um corpo de fantasias metafísicas, onde a concepção do princípio, que rege a unidade fundamental das religiões, surgia para os que sabiam do conjunto de alegorias, cuja interpretação literal teria sido sempre obscura, até mesmo absurda. É o que ressalta da leitura do Quarto Evangelho ou Evangelho de São João, redigido provavelmente por um pequeno grupo de sábios helenistas cristãos, versados no ensino das escolas neoplatônicas, entre 100-125, d.C. Nele se descobre, sem dificuldade, o reflexo dos mestres iniciados da Caldeia, que da contemplação dos céus e do conhecimento das grandes leis gerais de uma metafísica, ou melhor, de uma moral ligando todos os homens, sem distinção de raça. Porque se os fenômenos físicos se manifestam idênticos por toda a parte e supõe o princípio de causalidade, o mesmo deveria ser do fator hiperfísico ou invisível, de onde procedem as leis morais – o que se convencionou chamar o código da religião universal ou, antes, da razão.

Antes de entrar na História dessa Maçonaria, tão famosa e tão mal conhecida, é de bom alvitre que tentemos defini-la, mesmo que brevemente. Que é a Maçonaria? – Geralmente a chamam de uma associação secreta. A rigor, hoje não é mais secreta, mantém apenas o espírito de seleção. Os governos de quase toda a Terra conhecem perfeitamente o seu organismo e têm junto dela numerosos e ativos representantes. Além disso, a iniciação maçônica é tão fácil que os seus maiores inimigos, dispondo de alguma astúcia, a recebem, examinando assim de perto as manifestações mais recônditas da sua ação.

A Maçonaria está presente em praticamente todos os países, independentemente de suas leis, o que apenas aparentemente pode parecer paradoxal, no sentido de não ser pública a aprovação dela pelos dirigentes dos povos, a rigor; nesse sentido, o seu organismo apoia-se na orientação política do seu meio e, se a modifica, é com o pleno consentimento dos políticos predominantes, ou, pelo menos, dos que têm as melhores probabilidades de o vir a ser. Entretanto, o seu espírito basilar – e não questiono com que limpidez – é a Fraternidade Universal. Mas, por outro lado, posso e até devo considerá-la como um sistema de *Filosofia prática*. Por quê? – Por ostentar como lema o fomento da civilização, o exercício da beneficência, a morigeração, a cultura da honra, etc.

E, assim, intervindo em toda a atividade humana, nem é religião positiva, nem escola filosófica, nem partido político, embora incidentalmente, e conforme o que ela julga necessidades do meio favoreça certas confissões religiosas, certos sistemas filosóficos e certos ideais políticos. Isso não surpreende nosso sistema, pois ele tem um espírito de adaptação a quem lhe conceder a indiferença fundamental por qualquer exclusivismo. Temos uma indiferença naturalmente teosófica, alheando a tudo que não seja a Fraternidade Universal.

Nesta conformidade, embora pareça empolgada, às vezes, por intolerantes sectarismos, a Maçonaria proclama a harmonia dos mundos, criada e mantida pelo Grande Arquiteto do Universo, causa eterna, lei primordial e suprema razão de tudo. Reconhece no homem a dupla natureza física e moral, mas sem separar uma da outra, e sem se preocupar com a vida do Além. Enfim, pondo a parte tudo o mais, pretende educar, instruir, moralizar, e também auxiliar quem trabalha, orientando o ensino, a moralidade e o altruísmo pelos simples ditames da razão vulgar, antes mesmo do livre exame.

Sobre a história da Maçonaria, abundam as opiniões, não cabe aqui discuti-las; exponho-as. Sabe-se é que a Maçonaria deriva de misteriosas instituições do Egito e da Grécia. Não menos notória é a que atribui a sua fundação ao arquiteto do templo salomônico. Enfim, de bastante fama são os juízos, que filiam a Maçonaria da Ordem dos Templários –, o que é tido por mais provável – ou na seita dos Rosa † Cruzes, ou ainda nos juízes francos da Idade Média. Mas o que há de positivo apenas é que a Maçonaria intimamente se relaciona com a história dos grêmios construtores. O documento tradicional mais antigo sobre a Maçonaria foi descoberto em 1649, no arquivo do castelo de Pontcraft, na Inglaterra. Atualmente, muitos críticos julgam que esse documento é do princípio do século XVII; alguns autores dizem ser mesmo redigido no século XIV; segundo outros, mais generosos, são documentos do século X.

São deste juízo os que afirmam ter sido organizada no século VIII a associação fraternal de construtores, com sede no norte da Itália. E tão poderosamente se estenderia ela pela Europa que na Inglaterra teria como presidente o príncipe Edwin, filho ou sobrinho do rei Atelstan.

Segundo esse documento mais ou menos ambicioso, Euclides, mestre nas sete ciências, ditou há muitos séculos as regras a que deviam submeter-se os arquitetos, que tinham de tratar-se como Irmãos ou Companheiros e de eleger como Mestre o mais instruído de todos. Muito tempo depois desse Euclides, empreendeu David a construção do Templo de Jerusalém e comunicou aos arquitetos as regras euclidianas. Salomão, continuando as obras, reuniu 40.000 pedreiros, e escolheu entre eles 3.000 para mestres e diretores dos trabalhos. E, enfim, havia na Fenícia um rei chamado Hiram, que deu a Salomão a madeira precisa para a construção do Templo. Depois, rodaram os tempos, e alguns inteligentes membros desses grêmios viajaram pela Europa, sendo Nino Greco (Mannou) quem fundou na França a Maçonaria.

Na Inglaterra, até os tempos de Santo Albano, não encontramos o menor vestígio tradicional de organização maçônica. Santo Albano foi quem obteve do monarca infeliz, então reinante, e que era pagão, o monopólio das construções para maçons que foram da França, e, além disso, cartas de lei autorizando-os a organizarem-se. O mesmo santo inspirou os respectivos regulamentos que, com as guerras sofridas constantemente pela nação inglesa, foram sendo postos a parte, mas que tiveram reabilitação plena no reinado de Atelstan. Sendo protegidos os maçons com afinco pelo príncipe Edwin, este levou a sua paixão maçônica a trabalhar ardentemente nas assembleias gerais e anuais dos obreiros, disciplinando-os com uma autoridade quase monástica. Mas tudo isto está tão somente disposto de forma mais informativa que historial; nada podemos afirmar documentalmente como história positiva.

A História, por seu turno, requer que a Maçonaria brotasse das lutas medievais entre feudalismo e os obreiros, pedreiros, artistas ou mecânicos na Alemanha, onde teriam emergido bravamente antes que em outros países e se chamaram *steinmtzen*. Esses lutadores formavam comunidades de socorros mútuos nas quais juravam não revelar o segredo da sua arte, ensinando-a só a obreiros de evidente capacidade e de caráter austero em oficinas, ou Lojas, ao abrigo da curiosidade vulgar. Essas comunidades, requintando cada vez mais a forma esotérica, adotaram sinais misteriosos a fim de se reconhecerem, práticas secretas e uma regra exigente e obrigatória para todos os associados. Em meados do século XIII, Alberto, o Magno, ressuscitou a esquecida linguagem simbólica dos antigos e adaptou-a habilmente à Maçonaria, instruindo nos símbolos os principais obreiros, que formaram logo o escol maçônico. E dessa forma, desde então, só uma minoria de obreiros teve o conhecimento profundo da simbologia, dando à grande Associação um organismo cheio de mistério e singular prestígio, o que não obstou ao constante engrandecimento da Maçonaria, sendo mesmo curiosa humilde resignação e obediência da maioria obreira, incapaz de penetrar o espírito verdadeiro dos símbolos.

A febre das construções inundou a Europa nos séculos XIII e XIV, e, assim, superabundou o trabalho para os obreiros aos quais se devem tantos monumentos góticos não só na Alemanha, como também na Inglaterra (e nomeadamente na Escócia) na França e na Itália. Nesses países, os maçons trabalharam longos anos, e lá espalhavam as suas práticas e doutrinas. Foi no século XV que apareceu o nome de *Francomaçom*, verificando-se os primeiros Capítulos das Lojas. A primeira reunião dos seus mestres efetuou-se em 25 de abril de 1459 em Regensburg, uma cidade na Baviera Alemã. Nessa reunião foram reconhecidos como chefes supremos da Associação, autonomicamente constituída por Mestres, Vigilantes e Companheiros, os veneráveis das Grandes Lojas de Estrasburgo, Viena, Colônia e Berne, e promulgaram-se as primeiras Ordenações da Associação dos Construtores.

A segunda reunião dos Mestres foi em 24 de agosto de 1462 em Torgau, e a terceira, em 29 de setembro do mesmo ano, na mesma cidade, ambas dirigidas pelas Lojas da Baixa-Saxônia. Tinham por finalidade desautorizar as Ordenações de 1459, substituindo-as por outras, o que não deu nenhum resultado prático.

Até 1440, os maçons que construíram a Catedral de Estrasburgo se denominaram *Irmãos de São João*, sendo orientados e organizados em confrarias por elementos monásticos. Rapidamente, porém, autodenominaram-se *francmaçons,* exprimindo, na palavra *franc, free, frei*, a liberdade civil do obreiro na sua qualidade de cidadão isento de vários serviços da gleba.

A propagação da Maçonaria na Europa foi vertiginosamente extensa e intensa. Já no século XIII, os obreiros ingleses se reconheciam por meio de sinais. Em 1350, um decreto do Parlamento de Londres fixava o salário dos obreiros dos diversos ofícios, chamando *free stone masons* (francomaçons da pedra) aos pedreiros. Em 1435, um documento público *Freemasons*, referindo-se a um tal Guilherme Hozwode. Mas, até nos fins do século XVI, os *freemasons* eram verdadeiros obreiros, canteiros, pedreiros, carpinteiros, etc., excetuando apenas seus patronos civis e eclesiásticos. Tomás Boswell em 1600, Robert Moray, em 1641, e Elias Ashmole, em 1646, foram os três primeiros indivíduos mecânicos das Lojas escocesas e inglesas, e filiaram nelas vários personagens eminentes, ricos e ilustres, aos quais foi dado o título de *acepted masons*, para se distinguirem dos outros.

33

Mas o romper do século XVIII vibrou um grande golpe de caráter esotérico na Maçonaria, o que a deprimiu singularmente. As transformações das Artes, o progresso das ciências, o complemento da obra da Renascença e da Reforma, e a descoberta da Imprensa anularam quase todo o ensino secreto, tornando impossível a existência da Maçonaria Medieval. Com esse golpe, a Maçonaria cambaleou, ferida num flanco vital viu-se obrigada a remodelar-se para persistir.

Em 1714 só havia 4 Lojas na Inglaterra, que se reuniram e, juntas, constituíram a Grande Loja em 1717 e deram à Maçonaria nova vitalidade, assinalando-lhe como tarefa o fomento do maior bem estar humano pela instrução e educação dos indivíduos tornando-os senhores de si mesmos e espontâneos cultores da virtude e do bem. Essa reforma compatibilizou logo a Maçonaria com todas as formas do governo e até religiões, propagando-a por todo o mundo, porque preceituava expressamente o seguinte:

1º- O maçom é obrigado a observar a lei moral e, portanto, não pode ser ateu nem libertino;

2º- O maçom é obrigado a respeitar a religião do seu país.

Com o tempo, esses preceitos foram substituídos pelos que aos maçons deixam a mais absoluta liberdade de crer ou de não crer, e que apenas lhes exigem, seja qual for s sua confissão e a sua política, sentimentos de lealdade, honra e justiça.

Mas, em síntese, o que historicamente podemos afirmar apenas é que a Maçonaria primitiva nasceu na Alemanha e a moderna, na Inglaterra. Resta-nos agora lançar um olhar superficial sobre os seus progressos em diversos países.

Na Alemanha, a Maçonaria implantou-se primeiro em Hamburgo, cidade em que iniciou em 1737 os seus trabalhos numa Loja chamada *Absalão*. Tinha como *venerável* Carlos Sarey. A 30 de Outubro de 1740, foi elevada a Loja *Provincial* pela Grande Loja da Inglaterra, que assim quis distinguir o grêmio onde, em 1738, na cidade de Brunswich, fora iniciado o príncipe Frederico II (Frederico Guilherme II da Prússia; alemão: Friedrich Wilhelm II - Berlim, 25 de setembro de 1744 – Potsdam, 16 de novembro de 1797), perante delegados da Loja *Absalão*.

A propaganda maçônica irradiou para a Saxônia em 1738, para a Prússia em 1740, para Brunswich em 1744, para Wurtemberg em 1754 e para a Baviera em 1777. A Loja da Saxônia foi elevada a Provincial em 1741 e em 1755 a Grande Loja, que em 1811 se fundiu com a Grande Loja Nacional da Saxônia. A primeira Loja da Prússia foi a dos *Três Globos,* fundada em 23 de setembro de 1746 por vários obreiros franceses, sendo elevada a Real Grande Loja Mãe por Frederico II, em 27 de Junho de 1744. Frederico II foi seu Venerável e seu mandato durou até 1747.

Em 1833, no segundo Congresso de Viena, quando a Áustria e a Baviera reclamaram o extermínio da Maçonaria, Frederico Guilherme III, da Prússia, que reinava desde 1798 e que pouco antes fora iniciado, declarou que a Maçonaria prussiana viveria sempre debaixo da sua direta proteção e confirmou as três Grandes Lojas do seu país, ainda hoje com sede em Berlin e tendo os nomes de *Três Globos, Nacional Alemã* e *Real York*. A elas se devem muitos estabelecimentos filantrópicos para os maçons e suas famílias. A primeira Loja de Brunswich fundou-se em 12 de fevereiro de 1744, sendo do mesmo ano a fundação da Loja de Stuttgart no Wurtemberg, que viveu até 1835. A primeira Loja de Hanover fundou-se em 1746, proclamando-se independente em 1828, como Grande Loja e sendo seu Grão Mestre, o rei. A primeira Loja da Baviera fundou-se no ano de 1777 em Munique e, tornando-se o centro dos *Iluminados*, foi alvo de constantes perseguições.

Enfim, constituído o Império Alemão em 1870, o imperador Guilherme I foi protetor da Maçonaria alemã, sendo seu Grão Mestre honorário o príncipe Frederico Carlos, iniciado em 5 de novembro de 1853. Não se sabe se Guilherme II foi iniciado maçom, mas o Grão-Duque da Baden foi protetor da Real Grande Loja Amizade e o Duque de Hesse protegeu a Grande Loja de Darmstad.

Na Inglaterra, as Grandes Lojas inglesas, escocesas e irlandesas continuavam governando disciplinadamente as suas subordinadas, embora dando-lhes perfeita independência local. Existiam, no início do século XX, três Supremos Conselhos do grau 33, vários Capítulos do Real Arco e muitos Conclaves de Altos Cavaleiros Templários. O Supremo Conselho da Irlanda foi fundado em 1818; o da Inglaterra em 1845; o da Escócia, em 1846.

Na França, a primeira Grande Loja da Maçonaria moderna fundou-se em 13 de outubro de 1721, em Dunkerque, com o nome de *Amizade e Fraternidade*. Em 1736, sob a autoridade da Grande Loja da Inglaterra e com a presidência de lord Harnouster, fundou-se em Paris a primeira Grande Loja Provincial, que em 1756 tornou-se independente com o nome de Grande Loja da França, substituído em 1772 pelo de Grande Oriente da França.

Durante os dez primeiros anos do segundo Império, o Grão Mestre Príncipe Murat e o aspirante a essa dignidade Príncipe Napoleão converteram a Maçonaria francesa num palco de lutas e ódios.

Napoleão III pôs fim a todos os conflitos, nomeando, pela graça de D-us e por vontade nacional, Grão Mestre ao marechal Magnan, que nem sequer era aprendiz, mas que foi elevado ao grau 33 em 12 de janeiro de 1862. Magnan morreu Grão Mestre em 1865, sucedendo-lhe o general Malinet, o último Grão Mestre, isso porque, em 1873, combinou-se a substituição da autoridade superior pessoal por uma coletividade chamada Conselho da Ordem. E, de 1873 até hoje, de todos é sabido o papel político e antirreligiosos que vem desempenhando o Grande Oriente da França.

Não nos deteremos neste breve escopo os enraizamentos noutros países, apesar de terem interessantes histórias e que, de certa forma, iriam desaguar na chegada da maçonaria no Brasil, que se deu no ano de 1816. Desde a Inconfidência Mineira, desastre revolucionário que vitimou, no fim do século XVIII, o Tiradentes e, com ele, os poetas Cláudio Manuel da Costa, Tomás Antônio Gonzaga, Alvarenga, e outros personagens de Vila Rica e Ouro Preto. Os europeus notavam no povo brasileiro grandes tendências para associações secretas.

Acredita-se que, embora constituídas muito irregularmente, abundavam as Lojas maçônicas desde os primeiros tempos da estada de D. João VI no Rio de Janeiro, sendo certo, porém, que as verdadeiras Lojas só se estabeleceram em 1820.

Em 1822, constituiu-se o *Grande Oriente do Brasil*, poderoso elemento para a conquista da independência, o qual se diz ter pertencido D. Pedro I do Brasil e IV de Portugal. Durante o reinado de D. Pedro II, a Maçonaria brasileira teve dois períodos principais, o da unidade do Grande Oriente até 1863, e o que vai desse ano até 1883. No primeiro período, o caráter político predominou acentuadamente, influindo quase sempre nos governos e no parlamento, o que não era ignorado por Pedro II, e também sustentando grandes estabelecimentos de beneficência, bem como apoiando a corrente positivista, que, sob a forma religiosa, conforme a última maneira de Augusto Comte, apaixonou bastante os intelectuais do Brasil. No segundo período, o fracionamento do *Grande Oriente* em *Grande Oriente* e *Grande Oriente Unido*, o que se deu no referido ano de 1863, não contrariou na essência o espírito da maçonaria brasileira, mas dividiu-a em dois grupos – o dos maçons rígidos, que punham acima de tudo os princípios tradicionais, e os de aspirações mais políticas, que visavam, mais ou menos diretamente, a mudança de instituições.

Foi decerto o 2º grupo, que excitou e canalizou os despeitos dos fazendeiros contra o Imperador, embora por outro lado fossem sempre ardentemente abolicionistas, preparando assim com astúcia o caminho da implantação da República. Mas o 1º grupo foi-se adaptando também ao ambiente político, que respirava e encontrou depressa no próprio credo positivista a sugestão da primazia do ideal republicano, pelo que os dois Grandes Orientes facilmente se fundiram cinco anos antes do desterro do Imperador, em janeiro de 1883.

A ARCA SAGRADA DO FRANCOMAÇOM

O QUE É A FRANCOMAÇONARIA?

Em 1740, o duque de Antin, grão-mestre da Ordem, exprimia-se nas seguintes palavras a respeito da Francomaçonaria, em uma solene sessão da Grande Loja da França:

"O mundo inteiro é apenas uma república, na qual cada nação é uma família, cada particular um filho. A arte sublime da Maçonaria, sem derrogar os diferentes deveres que a diversidade dos estados exige, tende a criar um novo povo que, sendo composto de várias nações, consolida-as todas de algum modo pelo laço da ciência, da moral e da virtude."

Eis como ela está definida no primeiro artigo da constituição promulgada em 1849 pelo Grande Oriente:

"A Francomaçonaria, instituição essencialmente filantrópica, filosófica e progressiva, tem como base a existência de D-us e a imortalidade da alma. Ela tem como objeto o exercício da beneficência, o estudo da moral universal, das ciências e das artes, e a prática de todas as virtudes. Seu lema sempre foi: Liberdade, igualdade, fraternidade."

A essas apreciações, que são ainda legítimas em 1851, ajuntaremos:

A Francomaçonaria não é nem um partido político, nem uma seita religiosa. Ela abarca todos os partidos, todas as seitas, para deles formar uma vasta associação fraternal.

Ela é, então, essencialmente filosófica e filantrópica.

Ela é filosófica porque considera, do ponto de vista do bom senso e da razão, todos os eventos acabados como aqueles que se produzem a cada dia.

A seus olhos, não há nada de sobrenatural neste mundo: tudo se move, age, harmoniza-se, segundo as leis gerais da criação. Todos os seres, ainda que se mostrem em desacordo, concorrem, por seu lado, segundo sua especialidade e sua importância, à vida do mundo.

Ela é filantrópica porque, segundo ela, todos os homens têm uma mesma origem, interesses comuns, e devem caminhar para o mesmo objetivo.

É por isso que ela lhes aconselha a amar uns aos outros, a se apoiar mutuamente em todas as circunstâncias da vida, a compartilhar seus sofrimentos e suas penas tanto quando suas alegrias e seus prazeres; portanto, ela gostaria, segundo as palavras do Evangelho, de uni-los todos sob o arco de seu templo, como a galinha reúne seus filhotes sob suas asas.

Os antigos haviam pensado que a humanidade agia sob a influência de dois gênios, ou princípios contrários: o bem e o mal, que foram representados pelos deuses ou pelos heróis.

O bem queria a verdade, a independência e a dedicação na humanidade; o mal favorizava a mentira, a servidão e o egoísmo.

A Francomaçonaria representa o bom princípio e combate o mau.

Nos tempos em que o despotismo e a superstição reinavam sobre os povos, ela criou, para se abrigar das perseguições, os mistérios, isto é, a alegoria, o símbolo e o emblema, e apenas transmitiu sua doutrina pela via secreta da iniciação. Em nossos dias, nas nações emancipadas, ela estendeu sua bandeira, sobre a qual se pôde, enfim, ler seus princípios, que contêm toda a ciência da civilização.

A Francomaçonaria continua a transmitir sua doutrina e seu culto pela iniciação. Isto durará enquanto seu triunfo não estiver assegurado, isto é, enquanto o gênio do mal não for vencido.

A Francomaçonaria é administrada por autoridades chamadas *Potências* ou *Poderes*, formadas por adeptos eleitos por seus FF∴. Essas potências, que têm em si mesmas suas condições de existência e de duração, delegam o poder de iniciar à Lojas compostas de vários oficinas. Essas Lojas têm seu templo, seus ofícios, e correspondem à potência que as criou; elas obedecem a regras gerais e a regulamentos particulares. O principal objetivo deste livro é divulgar tal organização e os resultados que dela derivam.

ORIGEM DA FRANCOMAÇONARIA, ESTABELECIDA PELA RAZÃO E PELA TRADIÇÃO

Procurar a verdadeira origem da Francomaçonaria é, na opinião de muitos adeptos, perda de tempo. Há séculos, dizem, os cronistas perseguem essa quimera. Eis por que: As antigas sociedades secretas, ou antigas Lojas, não perpetuavam a doutrina maçônica senão pela oralidade. Os poucos livros antigos que poderiam ter dado indícios precisos desta origem foram queimados em Londres por fanáticos ignorantes. Só resta, então, ao historiador, as conjunturas e as hipóteses. Porém, sobre um terreno tão móvel, como assentar uma opinião sólida?

Não devemos de modo algum nos deter diante destas observações mais ou menos fundadas. A origem da Francomaçonaria é a fonte fecunda da qual emanam os princípios, os dogmas e as instituições desta sociedade; é a aliança sólida à qual estão vinculados seu presente e seu futuro. A seus adeptos importa saber, então, de onde vem esta fonte, onde está fixada esta aliança.

A Francomaçonaria se compõe de doutrinas e cerimônias. Inicialmente, estabeleceremos a analogia de suas doutrinas e de suas cerimônias com aquelas de várias sociedades secretas da Antiguidade; em seguida, compararemos alguns de seus usos com aqueles destas sociedades, e se chegarmos a reconhecer que existe identidade ou similitude, a filiação poderá ser estabelecida.

Os primeiros historiadores disseram aos povos que seus ancestrais eram deuses ou heróis. A exemplo deles, alguns francomaçons conceberam em sua sociedade D-us como pai, e Adão e Eva como padrinho e madrinha. Outros fizeram da Arca de Noé seu berço. A maior parte reconheceu seus traços nos templos do Egito como naquele de Salomão. Enfim, alguns fizeram vir do oriente após as Cruzadas e vários lhe deram a cavalaria da Idade Média como mãe.

Não seguiremos diretamente nenhuma destas versões, pois queremos, antes de adotar um sistema, consultar nossa razão.

Desde a organização da sociedade humana, isto é, desde a reunião das famílias em aldeias e das aldeias em povos, viu-se o despotismo e a superstição explorando a ignorância e a miséria. A ambição, o egoísmo e a mentira se coalizaram para dominar a maioria e se servir dela como de um instrumento. Essa maioria frequentemente exprimiu suas dolorosas queixas. Esmagada sob o jugo da tirania, ela sentiu o valor inapreciável da liberdade e ansiou por ela. Entregue ao trabalho como um animal de cargas, ela quis ter um pouco menos de fatigas e de penas, um pouco mais de descanso e de prazeres físicos; ela quis provar do fruto proibido da igualdade. O sentimento íntimo de sua humildade, de sua fraqueza, de sua impotência, inspirou-lhe o desejo de união. A união lhe deu as doçuras inefáveis da fraternidade. Tal foi a origem dos princípios de nossa instituição.

Sob o império de leis tirânicas, estes princípios, considerados como subversivos da ordem das coisas existentes, foram proibidos.

Homens eleitos da providência, dotados de um grande espírito e de um devotamento sem limites, tornaram-se seus apóstolos. Então, os mistérios foram criados. O que não se podia dizer abertamente, insinuou-se no espírito de alguns homens de elite, sob formas alegóricas. Simples instrumentos de trabalho receberam uma significação instrutiva e se tornaram símbolos. Os iniciados tiveram assim sua linguagem misteriosa. Eles se reconheceram em certos sinais, deram-se o beijo fraternal e se difundiram em todas as nações.

O primeiro legislador franco-maçon de quem a História nos conservou a lembrança, foi Buda, que reformou na Índia, em torno de mil anos antes de Jesus Cristo, a religião de Manu. Ele chamou todos os homens ao sacerdócio, sem distinção de casta, que se sentiram inspirados por D-us para esclarecer os homens. Aqueles que se reuniram à sua voz formaram uma sociedade de profetas sob o nome de *Samaneanos*. Essa sociedade reconhecia a existência de um único D-us incriado, no seio do qual tudo cresce, desenvolve-se e se transforma. O culto deste D-us repousava sobre a obediência de todos os seres da criação. Suas festas eram aquelas dos solstícios. Ela foi, primeiro, triunfante e se difundiu na Ásia, na China, no Japão, onde ela se revestiu de formas circunstanciais. Mas os sacerdotes de Brahma, propagadores da superstição, apoiados pelo despotismo, acreditando-se ameaçados em seus privilégios e em seu poder, coalizaram-se contra os Budistas que eles exterminaram. Mas seu sangue fertilizou a nova doutrina, que produziu uma nova sociedade sob o nome de *Gnosofistas*.

Da Índia, a ciência maçônica passou à Pérsia, onde ela teve como chefe Zoroastro, por volta de quinhentos anos depois de Buda, e quinhentos anos antes de Jesus Cristo. Ele instituiu mistérios para os quais a multidão corria a fim de ser iniciada, mas as provas eram longas e terríveis.

Zoroastro considerava como o melhor servidor de D-us aquele cujo coração é correto, aquele que é liberal com respeito ao justo, de todos os homens, e cujos olhos não estão voltados para as riquezas, aquele cujo coração faz o bem a tudo o que está no mundo[3].

Zoroastro dizia, mostrando o céu e a cúpula de um templo: *Eles reúnem sem distinção os reis e os súditos.*

Zoroastro se recolheu à solidão para se preparar à iniciação. "Após ter consultado Ormuzd, o criador dos seres e dos mundos, e ter-se preenchido do conhecimento de D-us, ele viu uma montanha de fogo e lhe foi ordenado pas-

---
[3] Anqueil-Duperron, *Tradução dos livros sagrados* [*Traduction des livres sacrés*].

sar por dentro. Ele a atravessou sem que seu corpo recebesse a menor ferida. Fundiram, em seguida, diferentes metais, derramou-se sobre o seu corpo e ele não perdeu um só pelo. Após isto, abriu-se o seu ventre, e tirou-se o que lá havia; tudo isto se fez pela ordem de Ormuzd. Aquele que D-us protege, o ferro em sua mão é como a cera; ele não tem nada a temer da água, nem do fogo[4]."

Os preceitos de Zoroastro não são aqueles de nossa instituição? Não encontrais, veja na *História Filosófica da Francomaçonaria* [*Histoire Philosophique de la Franc-Maçonnerie*] de Kauffan & Cherpin, Paris 1850, nestas cerimônias que acompanham a iniciação de Zoroastro, aquelas às quais submeteis o aprendiz? A terceira viagem, na recepção ao primeiro grau, não é aquela do legislador indiano através da montanha de fogo? No conselho que Zoroastro dá de virar o rosto do lado da luz, não encontreis todas as ideias ligadas ao oriente de vossos templos?

Zoroastro ergue à Ormuzd um templo no qual ele desenha o sistema astronômico e que o faz lembrar o sistema do mundo. Mas ainda não é a ideia da construção do templo de Salomão, assim como aquela de todos os templos maçônicos erguidos ao G∴ A∴ D∴ U∴.

As doutrinas dos Gnosofistas da Índia, parecidos com essas sementes aladas que o vento leva de uma região para semeá-la em outra, atravessaram a Pérsia e pararam no Egito. Iremos reencontrá-las na Etiópia. Sua morada era situada sobre uma pequena colina, não longe das margens do Nilo, no Meroé; eles se reuniam em um bosque sagrado para tratar de assuntos comuns; a igualdade existia entre eles, e somente a idade conferia o título de chefe supremo, de hierofante por excelência. Eles tinham conservado o hábito de Indostão de falar por símbolos, levavam uma vida austera, presidiam a educação das crianças, e inspiravam no povo uma veneração profunda; seu D-us era o ser imortal, princípio de todas as coisas. Não fazer nada de mal era, diziam eles em suas instruções, a mais bela homenagem que se pode lhe dar. Encontramos neles o culto da luz e das trevas, representadas pelo sol e pela lua...

"*Estes Gnosofistas eram reputados no Egito como os depositários de todas as ciências que tornaram a Etiópia célebre, e eles mesmos consideravam os egípcios uma colônia de seu país, a qual tinha emigrado sob a direção de Osíris[5].*"

Osíris é o continuador de Buda, de Zoroastro, o precursor de Apolo, de Hiram, de Jesus, de Maomé, isto é, o princípio da luz eterna, o sol vivificador da terra, benfeitor da humanidade. É como o símbolo do sol, vencedor das trevas na primavera, época na qual o Nilo fecunda a terra com suas águas abundantes, e na qual Osíris se torna o herói dos mistérios egípcios.

Moisés foi iniciado nestes mistérios, onde utilizou a ciência da Índia e

---
[4] Idem.
[5] *História filosófica da Francomaçonaria* [*Histoire philosophique de la Franc-Maçonnerie*], por Kauffmann e Cherpin; 1 vol. In-8°, p. 76.

41

da Pérsia, que lhe serviu de bússola para dirigir o povo hebreu em sua arriscada emancipação.

A arca sagrada que continha as tábuas da lei de Moisés não era senão a representação em miniatura dos templos antigos, erguidos ao G∴A∴ D∴U∴, segundo o sistema astronômico.

Salomão, fiel executor das intenções de seu pai, mandou construir o templo de Jerusalém sobre o plano da arca. Os hebreus, sempre em guerra com as nações vizinhas, somente haviam formado, até a chegada do herdeiro de David, um povo nômade. A arca portátil tinha sido, então, o único monumento erguido em conformidade com sua existência precária.

Tornados sedentários, eles puderam enfim realizar os desejos de seus legisladores, colocando os fundamentos do templo tão célebre na história. Não faremos aqui a descrição deste monumento, à qual poderão constatar nas várias páginas da *História filosófica da Francomaçonaria* [*Histoire philosophique de la Franc-Maçonnerie*] de Kauffan & Cherpin; os leitores poderão consultar se quiserem ter noções mais amplas sobre esta parte histórica; nos contentaremos em reproduzir a parte relativa a Hiram, considerado um mito.

Osíris, assassinado por Tifão e seus conjurados, reencontrado, por Isis, depois trazido à vida, foi, no Egito, o herói da iniciação. Ele foi substituído nos mistérios gregos por Ceres. O herói mudará ainda uma vez de nome. O mito se reaproximará da tradição primeira; ele não poderá ser ignorado em sua transformação, mas ele será grande de outra maneira; é o drama social que, pela primeira vez, vai se desenvolver claramente. Essa modificação do pensamento misterioso, ou antes o complemento do pensamento que não havia sido até aqui compreendido inteiramente sob os véus com os quais os escritores iniciados o cobrem, oferece talvez o maior interesse que a iniciação já tenha apresentado.

Os três companheiros maus que batem em Hiram cobrem-no com um véu, escondem-no dos olhares sob as folhas caídas das árvores, indicam os três meses de inverno, durante os quais o sol se afasta, como os nove companheiros enviados a sua procura, que o levam, coroam-no de flores, representam os outros meses do ano. Os trabalhos do templo imaterial, erguido a Jehovah, foram suspensos; os trabalhos recomeçam. É sempre a mesma ideia do D-us morto e ressuscitado, da luta das trevas e da luz, do sol que desaparece para voltar.

Osíris era um guerreiro, um herói. Ceres, uma deusa. O herói do símbolo, modificado pelos iniciados, é um trabalhador, um artífice chefe de artífices, um homem de inteligência e de labor. Hiram é um artista, um arquiteto, um fundidor de metais, um tintureiro. Ele grava, desenha, trabalha o ouro, a prata, o arame, o ferro, ele faz o escarlate, o carmesim. Em uma palavra, o homem do povo, o plebeu, substituiu as castas superiores e o próprio Olimpo. Que transformação, que pensamento mais profundo podia ser oferecido aos estudos sérios do futuro! Glória vos seja dada, a vós, mistérios antigos, que a produzistes e lançastes na terra! A vós, mistérios novos, que a conservastes[6]!

Após a destruição do templo e a dispersão dos trabalhadores, isto é, após a derrota do *povo de D-us* pelos exércitos inimigos, os filósofos se recolherem em um retiro, onde formaram sociedades que conservaram as sãs doutrinas da iniciação. Não falaremos aqui senão daquela dos *Essênios*, cujas relações com a Francomaçonaria são mais diretas e mais identificáveis.

Nascida em meio a guerras tornadas inevitáveis pela invasão dos sírios na Judeia, esta sociedade se formou em montanhas escarpadas, protegida de bárbaros que impunham em todo o lugar seus deuses e suas leis pelo poder das armas. Seu primeiro princípio foi o da igualdade, que praticaram entre si; seu primeiro dever foi o de se socorrer mutuamente.

Quando eles voltaram para as cidades, continuaram a propagar e colocar em prática sua doutrina, que consistia em permanecer fiéis ao seu menor compromisso, a nunca fazer juras, considerando-as inúteis, a não prejudicar ninguém, a esquivar-se dos perversos, a ajudar as pessoas de bem, a comunicar sem alteração e com fidelidade aos futuros iniciados os mistérios da sociedade, e a não os revelar a nenhum estrangeiro, mesmo se eles ali estivessem obrigados pelo poder da força. Eles ensinavam e praticavam o amor de D-us, o amor da virtude e o amor da humanidade[7].

Esta sociedade produziu João Batista e Jesus, fundadores eles próprios de novas sociedades que, durante as desastrosas guerras dos bárbaros do Norte, na Gália, Itália, etc., conservaram a doutrina maçônica em toda a sua pureza.

O cristianismo, no seu início, foi também o continuador dos mistérios antigos, bem como foi iniciador, diz um escritor anônimo, até que os Césares o condecoraram com sua magistratura. Ele tinha seus graus nos quais se explicava gradualmente aos *ouvintes competentes*, aos iluminados, os dogmas da doutrina divina. No momento em que a cerimônia começava, o sacerdote proclamava: "Fechai as portas do templo; longe daqui os profanos." O aspirante era apresentado, como nos mistérios, por um iniciado nomeado padrinho. Obrigados a se esconder nos subterrâneos, os cristãos primitivos trabalhavam à luz de tochas; ali eles tinham seus ágapes, ou festins de amizade. Eram, dizem os escritores da época, homens dotados de bom senso, obedecendo às leis civis, tolerantes, caridosos, adoradores do G∴A∴D∴U∴, mas enojados com todos os gêneros de superstições que consumiam sua pátria. Eles se procuraram e formaram um pacto moral que se tornou entre eles um canal indissolúvel; sem as palavras e os signos sagrados, não se podia penetrar em seus lugares de recolhimento. Eram lugares afastados, onde, sem

---

[6] *História filosófica da Francomaçonaria* [*Histoire philosophique de la Franc-Maçonnerie*], p. 167 e seguinte.
[7] Philon e José [Philon et Joseph].

luxo e sem orgulho, cada um se dava o título de F∴. Lá, sem nenhuma imagem, sem nenhuma representação profana, dirigiam-se as homenagens puras e ferventes ao único D-us criador do céu e da terra.

O começo do cristianismo, que compreende o período que se estende desde as pregações de Jesus até à conversão de Paulo, sobre o caminho de Damasco, encerra a sucessão dos mistérios antigos. Vamos vê-los renascer em uma modesta associação de trabalhadores da Idade Média, como o cristianismo nascera em uma pobre manjedoura da Judéia.

É somente por volta do final do terceiro século que a existência da confraternidade maçônica propriamente dita, começa a se manifestar.

Nessa época, uma corporação de maçons e de arquitetos se transferiu da Gália na Grã-Bretanha, onde *Cazansius*, chefe de uma legião romana, acabava de ser proclamado imperador. Este deu a direção da confraria à Albano, um de seus tenentes. Por seus cuidados, a sociedade obteve privilégios, entre os quais estava o de viver livre e independente, em um país submetido a leis tirânicas. Essa imunidade de liberdades lhe valeu mais tarde o nome de Francomaçonaria.

Do fim do terceiro ao sexto século, existe ainda uma lacuna na história cronológica desta sociedade, lacuna que só a imaginação poderia preencher.

É somente nessa derradeira época que a confraria se manifesta de uma maneira notável.

Uma nova corporação de maçons e de arquitetos, após ter construído a catedral de Strasbourg, passa pela Inglaterra e ali constrói a igreja de Canterbury, a torre de Kilwinning, a capela de Westminster, a igreja de St.-Paul, etc.

Essas confrarias, que, como dissemos, gozavam de preciosas vantagens, eram muito consideradas. Elas tinham em suas lideranças personagens poderosos que as protegiam, e isso lhes serviu, como veremos mais à frente, como meio de transformação.

Elas eram compostas de diferentes corpos de hábeis artífices, religados entre si por uma comunidade de sentimentos, de pensamentos e de interesses. Havia nestas sociedades sábios para criar e amadurecer os projetos de construção, arquitetos para formas os planos e dirigir os trabalhos, operários para executá-los. Os graus de mestre, de companheiro e de aprendiz, teriam existido, então, de maneira embrionária nessas sociedades, se eles não fossem já praticados, assim como afirmam alguns cronistas.

Para ser admitido em uma corporação de maçons livres ou de francomaçons, era necessário ter produzido um trabalho finalizado, chamado obra-prima. A admissão de um artífice, de um arquiteto, de um mestre era cercada de provas. Quando um mestre da confraria partia, entregavam-lhe um diploma que lhe servia de apresentação em todas as outras confrarias, onde ele encontrava trabalho, um bom acolhimento, apoio e assistência.

Os associados tinham sinais e palavras que lhes serviam para se reconhecer; em sua linguagem eles empregavam a alegoria; suas ferramentas eram emblemáticas, suas obras simbólicas.

Encontramos, então, nessas confrarias, costumes e usos que notamos nas sociedades secretas da antiguidade; seus princípios eram os mesmos, pois viviam livres e independentes, iguais entre si, e praticavam a fraternidade. Sua doutrina era a dos Essênios.

Nossos leitores notaram, sem dúvida, que não mencionamos a construção do templo de Salomão, que foi, segundo um grande número de escritores, o berço da Francomaçonaria. Segundo eles, os construtores cosmopolitas da Idade Média não eram senão os continuadores ou os descendentes dos artífices do célebre templo de Jerusalém. Contudo, a descrição deste monumento é antes alegórica do que exata em seus detalhes; trataremos sobre este assunto mais adiante.

De acordo com o que acabamos de ver dessas corporações, elas não eram somente compostas de artífices, mas de eruditos, de arquitetos, e os segredos sobre a arte de construir que eles possuíam tinham, digamos, uma analogia tão admirável, não com os construtores do templo de Salomão, mas com a arte da Índia, da Pérsia, da Grécia e de Roma. Eles tinham, então, sua ciência, suas doutrinas e seus dogmas dos antigos mistagogos, que durante as invasões dos povos do norte no Oriente se dispersaram no Ocidente. Um fato constante é que as corporações livres tinham um segredo para construir, que não podia ser revelado, sob as penas mais terríveis. Este segredo não consistia em fazer uma obra mais ou menos complicada em marcenaria ou serralheria, como isto se pratica ainda nas confrarias, mas obras na composição das quais a ciência e a arte interviessem com toda a potência do gênio e toda a beleza da poesia.

O gênero da arquitetura adotado por essas corporações não era uma criação da Idade Média, pois após a destruição dos antigos mistérios, ele foi simultaneamente colocado em prática pelos mouros, pelos persas e pelos europeus.

É uma opinião geralmente difundida, disse um escritor engenhoso, que a elegância, a regularidade das formas, a pureza dos contornos e das linhas, as abóbadas, as curvaturas, que seguem paralelamente os arcos de um céu azulado, que pertencem principalmente aos templos gregos, e romanos, estavam em harmonia com a engenhosa teogonia desses povos, enquanto que a arquitetura gótica, com seus grandes e majestosos arcos em ogiva, era feita para os templos cristãos; pura ilusão! Os cristãos tomaram os templos, tais como eles haviam sido construídos. Assim, a catedral de Strasbourg, a igreja de São Paulo em Londres, e todas as velhas basílicas, são como os templos egípcios; não que os cristãos nunca tivessem tido a ideia de enquadrar sua religião à velha teogonia dos povos do Oriente, mas sim porque os homens misteriosos que

45

foram encarregados de erigir estes monumentos, imbuídos do antigo culto que precedeu o cristianismo, agiam habitualmente desse modo na construção dos edifícios destinados a receber homens que se reunissem para praticar a virtude.

Foi o feudalismo que promoveu as corporações maçônicas ao estado de potência filosófica.

Nessa época de anarquia e de assassínio, em que a vontade do senhor tinha lugar de direito, em que a força substituía a justiça, em que a nobreza tinha reduzido o povo ao estado de brutalidade, as sociedades maçônicas foram procuradas pelos oprimidos, em razão de seus privilégios e da proteção de homens poderosos, da qual desfrutavam. Os eruditos, os arquitetos que estavam em suas lideranças estenderam uma mão fraterna aos oprimidos; aqueles, por sua vez, chamaram para junto de si seus amigos. Logo os artífices práticos estavam em pequeno número, e os filósofos eram maioria; mas as alegorias, os símbolos, os emblemas foram conservados com acuidade como protetores dos verdadeiros princípios sociais. Harmonizaram-se suas cerimônias com aquelas das antigas instituições; seus graus foram estipulados em relação aos costumes cavalheirescos do tempo, e foi assim que ela cresceu no povo e o preparou para a sua emancipação.

A MISSÃO DA MAÇONARIA

"A primeira sensação que experimento ao encontrar-me na presença de uma criatura humana, por mais humilde que seja a sua condição, é da igualdade originária da espécie. Uma vez dominado por esta ideia, preocupa-me muito mais do que ser-lhe útil ou agradável, o não ofender nem de leve a sua dignidade."

Alexis de Tocqueville (1805-1859)

A transição do mundo entre duas eras, de peixes para aquário, caminhando para o reinado da paz, não é um fenômeno exclusivamente político, diante da possibilidade de uma implantação democrática, cujo pano de fundo é salpicado pelas palavras: *Liberdade, Igualdade e Fraternidade*; é a vocação do ser humano sendo pleiteada em toda face da Terra. Aqueles que dirigem a vontade dos povos atendem ao chamamento dos interesses, e em nada podem realizar de útil e proveitoso, se essa atividade (política) não se subordina aos fundamentos de ordem moral e ética.

Esta excelente análise põe a nu as contradições do nosso Estado Patrimonial. Ora, de nada vale a legislação se, como dizia Tocqueville em *"Lembranças de 1848"* (obra magnificamente reeditada, aliás, pela Penguin Books do Brasil, no ano passado), *"O espírito do Estado está morto"*, ou como diria Oliveira Vianna, *"O espírito público está ausente da cabeça dos que governam"*. Esse é, justamente, o nosso mal. O homem contemporâneo, desorientado por uma série de desilusões, tornou-se esquivo às seduções da Fé. Durante o século XIX, o nacionalismo triunfante corporificou um perfil social de tons liberais, em torno das possibilidades do homem pessoalizado.

Desde que a trilogia *"Liberdade, Igualdade e Fraternidade"* marcou a trajetória da Revolução Francesa, e, como consequência, animou toda a transformação europeia, o mundo inteiro se debateu numa luta progressiva entre duas concepções da vida: a conservação do velho regime, e a adoção do novo sistema social, moral, político e econômico.

Essa contenda ainda não terminou, mesmo depois das traumáticas consequências das duas grandes Guerras. Não se trata de que a Democracia, saída das doutrinas libertadoras da Enciclopédia, tenha ainda que defender-se dos ataques da reação que, periodicamente, despertou sob disfarces de novidades mais ou menos sutis. O problema está no encontro da conciliação de duas posições: a da consciência e a da Fé. De um lado, está a crença em uma norma sobre-humana, o fanatismo religioso, qualquer que seja sua delimitação administrativa; do outro lado, está a Fé no homem.

Naturalmente, é muito mais sensível deixar a responsabilidade e a direção da conduta humana, boa ou má, em mãos de uma divindade, sem explicações, do que afrontar serenamente a própria essência da vida como parte integrante da formação pessoal de cada ser humano.

Não! A luta de ideais não terminou. A Liberdade, Igualdade e Fraternidade são conceitos que continuam sendo desvirtuados, quando não desconhecidos pelos que, em seu nome ou contra eles, estão empenhados na tarefa de fazer um mundo cada vez mais complexo.

Muitos anos atrás, antes de se pensar na matéria, o espírito se faz necessário. A Humanidade roda em suas forças e seus nervos; desfeita a vitalidade das nações, os homens creem ter chegado o momento de buscar nesse espírito cético a solução do fracasso do cérebro frio e cartesiano.

Estamos vivendo um instante da vida humana em que a fé em ALGO adquire importância decisiva. O século XXI testemunha o fracasso do nacionalismo individualista, da mesma maneira que o Renascimento adveio do fracasso do "homem-massa" unificado pela identidade religiosa. Mas a grande verdade é que o "homem-massa" e o "homem-indivíduo" estão desacreditados. Não nos interessa a análise das causas, senão a realidade dos efeitos. Fica de pé a possibilidade da orientação positiva das minorias, das elites, do "homem-grupo", numa palavra.

Pretender sustentar os homens como personalidades isoladas, é insinuar o suicídio; pretender realizar uma Humanidade compacta e unida, não é problema solucionável pelo fim, senão através de uma graduação de valores.

Por isso, os homens buscam o contato do grupo, que cada vez mais se amplia para novas perspectivas e renovados horizontes. A humanidade tem, na sua natural vocação, um profundo fermento religioso, que, agora, ante essa necessidade apontada de crer em ALGO, busca um fim e até uns meios. O fundamentalismo e o comunismo criaram a religião política do fanatismo de classe e em nada resultou; diante dos fatos, basta-nos dirigir nossos olhares àqueles que optaram por esse viés. A Democracia deixou se criar e por isso se desfigurou, perdendo a silhueta de sua verdadeira configuração.

A última Grande Guerra está até hoje curando de suas feridas, foi sempre para a humanidade um triste episódio de angústia ao sentimento ante a tragédia de um pensamento construtivo, porém, incapaz de ancorar-se na via cardíaca. Ao terminar aquela violência, soçobrou hoje dois tipos de fé: a sobrevivência da fé na religião política da massa, pregada pelo comunismo; e a ressurreição de uma fé cristã, que se titula católica, por tradição e inércia, porém, que pretende liberalizar as tendências reacionárias das fórmulas do Vaticano.

Sem dúvida, permanece de pé o problema do homem, a Maçonaria tem na sua mão o despertar desse "homem-grupo", degrau entre o indivíduo isolado e a comunidade. Essa é a missão maçônica do momento: cuidar para que o homem se equilibre entre o egoísmo individual e a massa amorfa.

As alucinações da fé são transitórias. Só é estável a fé no valor da vida humana elaborada em função da dignidade. Por isso, não deve a Maçonaria precipitar sua ação metódica em ambições políticas ou sociais, sempre passageiras. Conseguindo a depuração do elemento humano, para cujo trabalho o tempo se mede somente por séculos, a Maçonaria cumprirá seu dever. Porém, não deve tampouco abandonar-se à velocidade adquirida, nem aos valores históricos. Viver é crescer. A Maçonaria deve sentir, cada dia, a responsabilidade de seu próprio crescimento físico, ético e moral. E quando a Paz se afiance, ficará sempre animado o coração limpo, iluminado o que é progressivo e seguro, porque não obedece a saltos da paixão, senão à emoção humana de uma visão eterna.

PROPOSIÇÕES E IDEAIS

"*A busca do Santo Graal, da Pedra Filosofal, da Grande Obra, é infindável. Sucesso abre apenas novas e brilhantes possibilidades. A tarefa é infatigável e suas alegrias sem limites, pois o Universo inteiro é o pátio de recreação da Criança Coroada e Conquistadora, herdeira do Espaço e da Eternidade, o Homem.*"

A.A.K.

AFORISMOS MAÇÔNICOS

Faz o bem e deixa falar os homens.

A ordem moral é a harmonia perene entre a liberdade das ações e a fatalidade dos acontecimentos.

O Homem ao lado do Homem, nunca o Homem contra o Homem.

Uma promessa não cumprida pode atrair malquerenças inesperadas e ódios profundos. Reflita sempre antes de prometer, pois a mentira é a maior corruptora do espírito.

No meio da interminável tormenta da vida, destacam-se os homens bons, pela força do caráter, pela extensão de seu alcance mental, por seu indomável espírito de sacrifício, por sua deslumbrante intuição e seu fervor ante o Belo.

A igualdade que buscamos não é uma igualdade absoluta e impossível, mas a igualdade face a lei, igualdade de oportunidades para melhorar-se a si mesmo e para progredir em todos os sentidos da vida.

Não é odiando-nos, nem matando-nos que chegaremos à conquista do que almejamos. Só o amor nos fará felizes, porque só ele constrói.

Não se purifica nem se desprende facilmente a humanidade da imaginação do sangue e das ideias odiosas. Combater a inveja e a hipocrisia é dever maçônico.

A Maçonaria não é bélica, porém cívica, pregando o dever patriótico de ordem e sacrifício, sabendo cumprir os seus objetivos no momento oportuno.

A Maçonaria vai buscar nas diferentes camadas sociais os homens *livres* e de *bons costumes* para fortalecer os seus quadros; para enriquecê-la com novos valores positivos, baseados na própria cultura (uns mais cultos; outros menos), que sejam capazes de absorver seus princípios morais e filosóficos. Desta combinação origina-se a fortaleza da Ordem Maçônica.

Como o corpo humano, ela possui órgãos e sistemas em forma de Triângulos, Lojas, Conselhos, Tribunais etc., cujas atividades devem ser harmônicas, para que o objetivo comum seja atingido.

O sistema maçônico, quando não funciona bem, cumprindo as tarefas que lhe sejam inerentes, atinge a fase da doença pelo desequilíbrio das atividades. Logo, os resultados são imprevisíveis.

Não basta a Loja Maçônica reunir-se periodicamente, observar inflexivelmente os rituais no desenvolvimento dos seus trabalhos, nem se chamarem *Irmãos* os membros dos seus quadros. É preciso muito mais do que isso para que seja realmente forte e eficiente. É necessário que esteja perfeitamente organizada sob todos os aspectos e que seus Oficiais cumpram efetivamente as tarefas que lhes são cometidas pela Legislação Maçônica.

Com esta pequena reflexão, não temos a pretensão de ensinar Administração nem Organização, somente lembrar que nossa passagem por aqui poderá ser muito mais profícua aproveitando a oportunidade dos trabalhos.

Administrar, organizar e criar objetivos, sem esquecer dos Ideais Maçônicos é nossa fundamental obrigação. Aplicar princípios idealísticos dentro de nossa realidade social demonstrando como atingir os objetivos da Maçonaria, sem afastar de suas tradições, sem descaracterizá-la de seus princípios iniciáticos, sem lhe dar a forma de uma sociedade profana, sem a transformar em "clube recreativo", em "sociedade de ajuda mútua" ou "clube de serviços".

Este Trabalho está fundamentado no próprio lema da Francomaçonaria: *"**Liberdade, Igualdade e Fraternidade**"*.

PROPOSTAS DE PROGRAMAÇÕES E ATIVIDADES PARA UMA LOJA MAÇÔNICA

1 - Publicações e divulgação;

2 - Confecção de boletim ou jornal periódico;

3 - Duplicação de trabalhos relevantes, para distribuição aos IIr∴ do Quadro;

4 - Confecção de relatórios, folhetos, circulares e demais impressos;

5 - Cursos de aperfeiçoamento, incluindo doutrina, simbologia, ritualística, liturgia, história, administração, legislação e demais temas de interesse;

> Obs: Para tal fim, pode a Loja constituir colégio próprio ou em conjunto com outra Loja.

6 - Ciclo de palestras e/ou palestras avulsas que coadunam com os objetivos da Ordem, inclusive acerca da problemática brasileira e da comunidade local;

7 - Seminários, simpósios, encontros e demais formas de reunião para tratar de assuntos de interesse da Ordem e do Quadro;

8 - Organização de Biblioteca;

9 - Outras atividades culturais de interesse geral.

Programa de Atividades Beneficentes

1 - Visitação sistemática a Irmãos e familiares que necessitem de amparo moral e material;

2 - Assistência aos Irmãos e dependentes no que se refere a problemas médicos e hospitalares;

3 - Verificar a possibilidade de instalação de consultório, ambulatório e outros, quer por recursos próprios, quer em conjunto com outras Lojas ou por convênios;

4 - Assistência jurídica em geral a Irmãos e dependentes diretos;

5 - Concessão de bolsas de estudo e outros e benefícios escolares aos "sobrinhos" e "sobrinhas";

6 - Encaminhar e orientar os Irmãos e dependentes para aquisição de emprego;

7 - Campanhas e promoções em benefício de instituições filantrópicas que apresentem sérias dificuldades materiais e financeiras;

8 - Outras atividades beneficentes.

Programa de Atividades Sociais

1 - Passeios e excursões;

2 - Almoço semanal, quinzenal ou mensal, visando à confraternização dos Irmãos e familiares;

3 - Jantar ritualístico, congregando os Irmãos, e jantar festivo, extensivo a familiares e profanos;

4 - Visita aos Irmãos e "cunhadas" aniversariantes;

5 - Organização de Departamento ou Círculo de Amizade, reunindo as "cunhadas" em atividades específicas e em apoio à programação geral;

6 - Organização de Departamento ou Clube que reúna os "*Lowtons*" e demais "sobrinhos" e "sobrinhas" em atividades específicas para jovens e em apoio à programação geral;

7 - Comemoração de datas cívicas e maçônicas, de acordo com calendário previamente elaborado;

8 - Construção de sede campestre e/ou colônia de férias;

9 - Outras atividades sociais de interesse.

Programa de Intercâmbio Maçônico

1 - Intervisitação sistemática às Lojas irmãs;

2 - Recomenda-se que seja firmado o compromisso mínimo de uma visita mensal para cada Obreiro da Loja;

3 - Criar ou participar da criação de cooperativas maçônicas, objetivando os mais diversos benefícios (assistenciais, habitacionais, financeiros, etc.);

4 - Construir ou contribuir para construção de um Clube Maçônico que possa oferecer entretenimento sadio aos Irmãos e familiares;

5 - Outras atividades que sirvam ao aperfeiçoamento da unidade maçônica.

Programa de Atividades Diversas

1 - Construção, reforma ou ampliação de prédio próprio;

2 - Admissão de novos membros, visando à melhoria constante do padrão maçônico da Loja;

3 - Fazer-se presente a atuante no progresso da comunidade local, promovendo a defesa do meio-ambiente natural e contribuindo para a solução dos problemas sociais;

4 - Constituir Grupos de Estudos com a finalidade de elucidar a existência de pontos críticos nos diversos planos de atuação da Loja e no relacionamento interpessoal;

5 - Outras atividades que se enquadrem nas finalidades de nossa sublime Instituição.

Estas sugestões de programação poderão ser adaptadas ao interesse da maioria de nossos Obreiros, ou seja, da assembleia e poderão ter uma execução total ou parcial; o importante é que poderemos ter nossas atividades voltadas para dentro e para fora do Universo Maçônico, demonstrando o que os Maçons têm sido através da História os sustentáculos da Fraternidade, da Justiça e do Progresso.

Não há, como se vê, necessidade de que todo este trabalho seja realizado por uma única Loja. Basta apenas que cada uma realize uma das atividades sugeridas. Assim, a máxima de Confúcio estará cumprida: *"Se cada um varrer a frente de sua casa, o mundo inteiro será limpo"*

DOS CALENDÁRIOS MAÇÔNICOS

Para datar as suas escrituras, cartas, documentos, etc., a Maçonaria, de acordo com seus ritos, adotou diferentes sistemas de calendários.

Normalmente, entre nós, no Brasil, estamos acostumados datar nossas pranchas (cartas), atas e documentos de menor importância conforme o calendário gregoriano, começando o ano com o dia 1º de Janeiro, juntando após do respectivo ano a indicação de E∴V∴ isto é: era vulgar.

Entretanto, para todos os documentos e escrituras oficiais as Lojas e outras Oficinas do Rito Escocês Antigo e Aceito usam o calendário hebraico, alegando que a Maçonaria assim fez desde o tempo dos cruzados, chamando-lhe *Ano Mundi*, A∴M∴ ou V∴L∴ (Verdadeira Luz).

O ano hebraico é uma combinação do ano lunar com o ano solar, baseia-se, de um lado, no tempo que a terra necessita para fazer a sua revolução em torno do sol, isto é, 365 dias, 6 horas, 9 minutos e 9,35 segundos; do outro lado, também no tempo correspondente à circulação da lua em volta da terra, isto é, 29 dias, 12 horas e 44 minutos. Nesse sentido, existem no calendário hebraico meses de 29 e outros de 30 dias, sobrando ainda em cada segundo mês 1 hora e 24 minutos. Assim sendo, o ano lunar de 12 meses tem apenas 354 dias, 8 horas e 48 minutos, o que significa, em comparação ao ano solar, uma diferença de 10 dias, 21 horas, 21 minutos e 9,35 segundos. Durante três anos essa diferença se eleva a 32 dias, 16 horas, 3 minutos e 28,05 segundos; por essa razão, o calendário hebraico intercala um 13º mês, diminuindo assim a diferença para 3 dias, 3 horas, 15 minutos e 28,05 segundos.

Durante um ciclo lunar de 19 anos, sete anos tem 13 meses, a saber: 3º, 6º, 8º, 11º, 14º, 17º e 19º o que reduz a diferença total a 4 horas, 33 minutos e 57,65 segundos. Essa diferença, ainda que mínima, tem como consequência que em todos 2945 anos haverá mais um ano com 13 meses, diminuindo então a diferença para 1 hora e 4,25 segundos (em comparação ao mesmo lapso de tempo o calendário gregoriano tem apenas uma diferença de 14 minutos e 31,79 segundos).

Para determinar o ano hebraico que corresponde a um certo ano da era cristã deve-se somar 3760 ao respectivo ano comum e sempre depois do mês de setembro um ano a mais.

Para saber se um ano hebraico tem 12 ou 13 meses é necessário dividir o ano por 19, isto é, o número dos anos do ciclo lunar, indicando o resto o lugar do respectivo ano dentro deste ciclo.

O ano hebraico civil, usado em todos os assuntos civis, legais e históricos, e também na Maçonaria, começa por ocasião da lua nova após o equinócio de setembro, com o mês *Tisri*.

A tabela que segue mostra a relação entre os meses hebraicos e os do calendário gregoriano, especialmente a posição do 13º mês intercalado.

Nome do mês hebraico	Dias correspondentes aos meses cristãos
1º Elul-Tishrei	30 Setembro, Outubro e Novembro
2º Tishrei-Cheshvan (ou Marochesvan)	29 Outubro, Novembro e Dezembro
3º Cheshvan-Kislev	30 Novembro, Dezembro e Janeiro
4º Kislev-Tevet	29 Dezembro e Janeiro
5º Tevet-Shevat	29 Janeiro e Fevereiro
6º Shevat-Adar I	29 Fevereiro e Março
13º Adar I-Adar II Veadar (intercalado)	30 Março e Abril
7º Adar II-Nissan	30 Março, Abril e Maio
8º Nissan-Iyyar	29 Abril, Maio e Junho
9º Iyyar-Sivan	30 Maio, Junho e Julho
10º Sivan-Tammuz	29 Junho, Julho e Agosto
11º Tammuz-Av	30 Julho, Agosto e Setembro
12º Av-Elul	29 Agosto, Setembro e Outubro

A maior parte dos outros ritos usa o calendário adotado pelo Grande Oriente da França, chamado: *année de la vraie lumière*, isto é: ano da verdadeira luz, ou *anos lucis*, abreviado: A∴V∴L∴, ou respectivamente A∴L∴.

Este calendário baseia-se na época da criação do mundo que se supõe, segundo o Gênesis, ser de 4000 anos antes da era cristã, somando, portanto, 4000 ao respectivo ano, começando no 1º dia do mês de março, denominando os meses em seguida por ordem numérica.

Por exemplo:

1º de Maio de 1900 é: 1º dia do 3º mês do A∴V∴L∴ 5900.
15 de Novembro de 2015 é: 15º dia do 9º mês do A∴L∴ 6015.

No Rito Francês ou Moderno, usa-se o mesmo calendário, porém com uma pequena modificação. O ano começa no dia do equinócio, isto é, o 21 de Março do calendário cristão, começando naturalmente todos os meses seguintes com o mesmo dia 21.

Por exemplo:
25 de Dezembro de 2015 é: o 5º dia do 10º mês do A∴V∴L∴ 6015.

À vista dos progressos científicos modernos, não se pode admitir em fixar a criação do mundo 4000 anos a.C., sendo ela mais antiga que milhões de anos. É isso que alguns corpos maçônicos europeus, como o Grande Oriente da Itália e o Grande Oriente da Hungria, datam os seus documentos sem determinar os milhares, escrevendo simplesmente da seguinte maneira:

7 de Setembro de 2015: o 7º dia do 7º mês do A∴V∴L∴ 000,015

O calendário do Rito Real Arco começa com o ano da construção do segundo tempo de Jerusalém por Zorobabel, isto é, 539 anos antes de nossa era, somando ao ano cristão 530; portanto, 2015 será 2545 *anno inventionis*, isto é, da descoberta ou A∴I∴.

Os Mestres reais e seletos adotaram um calendário que data da construção do templo de Salomão, portanto do ano 1000 antes de Cristo, somando ao atual ano mais 1000: 2015 mais 1000 será 3025 *anno depositionis*, que quer dizer ano de depósito ou A∴Dep∴.

Finalmente os Cavaleiros Templários partem do ano da fundação e organização de sua Ordem, isso é, 1118, portanto subtraem do ano vulgar 1118; 2015 por isso seria 897 *anno ordini*, quer dizer ano da Ordem, ou A∴O∴

O QUE É D-US, O AMOR E OS CUIDADOS COM A ARTE MÁGICA, OU SEJA, A ARTE REAL.

Em algum momento da nossa vida, fazemos a mesma pergunta que todas as gerações já fizeram, pois sabemos interiormente que esta é a coisa mais importante de nossa existência. Esta pergunta é: O que posso fazer para encontrar D-us? Ao iniciarmos o nosso acordar espiritual, todos queremos empregar da melhor maneira possível nos nossos dias, no afã de encontrar a Divindade, pois sabemos interiormente que ninguém pode fazer isso por nós. É necessário a realização pessoal; descobri-lo, verificá-lo é o nosso *"des-afio"*. Os ensinamentos que procuramos parecem vir ao nosso encontro, indicando em cada filosofia um caminho, e, no afã desse encontro com a Divindade, embarcamos de mente e coração naquilo que nos parece o melhor caminho.

A maioria de nós, tocados por este sentimento que se chama fé, passamos a considerar que a fé é o caminho mais correto para nos aproximarmos de D-us. Entretanto, depois de algum tempo, os artigos de fé que considerávamos inabaláveis, vão sendo substituídos por novas realidades que vão chegando ao nosso entendimento e terminam fazendo com que alguns abandonem suas crenças, culpando a Divindade ou o objeto de fé por não ser aquilo que tínhamos entronizado como verdade absoluta em nossa pequena compreensão.

Outros preferem a devoção, achando que pelos serviços que possam fazer a D-us, e que Este, provavelmente envaidecido pelas loas e orações que lhe são dedicadas, eximirá o devoto de minimizar seus muitos outros defeitos de caráter, bem mais difíceis de serem extirpados, do que as fáceis práticas de adoração que ele faz com cara de grande sofrimento, pensando enganar alguém além de si mesmo.

Outros ainda consideram que o cumprimento dos *Dez Mandamentos* nos qualificaria totalmente para as benesses Divinas, apesar de, depois de mais de quatro mil anos em que estes teriam sido ditados para Moisés, parecem inadequados para a vivência no mundo moderno e, de certa forma, também para a nossa Salvação.

Encontramos também, nesse afã, muitos adeptos da caridade, pois, às vezes, jogar uma moeda é muito mais fácil do que deixar de fazê-lo e de certa forma ajudar os mais necessitados, os doentes e amparar os deserdados teria sido uma recomendação do Mestre Jesus, que afirmou que todas as vezes que assim procedêssemos em Seu nome, estaríamos ajudando a ele mesmo. Muitos dos que assim procedem, fazem-no mais por disciplina do que por espírito de compaixão, esperando naturalmente receber alguma coisa ou vantagem por ter dado aquilo que lhe sobrava.

Em nossa procura por D-us, chegamos às Igrejas, aos Centros Espíritas, às Fraternidades e às Sociedades Iniciáticas, esperando ali encontrar uma proximidade maior com a Divindade; porém, quase sempre encontramos homens e mulheres com atitudes beligerantes, fanáticas, intolerantes e agindo como autoridades incontestáveis sobre uma verdade que elas mesmas desconhecem totalmente.

Necessitamos de compreensão e encontramos algozes, carecemos de tolerância e encontramos muitas vezes fanáticos que nos exigem aquilo que eles mesmos não podem dar. Buscamos a sabedoria e encontramos conceitos fundamentados em disciplinas que agridem os mais ínfimos preceitos da paciência e do entendimento.

Alguns, porém, persistem no entusiasmo, mais por medo de confessar um fracasso do que por ter achado a verdade, muitas vezes superior a eles mesmos.

Não é raro abandonarmos tudo e continuarmos a nossa "vidinha comum", afastados de nossa procura real, apenas por não termos sido servidos como a nossa Alma anelava, mas com o que, infelizmente, o mundo parece não se importar.

Temos fé, espírito caritativo, demonstramos devoção, estamos prontos para servir; porém, sempre nos falta algo e não chegamos a encontrar alguém para nos ensinar o que realmente é fundamental para responder ao nosso despertar espiritual. E esse fundamental que faltou como cerne de nossa procura pode ser resumido numa única palavra: *Amor*, que verdadeiramente falta em nossas religiões, instrutores, doutrinas, fraternidades, etc.; não porque esta palavra não se encontre em todos os lugares e situações mencionadas, mas porque ela não é compreendida e percebida como a chave que abre a porta para chegarmos a D-us. E estamos todos comprometidos na busca deste D-us, ou na reintegração daquilo que somos.

O QUE É D-US?

"D-us, objetivo e finalidade de tudo, dobradiça sobre a qual tudo se movimenta. Tudo dele procede e, por isso, deve constituir-se em objeto e alvo de um conhecimento sempre maior."

Roger Bacon

O *Eterno* não se permite apreender pelo conceito, em outras palavras, aquilo que é nomeado não deixa de ter um reducionismo conceitual. Nesse sentido, um D-us compreendido não é um D-us. Para clarear este argumento, vejamos o que diz Tersteegen num hino cujo impronunciável (*árreton*) é o fundamental:

Tu és!
Nem os ouvidos nem a luz dos olhos
Conseguem alcançar-te
Nenhum como, porquê nem onde
Está em Ti como sinal.
Tu és!
Teu mistério está oculto:
Quem poderá sondá-lo!
Tão profundo, tão profundo –
Quem poderá encontrá-lo!

A significação é invisível, mas o invisível não está em contradição com o visível; o visível, em uma estrutura interior invisível, e o invisível é a contrapartida secreta do visível. Entre os intervalos de cada respiração, encontra-se o ponto fulcral que dá ignição ao ato mágicko e ao possível encontro com as verdades ontológicas, forças em movimento que trafegam de dentro para dentro. Para que isso aconteça, precisamos mudar nossa maneira de ver e sentir as coisas, precisamos nos apaixonar. Então tudo acontece como num passe de mágica. Dessa forma, o amor dará uma mudança de ótica e de visão transcendental levando o desfecho do ritual à redenção, não no sentido primário de salvar a alma, garantindo o paraíso, mas num sentido mais pragmático de certeza de que os "movimentos" transcorreram dentro de uma proposta justa e perfeita. Olhar as coisas à maneira de nossa inocência certamente nos dará acesso aos mistérios, por isso precisamos confiar mais na imaginação do que na experiência. Não há começo nem fim na imaginação, mas ela se deleita nas próprias estações invertendo a ordem usual à vontade. Além da razão superficial, há um movimento, concreto, uma tendência para dentro que busca a si mesmo, e este intervalo, que de segundos torna-se eternidade, nos elevará aos planos internos ascencionados e nos possibilitará uma verificação que não se discute a veemência e a autenticidade, pois somente *nós* mesmos, *de dentro da caverna*, poderemos conhecer esta realidade sem que haja necessidade de arraigar o fenômeno dentro dos limites do racional com o irracional, isto é, fora do tempo e do espaço. Aquilo que é torna-se verdadeiro e não necessita compreensão literal (racional) para definir ao comprovar sua realidade, uma vez que é uma experiência pessoal e que também não tem a pretensão de trazer a público os efeitos e comprovações advindos do sagrado. Em outras palavras: eu não desenvolvo; eu *sou*.

Ao buscar a realização da *Vontade Verdadeira*, seja através de um ritual ou outros mecanismos, precisamos nos dar conta destes detalhes para que o sucesso nos seja garantido. Preparando um ritual, devemos primeiramente descobrir não somente a necessidade, mas também a legitimidade com a qual poderá desencadear forças e mecanismos que trarão mudanças nas nossas vidas e nos nossos arredores. O ritual fundamentalmente nas suas fórmulas deve ter sempre como pano de fundo o altruísmo e nunca o egoísmo como tempero.

Além dos rituais, temos o mito que nos leva a movimentos práticos. Sempre precisamos escolher, eleger um mito para servir de veículo ao nosso objetivo, mas quem dá o combustível a esse veículo somos nós mesmos; precisamos suas fórmulas, mantras, inteligências, além dos paramentos da arte mágicka[8], dentro dos mais meticulosos detalhes, para que tudo ocorra com segurança e sucesso. Platão conta o mito e, na última passagem, diz que ao preservar o mito podemos nos preservar melhor e prosperar. Em outras palavras, o mito tem uma função psicológica redentora, e uma navegação dentro de uma mitologia traz inspiração e paixão arrebatadora.

> *"A partilha do saber é um ato de liberalidade e não teme a dispersão. Do mesmo modo como uma única chama se podem acender muitas luzes, quando é transmitido aos outros tu não causas dano algum à principal fonte, uma vez que ela tem a propriedade de resplandecer mais intensamente, todas as vezes que encontra um meio de ser útil"*
>
> Alexandre o Grande

---

[8] A Magick de Crowley nada tem a ver com aquilo que vulgarmente se entende por Magia; está profundamente baseada em um sistema, firmando-se no Poder Gerativo para atingir a Consecução Espiritual por meio desse Poder. Não é, portanto, de se admirar ter sido ele tão combatido pelos pseudos pudicos. O "K" final da palavra Magick é a décima letra do alfabeto mágico. "K" também é kHz, Khou ou Queue, simbolizando a cauda ou vagina, venerada no Egito Antigo como a fonte do Grande Poder Mágico. Lembre-se de que a Magick é a Arte da Vida, portanto, de causar mudança de acordo com a Vontade; portanto, sua lei é *amor sob vontade*, e todo seu movimento é um ato de amor.

Ao começar um ritual, seja ele dentro de qualquer mito, o nosso *daimon* (SAG – *Sagrado Anjo Guardião*) deve ser o primeiro a ser convocado, pois somente ele trará de fato aos nossos desejos e necessidades aquilo que realmente nos aprazará com as benesses e favorecimentos que não contradigam com nosso verdadeiro objetivo nesta experiência terrestre. Além disso, precisamos prestar atenção e tentar perceber a vida e o mundo a partir do olhar da criança que vive dentro de cada um de nós, com o fim de captar os primeiros sinais do *daimon* em ação, entender suas intenções e não bloqueá-lo. É necessário que aqueles que querem se tornar sábios e felizes estejam inteiramente convencidos e compenetrados nisto que acabo de dizer. É também nossa missão fundamental repassar o "conhecimento" de forma que as pessoas façam dessas informações estradas seguras, que as levarão sempre a um destino saudável e de luzes restauradoras. Mas não basta que acreditem na minha palavra, nem que estejam persuadidos disso pelo brilho de uma luz passageira; é necessário que saibam pelas próprias experiências e ensaios práticos que essas verdades não podem ser jamais apagadas (esquecidas) de seus espíritos e devem estar presentes em todos os seus estudos e em todas as outras ocupações de suas vidas. Não basta fazer um breve ou longo ritual mágico para ter o lucro ou merecimento; é preciso que se transfira para o cotidiano toda a força e intenção deste para que mude suas vidas de forma concreta. O que está em questão é fazer o espírito sentir sua servidão e a dependência na qual se encontra nas coisas sensíveis, a fim de despertar de seu adormecimento e libertar pelo próprio esforço os entraves que limitam nossas vidas.

O mais belo, o mais agradável e o mais necessário de todos os conhecimentos é, sem dúvida, o conhecimento de nós mesmos. De todas as ciências humanas, a ciência do homem é a mais digna dele. Entretanto, essa ciência, às vezes, não é a mais cultivada, nem a mais acabada que temos. Os homens comuns negligenciam-na inteiramente. Entre aqueles que se orgulham da ciência, poucos se aplicam a ela, e muito menos ainda as aplicam com sucesso. A maior parte daqueles que passam por hábeis no mundo não vê senão muito confusamente a diferença essencial entre o espírito e a matéria. Mas, por mais que essas ideias possam parecer muito abstratas e fora do escopo da imaginação corriqueira, pode afigurar-se adequado exprimi-las com relação às propriedades que convêm à matéria, as quais, podendo facilmente ser imaginadas, tornaram as noções atribuídas a essas duas palavras *vontade* e *entendimento*, mais distintas e, mesmo, mais familiares. Deve-se notar que essas relações do espírito e da matéria não são inteiramente justas, e essas suas coisas são comparadas somente para tornar o espírito mais atento e como ilustrar aos outros aquilo que queremos dizer.

Estão encerradas na matéria, ou na extensão, duas propriedades ou duas faculdades. A primeira é a de receber figuras, e a segunda é a capacidade de ser movida. Do mesmo modo, o espírito do homem encerra duas faculdades: a primeira, que é o *entendimento*, tem a propriedade de receber várias ideias, isto é, de perceber várias coisas; a segunda, que é a *vontade*, é a faculdade que recebe várias *inclinações* ou quer diferentes coisas, daí que por extensão deve-se ser capaz de receber dois tipos de figuras, umas que são exteriores e outras interiores, mas que também se resumem numa só e única coisa, que podemos chamar de configuração aquilo que a figura que é interior e é também necessária a todas as partes da qual a outra é composta, para que ela seja o que realmente é. Do que se conclui que somente o entendimento percebe ou conhece, visto que somente ele recebe as ideias dos objetos, pois é uma mesma coisa para a alma perceber um objeto e receber a ideia que o representa. O entendimento também percebe as modificações da alma (ou as sente), uma vez que este entendimento é a faculdade passiva da alma pela qual ela percebe todas as diferentes modificações das quais é capaz. Sentido e imaginação, eis os azimutes que conduzem o *magista* diante do ritual. Costumo dizer que após abrirmos um ritual não será nossa personalidade como a concebemos que dirigirá os trabalhos e sim o Eu divino (o átomo *nous*) que passa a representar nossos verdadeiros ideais de proposta de evolução; por isso, não devemos interferir se diante do roteiro mágicko. Nosso corpo visível deve ficar em segundo plano diante de outro, uma vez que "ele" passará a dirigir os trabalhos com desenvoltura, determinação e originalidade.

    Isto nos arremete à ética aristotélica. Basicamente, a ética de Aristóteles é teleológica. Toda ação humana é realizada em vista de um fim. Se, pois, as ações tendem a um fim e este, por sua vez, deve ser um bem soberano, então, o fim último das ações é o bem. Para Aristóteles, o bem soberano é a felicidade, para onde todas as coisas tendem. Ela é caracterizada como um bem supremo por ser um bem em si. Portanto, é em busca da felicidade que se justifica a boa ação humana. Todos os outros bens são meios para atingir o bem maior que é a felicidade. A felicidade é o bem supremo, autossuficiente, desejado por si e por causa de si e nunca em vista de outro bem. Ela é adquirida constantemente. Não é algo estancado, mas um movimento de ação que dá vitalidade ao homem. Portanto, a felicidade é um bem propriamente humano e essencial para a vida do homem. Todas essas considerações acerca da felicidade são aproximações parciais do bem, porque a virtude, a justiça, os bens da alma e os bens exteriores, são bens relativos à ação individual de cada homem.

O BEM SUPREMO
Por Jayr Rosa de Miranda

Falamos em amor como falarmos qualquer outra palavra porque não compreendemos seu verdadeiro significado e é sobre isto que precisamos esclarecimentos.

Amor, em verdade, é a coisa mais importante de nossa existência. É o único caminho que nos faz encontrar D-us.

Mas agora vem a pergunta: *O que é Amor?*

Naturalmente, cada um de nós tem um conceito pessoal sobre isso, mas hoje temos mais possibilidade de defini-lo por aquilo que ele não é do que pelo que ele é. Amor, por exemplo, não é o que acontece com duas pessoas que se apaixonam; este tipo de afeição é exclusivista, junta duas pessoas, mas a maioria das vezes as separa daqueles que a amam mais e fere impiedosamente aqueles que se lhe opõe. Amor, podemos dizer, não é querer para si, mas ao contrário, um sentimento que envolve a tudo e a todos, como foi nos ensinado pelos mestres de todas as religiões.

Mas a melhor definição que podemos encontrar da palavra Amor encontramos em Paulo em sua primeira carta aos Coríntios, onde, de certa forma pobremente, se considerarmos que ele também começa definir amor pelo que ele não é, acaba por nos dizer como ele pode ser percebido pela nossa compreensão.

Em sua 1ª. Carta aos Coríntios (Capítulo 13, versículos de 1 a 13), Paulo nos diz:

O DOM SUPREMO

Ainda que eu fale as línguas dos homens e dos anjos, se não tiver amor, serei como o bronze que ecoa, ou como o címbalo que retine.

Ainda que eu tenha o dom de profetizar e conheça todos os mistérios e toda a ciência; ainda que eu tenha tamanha fé a ponto de transportar montanhas, se não tiver amor, nada serei.

E ainda que eu distribua todos os meus bens entre os pobres, e ainda que entregue o meu próprio corpo para ser queimado, se não tiver amor, nada disso me aproveitará.

O amor é paciente, é benigno,
o amor não arde em ciúmes,
não se ufana,
não se ensoberbece,
não se conduz inconvenientemente,
não procura os seus interesses,
não se exaspera,
não se ressente do mal;
não se alegra com a injustiça, mas regozija-se com a verdade.
Tudo sofre, tudo crê, tudo espera, tudo suporta.

O amor jamais acaba; mas, havendo profecias, desaparecerão; havendo línguas, cessarão; havendo ciência passará; porque em parte conhecemos e em parte profetizamos.

Quando porém vier o que é perfeito, então o que é em parte será aniquilado.

Quando eu era menino, sentia como menino, pensava como menino; quando cheguei a ser homem, desisti das coisas próprias de menino.

Porque agora vemos como em espelho, obscuramente, então veremos face a face; agora conheço em parte, então conhecerei como também sou conhecido.

Agora, pois, permanecem a fé, a esperança e o amor, estes três: porém o maior destes é o amor.

Ele começa afirmando que o dom da perfeita comunicação entre o céu e a terra, ("Ainda que eu fale as línguas dos homens e dos anjos"), sem amor deixa a desejar, pois não teria o poder de nos colocar em comunhão com a Divindade e seria como o bronze que ecoa, ou como o címbalo que retine, ou seja, palavras levadas pelo vento.

Em seguida, cita valores que todos gostaríamos de possuir, tais como a própria sabedoria divina e a dos homens e mesmo possuir a fé do tamanho da

67

semente de uma mostarda, pois tudo isso sem amor, nos diz Paulo, não integra o homem a D-us.

Ainda que eu tenha o dom de profetizar e conheça todos os mistérios e toda a ciência; ainda que eu tenha tamanha fé a ponto de transportar montanhas, se não tiver amor, nada serei.

E depois, ainda contrariando nossos conceitos dos valores espirituais, deixa claro que a caridade, mesmo aquela que nasce pelo sentimento de pura solidariedade e o próprio sacrifício de nosso bem-estar ou de nossa vida, sem amor, ela nada aproveitará ao homem.

E ainda que eu distribua todos os meus bens entre os pobres, e ainda que entregue o meu próprio corpo para ser queimado, se não tiver amor, nada disso me aproveitará.

Continuando, Paulo nos fala da importância do amor, mas depois das palavras demolidoras anteriormente expostas, passa, apenas, a explicar alguns dos atributos do amor, utilizando exatamente a linguagem da analogia, só afirmando positivamente dois desses atributos: O amor é paciente, é benigno. O restante, passa a explicar o que o amor não é, mas não diz o que o amor é.

> *O amor é paciente, é benigno,*
> *o amor não arde em ciúmes,*
> *não se ufana,*
> *não se ensoberbece,*
> *não se conduz inconvenientemente,*
> *não procura os seus interesses,*
> *não se exaspera,*
> *não se ressente do mal;*
> *não se alegra com a injustiça, mas regozija-se com a verdade.*

Prossegue tentando explicar como se comporta o amor ("Tudo sofre, tudo crê, tudo espera, tudo suporta"); fala de sua eternidade ("O amor jamais acaba"), de sua supremacia sobre todos os outros dons considerados divinos e importantes em sua época ("mas, havendo profecias, desaparecerão; havendo línguas, cessarão; havendo ciência passará; porque em parte conhecemos e em parte profetizamos") e, sutilmente, começa a utilizar uma linguagem esotérica, nomeando-o "o perfeito", afirmando que quando Ele se manifestar, o que é parte será aniquilado, ou seja, deixará de existir ("Quando porém vier o (Aquele) que é perfeito, então o que é em parte será aniquilado"). Nisto fica então evidenciado um outro atributo do Amor: sua capacidade de integração da totalidade da vida emanada, com o Criador, ou seja, o amor é o único caminho para a própria Divindade. Quando Ele vier (O amor, ou seja, a própria Divindade), o homem, que é parte, integra-se no Todo.

E, ainda utilizando linguagem esotérica, deixa sua mensagem sobre o que é amor, ou seja, que é algo inexplicável, que a humanidade, ainda infantil, não tem condições de abandonar a estrutura mental em que baseia seus pensamentos para chegar a compreender o que é o amor ("Quando eu era menino, sentia como menino, pensava como menino; quando cheguei a ser homem, desisti das coisas próprias de menino"). Somente quando ela se tornar adulta espiritualmente e desistir de seus conceitos terra a terra, o homem poderá olhar sua própria imagem como ela realmente é: face a face, o homem como a Própria Divindade e, deixando de ser parte, ele se integra no Todo, sendo reconhecido pela Divindade como Ela própria nos conhece ("Porque agora vemos como em espelho, obscuramente, então veremos face a face; agora conheço em parte, então conhecerei como também sou conhecido").

Finaliza testificando que entre aqueles valores que o homem reputa como os maiores, o Amor é o maior deles ("Agora, pois, permanecem a fé, a esperança e o amor, estes três: porém o maior destes é o amor").

Mas, neste caso, ainda cabe a nós perguntar: o que é o Amor? Que tipo de sentimento especial é esse tão comentado e tão aparentemente inacessível?

Paulo, como vimos, não chega a defini-lo. Apresenta-o como algo composto de vários atributos, mas não chega a sua síntese. De certa forma, compara-o à luz atravessando um prisma cujos raios formam um arco-íris de virtudes que devemos praticar em todos os momentos de nossas vidas, sem as quais não estaremos vivenciando o amor e chega a declarar nesta carta aos Coríntios que o amor é composto de nove ingredientes:

1 - Paciência: *"O amor é paciente"*.

2 - Bondade: *O amor é benigno"*.

3 - Generosidade: *"o amor não arde em ciúmes"*.

4 - Humildade: *"não se ufana nem se ensoberbece"*.

5 - Delicadeza: *"O amor não se conduz inconvenientemente"*.

6 - Entrega ou doação: *"Não procura seus interesses"*.

7 - Tolerância: *"não se exaspera"*.

8 - Inocência: *"não se ressente do mal"*.

9 - Sinceridade: *"não se alegra com a injustiça, mas regozija-se com a verdade"*.

Ou seja, essas virtudes compõem o Dom Supremo, ou seja, o Amor, e a ausência de qualquer uma delas em nossas atitudes na vida diária, nos impede de experimentá-lo, porque, neste caso, ou estamos com a Divindade, que é o puro amor, ou estamos contra ela, negando-a, através do desamor.

Precisamos tentar compreender a essência da Carta. "O amor é 'O Perfeito', a própria Divindade, que se manifesta em nós, e só poderemos experimentar o Amor quando estivermos identificados com a Perfeição de nossas atitudes que é a vida do Perfeito" que existe em todos e cada um de nós. Sua essência é uma vibração que não pode descer sequer uma oitava de Seu Plano de consciência. Nós é que temos de ir a Ela pela profunda aspiração de nos identificarmos com sua realidade. A própria Divindade é aquilo que denominamos amor. Ela é integrante, participativa, envolvente, mas, ao mesmo tempo, libertadora, serena e tranquila por excelência por conhecer tudo em relação a nós e nossa final integração em sua essência, quando realmente deixarmos que Ela, o Amor, faça parte de nosso viver dia a dia..

Tem o homem condições de vivenciar este Verdadeiro Amor?
- No estado de consciência em que se encontra atualmente o vulgo, Não!

Essa vibração é incompatível com os tipos de vibrações provocados nos corpos do homem pela impaciência, pela maldade, pela usura, pela soberba, pela grosseria, pelo egoísmo, pela perfídia, pela mentira e, principalmente, pela intolerância e pelo preconceito, sempre presentes na vida das pessoas que se julgam virtuosas, como nós aqui presentes, que provavelmente nos julgamos melhores do que os espíritas, que os protestantes e os católicos, para não dizer de outras comparações que fazemos. Comparações essas sempre ausentes de um critério em que, costumeiramente, a presença d´O Perfeito, ou seja, da Divindade, o Amor que reside em cada um de nós, é repudiada por nós como desnecessária e não se ajusta aos nossos critérios de certo e errado, porquanto o conforto que a nossa mente nos propicia é inalienável para o que chamamos de nossa felicidade pessoal. No pessoal não existe a Divindade, estritamente por causa da negação que fazemos das virtudes que a constituem.

O Amor é da natureza d´O Perfeito e só quando pudermos participar dessa natureza é que poderemos experimentar o Amor. Não nos enganemos. É a Lei da vida que assim nos revela. Nossos esforços para atingir essa natureza devem ser mais incessantes do que o afã do sedento que está no deserto para encontrar água límpida e fresca. O amor é a verdadeira vida e a natureza da própria vida. Morremos em cada existência porque não chegamos a realizar o Amor que, como diz Paulo, *"jamais acaba"* e repetimos nós, o amor é a verdadeira vida.

A vibração mais próxima do amor para nós deve ser exercitada pela fraternidade plena. A temos cultivado? Deixamo-nos envolver pelas dificuldades de nossos semelhantes, comparticipando de suas desditas sem o desequilíbrio provocado pelas emoções inconsequentes que nos fazem duvidar do amor de D-us para suas criaturas? Procuramos socorrer silenciosamente aquele que sofre, com nossas vibrações e ações de simpatia e solidariedade, sem maldizer as condições sociais a que está exposto? O exercício da fraternidade é o único sentimento nobre que se nos aproxima de D-us. É o Amor Real que o ser humano pode sentir e sua natureza é da mesma intensidade que da luz que passa pelo Prisma de nosso coração e refrata-se nas nove virtudes inerentes ao Amor.

Sugerimos aos queridos leitores a examinarem e analisarem esses momentos e estados psíquicos de solene devoção e arrebatamento da alma, e observarem atentamente o que recebemos em reação ao exercício da *fraternidade*, embevecidos de uma moral ilibada, contemplando àquele com uma boa ação; isto é verdadeira magia, isto é ascensão espiritual, isto é ser *deus* na sua completude final. Esta é seguramente uma forma profícua de buscar a felicidade.

SEGUNDA PARTE

O SIMBOLISMO MAÇÔNICO GNÓSTICO

KABBALA E FILOSOFIA

"O Anjo diz: Cada homem vê a Natureza à sua maneira. O que ele vê é apenas uma imagem. Todas as imagens devem ser ignoradas; o Adepto deve aspirar de todo coração à Pedra Polida. Este assunto não pode ser discutido em linguagem vulgar; o rei tem que falar dos assuntos da realeza de uma maneira soberana.

Então houve silêncio. A fala nos deixara por algum tempo."

A∴A∴ Publicação em Classe A.
Liber Cordis Cincti Serpente

MAÇONARIA SIMBÓLICA, MÁGICKA E ESPIRITUALISTA

"A Vida é a minha Religião, o Universo meu Altar."

Carlos Raposo

Inicialmente, devemos começar declarando que toda a filosofia da Francomaçonaria se encontra documentada em seus rituais, catecismos e manuais. Fora da História legal Maçônica, a literatura referente à Instituição deve ser considerada como comentário dos documentos oficiais.

Segundo a Constituição maçônica, a Francomaçonaria é uma instituição universal, iniciática, essencialmente filosófica, filantrópica e progressiva. Segundo o catecismo do primeiro grau, tem por finalidade o aperfeiçoamento moral, intelectual e físico.

O Ritual de Iniciação ortodoxo diz:

"Um recinto aonde vem ascender seu céu, a fortalecer sua vontade e a reforçar sua perseverança, para dedicar-se ao cultivo da virtude e a aquisição da verdade".

Outros autores já comentam que a Francomaçonaria é um sistema de moralidade, expressado por símbolos e alegorias. Daí as diferentes definições que se dão de nossa Augusta Ordem, que encobrem o propósito que persegue, o que veremos refletidamente no decorrer das explanações.

Faremos algumas lucubrações, analisando e meditando sobre alguns misteriosos ensinamentos começaremos com Marcha do Aprendiz.

A direção é do Ocidente para o Oriente. Que significa o Ocidente? Segundo o Catecismo: *"Representa o mundo visível que impressiona os sentidos e, de maneira geral, todo o que é concreto".*

Que significa o Oriente? – *"Pelo contrário, representa o mundo inteligível, que somente se revela ao espírito; em outras palavras. Tudo que é abstrato".*

Porque se marcha do Ocidente ao Oriente? O mesmo Catecismo responde: *"Porque do Oriente vem a Luz".*

Que significa a Luz? – Segundo o Evangelho de São João (nós referimos a este evangelho porque as Lojas são Joaníticas) significa uma luz que não é sensível, mas intelectual, e ilumina a própria alma. Dessa forma, no trolhamento, o V∴M∴ perguntava aos visitantes: De onde vindes? E eles respondiam: *"De uma Loja de São João".* Os maçons operativos (construtores das Catedrais na Idade Média), ao iniciar-se no cristianismo como instituição oficial converteram o deus bifronte *Janus* em São João (Jano, em latim *Janus* foi o deus romano que deu origem ao nome do mês de Janeiro). Era representado com dois rostos - que olhavam em sentidos opostos - para significar que ele presidia o fim e o começo de todas as coisas. Sendo assim, nessa dupla função, o responsável por abrir as portas para o ano que se iniciava. E constituía uma exceção entre os deuses romanos porque não apresentava um correlato no panteão dos deuses gregos.

Num dos atos da liturgia, no decorrer do Ritual de abertura, abre-se a Bíblia no Evangelho de São João. Finalmente, as principais festas maçônicas estabelecidas por um Ritual, realizam-se nos dois Solstícios, e um deles recorda João Batista e o outro o João Evangelista; daí a tradição na Francomaçonaria de comemorar as festas solsticiais, e, portanto, mantendo-se aqueles como patronos da Ordem maçônica.

Se lermos atentamente os quatorze versículos primeiros de São João e observarmos os termos importantes, teremos: Se o Verbo é D-us e D-us é a Vida e a Vida é a Luz dos Homens: deduzimos que a Luz representa a D-us para os homens. Segundo a ciência: se dividir um fóton, que é um átomo de luz, obtém-se um próton e um elétron, partículas que constituem o átomo da matéria. Desse antecedente, o físico Luís de Broglie (prêmio Nobel de Física) tirou a seguinte conclusão: *"A Luz é a matéria em sua forma sutil"*. Da mesma forma, a matéria é um estado da luz, como o gelo é um estado da água. Com isso podemos dizer que a luz é a origem da matéria e esta não é mais que uma concreção daquela.

Desse modo, a ciência está chegando ao convencimento de que o Cosmos tem origem espiritual; porque detrás da matéria está a Luz, detrás da Luz está a Vida, detrás da Vida está o Verbo e o Verbo é D-us (Evangelho de São João).

Portanto, segundo a Francomaçonaria, o Evangelho de São João é a ciência, a Luz significa uma expressão de D-us.

São três os Passos da Marcha do Apr∴, significam os três graus que constituem a Maçonaria Simbólica. Cada grau corresponde a um aspecto da personalidade humana: físico, psíquico e espiritual. O primeiro passo chama-se *"luta"*; o segundo, *"perseverança"*; e o terceiro, *"fraternidade"*. A marcha se inicia com o pé esquerdo, que corresponde ao lado onde se encontra o coração, residência do Eu Superior, que no grau de aprendiz se o conhece sob o nome de "Força", e que, segundo a interpretação da Bíblia, no livro dos Reis, Cap. 7°, versículo 21 é *"Nele está a força"*.

Completa-se cada Passo da Marcha, unindo o c∴ do p∴ d∴ com o c∴ do p∴ e∴, formando uma esquadria, e é nesta posição que os segredos do Grau se comunicam. Essa postura também é considerada como emblema do espírito e os pés em esquadria representam a retidão das ações. Devemos compreender que cada grau da Maçonaria Simbólica há de vencer-se conhecendo com clareza e perfeição os ensinamentos e práticas que lhe correspondem. Durante a marcha, na interpretação mística e esotérica da Francomaçonaria, o aprendiz maçom, no Rito Escocês Antigo e Aceito, não deve levantar o pé do chão, e sim arrastá-lo. Dentro da liturgia maçônica, a marcha tem sentido esotérico, ligado a uma espécie de campo de força do pensamento, gerado pelos irmãos reunidos em Loja; chamam-no Egrégora. O aprendiz maçom está ligado às coisas da matéria, ele constrói seu ser material, ligado à Terra. É o que significa o esquadro sobre o compasso. O aprendiz maçom está ligado às coisas materiais e depois, ao galgar outros graus ele passa a tirar os pés do chão. *Em nenhum momento, nenhuma das palmas dos pés, tanto direito como esquerdo descolam do chão*. Há quem queira explicar este arrastar de pés como ligados ao fato de o aprendiz maçom ainda não estar simbolicamente acostumado com toda a luz, então vai tateando.

De tudo o que se lê a respeito, o arrastar de pés está relacionado unicamente ao fato de o aprendiz maçom estar vinculado ao plano do chão, à Terra, um dos quatro elementos, isso pressupõe que este ainda não galgou a *"escada"* (de Jacó) em direção a sua espiritualização verticalizada. Isto é simbólico, mas pretende passar sensibilidade aos níveis de ascensão consciencial.

O corpo ligeiramente alinhado tem esta atitude simbólica com o objetivo de lembrar que o caminho a percorrer é estreito e requer dedicação e perseverança. A partir dessa exposição, podemos deduzir que a Francomaçonaria é uma instituição que tem o propósito de conduzir o homem do mundo visível e concreto ao invisível e abstrato; da matéria à Luz; da sociedade profana à consciência mágica de D-us. Nesse mesmo processo simbolizou o Mestre Jesus com a conversão do *"Filho do Homem"* em *"Filho de D-us"*. E as ciências esotéricas a denominam Iniciações Reais, ou seja, o passo da consciência do quarto reino, chamado humano, ao quinto reino, ou seja, o espiritual.

A Francomaçonaria influencia de três modos os seus adeptos, assim como são três os aspectos da vida do homem: o *físico*, o *psíquico* e o *espiritual*. Corresponde ao aspecto físico a organização da instituição, desde aquele referente às relações internacionais, até o que incumbe ao trato fraternal entre os irmãos.

Para evitar as contendas que possam suscitar-se, conveniou-se relacionar a circunscrição política com a maçônica; de maneira que um Estado respeite a jurisdição territorial de outros nas atividades maçônicas; pelo menos isso se dá quanto às Obediências das Grandes Lojas. Cada Estado tem um governo maçom, onde estão instituídas as Grandes Lojas, das que dependem as Lojas de sua jurisdição. As Lojas estão constituídas seguindo uma série de requisitos e devem obediência a uma autoridade principal, que se denomina Grandes Lojas, cuja autoridade principal se conhece por Grão Mestre ou Sereníssimo Grão Mestre, com seus imediatos colaboradores e Grandes Dignidades da Ordem. Dessa forma, as Grandes Lojas governam, ensinam e vigiam os trabalhos das Lojas de sua jurisdição, de acordo com a Constituição maçônica e os Regulamentos vigentes, que estão inspirados em normas ou marcas universalmente aceitas que se denominam *"Landmarks"*.

O aspecto Esotérico da Francomaçonaria pertence ao sétimo raio, ou seja, o cerimonial e o desenvolvimento de seus trabalhos dentro dos Templos. As iniciações e as festas maçônicas se realizam mediante cerimônias que incutem no espírito, ou seja, no inconsciente, por sua solenidade inusitada. Realizam-se ritualisticamente dentro de uma dramaturgia intencionalmente criada pelos mestres passados, para ascender aos níveis conscienciais desejados e idealizados desde a sua criação.

Os trabalhos maçônicos, com suas doutrinas e ensinamentos, que chamamos de estudos, concretizam-se em reuniões sistemáticas ou periódicas que se abrem, realizam e encerram de acordo com os rituais especiais. Também fazem parte da organização o trato fraternal que distingue na convivência dos membros, tanto dentro dos templos como fora desses. O respeito, a compreensão e a tolerância dão um ar especial e inconfundível da vida maçônica.

O Aspecto Psíquico da Francomaçonaria rende culto ao trabalho, a tal ponto que os templos maçônicos se denominam Oficinas. Não pode ser de outro modo, posto que a Maçonaria especulativa atual procede da Maçonaria operativa, constituída por operários e obreiros que, durante a Idade Média, construíram na Europa os templos e monumentos arquitetônicos românicos e góticos que hoje despertam nossa admiração.

A Francomaçonaria especulativa atualmente está inclinada a realizar trabalho intelectual e espiritual. O primeiro, com o propósito de colaborar na humanidade em seu afã de desenvolver a mente, mediante o estudo da ciência da vida. E o segundo, situando-se na vanguarda da civilização humana, a fim de orientá-la pelo caminho que conduz ao conhecimento (gnose) da Verdade e na prática da virtude. Ambos os trabalhos, intelectual e espiritual, estão compreendidos no Plano do Grande Arquiteto do Universo.

As Lojas trabalham de acordo com os programas extraídos dos rituais, já que estes se adaptam aos conhecimentos científicos de todos os tempos, porque se baseiam em leis eternas e imutáveis. As exposições, considerações e estudos desses conhecimentos se efetuam de acordo com um plano característico das escolas espirituais, que compreende três níveis: exotérico, esotérico e transcendente. Este plano se desenvolve mediante a um sistema especial: se inicia apresentando o tema em forma de um símbolo, uma alegoria ou uma lenda em ação; logo o adapta ao momento histórico que interessa para deduzir, finalmente, os ensinamentos morais e filosóficos que contenham. A metodologia do ensino é também característica, combina a dedução com a intuição, para chegar à síntese como resultado final, uma típica dialética. Assim, o mestre dá a primeira letra e o estudante deve encontrar a segunda, para que se comunique a terceira, sucessivamente, e em forma alternada, até que o estudante deduza o ensinamento em sua totalidade. O estudo se realiza num ambiente inalterável de respeito e com a indefectível tolerância da opinião alheia, que invariavelmente serve de base nas relações maçônicas.

O Aspecto Espiritual através da apresentação dos símbolos, palavras e toques se constituem no aspecto velado da influência maçônica. Durante os trabalhos vão se comunicando os símbolos e sinais que correspondem a cada grau e se comentam frequentemente os ensinamentos exotéricos que estes se deduzem. Porém, cabe a cada maçom aprofundar no estudo, até chegar a descobrir os significados esotéricos e transcendentes de cada um. Tomam parte essencial destes ensinamentos o uso e a investigação do significado oculto dos sinais, palavras, toques e outros símbolos. Os ensinamentos, sempre apresentados de forma coloquial dentro da dramaturgia templária na execução dos rituais, catecismos e trolhamentos, são convencionais e satisfazem no primeiro momento. Mas quando se investiga com profundidade e perseverança e se consegue penetrar em seu verdadeiro significado, descobre-se o mistério de verdades insuspeitadas, que por si só podem trocar o conceito da vida e traçar um caminho para um novo e profícuo destino.

É de importância fundamental dar constância aos trabalhos maçônicos. Na presença habitual desse trabalho, não se faz referência ao significado oculto dos sinais, toques e palavras entre outros símbolos, a tal ponto que uma percentagem significativa de maçons os ignoram, e, às vezes, descobrem-nos tardiamente. Porém, tampouco está proibido que os maçons exponham livremente os ensinamentos que tenham logrado, sempre que correspondam ao grau em que se trabalha. O mais importante de tudo isso é que os sinais, toques, palavras e demais símbolos exercem sua influência benfazeja, sem que os estudantes sequer se dão conta. Tal é a razão para recomendar, reiteradamente, que os dirigentes dos trabalhos maçônicos exijam incansavelmente o uso correto deles.

ASPECTOS DO SIMBOLISMO DE JANUS BIFRONTE

Paralelos estabelecidos entre Jano (*Janus*) e Cristo podem parecer estranhos à primeira vista; porém, se refletidos, tornam-se naturalmente legítimos. Um notável documento, que representa Cristo sob os traços de Jano, foi publicado há alguns anos pelo escritor maçom Charbonneau-Lassay. Trata-se de um medalhão esmaltado do século XV, encontrado em Luchon numa obra litúrgica. No alto do medalhão consta o monograma IHS e logo acima um coração; no centro, a figura de Janus Bifronte, de um lado masculino e do outro feminino, e uma coroa sobre as cabeças; do lado masculino, traz numa mão o cetro e na outra uma chave.

Segundo Charbonneau-Lassay, Jano aparece com a coroa na cabeça e com o cetro na mão direita porque é Rei, a chave que abre e fecha as estações; por isso que expandindo a ideia, os romanos ostentavam-no nas soleiras das portas, como também nas entradas das cidades.

Da mesma forma que o Cristo, Janus dos antigos, leva o cetro real, o qual alude o direito em nome do Pai Celestial, como também dos ancestrais deste mundo. Na outra mão, ostenta a chave dos arcanos eternos, a chave manchada pelo seu sangue, que abriu para a humanidade perdida, a porta para a vida. Na quarta das grandes antífonas anteriores ao Natal, a liturgia sagrada aclama da seguinte forma: *"O clavis David, et Cseptrum domus Israel"* - Vós sois, ó Cristo esperado, a Chave de Davi e o Cetro da Casa de Israel. Vós abris, e ninguém mais poderia abrir.

Como dissemos anteriormente, a interpretação mais habitual é uma representação do passado e do futuro, muito embora seja esta tese muito incompleta, mas sob o ponto de vista literal é uma plausível explicação. Por isso que muitas dessas estampas da antiguidade retratam uma face jovem e outra velha, ou de um lado um rosto barbudo e no outro uma face jovem. Este, porém não é o caso de Luchon; um exame pormenorizado não deixa dúvida de que trata-se do Janus andrógino, ou Jano-Jana e basta apenas mencionar a alusão que esta figura tem com alguns símbolos herméticos medievais.

Sob o ponto de vista deste símbolo com o tempo, cabe uma reflexão. Entre o passado que não é mais e o futuro que ainda não chegou uma intocável lacuna temporal, ou seja, o verdadeiro rosto de Jano que não pode ser visto; pois pertence ao presente, na manifestação temporal, onde somente a duração de consciência atinge sua insigne realidade metafísica, e paradoxalmente é no presente que está toda realidade existencial; somente este pode ser articulado.

Por outro lado, o rosto de Jano, dentro da tradição hindu, corresponde ao olho de Shiva (o Transformador), também invisível, correspondendo à glândula pineal, que clareia o pensamento, renova as energias dos processos parapsíquicos e rompe o padrão de inércia implantado na consciência pelas ondas de agitação que se manifestam em seu espaço interno. Porém, quando a sucessão é transmutada em simultaneidade, todas as coisas permanecem no 'eterno presente', de maneira que a aparente destruição é na verdade uma 'transformação', no sentido etimológico mais rigoroso do termo.

A partir de tais considerações, já é percebível e compreensível que Jano representa verdadeiramente aquele que é, não somente só o "Senhor do tríplice tempo", mas também o Senhor da Eternidade. Lassay escreveu ainda que:

> "Cristo domina o passado e o futuro; co-eterno com seu Pai, é como ele o Ancião dos Dias; No princípio era o Verbo, diz São João. Ele é também o pai e o senhor dos séculos vindouros: Jesu pater futuri saeculi, repete diariamente a Igreja de Roma, e Ele próprio se proclama o começo e o fim de tudo: Eu sou o alfa e o ômega, o princípio e o fim. O Senhor da Eternidade".

É evidente que o *Senhor do Tempo* não pode estar submetido ao tempo cronológico, o qual tem princípio, como ensinava Aristóteles, no primeiro motor de todas as coisas, ou o princípio do movimento universal é necessariamente imóvel. O Verbo eterno, sobre o qual se fala nos textos bíblicos, designa-se muitas vezes como o "Ancião dos Dias", o Pai das idades ou dos ciclos de existência (é esse o sentido próprio e primitivo da palavra latina *saeculum*, bem como do grego *aiôn* e do hebreu *ôlam*, que servem para traduzi-la.

Ainda sobre a chave e o cetro nas mãos de *Janus*, assim como a coroa que pode ser considerada como símbolo de poder e elevação no sentido espiritual quanto temporal. O cetro é o emblema do poder real e a chave do poder sacerdotal. Nota-se que o cetro está à esquerda da figura do lado do rosto masculino e a chave à direita, do poder do rosto feminino. De acordo com a exegese da Kabbala hebraica, à direita e a esquerda correspondem respectivamente dois atributos divinos: a Misericórdia (*Chesed*) e a Justiça (*Geburah 'Din'*), que cabem claramente à Cristo, em especial quando o consideramos no seu papel de Juiz dos vivos e dos mortos. As árabes fazem uma distinção análoga dos atributos divinos e dos nomes que lhes correspondem: "Beleza" (*Djemâl*) e "Majestade" (*Djelâl*). Podemos interpretar ainda, com essas últimas designações, porque os dois aspectos considerados foram representados por um rosto feminino e outro masculino.

83

Em tese, a chave e o cetro, que substituem a representação mais comum de Jano com duas chaves, tornam mais claro ainda um dos significados deste emblema, isto é, o duplo poder que procede de um princípio único: poder sacerdotal e poder real juntos, segundo a tradição judaico-cristã, na figura de Melquisedec que segundo São Paulo *"tornou-se semelhante ao Filho de D-us"*.

Como vimos, Jano, comumente leva duas chaves; são as chaves das duas portas solsticiais, *Janua Coeli* e *Janua Inferni*, que correspondem, respectivamente, ao solstício de inverno e ao solstício de verão, isto é, aos dois pontos extremos do percurso do Sol no ciclo anual, pois Jano, enquanto "Senhor do Tempo", é o *Janitor* 'porteiro' que abre e fecha o ciclo. Num outro sentido, ele é também o deus da iniciação aos mistérios: *initiatio* deriva de in-re, 'entrar' (o que liga-se igualmente ao simbolismo da 'porta') e, segundo Cícero, o nome Jano tem a mesma raiz que o verbo *ire*, 'ir' a raiz *i* encontra-se também no sânscrito com o mesmo sentido que no latim, nessa língua tem entre suas derivadas a palavra *yâna*, "caminho" cuja forma é singularmente próxima da palavra Jano. "Eu sou o Caminho", disse Cristo; seria possível ver aí uma outra aproximação? O que discorreremos a seguir parece justificá-la. E seria um grande erro, quando se trata de simbolismo, não levar em consideração certas similaridades verbais, cujas razões são quase sempre profundas, embora infelizmente escapem aos filósofos modernos, que ignoram tudo aquilo que pode receber com legitimidade o nome de "ciência sagrada".

Enquanto Jano era considerado o deus da iniciação, suas chaves, uma de ouro e outra de prata, eram respectivamente as chaves dos "grandes mistérios" e dos "pequenos mistérios". Para empregar outra linguagem equivalente, a chave de prata era a do "Paraíso Terrestre" e a de ouro, a do "Paraíso Celeste". Essas mesmas chaves constituíam um dos atributos do supremo pontificado, ao qual estava essencialmente ligada a função de "hierofante"; como a barca, que também era símbolo de Jano, elas permaneceram entre os principais emblemas do papado. E as palavras evangélicas relativas ao "poder das chaves" estão em consonância com as tradições antigas, todas elas provenientes da grande tradição primordial. Por outro lado, há uma relação bastante direta entre os sentidos que acabamos de explicar e aquele segundo o qual a chave de ouro representa o poder espiritual e a chave de prata o poder temporal (sendo esta última as vezes substituída pelo cetro). Dante atribui ao Imperador e ao Papa as funções de conduzir a humanidade respectivamente ao *"Paraíso Terrestre e ao "Paraíso Celeste"*.

Ainda sobre o simbolismo astronômico dos povos antigos, existem laços muitos estreitos entre os dois sentidos, de acordo com os quais as chaves de Jano eram, tanto das portas solsticiais quanto dos "grandes e pequenos mistérios". O simbolismo ao qual estamos referindo é o do ciclo zodiacal (leia "Os *Ciclos Cósmicos*" de René de Guénon), e não é sem razão que, com suas metades ascendentes e descendentes que têm seus respectivos pontos de partida nos solstícios de inverno e de verão, encontra-se figurado no portal de tantas igrejas da Idade Média. Daí aparece outra significação dos rostos de Jano: ele é o *"Senhor de dois caminhos"* que dão acesso às portas solsticiais. Esses dois caminhos, o da direita e o da esquerda, que os pitagóricos representavam pela letra Y, aparecem também sob uma forma exotérica no mito de Hércules, entre a virtude e o vício. São os mesmos caminhos da tradição hindu, designado como o "caminho dos deuses" (*dêva-yâna*) e o "caminho dos antepassados" (*piri-yâna*). E Ganesha, cujo simbolismo tem inúmeros pontos de contato com o de Jano, é também o *"Senhor dos dois caminhos"*, como consequência imediata de seu caráter de *"Senhor do Conhecimento"*, o que nos conduz a pensar na ideia da iniciação aos mistérios.

Esses dois lados ou caminhos, à esquerda e à direita, são os mesmos em que se dividem os eleitos e os condenados nas representações do Juízo final que por uma coincidência muito significativa, encontram-se com grande frequência nos portais das igrejas, e não em outra parte qualquer do edifício. Estas representações tais como as do Zodíaco, exprimem alguma coisa fundamental na concepção dos construtores das catedrais, que se propunham a dar as suas obras um caráter pantacular, no sentido próprio da palavra, isto é, torná-la uma espécie de compêndio sintético do Universo.

No cristianismo, as festas solsticiais de Jano tornaram-se as dos dois São Joãos, celebradas nas mesmas épocas, ou seja, nas proximidades dos solstícios de inverno e de verão. Também muito significativo é o aspecto esotérico da tradição cristã sempre foi visto como "joanita", o que dá a esse fato um sentido que ultrapassa de modo claro, sejam quais forem as aparências exteriores, o simples domínio religioso e exotérico. A sucessão dos antigos *Collegia Fabrorum* foi, além disso, transmitida regularmente às corporações que através

85

de toda Idade Média guardaram o mesmo caráter iniciático, em especial a dos Construtores. Esta teve os dois São Joãos por patrono, e daí vem a expressão bem conhecida de Loja de São João, conservada pela maçonaria, que é na verdade a sucessora das organizações que acabamos de relatar.

Mesmo sob a sua forma "especulativa", a maçonaria atual conservou, como um dos testemunhos mais explícitos de sua origem, as festas solsticiais às duas faces de Jano. É assim que o dado tradicional das duas portas solsticiais, com as conexões iniciáticas, manteve-se ainda vivo até no mundo ocidental atual, mesmo que de um modo, às vezes, incompreendido.

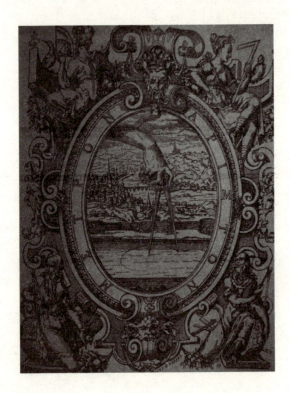

LIBERDADE, IGUALDADE E FRATERNIDADE

LIBERDADE

"Há duas liberdades: a falsa, em que cada um é livre de fazer o que lhes apraz, e a verdadeira, em que é livre de fazer o que deve".

Kingsley

"Subordinar-se aos preceitos da razão, eis a verdadeira liberdade".

Plutarco

Sem Liberdade, não haverá Maçonaria. Aquela é o clima desta, ou seja; o seu sol vivificador. Isso porque a Liberdade é um dos três princípios que compõem o lema emancipador e regenerador da Maçonaria.

Quando a Liberdade se afasta de um povo, a tirania dele se apodera, roubando-lhe as prerrogativas mais naturais, como o próprio dever de pensar.

A Liberdade é um direito inerente a humana natureza e que concede aos homens a faculdade de agir segundo os ditames de sua consciência, pelo qual é dono e responsável de seus atos.

A Liberdade tem a Natureza por princípio, a Justiça por regra e por salvaguarda a Lei. Seus princípios morais estão compreendidos na sublime máxima que a Maçonaria coloca sempre em primeiro termo:

I- *"O que não queres para ti, não queiras para outros"*
II- *"Liberdade para toda humanidade"*

Este é o lema das sociedades que se propõem à abolição da escravatura, seja ela física ou mental.

Nobre tarefa que encerra um dos mais belos ideais maçônicos, o de apagar esse padrão de ignomínia para a época moderna!

Liberdade! É a senda que seguem os maçons que se tornam livres, perfeitos e fraternos.

A liberdade que buscam os maçons não é uma liberdade de fazer exatamente o que lhes venha na vontade, senão a liberdade apoiada na Ordem e na Lei. Liberdade de pensamento, liberdade de palavra falada ou escrita, liberdade de trabalho e liberdade de seguir, ante D-us e ante os homens, dentro dos preceitos do amor.

O pensamento humano, com suas poderosas correntes, atravessa o céu da Liberdade. Para ele não existe fronteiras sem fuzis.

O triunfo da liberdade exige valor e perseverança. Os povos que querem a liberdade conquistam-na. Nada se consegue sem luta, às vezes violentas e ferozes, mas sempre purificadoras. A vida do ser é precedida por derramamento de sangue. A atmosfera se torna mais pura depois de um temporal.

Os maçons amam a Liberdade e lutam por ela, porque a liberdade se opõe à escravidão que degrada o homem e lhe subtrai as mais nobres faculdades.

Os problemas de liberdade e dignidade estão ligados, e querê-los apagar com sangue é deixar vivos os germes de novos conflitos. Os anelos de liberdade e de dignidade agitarão sempre as consciências dos cidadãos e dos povos.

Liberdade! É o sonho de ouro dos povos, porque ela fará desaparecer a opressão, a tirania é a infâmia da desigualdade social, porque os povos livres, fazendo uma tocha de seus ensinamentos, converterão cada homem em um cidadão amante da justiça e da verdade.

Por isso cantaram-na todos os poetas, defenderam-na todos os mártires, predicaram-na todos os filósofos e pensadores.

Se a Liberdade é o ideal do homem, todo homem deve despojar-se do erro que leva a sua alma para a sombra, e seguir o caminho do bem, afinando seu espírito para a obra do progresso, com ideias novas, inspiradas na perseverança e no trabalho.

Porque a perseverança é vontade e o trabalho fonte de vida de toda a sociedade bem organizada, onde a justiça e a liberdade são para os povos palavras de ordem e caminho de perfeição.

Não houve um grito de liberdade na terra sem que estivesse apoiado pela espada de um maçom.

Liberdade! À medida que se desce os degraus da vida social, entra-se no conhecimento de um maior número de tristezas e misérias. Ir em busca de uma justiça mais humana em um ambiente de injustiça manifesta, e de um amor onde pouco se crer, e, assim mesmo, entre sorrisos, na verdade o caso é desesperador e irritante.

A liberdade consiste por no esforço de não querer ser escravo das paixões, das coisas e dos homens. De maneira que, se o caráter das coisas e do mundo circundante, ou seja, o mundo que nos rodeia, impulsiona a vontade de agir em relação à preponderância do primeiro ou do segundo, determinada pela força ou resistência de uma das duas, lógico é chamar liberdade ao fato resultante da preponderância pelo esforço do caráter.

É indubitável que a felicidade é o triunfo da Liberdade em sua luta de liberação contra as paixões, contra as coisas e contra os homens.

IGUALDADE

"A primeira sensação que experimento ao encontrar-me na presença de uma criatura humana, por mais humilde que seja a sua condição, é da igualdade originária da espécie. Uma vez dominado por esta ideia, preocupa-me muito mais do que ser-lhe útil ou agradável, o não ofender nem ao de leve a sua dignidade."

Alexis de Tocqueville (1805-1859)

A doutrina da Igualdade é esposada pela Maçonaria como base dos direitos naturais do homem. É o princípio jurídico de que não deve existir privilégios de castas, ou de indivíduos, porque todos se originam de uma mesma Fonte Criadora, - D-us.

É a segunda das três palavras que formam o lema maçônico. Traduz-se pela conformidade absoluta, pela ausência completa de todo privilégio, de toda distinção de casta e classes ante os homens, colocando todos os cidadãos em uma mesma categoria, no conceito dos direitos e dos bens.

O sentido desta palavra somente se encontra claramente determinado nas ciências positivas, nas quais se expressa a relação que existe entre duas quantidades, uma não excedendo de outra. Mas nas ciências morais e políticas, ainda que se empregue com frequência, esta palavra não foi rigorosamente definida. Nem a antiguidade nos oferece nada que seja aplicável ao presente, nem os legisladores de nosso século puderam encontrar ainda a fórmula para estabelecer essa igualdade tão necessária como difícil, se não de impossível realização, segundo opinam muitos homens eminentes:

"A igualdade é a coisa mais natural e, ao mesmo tempo, mais quimérica".

Voltaire

"A igualdade é uma lei divina, uma lei anterior à todas as leis, da qual todas devem se derivar".

Larousse

"A igualdade é uma lei física, assegura uma parte de liberdade".

Cavaignac

"A igualdade natural dos homens, primeira base de seus direitos, é o fundamento de toda verdadeira moral".

Condorcet

"A igualdade dos direitos não pode ser real mais do que a igualdade, ou quase igualdade, de fortuna".

Condorcet

"A igualdade está na liberdade moral".

Franklin

"A primeira igualdade é a equidade".

Victor Hugo

A Maçonaria cobre a todos debaixo do manto da mais doce igualdade; a todos une debaixo do carinhoso título de Irmão.

FRATERNIDADE

"Fraternidade é a elevação dos sentimentos humanos à sua quintessência; a harmonia travestida de amizade, para a felicidade da vida; a luz espiritual que ilumina os caminhos da humanidade, para o trânsito da paz; a fé que alimenta o amor, para a realização do bem; a bússola que indica o norte eterno."

A.A.K

    O terceiro ponto do triângulo *sócio-filosófico-maçônico* chama-se Fraternidade. A Maçonaria é uma doutrina de fraternidade. Para os Maçons, a fraternidade é um laço simbólico que une a todos por igual, na superfície da terra. Pela fraternidade *"Um por todos e todos por um"*, que é o sábio apotegma da porta dos Templos maçônicos e é a razão de ser no concerto universal.

    A Loja onde essa tocha tenha, por ventura, perdido o seu brilho, é Loja morta, pedra de escândalo para a Instituição. Demonstra que o seu nível mental baixou a zero, ou os seus "operários" se acham abastardados de egoísmo, inflados de errônea e lamentável vaidade.

    A prova da verdadeira Maçonaria, isto é, do cumprimento de sua missão entre os homens, está, justamente, no ensinamento e prática dessa sublime virtude, a fraternidade.

    Por isso, *"o seu terceiro princípio social é o que, para os maçons, constitui a dignidade e a prosperidade da Família, da Sociedade e da Humanidade, em geral"*.

    Animados, os homens, pelo espírito de fraternidade, dizem Terrones Benitez e León Garcia, no magnífico livro *"Os Trinta e três Temas do Aprendiz Maçom"*: *"não conhecerão o ódio, nem a inveja, pois não obstante ser homens é ser antes de tudo tolerantes e generosos, para demonstrar a Divindade, o afeto que confessam a seus semelhantes, e quem se a imperfeição é inerente à nossa espécie, não deixam, por este único fato, o conceito mais digno que têm da Divindade, que sofre pelos vícios dos malvados, do mesmo modo que sorri pelas virtudes dos bons."*

    A Fraternidade, na ordem social, constitui um princípio para mitigar os pesares e para poder alcançar a verdadeira felicidade, e distribuir, durante a curta viagem pelo caminho da vida, os benefícios que a existência há inspirado o maçom dentro de ensinamentos simbólicos.

    A Maçonaria é, não há como negar, a grande Escola de Fraternidade. Na nudez imutável dos seus símbolos está o grande livro, o Magno ensinamento para todos os seus adeptos, porque ela considera o *"Amai-vos uns aos outros"*, Lei Suprema da Vida.

É por isso que, com muito acerto, o erudito maçom Gandara diz:

"O estudo da História nos demonstra que a fraternidade é uma lei natural, e uma lei é igualmente experimentada pelo que a desconhece, como pelo que está em harmonia com ela. As nações, umas depois das outras, os governos, uns atrás dos outros, têm sucumbido por ignorar a Fraternidade.

Quando em uma civilização os fortes oprimem os débeis em vez de protegê-los; quando os ricos exploram os pobres, em vez de auxiliá-los; quando os sábios abusam da fraqueza dos ignorantes, em lugar de instruí-los, o inexorável dedo da Natureza escreve sobre tal civilização; 'Condenada!'.

Transcorre, ainda, um curto lapso de tempo e a tal civilização desaparece.

Tão somente quando se pratica a Fraternidade será duradora uma civilização, e isto não pode acontecer se não se preparam as partes que hão de estabelecer esta Fraternidade. Quando reina a ambição, o ódio a rivalidade e o egoísmo, não pode restabelecer-se a harmonia na coletividade. Necessário é, pois, antes de tudo, que a Maçonaria ponha em prática os ensinamentos que constituem sua finalidade a respeito de D-us, do Homem e do Universo."

Assim, não se pode ser, legitimamente, maçom sem se possuir a "consciência" da Fraternidade. E esta só se adquire pelo "conhecimento" da "Unidade", seja Ela: D-us, Grande Arquiteto ou Causa Primeira, já que sua influência humana; mente, intelecto e emoções, não permitirá sentir e compreender melhor a vida e dirigir suas relações, em sociedade, por um caminho de harmonia e de amor, o que constitui a Fraternidade.

O FARAÓ AMENÓFIS IV – FUNDADOR DE UMA RELIGIÃO OU MAÇOM?

     Graças aos esforços dos etnólogos, filósofos e devotados estudiosos de línguas antigas, que em suas pesquisas conseguiram decifrar os hieróglifos contidos em pedras e papiros, dentro e fora das pirâmides egípcias, é que podemos hoje estabelecer um critério e ter uma ideia aproximada sobre a vida cultural e a história do Egito antigo. Tudo isso devemos aos esforços desses abnegados cientistas, que em centenas de expedições realizaram suas escavações com o fito de esclarecer à humanidade sobre a vida de uma civilização, cuja história pode ser trazida hoje à luz do dia. Arrancando-a do poço fundo do passado que se distancia de nós em linha vertical de mais de 5.000 anos, ou seja, 3.200 anos antes da Era Cristã. Maior teria sido o volume dos nossos conhecimentos se o fogo ateado pelos romanos não tivesse consumido a maior biblioteca do mundo antigo, na cidade de Alexandria, onde nada menos de 700 mil volumes em rolos de papiros transformaram-se em cinzas.

     Entretanto, pelos elementos que possuímos, podemos ainda reconstituir em linhas gerais, e em parte, quase nitidamente, a vida e a história do Egito antigo.

     Sabemos que, não somente no Egito, como também em outros países civilizados, o povo em geral não sabia ler nem escrever. Somente a uma casta privilegiada era permitido mandar seus filhos às escolas mantidas, em sua grande maioria, pelo clero. Na regência do Faraó Amenophis IV as coisas eram dessa forma. O povo vivia na ignorância, obedecendo cegamente às ordens emanadas dos sacerdotes de um lado e do governo do Faraó do outro.

     No ano de 1350 A.C. Amenophis IV subiu ao trono da 18º dinastia. Trouxe consigo, naquela encarnação, ontologicamente, uma concepção do Mundo, e novas ideias que vieram encher de espanto os sacerdotes. Motivada por esta orientação mental do novo Faraó, pela iniciação em certos mistérios, ou como dizem outros documentos, por visões tidas, ou por uma doença que era chamada "sagrada". O fato é que o novo Faraó não acatando as ordens dos sacerdotes do Templo Amon, em Thebas, resolveu disseminar uma nova doutrina, em que afirmava não haver deuses, mas sim somente um único D-us, chamado ATON, o D-us único da Luz e do Amor Fraternal, o D-us que detestava o ódio e as perseguições. O Omnipresente que se encontrava dentro dos homens, como em toda a parte do Universo, já que não possuía forma alguma. Caso os homens chegassem a entendê-lo, Ele, o Omnipotente e Omnipresente, poderia livrá-los das trevas, das guerras e da dor.

Aton, o D-us Uno, sem forma humana ou animal, o Eterno cuja imagem igual ao sol somente se pode sentir e nunca ver o seu rosto, Ele devia trazer ao Egito a Paz duradoura, a abolição da escravatura e um nivelamento social, que não permitiria mais, nem a extrema riqueza, nem a extrema pobreza. Proclamada sua doutrina, o Faraó Amenophis IV, denominou-se doravante Akhenaton, mandando construir templos em Thebas e outras cidades do Egito, em honra ao D-us ATON. Os sacerdotes de Amon, principalmente, com receio de perderem sua influencia sobre o povo e não querendo, ao mesmo tempo, se desfazerem de seus deuses antigos, embora para eles, a religião, naquela época constituísse um "alto negócio", pois eram mais os ricos latifundiários e banqueiros, dos quais os Faraós tomavam dinheiro emprestado nas épocas de secas e outras penúrias, opunham-se à difusão da nova religião, mesmo porque a ideia da libertação dos escravos era para eles uma ideia tão revolucionária que não hesitaram em chamar o novo Faraó de "um louco" um falso Faraó, um Demônio no trono dos Faraós. Devido a esta atitude hostil dos sacerdotes, resolveu Akhenaton mandar construir uma cidade própria para seus adeptos e, conforme está escrito, disse ele: "Entre eles... (os sacerdotes de Amon) não pretendo morar e farei reunir os meus adeptos ao meu redor..." E referindo-se aos sacerdotes: *"O coração do homem é sombrio. Nunca teria acreditado nisso se não tivesse visto com os meus próprios olhos. Pois a minha luz é tão clara que não me é permitido penetrar no escuro. E quando o meu coração se inflama, esqueço-me que existem corações falsos. Mas, existem, certamente, homens que percebem ATON e sentem o seu AMOR, embora não o possam compreender, por terem permanecido a vida toda em trevas e ainda o confundem com o mal que os atemoriza".* Este nobre rei egípcio, considerado um herege pelo clero amonita foi um *psalmista* que cantava à Glória do Ente Supremo, no seu grande hino ao Sol: *"És grande e brilhante e nas alturas, abraças com teus raios luminosos os países que criaste".* Assim falou Amenophis IV, Akhenaton, de acordo com o testemunho de seu médico assistente da Corte, que em sua obra constante de 15 livros escritos no exílio, descreveu tudo o que se passava na Corte dos Faraós entre 1390 e 1335 a.C.

De acordo com essa e outras fontes, Akhenaton mandou, de fato, construir uma grande cidade na margem oriental do Nilo, ao norte de Assuit, denominada de Achetaton e que conhecemos também pelo nome de Amarna.

Enquanto os seus antecessores no trono do Egito se preocupavam em erigir ricos mausoléus em formas de pirâmides, o novo Faraó fez uma exceção a esse hábito de seus ancestrais, pois vivia totalmente para sua reforma. Os amonitas continuavam, no entanto, oferecendo tenaz resistência às ideias reformistas do novo Faraó. Consideravam a nova religião da Fraternidade entre os homens um ato revolucionário de Amenophis IV, e preparavam a derrubada de seu novo D-us, o qual não se achava representado, como era costume naqueles tempos, pela forma de um animal, uma águia, um touro ou qualquer outro, mas apenas e simplesmente por uma Cruz em forma de T. O povo estava, pois, dividido, embora reconhecesse a sublimidade e grandeza do novo ideal, mas temia o clero. Os sacerdotes esverdeavam de raiva e a situação agravava-se quando alguns dentre eles converteram-se à nova religião. Desceu então sobre o Egito a desgraça da mais tremenda proporção humana daqueles tempos. Os adeptos de ATON foram massacrados e famílias inteiras exterminadas. Tingiram-se de vermelho as ondas do Nilo que carregavam em seu dorso uma avalanche de cadáveres. A nova cidade de Akhenaton foi destruída. O Faraó conseguiu escapar ileso, porque os sacerdotes não se arriscavam a tocar num "Representante da Divindade na Terra"; como eram tidos os Faraós naquela época, já para não minar a sua própria autoridade e segurança.

Pouco depois, vitimado pela terrível *"doença sagrada"* (*Epilepsia*[9] "convulsões") morria Amenophis IV, o Akhenaton, e com ele também desaparecia a sua doutrina chamada da Luz e do Amor. O seu sucessor, o novo Faraó Tutankhamon, permanecia fiel a doutrina dos sacerdotes de Amon, por isso os adeptos que existiam do seu antecessor jogaram fora os seus distintivos em forma de um T, passando a adornar seus peitos com chifres em miniaturas, que eram vendidas pelos sacerdotes do deus Amon-Rá o mais poderoso ídolo daquela época sombria.

Este momento da história do antigo Egito é para nós bastante interessante, porque nos mostra, claramente, que já em épocas distantes havia, dentro da evolução espiritual do homem, tendências para tornar a vida mais humana. Queremos acreditar que nem todos os adeptos de Akhenaton foram massacrados, nem todos jogaram fora as suas cruzes, mesmo adornando seus peitos com distintivos em forma de chifres. E que nos subterrâneos dos Templos dos deuses menores como Isis e Osíris, os adeptos de Amenophis IV continuavam em sigilo fiéis ao seu símbolo da Cruz em forma de T, na cristalização de um ideal de Luz e de Amor Fraternal.

---

[9] A ideia de epilepsia se tornou popular com a concepção de possessão. Os epilépticos têm muitas vezes a sensação de terem sido sovados com um bastão por um ser invisível e os ataques (queda rápida, contorções musculares, o ranger dos dentes e a língua saliente) são muitas vezes, no Vale do Amanhecer, atribuídos a estados de transe. Para os gregos, a epilepsia, era uma doença sagrada, ou o que eles chamam de *epilêpsis* ("ataque"), sugere uma intervenção de uma divindade.

GRANDE HINO DE AKHENATON

Este hino está inscrito numa parede do túmulo de Ay, no sítio atual de Tell el-Amarna (Médio Egito). Oficial na corte de Amenóphis IV Akhenaton (c. de 1350 a..C.). Ay sucedeu a Tutankhamon (que, por sua vez, sucedera a Akhenaton) no trono do Egito.

O hino foi composto muito provavelmente pelo próprio Akhenaton em honra do deus-Sol Aton (o Disco), cujo culto exclusivo ele impusera ao Egito, depois de ter abandonado Tebas, seus templos, seus deuses (entre os quais Amon) e seu clero. Falou-se, a este respeito, de "revolução monoteísta". Sabe-se que houve realmente uma tendência monoteísta no pensamento egípcio antes desse rei. Um hino a Amon, de dois arquitetos de Amenóphis III, pai de Akhenaton, é também claro neste sentido.

Este hino é uma glorificação das obras do deus-Sol, Aton, Disco Solar personificado, e da criação, que ele vivifica. Notemos algumas afirmações doutrinais particularmente importantes:

-Aton é único: deus único ao qual nenhum outro se assemelha.

-Sua ação criadora e providencial é universal: ele cria e diversifica raças e línguas e, com sua claridade e mediante o Nilo, rio no Egito e chuva nas regiões montanhosas, dá vida a todo o país.

-O rei é filho do deus, saiu do seu corpo; esta doutrina é muito antiga e está subjacente em todo o pensamento político e religioso do Egito. Aton, pela sua beleza, doma todos os povos para seu filho, o rei, e para a rainha Nefertite.

-O deus está presente em toda a sua criação, mas permanece misterioso para os próprios seres que ilumina. Este tema, frequente em todos os hinos solares, preserva a transcendência divina.

Apresentação do deus universal

> *Tu apareces perfeito no horizonte do céu, Disco vivo, que estás na origem da vida.*
>
> *Quando tu te levantas no horizonte oriental, enches todo o país com tuas perfeições.*
>
> *És grande e brilhante e nas alturas, abraças com teus raios luminosos os países que criaste.*
>
> *Teus raios rodeiam as terras até os limites de tua criação.*
>
> *Tu és Rê; tu submeteste os povos até suas fronteiras.*

> *Tu os domas para teu filho, teu bem-amado.*
>
> *Tu estás distante, mas teus raios estão sobre a Terra;*
>
> *Estás à vista de todos, mas ninguém percebe a tua marcha.*

Ao por do Sol: repouso da humanidade, liberdade dos animais do deserto

> *Quando tu te deitas no horizonte ocidental, a Terra está em trevas, como na morte, os homens dormem em quartos, com a cabeça coberta; nenhum deles pode ver o outro.*
>
> *Todos os seus bens, colocados em sua cabeça, são roubados, e eles não percebem.*
>
> *Os leões saem de seus antros, as serpentes mordem.*
>
> *É a escuridão do ladrão.*
>
> *A Terra jaz no silêncio, porque aquele que a criou repousa no horizonte.*

A criação ao levantar-se do Sol: atividade humana, vida alegre dos animais aquáticos e terrestres

> *Depois a Terra clareia tu te levantas no horizonte e, Disco solar, brilhas durante o dia.*
>
> *Então tu expulsas as trevas e prodigalizas teus raios.*
>
> *Os homens despertam e se endireitam sobre seus pés, porque tu os fizestes levantar-se.*
>
> *Eles se lavam e se vestem.*
>
> *Seus braços adoram tua aparição; em seguida a Terra inteira se entrega aos seus trabalhos.*
>
> *Todos os animais estão contentes em suas pastagens.*
>
> *As árvores e as ervas verdejam.*
>
> *Os pássaros voam fora dos seus ninhos, batem as asas em adoração a ti.*

Todos os animais saltam sobre suas patas.

Tudo que voa e pousa, vive quando tu te levantas para ele.

Os barcos descem e sobem o rio.

Todos os caminhos se abrem quando tu apareces.

À tua presença, os peixes saltam sobre a superfície do rio.

Teus raios penetram até o mar muito verde.

O deus, fonte de vida, transmite-a aos vivos, penetrados do seu sopro

És tu que fazes desenvolver-se o germe nas mulheres e que crias a semente nos homens, que fazes viver o filho no ventre de sua mãe e que a alivias, pondo fim aos seus prantos.

Nutre no seio, ele dá o hálito para fazer viver tudo o que criou.

Quando a criança sai do ventre no dia de seu nascimento, tu abres completamente sua boca e crias tudo de que ela tem necessidade.

O pintinho, ainda no ovo, já pia em sua casca, e lá tu lhes dás o hálito para fazê-lo viver.

Tu lhe prescreveste um tempo para quebrá-la; ele sai então do ovo para gritar a seu tempo e depois que saiu dela, saltita sobre seus pés.

O deus único criou com sabedoria e vela sobre todas as coisas

Como são numerosas as tuas criações!

Elas são escondidas aos olhos dos homens, ó deus único, ao qual nenhum outro é semelhante.

Tu criaste a Terra, segundo teu desejo, quando estavas só: homens, rebanhos, pequenos animais, tudo o que está sobre a Terra e caminha sobre suas patas, os países estrangeiros: Síria, Sudão e o país do Egito.

Tu colocas cada um em seu lugar e crias tudo de que eles necessitam.

> *Cada um tem o que comer, e a duração de sua vida está calculada.*
>
> *As línguas dos homens são diferenciadas em sua expressão, e também sua maneira de viver.*
>
> *Suas cores se distinguem, porque tu diferenciaste os estrangeiros.*

Aton criou o Nilo na Terra e um "Nilo no Céu" : As águas que trazem a vida

> *Tu criaste o Nilo no mundo inferior e o fazes sair dele como te apraz para fazer viver os humanos, porque tu os criaste para ti, tu, senhor de todos eles, por maior que seja o seu número, tu te interessas por eles; Senhor da Terra, que brilhas para eles, Disco do dia, de prodigioso prestígio.*
>
> *Os países afastados, também a eles tu fazes viver.*
>
> *Colocaste um Nilo no céu, e ele desce para eles.*
>
> *Ele forma nas montanhas ondas semelhante às do mar, para irrigar seus campos e as regiões nas quais eles moram.*
>
> *Como são eficazes teus desígnios, Senhor da eternidade!*
>
> *O Nilo que está no céu é o Dom que fizeste aos povos estrangeiros e a todos os animais do deserto que caminham sobre suas patas.*
>
> *O verdadeiro Nilo, este vem do mundo inferior para o Egito.*

Aton cria "mil formas", emanações do seu ser, sem deixar de ser único. Ele cria "para não ter de contemplar apenas a si mesmo". Mas ele continua um mistério

> *Teus raios alimentam os campos.*
>
> *Quando tu te levantas, eles vivem e prosperam para ti.*
>
> *Tu fizeste as estações a fim de trazer à existência tudo que criaste: o inverno, para refrescá-lo, e o verão para que ele te aprecie.*

> *E para veres tudo o que fizeste: Tu és o Único; tu te levantas em tuas formas de Disco vivo, apareces e resplandeces, depois te afastas e retornas.*
>
> *Sem perder tua unidade, crias por ti mesmo milhões de formas: cidades, distritos, campos, caminhos, rios.*
>
> *Todos os olhos te vêm diante de si, porque tu é o Disco do dia colocado em cima do universo.*
>
> *Mas quando tu partes, não existe mais nenhum dos seres que criaste para não contemplares apenas a ti mesmo, se bem que dos seres que criaste nenhum te veja.*

O rei, amoroso com o deus, do qual é filho e profeta

> *Tu estás no meu coração.*
>
> *Não há nenhum outro que te conheça, a não ser teu filho, Neferkheperurê-Uaenrê, porque tu o informaste sobre teus desígnios e teu poder.*
>
> *A Terra veio à existência por tua mão, porque tu a criaste.*
>
> *Quando tu levantas, vive-se, quando tu te deitas, morre-se.*
>
> *Tu mesmo és a duração da vida; todos vivem de ti.*
>
> *Todos os olhos estão fixos em tuas perfeições até que te deites.*
>
> *Todo trabalho é abandonado quando tu te deitas no ocidente.*
>
> *Quando te levantas, fazes crescer todas as coisas para o rei.*
>
> *A pressa se apodera de todas as pernas depois que organizaste a terra e a fizeste surgir para teu filho, saído do teu corpo, o rei do Sul e do Norte, que vive da verdade, Akhenaton... e a grande esposa real que ele ama, Nefertiti.*

Neste Hino podem ser encontradas, sem dificuldade, várias semelhanças com a Bíblia. A semelhança com o Salmo 104 é evidente. O esquema é o mesmo: descrição da criação em dois quadros, noite e dia. Mas o Salmo tem sua originalidade. Os vv. 16-18 supõem outro contexto geográfico. A referência ao Leviatã (v.26) não tem correspondência no poema egípcio. Principalmente os vv. 2-26 dos Salmo retomam, numa ordem quase perfeita, a enumeração das obras do quinto dia, a criação dos animais aquáticos, colocada depois daquela do sexto dia, e na criação do homem, que o Salmo não menciona, ao passo que o hino egípcio volta a ela várias vezes. Este hino pode ser aproximado também de algumas descrições de Jó 38.

-O profeta Natã homologou em benefício de Davi, a ideia, comum a todo o Oriente Antigo, segundo a qual o rei era "Filho de D-us".

-Akhenaton se tornou o profeta incondicional do deus ATON e, como os profetas em Israel, era informado pelo deus a respeito de seus desígnios.

A PIRÂMIDE DE KHEÓPS E SUA RELAÇÃO COM A MAÇONARIA SIMBÓLICA

Dentre as 130 pirâmides egípcias, a mais alta é aquela cuja construção se atribui a iniciativa do faraó Kheóps, e a qual ainda hoje mede 137 metros de altura, com uma plataforma no cume. Afirmam os entendidos que a mesma já mediu a altura de 146 metros, e começa com esta constatação e suas comparações o desvendar dos mistérios que envolvem esta pirâmide simbólica. Verifica-se com esta medida simbólica multiplicada por um milhão a exata distância, em quilômetros, da Terra ao Sol. A sua circunferência é de 36.524 polegadas, que coincide com o número de dias do ano solar. Descobriram ainda os cientistas outras cifras cósmicas na estrutura desta pirâmide para, por exemplo, PI = 3,1416. O professor Noething, em um complexo estudo descobriu, transformando metros em côvados egípcios, que a altura primitiva da pirâmide corresponde a 232,710 côvados e, lendo este valor na horizontal, teremos 23 dias, 2 horas, 7 minutos e 10 segundos, o que evidencia outra cifra cósmica concernente ao movimento elíptico do nosso globo. Porém, para nós, maçons, o que mais interessa é o interior das pirâmides.

Nesta pirâmide tão rica em simbolismo, não foram encontrados, como nas demais, sarcófagos dos reis egípcios mumificados. Encontrou-se apenas um túmulo vazio, cujo significado é facilmente compreendido pelo Mestre Maçom.

O Faraó Kheóps, o primeiro da dinastia, (2550 A.C. a 2450) não era egípcio, mas sim caldeu iraniano, e muito provavelmente foi ele que trouxe de seu país de origem os conhecimentos astronômicos e matemáticos que enriqueceram a civilização egípcia. Constataram os cientistas que todas as medidas desta Pirâmide são de notáveis simbolismos. Toda a pirâmide forma em suas múltiplas dimensões, figuras, direções e inscrições enigmáticas; uma obra dedicada ao Grande Arquiteto do Universo, criador de todos os projetos matemáticos reconhecidos pela mente humana, cujo Templo é a natureza deste Mundo e da sua relação com o Universo.

Uma imensidão de livros já foi escrito em diversos idiomas a respeito das pirâmides, e da cultura egípcia. Devemos ressaltar, porém, que o povo egípcio nada sabia das grandes descobertas no simbolismo das pirâmides. Mesmo entre os sacerdotes, devido a certos graus de iniciação, bem como poucos conheciam todos os símbolos. A iniciação durava muitos anos, dependendo isso do próprio iniciado, pois tinham os mesmos que decifrar e estudar muitos e muitos quadros simbólicos de profundo sentido esotérico. Como o esoterismo tem por condição primária a iniciação, os neófitos tiveram que se sujeitar a provas, para que delas pudessem obter, por experiência própria, todos os ensinamentos e os novos conhecimentos. Assim, a Pirâmide de Kheóps possuía longas galerias, imensos corredores e câmaras misteriosas.

Como iniciados no simbolismo maçônico, não estranhamos a existência dessas galerias, corredores e câmaras, uma vez que avaliamos mesmo o seu elevado sentido simbólico. Há um corredor que desce ao subterrâneo da Pirâmide que termina diante de uma Câmara de trevas, cujo significado é facilmente reconhecido pelo maçom. Nas nossas iniciações no grau de Aprendiz, essa câmara existe simbolicamente. Depois encontramos um caminho que sobe e que conduz à Câmara da Rainha, o que simboliza o Renascimento espiritual. Existe ainda o Livro dos Mortos, que nos descreve em 156 capítulos o sentido simbólico dos corredores e câmaras. O último capítulo desse livro trata da Câmara do Rei, na qual vamos encontrar o túmulo vazio, compartimento esse que também se chama a "Câmara do Grande Oriente". Em nosso Ritual de M∴M∴ encontramos uma gravura antiga que nos lembra o sarcófago simbólico da Câmara do Meio.

Há historiadores da Arte Real que dizem que a origem e nascimento da Maçonaria se perdem na noite dos tempos; com estas notáveis culturas da antiguidade é fácil concordar com esses escritores, que afirmam que a Maçonaria, Arte dos Reis, não nasceu em 1723 na Inglaterra, nesta data somente recebeu uma nova forma de organização e métodos... assim escreve Endres em sua obra "Os Símbolos Maçônicos": Ela vive em sua essência já dentro dos símbolos brilhantes dos mais antigos mistérios, ela já tem alcançado notáveis alturas no Egito antigo, há centenas de séculos a.C. Ela desde o começo juntava homens que ansiosamente desejavam aprofundar conhecimentos que não encontravam nas religiões oficiais. A Arte Real, dentro da forma do simbolismo dos Círculos esotéricos antigos, tem salvado os sentimentos religiosos das intenções políticas e racionalistas de alguns faraós. Dentro dos subterrâneos dos templos de Thebas entre outros, Lojas têm sido guardadas e escondidas. Assim, a Arte Real vem guardando até hoje o sentido sagrado dos mistérios egípcios...

TERCEIRA PARTE

OS TRÊS GGR∴ SSIMB∴

O Simbolismo da Maçonaria

A ARTE REAL EM TEORIA E PRÁTICA

"Então o sacerdote caiu em um profundo transe ou desmaio & disse à Rainha do Céu: Escreve para nós os ordálios; escreve para nós os rituais; escreve para nós a lei!". AL I § 33 - Aleister Crowley.

"Mas ela disse: os ordálios Eu não escrevo: os rituais serão metade conhecidos e metade escondidos: a Lei é para todos". AL I § 34.

Aleister Crowley, *Liber Al Vel Legis*

"A Maçonaria tem sua estrutura fundamental organizada por assembleias, onde os maçons se reúnem periodicamente para trabalharem de forma ritualística segundo a liturgia do rito que adotam.

A essa assembleia regularmente organizada, dá-se o nome de loja e, mais precisamente, de loja simbólica.

As lojas simbólicas, na maçonaria, também designadas de lojas azuis ou lojas de São João são assim designadas porque atribuem os graus simbólicos, a saber:

1. *Aprendiz;*
2. *Companheiro;*
3. *Mestre."*

BOUCHER, Jules. *La Symbolique maçonnique*, Editeur Dervy, 1990

CAPÍTULO I
GRAU DE APRENDIZ
"INICIAÇÃO"

CONCEITO DA INICIAÇÃO MAÇÔNICA NO PRIMEIRO GRAU

O processo da Iniciação é um conhecimento desenvolvido através dos graus, de uma maneira ordenada, sistemática, passo a passo, à medida que se desabrocha no neófito a capacidade de compreender o resultado da sabedoria por meio de um crescimento interno, espiritual, da Alma. Os ritos iniciáticos representam a evolução do espírito humano, evolução que no sistema cristão é mais familiar na alma do ocidente, e que se verifica nas etapas de Purificação, Iluminação e União, descritas nas obras dos místicos. Entende-se que estas três etapas se referem aos três graus que contêm a Francomaçonaria Simbólica. Correspondendo a Purificação ao Primeiro Grau, que é o que agora nos interessa.

"O símbolo é a ferramenta silenciosa que ecoa no silêncio da imagem; o grito que manifesta sem ruído. Enfim, o símbolo é a imagem da palavra, que apesar de mudo atua implacavelmente no inconsciente humano".

A.A.K.

Na Maçonaria Ortodoxa, o Aprendiz começa sua peregrinação na *Câmara de Reflexões*. Este é o primeiro ambiente que o candidato a maçom irá se deparar na cerimônia de Iniciação. O neófito era conduzido à entrada dos subterrâneos pelo último *Pastophoris* iniciado (*Pastophoris* "aprendiz/neófito";

água, 'amém' BATISMO; Purificação das emoções. Desenvolvimento do amor e da maestria das emoções). Estudava as propriedades dos Elementos. Um recinto geralmente reduzido a poucos metros quadrados, com paredes pintadas em negro; guarnecido por uma mesa, com utensílios para escrever, uma cadeira, um esqueleto ou uma caveira, com uma luz tênue, suficiente apenas para perceber as coisas. Os símbolos, alegorias e emblemas desse grau foram transmitidos pela Tradição Maçônica, conservados e perpetuados religiosamente. Também nesta câmara deve ter sal, enxofre e mercúrio. O enxofre simboliza a energia ou princípio ativo; o mercúrio que penetra todas as coisas, é o princípio passivo ou conservador; a interação de ambos constitui na essência da personalidade simbolizada pelo sal. Este seria, *a priori* o propósito alquímico da Francomaçonaria: formar a personalidade maçônica de seus adeptos no Grau de Aprendiz. Além desses três símbolos, pode-se disponibilizar também, para reflexão, grãos de trigo, água e pão, que, como nos Mistérios de Eleusis, a conversão do trigo em pão simboliza o progresso da Iniciação.

Nas paredes da Câmara expõem-se inscrições como estas: *"Medita sobre o que vai fazer...", "Busca sempre e encontrará a Verdade"*, entre outras. Entende-se que estas inscrições tendem a preparar o estado de ânimo do candidato, induzindo-o a revisar suas intenções antes de iniciar uma nova classe de atividades que podem transformar a índole de sua vida.

O primeiro ato que o candidato deve realizar na Câmara de Reflexões é a redação do *"Testamento Espiritual"*, que consiste em responder três perguntas escritas num formulário e que se refere aos deveres morais das pessoas. O aspecto da Câmara de Reflexões, as inscrições, a presença do esqueleto e o *"Testamento Espiritual"* tendem a despertar no candidato a ideia de que, no momento em que se encontra, está terminado um período de sua vida e começando outro, em outros termos: *"Está morrendo no mundo profano, para nascer no mundo maçônico".*

Outro símbolo, cujo ensinamento convém fixar com clareza, consiste no despojar dos metais: dinheiro, joias, armas e todo objeto de metal que o candidato leve consigo. Os metais representam os bens materiais, cujo brilho ilusório distorce o significado da vida. A instituição que há de ingressar o postulante, aprecia menos os bens materiais e se dedica mais à aquisição dos bens morais, intelectuais e espirituais. Isso não significa que a Francomaçonaria induza a seus adeptos à pobreza, pelo contrário, *"Faz votos no sentido de que nunca se encontrem no estado de não poder seguir as nobres inclinações de seu coração, e que as viúvas e os órfãos nunca batam vãmente a suas portas".* O que se pretende é que os maçons aprendam a valorizar os bens, de modo que não sacrifiquem aqueles de ordem superior frente ao brilho enganoso dos bens materiais.

Símbolos e Alegorias – Perpetuam a Tradição e a Ciência, e recordam aos IIr∴ sua missão e deveres: **Triângulo**: símbolo do Eterno, ensina a justa proporção dos atos, lembra a Força Criadora, a Causa Cósmica, o G∴A∴D∴U∴. **Esqueleto**: a morte, o nada das ambições humanas, das vaidades, do orgulho. É o fim: a perfeita igualdade da condição derradeira. É mudo: ensina o silêncio, o Sigilo. **Ampulheta**: Cuidado! O tempo voa... Homem, que fazes que não aproveita utilmente o tempo? **Galo**: é símbolo da vigilância, alerta! Aquele que anuncia o raiar de um novo dia. Viagens: 1° Cego, nada vês; a ignorância é cega. Como tropeças! Falta-te Luz! A Terra é negra, se não a ilumina o Sol. (dizia sabiamente meu saudoso Frater Ant∴Ares: *"O Sol ilumina, e a Sombra ensina"* – 2° Trabalha! Precisas de Ar. – 3° O gênio é como o sol, como o Fogo: ilumina! Trabalha e estuda, ou o véu da ignorância que te cobre os olhos não cairá nunca...

Antes de o candidato ser conduzido às portas do Templo, se lhe descobre o lado esquerdo do peito, o joelho direito e o pé esquerdo. A desnudez do peito na parte que ocupa o coração simboliza a sinceridade dos sentimentos que induzem ao candidato a ingressar numa instituição que há de dar um novo curso a sua vida. A desnudez de seu joelho direito simboliza o espírito de humildade, contrário ao orgulho de posse de valores mundanos, materiais, sociais, políticos, etc., que geralmente estorvam a disposição sincera de buscar a Verdade. O pé esquerdo, descalço, simboliza discernimento que deve preceder a toda nova empresa.

A corda no pescoço que deve levar o candidato simboliza a escravidão e a ignorância: ambas, em harmonia, constituem obstáculo que impedem o progresso dos povos. A escravidão imposta pelos instintos, paixões e desejos de todo gênero mantém estacionado o progresso evolutivo do homem. E a ignorância dos meios para livrar-se dessa escravidão perpetua a estagnação. Não importa o nível social que ostente; porque essa classe de escravidão impõe seus ditados nocivos, tanto nas altas esferas como nas massas populares.

A Francomaçonaria, descobrindo um caminho construtivo da vida e ensinando a prática das virtudes para a conquista de níveis éticos cada vez mais elevados, libera o homem dessa escravidão e ignorância. E esse é um serviço muito importante que nossa Augusta Ordem presta à humanidade.

A CERIMÔNIA DE INICIAÇÃO

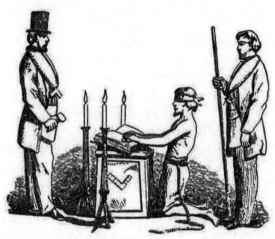

Estando o candidato preparado, é conduzido à Porta do Templo, onde bate com golpes desordenados, causando alarme no interior. O Ritual indica que esses três golpes regularmente executados, constituem três frases do Evangelho, que são três meios de alcançar a Verdade: *"Batei e os abrirão"* o Templo da Sabedoria; *"Buscai e encontrareis"* o caminho do aperfeiçoamento, e *"Pedi e vos darão"*, a consciência da Verdade. Isso significa que o propósito da Francomaçonaria é brindar aos seus adeptos um ambiente de estudo, ensinar os métodos de aperfeiçoamento de suas faculdades e finalmente legar-lhes a consciência da Verdade.

A iniciação se leva a cabo privando ao candidato da visão física, com o propósito de que ingresse a seu mundo interior; toda verdadeira iniciação é um processo transcendental, de caráter pessoal, intransferível e solitário. A cerimônia exterior não tem vida e somente serve enquanto se refere a simbolizar, ilustrar e fazer ressaltar as trocas interiores, através de *insights*. Iniciar quer dizer regenerar, e isto se consegue pelo esforço, pelas provas pelo domínio pessoal, por tristezas, desenganos, fracassos e uma renovação diária do conflito. Por isso é que o homem deve elaborar sua própria salvação, deve alcançar a consciência da alma e, por último, a Imortalidade. A consumação final da Iniciação é o encontro do *Chrestos*[10], o Centro da Luz.

Na realidade, não se inicia a ninguém; é o próprio recipiendário quem deve iniciar-se com o fervor e perseverante trabalho na oficina maçônica. Aquele que não desperta em seu foro interno a ânsia de encontrar o oculto

---

[10] Enquanto que Christos quer dizer *"viver"* e *"nascer para uma vida nova"*, Chrestos, na linguagem iniciática, significa a morte da natureza inferior ou pessoal do homem, o que dá a explicação do título bramânico de *"duas vezes nascido"*. Em outras palavras, o encontro com a nossa verdadeira identidade.

significado dos símbolos maçônicos, não alcançará o verdadeiro significado da iniciação no Primeiro Grau.

A essência filosófica da cerimônia de iniciação do Primeiro Grau Simbólico está contida nas viagens e purificações. Estes atos simbólicos que dão uma aparência singular na cerimônia de iniciação são muito interessantes e chamativos.

Sem dúvida, eles não têm sido devidamente analisados no seu sentido filosófico, pois o Ritual se refere à forma dinâmica do ato e nada mais, e deixa à iniciativa dos irmãos a interpretação na via ontológica do significado que encerram. É necessário interpretá-lo, examiná-lo para deduzir os ensinamentos que contêm.

O Ritual não traz uma explicação na purificação pela Terra; na prática, realiza-se durante a insólita peregrinação à Câmara de Reflexões. Nas Escolas dos Mistérios esta Câmara era subterrânea. Chegavam-se-se por passagens estreitas, umas vezes úmidas, outras empoeiradas, que deviam atravessar arrastando-se. Assim se fazia ressaltar a purificação pela terra.

A Terra é o elemento sólido do planeta, assim como o corpo físico, formado principalmente por ossos e músculos, no corpo humano. Em linguagem esotérica, empregam-se termos Terra e Mundo, como símbolos do corpo físico.

A primeira tarefa do aprendiz maçom é a purificação do corpo físico, que é um precioso e admirável recurso que se nos há dado para fazer possível a manifestação de nossa existência neste plano tridimensional. Sua formação é um resultado de um processo evolutivo que abarca milhares e milhares de anos, desde a formação do nosso sistema planetário até o presente, onde continua nossa evolução orgânica. O insigne filósofo S.J. Teilhard de Chardin diz que desde quando apareceu o homem, no processo da evolução biológica do nosso planeta, não houve nenhuma outra novidade. A evolução criadora empregou todo seu poder no aperfeiçoamento do ser humano. Demonstra, com isso, que o homem é a mais valiosa criação no globo terrestre.

São duas metas que há de perseguir o aprendiz maçom: conservar o corpo físico sadio e conquistar um corpo vigoroso e disciplinado. O corpo físico tem prolongado mais sua existência no plano terrestre, nem tanto pelo cuidado em conservá-lo, mas principalmente pela influência natural da evolução criadora.

Na purificação pelo ar, são simbolizados os aspectos da mente, por suas qualidades de sutileza, mobilidade e invisibilidade. De modo que a purificação pelo ar, que é a primeira prova que se realiza dentro do Templo na cerimônia maçônica de iniciação do Primeiro Grau, simboliza o desenvolvimento e educação da mente. A evolução criadora tem por finalidade essencial o desenvolvimento das faculdades mentais humanas, porém, o faz ordenadamente, dando cada vez mais ênfase a um sistema de faculdades. Há uma grande diferença entre as espécies mais avançadas de símios e os homens primitivos, a tal ponto que sempre houve muita resistência e ainda se têm sobre a teoria da zoogênese humana. Não se pode afirmar que o homem pré-histórico não houvera usado a mente em sua vida, porém, sua atividade mental se manifestava mais inconscientemente, em forma de reflexos, instintos, hábitos e costumes.

O desenvolvimento da mente se produz desde a aparição do homem; segundo Teilhard de Chardin, foi um fenômeno de caráter psíquico o que marcou a humanização do irracional. E ao longo da civilização a mente teve um papel cada vez mais importante. Sem dúvida, faz pouco tempo que se têm dado verdadeira ênfase ao desenvolvimento consciente e à educação da mente. Talvez este movimento tenha suas raízes em duas obras de talento: "*Instauratio Magna*" (1620) de Francis Bacon e "*Discurso do Método*" (1673) de René Descartes. A primeira que deu lugar ao estabelecimento do método experimental fixou os fundamentos para experimentação científica, e a segunda, deu a conhecer um novo método de razoamento, com ele que se impulsionou o trabalho intelectual propriamente dito.

A filosofia esotérica sabe que toda verdade relativa ao universo está compreendida na "mente universal" e que a evolução humana descobre paulatinamente as verdades contidas em dita "mente universal". A mente é uma ferramenta que podemos usar ao nosso livre arbítrio, para o bem ou para o mal. Podemos desenvolver qualidades, estabelecer condições, assumir atitudes que nos convenham. Empregando de forma consciente e criadora, podemos mudar nossa vida e influir favoravelmente no meio ambiente. A psicologia está dando passos importantes no descobrimento da natureza e no valor da mente, em sua dimensão verdadeira. No futuro imediato a vida estará mais regida por ela.

O processo de desenvolvimento da mente, na maioria dos casos, vem seguindo um curso originado das necessidades das superpotências que estabeleceram depois da segunda grande guerra, ou pela ideia e inspiração dos expertos, e ambos exercitaram suas capacidades mentais com o propósito de aproveitar os resultados em seus próprios benefícios, seja ele político ou econômico. Como consequência deste processo egoísta da mente, dividiu-se a humanidade em países super desenvolvidos ou subdesenvolvidos. Diz-se que 85% da riqueza mundial se encontram em poder de 15% da humanidade, enquanto que o restante, ou seja, os 85%, subsiste numa condição pouco menos que subumana.

Ademais, o adiantamento progressivo da ciência e a tecnologia estão conduzindo a humanidade a problemas, no momento, insolúveis, que atentam sua existência futura. Entre estes problemas citamos como exemplo:

a) A contaminação cada vez mais perigosa do ar, das águas e dos solos;

b) A consumação a curto prazo de matérias primas, como o estanho, o cobre, o ferro e outros metais indispensáveis, assim como a energia produzida pelo petróleo;

c) O perigo de outra guerra mundial, desta vez de proporções atômicas e de consequências apocalípticas.

Essas lúgubres perspectivas nos fazem pensar que estamos, evidentemente, no fim de um ciclo da civilização e na iniciação de outro. Como a decadência do Império Romano e as invasões dos bárbaros terminaram com a Idade Antiga e deram entrada ao Medieval, ou como a Revolução Francesa deu fim a monarquia absoluta e iniciou um período de governos republicanos e democráticos.

No nosso caso, temos que considerar que a Bíblia termina com o Apocalipse. A astrologia assevera que concluímos a influência do signo de Peixes e começamos o de Aquário. A literatura espiritualista assegura que estamos vivendo os últimos dias de uma civilização e começado outra, de características muito diferentes. E já se propagam cursos públicos de "Meditação para a Nova Era", destinados a preparar as pessoas de boa vontade nas leis e princípios que regerão a nova civilização.

Estamos numa grave emergência que parece passar despercebida para a maioria da humanidade, por isso, os irmãos maçons deveriam pensar sobre o papel que lhes compete desenvolver. A sagrada Ordem Maçônica, herdeira das Escolas de Mistérios, deveriam pensar na missão que lhe corresponde, frente aos requerimentos do porvir imediato. Deverá ter-se em conta de que os profanos e os maçons vivem a mesma vida, com a diferença de que os primeiros perseguem fins que seu destino lhes há assinalado, enquanto que os segundos vivem para alcançar seu aperfeiçoamento integral. O mundo profano se ocupa bem mais do aspecto externo, de bens que proporciona o mundo, sem medir as consequências danosas em detrimento da ganância e do egoísmo. Já a Maçonaria se preocupa com o processo de evolução interna, o despertar do Eu Superior.

Geralmente no mundo externo se vive com o propósito mesquinho do logro pessoal ou familiar. O mundo maçônico prepara homens destinados a propagar a fraternidade humana. As Escolas de Mistérios escolheram homens proeminentes de cada civilização e desenvolveram as capacidades mentais e espirituais desses, para que voltassem ao mundo, com a missão de impulsionar a evolução criadora.

Assim, apareceu um Confúcio que propagou uma religião ética na China milenária; um Buda que estabeleceu normas para vencer o sofrimento da Índia; um Orfeu que fundou uma religião politeísta na antiga Grécia; um Moisés que formou um povo com uma religião monoteísta; o Mestre Jesus Cristo, que pregou a doutrina do amor, e tantos outros que se esforçaram para impulsionar o progresso da evolução criadora.

Em nossos tempos, a Francomaçonaria, herdeira da organização, dos métodos e doutrinas das Escolas de Mistérios, deverá assumir um papel central na cultura da nova vida que se aproxima vertiginosamente.

A purificação pela água, na sabedoria antiga, simboliza os sentimentos, assim como as emoções e paixões e em geral a vida afetiva da alma, possivelmente pela instabilidade dos estados afetivos que se assemelham aos movimentos das águas dos oceanos. Há milhares de anos os hinduístas se submergem nas águas do Ganges, para purificar-se de suas culpas. Os essênios, seguindo as práticas das Escolas de Mistérios, batizavam mediante a imersão nas águas dos rios e das fontes, rito de purificação que seguiu usando o Mestre Jesus, e que em nossos dias seguem praticando as religiões cristãs. Então, com a purificação pela água, o Ritual de Iniciação Maçônico estabelece o Terceiro Trabalho a se realizar pelo aprendiz, devendo educar os estados afetivos da alma. Educar o corpo físico já é uma tarefa árdua, mas educar o corpo de emoções requer uma dedicação constante e uma vontade poderosa, pois os sentimentos, emoções e paixões pretendem sempre sair conforme cada um, mediante seu poder, agilidade e sutileza.

As características do nosso temperamento estão estabelecidas, em vias gerais, pela Cosmobiologia, isto é, a que viemos a este mundo com as tendências que o nosso nascimento tenha estabelecido e as quais influenciarão no decurso de nossa vida. Assim explica que uns têm tendência ao idealismo, outros ao materialismo; uns são de caráter ríspido outros mais pacientes; alguns têm predisposições intelectuais, outros, artísticas, alguns mais práticos; enfim, toda a gama temperamental que mostram os conjuntos humanos.

Entretanto, estas não são mais que tendências gerais. Na prática da vida matizada pelos sentimentos, emoções e paixões que constituem nosso acervo hereditário, e que se manifestam segundo o grau de evolução que temos alcançado. Se tal é o complexo emocional que caracteriza nossa personalidade, nossa atual existência nos dá a oportunidade de corrigir os defeitos e cultivar as virtudes. Este é o significado da vida construtiva que a Francomaçonaria propicia para seus adeptos, mediante sua filosofia, o ambiente emocional, os programas de trabalho e os propósitos teleológicos que a vida proponha.

Para educar-se o sistema emocional, precisamos estudar a mente e quais são seus poderes e limitações, e isto pode fazer-se estudando trabalhos especializados como: *"O Poder do Pensamento"* de Annie Besant; *"Do Intelecto à Intuição"* de Alice Bailey; *"A Realidade Interior"* de Paul Brunton, *"Os Deuses Atômicos"* de Michael Juste, entre outras obras.

Quando alcançar a preparação necessária, como a concentração e a meditação reflexiva têm um assunto essencial para estudarmos e praticarmos; é conhecido como "Meditação sobre si Mesmo". Aí, cada um encontrará um método que deve seguir, não só para desenvolver as faculdades emocionais necessárias, senão também para dar um fim nas indesejáveis.

Faz pouco tempo que a humanidade está dando conta do desenvolvimento e educação mental. Já não faltam cursos especializados nos institutos de educação, sejam eles profanos ou iniciáticos. O Oriente se especializou na educação e desenvolvimento das faculdades internas, porém, descuidou da educação material. No Ocidente se fez o contrário: impulsionou-se o estudo dos temas matérias e se deu menor importância ao desenvolvimento das faculdades internas. Agora estamos no tempo de harmonização de ambas as tendências, equilibrando a educação interna ou espiritual, com a externa ou científica, a fim de preparar pessoas integralmente desenvolvidas.

Na Purificação pelo Fogo, que é a terceira e última viagem na Iniciação Maçônica do Grau de Aprendiz, o recipiendário é purificado pelas chamas ardentes. Segundo a mitologia grega, Prometeo roubou o fogo dos deuses para entregá-lo aos homens. Os gregos deram origem divina ao fogo.

D-us se apresentou a Moisés em forma de fogo. Em Malaquias, cap. 3 versículo 2 diz que: *"O Senhor virá como fogo purificador"*. As referências de que D-us se apresentou aos homens tomando a forma de fogo são numerosas. No Ritual maçônico, a Luz simboliza a Divindade.

Os Romanos personificaram a Deusa Vesta com o fogo. Os Incas rendiam cultos a deus, mediante o fogo ascendido com um raio de sol.

O fogo produz calor e luz, e a luz é o estado original de tudo quanto existe. Um fóton se decompõe em energia que compõe a unidade mais simples, ou seja, a própria energia. Quando os fótons de luz são absorvidos pelos pigmentos oculares eles se decompõem numa série de outras substâncias, derivadas até desencadear o impulso nervoso e daí os potenciais de ação são canalizadas aos centros perceptivos no córtex occipital.

Disso se deduz que o Ritual de Iniciação, com a "purificação pelo fogo", simboliza que durante a vida maçônica o aprendiz deve purificar seu espírito e o "Eu" pessoal.

FreemasonCollection.com

A PERSONALIDADE MAÇÔNICA

Daremos um resumo das características da personalidade maçônica que o Ritual apresenta na cerimônia de iniciação, mediante símbolos e alegorias.

A Caridade: deverá caracterizar ao maçom, não em forma de esmola, senão com espírito de solidariedade humana. Ajudar aos demais a converterem-se em seres úteis a seus semelhantes, este é o ideal.

A Tolerância: Virtude pela qual, nos trabalhos maçônicos convivem ricos e pobres, poderosos e humildes perseguindo o mesmo ideal num ambiente fraternal.

A Vontade ao Bem Comum: mediante uma prova de aparente sofrimento físico, induz-se a cultivar o ânimo para vencer obstáculos na consecução do bem comum, cumprindo com vontade pura o dever maçônico.

Honra e Virtude: não é preciso um sinal ostensivo para acreditar na qualidade do maçom. A conduta que leva o selo de honra e a virtude é a melhor forma de prestigiar a Instituição Maçônica.

A Retidão: em todos os atos da vida, defendendo a verdade e a justiça, farão da vida do maçom um exemplo que possa ser imitado e um ensinamento que possa agradecer.

Uma nova Vida: espera-se que a iniciação maçônica signifique para o homem uma vida nova, destinada a encaminhar os empecilhos naturais, mediante a uma conduta isenta de todo vício, superstição e engano.

Concentração: o maçom deverá concentrar-se e meditar antes de contrair novos compromissos que lhe exigirão a viver uma existência honesta e recatada.

O Juízo: recomenda-se que se deve aprender a não julgar pelas aparências quase sempre enganosas, sem buscar previamente a verdade em toda ordem de coisas e fenômenos.

O QUE ESPERA A FRANCOMAÇONARIA DE SEUS ADEPTOS?

Que sejam homens de boa vontade para consagrarem a sua própria redenção e a de seus semelhantes, mediante a prática das virtudes e da busca da Verdade. Aspira a que entre os maçons só haja indivíduos sadios de corpo, de sentimentos enobrecidos, inteligências esclarecidas e vontades intrépidas. Com este propósito, põe à sua disposição um caminho de vida, que deve percorrer conscientemente, cultivando as virtudes da caridade e as que citamos precedentemente.

O QUE A MAÇONARIA SE PROPÕE DAR AOS SEUS ADEPTOS?

Na recepção do juramento, cuja finalidade é assegurar o segredo da instituição, o neófito é conduzido entre CCol∴, onde os dois VVig∴, colocados em ambos os lados, tomam-lhe as mãos e os circundantes, com as armas em punho, se formam em duas fileiras diante dele. O recinto fica com a luz necessária para que o Ven∴M∴ possa ler o Ritual.

Com esta solene preparação tem lugar o ato pelo qual se confere a Luz.

À pergunta do V∴M∴, o neófito responde que deseja a Luz, a mesma lhe é dada desvendando-lhe os olhos pouco a pouco, ao ritmo de três golpes de malhete e terminando com o acendimento simultâneo de todas as luzes.

Os três golpes simbolizam três verdades:

a) Que no mundo profano se vive às escuras, enceguecido pelos preconceitos;

b) Que a Francomaçonaria dá a Luz para descobrir a verdadeira vida, e

c) Dá Luz à inteligência, para destruir os preconceitos.

A Luz da Francomaçonaria, segundo o Evangelho de São João, que trata da vida espiritual do Senhor Jesus Cristo, é a expressão da Vida, a Vida é a expressão do Verbo e o Verbo é D-us. Pode-se dizer então que a Francomaçonaria tem a missão específica de ensinar aos seus adeptos a prática da virtude e a busca da Verdade, para descobrir o caminho da verdadeira vida que conduz a D-us.

A CONSAGRAÇÃO

Tem por objetivo conferir ao neófito a qualidade de Aprendiz, e reconhecer-lhe neste status com todos os seus direitos e prerrogativas, em nome dos Irmãos da Loja que o aceitam ou iniciam, a Grande Loja do qual depende, e de todos os maçons espargidos pela face da terra.

Finalmente, reveste-lhe com o avental de aprendiz, recomendando-lhe que o use sempre que ingressar no Templo, onde se realiza os trabalhos maçônicos.

O MANUAL DE INSTRUÇÃO OFICIAL

A cerimônia de iniciação termina com a instrução do neófito em sinais, toques e palavras e demais símbolos que contêm o Manual de Instruções. Os ensinamentos se dão de forma prática, dirigidas pelo Orador da Loja e realizadas pelo neófito, com a ajuda do M∴ de Cerimônias. Tratam sobre a forma de fazer-se reconhecer como maçom, a maneira de ingressar a uma Loja e algumas indicações necessárias para participar dos trabalhos maçônicos.

Considerados assim estes ensinamentos, verifica-se que têm sua importância prática, indubitavelmente; sem dúvida, cada um desses símbolos que externamente podem parecer artificiais e transcendentes, encerram grande parte da filosofia maçônica. Expor exaustivamente o significado destes símbolos, de forma velada, contidos no Manual Oficial, seria atualizar e compendiar muito a sabedoria espiritual de todos os tempos. Na verdade, estão amplamente explicados e difundidos em diversas obras lavoradas por brilhantes Irmãos da Ordem. Para dar uma ideia necessária, consideraremos somente alguns desses símbolos, que passaremos a explicá-los sob a luz da gnose e da Kabbala. Anteriormente, fizemos menção aos golpes que se dão na porta do templo; igualmente a prevenção que faz o Primeiro Vig∴ quando o candidato ingressa ao templo, como também na marcha do aprendiz.

POSIÇÃO À ORDEM E O SINAL DO APRENDIZ

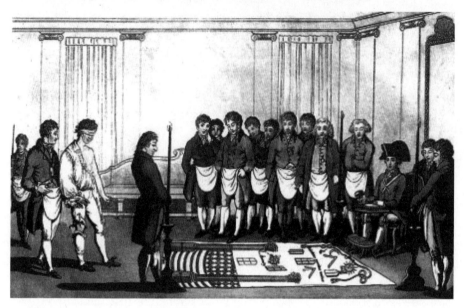

O Manual Oficial diz que a posição à Ordem recorda o Juramento do grau, seguramente para calar-se dentro do peito o que se prometeu guardar na mais estrita reserva, assim como para acalmar as paixões e sentimentos que pugnam por rebelar-se impetuosamente. E, referindo-se ao sinal, diz que recorda a pena que mereceria aquele que violar o juramento do grau.

Quando se veem estas passagens em sua forma externa, isto é, literal, as explicações que contêm o Manual parecem razoáveis e suficientes. Mas, a verdade maçônica não está na aparência; deve-se que aprofundar nos estudos e meditar para encontrá-la, e sempre tem um resquício ou um caminho velado para chegar a ela.

No caso que nos ocupa, não podemos pensar que uma instituição tão humanista, tão respeitosa da vida, como é a Francomaçonaria, possa conduzir a consciência de seus adeptos enquanto não fora mais que uma ilusão, a um fato absolutamente contrário a sua idiossincrasia, como é a decapitação. Deve haver uma razão para esta anomalia que precisa ser buscada, e a razão é, precisamente, fazer pensar nela.

Se meditarmos sobre a posição e o sinal do aprendiz, com o auxílio dos conhecimentos que procura a Ciência do Espírito, chega-se a descobrir que as explicações dadas no Manual Oficial não constituem mais que um véu sutil para dissimular uma verdade. Esta dissimulação tem por objetivo obrigar o maçom a realizar o trabalho de indagar, refletir e examinar, buscando, por si mesmo, a verdade oculta. Este é o método da Francomaçonaria, assim foi idealizado pelos mestres passados, como foi também nas instituições esotéricas e nas Escolas de Mistérios na antiguidade.

Com o auxílio da Ciência do Espírito, chegamos a descobrir que diante da maçã de Adão, na superfície daquilo que se chama "corpo etéreo", se encontra um vórtice de energia que em sânscrito se denomina "chacra", de forma circular, medindo aproximadamente cinco centímetros de diâmetro, dividido em dezesseis seguimentos de cor azul e branco alternados. Este vórtice ou "chacra" se chama Laríngeo. As faculdades que desperta no desenvolvimento desse vórtice e tudo que concerne ao corpo etéreo pode consultar-se na obra *"Os Chacras"* do insigne Ir∴ G.W. Leadbeater ou também noutra de igual qualidade *"El Doble Etérico"* de Artur E. Powell.

Sobre a postura à Ordem e o Sinal do Aprendiz, cuja repetição é tão frequente na vida maçônica, nota-se que 80% das reuniões maçônicas, na Maçonaria Simbólica, são dedicadas a este grau, tamanha a importância que a Francomaçonaria dá à base dos GGr∴ SSimb∴, e têm por objetivo despertar e desenvolver o "chacra laríngeo".

O Primeiro Vig∴, ao receber o candidato entre CCol∴, pressiona a parte do peito correspondente ao coração, com o malhete. Assim estes atos têm por objetivo fundamental o despertar do "chacra cardíaco". A razão disto está no que se encontra por detrás deste vórtice, ou seja, o coração, em cujo ventrículo esquerdo tem seu assento o *"Átomo Nous"* ou Átomo Arquiteto, que para Kharishmanda é a energia dimanante do Espírito Santo, para Platão é a Mente Superior, e para Anaxágoras, deus.

Os três golpes de malhete aplicados pelo Ven∴M∴ na espada flamígera para quitar o compasso, cujas pontas descansam no lado esquerdo do peito do recipiendário durante o juramento, despertam o vórtice que se chama "chacra cardíaco", que é de cor amarelo ouro e de doze segmentos ou pétalas. Neste ato da iniciação, que se dá sobre a cabeça do Aprendiz, para constituí-lo maçom, vai dirigido também a outro vórtice, o "chacra coronário", que está situado no topo da cabeça, é composto de novecentos e sessenta segmentos ou pétalas de cor violeta. O chacra coronário é o mais importante e bem desenvolvido por sua competência na irrigação energética do cérebro. Estaria ligado fisicamente à glândula pineal (ou epífise) e facilita a lembrança e a conscientização das projeções da consciência, sendo utilizado na telepatia, mediunidade, expansões da consciência e recepção de temas elevados, além de ser o elo entre o elemental (Ser humano) e seu supraconsciente (Eu maior) que por sua vez está ligado diretamente a D-us, o supremo criador, essencial, portanto, para se chegar a iluminação.

De modo que a cerimônia de iniciação desperta e põe em ação três vórtices de energia vital ou "chacras", que o aprendiz maçom irá desenvolvendo-os com seu trabalho de investigar a Verdade e praticar a Virtude. Seria aparentemente aventuroso afirmar com tanta segurança que tal posição, sinal ou ação está destinada a despertar e desenvolver tal ou qual "vórtice" ou "chacra"; se não aparecesse tão manifesto nas posturas ou sinais de outros graus maçônicos, que coincidem exatamente com outros "chacras". E se agregarmos a esta circunstância os ensinamentos de outras instituições espirituais, e as experiências pessoais dos estudantes da Ciência Espiritual, certamente fará toda diferença e o progresso será consequência natural, em face dessas reflexões e aprendizagem das práticas inerentes a estes arcanos.

    A Ciência do Espírito ensina que existem sete vórtices de energia vital ou "chacras" que estão localizados em diferentes partes do corpo etéreo. Seis deles podem ser despertados nas cerimônias de iniciação nos três graus simbólicos da Francomaçonaria, e o despertar do sétimo chacra dependerá do desenvolvimento dos seis primeiros. O trabalho maçônico dá o impulso inicial, isto é, uma proposta para o desenvolvimento dos chacras. O progresso neste sentido está desimpedido, somente dependendo do esforço pessoal para ascencionar. Se o maçom se contenta com a aparência externa da instituição, não estuda nem se esforça em fazer um trabalho mágicko conscientizado nos chacras, permanecerá em estado latente e não despertará um desenvolvimento espiritual significativo.

    O despertar e desenvolvimento dos chacras permitem a realização de fenômenos parapsicológicos ao estudante da Ciência Espiritual. O desenvolvimento dos chacras serve-lhe para pôr-se em contato consciente com os planos espirituais de existência, mediante a clarividência e a clariaudiência, principalmente. Pode-se afirmar que os chacras são os sentidos do corpo etéreo para vivenciar o plano astral.

A PALAVRA SAGRADA

De acordo com o Manual de Instruções, a palavra sagrada do aprendiz significa "força". Porém, no trabalho do aprendiz maçom não há nada que requeira desprender força, pelo menos na medida e com a frequência que dê lugar a que se faça dela o símbolo deste grau maçônico. Talvez possa explicar que esta palavra foi aplicada ao trabalho material que realizavam os aprendizes na Maçonaria Operativa, e que atualmente não se fez outra coisa senão que conservar a tradição. Dita explicação seria lógica, porém, este assunto tem algo mais que uma simples tradição. Sem dúvida, o significado da palavra sagrada do aprendiz na Bíblia, no livro dos Reis, Cap. 7°, vers. 21, não é a força como diz o Manual; e sim: "Nele está a fortaleza" e mais apropriadamente: "N´Ele a Força".

Assim a dita palavra, esta adquire um significado sumamente importante. E o aprendiz maçom tem que dedicar-se a investigar que é Ele, a que força se refere e que relação tem com seu trabalho maçônico. Por este caminho, algum dia chegará a descobrir que Ele é o Espírito que mora nele, que por ser imagem e semelhança do Grande Arquiteto do Universo, é onipotente. E que seu trabalho maçônico consiste precisamente em alcançar a perfeição necessária, para pôr-se a Seu serviço e colaborar conscientemente na evolução espiritual da humanidade. Por meio de tal tarefa é possível realizar a suprema felicidade aqui na terra.

A PALAVRA SAGRADA E O NOME INEFÁVEL

As letras **Yod-He-Vau-He**, lidas da esquerda para direita, são àquelas que compõem ou formam o nome de *Jehovah*, deste *Nome* forma também um *grande arcano* do código hebraico, e a Francomaçonaria acolheu esta estrutura que considera sua *palavra sagrada* (as três primeiras letras, uma vez que a quarta é uma repetição da segunda). A cada uma das iniciações, em cada *Grau*, no Simbolismo Maçônico, da Maçonaria Azul; AApr∴ CComp∴ e MM∴), onde se alude com cada uma dessas letras. Desta forma, a primeira letra será comunicada ao Aprendiz, a segunda ao Companheiro, e a terceira ao Mestre Maçom.

Dentro deste contexto, longe de ser dogmático ou prolixo, esconde-se um significado profundo, já que estas letras contém uma grande força; é necessário entendê-las para poder fazer o bom uso de suas potências, daí reaparecem, após colocar lupa em sua forma e seus encantos, utilizáveis e doce, e é natural que para conseguir este feito se necessite demandar algum tempo para esta familiarização.

Yod-He-Vau-He são as quatro letras que Moisés empregou para escrever o nome do Eterno. Traduzido à linguagem convencional, a palavra supõe ter a sonoridade de *Jehovah*, e sua tradução esotérica é de: "*Ser que foi, que é e será*", ou seja, a imagem do permanente. Porém, essa palavra que descreve a divindade define ao mesmo tempo o processo da criação, neste caso estamos falando de macrocosmo e microcosmo. Conhecer esse processo, como dado histórico, já é interessante por si só; porém, poderá ser ainda mais quando nos diz que este processo de criação tem lugar cada a vez que nós fazemos algo. Quer dizer, quando nos predispomos a empreender qualquer trabalho, um negócio, uma criação artística, uma conquista sentimental, devemos passar pelas quatro fases que representam essas quatro letras.

Assim se cumpre a lei hermética que diz:

"É verdadeiro, completo, claro e certo. O que está embaixo é como o que está em cima e é igual ao que está embaixo, para realizar os milagres de uma única coisa. Ao mesmo tempo, as coisas foram e vieram do Um, desse modo as coisas nasceram dessa coisa única por adoção. O Sol é o pai, a Lua a mãe, o vento o embalou em seu ventre, a Terra é sua ama; o Telesma do mundo está aqui. Seu poder não tem limites na Terra. Separarás a Terra do Fogo, o sutil do espesso, docemente com grande perícia. Sobe da Terra para o céu e desce novamente a Terra e recolhe a força das coisas superiores e inferiores. Desse modo obterás a glória do mundo e as trevas se afastarão. É a força de toda força, pois vencerá a coisa sutil e penetrará na coisa espessa. Assim o mundo foi criado."

O G∴A∴D∴U∴ criou por ele mesmo um procedimento que nós utilizamos e se nos distanciamos dele as coisas falham, a obra se funde.

É natural que uma sociedade de construtores, como é a Maçonaria, tenha grande cuidado em outorgar o título de construtor da sociedade (com as chaves que acarreta) somente àqueles que estejam preparados para trabalhar com as ferramentas correspondentes ao seu grau, em cada uma das fases necessárias para edificação: *pedreiro* (Aprendiz); *aparelhador* (Companheiro); *arquiteto* (Mestre).

O significado da letra י, Yod, na etapa do Aprendiz Maçom

Quando o edifício está sendo levantado, os distintos utensílios: esquadro, prumo, nível, malhete, cinzel, permitirão ao construtor assegurar a estabilidade da obra. Porém, antes de edificar, é necessário que se realize um trabalho interior. O edifício deve estar construído antes na mente do arquiteto para projetá-lo no plano físico.

Yod implica no impulso irresistível que nos leva a realizar algo, o desígnio primordial, uma força interior irreprimível que ativa nosso cérebro e comunica ao intelecto o desejo ardente da obra, a sede de realizações, propriamente dita. Se esta sede deixar de existir, nada firme e equilibrado seria construído e aquele que o edifique sem a concorrência dessa força seria um simples barraco, um casebre precário e provisório que desaparecerá no primeiro temporal. Em outras palavras, é necessário que toda construção humana disponha, numa fase prévia, de um tempo mental, o qual constitui seus autênticos cimentos. Se suprimir esse tempo, a obra nunca se fará, ou melhor, derrubar-se-á por falta do cimento. Desta forma, o Aprendiz Maçom se limitará, em seu primeiro ano, a aprender desígnios, a armazenar em seu espírito a força de Yod, fazendo ferver esses desígnios em seu interior com o fim de purifica-los, de despojar-lhes tudo o que há deixado de ser essencial. A ideia *a priori* bruta seguirá perfilando em sua mente, logo lhe arrebatará as asperezas, apreciará certos defeitos de elaboração, até que fique uma concepção pura, imaculada.

Na sociedade, a inexistência dessa etapa de Yod é a que leva ao fracasso as conversações e propostas improvisadas. Se uma pessoa, antes de solicitar um emprego, de pedir uma entrevista para uma proposta de um negócio, toma-se pela inquietação, durante dias e até semanas, irá pensar, estudar a melhor forma de abordar o problema, de polir uma e outra vez a ideia original; o resultado de sua gestão será outro e muito distinto ao que houvesse obtido com uma simples improvisação.

As civilizações antigas deram a Yod a forma do órgão viril e o esculpiram ereto para adorá-lo. É a imagem mais clara que pode dar dessa força, e também a mais adequada para compreender sua utilidade. Sem dúvida, a semente oculta no órgão viril é a que engendra o filho que nascerá depois. Podemos observar o processo de sua evolução desde o exterior na mãe; contudo, se aquele feto se desenvolve e nasce a obra é devido ao impulso invisível do órgão varonil. Se alguém vem nos dizer que a força de Yod não é necessária para realizar uma obra, nós lhes responderemos que o prove tratando de engendrar um filho sem o concurso da semente.

Yod também simboliza a força da vontade necessária no arranque de qualquer atividade, a energia que deve utilizar-se para romper a rotina, o marasmo do estabelecido, daquilo que representa nossa segurança temporal.

O significado da letra ה, *He* na etapa do Companheiro Maçom

A letra He, segundo passo no caminho da criação e primeiro degrau na escada de Jacó, têm repercussões tanto no macrocosmo quanto no microcosmo na representação humana. Se Yod é a força geradora, He é a força fecundadora: é o limite, a terra, o molde. Na história da criação, lemos que D-us delimitou um espaço para realizar nele sua obra. Esses limites da criação divina estão constituídos pelo zodíaco, que é a parede cósmica que concentra as energias que provêm de Yod gerador.

No atual período evolutivo, as forças de He se concentram na mulher. Ela é a que recolhe a semente de Yod e a que realiza a função do molde, dando forma na obra, na criatura. Porém, quando se trata de uma criação mental, o artista deve trabalhar dentro de si as forças encerradas em He para fazê-las úteis na realização da obra. Em que consiste este trabalho? Naturalmente em encontrar a boa terra. Se tratar de construir um edifício, uma ponte, um monumento, medir-se-á a capacidade do solo para suportar a obra e se farão oportunas análises do subsolo; tudo isso é perfeitamente codificado nos livros de engenharia. Todavia, se a obra vai mais além do projeto físico, propriamente dito, quando se trata de fundar uma sociedade, um partido, uma empresa recreativa ou espiritual, a técnica está menos codificada e mais complexa é sua planificação, e o seu êxito ou o fracasso residirão na inspiração do artista.

Comportará na "obra" uma realidade viva na qual pretende implantar-se? Que resistências produzirão no meio-ambiente? O momento é adequado? Estas perguntas formam parte da ciência do He e serão os trabalhos que os Companheiros maçons deverão enfrentar no curso de suas instruções. Qualquer atividade desperta uma reação no ambiente em que tem que desenvolver-se, gera uma violência, uma agressão, já que, estando coberto todo o espaço humano, qualquer implantação significará desalojar algo que já está estabelecido na realidade física, porém, também na emotiva e na intelectual. Às vezes, mover ideias ou sentimentos resulta mais desafiante que pulverizar objetos físicos. Por outro lado, existe algo muito importante na ciência de He que é aprender a controlar a repercussão que terá no próprio artista a reação natural dos que se sentem usurpados com a implantação da obra.

Na fase Yod, há um impulso que se acumula no interior e que acaba projetando-se ao exterior. No momento do disparo já estamos enlaçando Yod-He; temos criado uma dupla polaridade e estamos sob o império da lei do binário. Nossa realidade está tanto em Yod como em He, uma vez que são duas fases do nosso processo de criação. Porém, como Yod representa nosso impulso criador subjetivo e He, as circunstâncias objetivas com as quais tropeçamos, ocorre *a priori* que nós identifiquemos com o polo identificado por Yod e consideremos o que vem de He como produto elaborado pelo inimigo, pelo qual se opõe a realização dessa obra que projetamos. Dito de outra maneira, a ideia que colocamos em movimento tem que adaptar-se ao meio no qual deve implantar-se e é aqui onde iremos chocar e tomar o meio como hostil, quando deixamos de fundir-se aos nossos desejos.

Se nossa consciência se situa num ponto central, então acolheremos as reações provenientes da realidade objetiva filosoficamente. Se essas reações são adversas as nossas expectativas, em lugar de desenvolver a violência, o artista dirá: *"uma vez que terei que atravessar um ponto muito delicado, sondarei o terreno e tratarei de buscar um lugar melhor"*, e assim procederá até encontrar a zona justa. Acabará encontrando este local com toda segurança, porque na ciência de Yod se encerra uma virtude que permite descobrir o espaço, físico ou espiritual, onde há de encontrar-se com He.

Quando se ignora esta arte, a criação também para automaticamente por essas fases; porém, a consciência se polariza em um ponto e explode na eterna luta contra o "inimigo", que é a reação exterior de algo ou alguém a quem temos tocado por engano, ou por ignorância. Isso sucede, por exemplo, quando um treinador trata de impor um sistema de jogo numa equipe acostumada a jogar de forma diferente. Produzir-se-á um choque.

Nas mitologias antigas, He era representada como a matriz feminina e na atual guerra entre os sexos é uma perfeita ilustração do que acabamos de dizer sobre a polarização da consciência em um dos extremos dessa linha, que no simbolismo maçônico está representado pela régua. A régua maçônica encerra o segredo da lei binária.

Quando o marido se desentende com a esposa e lhe repreende, dizendo que era muito diferente de quando a conheceu, sem compreender como pode casar-se com ela, é que sua consciência refugiou em um dos polos dessa régua e lhe custa reconhecer como é apropriado o qual se encontra no polo contrário. A solução deste conflito está em Vau, que é o filho.

O significado da letra ו, *Vau* na etapa do Mestre Maçom

Vau simboliza a realização. Quando o construtor consegue encontrar o espaço em que deve dedicar-se a sua obra, isto é, assentar-se em sua obra, esta começa a levantar-se e será resultante da ideia primogênita e das possibilidades que oferece o mundo exterior. No procedimento biológico humano, Yod é a semente, He é o processo de incubação da criatura e Vau é a exteriorização da energia acumulada. A ciência de Vau consiste em velar para que essa obra nunca se despersonalize, perdendo valores primogênitos que presidiram sua geração e que ajudarão a cumprir o objetivo para o qual foi criado.

Criação, interiorização, exteriorização: tal é o processo normal de todo produto, divino ou humano. A nível de ensinamento intelectual, o que se produz na mente, depois de haver-se convertido para nós em impulso vital, deve ser transmitido ao exterior. Nosso saber deve ser comunicado e o maçom que se inicia em uma Loja tem a obrigação de fundar ele mesmo sua Loja (simbólica) e ensinar o que aprendeu. Poderá fazê-lo, está claro, quando alcançar a fase Vau, quer dizer, quando, depois de haver acumulado a semente criadora sendo Aprendiz e haja interiorizado dentro dele esta semente sendo Companheiro, chegue a etapa de exteriorização como Mestre. Para tanto, haverá aprendido também a reconhecer entre as pessoas com as quais convive as mais aptas para o desenvolvimento da fase Yod, a mais aptas para viver He e as mais aptas para o Vau, assim como os períodos que mais se prestam para a realização de cada uma das experiências no terreno prático, posto que, como bem dizia Salomão, há um tempo para rir e outro tempo para chorar, um tempo para cada coisa.

O RESULTADO

O segundo He da palavra sagrada no nome do Eterno significa a prolongação indefinida da fecundidade. No plano humano representa a obra do filho, de Vau. É evidente que a tarefa posta em marcha gera por sua vez outra vida. O segundo He é o neto, que se converte, automaticamente, em Yod de um novo ciclo realizatório (ao ter seus próprios filhos), numa escala inferior, em outro nível. O mesmo ocorre com uma semente (Yod) que se converte em árvore (He) e dão frutos (Vau), esses frutos contêm novas sementes (segundo He).

Qualquer projeto necessita de uma fase Yod, na qual a vontade nos empurra para a realização de uma ideia; da fase He, na qual encontramos a terra adequada para fecundar nossa vontade, quer dizer, apresentam-se as circunstâncias propícias para que possa arraigar nosso projeto, na fase Vau, na qual a ideia ganha consistência e pode sair ao exterior, e a fase do segundo He, no qual o projeto já dará seus frutos. Seguindo este raciocínio, compreenderemos que a fase de Companheiro (He) é a mais delicada (é quando a mulher está grávida).

A IDADE DO APRENDIZ

Por que se designou uma idade ao grau de aprendiz e o que significa? É a interrogação que se faz por aquele que ingressou na Francomaçonaria.

A cartilha maçônica dá a resposta, dizendo que em cada grau o maçom deve iniciar-se nos mistérios correspondentes aos números que constitui sua idade maçônica. As escolas de sabedoria na antiguidade expressavam as verdades filosóficas em números. A Escola Pitagórica sobressaiu neste sentido, como também em muitos outros. Para os pitagóricos, cada número encerrava verdades da filosofia esotérica. E o estudo dessas verdades constituía parte do programa da Escola de Crotona.

A Francomaçonaria, que é a herdeira da sabedoria das Escolas de Mistérios da antiguidade, compediou em números seus princípios filosóficos. De modo que o trabalho maçônico propriamente dito consiste o estudo dos mistérios que encerra cada número.

No primeiro grau, começa pelo estudo do número UM e declara: "Que tudo é Um, uma vez que nada poderia existir fora do Todo". Há neste conceito, e nos que se referem aos números subsequentes, o compêndio de um maravilhoso sistema teogônico, cujo conhecimento pode conduzir o aprendiz maçom a responder a pergunta que sintetiza a filosofia do primeiro grau: "De onde viemos?"

Os escritores maçons modernos que se dedicaram a este tema deram mais ênfase em catalogar as mônadas, díadas e tríades mais em relação à natureza, à história e às religiões. É relativamente escassa a literatura sobre o significado esotérico dos números. Bazot, Ragon e Pike, segundo o Dicionário Enciclopédico da Francomaçonaria ocuparam amplamente das relações mais notáveis que oferecem principalmente o número três, cinco e sete que são básicos na simbologia maçônica.

Como dissemos anteriormente, que a Mônada ou o número um significa a origem, o princípio, a causa primeira, o absoluto, o Grande Arquiteto do Universo. Entretanto, não é somente isto e sim o TODO e nada pode existir fora d'Ele. De modo que o TODO é UNO e a UNIDADE do universo é o ponto de partida da teogonia espiritual. Felizmente agora, com os últimos descobrimentos científicos, fica muito mais claro o significado dos primeiros versículos do Evangelho de São João. Enlaçando o que a ciência descobriu acerca da composição do átomo como que o Evangelho diz a respeito do Verbo e da criação, temos: detrás da matéria está a energia; detrás da energia, a luz, mais além da luz, a vida; e mais além da vida, o Verbo e o Verbo era D-us. Consequentemente, D-us, o Grande Arquiteto do Universo, a Unidade, contém em Si todo o universo; e este e a manifestação daquele. O Universo sensível, sem dúvida, não é D-us; porém é Sua manifestação.

A díada, o número dois, simboliza a manifestação. Uma ideia gráfica da manifestação, na aparência nos dá a luz que projeta em raios. De igual maneira, a unidade, ao manifestar-se se bifurca em díade, que origina os pares de opostos: positivo e negativo, macho e fêmea, calor e frio, etc. A conjunção dos pares de opostos origina os conceitos das realidades abstratas, simbolizadas pelas tríadas. Os positivos, que os alquimistas simbolizaram com o sal, e o negativo com o enxofre, dão lugar ao mercúrio vital, ou seja, a vida harmônica e construtiva, a vida maçônica. O macho e a fêmea culminam na geração; o calor e o frio no conceito da temperatura. Daí uma vaga ideia do significado dos três números que encerra a filosofia esotérica do primeiro grau da Francomaçonaria.

CAPÍTULO II
GRAU DE COMPANHEIRO
"ELEVAÇÃO"

O PRIMEIRO AUMENTO DE SALÁRIO (ELEVAÇÃO)

Pitágoras

No Grau de Companheiro, os mistérios gregos são visivelmente notados. No estudo da história da Maçonaria, vamos nos defrontar lá pelo alvorecer da Era grega; com aquele sábio, matemático e filósofo, cujo nome já conhecemos em conexão com a fórmula $a^2 = b^2 + c^2$. Esse matemático foi um iniciado nos mistérios egípcios e nele encontramos o elo que nos liga à sua escola em Crotona, sul da Itália que pertencia então à Grécia, cerca de 500 anos antes da era cristã. Passaram por este mundo muitos homens que trouxeram luz e uma dessas pessoas sem dúvida é Pitágoras. Não pretendo alongar o relato da "lenda" pitagórica, o que farei neste momento é um breve comentário sobre sua vida.

Não que considero apenas lenda o que se escreveu sobre essa vida maravilhosa, porque há, nessas descrições, sem dúvida, muito de histórico e de verdadeiro. O difícil, porém, está em poder separar o que é histórico do que é fruto da imaginação e da cooperação ficcional dos que se dedicaram a descrever a vida do famoso filósofo de Samos.

O fato de negar-se, peremptoriamente, a historicidade de Pitágoras (como alguns o fazem), por não se ter às mãos documentos bastantes, não impede que seja o pitagorismo uma realidade empolgante na história da filosofia, cuja influência atravessa os séculos até os nossos dias.

Acontece com Pitágoras o que aconteceu com Shakespeare, cuja existência foi tantas vezes negada. Se não existiu Pitágoras de Samos, houve com certeza alguém que construiu essa doutrina, e que, por casualidade, chamava-se Pitágoras. Podemos assim parafrasear o que foi dito quanto a Shakespeare. Mas, pondo de lado esses escrúpulos ingênuos de certos autores, que preferem declará-lo como não existente, como se houvesse maior validez na negação da sua historicidade do que na sua afirmação, vou a seguir relatar algo, em torno dessa lenda, que muito nos auxiliará para o estudo que ora pretendemos, ou seja, trazer à luz sua biografia e seus versos dourados.

Em 1917, perto de Porta Maggiori, sob os trilhos da estrada de ferro, que liga Roma a Nápoles, foi descoberta uma cripta, que se julgou a princípio fosse a porta de uma capela cristã subterrânea. Posteriormente, verificou-se que se tratava de uma construção realizada nos tempos de Cláudio, por volta de 41 a 54 d.C., e que nada mais era do que um templo, onde se reuniam os

141

membros de uma seita misteriosa, que, afinal, averiguou-se ser pitagórica. Sabe-se hoje, com base histórica, que antes, já em tempos de César., proliferavam os templos pitagóricos, e se essa seita foi tão combatida, deve-se mais ao fato de ser secreta do que propriamente por suas ideias. Numa obra, hoje cara aos pitagóricos, Carcopino (*La Brasilique pyhagoricienne de la Porte Mjeure*), dá-nos um amplo relato desse templo. E foi inegavelmente essa descoberta tão importante que impulsionou novos estudos sobre a doutrina de Pitágoras, os quais tendem a mostrar o grande papel que exerceu na história, durante vinte e cinco séculos, nessa Ordem que ainda existe e tem seus seguidores, embora esteja, em nossos dias, como já esteve no passado, irremediavelmente infectada de ideias estranhas que, a nosso ver, desvirtuam, como iremos provar, o pensamento genuíno de Pitágoras de Samos.

  É aceito, quase sem divergência por todos que se debruçaram a estudar a sua vida, que Pitágoras nasceu em Samos, entre 592 a 570 antes de nossa era; ou seja, naquele mesmo século em que surgiram tantos grandes condutores de povos e criadores de religiões, como Buda, Zoroastro (Zaratustra), Confúcio e Lao-Tsé.

  Temos aqui as cinco maiores figuras daquele século, às quais se devem um papel eminente na história do pensamento humano, quer religioso, quer filosófico.

  Inúmeras são as divergências sobre a verdadeira nacionalidade de Pitágoras, pois uns afirmam ter sido ele de origem egípcia; outros, Síria ou ainda, natural de Tiro.

  Relata a lenda que Pitágoras, cujo nome significa o *Anunciador pítico* (Pythios), era filho de Menesarco e de Partêmis, ou Pythaia. Tendo esta, certa vez, levado o filho à sacerdotisa Pítia de Delfos, esta vaticinou-lhe um grande papel, o que levou a mãe a devotar-se com o máximo à sua educação. Consta que Pitágoras, desde criança, revelava-se prodigioso. Teve como primeiros mestres a Hermodamas de Samos até os 18 anos, depois Ferécides de Siros, tendo sido, posteriormente, aluno de Tales, em Mileto, e ouvinte das conferências de Anaximandro. Foi depois discípulo de Sonchi, um sacerdote egípcio, tendo, também conhecido Zaratos, o assírio Zaratustra ou Zoroastro, em Babilônia, quando de sua estada nessa metrópole da antiguidade.

  Conta-nos a lenda, ainda, que o hierofante Adonai aconselhou-o a ir ao Egito, recomendado ao faraó Amon, onde, afirma-se, foi iniciado nos mistérios egípcios, nos santuários de Mênfis, Dióspolis e Heliópolis. Afirma-se, ademais, que teve um retiro no Monte Carmelo e na Caldéia, quando foi feito prisioneiro pelas tropas de Cambísis, tendo daí conduzido para Babilônia. Foi em sua viagem a essa metrópole da Antiguidade, que conheceu o pensamento das antigas religiões do Oriente, e frequentou as aulas ministradas por famosos mestres de então.

Para muitos, estamos nas brumas da pura lenda, pois não há assentamentos históricos suficientes que confirmem a veracidade de tais fatos. Mas, fundados também em modos de pensar, pouca coisa restaria para afirmar-se como verdadeiramente histórica de grandes vultos do passado, pois vimos, em nossos dias, negar-se valor histórico a Cristo, pelo simples fato de seus contemporâneos não terem notado seu valor, como se não fosse um velho costume dos que estão à frente das letras e da história, não perceberem os grandes valores que realmente são seus contemporâneos.

Cristo foi visto pelos fariseus e letrados de sua época como um mero taumaturgo que pregava ideias inaceitáveis.

Não é de admirar, pois, sobretudo entre os gregos, cujos assentamentos históricos são tão incompletos e deficientes, que não tenham transmitido com a máxima segurança a historicidade de "Pitágoras", como também a de muitos outros personagens. Ademais, houve vários Pitágoras, em diversos setores, confundidos muitas vezes com aquele que fundou a escola de Crótona, não sendo, portanto, de admirar a perplexidade e o ceticismo que se apossam de muitos, quanto aos relatos que se costumam fazer de sua vida. Mas a verdade é que o pitagorismo existiu, e ainda existe, e deixou uma obra monumental, sobre a qual podem debruçar-se os estudiosos.

Observa-se, porém, em todas as fontes que nos revelam a vida de Pitágoras, que este realizou, em sua juventude, inúmeras viagens e peregrinações, tendo voltado para Samos já com a idade de 56 anos. Suas lições atraíam muitos discípulos, mas provocaram, também, a inimizade de Polícrates, então tirano em Samos, o que fez o sabio exilar-se na Magna Grécia (Itália), onde, em Crótona, fundou o seu famoso Instituto. Dizem Nicômaco e Jâmblico que, em certa ocasião, Pitágoras pronunciou um famoso discurso, o qual influiu decisivamente na fundação da sua famosa sociedade, onde os membros se propunham a praticar a comunidade dos bens, entregues à meditação, através do que alcançariam o caminho do saber, da Malhesis Suprema (Megisthe), a Suprema Sophia, a suprema sabedoria. Para tanto, era preciso amá-la, e aqueles que fossem amantes do saber, seriam filósofos (de *philo:* eu amo, e *sophia*: saber) de onde Pitágoras cunhou o nome que depois se universalizou: *philosophia*, (do grego Φιλοσοφία, literalmente "amor à sabedoria"). O conhecimento, a gnose, permitiria que o homem penetrasse, seguindo os caminhos humanos, a via que levaria à Mathesis Suprema, a Suprema instrução. Só o conhecimento nos daria a felicidade, pois afirmava ele que a felicidade suprema consiste na verdadeira eudaimonia da alma, na contemplação da harmonia dos ritmos do Universo, ou, melhor, reproduzindo as suas palavras *"tes telelótetos tôn arithmôn"*, a perfeição dos Números, o número como ritmo e proporção, como nos conta Clemente de Alexandria.

Antes de sua localização na Magna Grécia, relata-se que esteve em contato com os *órficos*[11], já em decadência, no Peloponeso, tendo então conhecido a famosa sacerdotisa Teocléa de Delfos.

Mas é na Itália que desempenha um papel extraordinário, porque aí é que funda o seu famoso instituto, o qual, combatido pelos democratas de então, foi finalmente destruído. Contando-nos a lenda que, em seu incêndio, segundo uns, pereceu Pitágoras, junto com os seus mais amados discípulos, enquanto outros afirmam que conseguiu fugir, tomando um rumo que permaneceu ignorado; *"Na edição dos Versos Aureos de Pitágoras, temos a oportunidade de constatar as passagens da história e da lenda."*

Segundo as melhores fontes, Pitágoras deve ter falecido entre 510 a 480. A sociedade pitagórica continuou após a sua morte, tendo desaparecido quando do famoso massacre de Metaponto, depois da derrota da liga crotoniata. A confraternização pitagórica teve um grande papel histórico na liga crotoniata, por sua influência política quase absoluta. Segundo, certos dados, havia, nessa época, três espécies de iniciados: os *Filósofos contemplativos*, que eram os matemáticos; os *nomotetes*, aos quais cabiam a direção política e a atividade social; e uma terceira categoria, os *políticos*, que não haviam ainda alcançado os graus de iniciação, e que eram instrumentos para a execução dos planos que elaboravam os dirigentes.

Dessa catástrofe, havia salvado apenas *Lysis* (que é dado como autor dos "Versos Áureos") e Filolau, um dos mais famosos pitagóricos de todos os tempos, os quais, possivelmente, (e há aqui suficientes elementos a favor dessa possibilidade) nem tenham conhecido Pitágoras pessoalmente. Com eles salvaram-se alguns noviços, entre os quais se salientam os nomes de Hipócrates de Quios, que viveu depois em Atenas, Hiparco e Hípias, que, posteriormente, foram considerados traidores, por terem revelado certos segredos da ordem, merecendo a "excomunhão" da mesma. Dos seguidores próximos dessa época, deve-se salientar Arquitas de Tarento.

O próprio Filolau também foi considerado por muitos pitagóricos como traidor, por haver publicado trabalhos nos quais revelava certos aspectos da filosofia de Pitágoras, e também por constar haver vendido três livros secretos a Dion, irmão de Dionísio o Antigo.

Havia, para os escolhidos, um grau de noviciado e uma iniciação de grau de aprendiz, que levava cinco anos (grau de *paraskeiê*, de preparação)

---

[11] Numerosas fontes históricas relatam a existência dos mitos órficos. Tudo leva a crer que não era conhecido de Homero (antes de 700 a. C.) mas, já no século VI, aparece em algumas tradições. O primeiro escritor grego a fazer menção ao "célebre Orfeu" foi Ibykos em meados do século VI. a. C. A lenda de Orfeu coloca-o como um dos principais poetas e músicos da época heróica, ao lado de Homero e Hesíodo. Determinou a existência de uma religião especial – o orfismo – e de uma seita – os órficos – que se expandiu por todo o mundo grego e a Itália meridional.

seguindo-se depois, o cathastysis, de purificação (*catharsis*), que corresponde ao companheiro maçônico, e finalmente o de teleiôtes (de *telos*, fim), que era o de mestre, ao qual eram reveladas as primeiras e últimas causas das coisas.

Os antigos Rituais ingleses ainda se referem à Ordem Pitagórica, como antecessora da nossa atual Maçonaria Simbólica na Inglaterra, como se vê na reforma de Anderson, o quesito que diz:

Como a Maçonaria chegou à Inglaterra?

Resposta: "Peter Cower (Pitágoras), um grego, viajava no Egito, na Síria e outros Países, onde os Fenícios mantinham Lojas e depois de tê-las visitado, voltou com grandes conhecimentos à Grande Grécia, onde fundou a Grande Loja em Crotona. Dessa Grande Loja alguns Mestres transportaram-se para França, e dali trouxeram a Arte Real para Inglaterra".

Quanto às causas da destruição da Ordem Pitagórica, examinamos em nossos Versos Áureos de Pitágoras, onde relatamos os erros políticos cometidos pelos discípulos, que não souberam acatar as normas preconizadas pelo mestre.

O HIEROS LOGOS
(O DISCURSO SAGRADO)

Sabe-se que o ensino ministrado por Pitágoras era oral, pois, em sua época, os livros eram algo raro. E, ademais, diz-se, havia o receio de, ao confiarem-se à letra morta os conhecimentos mais profundos, pudessem estes, em mãos dos mal-intencionados, ser utilizados mais para o mal que para o bem.

Mas essa afirmativa deve ser considerada em termos, pois o receio era relativo, e tanto assim que se afirmava (e há bases históricas para fundamentar essa afirmação), que Pitágoras havia redigido uma obra em verso, intitulado *O Hieros Logos* (O Discurso Sagrado), no qual, em linguagem simbólica, estariam contidos os fundamentos de sua doutrina. Mas a nítida compreensão do que desejava transmitir estaria assim condicionada à capacidade de interpretação simbólica. E como a interpretação simbólica era proporcionada ao grau de iniciação, o alcance dos conhecimentos expostos seria obtido proporcionadamente ao grau, ou seja, o leitor de tal obra entendê-la apenas dentro das suas possibilidades assimilativas, o que evitaria o perigo de cair totalmente o conhecimento obtido em mãos pouco hábeis, que poderiam utilizá-los para outros fins, que não os genuinamente traçados e marcados pelo intuito real da Ordem pitagórica.

Segundo Diógenes Laércio, Pitágoras redigira também outros livros sobre Pedagogia, sobre Política e sobre Física, atribuindo-lhe ainda a autoria de um poema *Peri tou holou* (Do Todo), cujo tema seria o *Cosmos,* com uma espécie de análise de todas as coisas, consideradas em sua unidade. Diz-se, ademais, que Platão, a peso de ouro, teria conseguido adquirir de Arquitas algumas dessas obras.

Mas a autenticidade de tais livros pode ser posta em dúvida, pois talvez tivessem sido realizadas por discípulos que as atribuíram ao mestre, o que era comum fazer-se então. Delas nada restou dos pitagóricos e pitagorizantes, que nos serviram, contudo, de elementos para fundarmos nossa exegese do pitagorismo, que, doxograficamente[12], julgamos o genuíno, e que justificamos neste relato.

Diz-se que o *Hieros Logos* fora primitivamente escrito em verso por Pitágoras e só posteriormente ele o verteu em prosa dória. Afirma-se que a publicação desse livro fora realizado por Telauges, marido de Bitale, neta de Pitágoras, fundado nas notas que este havia deixado a sua filha Damô. Nesse caso, essa obra nunca teria sido publicada por Pitágoras, mas só posteriormente, muito tempo após a sua morte. Robustece a crença de que realmente tal obra existiu o fato de serem os fragmentos, que dela nos restaram, escritos numa língua que revela a sua antiguidade, como salienta Mr. Delatte.

Daí Rostagni afirmar ser o discurso de Ovídio, nas *Metamorfoses*, uma paráfrase do Discurso primitivo. Nos *Versos Áureos* há diversas reproduções de máximas que devem ter pertencido ao *Hieros Logos*.

O *Hieros Logos* seria um tratado científico e filosófico, e, dos fragmentos que lhe são atribuídos, vamos reproduzir alguns que nos permitirão uma ideia, embora muito vaga, do que consistia ele em sua realidade.

Suas primeiras palavras seriam as seguintes:

"*Quero cantar para aqueles que podem compreender; fechai as portas aos profanos*".
"*Jovens, adorai, num respeitoso silêncio, todas as verdades*".

Seguir-se-ia então uma visão sucinta da vida humana, desde a Idade de Ouro, a idade da inocência, até alcançar o homem, em sua sapiência posterior, o estado de queda e de pecado, o pecado original:

"*Ó raça que o medo da morte paralisa,
Por que temes o Estige e a sombra e as vãs palavras?*

"*Da mesma forma que a cera, na qual se imprimem novas figuras, e que, de certo modo, permanece a mesma, embora não guarde a mesma figura (aspectos), assim a alma permanece sempre igual, embora emigre, eu vos digo, através de novas figuras*".

Tudo muda, tudo se transforma, mas ao mesmo tempo tudo permanece idêntico a si mesmo, através do ritmo unitário dos números.
Tudo obedece a essa lei.

---

[12] Doxografia deriva da palavra grega "δόξα" (doxa), que significa aparecer; opinião + "γραφία" (grafia); escrita; descrição. Doxografia é o relato das ideias de um autor quando interpretadas por outro autor, ao contrário do *fragmento*, que é a citação literal das palavras de um autor por outro.

*"Quando, tendo deixado o corpo, partires para o éter.
Tornar-te-ás deus imortal, e não morrerás mais".*

(Dos Versos Áureos)

Imitar a D-us é o caminho da elevação do homem. D-us esta em nós, devemos imitá-lo (*hepou theu = sê o deus*). E aconselha *Nô peithou,* obedece ao espírito e seguirás a D-us, porque, para achá-lo, é preciso seguir o caminho da sabedoria, afastando-se das paixões.

Afinal, haveremos de alcançar o Um (*Hena genesthai,* gerar o um de si mesmo, tornar-se íntegro. Só assim alcançaremos a tranquilidade interior e a paz entre os homens.

As suas principais normas éticas estão inscritas nos "Versos Áureos", que reproduzimos a seguir.

VERSOS ÁUREOS DE PITÁGORAS

Preparação:

Aos Deuses imortais o culto consagrado
Rende; e tua fé conserva. Prestigia
Dos sublimes Heróis a imárcida lembrança
E a memória eteral dos supremos Espíritos.

Purificação:

Bom filho, reto irmão, terno esposo e bom pai
Sê; e para amigo o amigo da virtude
Escolhe, e cede sempre a seus dóceis conselhos;
Segue de sua vida os trâmites serenos;
Sê sincero e bondoso, e não o deixes nunca,
Se possível te for: pois uma lei severa
Agrilhoa o Poder junto à Necessidade.
Está em tuas mãos combater e vencer.
Tuas loucas paixões; aprende a dominá-las.
Sê sóbrio, ativo e casto; as cóleras evita.
Em público, ou só, não te permitas nunca
O mal; e mais que tudo a ti mesmo respeita-te.
Pensa antes de falar, pensa antes de agir:
Sê justo. Rememora: um poder invencível
Ordena de morrer; e os bens e as honrarias,
Fáceis de adquirir, são fáceis de perder.
Quanto aos males fatais que o Destino acarreta,
Julga-os pelo que são: suporta-os procura,
Quão possível te seja, o rigor abrandar-lhes:
Os Deuses, aos mais cruéis, não entregam os sábios.
Como a Verdade, o erro adoradores conta:
O filosofo aprova, ou adverte com calma;

E, se o erro triunfa, ele se afasta, e espera.
Ouve, e no coração grava as minhas palavras:
Fecha os olhos e ouvido a toda prevenção;
Teme o exemplo de um outro, e pensa por ti mesmo:
Consulta, delibera e escolhe livremente.
Deixa aos loucos o agir sem um fim e sem causa;
Tu deves contemplar no presente o futuro.
Não pretendas fazer aquilo que não saibas.
Aprende: tudo cede à constância e ao tempo.
Cuida de tua saúde: e ministra com método
Alimentos ao corpo e repouso ao espírito.
Pouco ou muito cuidar evita sempre; o zelo
Igualmente se prende a um e a outro excesso.
Têm o luxo e a avareza efeitos semelhantes.
Deves buscar em tudo o meio justo e bom.

Perfeição:

Que se não passe um dia, amigo, sem buscares
Saber: Que fiz eu hoje? E, hoje, que olvidei?
Se foi o mal, abstém-te; e, se o bem, persevera.
Meus conselhos medita; e os estima; e os pratica:
E te conduzirão às divinas virtudes.
Por esse que gravou em nossos corações
A Tétrada sagrada, imenso e puro símbolo,
Fonte da Natureza, e modelo dos Deuses,
Juro. Antes, porém, que a tua alma, fiel
A seu dever, invoque, e com fervor, os Deuses,
Cujo socorro imenso e valioso e forte
Te fará concluir as obras começadas,
Segue-lhes o ensino, e não te iludirás:
Dos seres sondarás a mais estranha essência;
Conhecerás de Tudo o princípio e o termo.
E, se o Céu permitir, saberás que é Natura,
Em tudo semelhante, é a mesma em toda parte;
Conhecedor assim de todos teus direitos,
Terás o coração livre de vão desejos.
E saberás que o mal que os homens cilicia,
De seu querer é fruto; e que esses infelizes
Procuram longe os bens cuja fonte em si trazem.
Seres que saibam ser ditosos, são mui raros.

Joguetes das paixões, oscilando nas vagas,
Rolam, cegos, num mar sem bordas e sem termo,
Sem poder resistir sem ceder à tormenta.
Salvai-os grande Zeus, abrindo-lhes os olhos!
Mas, não: aos homens cabe, - eles, raça divina,
O Erro discernir, e saber a Verdade.
A Natureza os serve. E Tu que a penetraste,
Homem sábio e ditoso, a paz seja contigo!
Observa minhas leis, abstém-te das coisas
Que tua alma receie, em distinguindo-as bem;
Sobre teu corpo reine e brilhe a inteligência
Para que, te ascendendo ao Éter fulgurante,
Mesmo entre os Imortais consigas ser um D-us!

Tradução de Dario Vellozo.
Do original francês de Fabre D'Olivet

O SIMBOLISMO DA ESCADA DE JACÓ

Quando a *"Constituição de Anderson"*[13], nos seus *"Old Charges"*[14], fala em primeiro lugar das obrigações do maçom em relação a D-us e denomina esse "espírito" de G∴A∴D∴U∴, reconhece ela a existência de uma força espiritual acima do homem e da natureza e desta forma fornece um fundamento seguro à Ordem maçônica. Todas as religiões consideram a fé o requisito mais importante para seus fiéis, pois, perdendo a fé, torna-se o homem incrédulo. Também em qualquer sistema filosófico ou teoria racionalista a base para toda pesquisa é uma opinião básica formada, ou seja, que o estudioso tenha uma convicção, mesmo que o mundo não obedecesse a leis superiores, enfim que o Universo fosse um fenômeno ocasional, sem ter sido preconcebido e que a vida do homem não tivesse um sentido transcendente. Uma vez que o homem não nega a evolução espiritual além da biologia que geralmente reconhece, e vive dentro da ordem moral, em nada é nocivo à sociedade humana. Foram estas as minhas considerações fundamentais para chegar as seguintes conclusões:

1) O primeiro degrau da escada de Jacó chama-se fé. O maçom deve ter

---

[13] A Grande Loja de Londres adotou em 1717 os rituais de Elias Ashmole e pediu ao pastor Jacob Anderson, em 1721, para fazer uma compilação dos antigos preceitos e regulamentos gerais da Maçonaria. O pastor Jacob Anderson era um doutor em filosofia e um pregador presbiteriano em Londres. Teve alguns colaboradores de grande expressão como Payne e Desaguilliers, que haviam sido respectivamente, o segundo e o terceiro Grão Mestres da Grande Loja de Londres.

[14] As Old Charges ou Antigos Deveres ou, ainda, Antigas Obrigações são, na verdade pergaminhos ou documentos escritos usados, a título de Constituição, pelos Maçons Operativos das Lojas de Talhadores de Pedra.
Atualmente, o número desses manuscritos, conhecidos e reconhecidos como autênticos, já se aproxima dos cento e quarenta, dentre os quais, destacam-se:

O Poema Regius, de 1390, também chamado de "Manuscrito de Halliwell";
O Manuscrito de Cooke, de 1410;
Os Estatutos de Schaw, de 1598;
O Manuscrito de Inigo Jones, de 1607;
O Manuscrito de Kilwinning, de 1665;
O Manuscrito de Aitchison-Haven, de 1666;
O Manuscrito de Melrose, de 1674.

As Old Charges, por sua importância histórica, serviram para estabelecer na Inglaterra a existência de uma Maçonaria organizada antes da fundação da Grande Loja de Londres, embora com finalidades diferentes das que são hoje conhecidas, tendo, por isso mesmo, influído de modo marcante para a organização da Maçonaria Especulativa.

uma fé, uma crença ou uma convicção positiva. É excluído de antemão da iniciação maçônica aquele que não passa de um "ateu estúpido" ou de um "irreligioso libertino", pois ambos os tipos não se podem enquadrar num sistema de alta moral que exige do homem obediência, embora dentro de uma Ordem em que prega liberdade. – Mas "liberdade" e "libertino" são duas coisas bem distintas. Como dizia Goethe: *"Só dentro da lei alcançaremos a liberdade"*. Por outro lado, não significa essa rejeição, *"eo ipso"* que a Ordem maçônica considera alguém, porque crê em D-us, já por isso um bom candidato à iniciação maçônica. Devemos nos lembrar que a Constituição só exige uma crença em D-us e nunca uma certa religião do candidato. Como o simbolismo maçônico se destina a fazer enxergar o maçom, o candidato ideal para nós é aquele que já ultrapassou o *stadium* duma religiosidade cega e anseia romper o dogma, porque já se tornou um céptico em questões de sua igreja. Para este candidato, a Maçonaria tem algo de novo e profundo em seus símbolos a oferecer. Também a tolerância da Maçonaria, em questão de religiões, abre-lhe novos horizontes. Do mentalmente cego, a iniciação faz então um homem que vê o mundo doravante sem venda.

2) Dos três degraus que levam do perpendicular ao Oriente, o segundo se chama esperança. Que sentido poderá ter? O que espera o neófito da Maçonaria? Não deve esperar de seu Irmão, já de antemão, favores especiais. Deve, sobretudo, ter a esperança duma vida eterna imaterial. Como ele crê que existe o G∴A∴D∴U∴, ele dá o segundo passo raciocinando sobre a pergunta que se nos levanta: *"Somos imortais?"* – O descrente daria por resposta: *"O homem nada mais é do que um animal melhorado, sem destino e sem finalidade. Com a sua morte tudo espira, tudo acaba"*. A Igreja Católica diria que tal ateu teria que aguardar seu castigo no inferno. Nós, maçons, que julgamos os homens pelos seus feitos e não pelos credos, não nos permitimos o luxo de pintar em cores os sofrimentos dos descrentes num inferno imaginado pela mente humana. Nossa convicção é que o homem tem uma missão a cumprir nesta vida. Reconhecemos que ele possui uma mente para raciocinar e uma "alma", aquela centelha divina que lhe permite sentir a diferença entre o mal e o bem e ter sensações. E essa alma é o nosso verdadeiro "eu" que habita somente este nosso corpo frágil e está sujeito a desintegração a qualquer momento. A nossa mente nos capacita ao raciocínio frio. De onde provém a nossa fantasia? Da mente fria ou consiste de uma faculdade da alma? Não é maravilhoso que o homem em sua fantasia pode criar um paraíso dentro de um deserto, pode ser feliz na mais simples cabana? E sem a nossa imaginação cheia de esperança, essa luz interna, o mundo ao nosso redor, sem dúvida, para nós não passaria de um vasto deserto. Sem esperança não há evolução espiritual. Quem perde a esperança fica a meio caminho e dentro em breve presa do desespero. Portanto, quem fez o segundo passo deve seguir para frente em direção ao alto.

3) Feito o terceiro passo na perpendicular ou em direção ao Oriente, o obreiro da Arte Real, acha-se em posição mais perto do símbolo "G" ou seja, no ponto mais elevado da escada de Jacó, que se chama amor, ou caridade.

Também a Maçonaria antiga inglesa, conforme nos relata o conhecido historiador maçônico Krause, nos fala desse símbolo, considerando o terceiro degrau da escada de Jacó o símbolo mais importante, dizendo que "é subjetiva a fé, objetiva a esperança e ambos servem para atingirmos o manancial do amor, representado pelo 3º degrau da dita alegoria".

Também nos mistérios dos Mithras da antiga Pérsia já encontramos uma escada composta de 7 degraus. Nessa escada o terceiro degrau significa o sinal astral de Vênus, como metal: cobre, e no sentido esotérico: mulher, ou seja, fonte de amor maternal. Leva essa escada ao céu, ou seja, no sentido simbólico à Verdade, representada igualmente pelo metal: ouro, e pelo astro: Sol.

O terceiro degrau, enfim, significa Vênus ou amor. A palavra amor, pelo seu uso constante numa interpretação vulgar e falsa, no mundo profano de hoje, na maioria dos casos, não passa de ter outra significação a não ser: gozos carnais. Era muito diferente sua significação na antiguidade, quando a astrologia ainda constituía parte integrante das religiões. A Vênus da mitologia persa era um símbolo sagrado, mas já profanado pelos romanos quando erigiram suas estátuas duma Vênus suntuosa em seus jardins onde costumavam se divertir, considerando sua estátua a imagem de sua cobiça. Para os Persas, entretanto, representava o astro Vênus o símbolo da mãe, da bondade, do amor eterno. Para estes, o astro significava o mesmo como hoje é ainda para os católicos a estátua da Maria significa igualmente uma mãe, a "mater dolorosa", por exemplo. Por que será que as religiões escolhem a mãe como figura alegórica do amor? Não seria talvez porque sentiam que a própria natureza já dotou toda mãe do verdadeiro amor a toda criatura?

Caridade e amor fraternal é o supremo mandamento da Lei Maçônica. Este amor deve ser extensivo até ao mais afastado ser humano na face da terra que necessite de proteção. Mas, em nenhum de nossos rituais encontrei que devíamos amar aos nossos inimigos. Devemos perdoar os nossos inimigos logo que a nós se aproximem amistosamente. Mas, considero perigoso abraçar um adversário ferrenho, que ainda possa trazer escondido numa das mãos o punhal que nós há de ferir. Já dizia o insigne *thelemita*[15], Marcelo Ramos Motta: "*Concordo que devemos perdoar sim os nossos inimigos, porém, antes, deve-*

---

[15] Thelemita (é àquele que segue a Lei de Thelema; Do grego θέλημα (Vontade), a partir do verbo θέλω (desejar, ter um propósito). Thelema é a filosofia ou religião (dependendo do ponto de vista) baseada nos dois preceitos fundamentais da chamada Lei de Thelema: *"Faze o que tu queres será o todo da Lei."; "Amor é a lei, amor sob vontade."* Estes foram apresentados ao mundo, desta forma, no Livro da Lei (*Liber AL vel Legis*), escrito por Aleister Crowley nos dias 8, 9 e 10 de abril de 1904.

mos vencê-los". Concordo, neste ponto, com Confúcio que aconselhava cautela com os inimigos. O amor fraternal da Maçonaria abrange todos os homens, mas nunca os nossos inimigos enquanto não manifestarem desejos de conciliação. A caridade, entretanto, é praticada preferencialmente pela Maçonaria, sem pensar em ostentação, pois o maçom faz o bem por amor ao próprio bem. As ações anônimas que o Maçom pratica, são as companheiras inseparáveis que o levarão finalmente ao Oriente Eterno e ao conhecimento da Grande Verdade. Mas o Maçom, em vida mesmo, já pode se aproximar da Verdade pelas ações contidas na prática da Fraternidade humana. Conhecê-la-emos, entretanto, somente quando tivermos passado pela sétima parte dos Mistérios de Mithra[16], que é o Portal da Luz Imaterial.

---

[16] O Mito de Mithra pertence ao panteão horrivelmente complicado do atual Irã, mais precisamente a 1400 a.C., onde os deuses eram múltiplos e a obsessão pela pureza gerava um número impressionante de tabus. Não obstante, nasceu nessa época a primeira religião universalista que prometia a salvação a todos os homens, de todas as condições sociais, de ambos os sexos, de qualquer proveniência. Mithra é uma entidade, um deus solar anunciado mais de 1000 anos antes da religião cristã; sua vinda ao mundo nunca foi considerada humana. A religião de Mithra foi trazida ao ocidente, segundo Plutarco, por piratas asiáticos. Ela conservava os problemas ligados à infâmia; pedia o respeito aos elementos, pois a limpeza do corpo está unida à do espírito e à da natureza. Além disso, o mitraísmo procurava conciliar metafísica e ciência, o que ainda constitui a meta de algumas sociedades iniciáticas, dentre as quais as Fraternidades e Ordens Martinistas modernas, pois o Martinismo prega a conciliação da ciência e a religião, numa aliança indissolúvel. Os adeptos da religião de Mithra viviam em comunidades e compartilhavam entre si todos os seus bens. O corpo, que segundo suas crenças, era o veículo da alma, não possuía senão uma importância relativa e a terra era considerada um lugar de exílio, tal como preconiza Louis-Claude de Saint-Martim e Martinez de Pasqualy.

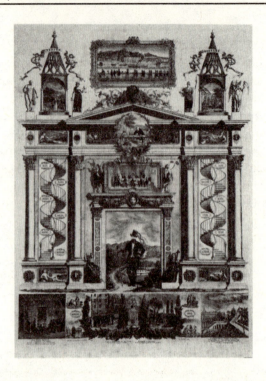

O Ritual que *eleva* o maçom ao grau de Companheiro inicia a cerimônia com uma série de considerações, destinadas a clarear e completar os ensinamentos do primeiro grau. Não declinaremos sobre o Ritual em si, o que para nós seria uma redundância ao que já se encontra no Manual Oficial, dedicaremos a interpretar o sentido filosófico e espiritual de seus ensinamentos.

O TRABALHO

O Ritual inicia suas instruções neste grau engrandecendo o benefício do trabalho físico, moral e intelectual. Proclama que o trabalho é criador, educador, dignificador e emancipador; garantia de liberdade e potência progressista. De outra forma, ele diz que o ócio é o cárcere do escravo, sua vergonha e sua dor. Enfim, elogia o valor do trabalho em geral, insistindo em suas benesses, e enfatiza os resultados perniciosos da ociosidade.

Os trabalhos se realizam em recintos especiais, construídos e ornamentados segundo normas pré-estabelecidas, como os templos das religiões. Os templos maçônicos se orientam do Ocidente ao Oriente e do Norte ao Sul. O zênite está constituído pelo céu estrelado e o Nadir por um piso quadriculado, combinando o branco e o negro. Estas características simbolizam um âmbito universal.

A fachada do Oriente está adornada com o Sol e a Lua. Entre esses dois astros situa o trono do Ven∴ M∴ sob o dossel correspondente. Este é o primeiro triângulo do trabalho: o Sol gera a razão; a Lua, a imaginação, e ambos dão origem a sabedoria do Ven∴M∴. De modo que o malhete sempre está manejado sabiamente.

O 1º Vig∴ tem seu lugar no Ocidente do templo, e o 2º Vig∴ ao Sul. E ambas as autoridades, juntamente com o Ven∴ M∴ formam o segundo triângulo do trabalho maçônico. O Ven∴M∴ simboliza a Sabedoria; o 1º Vig∴ simboliza a força, e o 2º Vig∴ a beleza. Assim, a obra maçônica não somente é sábia, como também é vigorosa e bela.

Os demais Oficiais de uma Loja tem seus lugares de trabalho convenientemente distribuído no Templo, e no total somam dez no R∴E∴A∴A∴. Os OObr∴ situam-se nas CCol∴ do Sul e do Norte, de acordo com os graus. Os oficiais e OObr∴ para o exercício do trabalho, dirigem-se do Ocidente ao Oriente pelo Norte e do Oriente ao Ocidente pelo Sul, formando assim o terceiro triângulo, entre os pares de opostos das CCol∴ que simbolizam o Poder e a Estabilidade, ou seja, o positivo e o negativo dos fenômenos e a luz que se encontra na fachada do dossel do Oriente que simboliza o Princípio Divino. Portanto, cada maçom ressalta, com a direção de seus passos, o propósito da Ordem: conduzir o homem do mundo material à vida espiritual.

É através do trabalho maçônico que a Instituição põe a disposição de seus adeptos, para alcançarem sua evolução física, ética, mental e espiritual, capaz de convertê-los de simples mortais em servidores da humanidade, em harmonia com o Plano do G∴A∴D∴U∴.

A PRIMEIRA "VIAGEM"

A parte fundamental na cerimônia de "aumento de salário" consiste numa série de viagens que o candidato deve realizar; portanto, terá que trabalhar com diferentes instrumentos maçônicos. Na primeira, viagem leva um maço e um cinzel e lhe explica que o primeiro simboliza o trabalho e o segundo a direção, de modo que ambos representam o trabalho bem dirigido.

A VONTADE

O trabalho, seja de qualquer natureza, requer a vontade para ser realizado. O trabalho maçônico se refere mais precisamente na ação interna, a mesma que não poderia ser levada a cabo sem a aplicação da vontade. A filosofia considera a vontade sob três aspectos, desde o psicológico, como uma faculdade caracterizada pela tendência do ponto de vista ético, como uma disposição moral para atingir a um objetivo, e o metafísico, como um princípio a que se atribui a parte essencial de todos os fenômenos.

Aprofundando no conceito metafísico, considera-se a vontade como a energia mais potente que existe no universo. Constitui o terceiro aspecto da manifestação da Deidade. A manifestação divina se considera como uma inteligência, ou seja, a Mente Cósmica, como o amor que foi expressado pelo Mestre Jesus, e como vontade. D-us é a Vontade amorosa e inteligente, como consequência o ser do futuro, não somente cultivará os aspectos da Manifestação Divina para avançar no processo da evolução, senão que terá também que sintetizar essa Manifestação para alcançar o lugar que lhe corresponda, em harmonia com os demais seres superiores e inferiores do universo.

Na aurora da evolução humana, não pode atribuir-se a vontade consciente e a origem de seus atos. Eram ainda reflexo e impulsos o que gerava a atividade. Logo se formam os instintos que são como impulsos mecanizados. Mais tarde aparecem as tendências, inclinações e hábitos que continham a consciência do fim, e, finalmente, a expressa intervenção da consciência gera o ato voluntário.

O poder da vontade é próprio da natureza humana, de certa forma. Para robustecê-lo é necessário educá-lo por meios diretos, como a educação física que requer esforço e disciplina da vida diária. A meditação em suas diferentes formas, não somente educa as faculdades mentais, como também as fortalece e disciplina. Também é possível usar meios indiretos, como não ceder aos impulsos e aos caprichos. Acostumar-se a obediência consciente. Impor-se a sacrifícios e tarefas difíceis e penosas. Assim adquirirá o verdadeiro livre arbítrio ou poder de usar a vontade conscientemente.

A INTELIGÊNCIA

A inteligência tem sido considerada como a faculdade básica do ser humano pelo seu aspecto receptivo se chama também de entendimento ou intelecto, tem função retentora, dentro de um conjunto de faculdades psíquicas, como memória, o sentimento e a vontade. A capacidade de aprendizado se denomina capacidade intelectual propriamente dito.

Hegel a chamou de faculdade cognoscitiva, Bergson a contrapôs ao instinto e a designou como: "Tendência geral na evolução". Taine a define como faculdade de conhecer.

Há pessoas que nascem com melhores capacidades intelectuais que outras. Em geral, observa-se uma grande variedade de pessoas com referência ao desenvolvimento da inteligência. Certamente influem um acúmulo de fatores para determinar esta verdade: a raça, a herança genética, o lugar, a escola, o ambiente, o trabalho, etc. É natural que a Inteligência possa desenvolver-se com a instrução. a concentração, a meditação reflexiva, os cursos de desenvolvimento intensivo, que despertam apreciavelmente a capacidade intelectiva.

Não obstante, tem um fator principal que nem sempre é reconhecido, que é o grau de evolução individual. Para compreendê-lo, é necessário considerar que com a morte não termina a vida, posto que a vida vence a morte", segundo o Ritual. A vida se desenvolve numa série de nascimentos e mortes, até alcançar um estado que na estância terrestre já não seja necessária no progresso evolutivo do ser. E isto, dessa forma, está de acordo com a doutrina maçônica, cada ciclo de estadia neste plano físico, adquire singular importância que deve ser compreendida pela pessoa, para dar a sua vida o valor que verdadeiramente tem.

O TRABALHO BEM DIRIGIDO

Ao iniciar os comentários da primeira viagem, no "aumento de salário", diz-se que o maço significa o trabalho e o cinzel a direção, de modo que esta combinação sugere o trabalho bem dirigido.

A humanidade dedica sua vida ao trabalho para satisfazer suas necessidades. Consegue seu propósito em degraus que formam uma escada, desde aqueles que vivem em condições subumanas até os que acumulam grandes tesouros. Outros, sem descuidar de reunir os meios de subsistência, ambicionam conquistar situações notáveis na política, nas artes, nas ciências, etc.

Os maçons, assim com aqueles que pertencem às escolas espiritualistas, dedicam sua vida a satisfazer suas necessidades. Porém, além disso, buscam incessantemente a Verdade e praticam as virtudes. Para este propósito específico, deve empregar o poder de sua vontade, dirigido pela inteligência, que é o que simbolizam a maço e o cinzel levado pelo recipiendário na primeira viagem de seu aumento de salário.

A SEGUNDA VIAGEM

Na segunda viagem na cerimônia de aumento de salário, o iniciado leva consigo um compasso e uma régua. O compasso simboliza a lógica, que ensina a discorrer com precisão os métodos para descobrir as leis da natureza. A régua simboliza a ordem, elemento essencial para a boa marcha das sociedades. A ordem, segundo o Ritual, não se conseguirá enquanto não se der unidade ao intelecto humano buscando os ensinamentos unicamente na ciência.

A LÓGICA

É a ciência que rege as leis e formas do pensamento para investigação científica e a dedução da verdade. A lógica deriva do grego *logos*, que significa palavra, tratado, razão, etc. Foi Aristóteles quem fundou esta ciência, estudou-a e constituiu sua integridade em cinco livros, que se conhece com o nome de "Organum". A lógica trata da estrutura e formas gerais do pensamento. Para se compreender melhor o objetivo da lógica, é necessário diferenciá-la da psicologia, que trata do pensamento como uma faculdade imanente da mente. A lógica trata das estruturas e formas do pensamento, ou seja, do produto deste propriamente dito.

Divide-se esta ciência em lógica formal ou elemental e lógica material ou metodológica. A primeira ensina a expressar os pensamentos, a descobrir nossos erros, discutir sabiamente e encontrar os erros alheios. A metodologia trata dos meios gerais de investigar a verdade e os meios particulares que as ciências empregam em suas investigações. Na lógica formal, os conhecimentos podem adquirir-se por dois meios: os sentidos corporais e o entendimento. As ideias que se adquirem pelo primeiro meio são concretas e pelo segundo, abstratas.

Todo maçom deve expressar corretamente seus pensamentos; para isso, será necessário estudar a lógica formal, pelo menos em seus princípios gerais, a fim de distinguir e usar o que é uma ideia, um conceito, um juízo e as formas de razoamento. Isso lhe capacitará para expressar com clareza seus pensamentos e apreciar os valores dos pensamentos alheios.

A lógica material ou metodologia se refere aos procedimentos empregados na investigação científica. Método é a via ou caminho, de modo que a metodologia trata do caminho que deve seguir para investigação da verdade.

Há procedimentos metódicos que se aplicam em todas as ciências, como a definição, a divisão, a análise, a síntese, a classificação, etc. Enfim, cada ciência emprega um método apropriado: as matemáticas, meios dedutivos; as ciências físicas, métodos preferencialmente indutivos; e a lógica, meios reflexivos, organizados e metódicos.

A ORDEM

Significa a disposição harmoniosa das coisas, dos sentimentos e das ideias, segundo um molde quantitativo ou qualitativo, atendendo o valor ou ao fim que se persegue. O conceito filosófico do termo ordem tem seguido uma trajetória interessante e instrutiva, digna de observação.

Para Santo Agostinho, um místico notável, a ordem é a subordinação do interior ao superior, do criado ao Criador; o contrário seria a desordem. Leibniz estabelece a existência natural de um princípio de ordenação do inferior ao superior, segundo o qual cada coisa está em seu lugar. Considera que esta classe de ordem é o fundamento das demais classes: o físico, o moral, o matemático, etc. Bergson concebe a ordem no vital e inerte. Ordem é encontrada pelo espírito no progresso dentro de uma tensão, e inversamente, desordem é o retrocesso para a extensão. O progresso de ordenamento seria da desordem preconcebida para a ordem ideal.

Hodiernamente, considera-se a ordem como exclusivamente formal. Define-se como disposição de um conjunto de entidades, como a ordem dos números naturais ou os pontos em uma reta.

Para a Francomaçonaria, ordem seria o elemento essencial para a boa marcha das sociedades. Não se conseguirá enquanto não se der unidade ao intelecto humano, baseando o ensinamento unicamente na ciência, que coaduna muito com a filosofia e o pensamento hegeliano.

CONCLUSÃO

Na segunda viagem do "aumento de salário", a Francomaçonaria ensina aos seus adeptos os meios e as formas que deve empregar na busca da Verdade, incitando-os pelo caminho da razão submetendo as dúvidas filosóficas, não como céticos, mas tudo quanto já tinha por verdades comprovadas e descartando os sofismas que bastavam para silenciar solenes interrogações sobre tudo quanto existe, avançando pelo caminho do método racional, analisando os postulados complexos em suas partes simples, como aconselhava Descartes no *"Discurso do Método"*, buscando a verdade em cada uma delas.

Sugere também que não se deve acreditar em tudo que os outros dizem, por mais autoridade que levem seus ensinamentos. Por outro lado, ensina que deverá trabalhar incansavelmente, fazendo passar pela peneira de sua razão os enigmas do universo, do homem e da vida, para formar sua própria filosofia racionalizada, com a ajuda dos símbolos que a Loja põe a seu alcance para estudo. E este trabalho deverá realizar-se ordenadamente, baseando os conhecimentos nas verdades científicas, e perseguindo a unidade do intelecto humano no estudo da ciência.

A TERCEIRA VIAGEM

Uma alavanca e uma régua serviram na segunda viagem, assim segue o postulante para uma terceira viagem rumo ao "aumento de salário". Segundo o Ritual, a alavanca significa os benefícios que a sociedade concede ao homem, e a régua sinal da perseverança, por haver sido mantida desde a segunda viagem, ensina a forma de aproveitar as vinte e quatro horas do dia.

A ALAVANCA

Analisemos o que a Francomaçonaria se propõe ensinar com o uso deste símbolo. Primeiramente, chama atenção sobre o fato de que com uma alavanca levantam-se pesos superiores àqueles que poderiam ser levantados com a força normalmente empregada por um homem.

Efetivamente, se o homem estivesse só neste planeta, e não fosse o resultado de uma vasta civilização, que já vem se desenvolvendo há milhares de anos, não poderia satisfazer suas múltiplas necessidades, nem gozar do conforto que a vida moderna põe a sua disposição. Para que isso fosse possível, teve que realizar-se o processo de uma complicada evolução.

Para compreender o valor deste processo, temos que comparar o homem primitivo com o atual. Há tanta diferença entre o australopiteco e o homem evoluído que uma análise superficial, e em qualquer aspecto da vida, demonstra-nos o valor portentoso daquilo que chamamos civilização, cultura e evolução, que de certo modo são sinônimos. Cada geração recebeu a herança daquela anterior, somando sua sabedoria e experiência ao que lhe tenha sucedido. E assim, sucessivamente em muitos milhares de anos, o homem tem recebido o produto do progresso dos antepassados e formaram a civilização, cultura e evolução que atualmente desfrutamos, talvez sem darmos conta do esforço que custa no desenvolvimento da vida através de milênios de existência.

Porém, o problema não se resolve em nossa geração, porque somos viajantes num caminho cujo princípio e término não conhecemos. Para adquirir um conceito mais claro do que temos anotado, analisemos sinteticamente o processo de evolução de alguns aspectos sensíveis de nossa vida diária. Comecemos por exemplo com o alimento. O homem primitivo se alimentava de frutas silvestres, da caça e da pesca. Depois conquistou o domínio do fogo e cozinhou seus alimentos. Logo reproduziu os frutos mediante cultivo e domesticou os animais. No decorrer do tempo, multiplicou os produtos alimentícios mediante a indústria agropecuária e a pesca com sistemas mais diligentes.

Passaram-se séculos para que o homem se preocupasse com a conservação e sanidade dos alimentos. E quase já em nossos tempos os classificavam segundo seu valor nutritivo. A ciência da nutrição ganha cada vez mais importância em nossos dias.

Talvez, num futuro próximo, a humanidade abandone o sistema alimentício com produtos naturais, para substituí-los com compostos químicos, que lhe alimente segundo sistemas de perfeita saúde e segundo as necessidades orgânicas, cientificamente estabelecidas, para cada tipo de pessoa. Se a herança recebida das gerações passadas serviu para o avanço da evolução da humanidade, e os maçons se dedicarem em enriquecer essa herança, então a Francomaçonaria se converterá num "ponto de apoio", que Arquimedes pedia para estremecer o mundo a seu livre arbítrio.

A RÉGUA DE VINTE E QUATRO POLEGADAS

O fato de a terceira viagem repetir uma das ferramentas empregada na segunda viagem tem o propósito de ensinar ao recipiendário que sua vida maçônica não terá apostasias (desvios), já que alcançar os frutos mais altos do processo de aperfeiçoamento integral requererá um esforço perseverante, capaz de vencer todas as dificuldades, que terá de vencer ao longo do caminho, na sua vida maçônica. Faz-se necessário repetir que: somente o esforço redobrado e a perseverança, a toda prova, poderão converter o profano em maçom, construtor do ideal de sua própria vida.

A régua de vinte e quatro polegadas simboliza a distribuição do tempo de cada dia, destinando oito horas para o trabalho, oito para o estudo e as restantes para o descanso reparador. Esta distribuição das horas do dia constitui um método de vida que a Francomaçonaria aconselha a seus adeptos, não somente para aproveitar o tempo convenientemente, mas para alcançar um alto grau de aperfeiçoamento e manter a saúde.

E quanto ao trabalho que se refere, agora mais que antes, a sociedade organizada se interessa por descobrir a vocação, a fim de que cada pessoa se dedique a atividade que melhor se adeque a sua natureza dentro da utilidade mais profícua na sociedade. A civilização alcançada pela humanidade exige o aperfeiçoamento profissional das pessoas. Não importa qual seja a ocupação que determine a vocação individual. Esta ocupação deve ser racionalmente ensinada nas múltiplas instituições de profissionalização que atualmente existem. A especialização é ansiada pela juventude, para se alcançar uma situação destacável dentro dos conjuntos humanos.

Sem dúvida, a verdade é que o trabalho é somente um aspecto da vida; é a procura, principalmente, da base econômica para viver. Mas, muitas pessoas ignoram para que serve ou qual é o significado intrínseco da vida. Preocupada pelo trabalho e as obrigações familiares e sociais, deixa passar sua existência até chegar à velhice e na morte, sem que haja adquirido um conceito exato sobre o significado de sua vida. Viveu despreocupadamente sem receber os ensinamentos e experiências a que veio aprender.

A Francomaçonaria tem um papel importante dentro dos conjuntos humanos, iniciando os elementos escolhidos na vida consciente. Ensina-lhes a responder as perguntas fundamentais de sua filosofia: De onde viemos? O que somos? Para onde vamos? Para responder essas perguntas no decorrer do tempo, não só tem que dedicar algumas horas do dia ao estudo, senão também tem que esforçar-se no maior grau de aperfeiçoamento na conduta de cada momento consciente. A vida maçônica tem se especializado em converter o homem comum num ser que separa o que realmente é a vida e a um processo que denomina, a "Busca da Verdade", e como viver para coroar seu esforço a "Prática da Virtude". De modo que uma pessoa que tenha recebido e aproveitado a influência da Francomaçonaria sabe o verdadeiro valor da vida e como alcançar esse precioso tesouro.

A humanidade está em dívida com a Francomaçonaria, assim como a civilização da Idade Antiga esteve em dívida com as Escolas de Mistérios.

Finalmente, quanto ao descanso se refere o normal é que a duração do sono que é a forma mais despojada de descansar vá diminuindo com a idade. Os recém nascidos passam a maior parte do tempo dormindo, enquanto que os anciãos dormem cada vez menos que na juventude. As oito horas de sono, indicadas pela régua de vinte e quatro polegadas, parece mais aconselhável para os jovens e os de idade madura conservarem maior vigor e melhor saúde.

QUARTA VIAGEM

A quarta viagem do "aumento de salário" se realiza lavando um nível e um esquadro. O nível, segundo o Ritual, simboliza, entre outras coisas, a igualdade que reinará entre os homens à medida que alcance maior desenvolvimento a cultura de suas faculdades. O esquadro, que serve para conferir os ângulos, ensina que os atos do maçom devem enquadrar-se em visão superior e eminente bondade. Nunca valer-se de sua superioridade intelectual em prejuízo ou danos de ninguém.

A IGUALDADE CARACTERIZADA NO NASCIMENTO DA VIDA

A igualdade tem constituído um ideal da organização social, pelo qual tem lutado a humanidade à medida que vai avançando ao longo do caminho de sua evolução. Em nossos dias, segue-se lutando por esta conquista, já que a humanidade está dividida por sistemas políticos, as comunidades, em classes sociais e os indivíduos, em situações econômicas, morais e intelectuais.

Sem dúvida, no universo a vida se manifesta como luz. O Sol é um exemplo disso. A Luz se decompõe em energia, e a energia com carga eletromagnética positiva forma um próton que constitui o núcleo do átomo, ao redor do qual gira um elétron de carga negativa, completando assim a formação do átomo de hidrogênio ligeiro que é o corpo mais simples. Todos os corpos são formados de átomos que *a priori* não variam senão em número de prótons e elétrons.

A matéria assim formada deu origem à vida mineral, vegetal, animal e, finalmente, humana. De onde se deduz que as coisas e os seres têm tido igual origem. Assim, os homens nasceram iguais na vida. A igualdade foi sua característica antes que a consciência pessoal se manifestara neles. Os homens viveram um estado de pura naturalidade, como atualmente vivem os animais, inconscientes de suas desigualdades. A consciência pessoal do homem se produziu pelo fenômeno da reflexão. Tailhard de Chardin diz em sua obra "*O Fenômeno Humano*": "*A Reflexão, tal como indica seu nome, é o poder adquirido por uma consciência de redobrar-se sobre si mesma e de tomar posse de si mesma, como de um objeto dotado de sua consistência e de seu valor particular; não só de conhecer, senão conhecer-se; não só de saber, senão saber de que sabe...*"

A Bíblia se refere a este mesmo fenômeno com a alegoria da "*Expulsão do Paraíso*" ou "*Queda*", como consequência por haverem comido o fruto da *Árvore do Bem e do Mal*. Frente à natureza, o homem se impôs a tarefa de viver por seus próprios meios, e terá que trabalhar sem poder contar com outras armas para conservar a vida, e sua dor solitária para dirigir sua conduta ao caminho do retorno ou da reintegração.

A EVOLUÇÃO DA VIDA E A DESIGUALDADE

À medida que o homem começou a progredir em seu desenvolvimento, foi marcando suas desigualdades: uns eram mais fortes, outros de característica mais bondosa e outros mais inteligentes. Entendemos que a Bíblia marca esse desenrolar com a alegoria de Caim e Abel. Numa demonstração de desigualdade nos resultados do trabalho, que deu lugar à inveja e ao fratricídio, com a evolução dos povos através dos séculos, o desnível dos homens e dos povos também ia acentuando em toda ordem das coisas na vida humana. Em nossos dias, a humanidade está dividida em povos super desenvolvidos, em vias de desenvolvimento e povos que vivem na miséria.

Nas cidades se distinguem as pessoas ricas, de classe média, os proletários e as que vivem na indigência. Nos campos, podem distinguir-se os proprietários, os trabalhadores e os colonos. Porém, esses são os desníveis ocasionados pela situação econômica. Deverá ter-se em conta outras ordens de coisas nestes processos de comparação. As organizações políticas, por exemplo, uma classe de povos está organizada sob regimes democráticos, em que se diz que a soberania é própria de todos, e outras classes, sob regimes ditatoriais. E em ambos os sistemas se notam especialidades e singularidades diferenciais. Sob o ponto de vista legal, o princípio generalizado é que todos os cidadãos são iguais diante da lei. Entendemos que as exceções a essa regra são relativamente poucas. Igualmente, sob o ponto de vista da instrução, a norma geral é que todos, sem distinção alguma, têm direito a instrução fundamental. Sem dúvida, por diferentes razões, a humanidade conta ainda com uma alta porcentagem de analfabetos.

A IGUALDADE É O FUTURO IDEAL DE VIDA?

A igualdade sob o ponto de vista econômico foi qualificada por Henry Ford como: *"Um processo de absoluta nivelação é tão impossível como indesejável; uma tentativa semelhante não faria senão converter a pobreza em regra".*

Em nossos dias, a igualdade abre passagem trabalhosamente desde o ponto de vista dos direitos humanos. Ainda está longe o tempo em que esses direitos tenham plena vigência; porém, se já os temos, será nos direitos, mas não nos fatos. A desigualdade seguirá existindo, porque nem todos trazem iguais capacidades, nem existe igualdade na evolução. O natural é que uns estão adiantados, outros ocupam um nível médio e a maioria muito atrasada.

Sem dúvida, a maioria das religiões estabelece que no final da evolução os seres se unirão à Deidade em alguma forma de igualdade. Os budistas predizem o "nirvana", as confissões religiosas prometem a igualdade no Céu, e os espiritualistas, na união com o espírito Impessoal.

Mas, para alcançar esta máxima situação evolutiva, a Francomaçonaria estabelece que seus adeptos dediquem sua vida ao desenvolvimento integral de suas faculdades, e incita-os ao trabalho para que os demais sigam seu exemplo. Esse é o ensinamento que o nível simboliza na quarta viagem do aumento de salário.

O ESQUADRO

O Ritual, ao referir-se ao esquadro, tem-lhe atribuído três significações: que o esquadro serve para ordenar os ângulos; que os atos do maçom devem enquadrar-se em objetivos superiores e eminente bondade, e que nunca há de valer-se de sua superioridade em dano ou desdém de ninguém.

No primeiro caso, simboliza a perfeição. Este símbolo adquire maior significado na marcha do aprendiz, em que deve por os pés em esquadria ao fim de cada passo. Tem principalmente dois significados de perfeição. O que deram os gregos, no sentido de que uma obra é perfeita quando não lhe falta nada, porém, tampouco, nada lhe sobra. Este pode considerar-se como o significado da perfeição em sua acepção estética e relativa. Na filosofia ocidental, tem-se considerado o perfeito como o atributo do Absoluto, especialmente no Cristianismo, e se tem dito que D-us é o ideal de perfeição, ou melhor, que é a própria perfeição. Entende-se que a Francomaçonaria, ao por nas mãos de seu adepto o esquadro, refere-se mais à perfeição em seu sentido absoluto, para ensinar-lhe que deve fazer da perfeição o ideal máximo de sua vida, em todos seus aspectos.

No segundo caso, o Ritual lhe dá uma aplicação prática ao ideal de perfeição. E especifica que deve enquadrar-se em objetivos superiores e eminente bondade, quer dizer, que o ideal de referência deve ter aplicação prática, porque sem ela não contribuiria com nenhum benefício, tanto para o maçom como para o ambiente em que vive, o obreiro deve deixar de ser louça e buscar ser um espelho. Essa prática deverá perseguir o bem, em seu grau mais elevado e destacável.

O terceiro significado estabelece um freio na superioridade alcançada: o de não empregá-la em dano nem desdém de ninguém, porque haveria o perigo de cair na altivez, na arrogância, no orgulho, na soberba, defeitos que refletem a personalidade humana, causando danos a terceiros, extremos que estão censurados com a prática dos princípios maçônicos.

CONCLUSÃO

A quarta viagem tem por finalidade ensinar ao maçom que deve aprender a apreciar e valorizar a herança recebida das gerações que lhe tenha precedido. Deverá sentir-se como beneficiário da evolução da humanidade que, desde um nível ínfimo já ascendido até o que hoje ostenta, graças ao trabalho, ao estudo e ao esforço da humanidade através do tempo e do espaço. O maçom deve sentir-se como um elo na imensa cadeia, cujo princípio e fim não tem capacidade de vislumbrar, devendo pois assumir o contingente de sua atitude pessoal, para seguir elevando a um nível consciencial traçado metodicamente pelos mestres passados, com a alavanca que representa o trabalho na evolução da humanidade para o destino que fora criada. Entretanto, o trabalho para cumprir a finalidade proposta deverá tender para a perfeição que eleva ao alto, ao plano espiritual, para empregar-se ao serviço que conduza ao êxito na realização do ideal maçônico.

QUINTA VIAGEM

Nos símbolos e alegorias, que constituem o método de expressão da Francomaçonaria, para apresentar seus ensinamentos, o aprendiz maçom deve dedicar-se a desbastar a pedra bruta de sua personalidade profana, para convertê-la em pedra cúbica, requisito para construção, que representa a personalidade maçônica. Enquanto que o companheiro maçom, sobre esta pedra cúbica lavrada e polida de sua personalidade maçônica, tem mediante o despertar, o cultivo e aperfeiçoamento de suas faculdades psíquicas. Há de construir um templo espiritual, cujo portal tem que ascender, mediante cinco degraus (níveis), fruto do desenvolvimento e aperfeiçoamento de suas faculdades internas.

OS CINCO NÍVEIS (DEGRAUS)

Primeiramente, deve-se que adquirir instrução e cultura, nas ciências e nas artes, não somente para desenvolver sua inteligência, mas também para esclarecer sua razão e disciplinar sua conduta.

De modo que o primeiro degrau significa INTELIGÊNCIA para compreender, para pensar e atuar corretamente. Logo, o companheiro maçom deve dedicar-se ao cultivo das virtudes, para diferenciar o bom do mau, o correto do censurável, o útil do inútil.

O segundo degrau significa RETIDÃO para dirigir-se conforme os preceitos do justo. Seguidamente tem que desenvolver sua vontade, não somente para vencer as provas que a vida põe em seu caminho, senão para lutar contra barbárie, o erro e a mente que os conjuntos humanos opõem ao passo daqueles que lutam pelo progresso, na civilização e na evolução da humanidade.

Então, o terceiro degrau que deve ascender é do VALOR para trabalhar. Deverá aprender a impulsionar a evolução humana, não com a paixão do fanático e sim com a sensatez, o bom senso e a medida de quem tenha aprendido a discernir o procedimento das leis da natureza. Tem que semear, porém, em campo fértil, senão ficam os impulsos e as revoluções produzindo mais dano que o bem que se persegue.

168

Para isso, o quarto degrau que se deve alcançar é a PRUDÊNCIA, para não extraviar-se. Deve cultivar a fraternidade humana, lutando contra toda classe de discriminações, sejam elas raciais, nacionalistas ou sociais. Estender a mão a todos que necessitam, guiar ao que se encontra extraviado e ensinar a lição do significado da vida a todos aqueles que o ignorem.

O quinto degrau será a FILANTROPIA, ou seja, o amor pela humanidade. Em resumo, ao Templo Espiritual que o companheiro maçom deverá construir em si mesmo com suas próprias faculdades se ascenderá pelos cinco degraus que representam: inteligência, retidão, valor, prudência e filantropia.

Alguns autores descrevem as "viagens" com as mãos vazias, porém, retrocedendo (fazendo o percurso de maneira contrária, andando de costas), dirigido por um Irmão que aponta uma espada contra o peito do recipiendário. A viagem em tais condições tem sido comentada dando-lhes diversas significações, das quais chama mais atenção para aquela que se refere à precessão dos equinócios. O Sol em sua marcha aparente, não chega ao ponto vernal, senão cada ano um pouco antes. A soma da diferença do tempo, por este fenômeno astronômico, determina o movimento retrógrado dos pontos equinociais, que o companheiro maçom imita em sua quinta viagem, quando o faz retrocedendo.

Este movimento retrógrado alcança sua magnitude de um grau a cada 72 anos; de modo que para retroceder um signo zodiacal tardará aproximadamente 2.100 anos, e 26.000 os doze signos do zodíaco. O estudo da influência de cada signo zodiacal na vida dos planetas deu lugar à Astrologia, que se originou na Caldeia, de lá passando para o Egito, Grécia e Roma, havendo-se propagado rapidamente pela Europa e o mundo inteiro durante a Idade Média e Moderna. Hoje é conhecida também com o nome Cosmobiologia e seu sentido tem suma importância nos ambientes parapsicológicos.

O Ritual rege os trabalhos das Lojas, em nosso Oriente, prescreve que esta viagem se realize retrocedendo, diferentemente das outras viagens. O ensinamento que encerra é que o companheiro maçom, durante sua viagem para o Oriente, reflita e medite na importância dos ensinamentos recebidos e o uso mais adequado de desenvolvê-lo em sua vida. No Oriente, a Luz maçônica iluminará grandemente suas faculdades e robustecerá seus propósitos. Ao voltar do Oriente para o Ocidente, o companheiro maçom terá que inverter seus propósitos, ao ir colhendo os ensinamentos da instituição e dos mestres. Ao voltar, corresponde-lhe a sua vez de ensinar e guiar os aprendizes e profanos.

A LUZ

"D-us é aquilo que me falta para compreender aquilo que não entendo"

Fr. R † Antônio Rezende Guedes

O juramento deste grau agrega na obrigação de guardar o segredo, com referência aos aprendizes e profanos, duas novas obrigações. A primeira é de caráter moral sobre o compromisso de trato fraternal aos irmãos, e a segunda se refere ao administrativo e estabelece o dever de respeitar os regulamentos da Ordem e da Loja. Em seguida, dá-se a Luz junto ao Altar, rodeado de todos os irmãos e os VVig∴ nos lados do recipiendário. O V∴M∴ convida ao candidato que contemple a *"Estrela Luminosa"*, também chamada *"Flamígera"* que se encontra resplandecente no alto do dossel do Oriente. Diz no Ritual que essa Estrela de cinco pontas simboliza a razão. Segundo a filosofia, a razão é a faculdade que distingue o homem dos animais, desde o ponto de vista psíquico.

Também mediante os ensinamentos de ocultismo, a estrela de cinco pontas simboliza o homem, com os braços e pernas abertos, sendo a cabeça uma das pontas, correspondendo às outras pontas os outros membros. No centro da estrela se encontra a letra G que é a inicial de numerosas palavras de altíssimo significado, que o irmão companheiro deve penetrar e meditar. Mas nosso estudo é de caráter espiritual, de modo que desde este ponto de vista, a letra G no meio da estrela de cinco pontas simboliza a presença de D-us no homem, ou melhor, dentro do homem, porque, em todos os idiomas nórdicos, o vocabulário D-us começa com a letra G, como God, etc.

Sem dúvida, esta é a mais importante e valiosa instrução que a Francomaçonaria oferece ao irmão companheiro. De modo que para este se acabou o antigo conceito da deidade, concebido como ser antropomórfico situado em algum lugar longe no cósmico, disposto a castigar sua incredulidade e premiar sua fé piedosa. O novo conceito de D-us é o poder criador de tudo, que mora no interior do homem como de tudo quanto existe no Universo. E se manifesta como Ominipotente, Omnisciente e Omnispresente.

Que o homem é filho de D-us está repetidamente estabelecido na Bíblia. No Salmo 81-6 se lê: *"Eu disse: Sois deuses, sois todos filhos do Altíssimo."* Também em João 10-34 diz: *"Replicou-lhes Jesus: Não está escrito na vossa lei: Eu disse: Vós sois deuses"*. Igualmente em Romanos 8-16 *"O Espírito mesmo dá testemunho ao nosso espírito de que somos filhos de D-us"*. Estas citações se referem a que o homem é filho de D-us, porém, falta estabelecer como D-us está no interior do homem, como demonstra a "Estrela Flamígera", e com esse propósito faremos reflexões nas frases de alguns seres respeitados:

Sri Ramakrishna diz em sua obra *"Religião Ocidental e Pensamento Ocidental"*: *"A sabedoria mais antiga do mundo diz que podemos unir conscientemente com o divino enquanto estamos neste corpo, e para isto realmente há nascido homem"*.

Maurice Maeterlink assevera: *"Não busquei D-us nos espaços inacessíveis; o D-us de que estais ansiosos se esconde em vós mesmos e em vós deveis buscá-lo"* (*"O Grande Segredo"*).

Lúcio Anneo Séneca, diz igualmente: *"D-us está perto de ti, contigo e está dentro de ti; não tem homem bom sem D-us"* (*"Cartas a Lucilo XLI"*).

Santa Tereza de Jesus aconselha: *"Busca a D-us em teu coração; não salgues fora de ti, porque Ele está mais perto de ti e dentro de ti que tu mesmo"*.

E León Tolstoi diz: *"Todo homem reconhece dentro de si um espírito racional; esse espírito é D-us"* (*"O Evangelho"*).

Pode duvidar-se de que aquilo que sentimos nos momentos culminantes de nossa vida: como remorso, quando erramos; como euforia se acertamos; e os prenúncios premonitórios bons ou ruins?

Irmão companheiro, D-us vivente está em teu coração e a verdadeira razão da vida consiste em encontrá-lo conscientemente. É isso que ensina o Ritual de *"aumento de salário"*, quando indica que se fixe a atenção na *"Estrela de Cinco Pontas"* e se medite sobre ela.

A cerimônia termina com a consagração do irmão companheiro, sob a abóboda de aço, pelos cinco golpes misteriosos.

O MANUAL OFICIAL

No primeiro grau, a cerimônia de aumento de salário termina com a instrução do Manual. Já tratamos da marcha do companheiro em outros aspectos diferentes da Instrução Oficial. Agora complementaremos com o comentário de alguns pontos mais importantes.

A BATERIA E A IDADE

Já dissemos que as escolas esotéricas antigas, especialmente as pitagóricas, empregaram os números como símbolos dos princípios que servem de base à Ciência do espírito. A Francomaçonaria, herdeira dessas escolas, seguiu este sistema, encerrando nos números os principais temas de sua filosofia.

No grau de aprendiz, estuda-se o significado dos três primeiros números. O número um significa a Origem e Tudo, ou seja, o Grande Arquiteto do Universo; o número dois significa a manifestação do Um nos pares opostos; e o três, a primeira concreção das realidades abstratas. De modo que esses três números encerram o mistério da teogonia esotérica, que as diferentes religiões têm concretizado em suas trilogias sagradas: Brahma, Vishnu e Shiva no Budismo; Pai, Filho e Espírito Santo do Cristianismo; Amor, Sabedoria e Inteligência ativa do espiritualismo. E com essas tríades a Francomaçonaria ensina que o homem e o universo procedem de D-us; Grande Arquiteto do Universo. E assim responde a pergunta básica do primeiro grau: *De onde Viemos?*

No grau de companheiro, estudam-se os números quatro, cinco, que têm concretizado no desenvolvimento do ser inteligente para responder a pergunta: *Quem somos?* O número quatro representa o princípio da realidade tangível e intangível. Para Pitágoras, o grande milagre da concreção da imagem na forma. É também a fonte da natureza, símbolo da permanência ou estabilidade na natureza. De modo que a Natureza, com seus quatro elementos, com seus quatro reinos, estações, pontos cardeais, etc., está representada pelo número quatro. Entre os reinos da natureza, o número quatro simboliza o animal e o corpo físico do homem. A perfectibilidade física é o máximo significado deste número. Na geometria, é o tetraedro que o representa.

O número cinco é por excelência aquele que representa o grau de companheiro, já que se refere à bateria e à idade deste grau. A perfectibilidade física mais o desenvolvimento da mente concreta constituem o significado oculto desta cifra que foi a "quintessência" dos alquimistas. Os cinco sentidos estabelecem a relação concreta entre o homem e o ambiente que o rodeia, pondo em jogo as faculdades mentais como a impressão, a percepção, o juízo e a generalização.

Essas faculdades têm permitido ao homem o cultivo das artes e a formação das ciências. De modo que o homem, com suas faculdades físicas, emotivas e mentais desenvolvidas, pode ser representado pelo número cinco. Recordemos que a estrela flamígera, que simboliza Adão-Kadmom (o Microcosmo), o arquétipo da evolução do homem, tem cinco pontas. Não obstante, o companheiro maçom deve superar o conhecimento adquirido pelos cinco sentidos, mediante o emprego da razão, para discriminar entre o real e o ilusório, entre a verdade e o erro, enfim, para orientar-se e buscar os pares opostos até chegar ao Oriente de onde vem a Luz. Este trabalho de discernimento, de onde a razão joga no papel central, está representado pelo número seis, que está nos arcanos do grau de Mestre.

POSIÇÃO E SINAL DO COMPANHEIRO

Para ficar em posição "a Ordem" no segundo grau, leva-se a mão direita ao lado esquerdo do peito, formando uma garra e com o braço esquerdo com a palma da mão voltada para frente é levada em esquadria à altura da têmpora, formando com o braço e antebraço estendido ao longo do ombro, em forma de um esquadro. O ritual explica o significado desta posição dizendo que aquele que violar o juramento deste grau merecerá que lhe arranque o coração.

Tal explicação é lógica e cobre satisfatoriamente a aparência; porém, por detrás dessa aparência está oculto outro significado. A mão direita posta sobre o lado esquerdo do peito desperta e põe em atividade um vórtice de energia ou "Chacra Esplênico", situado no lado esquerdo do peito, no lugar correspondente ao baço, que é formado por seis segmentos ou pétalas, cada uma de diferente cor: vermelho, alaranjado, amarelo, verde, azul e violeta, no centro têm cor rosada.

O polegar que sinala a têmpora esquerda, também desperta e põe em atividade outro vórtice, que se denomina "Chacra Frontal", que está localizado entre as sobrancelhas, formado por dois semicírculos, um de cor violeta e outro rosado, ambos divididos em noventa e seis pétalas ou seguimentos. As qualidades e demais características dos "vórtices ou chacras" que temos indicado devem ser estudados em obras específicas sugeridas abaixo:

El Gran Libro de Los Chakras – Shalila Sharamon y Bodo J. Baginski – Edaf – Madrid 1996.

Anatomia Esotérica – Douglas Baker – Mercúrio – Brasil 1995.

Los Chakras, Centros Energéticos de la Transformación – Harish Johari – Edaf – Madrid 1987.

Libro de Las Leyes de Vayú – Cedaïor – Livraria do Globo – Buenos Aires 1919.

Occultismo Pratico – Ciência da Respiração – Yogi Rama Prasad – Pensamento – Brasil 1936.

Las Fuerzas Sutiles de La Naturaleza - Yogi Rama Prasad – Kier – Argentina 1964.

Phenomenos Psychicos Occultos – A. Coste – H. Garnier – Paris 1930.

Os Deuses Atômicos – Michael Juste – FEEU – Porto Alegre, Brasil 2009

O Irmão Branco - Michael Juste – FEEU – Porto Alegre, Brasil 2009.

A PALAVRA SAGRADA

Primeiramente, façamos referência à palavra de passe que no ritual dá o significado de: "Numerosos como as espigas de trigo, aludindo aos maçons espargidos sobre a face da terra". Não há dúvida de que este significado é muito construtivo, porque robustece a confiança do maçom de que sempre encontrará membros da fraternidade dispostos a prestar-lhe sua assistência e ajuda mesmo nos países mais distantes. Sob outro ponto de vista, desperta a ideia de que a Francomaçonaria conta com um grande número de membros, em todos os países da terra. Segundo cálculo aproximado, este número alcança a cifra de nove milhões, dos quais cinco estão nos Estados Unidos da América do Norte. Aparentemente, pode parecer uma quantidade exígua. Poderia nove milhões de pessoas influenciarem nos costumes, sentimentos ou ideias em mais de seis bilhões de habitantes existentes em nosso planeta? A resposta é muito relativa, porque se sabe muito bem que pessoas por si só têm significado mudanças em algum sentido que influenciam radicalmente a humanidade, como o Senhor Jesus Cristo, Cristóvão Colombo, Einstein, etc.; aqui não se trata de pessoas que tiveram um valor singular e sim de instituições que cumprem um rol de mudanças na evolução humana.

Considerando este assunto desde o ponto de vista institucional, o número de maçons no mundo nos parece insignificante e mal distribuído para desenvolver o programa a que está designado. É certo que neste assunto há duas opiniões contrapostas: uns creem que é melhor que haja poucos maçons, porém bons em cada lugar, e outros pensam que é preferível que se aumente ilimitadamente o número o quanto antes. O ideal seria, na verdade, que se aumente ilimitadamente a quantidade de maçons bons. Este é um assunto que preocupa os altos dirigentes da política internacional maçônica, e constitui um princípio para fundamentar programas de proselitismo.

Enquanto na palavra sagrada mesmo que significa "estabilidade", o Ritual explica que se refere à confiança do companheiro maçom nos procedimentos da Francomaçonaria e o propósito de continuar na missão que se foi imposta. Agrega o *Diccionário Enciclopédico Masónico*, de Frau Abrines, que o significado da supracitada palavra é firmeza, força, além de estabilidade.

Na obra "*Luz no Caminho*" de Mabel Collins, lê-se o seguinte: "*O estado da alma quando faz a vida das sensações, em contraposição ao conhecimento, é vibratório ou oscilante em oposição ao fixo. Esta é a interpretação literal mais aproximada do fato; porém, é somente literal só para a inteligência, e não para a intuição. Para esta parte da consciência do homem é preciso um vocábulo diferente. A ideia de fixo talvez pudesse ser expressa pela de em casa*". Deste conceito deduzimos que a consciência dominada pelas sensações está constantemente requerida por elas, passando de uma a outra sem continuidade; enquanto que a consciência enriquecida pelo conhecimento do que é a vida, pode sobrepor-se a estes requerimentos e permanecer estável ou em paz.

De modo que o significado esotérico da palavra sagrada do grau de companheiro é um estado de evolução da consciência, o estado de serenidade, de estabilidade, de paz. Daqui provém a saudação esotérica: "*A paz esteja contigo*", o Mestre diz ao Discípulo: "*Vive em paz*", "*Te dou a minha paz*".

Nunca é demais repetir que "Companheiro maçom" é aquele que tem educado sua alma para subir os cinco degraus que conduz a porta do templo, que é capaz de contemplar com serenidade a vida agitada dos homens, porque conquistou a estabilidade, ou seja, a paz da alma, e está preparado para escutar a voz que vem do mais além do ruído do mundo, ou para bater na porta do Templo e pedir a presença do Mestre... Tal é o significado da iniciação psíquica e transcendental neste grau de Companheiro, sugerido pela palavra sagrada do companheiro maçom.

175

APÊNDICE
A COMPANHEIRAGEM [*LE COMPAGNONNAGE*]

No *Pavilhão da Cooperação*, à *Exposição Internacional das Artes e Técnicas* de 1937, nos segundo e terceiro andares, pôde-se admirar as *Obras--primas* realizadas pelos *Companheiros Passantes Carpinteiros do Dever* [Compagnons Passants Charpentiers du Devoir], *Bons-Camaradas do Tour de France* [Bons-Drilles du Tour de France][17], e conservadas com orgulho em seu *Cayenne*[18] de Paris. São as maravilhas do vigamento (Conjunto de vigas que compõem a estrutura de um edifício) em redução, espécies de peças montadas apresentando todo o requinte da arte em madeira, solucionando todos os problemas técnicos de ligação e de penetração que possam se colocar aos especialistas. Trabalho coletivo, mais frequentemente, e que exigiu longos anos

---

[17] *Tour de France (des compagnons)*. Espécie de circuito que faziam os companheiros para aperfeiçoar seus conhecimentos. "Os companheiros que completavam o seu "tour de France", deslocando-se de cidade em cidade com seus segredos e suas insígnias" (P. Rousseau, *Hist. transp.*, 1961, p. 164). Fonte: Centre National de Ressources Textuelles et Lexicales (CNRTL).

[18] Lugar de reunião de uma associação de camaradagem. Fonte: CNRTL.

de paciência e de engenhosidade. São, notadamente, o *Berryer*[19], que os *Companheiros Carpinteiros* do rito de Salomão e do rito de Soubise ofereceram outrora ao ilustre advogado que os havia defendido em um difícil processo, na ocasião de uma greve que eles haviam apoiado em comum apesar do antagonismo dos ritos; o *Dijonnais*, edificado há mais de cem anos na *Cayenne* de Dijon, hoje desaparecida; e sobretudo a *Grande Obra-Prima*, arquitetura incrível, que mede 4,38 m do *arase*[20] dos pés ao cume da esfera.

*

Mas então o que representa esta estranha denominação: os Companheiros Passantes Carpinteiros do Dever, Bons Companheiros do Tour de France? Para compreendê-la, é preciso remontar muito longe no tempo.

Alguns afirmam que é preciso remontar até a construção do Templo de Salomão. Após ter trabalhado sob as ordens do *Grande Rei* [Grand Roi] no vigamento da *Casa de D-us* [Maison de Dieu], os chefes dos carpinteiros, Mestre Jacques e Pai Soubise, deixaram Jerusalém e vieram ao nosso país. O Pai Soubise desceu até Bordeaux e formou alguns *companheiros carpinteiros* na região, segundo o rito mosaico. Mestre Jacques, desembarcando em Marselha, instalou-se na Provença, no Eremitério de Santa Bauma, recrutou discípulos, deu-lhes a iniciação, e morreu assassinado com cinco golpes de punhal.

Outros estimam que a *camaradagem* provém das ordens monásticas. Os construtores de nossas catedrais se transmitiam os segredos da arte por figuras geométricas e símbolos que não eram explicados senão aos iniciados. Pai Soubise e Mestre Jacques seriam dois monges beneditinos cujas técnicas de construção, as máximas e os ritos teriam sido rivais, depois antagonistas.

Esse antagonismo chegou até mesmo à hostilidade mais categórica: é pelos adeptos do Pai Soubise que Mestre Jacques teria sido assassinado. Antes de morrer, ele deu a seus discípulos o beijo de paz e lhes disse:

> *"Este último beijo que eu vos dou, eu quero que vós o deis aos companheiros que vós iniciareis, como vindo do pai deles; eles transmitirão o mesmo àqueles que eles iniciarão. Eu velarei por eles como por vós. Eu os seguirei em todos os lugares enquanto eles permanecerem fiéis a D-us e a seu Dever".*

---

[19] Provavelmente referindo-se a Pierre Antoine Berryer – Advogado e político francês (Paris 1790-Augerville-la-Rivière, Loiret, 1868). Legitimista e católico, dedicou sua eloquência, porém, ao serviço de causas difíceis e das liberdades (direito de associação de operários [1844-1845], liberdade de congregações religiosas [1845]). [Académie française, 1852.]

[20] Elemento de fraca espessura, pedra ou tijolo, destinado a compensar uma diferença de nível em um muro. Fonte: Larousse Encyclopédie.

Para alguns autores, Mestre Jacques não seria outro senão Jacques De Molay, o último Grão-Mestre da Ordem dos Templários, queimado vivo sob condenação de heresia apoiada por Filipe IV, o Belo.

Sem entrar nesta controvérsia (que é, contudo, extremamente interessante por que, por detrás das lendas, frequentemente descobrem-se alusões a eventos históricos), é preciso lembrar que a instituição das sociedades secretas entre os artífices[21] remonta a uma alta antiguidade. Em Roma, o rei Numa havia fundado alguns *Collegia fabrorum*, Colégios de Artesãos, que eram consagrados a Jano, o deus da iniciação aos mistérios. Na Itália, os *Maestri Comacini*; na Alemanha, os *Steinmetzen* ou talhadores de pedras, eram agrupados em sociedades iniciáticas, a ritos muito secretos. O gosto pelo mistério e pela iniciação é algo suficientemente antigo e universal para que a instituição da *Camaradagem* francesa em sociedades secretas possa se ligar, gradualmente, a formações ocultas anteriores ou vizinhas. É provável que em torno dos séculos XII e XIII foram criadas na França as primeiras sociedades de *Companheiros*.

Elas se limitaram inicialmente aos quatro ofícios de carpinteiro, de talhador de pedra, de serralheiro e de marceneiro. Mas os outros ofícios seguiram em pouco tempo. Somente os artífices afiliados tinham o direito de fazer o *Tour de France*. Este circuito compreendia a maior parte das cidades da França ao sul de Paris. Se algum artífice não afiliado fosse surpreendido tomando parte no *Tour de France*, era espancado, às vezes até o último suspiro. Por outro lado, todo afiliado estava seguro de encontrar em cada cidade do *Tour* uma sede local onde os graduados da *Camaradagem*, o *Primeiro-na-Cidade* [Premier-en-Ville] e o *Rolador* [Rouleur], após ter verificado sua afiliação pelas senhas e pelos toques secretos, o recebiam para a *"entrada no quarto"* [entrée en chambre]. Então, ele era adotado; davam-lhe trabalho, ensinavam-lhe as técnicas regionais do ofício, e lhe confiavam, para hospedagem, à *Mãe* [Mère][22]

Este rito de *entrada* (de recepção) quase não sofreu modificações. Ainda hoje se pode presenciar, em um desses raros pequenos bistrôs onde alguns *Companheiros* se reúnem após o trabalho. Um Ir∴ relatou-me que teve essa oportunidade, observou quando um homem de uns quarenta anos entrou num bistrô, no interior da França. Era, visivelmente, um operário da Provença. Ele pareceu hesitar um pouco, nos encarou às escondidas, olhou a proprietária, e depois, para se apresentar, saudou segundo o rito por sinais, por palavras misteriosas e por uma "marcha" iniciática. Então, um dos artífices, que tinha percebido os métodos, respondeu segundo o rito, fazendo o gesto de enxugar lágrimas (para

---

[21] No texto original ouvrier, palavra comumente traduzida por operário, será tomada, a partir de então, pela tradução também possível de artífice segundo o dicionário Francês-Português de José da Fonseca de 1858.

[22] É a esta instituição que se ligam a criação dos Pais e Mães alberguistas, nos atuais Albergues da Juventude.

APÊNDICE A COMPANHEIRAGEM [LE COMPAGNONNAGE]

chorar o assassinato de Hiram, o arquiteto do templo de Salomão). O recém chegado vindo de algum lugar sorriu de tranquilidade. O gelo estava rompido: os outros *Companheiros* acorreram, houve uma alegre, ruidosa e fraternal troca de saudações. E chamou-se a *Mãe*, – era a proprietária – assim como o *Primeiro Companheiro*. Aquele que chegou disse seu nome e tirou de sua pasta aquilo que ele chamava seus *negócios*, isto é, seu passaporte de companheiro.

Ele, meu Ir∴, já havia visto um destes documentos secretos. Era um cartão portando esta inscrição:

Pai, Filho, Espírito-Santo. D-us.
E uma longa série de iniciais se seguia assim.

C.E:P..D.L...S..E.D.T...L ∴ B ∴ E....D..D ∴ C....E.B..A..D.R.D..P.

Isto queria dizer:

Conduta e Proteção do Ser Supremo e de todos os bons infantes do Dever sapateiros e sapateiros de botas à dar recepção do país (aqui se encontrava o nome que eu não posso repetir).

Embaixo, estava desenhado um triângulo cercado de raios e encerrando o tetragrama hebraico (יהוה), as quatro letras formando o nome de Yahweh ou Jehovah.

Os *negócios* estando regulares, a *entrada no quarto* foi logo permitida. Ela foi realizada somente no dia seguinte, na *Cayenne*, à qual se tem acesso por uma escada em caracol. Chama-se assim a vasta peça onde se reúnem *Aprendizes, Companheiros* e *Mestres*. É ao mesmo tempo uma sala ritualística e um local de ensinamento profissional.

Eles estavam todos reunidos na *Cayenne*, de pé em torno de uma mesa, em grande traje, as largas fitas ornadas com figuras simbólicas postas como uma estola de padre sobre o ombro deles, e a baqueta[23] decorada com fitas na mão. Todos, exceto o visitante que chegava e o *Rolador* (Mestre de cerimônias), que permaneceram do outro lado da porta fechada.

Ouviu-se uma batida na porta: era a baqueta do *Rolador*. Para fazer eco, o *Primeiro-na-Cidade* bateu na mesa com sua baqueta. Três pequenas batidas ressoaram ainda, a primeira batida foi seguida de um silêncio e as duas outras precipitadas: era o postulante que, por sua vez, batia. O *Terceiro-na-Cidade* entreabriu a porta e perguntou:

- Quem sois vós?
- Um honesto companheiro infante de Mestre Jacques, respondeu o novo.
- Vossa senha?
- Dizei-me a vossa. Eu vos direi a minha.
Aqui se trocaram palavras misteriosas que eu não devo reproduzir.

---
[23] Baqueta (em francês, Canne), que podia significar também bengala, bastão, vara metálica ou vareta de ferro. Fonte: Dicionário Francês-Português de José da Fonseca de 1858.

179

O *Rolador* abriu uma porta enorme. O postulante avançou, colocou um joelho no chão a três passos da mesa e elevou a mão direita.
- O que vindes fazer aqui? Perguntou o *Primeiro-na-Cidade*.
- Reconhecer-me um verdadeiro *Companheiro do Dever*.
- Que pedis?
- A permissão de fazer a minha *entrada no quarto*.
- Permitido.

Então, o *Companheiro* ajoelhado se levantou, pegou seu chapéu com a mão direita, três dedos sobre a borda e o polegar acima. Ele colocou sua mão esquerda sobre seu coração, a projetou obliquamente ao longo de seu corpo até a anca direita e permaneceu imóvel. Alguém murmurou:
- É o sinal.

O *Primeiro-na-Cidade* retomou:
- Que pedis? Quem sois vós?
- Honesto Companheiro, infante de Mestre Jacques.
- De onde vindes?
- De Jerusalém.
- Como vós vos chamais?

O visitante deu seu nome e sua alcunha de *companheiro*.
- Que pedis?
- A permissão de passar junto a vós diante da mesa para lá depositar uma prova sagrada.
- Permitido.

O postulante deu três passos para a frente recolocando seu chapéu sobre sua cabeça, avançou o pé direito sob a mesa, inclinou seu corpo para a frente, apoiou o cotovelo do braço direito, e tendo seus *negócios* entre os dedos indicador e médio da mão direita, apresentou-os ao *Primeiro-na-Cidade* exclamando:
- Glória a D-us! Honra a Mestre Jacques! Respeito a todos os bravos *companheiros!*
- Fazei vosso dever.

Ele recuou três passos, colocou seu chapéu contra a orelha direita, sua mão esquerda sobre seu coração inclinando seu corpo do lado direito, e disse:
- Pela permissão de meu *Primeiro*, de meu *Segundo* e de meu *Terceiro*, que me seja permitido ficar no quarto o tanto que eu estou.
- Permitido.
- Que me seja permitido passar diante da mesa e da caixa de Mestre Jacques e de todos os meus compatriotas[24] em geral, sem ser condenado a nenhuma punição.

[24] No texto original de tous mes pays, isto é, de todos os meus países. Contudo pays pode ser também sinônimo de compatriota, pessoa originária da mesma povoação, da mesma região de uma outra pessoa. Fonte: CNRTL.

- Permitido.
- Permitido falar.
- Permitido.
- Permitido colocar meu chapéu.
- Permitido.
- Que o *Rolador* marque meu lugar.
- Onde desejais ser colocado?
- Na fila dos bons infantes.
- *Rolador*! Cumpri vosso dever!

O *Talhador* empurrou uma cadeira diante da mesa, o novo recebido ali se instalou, e se gravou sua entrada sobre o livro de *cayenne*.

Eles desceram em seguida à venda de vinhos para beber à sua saúde.

Como ele era solteiro, confiaram-no à Mãe para os trabalhos mais grosseiros; e o *Rolador* lhe anunciou que procuraria trabalho para ele.

*

Esta bela fraternidade não existe, e sobretudo não existia outrora, senão no seio de um mesmo *Dever*, isto é, no seio de uma mesma família ritualística.

A hostilidade dos *Companheiros* em relação aos não afiliados tinha, com efeito, seu paralelo no seio da *Companheiragem*. Esta estava dividida em três famílias principais:

1° Os infantes de Salomão, que compreendia os talhadores de pedra (que são *lobos*[loups]), e os serralheiros, carpinteiros, tanoeiros-aplainador [tonneliers-doleurs] e tanoeiros *foudriers*[25], assim como marceneiros (estes últimos são *gavots*[26]);

2° Os infantes de Mestre Jacques, compreendendo os *lobisomens* [loups-garous] (talhadores de pedra cujo rito comportava longos uivos), e os *devoirants* ou *devorants* (marceneiros e serralheiros do *Dever*, carpinteiro de carroças [charrons][27], seleiros, *correeiros-seleiro* [bourreliers-harnacheurs], forjadores, padeiros, *sapateiros de bota* [cordonniers-bottiers];

3° Os infantes do Pai Soubise chamados *camaradas*, ou *bons-camaradas* (carpinteiros, depois telhadores e gesseiros).

Cada família tinha suas tradições, seus ritos, seus signos de reconhecimento. Quando dois *Companheiros* se encontravam em uma estrada, eles

---

[25] No original tonneliers foudriers, especialista na fabricação de tonéis. Fonte: CNRTL

[26] Gavot, membro da associação de companheiragem o Dever da Liberdade (Devoir de la Liberté). Fonte: Encyclopédie Larousse

[27] Charron, pessoa espacializada na construção e no reparo de veículos de tração animal, notadamente no arqueamento das rodas.

paravam a trinta passos de distância, tomavam a posição fixada pelo rito, trocavam a palavra *"Topo"* [Tope], reaproximavam-se, colocavam as suas *baquetas* [cannes] em cruz sobre o solo, olhavam-se nos olhos, faziam meia-volta sobre o pé esquerdo, avançavam o pé direito de maneira a colocar as quatro passadas nos quatro ângulos formados pelo cruzamento dos bastões, depois, apertando a mão direita, interrogavam-se ao pé do ouvido.[28]
   - Qual vocação, vós tendes?
   - Carpinteiro. E vós, a *companhia* [coterie]?[29]
   - Talhador de pedras.
   - *Companheiro*?
   - Sim, a *companhia*. E vós?
   - *Companheiro*.
   Mas atenção! O principal, entre *Companheiros*, é saber à qual família iniciática se pertence.
   - De qual *Dever*?
   O *Dever* é o mesmo para os dois? Então, plenitude, fraternização, guilbrette[30], isto é, abraço, e... bebedeira. É diferente? Recolhem-se as *baquetas*, injuriam-se, batem-se a golpes de bastões, calam-se.

                                         *

   Para ser admitido entre os *Companheiros*, era preciso se sujeitar a diversas provas. Era-se recebido, inicialmente, como *aprendiz* [apprenti]. Segundo uma narrativa submetida em 1655 aos teólogos da Sorbonne (pois, é bastante curioso, sobre uma denúncia feita em 1639 pela *Confraria do Santo Sacramento* [Confrérie du Saint-Sacrement], sociedade secreta católica, a Faculdade de Teologia teve de condenar as práticas dos diversos *Deveres*), o neófito jurava sobre os Santos Evangelhos não revelar a pai nem mãe, mulher nem filho, padre nem clérigo, mesmo em confissão, o que ele iria fazer ou ver fazer. E o rito de iniciação começava.
   Os sapateiros, segundo uma nota da polícia de 1646, reuniam-se em duas câmaras contíguas. Na primeira, os candidatos eram interrogados, e os sujeitavam às provas de costume. Depois eles eram conduzidos à câmara dos mistérios, onde se encontravam um altar e fontes batismais. Lá eles escolhiam três *Companheiros* dos quais um servia de *padrinho* [parrain], uma outra de

---

[28] No texto *le creux de l'oreille*, isto é, em confidência, de maneira discreta.

[29] Coterie, chamamento familiar que os trabalhadores de uma construção utilizavam para se interpelar, ou designar um ou mais de seus camaradas. Fonte: CNRTL.

[30] *Guilbrette*, as duas mãos esquerdas sobre a anca esquerda, as pernas direitas entrecruzadas, os dois se dão mutuamente de beber, de suas mãos direitas, os braços direitos estando cruzados. Fonte: Glossário do site *Compagnons Du Tour de France des Devoirs Unis*.

APÊNDICEA COMPANHEIRAGEM [LE COMPAGNONNAGE]

madrinha [marraine] e o terceiro de *pároco* [cure]. Após ter prestado juramento sobre o *Crisma* [Saint-Chrême] e sobre o livro aberto dos Evangelhos, o novo batizado era recebido em nome do Pai, do Filho e do Espírito Santo, depois celebrava-se uma paródia de uma missa.

Entre os cuteleiros, o candidato comia pão misturado com sal e bebia três copos de vinho; depois, com um pé descalço, ele girava várias vezes em torno de uma lona circular estendida no chão.

O aprendiz, para se tornar *companheiro*, sujeitava-se a novas provas. Com os olhos vendados, ele era conduzido a um cômodo chamado o *Templo* [*Temple*], curvava-se, levantava-se, etc. Ele jurava por três vezes guardar os segredos do grupo. E dava-se o batismo de *companheiragem* ao novo *Companheiro*, a quem se conferia um novo nome, e, a título de insígnias, uma longa fita.

*

Esses batismos, essas fitas, esses ritos (com algumas modificações), esses segredos estão ainda em uso nos diversos agrupamentos de *companheiragem* da França.

Em Paris, na rua Charlot número 16, encontra-se a *Cayenne* dos *Companheiros Padeiros do Dever do Tour de France* [Compagnons Boulangers du Devoir du Tour de France]. Seu *Presidente* [Président], Fernand Tissot, que é *brigadeiro de pá* [brigadier de pelle] e chefe da casa-do-forno, sinal L∴ V∴ S∴ C∴ , isto é, *Lyonnais Vá Sem Receio* (Lyonnais Va Sans Crainte).

Os *Companheiros Seleiros, Sapateiros e Mecânicos do Dever* [Les Compagnons Selliers,Cordonniers et Mécaniciens du Devoir], infantes de Soubise, reúnem-se na *rua dos Quatro-Ventos* [rue des Quatre-Vents] número 16.

Os *Companheiros Marceneiros* [Compagnons Menuisiers] estão no 17 b da passagem Hébrard, em Belleville.

Os *Companheiros Carpinteiros do Dever de Liberdade* [Compagnons Charpentiers du Devoir de Liberté], que são infantes de Salomão, *Índios dos arredores de Saint-Germain* [Indiens du faubourg Saint-Germain], têm sua *Cayenne* na rua Mabillon número 10, no primeiro andar. O *Rolador* Lucien Terrion, T∴ L∴ I∴ (Tourangeau[31] o Intrépido), *Primeiro Artífice da França*

[Premier Ouvrier de France], *Presidente da Câmara de Companheiragem de Paris* [Président de la Chambre Compagnonnique de Paris], lá ensinava até o último ano o *"traço"* [le trait] em uma sala onde são dispostas, em torno de mesas de estudo, as obras-primas dos mais velhos, notadamente aquele de Gindre, que morreu de um acidente construindo a ponte de Nouâcre (Indre-et-Loire). Ele foi substituído em seu ensinamento por Chetaille, M∴ N∴ C∴.

---

[31] Tourangeau, de Touraine ou de Tours. Fonte: Encyclopedie Larousse

(Mâconnais[32] Nobre Coração). Mas é em uma sala mais vasta que, com a espada na mão, diante dos *Mestres* e dos *Companheiros* mantenedores de sua longa *baqueta*, revestidos de fitas verdes, brancas e vermelhas, e entoando o canto de *companheiragem* da *Luz* [Lumière], ele procede às provas e à recepção dos novos adeptos, cuja orelha foi anteriormente furada pelo rito tradicional do sangue. Abaixo da *Cayenne*, a Sra. Charles, que é a *Mãe*, tem um restaurante-café *"Aos Carpinteiros"* [Aux Charpentiers]. Lá se encontram diversos C∴ portando por toda a vida uma argola na orelha direita perfurada no momento da iniciação.

Lá, pode-se ver também, em um levantamento da sala do fundo, a *Grande Obra-Prima* [Grand Chef-d'Oeuvre], que é confiada ao *Conservador* [Conservateur] Séraphin Boëll dito B∴ L∴ S∴ (Belfort a Sabedoria). E também um retrato de Salomão, barbudo, coroa na cabeça, cetro na mão, majestoso em suas amplas vestimentas azuis e vermelhas: uma verdadeira imagem de Epinal[33]. E ainda um *Diploma de Iniciado* [Diplôme d'Initié], datado do ano de 5849 V∴L∴ (pois a era de *companheiragem* começa com a criação do mundo, 4000 anos antes da era cristã), e coberto de desenhos e de letras simbólicas; recusaremos, por causa do segredo jurado, de vos revelar sua significação.

Quanto aos outros Carpinteiros, que são infantes de Soubise, *Companheiros Passantes Carpinteiros do Dever, Bons-Camaradas do Tour de France*, e que são *cachorros* [chiens], eles têm sua *Cayenne* no número 161 da avenida Jean-Jaurès. É um curioso e instrutivo espetáculo o ensinamento que lá se dá aos *aprendizes* carpinteiros. As lições de traço ali se fazem com o menor recurso possível na linguagem geométrica. Por exemplo, não é preciso lá dizer: "Elevemos uma perpendicular; meçamos a corda deste arco". Mas: "Olhe, vê *isto*, e depois *isto*. Coloque um pedaço de madeira *assim*; isto faz uma madeira de esquadria..." Que os pedagogos não sejam favoráveis![34] Este método produz maravilhosos artífices. Uma "obra-prima" esta incrustada no muro e se vê do exterior com as letras secretas U... V... G... T... em torno do esquadro e do compasso. No pequeno restaurante embaixo, mantido pela Sra. François, que é *Mãe*, podemos encontrar diversos *Companheiros*, como Ernest Robin, que assina Tourangeau L... C... D... C... dito L... F... (*A Chave dos Corações* [La Clef des Cœurs], dito *A Fidelidade* [La Fidelité]). Pois, entre eles, os três pontos estão em linha reta e não em triângulo: assim decidiu o seu Congresso de Bordeaux (1930).

---

[32] *Mâconnais*, de Mâcon, capital do departamento de Saône-et-Loire. Fonte: Encyclopédie Larousse.

[33] No texto *Epinal*, provável referência à fábrica de imagens fundada por Jean-Charles Pellerin em Epinal. Fonte: Encyclopédie Larousse.

[34] No original *Que les pédagogues ne sourient pas*, literalmente *que os pedagogos não sorriam*, podendo expressar, no sentido figurado, um olhar favorável sobre. Fonte: CNRTL.

APÊNDICE A COMPANHEIRAGEM [LE COMPAGNONNAGE]

É em uma dessas *Cayennes* que a iniciação foi recentemente conferida a um jovem artífice que manifesta muita confiança em mim porque, pelo que parece, eu o ajudei a compreender um pouco o significado e o alcance destes ritos.

Ele tinha, outrora, se submetido à prova da *obra-prima* [chef-d'œuvre]. Seu trabalho havia recebido as críticas e os elogios dos *Companheiros*. Concluindo, os opositores sendo menos de três, ele havia sido julgado digno de ser recebido.

Na noite seguinte, com dois CC∴ revestidos de suas insígnias, ele esperava na saída da *Cayenne* que soasse as doze badaladas de meia-noite. Logo depois, os dois afiliados bateram em seu ombro, destoucaram-no, passaram a mão sobre sua testa e, sem proferir uma palavra, fizeram-lhe sinal para que os seguisse.

Todos os três ultrapassaram a entrada da sala, onde a assembleia os esperava, em uma meia-luz. No meio, sobre uma mesa, duas fitas estavam cruzadas, perto de uma xícara onde inflamava um pouco de álcool: não havia outra luz. A chama emitia estranhos clarões sobre um crânio colocado ao lado.

- Despoje-te de teus metais e os coloque neste prato.

Relógio, anel, porta-níqueis, lápis com tampa de latão ressoaram na travessa.

Vendaram-se os olhos do aspirante, levaram-no para perto de uma mesa, e fizeram-no ajoelhar.

O *Primeiro-na-Cidade,* sentado, o interrogou.

- A *companhia*, que vieste fazer aqui?
- Fazer-me receber *Companheiro do Dever.*
- Sabe orar a D-us?

- Sim.
- Faze tua oração.
- Qual?
- Aquela que quiseres.

O aspirante resmungou algumas palavras pouco perceptíveis.

- Levanta-te agora. Desvendem-lhe os olhos.

No mesmo instante, um *Companheiro* se aproximou dele, com um punhal na mão, e, levantando a arma em direção ao seu peito:

- Vê, a *companhia*, disse ele, o que está reservado aos perjúrios.

Vendaram-lhe os olhos novamente.

Dois *Companheiros* lhe tomaram docemente pelo braço e o fizeram *"viajar"* [voyager] em direção ao *Templo*: era um pequeno cômodo que dava sobre a *Cayenne*, mas cuja porta estava fechada.

Um dos dois acólitos bateu nesta porta. Do interior, uma voz questionou:

- Quem vós trouxestes aqui?
- Um bravo aspirante que deseja ser recebido como *Companheiro*.

185

A porta se abriu. Ele entrou, com seus dois padrinhos, seguido do *Primeiro-na-Cidade*.

Fizeram-no assentar, colocaram entre suas mãos um turíbulo onde se jogou alguns punhados de incenso.

O *Primeiro-na-Cidade*, sentado diante dele, sujeitou-o a uma nova prova:

- É preciso que abjures tua religião, senão não poderás entrar em nossa casa... Será preciso também que fabriques um pouco da falsa moeda.

O aspirante se indignou:

- Isto não![35] Por quem vós me tomais?

O que então? Tudo iria ser rompido? Mas não: eles começaram a rir.

- Muito bem respondido, a *companhia*! Era somente para te provar. Ao contrário, nós não aceitamos senão pessoas honestas... Escuta, agora. Todos os *Companheiros* têm sobre eles, quando viajam, um papel que deve permanecer secreto. Se quiséssemos tomá-lo de ti, que farias?

- Eu o esconderia com todas as minhas forças.

- E se quiséssemos tomá-lo de ti à força?

- Eu morreria em vez de entregá-lo.

- Muito bem!

E, em sinal de louvor por incensação, o *Primeiro* colocou a mão sobre sua cabeça, apoiou para abaixá-la, de maneira que o incenso do turíbulo atingiu bem o rosto.

- Está bem, retomou o *Primeiro*, mas eis aqui antes aquilo que seria preciso fazer. Seria preciso comer o papel. Sobre este papel, há um selo, e sobre este selo, um ácido corrosivo, um veneno. Terias coragem de engoli-lo a despeito disso, em vez de deixar tomá-lo de ti?

- Certamente.

- Bem, engole este papel.

E trouxeram à sua boca um papel untado de sebo.

- Come então! Não faças careta assim!

A mastigação retomou, com amuamentos de nojo e náuseas.

- Para, vá! Não queremos te envenenar.

Desvendaram-lhe os olhos.

- Olha!

Diante dele estava um "Templo" em madeira, recoberto de teia de algodão, em forma de escada de sete degraus. Acima, algumas fitas estavam suspensas em forma de esquadro.

- Põe-te de joelhos, e faça o juramento que te ensinaram.

---

[35] No texto *Ça, par exemple, non*, exprime surpresa, indignação ou a invalidação de um discurso. Fonte: CNRTL.

APÊNDICE A COMPANHEIRAGEM [LE COMPAGNONNAGE]

Ajoelhado, o braço direito estendido, o aspirante disse:
- Eu juro por meu pai, minha mãe, meus irmãos e minhas irmãs, nunca mais divulgar o segredo dos *Companheiros*. Eu juro, eu juro, eu juro!
Um dos *Companheiros*, virando-se em direção à assembleia gritou:
- E vós, irmãos, se o compatriota[36] se tornar perjuro, o que ele mereceria?
Todos responderam de um tom lúgubre:
- A morte!
- Olha, retomou o *Primeiro-na-Cidade*, bebe isto. É uma mistura que foi composta por Mestre Jacques para as recepções dos irmãos. Ela tem um gosto ruim, mas é preciso bebê-la até a borra.
Ele esvaziou o copo que lhe apresentaram. Seus traços permaneceram descontraídos.
O *Primeiro-na-Cidade* se levantou, chamou pelo nome três *Companheiros*.
- Eis aqui, disse ele, teu padrinho. Eis aqui tua madrinha. Segundo a vontade de teus *Irmãos*, tu te chamarás (aqui um nome de *companheiragem* que eu não posso reproduzir).
- Eis aqui tuas cores, ajuntou o *Primeiro-na-Cidade*, cingindo-lhe o ombro com uma fita vermelha. Não esqueças que o vermelho é a cor do sangue que Mestre Jacques derramou nas planícies da Provença. Vem!
E eles fizeram a *guilbrette*. E todos, sucessivamente, vieram trocar com seu novo irmão o beijo de *companheiragem*.

*

Mas por que estes segredos? As correspondências que eu tive com os adeptos das diversas obediências me revelaram existir em todas esta fé profunda que a iniciação, quando feita segundo os ritos tradicionais, infunde no candidato uma *qualificação* especial (no sentido hermético desta palavra), uma espécie de graça de estado, uma força sobrenatural para completar sua tarefa com consciência, e cooperar "à glória do Grande Arquiteto do Universo".[37]
Ninguém duvida, em todo caso, que estes herdeiros da velha *Companheiragem* francesa possuam ao mais alto grau a técnica e o amor pelo trabalho

---

[36] No texto original *pays*, comumente traduzido por país, podendo ser também sinônimo de compatriota, pessoa originária da mesma povoação, da mesma região de uma outra pessoa. Fonte: CNRTL.

[37] "À Glória do Grande Arquiteto do Universo". Sabe-se que esta fórmula figura sobre uma placa de ferro embutida por *Companheiros*, bastante alto, em um poste do ângulo direito da flecha de Notre-Dame de Paris? Abaixo, o selo de Salomão, marcado de um G, depois um esquadro, um compasso e uma régua entrecruzados, com as letras secretas H, D e C. Um dos quatro evangelistas *verdetes* (vert-de-grisés) que estão empoleirados sobre o pau em esquadria da flecha se volta em direção a esta assinatura de *companheiragem* e a indica com seu braço estendido.

terminado. É entre eles que figura a maior parte dos *"Melhores Artífices da France"* [Meilleurs Ouvriers de France], recompensados a cada ano, tal como, entre tantos outros, Nourrisson, de outro modo chamado Louis le Poitevin C∴ M∴D∴D∴C∴P∴T∴E∴, do qual um elegante templo jônico, executado em madeira, figurou na Exposição Nacional do Trabalho de 1933.

Ninguém duvida também que estes artífices encontrem em sua comunidade secreta - eu deveria quase dizer em sua *capela* [chapelle] - um centro de moralidade e de dignidade de vida. Não é, Beaujolais[38] *a Bondade* [la Bonté], que sois chefe de cozinha em um grande restaurante parisiense? Não é, Nivernais[39] *Va Sem Receio* [Va Sans Crainte], *companheiro* Rolador, que se tornou professor em um curso profissional da Cidade de Paris? E vós, *Parisiense a Franquesa* [Parisien la Franchise], *companheiro correeiro seleiro* [bourrelier harnacheur] e alto funcionário?

Eu perguntei à Sra. Charles:

- Vejamos, *Mãe*, vós que os conheceis bem, é verdade que aqueles que são iniciados são de uma mais segura moralidade que os outros?

- Oh sim! Senhor, podemos ter neles toda confiança: eles não mentem jamais.

As faltas contra a honra não são toleradas entre eles. Elas são passíveis desta *conduta de Grenoble* [conduite de Grenoble] (a expressão, hoje corrente, é de origem da *companheiragem*), que o *Companheiro* Agricol Perdiguier dito *Avignonnais-a-Virtude* [Avignonnais-la-Vertu] descreveu em 1857:

"Eu vi no meio de uma grande sala povoada de *Companheiros* um deles de joelhos. Todos os outros *Companheiros* bebiam vinho na execração dos ladrões e dos celerados; aquele bebia água, e quando seu estômago não podia receber mais, jogavam-lhe a água no rosto. Depois quebraram o vaso no qual ele havia bebido. Queimaram suas cores diante de seus olhos. O *Rolador* o fez revelar, pegou-o pela mão e o levou em torno da sala. Cada membro da sociedade lhe dava uma leve bofetada. Enfim, a porta foi aberta; ele foi reenviado, e quando ele saiu, houve um pé que o tocou por trás. Este homem tinha roubado".

Por bem menos que isto, por ter, em acordo com os correeiros, iniciado os *tamanqueiros* [sabotiers] aos mistérios sem o prévio consentimento das outras corporações de seu rito, os *vidreiros* [vitriers] foram excluídos dos *Deveres*, em 4 de outubro de 1864. Ou antes, por empregar os termos de *companheiragem, eles foram feitos renegados*, e mesmo, aquilo que é o mais baixo grau de infâmia, *aos últimos dos últimos.*

---

[38] *Beaujolais,* relativa à região de Beujolais, parte da antiga província do *Lyonnais.* Encyclopédie Larousse.

[39] *Nivernais,* relativo à região uma região histórica da França, próxima a Berry, Bourbonnais e Bourgogne, correspondendo praticamente ao atual departamento de Nièvre.

APÊNDICE A COMPANHEIRAGEM [LE COMPAGNONNAGE]

Diante de uma tal preocupação com uma alta firmeza moral, não nos espantaremos por aí além senão no final do último século, quando um padre da diocese de Argel que, em sua juventude, antes de poder responder à sua vocação sacerdotal, havia sido recebido C∴ do *Dever*, sob o nome de *Maconnais a Boa União* [la Bonne Union], não deixava nunca de participar das reuniões das *Cayennes*, toda vez que tinha a oportunidade de vir à França. E, tornado bispo *in partibus*, ele era orgulhoso de mostrar a seus amigos sua *baqueta* de *companheiragem* ornada de fitas, pendurada na parede de sua sala de trabalho, sob o Crucifixo. Esta *baqueta*, eu a vi: pois ele a deu antes de morrer a um verdadeiro amigo, de opiniões religiosas opostas, mas a quem a bela fraternidade de *companheiragem* o unia.

*

- A fraternidade de *companheiragem* é mais necessária que nunca, agora que o maquinismo foi um golpe mortal para algumas de nossas corporações: não há mais *fabricantes de pregos* [cloutiers], nem *alfineteiros* [épingliers], nem *tintureiros* [teinturiers]; o *dever* dos *torneiros* [tournieurs] sobre madeira desapareceu, assim como aquele dos *rachadores de lenha* [fendeurs de bois].

Aquele que me fala assim é o Sr.Bernet, Albert de Séméac dito *A Liberdade* [La Liberté], Secretário geral da Federação geral, Grão-Mestre dos Talhadores de pedra, e Mestre de Obra.

Agora mesmo, eu segurei em minhas mãos sua *baqueta* de Grão-Mestre com as cordas nodosas entrecruzadas seis vezes, com a extremidade de marfim portando na incrustação seu nome da *companheiragem*.

Nós estamos em seu escritório de Arquiteto, 14, rua Serpente. Nas cortinas brancas de suas janelas figuram, em largos bordados que distinguimos da rua, os símbolos da iniciação do *quarto grau* [quatrième degré], aquele dos *Mestres Perfeitos* [Maîtres Parfaits], ao qual pertence Sr. Bernet: o compasso, cuja ponta está sobre o selo de Salomão, e que traça um círculo de vida que quebra um braço de um esquadro; o nível; o *martelo* [marteau à brotteler] dos talhadores de pedras; a cruz ancorada do *Dever* e, entre dois selos de Salomão, a assinatura dos *Mestres Perfeitos*: um ponto, um travessão, um ponto. Esta assinatura impressa, repetida em friso, orna, ao lado da *baqueta*, a cobertura do belo livro que Sr. Bernet consagrou à *Companheiragem: Belo Coração de Pouyastruc* [Joli Cœur de Pouyastruc].

Esse homem, cuja vida se desenvolveu magnificamente fora da ordem comum, e que trabalhou de suas mãos antes de se tornar arquiteto, arqueólogo, pré-historiador, membro de diversas Sociedades Sabedoras e professor de ensino superior livre, tem o sentido profundo da fraternidade da *companheiragem*:

"Os motivos das velhas querelas eram frequentemente mais fúteis: direitos de precedência, cores, dimensões ou posição das fitas, comprimentos das *baquetas...* Nós temos mais o que fazer, quais sejam nossos *Deveres*, hoje que a própria nobreza do trabalho é preciso ser salva..."

Era já, há um século, o sonho de Agricol Perdiguier, que dorme seu último sono em sua tumba curiosamente marcada com símbolos de *companheiragem*, em Père Lachaise, quase em frente ao Colombarium. O Grão-Mestre Bernet, que desenhou esta tumba, retomou o ideal do grande *Companheiro*.

COMPAGNONNAGE HOJE

Malgrado os efeitos da diminuição dos efetivos no final do século XIX, logo após a Primeira Grande Guerra (1914-1918), os Companheiros multiplicaram-se no interior das profissões de alto nível e reagruparam-se em federações regionais. Assim, em 1941, fundaram a *Association Ouvrière des Compagnons Du Devoir* (Associação dos Trabalhadores Companheiros do Dever) e em 1953 a *Federátion Compagnonnique de Métiers Du Bâtiment* (Federação Companheira dos Ofícios da Construção).

Com a União dos Companheiros, podemos determinar, nos dias de hoje, um total de 20.000 membros ativos no *Tour de France* ou reservados. A *Compagnonnage* procura estimular, através do *Tour de France*, as modernas técnicas dos ofícios. Os seus membros não estão representando um papel saudosista de uma fase excepcional do passado, mas vivendo os seus próprios projetos estatutários de trabalho, fraternidade e liberdade.

CAPÍTULO III
GRAU DE MESTRE
"EXALTAÇÃO"

INICIAÇÃO NO CAMINHO ESPIRITUAL, A "EXALTAÇÃO"

AS TRÊS VIAGENS MISTERIOSAS

O Ritual do terceiro grau inicia a cerimônia de "exaltação", assim é chamada a passagem do segundo para o terceiro grau, com a realização de três viagens, os quais se denominam misteriosos. Estas viagens estão destinadas a sintetizar o propósito filosófico dos ensinamentos de cada grau da Franco-maçonaria simbólica, de modo que a viagem inicial está dedicada ao primeiro grau e as outras duas aos graus subsequentes. Os comentário que seguem a cada viagem não só se propõem a sintetizar, como também a recordar, clarear e fixar de forma indelével os ensinamentos correspondentes.

A PRIMEIRA VIAGEM

O Ritual começa recordando em que estado moral se chega a Franco-maçonaria, com os seguintes conceitos:

Ao chegarmos na Maçonaria, prejuízos de toda ordem tinham escravizado nossa mente. Somos joguetes da malícia alheia e de nossas paixões. Logo expõe seu propósito didático na seguinte forma: *"Em vão fora que a Maçonaria, em tais condições quisera educar-nos, se não começássemos por habituarmos a discernir por nós mesmos entre o bem e o mal, entre o erro e a verdade, senão familiarizássemos com o livre exame que emancipa, senão, depositaria em nossos corações o sentido de uma dignidade deteriorada, pela própria servidão de pensar e acreditar com outros que melhor convém."*

Declara a seguir os ideais que persegue:

"Nossa Ordem ama a liberdade e ensina a seus adeptos a romper por si mesmos as cadeias que tem subjugado a exata percepção dos fenômenos da natureza, assim como os juízos e raciocínios de sua mente".

Ao iniciarmos, a Maçonaria nos diz: *"Recomeçais vossa vida intelectual; duvidai filosoficamente de quanto já tenhais por verdades comprovadas; insinua-nos o primeiro grau"*. Logo, adverte o trabalho que custa e a dor que este pode produzir, pelas renúncias que se impõe de crenças que recordam o despertar de nossas inteligências, ou da consciência, *"cuja recordação vinculamos o da santa mulher que nos fez homens, ou o sofisma que nos bastavam para silenciar solenes interrogações sobre o porquê e como ou quando de tudo quanto existe. "Porém, penosa quanto se conceba, esta obra emancipadora tem que ser executada para ser maçom de verdade"*.

SEGUNDA VIAGEM

Começa chamando a atenção sobre quão difícil é reconstruir conforme os propósitos da Francomaçonaria:

"Demolir é relativamente fácil; qualquer louco põe fogo no templo de Diana; porém, reconstruir é tarefa que tanto no material, intelectual ou moral, exige profundo estudo, ou seja, observação e cálculo, princípios e regras, vontade e sentimento. A Maçonaria não pode conformar-se em semear apenas dúvidas nas inteligências, posto que é uma escola construtora de educação e não uma seita de educação ou uma seita de negociações tenebrosas. Ama o belo, o bom e o verdadeiro e quer que ideais fecundos informem na conduta dos indivíduos para que sejam felizes, e os povos para que progridam".

Logo comenta a importância e a necessidade de desenvolver e utilizar as faculdades superiores que é o propósito primordial deste grau:

"No segundo grau, nossa Ordem quer que o Companheiro conheça todas as faculdades de que está dotado, e os melhores meios conhecidos para que utilizem estas faculdades, tanto sob o ponto de vista moral e intelectual, como também do físico. Para a Maçonaria, a verdade se obtém conhecendo os métodos de investigação científica e aplicando-os com todo rigor possível no estudo das distintas manifestações da natureza".

Prossegue chamando a atenção de que a natureza tem seus métodos para sua evolução e a necessidade e conveniência de seguir esses métodos:

"O domínio e aproveitamento dessas faculdades individuais, assim como do mundo que contêm e alimenta ao homem, não se alcança ao azar ou ao capricho. A natureza tem sua ordem para evoluir, e somente por métodos

adequados se pode penetrar nessa ordem. A posse desses métodos é o que a Maçonaria pretende dar ao Ir∴ Companheiro, e para isso começa neste grau por glorificar o trabalho sistemático, a fim de fazê-lo amável e amado do maçom. A rotina e os velhos moldes, a moda e as novidades extravagantes, não devem guiar o Companheiro, se no primeiro grau ele adquiriu intrepidez intelectual. No segundo grau não esquecerá que os métodos se reformam e as faculdades se aperfeiçoam."

Termina a síntese pedagógica dos primeiros graus, enfatizando a conveniência de manter vivas estes ensinamentos e demonstrar que a Francomaçonaria tem uma sábia unidade no plano dos estudos e das revelações.

TERCEIRA VIAGEM

O Ritual começa nos ensinando, nesta viagem, a exaltar o valor da inteligência na busca da verdade:

"A faculdade que dá ao homem a ação preponderante sobre os demais seres animados e sobre os elementos e força da natureza, é a inteligência que fortifica a vontade e enobrece os sentimentos. Porém, a inteligência, para preencher sua função diretora da personalidade humana, deve unicamente cultivar a verdade. O maçom no terceiro grau deve conhecer os métodos necessários para isso e necessita sempre aplicar estes métodos aos assuntos da vida e da morte, sem descanso nem vacilações para dissecar a verdade".

Continua o Ritual exaltando o valor que se necessita para proclamar a verdade e desarraigar (desenraizar) as superstições e os sofrimentos que ocasionaram e ocasionam aos reformadores e descobridores para cumprir sua missão:

"Uma vez a verdade adquirida, deve ter-se tanto mérito para proclamá-la e defendê-la, como a teve para desarraigar das superstições e prejuízos quando fora Aprendiz. Esta é a missão dos mestres maçons, com eloquência nos diz a história, e nos confirma quanto ocorre a nossa vista, foi sempre penosa. Humilhações e solidões, injustiças e calúnias, torturas e ainda a própria vida, custou aos reformadores e aos descobridores cumprirem sua missão. Parece que o progresso fora o filho das dores da humanidade. Parece profundamente certo que a vida nasce da morte".

O Ritual conclui esta parte de seus ensinamentos recomendando ao mestre maçom o valor, o esforço e sacrifício para cumprir sua missão:

"A ignorância, a hipocrisia e a ambição têm suas ferocidades, e quem busca e ensina e defende a verdade, deve amá-la sobre todos os amores e ensiná-la com pujantes energias, para que não pereçam no duelo que terá que enfrentar contra os ambiciosos, os hipócritas e os ignorantes".

"O mestre maçom deve, pois, conservar a integridade de sua inteligência, apesar de tudo e com todas as suas forças, terá que defender a verdade com abnegação de mártir e com fé de apóstolo".

Depois de um intervalo, o Ritual estabelece os deveres do mestre maçom, frente ao povo que permanece fora dos templos e que forma as maiorias dos conjuntos humanos.

"O candidato à iniciação simbólica, ao apresentar-se mal vestido, mal calçado, com uma corda ao pescoço, sem dinheiro nem recursos e com uma venda nos olhos, representa o povo, cegado pelas superstições, indefeso em sua ignorância e miséria, encarcerado pelo despotismo. Trabalhando sem tréguas, para satisfazer outros mil tributos, e devendo reverências uma hierarquia religiosa, que extermina aos que não são de seu credo".

"A este pobre, a este humilhado, a este cego, a este encarcerado, deveis dizer-lhe: és um homem como os demais, conquistemos a Igualdade".

Logo se estabelece os meios pelos quais se tem como conquistar os direitos:

"Depois de haver convencido ao homem de que é um homem, tem que ensinar-lhe que, por prudência e não por arrebato, pela fortaleza e não pela desesperação, pela moderação e não pelos excessos, pela justiça e não por uma cega vingança, poderá obter sua emancipação completa, sua liberdade política e espiritual como também um governo sábio e respeitoso".

Finalmente, complementa suas recomendações na seguinte forma:

"Ensina, especialmente aos demais subjugados a conquistar a Liberdade. Faça, todavia, que este povo entenda que a morte ocasionada pela ignorância ou pela vassalagem, deve seguir uma ressurreição na vida para liberdade, porém, que deva então associar-se os homens, os povos entre si, com vínculos de solidariedade, para que todos adquiram poder invencível contra o despotismo. Ensina a Fraternidade. O maçom deve, pois, empregar-se na tarefa, o mais naturalmente possível, para que os homens sejam iguais, livres e irmãos".

O JURAMENTO

Como nos graus anteriores, procede-se ao juramento de adesão da Francomaçonaria. Aos votos emitidos nos juramentos precedentes, agora se agregam novos, referentes às normas destinadas a manter o trato fraternal entre os maçons. Após este ato, passa-se à representação da *Lenda de Hiram,* que contém a essência espiritual dos ensinamentos da Francomaçonaria simbólica.

O TEMPLO ESPIRITUAL

A Francomaçonaria, nos ensinamentos do primeiro grau, propõe fazer de seus adeptos personalidades destinadas a descobrir a Luz Divina, permitindo-lhes destruir os prejuízos da vida profana. No segundo grau, mediante o despertar consciente de suas faculdades, induz-lhes a ascender aos cinco degraus de aperfeiçoamento que os elevarão ao portal do Templo Espiritual.

No terceiro grau se ocupa da construção desse Templo Espiritual. Depois das três "viagens misteriosas" e a denúncia de um delito, faz com que o irmão companheiro abandone o templo, atribuindo-lhe a perpetração do delito denunciado. Em sua ausência se prepara a cena, apagando as luzes e pondo um ataúde num lugar adequado, onde se acha um mestre momentaneamente coberto com um sudário negro, excetuando o rosto. Os assistentes (demais IIr∴) invertem seus aventais em sinal de dor.

Ao regresso do companheiro, o Resp∴M∴ lhe diz: *"Não existe retiro impenetrável contra os vícios, nem existe seguro contra a dor. A prova é que nosso Templo se encontra enlutado, o sangue mancha o solo, a consternação demasiadamente penosa cresce como uma onda, de gemidos e tristezas em nossos semblantes".* Esta descrição corresponde àqueles que vivem nos vícios, que originam dores, faltas e delitos, à medida que o tempo passa, a personalidade se entenebrece e não poucas vezes o sangue das culpas e delitos físicos ou morais mancha o solo da vida, produzindo tardiamente a consternação e ondas de *"gemidos e tristeza".*

Termina esta parte da cerimônia mostrando rapidamente o mestre que se faz às vezes do morto.

O Assassinato do Mestre Hiram

Segundo a Lenda do terceiro grau, Salomão, célebre por sua sabedoria, resolveu construir o templo projetado por seu pai David que venceu a força física de Golias, para quem solicitou ajuda do rei de Tiro, que lhe enviou a ajuda de Mestre Hiram e os materiais de construção.

Hiram era um arquiteto de inteligência equilibrada e de caráter justiceiro, experto em toda classe de obras de construção. Prontamente conquistou a sua autoridade, respeito e carinho dos obreiros que o amavam e cumpriam com zelo suas ordens. Para estabelecer a ordem nos trabalhos, organizou os obreiros em três classes, segundo sua capacidade: aprendizes, na Coluna do Norte, designada com a letra "B"; companheiros na Coluna do Sul, designada com a letra "J" e os mestres que gozavam do privilégio de penetrar na "Câmara do Meio".

Hiram não só organizou hierarquicamente aquelas três classes de trabalhadores, como também estabeleceu para cada classe uma palavra, um toque e um sinal de reconhecimento. "Com estas prudentes precauções aquele projeto naquele sítio funcionava com a precisão de uma máquina, movido pelo espírito do Mestre". "Aquela obra admirável era um organismo, e o mestre Hiram era sua vida e seu símbolo".

Até aqui, vimos o comentário do Ritual; agora trataremos de decifrar o simbolismo espiritual, que é nosso maior interesse.

A Francomaçonaria apresenta seus ensinamentos sob forma de símbolos, alegorias e lendas do passado remoto. Corresponde aos maçons extraírem dessas lendas a pragmática dos ensinamentos filosóficos e espirituais, para praticá-las nas circunstâncias reais que a vida apresenta.

O rei David representa a sujeição da força física à inteligência. O rei Salomão representa a sabedoria. Porém, a sabedoria e a inteligência não são suficientes para erigir o Templo. Foi necessária a concorrência do arquiteto Hiram, que, somando sua consciência espiritual às anteriores faculdades, organizou aquele campo de trabalho admirável, e que era um organismo, movido pelo espírito do Mestre Hiram que era sua vida.

Tudo isto significa a vida das pessoas, as quais não somente têm que dominar suas forças físicas, senão também têm que disciplinar seus sentimentos e paixões e desenvolver suas faculdades mentais. Ademais, dedicar sua vida à construção de um templo, com os materiais de sua própria consciência, onde habite o espírito que representa o D-us no homem.

A Francomaçonaria ensina que D-us está no homem, mediante a Estrela radiante que o Ven∴M∴ faz com que o companheiro contemple ao terminar a cerimônia de "aumento de salário". A estrela representa o homem, a radiação, sua vida e a letra "G", a D-us dentro do homem. Porém, para que D-us se faça presente na consciência do homem, faz-se necessário que este domine seu corpo físico com sua inteligência, conforme se ensina no primeiro grau. Logo desenvolve suas faculdades internas, o que é o que o objetivo do programa de estudo do segundo grau e, finalmente, converta sua personalidade num Templo Espiritual que é aquilo que se pretende realizar no terceiro grau.

O povo "ignora" que D-us vive em seu interior, de modo que é como se D-us não existisse ou estivesse morto para ele. Isso é o que a Lenda do terceiro Grau simboliza, com Jubelas que golpeia, com um golpe brutal, a garganta do Mestre Hiram, com uma régua de vinte e quatro polegadas. Jubelas representa o homem que vive na ignorância de suas faculdades espirituais. A régua de vinte e quatro polegadas simboliza o tempo, a duração da vida de cada dia. E a garganta, forma parte de um aparato de fonação ou expressão da palavra ou "verbo criador", que simboliza a manifestação da vida espiritual.

No Ritual, ratifica-se a interpretação que damos, quando o Mestre Hiram replica a Jubelas nestes termos:

"O Caminho seguro para conseguir teus desejos se encontra no estudo da arquitetura (a vida), neste grandioso, incomparável palácio da natureza, no qual trabalham miríades de milhões de seres (as células) que não vês nem escuta, nem sequer presentes, apesar de que tua

existência mesma é sua obra constante de harmonia. Porém, tu queres anarquizar os trabalhos desta oficina, distorcendo a via natural dessa trajetória. Volte a ti, tire as vendas de teus olhos, trabalhe a palavra secreta da fortuna e o poder brilhará para ti. A ignorância é a negação da luz; a negligência é a negação da vida. Como poderia dar-te, ainda que eu quisesse, a vida e a luz se tuas condições são ignorância e negligência".

O mestre Hiram advertiu que se tratava de uma confabulação, intencionada a escapar pela porta do Ocidente. Ali está o companheiro Jubelos que fazendo igual intimidação e recebendo a negativa do Mestre, acerta-lhe um golpe terrível no coração com um esquadro, derrubando-o na terra. Com o esquadro se mede os ângulos dos corpos materiais. Junto com o compasso, que é o símbolo maçônico mais conhecido, que "representa na terra aonde nos encadeiam as paixões". Porém, também simboliza a retidão, como joia do Ven∴M∴. Na parte do Ritual que tratamos, simboliza a materialidade da vida e a inclinação das paixões mundanas. Por sua parte, Jubelos simboliza a hipocrisia, defeito que consiste na simulação de sentimentos, qualidades e virtudes que não se tem. Jubelos e o esquadro representam essa parte da humanidade, que passa a vida no afã de conquistar bens materiais, e a procura somente de conforto e luxo e no gozo de prazeres e deleites, e não poucas vezes, consumindo a saúde em desvios libertinos e em vícios que degradam e pervertem. Não obstante, aparentam na vida pública uma conduta distinguida e honorável.

Finalmente, Jubelum, que esperava na porta do Oriente, pediu ao Mestre a palavra secreta. "Pretendes o impossível Jubelum. Além do mais teu crime seria estéril: a vida é eterna", respondeu Hiram, que recebeu um golpe tremendo na cabeça, produzido com um maço que o deixou morto aos pés do malvado companheiro. (Na cerimônia se obriga ao recipiendário a cair de costas num ataúde e lhe cobrem com um véu negro).

O maço simboliza a vontade, uma força misteriosa que se expressa no homem, como a eletricidade na natureza, sem que se saiba o que é na realidade. A vontade serve para criar, construir, vencer obstáculos, superar dificuldades, etc. É a energia mais poderosa dos mundos internos, subjacente e ativa nas faculdades psíquicas. Pode-se afirmar que o homem é um ser que expressa a vontade. Entretanto, a vontade, por si só, representa a força que pode ser destrutiva, por falta de uma adequada direção. Para ser construtora, requer a ajuda da inteligência, representada pelo cinzel no segundo grau.

A Boa Vontade é o princípio eterno que engrandece as pessoas, produzindo nelas o amor, carinho, intenção e disposição ao bem.

Jubelum representa as pessoas bem dotadas que conseguiram sobressair pela força da vontade: os cientistas, filósofos, escritores, poetas, artistas, profissionais, políticos, etc., porém, por sua ambição aos bens materiais, as honras, ao poder, as vantagens sedutoras, etc., não lhes ocorre penetrar em seu interior e buscar a "Palavra de Mestre" que dá poder e felicidade descobrindo o verdadeiro significado da vida.

Assim, os três assassinos simbolizam a ignorância, a hipocrisia e a ambição, bem como representam a grande maioria da humanidade; não buscam a expressão do espírito Superior no homem, simbolizado pelo Mestre Hiram da lenda, perdendo lamentavelmente o "salário" para ascender no caminho da verdadeira evolução.

O ENTERRO DO MESTRE

Os três maus companheiros, arrependidos pela inutilidade (banalidade) de seu crime, acreditando ocultar seu delito, escondem sob uns escombros o corpo inanimado. E, encobertos pela escuridão da noite, levam o cadáver ao cume do Líbano e o sepultam sob um ramo de acácia (Na cerimônia se conduz o ataúde que contém o recipiendário entre colunas).

EM BUSCA DO MESTRE

Já temos indicado que, no mundo profano, uma grande maioria desconhece o Mestre (poderia até mesmo dizer que o matam antes de nascer na consciência). A massa ignorante dos povos mata-o porquê não tiveram a oportunidade de conhecê-lo. A classe média por hipocrisia, por dar à vida um significado distinto do que realmente tem na realidade. E uma minoria, mais bem dotada e de grande vontade por triunfar, por ambição de êxito, do renome ou de prebendas tentadoras.

Sem dúvida, uma parte da humanidade, impulsionada pela vocação, esforça-se em buscar a explicação do desconhecido e com este propósito, dedica-se ao estudo de uma confissão religiosa ou ingressa nas instituições especializadas como Yoga, Rosacrucianismo, Teosofia ou em tantas outras fraternidades dedicadas ao estudo do espiritualismo.

A Francomaçonaria, que talvez seja uma das instituições espiritualistas melhor organizadas e mais difundidas, ensina no primeiro grau a conhecer D-us, mediante o símbolo da Luz. O segundo grau está destinado ao cultivo das faculdades psíquicas, para que o estudante compreenda que D-us está nele, por meio do símbolo da estrela Flamígera e a letra G, no centro dela. E no terceiro grau lhe envia em busca do Mestre Hiram, que é o nome simbólico que se dá ao Espírito imortal ou D-us no universo.

Depois da morte do Mestre Hiram, a falta de ordem e sabedoria im-

201

pediu o prosseguimento dos trabalhos do templo. Assim transcorreram sete dias. Então Salomão, o símbolo da sabedoria, organizou uma comissão de nove mestres, em grupos de três, para que averiguassem o destino do Mestre Hiram. O número nove simboliza o mestre maçom, porque é triplo de três, ou seja, a idade do aprendiz, porque nove golpes em grupos de três foram os que o consagrara, os que formam a bateria deste grau e também o toque de mestre.

Pode também alcançar-se a mesma finalidade espiritual sem pertencer a nenhuma instituição especializada, disciplinando a conduta adequadamente, estudando o legado dos mestres e, sobretudo, servindo aos demais. Este caminho se chama o da autorrealização.

A BUSCA DO MESTRE

Recordemos que os nove mestres designados para averiguar o destino do Mestre Hiram foram enviados em grupos de três. O ternário tem um significado de alto valor no trabalho maçônico. No mundo profano, os pares de opostos fazem o jogo da vida. No templo maçônico os pares de opostos estão simbolizados pelas duas colunas que se encontram na porta do Ocidente. Corresponde ao bom maçom resolver o conflito destes opostos num plano de harmonia superior, marchando para o Oriente de onde vem a Luz. O Oriente e as duas colunas do Ocidente formam o ternário por excelência do trabalho maçônico.

O caminho por onde o Mestre se conduz não é plano; aquele que busca tem que passar por toda classe de dificuldades que são outras tantas provas (ordálios), destinadas a exaltar as faculdades da alma. Nesse caminho, o aspirante tem que avançar imaginativamente, com a "cara voltada para o Oriente", para resolver num plano harmônico superior o conflito dos pares de opostos que sucessiva e ilimitadamente se lhe apresentam.

Vários mestres pagaram com a própria vida seus propósitos de encontrar o Mestre, mas sempre foram suplantados por outros, diz o Ritual. Entretanto, se a morte, como o erro, vence é porque não estudamos o segredo da vida, que é a Verdade. A morte não é senão uma negação, só a vida é uma afirmação. Do exposto em forma velada, entendemos que a Francomaçonaria proclama que a morte não existe, que só o corpo físico morre, porque o contrário seria uma infração nas leis naturais, neste sentido a vida representada pela alma ou o eu espiritual, não morre. E esta parte imortal do nosso ser, o que os mestres buscam em grupos de três, é o que a Francomaçonaria simboliza com o nome do Mestre Hiram.

E assim, nessa batalha solene e tremenda, a morte surpreende aos mestres, para o caso não tem importância capital, porque somente o corpo físico morre. A alma é imortal, e todo avanço no caminho da vida é um êxito, um ganho que na existência futura lhe deparará com maiores possibilidades para alcançar a consciência da vida imortal, ou o encontro da alma que é a Verdade que se busca na vida maçônica.

O RAMO DE ACÁCIA

O Ritual diz que:

"Quando já desalentados (os mestres) regressando da montanha do Líbano, chamaram-lhes atenção um ramo de acácia. Arrancaram-no reconhecendo que era como uma planta animada, e tiveram-no com um símbolo palpitante da Mãe Natureza".

Recordemos que a "montanha", desde a mais remota antiguidade, tem significado o trono da divindade. Em linguagem esotérica, a montanha simboliza o topo da vida espiritual. De modo que assim explica porque escolheram a montanha do Líbano para buscar os restos do Mestre Hiram.

O ramo de acácia, que chamou a atenção dos mestres, tem um significado importante na interpretação espiritualista, da Lenda de Hiram do terceiro grau. No ritual de um alto grau do Rito E∴A∴A∴, lê-se o seguinte:

"A acácia que conhecestes é símbolo do laço que une as verdades positivas de ordem metafísica".

Se a acácia é o símbolo da Ordem Maçônica, conforme declara o Ritual, recomenda-se a seus discípulos a cultivá-la. É lógica a conclusão de que a Francomaçonaria não somente se ocupa do estudo das verdades positivas, senão também se ocupa com as verdades metafísicas ou espirituais.

A acácia despertou em nossos mestres a certeza da intuição de que não eram restos de um corpo físico que buscavam, e sim um Ser Espiritual. Este descobrimento insólito comoveu profundamente e encheu de luz os olhos dos mestres ante a verdade insuspeitada.

O ENCONTRO

Diz o Ritual:

"Em quase estado de inconsciência e com aquela espécie de deslumbramento, a intuição mais poderosa e inquieta, os impulsionaram a cavar a terra..."

Mas lembremos que o Ritual é simbólico. Não se explica de outra maneira que os mestres, havendo descoberto que se tratava, na verdade, de um Ser Espiritual o que buscavam, tiveram que cavar a terra para encontrá-lo. Aqui cabe fazer uma diferença entre espírito humano, mais frequentemente chamado alma ou ego ou eu pessoal, que constitui um mesmo conceito e Espírito Divino ou Eu Superior. A diferença é do grau: enquanto a alma pensa, sente em face de termos humanos, o Eu Superior ou Espírito Divino o faz em termos universais.

O Mestre Hiram, que também se chama Hiram Abiff, Hiram elevado e Abiff pai, ou seja, Pai-Elevado, que os mestres pressentiram intuitivamente pelas emanações produzidas pela acácia, não se encontra por suposto cavando a terra, senão aprofundando na consciência, ou melhor, exaltando-a nos mundos internos, mediante a concentração, a meditação, preces, visualizações, imaginação criativa, invocações, evocações, enfim, por todas as leis acerca do Espiritual. De modo que o mestre que pretenda encontrar em si mesmo o Eu Superior, ou Espírito Divino, terá que dedicar sua vida ao cumprimento deste propósito. O que não quer dizer que deva deixar as outras ocupações, como faziam os antigos místicos, senão que façam do cumprimento de suas obrigações habituais, um meio de alcançar o magno ideal de sua vida. Despojando, ademais, de um tempo adicional para as obrigações espirituais.

Mas para alcançar esse ideal, não basta o poder da personalidade, formado pelos estudos do primeiro grau, posto que não aproveitasse o toque de aprendiz para este fim. Tampouco o conhecimento e desenvolvimento das faculdades psíquicas, logrados no segundo grau, já que tampouco serviu o toque de companheiro. É necessário realizar o trabalho do mestre, buscando a Verdade que encontra no mistério da vida e da morte. A morte, como o erro vence (chegam ao fim), porque encontramos o segredo da vida, que é a Verdade, diz o Ritual. A morte é a negação, a infração, a desordem das condições harmônicas que mantém a vida individual e social, agrega a continuação, e termina asseverando que a vida se cura com a vida e a vida vence a morte, porque a morte não existe.

"Há um véu: esse véu é negro. É o véu da mulher modesta; é o véu da lamentação e o pano da morte: nada disto é de mim. Arranca esse espectro mentiroso dos séculos: não veleis vossos vícios em palavras virtuosas: estes vícios são meu serviço; vós fazeis bem, e Eu vos recompensarei aqui e para o futuro".

Liber Al Vel Legis; II § 52 – Aleister Crowley.

Disso sinteticamente transcrito, deduzimos que a doutrina maçônica reconhece a morte do corpo físico, porque "*a carne se desprende dos ossos*". Porém, ao mesmo tempo, proclama a imortalidade da alma: porque "*a vida vence a morte*". E, finalmente, reconhece o renascimento da alma: "*porque a vida se cura com a vida*".

Por último, o Past∴M∴ desce do Oriente e levanta o irmão que faz às vezes do morto no ataúde, com o toque de mestre e diz: "*Entretanto, vais conhecer o segredo da vida do Mestre. Os cinco pontos de perfeição da Maçonaria*".

O Manual Oficial declara que os cinco pontos de perfeição do Mestre são: mão com mão, que significa "*te saúdo como irmão*"; pé com pé, "*os apoiarei em todas vossas empresas dignas*"; joelho com joelho, "*a posição em que diariamente faço minhas súplicas, me fazendo recordar vossas necessidades*"; peito com peito, "*eu guardarei os segredos, que me confiares como os meus próprios segredos*"; e a mão sobre as costas, "*eu defenderei vossa reputação, tanto em nossa ausência como em vossa presença*".

Essas reticências induzem a pensar que os pontos enunciados são os temas que deverão estudar-se nos graus de perfeição do R∴E∴A∴A, e nos outros ritos da Ordem maçônica, ou, de outra maneira, pela autorrealização.

Analisando o conteúdo da Lenda do terceiro grau, chega-se à conclusão de que o postulado da Francomaçonaria Simbólica, na busca da Verdade, consiste em que o maçom dedique sua vida a buscar o Espírito Santo ou D-us que reside em seu interior, constituindo um meio de Sua expressão "*assim na terra como no céu*". Compreendendo-se que céu é o lugar onde se manifesta o Espírito Divino e a terra a personalidade.

O QUE É O MESTRE HIRAM?

Hiram é espiritualmente considerado a Divindade Essencial; psiquicamente, o Eu Superior; segundo as religiões, D-us, ou qualquer que seja outro nome que lhe dê; para a Francomaçonaria é o *Grande Arquiteto do Universo*; que se manifesta no microcosmo (no homem) através da mônada imortal.

Segundo o Ritual do terceiro grau, Hiram é:

1 - Desde o ponto de vista universal: ... "A ordem cósmica que preside os mundos siderais; é o Universo numa eterna atividade; é a força desconhecida, que aciona tudo e da qual podemos somente palpar alguns de seus ritmos harmoniosos" ... "é o símbolo da força misteriosa, que cada dia produz no Universo, mais harmonia, mais justiça e mais amor".

2 - Na ordem planetária: "É o astro que cada tarde se perde da nossa vista, deixando o mundo submerso nas trevas (imagem da tumba) e que reaparece cada manhã para irradiar luz e calor, fontes de toda vida".

3 - Com referência à natureza: "Hiram representa a riqueza e a fertilidade do verão, que esgotado, cede seu lugar as inclemências e asperezas do inverno, mas renascendo a cada primavera, desenvolve-se com brilho e vigor do rejuvenescimento"... "Hiram é o azul do firmamento, que resplandece mais fresco e mais puro depois do furação ou da tormenta.

4 - Na ordem humana: "Hiram é o homem, que em todas as idades vê aproximar-se a morte e treme ante o nada, porém recobra seu valor quando recorda que nada morre na Natureza, seja qual for a ideia, falsa ou exata, que se forme a respeito desta enigmática supervivência ou ressurreição.

5 - Desde o ponto de vista histórico: "Hiram é Prometeo sobre a rocha; é Jesus na cruz; os mártires cristãos lançados às bestas do circo em Roma pagã; os hereges e filósofos sacrificados pela inquisição; os intelectuais confinados nas minas da Sibéria, por haver pedido liberdade para seus concidadãos; Hiram, em uma palavra, é todo salvador que sucumbe servindo à Humanidade".

6 - No aspecto social: "Hiram é a justiça escarnecida, é a liberdade violada, é a civilização invadida pela barbárie, é a cultura intelectual e moral avassalada pela superstição e pelo fanatismo; é o progresso dominado pelos sofismas e perseguições. Porém, a liberdade e a justiça, a civilização e o progresso, são forças indestrutíveis que, como Hiram, pode padecer um eclipse

momentâneo, porém, imprimem um trajeto na evolução e provocam, um dia ou outro, a ressurreição gloriosa dos nomes daqueles que cumpriram abnegadamente seu dever e sua missão".

Finalmente, pode-se dizer que Hiram é o espírito Divino Impessoal do Universo, que se manifesta em tudo quanto existe, segundo o grau de sua evolução.

INSTRUÇÕES COMPLEMENTARES DO MANUAL SOBRE A POSTURA E O SINAL DE MESTRE

Como nos graus anteriores, a posição e o sinal do grau de mestre têm dois significados: um exotérico, que basta para a lógica corrente, e outro esotérico, que encerra ensinamentos de suma importância espiritual.

Subtende-se que, para o sentido superficial, a combinação da posição e o sinal de mestre, isto é, abrir o ventre, significa a pena que mereceria o que violar seu juramento. Internamente, o significado é semelhante aos que têm nos graus precedentes. O dedo polegar que aponta ao umbigo, é transmissor da energia necessária para por em atividade o vórtice ou "chacra" que está localizado neste lugar do corpo etéreo.

A Ciência do Espírito o denomina "Chacra Umbilical"; está composto de dez pétalas, de cor vermelha e verde dispostos alternadamente. Segundo A. Powell, é o centro da sensibilidade; está relacionado com sentimentos e emoções de diversas índoles. Diz a Ciência dos Chacras que é por este órgão que se recebe os planos sutis da existência; a princípio vagamente e à medida que se desenvolve, fica mais claro e dramático, e, de acordo com a percepção consciencial de cada um, vai delineando a marca do trajeto do plano existencial.

A PALAVRA DE PASSE

O nome próprio que constitui a palavra de passe neste grau, seja que ela se refere a um filho de Japtet, que era filho de Noé, segundo uns, ou de Lamec que nasceu no ano de 2975 a.C., segundo outros, o caso é que pertence ao primeiro que usou os metais.

A palavra "metais" na cerimônia de iniciação do aprendiz maçom significa os bens mundanos, ou num outro aspecto, os atributos da personalidade humana. Nesta cerimônia o candidato (aprendiz) se despoja dos metais. Isto simboliza que momentaneamente se separa dos atributos de sua personalidade ou características mundanas, como suas qualidades e seus defeitos, inclinações e possibilidades de todo gênero, enfim, tudo aquilo que a pessoa atribui a si mesma o que os demais reconhecem como próprios dela.

Esse despojo ensina que o candidato à iniciação deve abandonar seus atributos mundanos, para ingressar ao Templo da Sabedoria e aspirar a viver a Vida Impessoal ou Vida Espiritual. Um Mestre Maçom, no estrito sentido esotérico da palavra, deve ter efetuado a seguinte transmutação em sua consciência: haver dominado completamente sua personalidade, para trabalhar em todos os momentos como um indivíduo (in-diviso), quer dizer, como um ser que não está dividido do "Espírito Universal" ou do Grande Arquiteto do Universo, que é a característica da "Vida Impessoal". De modo que, para passar do segundo grau para o terceiro, é necessário transcender a personalidade da individualidade. Este é o significado genuíno da palavra T∴..

A PALAVRA SAGRADA

O ritual diz que a palavra sagrada de mestre se perdeu. Mas o que é a palavra a qual se refere o ritual? Sob o ponto de vista esotérico, a palavra ou verbo é uma faculdade criadora. O cap.1º ver. 3 do Gênese expressa: "D-us disse: Faça-se a luz! E a luz foi feita". Nesse capítulo, e em todos os versículos que significam criação, emprega-se a palavra "disse".

Nos primeiros versículos do capítulo primeiro do Evangelho de São João, diz-se que todas as coisas foram feitas pelo Verbo e sem ele nada do que foi feito estaria feito. Disto exposto, deduz-se que a Palavra, em seu sentido oculto, significa poder criador. Por outro lado, D-us fez o homem a sua imagem e semelhança. A Ciência do espírito diz que D-us está no homem. Pelo processo de evolução, pode converter-se num instrumento pelo qual pode expressar-se D-us entre os homens, mediante a palavra; como fez Jesus, quando o Cristo encarnou nele. Jesus pode ser conceituado como o paradigma da raça humana.

No princípio, o homem podia servir de meio de expressão dos deuses no plano terrestre, porém, não era consciente dessa faculdade, e assim viveu feliz no Paraíso terrestre. Foi necessário que a serpente induzisse Eva a comer o fruto proibido da Árvore da Ciência do Bem e do Mal, dizendo:

> "Vós não morrereis; mas D-us bem sabe que, no dia em que dele comerdes, vossos olhos se abrirão e, sereis como deuses, conhecedores do bem e do mal".
>
> Gênese Cap. 3º Ver. 5.

E encontrados no paraíso, ela destinada a parir com dor, e ele a comer o pão com o suor do seu rosto, homem e mulher iniciaram penosamente seu avanço pelo caminho da evolução, e de milênio em milênio seguirão recorrendo ao seu tortuoso caminho, até que largando sua mão. E o Senhor D-us disse:

> "Eis que o homem se tornou como um de nós, conhecedor do bem e do mal. Agora, pois, cuidemos que ele não estenda a sua mão e tome também do fruto da árvore da vida, e o coma, e viva eternamente."
>
> Gênese Cap. 3º Ver. 22.

Nessa declaração de D-us, está encerrado o significado do processo evolutivo da humanidade. O homem, havendo adquirido a faculdade de discernir entre o bem e o mal, deverá recorrer ao seu processo evolutivo, conquistando o bem e descartando o mal, tendo em conta que bem é tudo que apressa a evolução e mal tudo que atrasa, até que se encontre apto para descobrir o mistério da vida, recebendo sua iniciação espiritual definitiva.

A palavra sagrada do mestre M∴B∴, significa literalmente que a carne se desprende dos ossos e, moralmente, que a ideia vive, ainda que destruída a matéria, diz o Cobridor. Nesta declaração se encerra uma grande verdade que o mestre maçom deve compreender em todo seu transcendental significado e em todas suas implicações para a vida prática.

A verdade é que no homem existem dois entes: um que está formado de matéria mortal, ou seja, o corpo físico, e outro que é imortal, que segue vivendo depois da morte, e que uns chamam *"Idea"*, como Platão, outros *"alma"*, conforme algumas religiões ocidentais, e outros *"espírito"*, para cujo estudo o imortal vidente de princípios deste século, o eminente ocultista Rudolf Steiner, fundou a *Ciência do Espírito*.

O Resp∴ M∴, no ato culminante da exaltação, levanta o candidato do leito da morte, pelo sinal de mestre. Assim se demonstra que o resultado mais elevado da Maçonaria Simbólica é elevar a consciência do maçom à percepção do espírito, ou devolver-lhe a consciência do Espírito, que, em resumo, é o verdadeiro significado da Iniciação Espiritual.

A IDADE DO MESTRE

O Cobridor diz que a idade do mestre é uma quantidade indeterminada, para ensinar que o magistério não é mais que um marco no caminho e que tem mais a percorrer. Nos tempos de extremo materialismo em que vivemos, tem-se um conceito de que o homem é o ser superior no universo; chama-o de rei da criação. E a ciência positiva não tem passado além do homem em suas investigações. Muitos cientistas fizeram experiências parapsicológicas que resultaram dando uma vaga ideia de fenômenos que se realizam além do corpo sensorial corrente. Atualmente estão investigando sobre as possibilidades de vida em outros planetas. A humanidade está intencionando sair do conceito homocentrista dos seres viventes, assim como Copérnico, por volta dos anos 1.500, saiu do conceito geocentrista do sistema planetário.

Para a Ciência do Espírito, como para várias religiões, o homem não constitui mais que um estado de transição no processo de evolução dos seres. Na literatura espiritualista, lê-se frequentemente que o homem atual, desde o ponto de vista de sua evolução, encontra-se em relação aos Grandes Mestres da

Fraternidade Branca, a uma distância semelhante que separa o homem do estado dos outros seres da natureza. Os Grandes Mestres, por sua vez, não constituem mais que um estado de transição na escala de evolução do ser. Porém, o septenário, que é a base indeterminada do mestre, significa o grau de evolução da consciência que a Francomaçonaria Simbólica pode oferecer a seus adeptos em cima de seus ensinamentos.

De todos os modos, o resultado da consciência do Espírito, ou do ingresso na vida impessoal, corresponde à Iniciação Espiritual ou Transcendente. Esta é a meta e é a que brinda a Francomaçonaria a seus adeptos.

A MARCHA DO MESTRE

Segundo o Manual, a marcha significa que o mestre maçom deve avançar na investigação e propagação da Verdade, sem deter-se nem mesmo ante a morte. Esta explicação é obvia e satisfaz desde o ponto de vista intelectual.

Incursionando em termos esotéricos, descobrimos outro significado mais profundo e valioso. A marcha significa o propósito que impulsiona o maçom em sua vida na Arte Real, quando chega ao grau de mestre. Este propósito está simbolizado pela intenção de fazer de conta que se passa sobre um ataúde, na forma que é conhecida pelos maçons do terceiro grau. O ataúde simboliza a morte. Passar acima da morte simboliza alcançar a imortalidade. E é esta literalmente a meta que se persegue mediante a evolução, passar da morte à imortalidade.

Para concluir, convém repetir aqui o tão conhecido aforismo esotérico: a Francomaçonaria conduz seus adeptos da obscuridade da ignorância à luz da Verdade; da aparência ilusória à realidade da Vida, e da morte à imortalidade. E assim respondida a terceira e última pergunta da Francomaçonaria Simbólica: Para onde vamos?

MEDITAÇÕES

Medita, Irmão:

A meditação é o alimento da alma e o meio purificador da vida. Se desejarmos paz é indispensável forjá-la, no crisol purificador da meditação, e dentro da mais perfeita tranquilidade espiritual; pois somente nessas condições poderemos alcançar nossa própria transformação.

Se pretendermos governar nossa própria vida, é indispensável que antes aprendamos a selecionar com êxito nossos pensamentos, não admitindo que ninguém, de forma alguma, possa prejudicar-nos. Quando conquistamos o perfeito controle de nossa mente, e dentro dela não admitamos a intranquilidade, o temor e os esmeros, então já poderemos vangloriar-nos por ser governantes de nossa própria vida, deixando dessa forma de ser tristes autômatos de nossas baixas paixões.

Amar, sentir e meditar são três atributos essencialmente divinos, e sem dúvida, sujeitos sempre à manifestação física, que deles faça o homem, porque, segundo a compreensão que deles tenhamos, assim será o reflexo que obtenhamos nas águas cristalinas do lago misterioso do sentimento humano.

Dedica ao estudo, Irmão:

O estudo é o único caminho que conduz ao cultivo e desenvolvimento da inteligência. Nunca é velho demais para aprender tudo aquilo que poderá nos ser de utilidade na vida. Aquele que ama a leitura, sã e elevada, é o enamorado da Verdade e fiel amante da Luz.

Quando lês, nunca o faças displicentemente, procura sempre tirar algum proveito, pois se assim o fizer, nunca haverá livro ruim, sempre encontra dentro de suas páginas algo que pode ser de utilidade, quando se sabe apreciar e selecionar.

O livro! Cada livro é um manancial de Luz. Em todo livro se devem encontrar três qualidades: fazer-nos rir, chorar ou pensar. Livro é o termômetro que marca a temperatura moral de quem o escreve. Sempre encontramos no livro de nossa intimidade, páginas que com muita alegria as trocaríamos por outras que estivessem mais de acordo com as experiências que nos proporciona a triste peregrinação na vida. Quantas vezes o reflexo fiel de nossa vida é encontrado nas páginas de um livro e à medida que vamos passando, nos vão arrancando as mais íntimas vibrações de ternas, doces ou amargas evocações que nos podem fazer rir, pensar ou chorar, porém nos fim nos fazem viver instantes do passado... instantes que nunca voltarão...

Estuda, estuda muito Q∴ Irmão!

O Estudo cultiva a inteligência, assim como as baixas paixões é o cultivo dos maiores desastres da vida. Abandonar o estudo por falsas e enganosas diversões é prejudicar sua própria alma, é apartar-se do santuário de D-us, é preparar-se um futuro lugar sem luz e sem pão, onde somente reinará a desolação.

Foge dos vícios, Irmão:

Vício que se domina é virtude que nasce e floresce com frescura e robustez. Fomentar ou comercializar o amor como vício é patrimônio exclusivo dos vis. O vício, seja de qualquer índole, sempre degrada. Pelo caminho dos vícios e prazeres de uma vida de crápula nunca se poderá chegar a uma elevação perfeita do conhecimento do Ser, com o qual uma vez que nos identifiquemos nos proporcionará a mais doce tranquilidade, como um manancial proporciona ao sedento caminhante o mais confortante descanso a seu corpo fatigado.

Foge do vício, Irmão. O dia mais glorioso de nossa vida será aquele em que cheguemos a dominar a bestialidade de nossos instintos humanos, entrando por ele numa melhor compreensão do que é a vida. Buscar no vinho o alívio de teus prazeres é sensivelmente aumentar a ti mesmo os teus males.

Entregar-se aos prazeres de um amor passageiro que nos brinda inconsequentemente é estupidez e insensatez; pois os amores fáceis são o princípio de grandes e fatais consequências.

Os bordéis e os cabarés são, a princípio, dissolventes sociais, o abismo que se precipitam alguns por depravação, outros por inexperiência ou sordidez e luxúria. O abandono dos vícios é saber dominar-se, é como um exército que se coloca na defensiva, se na batalha decisiva consegue impor-se, essa fortaleza se verá intensamente comovida pela alegria que proporciona o triunfo. De outra forma, nós, sem conseguirmos extirpar nossos vícios, poderemos vangloriar de haver vencido o inimigo mais temível e tentador que em muitas diversas formas e muitas vezes se nos apresenta na vida diária?

Não adules a ninguém, Irmão:

Os aduladores são como os répteis, arrastam-se para conseguir seu objetivo, deixando atrás de si a gosma nojenta de seu veneno. As quedas mais estrepitosas dos imbecis se devem a que admitem sem tom nem som as maiores adulações dos perversos que só estão com aquele que lhes prodigam o pagamento de sua adulação.

Tens que dar mais atenção a uma crítica sã do que à torpeza da baixa adulação, que só os medíocres a admitem. Levantar monumentos e batizar avenidas e povoados com o nome dos que, todavia, não desaparecem nem ao menos foram julgados pelas histórias, é indigno, é sensivelmente uma baixa e miserável adulação.

Não cultives a hipocrisia, Irmão:

A hipocrisia é o desconhecimento absoluto da luz, é viver nas trevas. A hipocrisia é a força bruta da covardia, o escudo dos embusteiros. Vejamos as seguintes passagens bíblicas: "o maior instrumento para por em prática a hipocrisia é o fanatismo." "A hipocrisia entrou em moda pelo meio da religião do diabo".

Onde existe hipocrisia estão reunidas todas as maldades, esperando somente sua ardilosa covardia o momento oportuno para desferir um golpe. É preferível o desdém de um indiferente à hipocrisia de um idólatra. O hipócrita só se sente satisfeito quando vê cumprido seus desejos, sem preocupar-se, entretanto, se causará danos ao próximo. Estas são coisas vistas por ele com a maior indiferença contanto que satisfaça a realização de seus desejos.

Beijar com hipocrisia é algo mais triste e vergonhoso que beijar por necessidade; como o chegam a fazer aqueles que se veem empenhados por levar a sua boca um pedaço de pão dormido. Sentir as carícias e os beijos da hipocrisia é sentir as cadeias e o fogo que atará e atormentará nossa vida.

Afastarmos sempre da hipocrisia para ser francos e leais para com todos é nos colocarmos dentro da retidão que nos fará conservar a estima e nossa própria tranquilidade.

Não sejas fanático, Irmão:

O fanatismo é uma tromba cega que arrasa tudo quanto encontra a sua frente. A ignorância é a tábua de salvação daqueles que exploram o fanatismo para poder viver sob seu amparo. O fanatismo não se combate a canhonaços; se combate com escolas, escolas e mais escolas.

O fanático representa a excelência da negação mais completa da Divindade da vida, convertendo-se por vezes num estorvo, para que outros a descubram e que muitos ocultam por conveniência pessoal, e para poder viver a expensas da ignorância, que encerra no fanatismo. Estes representam a maravilha, "os sepulcros branqueados" de que falara Jesus.

O fanático acredita ter D-us a seu serviço, sem chegar a compreender que este é o meio menos indicado para saber onde se lhe encontra e como se lhe honra. D-us não pode e não deve estimar as obras inconscientes do fanático, que se encontram encerradas num círculo vicioso de sua própria e voluntária escravidão. Aquele que ama e sabe honrar o nome de D-us é aquele que tem chegado à perfeita compreensão da sabedoria divina que não se encontra encerrada nem atada em nenhum lugar, nem muito menos como falsamente se nos faz acreditar que radica na obediência que prestamos aos que se fazem passar por seus representantes na terra.

O homem não pode estimar as palavras ocas e atos de exibição do fanático, senão as demonstrações daquele que em humilde apartamento e sem ostentação lhe honra.

Não sejas covarde ante a adversidade, Irmão:

A adversidade é o crisol por onde todos nós devemos passar, para purificar dentro dele o resto da vida. Atribular-se pelos obstáculos que se nos possam apresentar, de braços cruzados, é humilhante, é declarar-se vencido e impotente para dominar a adversidade, que talvez pudesse converter com energia numa nova e florescente vida.

Somente nos fracassos e na amarga experiência que nos proporciona a

215

vida, é onde poderemos encontrar a redenção de nosso calvário, convertendo-o em encantador paraíso. Somente os homens nascidos da vulgaridade se pode render ante a adversidade. O homem que sabe viver com altivez de propósitos não sente medo, nem conhece o fantasma da adversidade.

Todos os homens têm uma profunda reverência de amor e de ternura, para os escombros, para as ruínas de nossas velhas nostalgias, porque muitas vezes dessas adversidades, dessas cinzas surgirá como a ave fênix, a mais formosa das purificações da vida. Ditoso o dia em que poderemos evocar nossas passadas adversidades, vendo-as florescer no roseiral de melhores e maravilhosos dias embelecidos da doce quietude da estranha compreensão da excelsitude da vida!

Busca sempre a verdade, Irmão:

A Verdade deve buscar-se, como se busca a pureza cristalina da água que mitiga nossa sede. É melhor sofrer dizendo a verdade, que gozar esgrimindo a mentira.

Muitas vezes os raios e tempestades fazem tremer as coisas mais potentes da terra; assim também quando se diz a verdade se chegam a cambalear de espanto os culpados. Quando se diz e se semeia a verdade, jamais será uma planta exótica, pois onde quer que se plante frutificará, que não agrade a muitos, por conveniência, porém, ao fim, é a verdade que resplandecerá a despeito daqueles que pretendam ocultá-la.

Nem por riqueza, nem por extirpe, nem por torpes fanatismos, senão somente encontrando o caminho da Verdade da Vida alcançaremos a compreensão da imortalidade.

Sê sempre humilde, Irmão:

Na humildade de uma vida se podem encontrar reunidas todas as virtudes. Vale mais viver sob o amparo da nobreza e humildade de um coração são, que sob a proteção das riquezas de um malvado. Não somente com a palavra deve predicar-se a humildade, mas que isto de dever fazer-se com as ações e o exemplo sem buscar notoriedade alguma.

Foge do ódio, Irmão:

A vingança e o ódio só se aninham nas almas cheias de miséria e perversidade. O ódio não se combate com o ódio, combate-se somente com a pureza do amor. Nunca manejes tua pena para transmitir ao papel uma só frase que contenha ódio ou rancor. Se não podes prodigalizar amor como foram teus desejos, prodigalize neste caso a sublime eloquência de teu silêncio, e do não menos eloquente distanciamento de tudo aquilo que possa constituir num estorvo para o engrandecimento de tua vida. Para alguns, semear o ódio e a discórdia é uma distração que lhes produz prazer; isto naturalmente enquanto seu estado abúlico não lhes faça ver sua insensatez.

Irmão:

Se te odeiam, ama; se de ti se distanciam e te esquecem, segue amando e sempre perdoando e quando em teu caminho se chegue a encontrar que vejam sempre em teus lábios o sorriso do amor, e em tuas palavras o mel de teu perdão. Se assim procederes, terás a plena segurança de que um dia chegará que recolha a parte que justamente te corresponde.

Deves combater os tiranos, Irmão:

Os tiranos semeiam moedeiros falsos, com a diferença de que, com o maior cinismo, dedicam-se a introduzir no mundo político homens tirados dos prostíbulos, sem mais antecedentes que ser dóceis ao mandato do amo.
A única preocupação dos déspotas consiste em aglutinar fortunas que lhes permitam assegurar seu futuro. Os tiranos nunca se fazem a si mesmos; são incubados pelos aduladores, os perversos, os que sempre andam em busca de um amo. As tiranias, quando florescem, são o fiel reflexo da impotência dos povos para derrubá-las.

Irmão:

Tu supostamente estás ao lado da liberdade.
Tens que fazer uso da liberdade, porém sem levar a libertinagem, pois neste caminho somente se chega a mais vil das degradações. A luz que aproveita mais a uma nação é aquela que se encontra no mais amplo respeito da liberdade de pensamento.

Não digas nunca que o mundo é mau, Irmão:

Dizer que o mundo é mau e perverso é desconhecer o que se diz. Nossa vida de uma maneira indiscutível está sujeita ao resultado de nossas próprias ações, pois estas sempre refletem na colheita, que recorremos de nossa própria semente. O aprender a viver sempre sorridente e tranquilo é gozar da sublimidade e prazerosa beleza da vida.

Aprende a perdoar, Irmão:

Se te humilham, perdoa, seja quem for, porém outorga-o a seu devido tempo. Isto é, quando o peçam, pois se o ofereces sem que o solicitem, te expõe neste caso a que te sigam humilhando.

O perdoar, ao invés de devolver injúrias, é o melhor castigo que poderemos outorgar a nossos inimigos, se é que os temos. O homem que sabe dar seu perdão é aquele que conhece em toda sua magnitude, o significado do verdadeiro amor.

Dedica-te com entusiasmo ao trabalho, Irmão:

O trabalho é a flor mais formosa que com seu aroma perfumará os dias de nossa vida. Sentir repugnância pelo trabalho é converter-se em parasita; é conformar-se a viver a experiência de outro; é a humilhação maior que se pode sofrer.

Aquele que se acostuma a viver a expensas de outro, conforma-se a vegetar miseravelmente sem preocupar-se com a grandeza da vida.

O trabalho dignifica, Irmão!

Pensa nos grandes ideais, Irmão:

Eles são o alimento espiritual; as baixas paixões dos prazeres são o desastre da vida. Tens que viver com um ideal, alimentar-te com ele e por último morrer com a mais íntima satisfação de haver idealizado a vida. Se pretenderes criar algo novo, se tua mente acaricia um ideal que te pareça uma quimera, lembra-te que para as almas elevadas não existem impossibilidades.

Cuida, embeleza e engrandece a tua casa, Irmão:

Esse lugar deve ser o santuário do amor que traz consigo a paz; e o canto ou a morada do templo onde se venere o trabalho que tudo dignifica. Procura sempre converter tua morada em um santuário, donde veneres constantemente tua própria liberdade e quando isso tenhas logrado talvez em troca de muitos sacrifícios. Não permitas que nenhum intruso trate de desvirtuar tua vida. Defende-a como uma pantera que defende suas crias dos cães.

Sê feliz e forte, Irmão:

Não se está em si mesmo, não se está a coberto dos caprichos do azar, não se é feliz nem forte mais que dentro do recinto de sua própria consciência. Um ser não engrandece senão à medida que aumenta sua consciência, e sua consciência aumenta à medida que ele engrandece. Há nessas trocas admiráveis, da mesma forma que o amor é insaciável de amor, toda consciência é insaciável de extensão, de elevação moral, e toda elevação moral é insaciável de consciência.

Ter consciência de si mesmo, para os homens é mais necessário, é ter consciência até certo ponto, de sua estrela ou de seu destino. Conhecem uma parte de seu porvir, porque já é uma parte deste próprio futuro. Tens confiança em ti mesmo, porque desde hoje sabes que os acontecimentos chegaram a ser em tua alma. O acontecimento em si é água pura que nos verte a fortuna e por si mesmo, não tem ordinariamente nem sabor, nem cor, nem aroma. É formoso ou triste, doce ou amargo, mortal ou vivificador, segundo a qualidade da alma que o recolhe.

Deveria dizer que aos homens não lhes acontecem senão o que eles querem que lhes aconteça. Se amardes, não é este amor o que forma parte de vosso destino; a consciência de vós mesmos, que havereis encontrado no fundo deste amor, será o que modifique vossa vida. Se os traíram, não é a traição o que importa, senão o perdão que tenha feito nascer em vossa alma. E a natureza mais ou menos generalizadamente, mais ou menos elevada, mais ou menos meditada desse perdão, será a que dirigirá vossa existência até o lado aprazível e mais claro do destino, em que vereis melhor que se os tivesse seguido sendo fiéis.

Não esqueçamos que nada nos sucede que não seja da mesma natureza que nós mesmos. Toda aventura que se apresenta, apresenta-se a nossa alma sob a forma de nossos pensamentos.

Compreendeste, Irmão?

Irmão:

Ama a tua mãe com todo fervor de teu coração. Não há ninguém na terra que nos dê, como a mãe, com anelo na alma e fogo no coração, tantos exemplos de heroicas virtudes. Por essa razão, nós dizemos que uma mãe morre por cem filhos e cem filhos não morrem por uma mãe. O amor de mãe é um canto de alma que uma vez ouvido jamais se esquece. Por este canto de amor a alma não morre, e tão só a alma morre quando se tem vazio o coração de todo ideal, de toda fé, e de toda esperança, chispas estas da sagrada chama materna. Por meditação da mãe, a Bondade Suprema se revela ao homem. Toda reforma social que trata do bem da mãe, antes e depois do nascimento do filho, não é outra coisa que tributos e homenagem a ela, imprescindíveis para os povos civilizados como o ar puro para a respiração.

Mãe! Quem cingiu a coroa mais esplêndida que enfeitou as têmporas da mãe? E qual homem bem nascido que não se comoveu até os ossos ao contemplar uma mãe amamentando a seu filho? Implica o filho tal provisão de dor, de esforço, de cuidado e de amor, por parte da mãe, que repugna por absurdo supor que tais virtudes não respondem outros sentimentos que os de respeito e admiração.

A Maternidade! Existe algo mais sublime que a maternidade, destino maravilhoso da mulher? – Maternidade, cifra e compêndio de sacrifício e de amor, rio de bem-aventurança e fonte de vida!

É um sacrílego, um mau maçom o que se burla da mulher... porque uma mulher foi tua mãe, a que lhe deu o ser e a quem deves a vida.

Irmão:

Ama a criança com toda ternura de teu coração. Ela é o rouxinol que nos entonará alegres melodias de felicidades em nossa velhice. Ama-a sim, ama-a muito!

É pelas crianças que se segue realizando uma experiência que os reflorestadores não se deram conta do que fazer com as árvores: açoitá-los para que deem frutos. Com vosso coração vereis através das paredes e na escuridão da noite, a muitas crianças que tremem de frio; a muitos que dormiram como velhos; a muitos que, como alferes, cravam seus gemidos no travesseiro.

A mão que golpeia a um menino deveria trocar de forma e de cor para que fossem visíveis sua degradação e sua feiura. É mão de verdugo que mata a esperança da espécie por um porvir melhor.

Outras mãos, não obstante, purificam-se e embelezam ao acariciar a uma criança. Beija as crianças, Irmão, que beijá-las é situar-nos à direita da sublime mansão do Grande Arquiteto do Universo.

Amar a Mãe, amar as crianças, amar os seus semelhantes é uma missão sagrada de todos os que nos honram vestindo o avental, símbolo do trabalho!

Meu Irmão:

Defende em todas as partes a Francomaçonaria, afirma a perenidade de uma Ordem que as tiranias transitórias podem destruir administrativamente, porém que nenhuma força humana poderia aniquilar em sua essência. Um usurpador pode queimar um Templo e seus arquivos, dispersar uma Obediência, assassinar ou encarcerar os francomaçons, mas não poderá ser contra a Francomaçonaria, mesmo sabendo que sempre haverá espíritos rebeldes na submissão. Qualquer um que se recuse a ser subjugado é um Francomaçom, com ou sem o avental.

Nós, os francomaçons, sabemos o que queremos e é necessário que nos escutem, porque nós simbolizamos e concretizamos os princípios de uma humanidade ditosa. Nós representamos um mínimo suficiente de liberdade, de tolerância, de justiça e de fraternidade que permite aos homens, a todos os homens, viverem sua curta vida no bem estar e na felicidade.

A felicidade! A felicidade, disse um filósofo, é uma flor que se pode colher ao longo do caminho, porém não deve constituir o fim da viagem. Mas tal filósofo era um inglês, que vivia num país onde as flores são raras e de curta vida ou duração. Nós entendemos que não devemos contentarmos com as flores do caminho, senão que é preciso cultivar muitas para que cada um possa colher ramalhetes, pois acreditamos que a felicidade dos homens deve ser o fim de todos e, particularmente, dos condutores do povo. Cremos que não são os conflitos sangrentos nem as glórias das guerras que farão respeitadas e felizes as nações; sabemos bem que estes métodos seculares nunca terão servido mais que a uma minoria ínfima e sempre arruinando aos outros, a todos os outros, apesar de todos os planos. É por isto que nós estamos do lado do humilde e dos deserdados: porque somos o obstáculo infranqueável a uma escravatura geral, somos tão odiados por aqueles que não se contentam em gozar a vida mais que fazendo-a intolerável aos outros, e que não estão satisfeitos de levantar ainda mais a cabeça quando os outros a inclinam para baixo.

Não queremos mais batalhas que as das ideias. Não admitimos outras superioridades que as da inteligência fecunda e as da Bondade. Não admitimos outras disciplinas que aquelas que temos consentido e que cristalizam em leis regularmente votadas pelo povo ou por seus mandatários eleitos democraticamente. Nós permaneceremos fiéis a tudo aquilo que tende a fazer do homem, pouco a pouco, no curso das idades, com a conquista e domínio das forças naturais, um ser livre, um deus que não tem que render contas, além da sua própria consciência e dos seus iguais.

Não se poderia concluir com maior precisão a essência vital da Francomaçonaria, sua força radiante e transcendental, que vem de fontes perenes, eternas, indestrutíveis, nem poderia fixar com maior exatidão a posição do Francomaçom frente ao mundo exterior e em seu mundo interior. No exterior, o homem junto ao homem sempre, nunca o homem contra o homem, grande símbolo vivente da fraternidade que guia o francomaçom em sua peregrinação na terra. Todo o que põe ao homem em confronto ao homem deve ser destruído para edificar, DESTRUAM ET EDIFICABO. Em seu interior, sobre os seres e as coisas, harmonia, paz, atributos de D-us, porque um ser livre que não tem que render contas mais que a sua própria consciência e a seus iguais se aproxima muito mais do homem (criado à imagem e semelhança de D-us), que o homem submetido ao domínio de outro homem. O homem que recebe as Tabuas da Lei, diretamente de seu Mestre Secreto é um ser livre, elevado ao plano de seu Mestre, é deificado, quem as recebe de mãos de outro homem fica sujeito a servidão.

Recorda: Moisés recebeu as Tábuas da Lei no Sinai diretamente de seu Mestre e foi elevado à categoria de deus, quando Moisés desceu a terra baixa e transmitiu a seu povo a mesma Lei, instituiu sem dar-se conta, a casta de adoradores do Bezerro de ouro, egrégios fundadores da famosa escola histórica. Existe uma diferença entre o Sinai e a terra baixa: a Francomaçonaria trata de anular essa diferença ensinando aos homens da terra baixa o caminho que conduz ao Sinai e o modo de escalar a altura. Eis aí o segredo da Francomaçonaria! O grande segredo inescrutável na terra baixa, que enche de pavor aos que dominam e oprimem. Nesse paradoxo do terror, alimentam a ilusão de fazer fragmentos da Esfinge, para que nunca revele seu segredo ao que geme arrastando a corrente! Esforço em vão! A Esfinge a levam dentro de seu próprio corpo e só falará no Sinai, NUNCA EM TERRA BAIXA!

Francomaçons, tomai vossos postos sempre junto ao homem e conduzi-o ao Sinai, e que não seja um equívoco ao deixar-se atrair por mirações, uma vez que foi investido LIVRE, pela lei de seu próprio Mestre! Nunca ponhais o homem contra o homem!

Irmão:

A Francomaçonaria ensina o valor eterno dos princípios da cultura humana e individual, independente dos lugares e das épocas. Dê aos indivíduos, a suas agrupações, a noção clara e certa de solidariedade, reúne em seus Templos da Sabedoria homens enamorados deste ideal, desejosos de aprender a viver em comum, qualquer que seja a diferença de seus temperamentos. Ao mesmo tempo em que proclama a fraternidade, que mantém o princípio da igualdade potencial dos indivíduos, igualdade de "direito à vida", quer dizer: um mínimo de bem estar e de cultura, da igual possibilidade de ascensão para os mais altos destinos, pelo esforço perseverante. Ensina a hierarquia dos seres, a necessidade para cada indivíduo de cumprir todo trabalho manual ou intelectual, toda função social, sendo cada elemento necessário à harmonia total e universal. Por sua organização, por seus rituais, ensina que independente de termos um governo confiado aos melhores, o trabalho e o esforço individual permanecem necessários.

A Francomaçonaria não poderia esforçar-se para impedir ou organizar uma revolução, deve perseguir incansavelmente seu objetivo, e ainda mais, se necessário, adaptando-se às formas exteriores, como praticaram os primeiros adeptos. Cometeria um grande erro ao deixar-se atrair por este espelhismo que é o exercício do Poder temporal, as sociedades iniciáticas ou filosóficas que quiseram intervir diretamente para dirigir as sociedades profanas pereceram, sucumbindo sob a incompreensão das multidões. A Francomaçonaria deve ficar como uma escola de fraternidade, de altruísmo e de aperfeiçoamento individual, onde se reúnem os homens que desejam aprender a viver coletivamente.

Viver coletivamente significa viver em paz; e não há paz possível onde não tem acordo, união sobre a mesma regra de conduta. Bem, este acordo ou união, não pode conseguir-se senão de duas maneiras: por meio de uma fé comum imposta dogmaticamente e protegida contra o exame por uma inquisição, qualquer que seja sua forma, ou por meio da ciência, quer dizer, por uma demonstração logicamente indiscutível. Atualmente, a Humanidade não mais pode aceitar uma fé comum, quer dizer, não tem todavia a demonstração logicamente indiscutível de que o homem não é unicamente matéria, de que é um ser livre, de que tem outro direito que o da força e outra sanção que a força bruta limitada a esta vida. O verdadeiro trabalho da Francomaçonaria é fazer conhecer esta demonstração e esforçar-se em espargir este conhecimento. Tal é a sua verdadeira missão construtiva.

Que trabalhes, com confiança, no triunfar final de teus princípios! Somente atuará assim utilmente na obra de conduzir a Humanidade para a Fraternidade, a que aspira e contribuirá para estabelecer a Paz na Terra!

Compreendeste, Irmão?

Uma reflexão
das relações entre a composição do quadro de Oficiais de uma Oficina Maçônica e a Kabbalística Árvore da Vida

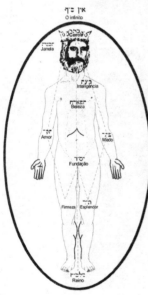

Os Oficiais de uma Loja são encarregados de dirigir e de levar a bom termo os trabalhos do ritual maçônico. Assim como numa fábrica, encarregam-se de que todos os processos se desenvolvam de forma justa e perfeita. Cada Oficial tem uma tarefa bem definida e de seu correto desenvolvimento depende a compreensão da obra e a adequada construção de nossa personalidade.

Venerável Mestre, a voz da consciência.

Venerável Mestre assume a direção da Loja, preside os trabalhos e ordena a abertura e o encerramento dos mesmos. Comanda os Obreiros do descanso ao trabalho e do trabalho ao descanso. Senta-se no Oriente e seu local está elevado com relação aos demais. Tem a potestade (o poder) de retirar a palavra a qualquer tendência que se exceda, de qualquer Irmão que se esqueça de separar a razão das paixões ou que queira gerar controvérsia.

A joia que adorna o Venerável Mestre é um Esquadro, símbolo de retidão e que mostra a disposição deste oficial de ajudar a oficina a elevar-se de forma ordenada. Representa, na ordem simbólica, a vontade, a força de movimento (de impulso). Nosso Venerável interno é aquele que nos proporciona o combustível energético para iniciar qualquer projeto. No exterior podemos encontrá-lo na figura do Venerável em casa, representada pelo pai, ou no trabalho, pelo chefe.

O Orador, a voz da sabedoria

O orador representa a sabedoria da Oficina, é encarregado de avaliar se os trabalhos realizaram de forma justa e perfeita. No transcurso de um debate, quando toma a palavra o Orador, ninguém mais pode dar sua opinião, já que a ele compete dizer a última palavra. Em sua ocupação de ilustrar e de iluminar, deve tratar de que os debates acabem sendo um poço de azeite, trabalhando com amor e humildade. Senta-se no Oriente, à direita do Venerável Mestre.

A joia que adorna o Orador representa um livro aberto, signo de cultura e conhecimento. Na ordem simbólica o Orador representa esta ajuda que aparece em nossa vida cada vez que iniciamos um novo projeto, essa voz que, quando escutamos, dirige-nos para um ponto preciso, em direção a esse azimute que nos situará no caminho da consecução de nossos objetivos. Temos um ditado popular que ilustra muito bem a função do Orador: *"As crianças nascem com o pão debaixo do braço"*. Na vida ordinária o Orador está representado pelos nossos padrinhos e os amigos que nos podem tirar das situações críticas.

O Secretário, a memória

O Secretário é aquele que institui as regras, aquele que tem a memória dos trabalhos realizados na Oficina, aquele que lê as atas, as normativas, de algum modo é que mantém a Ordem. Senta-se no Oriente, à esquerda do Venerável Mestre, e é o primeiro a participar dos trabalhos, buscando a aprovação do trabalho realizado na reunião anterior.

A joia do Secretário representa duas penas cruzadas. As penas são de pássaro, quer dizer, estão relacionadas com o elemento Ar, e sabemos que o elemento ar representa a lógica e a razão. Ademais, antigamente se escrevia molhando as penas em tinta.

Simbolicamente, o Secretário é a Ordem, a estrutura, porém também representa essa luz e esses taquígrafos que devem tomar nota das trocas que nossa personalidade vai realizando durante seu percurso humano. O ideal seria que fossemos capazes de discernirmos o roteiro que nós mesmos vamos escrevendo e para isso deveríamos tomar consciência da estrada que seguimos.

Na vida ordinária, o Secretário pode ser este diário que escrevemos para ter constância do experimentado e para plasmar nossas vivências num papel.

O Tesoureiro, o administrador dos valores

O Tesoureiro se encarrega de administrar o dinheiro da Loja, de que seus membros cumpram com suas obrigações capitulares (pagar a quota). Ele é o que elabora os pressupostos; é àquele que controla a que nunca falte os valores, já que sem eles o trabalho se deteria. É o representante do poder. Seu lugar está à direita do Orador. A joia do Tesoureiro representada por duas chaves cruzadas, que simbolizam a chave que abre o cofre de valores.

Na ordem simbólica, o Tesoureiro representa o poder, a possibilidade de expandir-se, de superar as limitações, de ir mais além do estipulado.

Na vida ordinária, o Tesoureiro está representado pelo contador, o administrador, o assessor fiscal, aquele que nos ajuda a manter um equilíbrio em nossos fundos econômicos.

Os Expertos, a superação de conflitos

Os Expertos têm um papel relevante no desenvolvimento do ritual. O primeiro Experto encarrega-se de ajudar o Mestre de Cerimônias na abertura dos trabalhos (no R.E.A.A, quem ajuda ao Mestre de Cerimônias na abertura dos trabalhos é o 1º e 2º Diáconos, que têm seu lugar à entrada do Templo, ao lado do primeiro Vigilante e o outro ao lado do segundo Vigilante, em algumas Obediências este local pode ser transferido da seguinte forma: o 1º Diácono ocupa lugar abaixo do *Sólio* e a direita do Venerável Mestre e o segundo Diácono ao lado do primeiro Vigilante). Na Árvore da Vida, estarão inseridos dentro da nona *Sephirah, Yesod*. Também acompanha ao candidato durante as viagens da Iniciação e o ajuda a retificar seus erros, brindando-lhe a segurança necessária para terminar bem seus trajetos, ademais, o instrui sobre os elementos do ritual. Simboliza o apoio, a força e a energia da Loja.

A joia que reveste ao Experto representada por duas réguas cruzadas, o símbolo da união de dois mundos, marcando assim o transito que o candidato realiza para passar do mundo profano ao sagrado.

Na ordem simbólica, o Experto encarna essa tendência interna que nos permite retificar os erros e que nos eleva pela ajuda que recebemos para superar os tropeços, os conflitos cotidianos.

Na vida ordinária, o Experto pode estar representado pela pessoa que nos ajuda quando estamos obstruídos, pelo guru, pelo psicólogo, pelo *coach* (o cocheiro espiritual, nosso SAG [Sagrado Anjo Guardião]).

O Primeiro Vigilante, o equilíbrio de tendências

No REAA, o Primeiro Vigilante é o encarregado de dirigir a coluna do Norte, *Boaz* também chamado de Pilar da Severidade ou do Rigor, vista do Oriente, está no lado direito do Venerável Mestre. É responsável pelo *pagamento* dos Obreiros que trabalham nesta Coluna, ou Pilar, ali se sentam os Aprendizes Maçons. Também trata de comprovar se voltam do trabalho contentes e satisfeitos. É uma das três luzes de uma Loja Simbólica e como tal tem que ajudar ao Venerável Mestre a abrir e fechar os trabalhos. Seu lugar é ao pé da Coluna do Norte, ou Pilar da Severidade.

Ao pescoço do Primeiro Vigilante está um nível, indicando que se encarregará de medir o crescimento dos membros da Loja, em especial os Aprendizes.

Na ordem simbólica, o Primeiro Vigilante é o encarregado de transmitir a Vontade do Venerável Mestre. Quer dizer, tratará que nossos atos sejam de acordo com a nossa consciência, a esta chispa superior que mora em nós. Na vida ordinária, o Primeiro Vigilante estará representado por aquela voz interior encarregada de passar o nível, de comprovar se nossas tendências materiais, emotivas, mentais ou espirituais crescem na mesma velocidade.

O Mestre de Cerimônias, a diplomacia

O Mestre de Cerimônias é o encarregado de dirigir o Ritual, de ascender as luzes, de procurar que a vontade do Venerável Mestre se cumpra com precisão. É aquele que dirige todos os movimentos da Loja com harmonia e mostra a beleza do Ritual. Seu lugar numa Loja é contíguo ao Tesoureiro, portanto, está instalado no Pilar da Severidade, ou do Rigor, na Árvore da Vida está inserido em Tiphereth, a sexta Sephirah, no Pilar do Meio. A joia do Mestre de Cerimônias são duas espadas cruzadas, símbolo do discernimento que deve ter este oficial para executar de forma precisa o Ritual.

Na ordem simbólica, o Mestre de Cerimônias representa a diplomacia, a harmonia, aquela que deve levar-se a cabo no ritual de nossa vida.

Na vida ordinária, o Mestre de Cerimônias seria essa voz interna que nos impulsiona a movermos com graça, com harmonia, e a utilizar a diplomacia em nossas relações com os demais; é o negociador, o enlace sindical.

O Guarda do Templo, a comunicação exterior

A principal tarefa do Guarda do Templo é vigiar a entrada da Loja e controlar que esta se encontre a coberto de indiscrições profanas. É o encarregado da comunicação com o exterior, é como um filtro. É também um dos poucos Oficiais que se encontram no Pilar do Meio, ou do Equilíbrio, seu posto está exatamente de frente ao do Venerável Mestre, ocupando a Sephirah

Malkuth a décima Sephirah da Árvore da Vida. Dessa forma, ele ocupa um lugar que fica entre o 1º e o 2º Vigilante, junto à porta de entrada do Templo Maçônico.

A joia que brilha em seu peito é ornada por duas espadas cruzadas, isto significa que cuida de dois corpos que deve controlar, o físico e o mental.

Na ordem simbólica, representa o passo fronteiriço entre as tendências que se dão ficando atrás (o profano) e aqueles que tenham decidido apostar pelo futuro (o sagrado), pelo avanço.

Na vida ordinária, deve-se avisar ao Guarda do Templo cada vez que sintamos a chamada da rotina, da "segurança" cada vez que queiramos voltar atrás e emperrar-nos em velhos costumes. É um filtro entre os antigos prazeres que, às vezes, nos encadeiam a uma nova realidade que aspiramos.

O Segundo Vigilante, a formação

O Segundo Vigilante é encarregado da formação dos Companheiros e Mestres Maçons e dirige a Coluna *Jakin*, também chamado Pilar da Misericórdia, que fica no Sul de um Templo maçônico. Os Companheiros devem tirar suas dúvidas com este Oficial. Ademais, é uma das luzes da Loja e se encarrega de ajudar ao Venerável Mestre e ao Primeiro Vigilante no desenvolvimento do Ritual. Na Loja, o Segundo Vigilante se instala na Sephirah Netzah.

A joia do Segundo Vigilante é um prumo; esse fio serve para medir a retidão da obra em relação ao seu desenvolvimento espiritual.

Na ordem simbólica, representa a tutela sobre nosso crescimento espiritual.

Na vida ordinária, o Segundo Vigilante deve recordar-nos a necessidade de reciclarmos constantemente, de dar formação aos nossos neurônios e as tendências que pululam em nossa vida. Como reza o ditado: "Reciclar-se ou morrer".

O QUADRO DE OFICIAIS E A ÁRVORE DA VIDA

A Kabbala, essa ciência do desenvolvimento humano, tem um esquema que a representa, chamado "Árvore da Vida", e seus centros energéticos (Sephirah no singular, e Sephiroth no plural) se correspondem em posição e atributos com os Oficiais de uma Oficina Maçônica.

A Árvore Kabbalística tem 32 caminhos, de igual modo que na Maçonaria há 32 graus, porque o 33º é a culminação de um percurso que conduz a suma perfeição; chamamos de graus Filosóficos àqueles que vão do 4º ao 33º.

A Kabbala nos indica que nossa obra humana consiste em descer os degraus que vão do *Ser* espiritual à realidade material, para logo ascender às experiências realizadas no mundo de *"baixo"* até nosso *Eu* externo para enriquecê-lo com elas. Esta subida é aquela descrita pelos antigos alquimistas mediante um processo de purificação dos metais, e que tem lugar em nossas Lojas, à medida que ascendemos para este mítico grau 33 da Maçonaria filosófica. No seguinte gráfico, mostramos-lhes o paralelismo entre as Sephiroth e os postos dos Oficiais de uma Loja Simbólica.

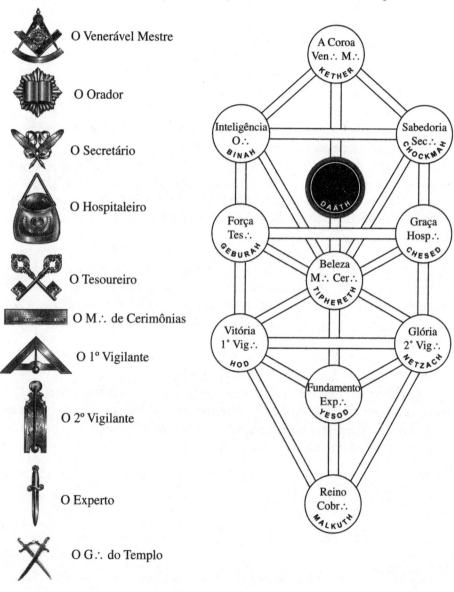

O Venerável Mestre

O Orador

O Secretário

O Hospitaleiro

O Tesoureiro

O M∴ de Cerimônias

O 1º Vigilante

O 2º Vigilante

O Experto

O G∴ do Templo

DO TEMPLO DA MAÇONARIA MODERNA, SUA DISPOSIÇÃO E DECORAÇÃO

O local de reunião da Loja para realização de seus trabalhos ritualísticos chama-se Templo.

Ele tem, interiormente, a forma de um retângulo alongado e o fundo, quando possível, semicircular ou em arco. Esta parte chama-se Oriente e com o assoalho em plano mais elevado para onde se chega por três degraus (ou um só, se a altura da sala não o permitir); o Oriente se separa da parte retangular do Templo, à direita e à esquerda, por uma balaustrada de altura moderada, chamada a Grande do Oriente.

A entrada ou a Porta do Templo fica no Ocidente, isto é, a meio da parede que faz frente para o Oriente.

O Templo não deve ter janelas ou outras aberturas a não ser que por elas nada se veja do exterior e nada possa se sobrepor ao teto de um Templo.

No assoalho do Ocidente encontra-se o Pavimento de mosaico, composto de quadrados alternadamente pretos e brancos, cercados pela orla dentada.

No R.E.A.A. as paredes são decoradas de azul em outras "Obediências" de vermelho, com doze colunas embutidas, quatro de cada lado e quatro no Oriente, ornadas com os doze signos do Zodíaco. Em volta da parede, na altura dos capiteis das colunas, acha-se uma corda que forma de distância em distância um nó emblemático, ao todo 81, terminada com uma borla pendente em cada um dos lados da porta de entrada.

O Teto representa a abóbada celeste de cor azul clara, com numerosas estrelas formando grande número de constelações.

Na parte central do fundo do Oriente, bem em frente à porta de entrada, acha-se um dossel de damasco vermelho com franjas de ouro. Ao lado norte dele, encontra-se uma estrela de cinco pontas transparente e iluminada, em cujo centro se vê a letra "G"[40].

---

[40] A letra "G" significa a palavra inglesa "God", isto é: D-us; entretanto, entre nós se explica comumente como sendo a abreviação da palavra: Geometria.

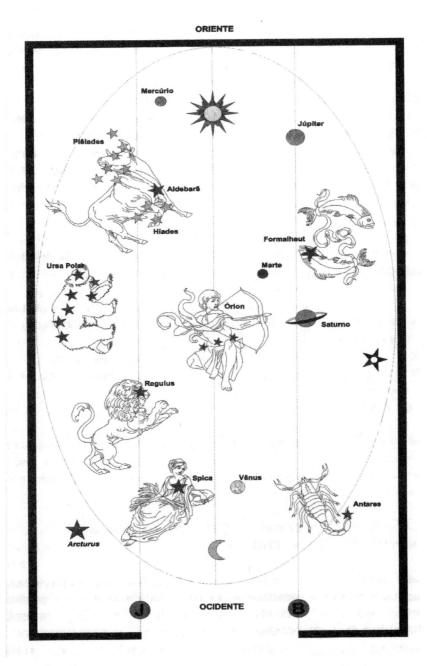

O Teto (Abóbada Celeste) da Loja – mostrando a posição do zodíaco, diversas constelações de estrelas e dos planetas que devem ornar a abóboda celeste da Loja.

Debaixo desse dossel, está a Cadeira do Venerável Mestre, chamada Trono, sobre um estrado, ao qual se sobre por quatro degraus[41].

Atrás da mesma, na parede do fundo, acha-se um painel no qual são expostos os astros do dia e da noite, Sol e Lua, ficando esta ao sul, e aquele ao norte, e bem assim, no centro, a Estrela rutilante, sobre a qual um triângulo equilátero, em cujo centro terá um olho esquerdo ou tetragrama em letras hebraicas do nome inefável de Jehovah, ou também somente a letra hebraica "i" (Yod[42]), abreviação do nome do G∴A∴D∴U∴.

Na frente da cadeira do Venerável Mestre, encontra-se uma mesa retangular fechada na frente e nos dois lados, por painéis de madeira, podendo haver no lado frontal um esquadro entrelaçado com um compasso. Sobre esta mesa, chamada Altar, estarão um candelabro de três luzes, um malhete, um exemplar da Constituição da Obediência Maçônica, do Regulamento Geral da Ordem e o particular da Loja, do Ritual, e também o necessário para escrita.

À direita e à esquerda da cadeira do Venerável Mestre deve haver pelo menos uma cadeira de honra.

Na frente da mesa, fora do dossel e antes dos quatro degraus de acesso ao trono, fica o Altar dos Juramentos, pequena mesa triangular com dois lados fechados com painéis de madeira, ou uma pequena coluna com caneluras e truncada, sobre a qual ficam, durante os trabalhos da Loja, um exemplar da Constituição, um do Regulamento Geral, a Bíblia ou Livro da Lei[43], um compasso, um esquadro e uma espada flamejante.

Diante do Altar dos Juramentos há uma almofada vermelha com um bordado a ouro representando um esquadro entrecruzado com um compasso.

Próximo à grade do Oriente, ao norte ou à direita do Venerável Mestre, há, sobre um estrado de um degrau, uma cadeira e uma pequena mesa retangular para o Orador e, simetricamente e também sobre um estrado de um só degrau, ao sul ou à esquerda do Venerável Mestre, outra cadeira e mesa semelhante para o Secretário. Os painéis de madeira que revestem essas mesas podem estar talhados ou pintados, mostrando o do Orador um livro aberto, e o do Secretário uma pena de escrever.

---

[41] Assim, para chegar ao trono do Venerável Mestre, necessariamente tem que subir um total de sete degraus, a saber: três na entrada ao Oriente e quatro para subir ao trono. Os três primeiros degraus significam: Força, Trabalho e Ciência; os outros quatro: Virtude, Pureza, Luz e Verdade.

[42] Y,I e J têm o mesmo valor gemátrico em hebraico, ou seja, "10", daí ter tantas variações ao escrever o Nome do Eterno.

[43] O Livro da Lei é o Livro Sagrado de cada religião, onde os crentes julgam as verdades pregadas por seus profetas. Assim, o Juramento sempre deve ser prestado sobre o Livro Sagrado da crença do iniciando, pois, pelos princípios básicos da Maçonaria, deve haver o máximo respeito à crença de cada um.

Em cada uma dessas mesas há luz de uma só lâmpada e exemplares da Constituição, do Regulamento Geral da Ordem, do Regulamento particular da Loja, mais o necessário para anotações.

No Ocidente, ao lado de cada porta e em posição um pouco avançada, há uma coluna oca, de cor bronzeada, de ordem coríntia, com um capitel suportando três romãs entreabertas. O fuste da coluna, na direita da entrada ou do Sul, deve estar marcado com a letra "B" e no da Coluna à esquerda ou do Norte a letra "J".

Na frente dessas colunas há, sobre um estrado de um só degrau, a cadeira para cada um dos Vigilantes e na frente desta uma mesa triangular, com duas faces revestidas por painéis de madeira, nos quais deverá existir talhado ou pintado, um nível de pedreiro na mesa do 1º Vigilante e um prumo na do 2º Vigilante. Sobre cada uma dessas mesas há um candelabro de três luzes, um malhete e um exemplar do Ritual.

À direita da mesa do Orador, porém, por fora da balaustrada, há, sobre um estrado de um só degrau, uma pequena mesa triangular ou retangular para o Tesoureiro e, simetricamente, à esquerda do Secretário, também sobre um estrado de um só degrau, a cadeira e outra pequena mesa para o Chanceler. Essas mesinhas podem ser revestidas de painéis simples ou talhados ou pintados, evidenciando-se duas chaves cruzadas na mesa do Tesoureiro e um carimbo

233

na mesa do Chanceler[44]. Em cada uma dessas mesinhas há uma luz, e na do Chanceler o livro de presença, o livro dos visitantes e o livro negro.

Ladeando o trono do Venerável Mestre encontra-se em forma semicircular duas ou mais fileiras de cadeiras, ao passo que ao Sul e ao Norte estão colocadas longitudinalmente duas ou mais fileiras de cadeiras ou bancos, conforme as dimensões do templo.

Os Aprendizes sentam-se na última bancada do Sul e os Companheiros na última bancada do Norte.

Por extensão, dá-se o nome de "Coluna do Norte" ou Coluna do Sul ou Meio Dia" ao conjunto dos Irmãos que ocupam os lugares diante dessas colunas.

O Pendão Nacional, nas Sessões solenes, dará entrada no templo em cerimonial especial e será posto junto à balaustrada, atrás do orador.

O Estandarte da Loja acha-se sempre arvorado no Oriente, perto da balaustrada, atrás do Secretário.

Na coluna do Sul, perto da entrada do templo, acha-se também, eventualmente, um harmônio (pequeno órgão de sala). Atualmente neste lugar se tem alguns aparelhos de som com o propósito de harmonização.

Chama-se Átrio ou Vestíbulo, o compartimento que precede o templo e do qual é separado pela Porta interna do Templo, o qual terá mobília que o espaço permitir, sendo fechada pela porta externa. Do lado de fora da porta externa acha-se pendurado em malhete com o qual se pede ingresso ao Templo, se este já estiver fechado.

Ao vestíbulo precede a Sala dos Passos Perdidos, onde os visitantes aguardam a permissão de ingresso, mobiliada convenientemente e possivelmente ornada com figuras emblemáticas, alegorias ou retratos.

---

[44] Todas as mesas e altares poderão ser revestidos também de cortinas vermelhas, com franjas e orlas de galão de ouro, pendidas até o chão. Nas faces destas cortinas existirão no centro, bordados ou pinturas, com os emblemas correspondentes as várias atribuições.

DA ASTRONOMIA DO TEMPLO MAÇÔNICO

É sempre um grande prazer observar a vastidão do céu, contemplar o esplêndido espetáculo da natureza celeste que nos extasia com suas deslumbrantes maravilhas.

Não há pintor, por mais talentoso que seja, capaz de reproduzir uma imitação sequer que corresponda à firmeza, a positividade de uma maravilhosa noite de estio, quando no azul dos espaços, por entre nuvens esgarças se esplende o céu da constelação Maçônica, a mirar-nos com olhos de estrelas, num conjunto ridente de suavidade e de doçura.

Se olharmos essas maravilhas siderais, tendo em conta as gênesis dos povos, com o grito angustioso das gerações que se foram nos seus múltiplos ciclos evolutivos, e conhecermos a marcha triunfal da Maçonaria, como regeneradora e guia das almas aflitas, mais altas se nos aparecerá os feitos gigantescos do bem que firmaram suas fases de progresso – de luz e de amor no coração dos seres humanos. A Maçonaria não poderia ser indiferente à astronomia e vice-versa. O livro da natureza celeste é o livro das leis do maçom.

Ele aparece rutilante e majestoso a guiar passos, desde a mais alta antiguidade, desde o berço das civilizações, daqueles primeiros pastores da Caldéia, que nas luminosas noites do Oriente, guiavam os seus rebanhos pelo brilho silenciosos e preciso das estrelas.

A harmonia do conjunto estelar sempre foi o guia seguro dos navegantes. Tudo isso é de uma aparência enganadora, sabemos hoje. As figuras mudam-se à medida que avançamos no caminho sideral, mas não há como negar ainda, agora na posição que ocupamos na nossa morada cósmica, a Terra. Serviram as nossas formosas constelações de guia seguro ao viajante dos nossos imensos oceanos e das nossas largas planícies.

A ilusão criada pelas percepções das aparências, mundo das estrelas, sempre foi e ainda é o farol da ciência astronômica que ensina o nosso verdadeiro lugar no conserto do Universo e colabora conosco na marcha ascensional da nossa civilização.

É por isto mesmo que a Maçonaria, fulcro brilhante de luz, que vem atravessando os séculos e gerações, edificará o seu templo na Terra, elevando as suas colunas até o céu, isto é, até o infinito constelado de sóis, cujos símbolos se refletem na sua ritualística.

O maçom caminha guiado pelo seu mundo sideral e sente a palpitação desses mundos, como se o coração pulsasse em harmonia rítmica com a própria vida das estrelas. Suas alegrias e suas obras, seus progressos e suas esperanças parecem compreendidos pelos astros, que vem mostrar-lhe as asperezas dos caminhos e as tépidas pousadas dos caminhantes da Arte Real.

Vejamos então...

Profano.

O Profano deseja iniciar-se maçom. Anda nas trevas, passo incerto, olhar vedado às grandes verdades que fazem as felicidades dos povos. Não sabe caminhar, precisa de um guia experimentado que o leve através das asperezas do caminho, amparando-o nas quedas a levantar-lhe o coração às grandes virtudes, como a razão às grandes conquistas do saber humano.
Encerrado numa caverna, esconsa, cheia de símbolos alusivos que o apavoram, conhece aí das lutas que se travaram, no mundo das paixões e pouco vislumbra da finalidade humana. Não compreende o seu estado, suas aspirações, como os seus sonhos se desfazem ao menor sopro das adversidades. Não pode guiar-se por si mesmo, porque a razão se perturba ante a imensidade das tempestades que rugem ameaçadoras em derredor de si. E ao tinir das espadas na conquista dos domínios terrestres, ao fuzilar dos relâmpagos que cegam, ao atroar dos trovões que o assustam, bebe a cada instante a taça amarga dos desesperos.
O Maçom dele se aproxima, toma-o do braço e cuidadosamente o conduz das trevas à luz rutilante e bela, amarela cor de ouro de Arcturos[45], da constelação maçônica - também conhecida como Arturo ou Arcturus, é a estrela mais brilhante da constelação do Boieiro. É a quarta estrela mais brilhante no céu noturno. Antigamente era classificada como uma gigante vermelha, mas na reclassificação proposta pela NASA é considerada atualmente como uma média alaranjada. Está cerca de 33 anos-luz do sistema solar e é uma das estrelas mais brilhantes no céu terrestre. Neste contexto, ele (o profano) entra no santuário da Luz. Nada vê porque não pode ainda conhecer dessa maravilha dos céus da ordem maçônica.

---

[45] Na mitologia romana, conforme relatado por Higino, Arcturos é o ateniense Icário. Ele morava com sua filha virgem Erígone e seu cão *Maera*. Ele hospedou *Liber Pater*, que o ensinou o segredo do vinho. Icário deu o vinho a uns pastores que, acreditando que Icário os tinha envenenado, o mataram a pauladas. Seu cão *Maera*, latindo sobre o corpo morto do dono, chamou Erígone, que se enforcou. *Liber Pater* então afligiu as mulheres atenienses com uma praga, que só terminou quando eles puniram os pastores e instituíram um festival em honra dos dois. Os deuses então transformaram ambos em estrelas: Erígone virou a constelação de Virgem e Icário a estrela Arcturus.

Vai o iniciado em caminhos do trabalho, antes do amanhecer do dia a procura da estrela da manhã que se há de levantar no horizonte estelar maçônico.

A estrela d'alva é o planeta Vênus, visto ao nascer do Sol, para onde ele, o iniciado, encaminha-se. Sob a proteção de Vênus, para e espera. Vênus é por excelência a estrela das doces confidências. Para os espíritos contemplativos é a melhor conselheira, que recebe e guarda todos os sonhos e as mais lídimas esperanças da alma.

Homero chama-a "Callisto, a bela!" Cícero a denominava "Vésper"; para os Caldeus, a estrela do Pastor e Lúcifer, o astro da manhã, nome que também lhe foi dado pela Bíblia e pelas Mitologias antigas. Vênus é a rainha das estrelas. Aí sob o olhar doce e rutilante de Vênus, o iniciado fala das suas ânsias de amor e de luz.

Oferece a prova a sua coragem; promete resignação e desprendimento pessoal em favor da felicidade dos seres humanos. Faz sua caminhada iluminando apenas pela sua luz interior, porque a seus olhos é negada a claridade refulgente que inunda o Templo. Depois para no altar da Fé, sob o pálio bendito da constelação de Orion. As três estrelas da constelação de Orion não são por eles vistas. Elas representam os três reis magos a receberem o juramento do iniciado.

Para os maçons, construtores do Templo de Salomão, são o rei de Israel, Hiram, rei de Tiro e Hiram Abiff, o sublime arquiteto. Com o juramento lhe será mostrado o símbolo sagrado do Aprendiz Maçom, onde ele vê pendente ao fundo do triângulo sagrado a letra Yod, como representação da divindade, a se objetivar, pelo pensamento criador e pelo intelecto que em tudo preexiste.

A lua que representa a natureza, Ísis, que é a representação das formas tangíveis e susceptíveis de reprodução, o eterno feminino.

Nos mistérios de Orpheu, na antiga Grécia, os adeptos eram apaixonados pela natureza, pelo eterno feminino, donde devia brotar a humanidade divina, pela penetração de D'us:

Yod (Osíris), He-Vau-He (Ísis), eram expressões compostas de letras sagradas em seu conjunto, a representação integral da natureza.

Dessa forma, nos mistérios da Grécia o grito d'Evohé, tornava-se por excelência o grito sagrado, como para os maçons escoceses - Hos∴ a aclamação por excelência.

Depois de iniciado, o aprendiz é conduzido ao trabalho da Arte Real.

Conhecida a porta do Templo da Luz, entra, como aprendiz, guiado pelo planeta Vênus, a estrela do Pastor, até as colunas que prendem a terra ao céu e dali encaminha-se para Arturos, a rutilante estrela que o leva a conhecer a estrada por onde passa o carro de Davi – a constelação da grande Ursa. Seguindo por esta estrada avista as Plêiades, as Hyadas e Aldebarã (Arcturo [α Boo, α Boötis, Alpha Boötis], também conhecida como Arturo ou Arcturus, é a estrela mais brilhante da constelação do Boieiro. É a quarta estrela mais brilhante no céu noturno).

Aproxima-se dessas estrelas que tem a figura de um touro cuja estrela maior – Aldebarã, marcado pelo olho direito do touro e as Plêiades as ancas[1].

Vai desbastar a P∴B∴

É a luta com a natureza indomável. Torna-se preciso vencer os taurinos que querem caminhar do Ocidente para o Oriente fulgido.

O Touro furioso luta para opor-se à marcha do neófito. Abre-se o *Livro dos Mortos*, para escrever nas suas páginas, essa luta de Titãs – a do Touro, que quer conhecer o segredo de Ísis. Ao fim do trabalho, o neófito toma o carro de Davi, formado pela constelação da Grande Ursa, que faz o seu giro em torno do Polo Norte.

A Grande Ursa foi chamada pelos latinos de *septem triones*; os árabes a chamaram de *Aldedd al Akbar* e os chineses a denominaram de *Tcheonpey*, que a tomavam como divindade do Norte. Em qualquer estação do ano, dia e noite, vemo-la brilhar com as suas sete estrelas, quatro formando o quadrilátero e três no ângulo de um dos lados.

No carro de Davi, o iniciado passa de Arcturos, sua bela estrela conhecida e vai receber o seu salário no altar de Ísis – a Lua – a rainha dos mistérios.

Brilhante a luzidia, a lua ilumina com os seus clarões a todas as divindades celestes. É doadora das riquezas e protetora dos homens na terra e nos mares. Modera os reveses da sorte, tudo alimenta na terra. Entra nos bosques, para espantar os fantasmas e aquecer os ninhos; as suas ordens sopram os ventos e também se acalmam as tempestades e germinam as sementes.

Ali no seu altar o neófito encontra o Nível – instrumento de trabalho que nivela as desigualdades sociais, base do direito natural.

Depois de contemplar o Delta sagrado que brilha no oriente, onde se vê a inicial do Tetragramma IEVE, emblema do Ser e da Vida, guarda o malho e o cinzel, seus instrumentos de trabalho, na coluna do Norte, para retomá-los no dia seguinte. E assim vai até completar o seu tempo de aprendizagem e passar a *Companheiro*.

O Companheiro, conhecedor da estrela do Pastor, chega ao Templo como aprendiz e caminha guiado por um mestre, em direção ao oriente, passando sob a Estrela Antares – o coração do escorpião, até o altar da Fé, onde a constelação de Orion, que não lhe é ainda revelada, ajusta o seu tempo de trabalho, para receber o seu novo salário.

Voltando ao ponto de partida, caminha de Vênus, passando por Antares, a procura de Régulos do Leão e dali segue, para o oriente, norteado por Aldebarã, estrela, por ele, muito conhecida. Antes, porém, de transpor o Oriente, avista a linda estrela – a Espiga da Virgem, que o leva para o Sul, até divisar a Estrela Flamígera (também conhecida como Estrela Flamejante), à direita, para onde segue, passando por sob o planeta Saturno. Antes de alcançar a Estrela Flamígera, avistará ao Sul, Fomalhaut (Alpha Piscis Austrini mais conhecida como Fomalhaut é a estrela mais brilhante da constelação de Peixe Austral [Piscis Austrinus], e é uma das 4 estrelas reais dos persas – junto com Antares [α Scorpii], Aldebaran [α Tauri] e Regulus [α Leonis].), da constelação do Peixe, que lhe mostra o seu novo campo de trabalho. A sua retirada do trabalho se fará pelo altar do seu mestre que representa a coluna da beleza e está sob o pálio da Estrela Flamígera, indo à procura de Antares, que o guiará a Vênus, ao Sul da qual está a sua coluna, a do Sul.

Conhecedor do malho, do cinzel, do nível e da alavanca, da régua e do prumo está apto para polir a pedra, para construção do edifício.

Vejamos agora o simbolismo das estrelas.

O Companheiro ao passar pela estrela Antares do escorpião surge a revolta e a traição na sua alma. Ele ainda não firmou no coração o equilíbrio do nível, deseja acelerar sua marcha e conhecer os grandes mistérios, que ainda lhe são vedados. O verdadeiro poder e a verdadeira luz ainda não lhe foram revelados e a todo o custo quer alcançá-los. Seu coração se torna vermelho de sangue, como vermelha é a estrela Antares, que está guiando os seus primeiros passos.

Régulos, o coração de leão, aparece-lhe vencedor nos combates com os seus inimigos. O companheiro vê apenas as aparências da vitória do leão, não lhe conhece a serenidade nos combates e a generosidade das ações – só enxerga o valor do combate.

Segue em direção a Aldebarã e observa o touro querendo escalar o oriente. A virgem alada lhe parece a vitória e caminha sob o céu de Saturno, o deus do tempo e do destino. Não percebe que Saturno é o mais lento e o mais grave dos planetas. No seu auxílio é um deus destronado e sua influência nefasta anda associada às maiores dores. Caminha, e Fomalhaut regula as ações do companheiro revoltado – é o símbolo do peixe, o emblema do cordeiro sem mancha, a alma pura dos cristãos, dos iniciados, que lhe chama a razão e que lhe chamará ao arrependimento, se não moderar o seu ímpeto. E o companheiro revoltado receberá a paga, no castigo e na dor, enquanto aquele que completar o seu tempo ficará senhor da sua arte, capaz de realizar os planos traçados, pelos mestres; saberá interpretar a letra G da Estrela Flamígera que significa conhecimento.

O companheiro perfeito toma consciência de si mesmo, conscientiza através deste conhecimento de que é um verdadeiro microcosmo, um mundo em miniatura. E com todas essas forças adquiridas entre os taurinos e com muitos conhecimentos obtidos entre os adeptos do cordeiro, sob a influência de Fomalhaut e iluminado pela Estrela Flamígera, passará a Mestre Maçom.

O Mestre Maçom, conhecedor do caminho que leva a Vênus, no Templo, a Antares, a Régulos, segue para o altar da Fé, a prestar o seu compromisso, tendo completado o seu tempo de companheiro.

Ali, sob o pálio luminoso da Constelação de Orion, que lhe vai ser conhecida, firma o seu juramento, tendo sobre a cabeça a primeira estrela do talabarte que está suspensa sobre a linha do equador.

A linha do talabarte se compõe de três lindas estrelas da Constelação de Orion e que também se chamam de os três reis magos, o cajado do pastor e na Maçonaria – Salomão, Hiram e Hiram Abiff, o mestre arquiteto.

Assim, o mestre maçom subirá com seu cajado a escada de Jacó, para o altar da Fé.

Busquemos um pouco mais de reflexões sobre a Constelação de Orion, que foi revelada ao mestre maçom.

Orion é a mais formosa das nossas constelações. Representa o gigante estelar suspendendo a sua maça sobre a cabeça do Touro, que pretende escalar o oriente. Das três estrelas que representam os três reis magos, duas delas estão na linha de Aldebarã, o olho direito do Touro, e duas da outra extremidade, em direção à Estrela Flamígera da Maçonaria, que ilumina o altar da beleza.

Na constelação de Orion se distinguem sete estrelas que podem representar os sete maçons, na rocha de Kebbe ês-Sakrak jurando defender a Ordem e emancipar os homens, pela caridade e pela ciência.

Abaixo da linha do talabarte, há um rastro luminoso de três estrelas que se denominam a Espada e estão muito próximas uma das outras, como se estivessem cruzadas no altar da Fé, em defesa da Ordem. Entre o ombro ocidental do gigante Orion e o Touro, vê-se o Escudo, composto de uma fila de pequenas estrelas, em linha curva.

Para o lado Sul, quatro estrelas formam os quatro ângulos de um quadrilátero.

Daí para diante cada um deve meditar, interiorizar-se com esses conhecimentos, dentro do simbolismo maçônico e buscar uma interpretação que justifique as relações do homem, D'us e o Universo... todos estes arcanos já se encontram na memória do homem, basta recordar, relembrar e recuperar a gnose adormecida no coração daquele que busca ser homem-deus.

Prestado o juramento, o mestre se dirige rumando à estrela Aldebarã, na linha indicada pelos Magos de Orion, e ao avistar a Espiga da Virgem, reconhece a vitória da seara, indo em seguida procurar o seu lugar, que tanto pode ser na coluna do Norte como na do Sul, ficando ao meio dia. Se ao mestre lhe foi dado, pelo seu mérito, um lugar no oriente, depois de contemplar a Espiga da Virgem; a bela estrela que representa a Vitória do maçom no cultivo da Arte Real. Sobe os quatro degraus da escada de Jacó, que locados em forma, representam os quatro lados e os quatro ângulos do quadrilátero, guiado pelo formoso e gigantesco planeta Júpiter alcança o oriente.

Sob o pálio de Júpiter com os seus quatro satélites a firmar os quatro ângulos do quadrilátero do plano superior, avista o Sol com o seu brilho refulgente a iluminar a altar da sabedoria.

Junto ao Sol está o planeta Mercúrio, o lindo Hórus, o iniciado que contemplou a visão de Hermes, o grande iluminado, e progride na luz de Osíris.

Para o Mestre tudo é revelado. Já conhecia a Estrela Flamígera, que brilhava desde épocas mais remotas, nos Templos do Egito, como em Thebas, Memphis, Abbido, Denderah, etc., a fitar o Norte e a iluminar todo o ocidente; agora trabalhando com o esquadro e o compasso conhece o triângulo sagrado – o Delta radiante que faz a harmonia perfeita entre a Fé e a Ciência, cultivadas pela Arte Real.

Júpiter, o planeta gigante, revela-se caminhando para o oriente. Enquanto Vênus é a rainha da beleza, Júpiter recebe as homenagens dos mortais, como soberano, e rege os altos destinos da humanidade.

Júpiter, em grego Zeus, era na mitologia grega o senhor dos deuses. Tendo Júpiter banido Saturno do Olimpo, apoderou-se dos seus domínios e partilhou o império do mundo, reservando para si a Terra e o Céu. Com a força dos seus raios, desfez-se dos gigantes que queriam escalar o céu. Adorado na antiguidade, teve Templos em Dodoma – na Grécia, d'Olímpia - na Elida, d'Ammon – na Líbia, no Capitólio e em Roma.

Na Maçonaria ele encaminha o maçom para o Sol que, segundo etimologistas, deriva do *solus*, único, Sol do grego *Hélios*, que mais parece vir do egípcio *ial* ou *iel*, esplendor, e *osch*, grande.

241

Para Maçonaria o Sol é Osíris, em mitologia deus egípcio, nascido de si mesmo, tendo por mulher Ísis, a deusa da natureza, e por filho Hórus. Os três juntos representam as influências benéficas.

O *deus-sol* reprime por toda parte a desordem, tornando lúcido o raciocínio. Põe um freio às paixões para não perturbar a serenidade e a paz do espírito. De ação reparadora é o grande amigo dos viventes, iluminando-lhes a alma com sua potente sabedoria.

Junto ao Sol está uma pequena estrela branca levemente avermelhada, a qual os gregos chamavam Apolo, o deus do dia, e Mercúrio, o deus da tarde.

Os egípcios davam-lhe o nome de *Set* e *Hórus*. Os Hindus o denominavam Budha e Rauhineya, como os gregos tomavam-nas por divindades do dia e da noite.

Estas estrelas observadas pela manhã e à tarde a que davam nomes diversos, não fazem mais do que uma que se mostra alternativamente. É o planeta Mercúrio, na mitologia, o deus da eloquência, também desempenhando a missão de mensageiro dos deuses.

Dentro do simbolismo maçônico é o guia que faz a saída do oriente levando a mensagem de Osíris ao trono de Ísis.

Os gregos também davam-lhe o nome de Hermes, a quem atribuíam a invenção da química. Na Maçonaria é Hórus, o iniciado, que contempla a visão de Hermes e progride na luz de Osíris.

O Mestre Maçom desce do seu trono sob a luz de Hórus ou Mercúrio e, fitando a Estrela Flamígera, segue depois, no rumo de Antares e de Vênus, a transpor a larga porta do ocidente que o conduz ao mundo das paixões, para de lá arrancar os que se tornarem dignos de pertencer ao Templo da luz.

A verdade é que hoje os maçons tão preocupados com as questões políticas e ascensões de graus por pura vaidade. Sem contar as questões sociais que se agitam nos meios profanos e não menos preocupados com o grito estrangulador de todos os povos que vão se deixando levar ao clamor quase irreparável do aniquilamento das glórias do passado, entram nos Templos envoltos em turbilhões de sombra e de vertigem, ou melhor, de cegueira, e pouco se apercebem da sua severa grandeza.

Os detalhes da ornamentação dos Templos pouco lhes importam e, os fatos nostálgicos das sublimes sensações da vida do passado não acordam seus ouvidos os últimos diálogos de narrativas das conquistas no domínio do pensamento, em realizações benéficas.

As estrelas parecem mudas e sonolentas a brilhar incompreendidas no infinito dos céus, como se estivessem longe de todas as vistas, numa evocativa melancolia debruçadas sobre o abismo da ironia do destino.

Entretanto, ó filhos de Osíris, vós que sois iniciados nos princípios sublimes da Arte Real, erguei, depois do trabalho, os olhos para o céu da vossa

Constelação Maçônica e terminada a leitura do Livro de Hermes (*Corpus Hermeticum*), não esqueçais o seu trecho:

> *"Escutai em vós... - Hermes*
>
> *Escutai-o em vós mesmos e vede-o no infinito do Espaço e do Tempo.*
>
> *Ali reboa o canto dos Astros, a voz dos Números, a harmonia das Esferas.*
>
> *É cada sol um pensamento de Deus e cada planeta um modo desse pensamento.*
>
> *É para conhecer o pensamento de Deus, ó almas!, que desceis e subis penosamente o caminho de sete planetas e dos seus sete céus.*
>
> *Que fazem os Astros? Que dizem números? Que rolam as esferas? - Ó almas perdidas ou salvas, eles dizem, eles cantam, elas rolam, - os vossos destinos."*

Fragmento - Hermes
Os Grandes Iniciados; Édouard Schuré

Maçons modernos, buscai a Arte, como nossos Irmãos do passado, reivindicai os direitos dos povos; com os vossos instrumentos de trabalhos, educareis as gerações presentes, guiando-as para destinos magníficos...

OUTRA POSSIBILIDADE DE RELAÇÃO ENTRE OS OOF∴ DE UMA LOJA MAÇÔNICA COM A SAGRADA ÁRVORE DA VIDA

O Sol - Venerável Mestre
Marte[46] - 1º Vigilante
Vênus - 2º Vigilante
Saturno - Orador
Mercúrio - Secretário também pode ser assimilado com o Mestre de Cerimônias
Júpiter - Tesoureiro
Lua – Guarda do Templo

(...)

JehovahKether		Plutão
Ieschouah	Chokmah	Netuno
Venerável	Tiphereth	Sol
1º Vigilante	Geburah	Marte
2º Vigilante	Netzah	Vênus
Orador	Binah	Saturno
Secretário	Yesod	Lua
M∴ Cer∴	Hod	Mercúrio
Tesoureiro	Chesed	Jupiter
Guarda do T∴	Malkuth	Terra

---

[46] Segundo alguns Ilr∴, Marte é o deus da guerra, e como tal, não poderia figurar entre aqueles que buscam a paz e a harmonia. Discordamos desta tese, uma vez que Marte tem outros atributos, além de representar o deus da guerra. Dentro da hermenêutica kabbalística, este argumento não tem o menor sentido, excluir Marte das representações arquetípicas da Sagrada Árvore da Vida seria um despropósito. Neste sentido, entendemos ser um tabu, sem sustentabilidade argumentativa ou fundamentos reais. As relações dos cargos dos OOf∴ com as Sephiroth da Árvore da Vida múltiplas interpretações, variando de rito para rito e de opiniões subjetivas de Irmãos que se dedicam ao estudo de nossa sublime Ordem, o que não diminiu em nada a grandeza de nosso conhecimento iniciático, as inúmeras composições somente engrandecem o conteúdo maçônico, logicamente quando tiver razões defensáveis.

SIMBOLISMO DO TEMPLO MAÇÔNICO

"Este Templo é como o céu em todas suas disposições"
Inscrição do Templo de Ramsés II

"Tu me ordenaste construir o Templo em teu monte santo, assim como um altar na cidade onde tu habites, segundo o modelo de teu Tabernáculo santo que tu havias preparado desde a origem"
Sabedoria Cap. 9 vers. 8

"Jacó, despertando de seu sono exclamou: "Em verdade, o Senhor está neste lugar, e eu não o sabia! "E, cheio de pavor, ajuntou: "Quão terrível é este lugar! É nada menos que a casa de D-us; é aqui a porta do céu."
Gênesis Cap. 28 Vers 16-17

"D-us construiu Seu Templo no Coração sobre as ruínas de Igrejas e Religiões"
Emerson

Em todas as Idades, o Templo invariavelmente tem sido o lugar ou Centro expressamente preparado e dedicado para que o homem transcenda o espaço profano e penetre numa "região pura", em um ambiente propício para o recolhimento e a interiorização que lhe permita aproximar-se ao transcendente. Todo Templo é uma imagem do templo Celeste, razão pela qual as ideias que dominam sua construção são de ordem, de orientação e de significação simbólica. Porém, acima de tudo, a ideia que prevalece é a de Centro Espiritual. De foco irradiante, de intersecção de dois mundos (Céu e Terra), e onde tudo está disposto em comum acordo em uma significação particular e específica...

A Arquitetura Sagrada está regida pelo Número Criador do Ritmo e da Harmonia. A Harmonia é Unificação e nos dá a ideia do poder do Verbo Divino, criando a *Ordem no Caos*... A Harmonia é a unificação dos contrários. A Lei Hermética: *"O que está acima é como o que está abaixo, para o êxito da única coisa"*, expressa as relações e concordâncias entre as coisas Celestes e as terrestres, o nexo íntimo e indissolúvel que liga o objeto material a sua significação espiritual.

As formas arquitetônicas nascem da Geometria e dos Números:

"Sed omnia in mensura, et numero et pondere disposuisti":
"Tu que reges todas as coisas com medida, número e peso."

Sapientia (Vulgata) 11,21

"Todo Número tem sua Forma, e toda Forma tem seu Número, da qual ela é a expressão material, a condensação no espaço."

René Gilles - *Le Symbolisme dans l'art religieux*

"O espaço está compreendido pela forma, da mesma maneira que, no homem, no corpo encerra a Alma que contem o Espírito. Os muros convertem-se assim na condição prévia da definição e ao retiro no lugar sagrado, ao interior do qual a Alma pode ser percebida, e sua busca espiritual levada a termo feliz."

Ardalan e Baktiar – *The Sense of Unity*

O primeiro Grande Templo (o Macrocosmo) construído por D-us é o Universo, o primeiro e o mais completo dos Símbolos da Construção; o Símbolo da Manifestação Universal.

O Templo Tradicional é um Universo em miniatura (Microcosmo) construído pelo homem para realizar o Culto Divino, uma renovação da Obra da Criação. Como reflexo do Universo, é construído a imagem do homem, e no qual este se vê refletida sua própria imagem e lhe serve de paradigma em seu esforço para alcançar seu propósito de construir seu próprio Templo não feito com as mãos, eterno nos céus, seu Corpo Glorioso e Imortal... Um pequeno Cosmos vivente, uma Pedra Vivente, ao tomar consciência frente a seu próprio Mistério da experiência fundamental do Homem Verdadeiro...

Desse modo, o homem, ao renovar com sua obra individual de realização espiritual o plano do G∴A∴D∴U∴, está cooperando com a Vontade Divina na extensão da Grande Obra em dimensão Universal, reduzir o Caos a Ordem atraindo o externo ao Centro, uma vez que tenha encontrado seu próprio Ponto Central... Repetição do Ato Primordial de D-us nos Tempos da Criação, quando pela primeira vez transforma o Caos Universal em Cosmos.

Penetrar ao interior do Templo é uma maneira de adorar a D-us. Diz o Livro Sagrado:

> *"D-us é espírito e é fundamental que aqueles que lhe adorem, lhe adorem em espírito e em verdade"* (João 4,24). E em I Coríntios 3,16: *"Não sabeis que sois Templo de D-us, e que o Espírito de D-us mora em vós?"*.

O embasamento e objetivo da Verdadeira Maçonaria está na Arte de Construir o Templo Ideal com a utilização de todo Simbolismo que revelam. O Templo de Salomão é o protótipo desse Ideal e o objeto central da Tradição Maçônica. Esta Construção é a imagem da transformação que o Maçom deve operar em si mesmo. Se eliminarmos da Maçonaria o Simbolismo e sua relação Operativa do Templo, teremos então um corpo fossilizado e, portanto, o sistema decairá e morrerá indefectivelmente. Nenhuma pessoa realmente entendida na Ciência do Simbolismo se aventuraria a negar que na Arte de Construir e nas circunstâncias relacionadas com a Construção do Templo de Salomão, houve um desígnio de estabelecer um Fundamento para o Simbolismo Maçônico. Simbolismo que assimila uma dupla Tradição: a Tradição Hebraica em seu aspecto esotérico (Q.B.L), e a Tradição Hermética. A Kabbala declara que o conhecimento do Reino dos Céus, somente pode lograr-se por meio da "Visão do Coração", da Via Cardíaca, como diria os Martinistas, a percepção do espírito Universal que mora nas mais recônditas profundidades do homem.

"O Templo físico que o Rei Salomão fez construir sobre o Monte Moriah não foi senão um impermanente símbolo do Verdadeiro e Poderoso Templo que há sido destruído e novamente reconstruído uma e outra vez, já que seus Fundamentos permanecem imóveis, porque é Eterno nos Céus.

O Rei Salomão, cujo nome (Sol-Om-On) representa o nome do Sol em três idiomas diferentes, simboliza Luz, Glória e Verdade.

O Templo de Salomão é, antes de tudo, a *Casa da Luz Sempiterna* ("Sempiterno": que não tem princípio e não há de ter fim; que dura ou vive sempre e não morrerá jamais; eterno, perene, infindável, infinito: D-us é sempiterno.), cujo símbolo terrestre é o Templo de pedra construído sobre o Monte Moriah. De acordo com os ensinamentos Misteriosos, há Três Templos de Salomão, como Três são os Grandes Mestres, Três testemunhos e Três Tabernáculos da Transfiguração. O Primeiro Templo é a Grande Casa do Universo, em meio do qual se senta o Sol em seu Trono Dourado.

Os Doze Signos do Zodíaco como *"companheiros-artesãos"* se reúnem ao redor de seu brilhante Senhor. Três Luzes: a Estelar, a Solar e a Lunar iluminam este Templo Cósmico acompanhado por seu séquito de planetas, luas e asteroides, este divino Rei (Salomão), cuja glória nenhum monarca terrestre jamais poderá igualar, se passeia em importante e majestosa pompa pelas avenidas do espaço. Enquanto que Hiram representa a luz física ativa do sol, Salomão significa toda poderosa refulgência espiritual e intelectual dessa Luz, porém invisível.

O segundo Templo Simbólico é o corpo humano, a pequena casa *"feita à imagem da Grande Casa Universal"*. Não sabeis, pergunta o apóstolo Paulo, que sois o templo de D-us, e que o espírito de D-us mora em vós...? A Maçonaria dentro de um Templo de pedra não pode ser senão especulativa, porém a Maçonaria dentro do Templo Vivente do corpo é operativa.

O terceiro Templo Simbólico é a casa anímica (que pertence à alma), uma invisível estrutura, a compreensão da qual é o Supremo Arcano Maçônico. O Mistério deste intangível edifício está oculto sob a alegoria do *Soma Psuchicon*, ou traje de bodas descrito por São Paulo, o traje ou Veste de Glória do Grande Sacerdote de Israel, a túnica amarela do monge budista, e a túnica em azul e ouro a qual se refere Albert Pike em seu *"simbolismo"*. Esta alma, construída de uma invisível e ardente substância, um flamejante metal dourado, é fundido mestre artífice Hiram Abiff, no molde de argila (corpo físico) e é chamado o mar de Bronze. O Templo da alma humana é construído por três mestres Maçons personificando a Sabedoria, o Amor e o Serviço. Quando é construído de acordo com a Lei da Vida, o espírito de D-us mora neste santo lugar. O Templo anímico é a verdadeira Casa Eterna, e quem puder construí-la ou fundi-la é, sem sombras de dúvidas, um Mestre Maçom.

A Lenda de Hiram, interpretada de acordo com o Simbolismo dos Antigos Mistérios, representa uma exposição da redenção da Alma humana. Os três Grandes Mestres representam a Tríade Causal, a fundação trina da existência: o Rei Salomão representa a Eterna e Imutável Divindade que é o Grande mestre da Grande Loja do Universo; o Rei Hiram de Tiro simboliza os recursos cósmicos, ou as energias que continuamente fluem desde a Esfera de Causa para a esfera dos efeitos; e Hiram Abiff, o *"filho da viúva"*, representa a atividade universal, o Demiurgo ou construtor do mundo, o Mestre dos obreiros. O malhete ou martelo do Hiram, como o raio de Zeus, representa o poder sobre os elementos tangíveis da criação inferior, ou seja, que ele deve necessariamente ser distribuído como o Princípio Ativo da Vida por meio dos elementos que dependem de sua atividade para sua existência. Os assassinos de Hiram são as Três Dimensões do Universo inferior que atacam e destroem o Espírito Ilimitado e não dimensionado, enviado para moldar a Criação como a apropriada habitação de Vida Sempiterna. O Demiurgo está atado à roda da existência estabelecida por ele mesmo no espaço.

A habitação que Moisés preparou como a "morada da *Shekinah*", uma habitação móvel (O Tabernáculo), Salomão a construiu fixa, segundo o plano que havia sido revelado a seu pai, o Rei David, então Salomão disse:

"O Eterno declarou que Ele habitará na obscuridade. Eu estou determinado a construir uma casa que será tua residência, oh D-us, uma morada onde tu habitarás eternamente (I Reis 8,12)".

"Agora, pois, oh D-us de Israel, verifique se tua palavra que disseste a teu servo David meu pai. Sem dúvida é verdade que D-us há de morar sobre a terra? E aqui que os céus, os céus dos céus, não te podem conter, quanto menos esta casa, quanto menos esta casa que eu hei de edificar! (Ibíd, 26-27)."

"E quando Salomão acabou de orar, o fogo desceu dos céus, e consumiu o holocausto e as vítimas; e a glória do Senhor encheu o Templo. E não podiam entrar os sacerdotes na casa do Senhor, porque a glória do Senhor (Shekinah) já havia enchido (II Crônicas 7, 1-2)."

A ideia hebraica foi indubitavelmente tomada dos egípcios, entre os quais o mesmo hieróglifo significava uma casa e um Templo. Em uma inscrição de Philae, Champolión faz a seguinte citação: *"Ele há feito suas devoções na casa de sua mãe Ísis"* (*Dictionnaite égyptien*).

O Rei do Egito, realizando conscientemente a função de Construtor, isto é, identificando-se com o Princípio Real ou Régio, ao dirigir-se ao D-us dos Construtores, Ptah, disse:

"Pai meu (proclamava no Templo de Medinet Habu, no Alto Egito), sou teu filho, tu me colocaste em teu Trono, tu me tens transmitido tua soberania, tu me concebeste à imagem de teu corpo concedendo-me a direção do que tu hás criado. Hás-me designado como único senhor, tal como tu o foste. Governo como tu, construindo teu templo".

O Templo egípcio foi o verdadeiro arquétipo do Tabernáculo Mosaico, como este o foi do Templo de Jerusalém. A direção de um Templo egípcio era usualmente de Leste a Oeste, com a entrada pelo lado Leste. Foi um edifício quadrangular, muito mais longo que largo, e estava situado na parte ocidental de um recinto sagrado. O acesso através deste recinto para o próprio Templo era frequentemente por uma dupla fila de esfinges. Na frente da entrada havia um par de obeliscos, o que fará o leitor recordar os dois pilares na porta do Templo de Salomão. O Templo estava dividido num salão espaçoso, o santuário onde o grande corpo de adoradores se reunia. Mais além, na extremidade ocidental, estava a cela, nicho ou *Sekos*, equivalente ao Santo dos Santos dos judeus, onde somente entravam os sacerdotes, e na mais remota parte, detrás da cortina, aparecia a imagem de D-us sentado em seu trono. Esta forma egípcia do Templo foi tomada pelos judeus, e com algumas modificações foi adaptada pelos gregos e pelos romanos, que passou para moderna Europa. A ideia de uma separação em um Santo e muito Santo lugar foi preservada em todas as partes. A mesma ideia se mantém na construção das Lojas Maçônicas, as quais não são imitações, em espírito, dos antigos Templos. Porém, houve uma transposição de partes, o mais Santo lugar, que entre os egípcios e os judeus estava ao Oeste, foi colocado nas Lojas no Leste. Os Templos romanos depois que emergiram de sua primitiva simplicidade, foram construídos muito parecidos ao modelo dos gregos. Vitruvius disse que a entrada dos Templos romanos estava, se possível, para o Oeste, de maneira que os fiéis, quando ofereciam pregarias ou sacrifícios, puderam olhar para o Leste, porém, esta regra nem sempre foi observada.

Os Templos gregos, como os egípcios ou os hebreus, estavam situados dentro de um cercado ou recinto que estava separado da terra profana em todo seu redor, nos primeiros tempos por cordas, mais tarde por uma parede. O Templo era usualmente quadrangular, enquanto alguns eram de forma circular. Estava dividido em duas partes: o Pronaos, Porche ou Vestíbulo; e Naus, Celda ou Nicho. Esta última parte era onde se colocava a estatua de D-us, rodeada de uma balaustrada. Nos Templos conectados com os Mistérios, a Celda era chamada de Aditum, e a ele, somente os sacerdotes tinham acesso.

251

As Confrarias Artesanais, nossos Antigos Construtores, eram homens Sábios, que utilizavam para a realização de seus trabalhos um Simbolismo Cosmológico, cujos elementos, provenientes da *Tradição Primordial*[47], revelam o conhecimento de uma arte sagrada, uma arte supra-humana, quer dizer, que ultrapassa os limites da individualidade humana. A Arte Sagrada se converte desse modo em veículo do Espírito Divino e um reflexo da Beleza Ideal. É por isso que os Kabbalistas, ao referir-se a Obra do Artista Supremo, afirmam que foi estabelecida com Sabedoria, Força e Beleza...

A origem supra-humana ou Celeste do Templo se baseia em que os mais sobressalentes exemplares dos Santuários conhecidos foram edificados seguindo as indicações que a divindade comunica aos homens por meio de seus profetas, de onde parte a Tradição propriamente dita dos Mestres, os Sábios de Coração...

Segundo o Êxodo 25,8, Jehovah fala a Moisés, dizendo: *"Far-me-ão um santuário e habitarei no meio deles".*

No capítulo 35, versículo 30, lemos: *"Moisés disse aos israelitas: Vede: o Senhor designou Beseleel, filho de Uri, filho de Hur, da tribo de Judá".*

31: *"encheu-o de um espírito divino para dar-lhe sabedoria, inteligência e habilidade para toda sorte de obras"*

32: *"invenções, trabalho em ouro, em prata e em bronze"*

33: *"gravação de pedras em engaste, trabalho em madeira, execução de toda espécie de obras"*

34: *"Concedeu-lhe também o dom de ensinar, assim como a Aholiab, filho de Ahisamak, da tribo de Dan"*

35: *"Dotou-os de talento para executar toda sorte de obras de escultura e de arte, de bordados em estofo de púrpura violeta e escarlate, de carmesim e de linho fino, e para a execução assim como projeto de toda espécie de trabalhos."*

---

[47] A "Tradição Primordial" não é um ramo do conhecimento, nem um segmento, nem uma divisão, tampouco uma doutrina. A Tradição Primordial compreende todos os ramos/divisões/segmentos da Sabedoria Universal planetária, num mesmo corpo de conhecimento e numa mesma sabedoria coletiva. A Tradição Primordial é a expressão do conhecimento da Grande Fraternidade Branca e da Ordem de Melquisedec na Terra. A Fraternidade Branca cria suas escolas ou Ordens no plano físico para a divulgação e o treinamento de discípulos para que estes alcancem a *Gnosis* (Conhecimento Supremo), para que estes possam atingir a iluminação cósmica e imprimir uma transformação na consciência planetária.

A Tradição Primordial é algo bem abrangente, que integra as Ordens Tradicionais de mistérios, a sabedoria arcana, a influência positiva nas religiões, a influência na cultura de todos os povos, a criação de mitos que são alegorias de grandes verdades, os textos sagrados de diferentes religiões, etc. Todas estas são linguagens diferentes para expressar princípios e leis Universais. A Tradição Primordial se serve de muitos instrumentos para influenciar a consciência de pessoas em diferentes graus evolutivos ao longo das Eras.

O Rei David, por sua parte, transmite a seu filho Salomão as Regras e os Modelos recebidos do Senhor para a construção do Templo. Em I Crônicas 28,10, David disse a seu filho Salomão: *"Olha, pois, agora que Jehovah te escolheu para que edifiques a casa para seu Santuário: esforça-te e põe-te a trabalhar"*. A obediência de Salomão ao chamado e ao mandato está claramente descrita no versículo 8, *Pars Prima* nº 9, cujo texto aparece encabeçado o presente capítulo: *"Tu me hás ordenado construir o Templo em teu Monte Santo, assim como um altar na cidade onde tu habites, segundo o modelo que tu havias preparado desde a origem"*.

Os hebreus chamavam o templo *beth*, que literalmente significa uma casa ou morada, e tem sua raiz em uma palavra que significa 'permanecer ou passar a noite', o *hekal* que significa palácio, e provém de uma obsoleta palavra que significa 'magnífico' (esplêndido, grandioso). Assim vemos que eles parecem haver tido duas ideias em referência com um Templo. Quando o chamaram *'Beth Jehovah'* (Casa de Jehovah), referiam-se ao esplendor do edifício que foi selecionado como Sua Residência.

A ideia clássica sobre o Templo foi mais abstrata e filosófica. A palavra latina *templum* vem da raiz *tem* que significa 'separar', referindo-se a qualquer espaço, aberto ou ocupado por um edifício, que foi separado para um propósito sagrado, de um terreno profano circundante. A palavra grega *temenos* que vem do mesmo radical *tem* (cortar, delimitar; partir, dividir), significa *"o lugar reservado aos deuses"*.

A palavra propriamente denotava uma sagrada cerca ou barreira onde os augúrios foram observados pelos profetas. Por isso, Varro define o Templo como: *"um lugar para augúrios e auspícios"*. Como a mesma prática do culto sob as estrelas em lugares abertos prevaleceu entre as nações nórdicas, poderíamos deduzir desses fatos que *"o Templo do Céu"* foi uma ideia dos arios, e *"o Templo da Casa"* de ideia semítica. A Maçonaria derivou seu Simbolismo do templo, e tem quase todas suas ideias simbólicas do tipo hebreu, e por isso faz do Templo o Símbolo de uma Loja.

A palavra latina *speculor* significa "observar", "olhar ao redor". Quando os adivinhos, desde os sagrados lugares de seu Templo aberto, observavam o vôo dos pássaros, deles deduziam seus auspícios de boa ou má fortuna, dizia-se: *"speculari"* (especular). Portanto, a palavra como contemplar, derivado de *templum*, significa uma investigação de coisas sagradas.

Analisemos mais um pouco a palavra "contemplar", olhar com deleite, admirar, deleitar-se no concerto do criado, que é a "roupagem" do Criador. Aplicar a mente a um objeto material ou espiritual com atenção e algum particular afeto. Libertar a alma em vista e consideração de D-us, seus Mistérios e suas Obras. Demorar-se "tranquilo" na presença de D-us ou Suas Obras. *"Cessai! Sabei que Eu, o Eterno, elevar-Me-ei acima de todos os povos da terra"*

(Salmos 46,11). A contemplação pode levar ao êxtases...

Ontologicamente, o homem espiritual é Templo de D-us, e pela Contemplação pode chegar a intuir a presença divina. A contemplação é, portanto, uma elevação do espírito, que pode conduzir à percepção experimental, vivencial de D-us e seus Mistérios.

O mistério que o homem percebe na contemplação da Natureza não é tanto o mistério do cosmos. A função original dos símbolos é precisamente esta revelação existencial do homem a si mesmo, através de uma experiência cosmológica.

O TEMPLO DE SALOMÃO
(O PRIMEIRO TEMPLO)

De acordo com a tradição maçônica recolhida pelo Il∴ e Pod∴ Ir∴ Albert G, Mackey, em sua famosa obra *An Encyclopaedia of Freemasonry*, 1925 diz:

> *"O Templo de Salomão, o "Primeiro Templo" dos judeus, foi chamado Hehal Jehovah para indicar seu esplendor e magnificência, e que havia sido destinado para ser a perpétua morada do Senhor. Foi o Rei David quem primeiro propôs substituir o Tabernáculo nômade, por um lugar permanente de adoração para seu povo; porém, ainda que ele houvesse feito os acordos necessários, e até reunido muitos dos materiais, não lhe foi permitido começar a construção, e a execução da tarefa foi deixada ao seu filho e sucessor Salomão".*

Como corolário, dito monarca colocou as fundações do edifício no quarto ano de seu reinado, 1012 a.C. (480 anos depois da saída dos israelitas do Egito, no mês de Ziv, que é o segundo mês). De acordo com os modernos conceitos do tempo, seria um 21 de abril, e sua terminação um 23 de outubro. Com a assistência de seu amigo e aliado Hiram, Rei de Tiro, terminou-o em aproximadamente sete anos e meio, dedicando-o ao serviço do altíssimo em 1004 a.C. Esse foi o ano do mundo 3.000, de acordo com a cronologia hebraica; e ainda que houvesse muita diferença entre cronologistas em relação com a data precisa, esta é a que tem sido geralmente aceita, e tem sido portanto adotada pelos Maçons em seus cálculos de diferentes épocas. O Templo estava construído sobre o Monte Moriah, uma das alturas da Cordilheira conhecida como Monte Sión, o qual foi originalmente propriedade de Ornán o Jebusita, quem o usou como terreno de trilha e que adquiriu por compra do Rei David com o propósito de erigir um altar sobre ele (ver Crônicas 21,15-25 e Samuel 24,16-24).

O Templo manteve seu esplendor por somente trinta e três anos. No ano do mundo de 3033, Shishak, Rei do Egito, havendo entrado em guerra contra Rehoboam, Rei da Judeia, tomou Jerusalém e se evadiu os mais raros tesouros. Desde esse tempo até o período de sua final destruição, a história do Templo não é senão a história de alternados despojos e restaurações, de profanações a idolatrias e subsequentes restaurações da pureza do culto.

"(E todas as fundações de minha obra rangeram e meus ossos se separaram. O Corpo do Mestre foi humilhado e ultrajado...)."

Cento e treze anos depois da conquista do Rei Shishak, Joash, Rei da Judeia, recolheu dinheiro para as reparações do templo, e o restaurou a sua anterior condição, no ano mundano de 3148.

No ano de 3264, Ahaz, Rei da Judeia, roubou as riquezas do Templo e as deu a Tiglath-Pileser, Rei da Assíria, com quem se havia unido em uma guerra contra os reis de Israel e Damasco. Ahaz também profanou o Templo com cultos a ídolos. No ano de 3276, Hezekiah, filho e sucessor de Ahaz, reparou as proporções do Templo que seu pai havia destruído e restaurou o Culto em sua pureza. Porém, quinze anos depois foi compelido a entregar os Tesouros do Templo como resgate a Sennacherib, Rei da Assíria, quem havia invadido a terra da Judeia. Porém, supõe-se que Hezekiah restaurou o Templo depois que seu inimigo se retirou.

Manasseh, filho e sucessor de Hezekiah, caiu no culto do Sabianismo e profanou o Templo com a ereção de altares e das hostes do céu, no ano de 3306. Manasseh foi logo conquistado pelo Rei da Babilônia, quem no ano de 3328 o conduziu mais além do Eufrates. Porém, subsequentemente, arrependendo-se de seus pecados foi posto em liberdade e havendo regressado a Jerusalém destruiu os ídolos e restaurou o altar das oferendas. No ano de 3398, no reinado de Jehoiakim, o Rei da Caldeia, Nabucodonosor, levou uma parte dos Vasos Sagrados para Babilônia. Sete anos depois, no reinado de Jechoniah, este tomou consigo outra porção e, finalmente no ano de 3416, undécimo ano do reinado de Zedekiah, este tomou a cidade de Jerusalém e destruiu o Templo por completo, levando muitos de seus habitantes como escravos para Babilônia. O Templo foi originalmente construído sobre uma rocha muito dura, rodeada de espantosos precipícios. As fundações foram apostadas muito profundamente, com imenso trabalho e gastos. Foi rodeado de uma parede de grande altura, excedente em sua parte mais baixa (150 pés), construído inteiramente de mármore branco. O corpo do Templo era em tamanho muito menor que muitas Igrejas Paroquiais modernas, pois sua largura era de 90 pés, incluindo o Átrio de 105 pés, e sua largura 30 pés. Seu pátio exterior, seus numerosos terraços e a magnificência de suas decorações externas e internas, junto com sua elevada posição sobre as casas circunvizinhas, era o que produzia essa aparência de esplendor que atraiu admiração de todos aqueles que tiveram a oportunidade de contemplá-lo. E dá um calor de probabilidade a lenda que nos diz como a Rainha de Sabá exclamou com admiração quando o templo apareceu ante seus olhos: *"um muito excelente mestre deve ter feito isto"*.

O Templo em si, que consistia em Átrio, Santuário e o Santo dos Santos, não foi senão uma pequena parte do edifício sobre o Monte Moriah. Estava rodeado de espaçosos pátios, e a inteira estrutura ocupava pelo menos meia milha de circunferência.

Ao passar a parede externa se chegava ao primeiro pátio, chamado "o Pátio dos Gentios", porque os Gentios eram admitidos nele, porém lhes era proibido passar mais adiante. Estava rodeado por uma fileira de Pórticos ou Claustros, em cima dos quais havia galerias ou apartamentos sustentados por pilares de mármore branco. Passando através do Pátio dos Gentios se entrava ao "Pátio dos Filhos de Israel", o qual estava separado por uma baixa parede de pedra e uma rampa de quinze degraus por duas divisões: a externa, que era ocupada pelas mulheres e a interna pelos homens. Aqui os judeus tinham o costume de acudir diariamente para fazer pregarias.

Dentro do Pátio dos Israelitas, e separado dele por uma parede de um cúbito alto, estava o "Pátio dos Sacerdotes". No centro deste pátio encontrava-se o "Altar das Oferendas", ao qual as pessoas traziam suas oblações e sacrifícios, porém a ninguém além dos sacerdotes era permitido entrar nele. Desde este pátio, doze degraus ascendiam para o templo estritamente assim chamado, o qual, como já dissemos, estava dividido em três partes: o Átrio, o Santuário e o Santo dos Santos. O Átrio do Templo era de 20 cúbitos de largura e o mesmo de profundidade. A sua entrada estava um Pórtico feito inteiramente de bronze coríntio, o mais apreciado metal conhecido dos antigos. Junto a este Pórtico estavam os dois pilares Jakin e Boaz, que haviam sido construídos por Hiram Abiff, o Arquiteto que o Rei de Tiro havia enviado a Salomão.

Do Pórtico se entrava ao Santuário por um Portal, o qual em lugar de portas com dobradiças estava equipado com um magnífico Véu de muitas cores que misticaente, entre outras interpretações, pode representar o Universo. A largura do Santuário era de 20 cúbitos e a profundidade de 40, justamente o dobro do Átrio. E o Santo dos Santos ocupava, portanto, a metade do corpo do Templo. No Santuário estavam colocados os vários utensílios necessários para o culto diário do templo, tais como o Altar dos Perfumes, sobre o qual diariamente os sacerdotes iniciantes queimavam incenso; os Dez Candelabros decorados e as Dez Mesas sobre as quais eram postas antes do sacrifício. O Santo dos Santos, ou Câmara Íntima estava separado do santuário, por portas de madeira de oliveira, ricamente esculpida e embutida com ouro, coberta com véus de cores, azul, púrpura, escarlate e o mais fino gênero de linho. O tamanho do Santo dos Santos era o mesmo do Átrio: 20 cúbitos (20 côvados de profundidade, 20 côvados de altura e 20 côvados de largura) continha a Arca da Aliança, que havia sido transferida desde o Tabernáculo com seus Querubins e seu Propiciatório. No lugar mais Sagrado Lugar, o '*Debhir*' ou "Santo dos Santos", o Grande Sacerdote somente podia entrar (e mesmo ele só podia entrar uma vez ao ano) no dia da Expiação.

O Templo assim construído deve ter sido uma das mais esplêndidas estruturas do mundo antigo. Para sua ereção David havia arrecadado o que hoje em dia seriam aproximadamente doze milhões de dólares, e cento e oitenta e quatro mil e seiscentos homens estiveram ocupados em sua construção por mais de sete anos. Depois de terminado, foi dedicado por Salomão com pregaria solene e sete dias de festa, durante os quais, uma oferenda de paz de vinte mil bois e seis vezes esse número de ovelhas foram feitas; para consumi-la, o Fogo Sagrado descendo do Céu.

Na Maçonaria, o Templo de Salomão tem sido de suma importância, de tal maneira que hoje quase todo seu simbolismo descansa sobre ele, ou é derivado da "casa do Senhor" de Jerusalém. Devemos receber os Mitos e Lendas que conectam a Maçonaria com o Templo, não como feitos históricos, senão como Símbolos, e devemos aceitar essas Alegorias e esses Símbolos, porque o que seus inventores quiseram dar realmente a entender e o que eles realmente são constitui os fundamentos de uma Ciência e de uma Moral transcendentes.

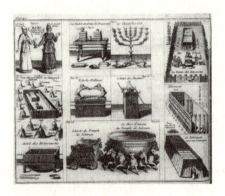

O TEMPLO DE ZOROBABEL (O SEGUNDO TEMPLO)

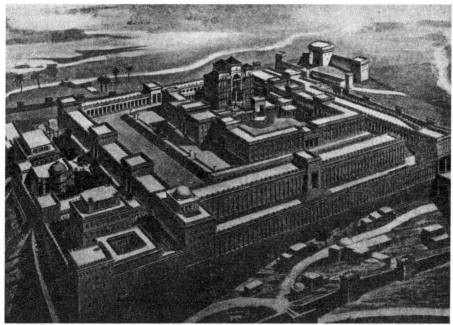

Pelos 52 anos que sucederam a destruição de Jerusalém por Nabucodonosor, dita cidade não viu senão as ruínas de seu antigo Templo. Porém, no ano do mundo de 3468 e 536 a.C. Cyrus deu permissão aos judeus para retornar a Jerusalém e ali reconstruir o Templo do Senhor. Quarenta e dois mil e trezentos e sessenta dos cativos liberados, regressaram sob a responsabilidade de Joshua o grande sacerdote, Zorobabel, o Príncipe ou Governador e Haggai, o Escriba, e um ano depois eles colocaram as fundações do segundo Templo. Sem dúvida, sofreram muitos distúrbios em seus trabalhos por parte dos Samaritanos, cuja oferta de unir-se a eles na construção não fora aceita. Artajerjes, conhecido na história profana como Cambises, havendo sucedido a Ciro no trono da Pérsia, proibiu aos judeus prosseguirem com o trabalho, e o Templo permaneceu sem terminar até a morte de Artajerjes e a sucessão do trono por Darío. Como na infância havia existido uma grande intimidade entre este soberano e Zorobabel, este último foi à Babilônia e obteve permissão do monarca para reassumir a tarefa de reconstrução. Zorobabel regressou a Jerusalém, e de algumas outras dilações como consequência da inimizade com as nações vizinhas, o segundo Templo, ou como deve ser chamado para distingui-lo do primeiro: "o Templo de Zorobabel", foi terminado no sexto ano do reinado de Darius (515 a.C.), vinte anos depois de seu começo. Foi então dedicado com todas as solenidades que acompanharam a dedicação do primeiro. O plano geral deste segundo Templo foi similar ao do primeiro, porém o excedia em cada dimensão quase por um terço. As decorações de ouro e outros ornamentos do Primeiro Templo devem haver ultrapassado em muito os empregados no segundo, porque nos diz Flavio Josephus que *"os Sacerdotes, os Levitas e os Anciãos estavam desconsolados de lembrar o quanto mais suntuoso foi o velho Templo e o de agora, devido a sua pobreza, mas era o que eles podiam erigir"* (Antiq. 11,4). Também apontavam os judeus que havia cinco coisas faltantes no segundo Templo que haviam estado no primeiro: a Arca, o Urim e Thumin, o Fogo do Céu, a Divina Presença ou Nuvem de Glória e o Espírito de Profecia e o Poder dos Milagres...

Há uma lenda Maçônica relacionada com a construção do segundo Templo. Não obstante que não tenha bases históricas, está estreitamente entrelaçado com o sistema do Templo da Maçonaria, o que se faz importante relatar. Diz a Lenda que: enquanto os obreiros estavam ocupados em praticar as necessárias escavações para colocar as fundações, e enquanto muitos continuavam chegando a Jerusalém desde a Babilônia, três cansados e esgotados viajantes, depois de empenharem-se a pé sobre ásperos e tortuosos caminhos, que havia entre as duas cidades, ofereceram-se ao Grande Conselho como participantes voluntários no trabalho de construção. Não há maneira de saber historicamente quem eram esses três viajantes, porém uma tradição Maçônica identifica os nomes de Hananiah, Mishael e Azariah, três homens santos que são mais bem conhecidos pelos nomes caldeus de Shadrach, Meshach e Abed-Nego, os quais haviam sido milagrosamente salvos dos ardentes fornos de Nabucodonosor. Seus serviços foram aceitos e de seus diligentes trabalhos resultou um importante descobrimento, cuja perpetuação e preservação constituem o grande fim e desígnio do Grau do "Real Arco". Na Maçonaria de nossos dias, assim como o Primeiro Templo ou Templo de Salomão está conectado ou se refere inteiramente aos graus Simbólicos, assim, o Segundo Templo (o de Zorobabel), forma as fases de alguns Altos Graus, especialmente o Real Arco, do Rito de York.

Diz Eliphas Levy em sua obra *La Clef des Grands Mystères*: *"A ação de uma ideia continua produzindo efeito sobre a Alma Coletiva segundo os termos nos quais foi concebida pela primeira vez. Isto parecerá pouco verossímil aos espíritos extrovertidos, para quem a única realidade é a de objetos tangíveis ou dos 'fatos históricos'. O certo é que o poder de uma ideia é independente de sucessos passados e do mundo sensível; é um esquema dinâmico do pensamento que conhecemos como 'arquétipos'. A Reconstrução do Templo, esse sonho universal da Kabbala, se vai tornando realidade em cada Iniciado que o reconstrói em seu Coração. O Templo deve ser reconstruído, e o será, porque a inteligência humana chega tarde ou cedo aos seus fins, e jamais um Verbo completo e racional há sido proferido e repetido através dos séculos sem produzir, tarde ou cedo, uma realização proporcional a suas amplas aspirações e na exatidão de seus cálculos".*

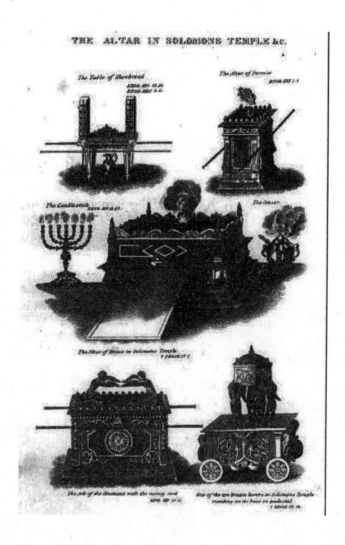

O TERCEIRO TEMPLO

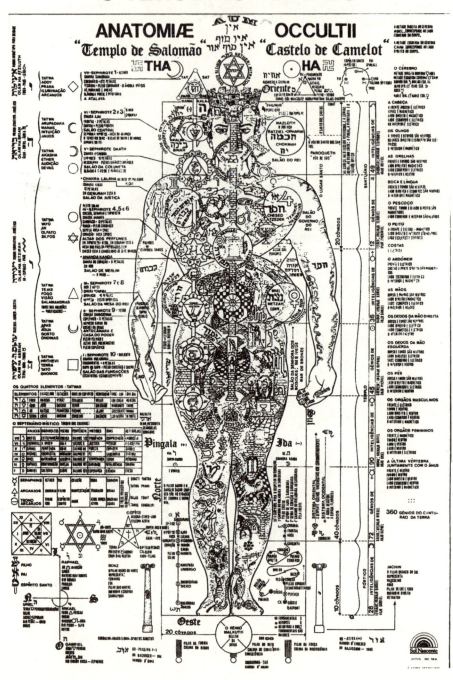

É preciso que saiba o homem conhecer,
No seu íntimo ideal, as cousas que murmuram...
É preciso subir aos astros e descer
Ao fundo duma flor, onde outros sóis fulguram!
Preciso é ouvir a voz de todo o lábio mudo
E ver o que há de luz em cada sobra triste.
É preciso amar tudo e compreender tudo,
Só neste sábio amor a perfeição existe!
Devemos estudar, cheios de comoção,
A rosa que murchou ao fogo duma mágoa...
Que vá precipitar-se o nosso coração
Neste abismo sem fim que há numa gota d'água!
É preciso sentir, sofrer todo o martírio,
De cada cousa obscura o espírito alcançar...
Conservar com a luz, conviver com um lírio,
Nossos lábios unir aos lábios do Luar!...
É preciso viver, Senhor, todas as vidas,
Das árvores entender a sua língua estranha...
Ser estrela, ser luz, ser nuvem, ser montanha!
Cada alma há-de sentir em si todas as almas,
Cada ser viverá a vida universal... (...)
E a nossa alma será um infinito lar,
Donde todo o Universo, em chamas de fulgor,
O próprio coração de D-us há-de alcançar,
Irradiando a Justiça, a Verdade e o Amor!...

Teixeira de Pascoaes, *"Jesus e Pã"*

A construção de um Templo, quando é realizada por Mestres Hábeis, expressa uma Cosmologia. Sua linguagem é o Simbolismo que se baseia na analogia entre o Templo físico, material, e o Corpo da Divindade manifestada sobre a Terra. O edifício sagrado é uma imagem do Cosmos, e com maior razão, uma imagem do Ser e de suas possibilidades, que estão exteriorizadas e objetivadas no Edifício Cósmico. É como um sinal exterior de uma faculdade espiritual que religa o homem com seu Protótipo Divino, o Logos. Assim, do ponto de vista estático, o edifício sagrado ou Templo representa o Corpo ou Habitação da Divindade, a Habitação de D-us entre os homens e nos homens, o Templo terminado. Porém, do ponto de vista dinâmico, o Templo verdadeiro não é o Templo acabado, concluído, e sim o Templo que se faz.

A ARQUITETURA REPETE A COSMOLOGIA.

Este Simbolismo do Templo Verdadeiro já não se centra sobre a figura do Templo, senão sobre a "pedra" em si mesma... Tal como o templo físico, corporal ou material é construído de pedras juntas, acopladas, assim o Templo Espiritual deverá estar constituído por um grande número de Pedras Viventes (Homens Verdadeiros, Homens Regenerados). E este Templo em expansão não está feito pelas mãos do homem, "é D-us mesmo que o edificou". Ele é seu artífice e mestre da obra (Hebreus 11,10). É o Templo "não feito com as mãos", o Templo da Alma Imortal no homem...

Para que um Templo material suporte a fixação da Presença Espiritual, ou o processo descendente de D-us no homem, é fundamental que em cada homem se cumpram espiritualmente os passos ou etapas que assinalam os Ritos Consagratórios. Desse modo, o vínculo que une o edifício simbólico a seu protótipo Divino se converte no canal de uma Influência Espiritual, que opera uma transmutação íntima na Consciência, uma verdadeira Metanóia. Tal é o fruto da Asceses, a práxis da Arte Real, a Arte Iniciática Operativa que irá transformar cada homem em um Templo Vivente, no Templo Espiritual, Corpo Perfeito (*Soma Teleion*) ou Corpo Glorioso e imortal (*Soma Athanaton*)... *"e quais outras pedras vivas, vós também vos tornais os materiais deste edifício espiritual, um sacerdócio santo, para oferecer sacrifícios agradáveis a D-us"* (I Pedro 2,5).

A Grande Pirâmide de Kheops, genuíno paradigma do Templo Solar por excelência, tem permitido um eloquente silêncio por muitos milênios, aguardando ante aquele monumento que o homem busque em suas ruínas a interpretação da iniciação verdadeira, onde nas câmaras e corredores poderá reencontrar o *"fio de Ariadne"* e fazer a sua reintegração. Ali, nas entranhas do Monte Moriah, a nova humanidade poderá resgatar a herança incorruptível de um remotíssimo passado, que volta a constituir uma iminente Concessão (dispensação), raiz e potência do Tesouro Tradicional da Idade Futura, que permitirá às Almas despertas converterem-se em Pedras Viventes, Humanidade Regenerada, com a qual, a Cidade Gloriosa terá Fundamentos Eternos, e o Real Maçom, verdadeiro, genuíno, poderá dizer com justiça: *"Oh, Paraíso do Grande Arquiteto, cidade do Rei de Glória, tu brilhas e irradias como a Aurora!"*. E lá de cima, o Senhor responderá: *"tu hás fundado sobre a Rocha minha Obra, e Cimentos Eternos me servem de Fundamento!"*.

Em seu aspecto Macrocósmico, este será o Templo da Humanidade inteira Resgatada e Reintegrada. O grande Corpo Glorioso, Corpo Transfigurado onde se reunirão no final dos Tempos todas as nações em face do resultado da Liberação Individual, que em corolário surgirá a Grande Liberação Coletiva. Tal é o efeito da Grande Obra Universal: O Grande Homem Arquetípico: o Adão Kadmon, que havia sido dispersado, espargido e aprisionado, recupera seu primitivo Esplendor e sua Liberdade, porque as células que o compõem, integrando-se mediante aos esforços de Sabedoria, Força e Beleza, vão finalmente reconstruindo o Templo Eterno nos Céus. *Post Tenebras Lux... Ordo ab Chao...* Malkuth voltará a ser o Reino Luminoso e harmonioso onde Adão Kadmon reinará novamente para continuar sua tarefa eterna.

Recordemos algumas frases do Ritual de instalação de uma nova Loja maçônica:

G∴M∴ : R∴Ir∴ 2º G∴ Vig∴: Quantos Templos tem no Universo?

S∴G∴V∴ : Há três, S∴G∴M∴

G∴M∴ : Quais são eles?
S∴G∴V∴ : *o Templo Simples, que é o corpo do homem; o Templo Simbólico, que é o Templo Terrestre, e enfim, o Templo Perfeito, que é o Universo, imagem do Arquiteto Eterno, como o Templo é a imagem do Universo e o homem a imagem do Templo.*

Os Rituais contêm as mais profundas e belas parábolas. Não os considere uma coisa acessória. Possuem os Rituais uma importância fundamental. Poderá fazer tinir no vosso íntimo, suas cordas ocultas. Tinirá uma hoje, amanhã outra corda. Sempre é uma nova corda com a qual poderá e deveis continuar compondo a música em benefício do desenvolvimento da Personalidade. Encerram os Rituais as mais profundas Sabedorias.

E no catecismo do Apr∴ Cohen:

Quantas classes de Templos têm no Universo?
Cinco classes: o simples, o perfeito, o simbólico, o justo e o apócrifo.

Qual é o simples?
É o corpo do homem.

Qual é o perfeito?
É do Corpo Universal.

Qual é o Simbólico?
É do corpo geral terrestre.

Qual é o justo?
É do corpo inferior material.

Qual é o apócrifo?
É o convencional que os homens se esforçam em estabelecer impunemente no erro...

Segundo os talmudistas: *"Dois Templos foram destruídos, porém o Terceiro permanecerá para sempre".*

O Terceiro Templo é o Templo da Alma Imortal do Homem, essa Construção Espiritual erigida pela Virtude no Coração, a Caverna situada nas entranhas do Monte Moriah, onde o Eterno ordenou que fosse ocultado o Grande Tesouro da Sabedoria Primordial...

Robert Ambelain, sucessor e detentor das mais diversas Potências Maçônicas, realizador da Síntese conhecida como a *"ressurgência"* da *l'Ordre des Chevaliers Maçons Elus-Cohen de l'Univers*, S∴G∴M∴ do Rito Iniciático Antigo e Primitivo de Memphis-Misraim (33,90,99), diz em seu livro *Le Martinisme*, página 131: *"O Templo destruído que se trata de reconstruir, não é o de Salomão, senão o de Jerusalém puramente Celeste, o que verdadeiramente justifica sua significação hebraica: 'visão de beatitude'"*.

DIAGRAMA DO TEMPLO DE SALOMÃO, COMO FOI PROFETIZADO POR EZEQUIEL

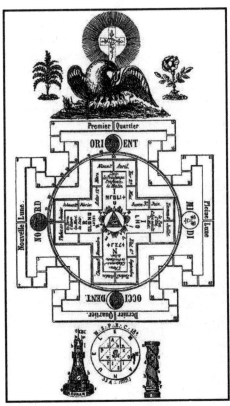

"Levanta-te então, oh nova Jerusalém, tu que dormes, e a Divina Luz luzirá a teus olhos, recebe essa Luz, e a Glória do Senhor se levantará por sua vez sobre ti"

No maravilhoso livro de Abu Bakar Siraj Ecl-Din, *The Book of Certainty*, lemos o seguinte: *"O homem não pode alcançar a certeza da Verdade, se não é por um raio da luz procedente do Sol do Espírito da Verdade"*.

QQ∴ IIr∴, imaginemo-nos reunidos na Sagrada Loja presidida pelo Rei Salomão, Hiram, Rei de Tiro e Hiram Abiff; reunião que se efetua no Monte Moriah, sob a parte onde foi erigido o Átrio, o Santo dos Santos. Demo-nos conta da luz que flui do Centro da Sagrada Loja para o Arco da Abóboda do Templo de Salomão... Contemplemos, com a totalidade da mente no Coração, a refulgente Luz que "converte no que vê e ao visto num só". Agora compreenderemos o que significa morar n'Ele, pois a refulgente Luz da Ciência da Certeza inunda todo o lugar e o converte em um Espelho Luminoso... Essa Luz é um Raio da própria Luz Divina que D-us projetou no Coração do homem... *"É o próprio Sol o que permite que o sol se veja"*.

"Suspendemos os Trabalhos" com a pregaria que o Rei Salomão elevou ao Eterno na Dedicação do Templo, segundo I Reis 8,29:

"Que teus olhos estejam dia e noite abertos sobre esse templo, sobre este lugar, do qual dissestes: O meu nome residirá ali. Ouvi a oração que o vosso servo faz neste lugar."

Ainda não deixa de ser recomendável restaurar os Templos antigos, o que realmente é importante é que consigamos a vivente experiência dos Princípios Arquetípicos e que construamos nossos fundamentos de consciência sobre os profundos fundamentos de nosso próprio Ser Íntimo. E, desse modo, desde a Caverna que é o Templo dentro de nós mesmos, o Templo de D-us, elevar até o Cimo da Montanha, a apreciada Placa Triangular de Ouro e Pedras Preciosas, que constituem nosso mais Sagrado Tesouro e nossa mais genuína Herança.

Unicamente ali, naquele lugar subterrâneo, nas entranhas da terra, totalmente "fora do alcance dos profanos", descendo até a compreensão íntima, secreta e vital, poderemos encontrar a Verdadeira Palavra, como o havia gravado o Patriarca Henoch no Delta de Ouro. Então, com imenso regozijo e com o sinal de admiração poderemos exclamar: *"Baruck Atah Adonay...!"*.

Alegra o coração triste, e teu amor valerá mais que se houvesse edificado mil Templos!

V∴I∴T∴R∴I∴O∴L∴

"O Conhecimento consiste em passar do desconhecido ao conhecido. Se o Conhecimento não te eleva a ti mesmo, mais vale a ignorância que tal conhecimento."

Shams de Tabriz: Diwan.

É importante mencionar a etimologia da palavra Iniciação, do latim *initiare*, derivado de in-ire: 'ir dentro' ou 'ingressar'. A Iniciação, portanto, é a Porta que conduz a um novo estado de consciência, uma nova maneira de pensar, de ser e de viver. É o adentrar no mundo interno (íntimo), para começar uma nova vida, um Renascimento Interior, que permitirá uma nova visão da Realidade, e com ela, a perfeição daquilo que mora em nós, e desembaraçar o caminho para o Conhecimento da Verdade, a busca do Eu Real...

O verdadeiro Maçom, como Obreiro da Inteligência Construtora do Universo, é o Artesão de seu próprio Templo interior; quer dizer, aquele que realiza conscientemente a função de Construtor, identificando-se com seu Princípio Régio ou Real. Existe por um acaso um Ato de Criação mais grandioso e sublime que este?

Na Maçonaria Operativa, como nos Mistérios Menores da Antiguidade, o Rito da Iniciação descreve simbolicamente o Trabalho que o Iniciado deve realizar, para poder aperfeiçoar como individuo, despojando-se do caráter selvagem, combatendo e purificando as baixas paixões, a parte irracional e violenta, domando-as e subjugando-as para deter o movimento involutivo. Com isto elevar a consciência a um nível mais alto e romper as cadeias da vida instintiva. Mediante o equilíbrio dos contrários, começar a ascensão evolutiva para a via do espírito. Estes dois aspectos contrários de uma única consciência, são chamados na Kabbala como *Nephesch* ou "alma sensitiva", vegetativa, e *Ruach* ou "alma espiritual". A Tradição Cristã atribui ao homem dois Anjos Conselheiros: o Anjo mau e o Anjo bom ou Sagrado Anjo Guardião.

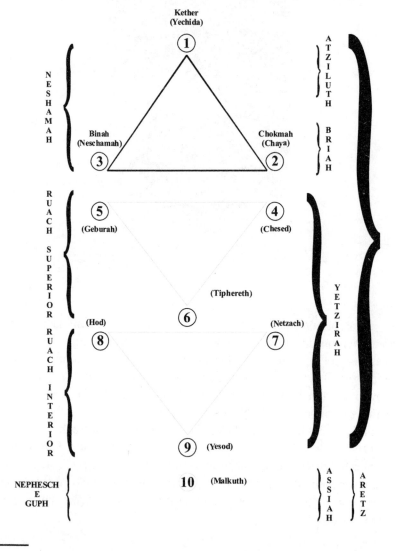

Segundo a concepção kabbalística, o homem seria de natureza quíntupla, natureza esta dividida em *Yechidah, Chiah, Neschamah, Ruach, Nephesch*, as diversas partes que compõem o Adão Kadmon. Falaremos somente dos dois aspectos, que neste momento mais nos interessa, que é *Nephesch* e *Ruach*.

Ruach compreende a Memória, a Vontade, a Imaginação, o Desejo e a Razão, ou seja, a Consciência Humana. Estes cinco princípios culminam num sexto outro princípio entendido como Conhecimento (*Daath*). *Daath* não é de fato um princípio, pois contém em si o germe da autocontradição e da autodestruição, logo que é analisado se desfaz na poeira irracional do Abismo, sendo a aspiração do homem ao conhecimento uma via falsa.

A ideia de sacrifício implica em que algo de real valor deve ser oferecido ao mais elevado. O maior sacrifício que um Iniciado pode colocar sobre o altar, como oferenda ao seu próprio deus, é um *Ruach* bem desenvolvido na área para o qual está classificado, isto é, especializado em todos os processos da lógica e do pensamento, podendo conhecer e observar tudo que *Yechidah* corresponde, no macrocosmo, à sephira *Kether*, a Coroa, cuja imagem mágica é um velho rei barbado, visto de perfil e que confere a experiência espiritual da união com D-us. Da mesma forma, é a luz que concede o poder de compreensão do Princípio Primevo, aquele incompreensível ao nosso intelecto e que não tem começo ou fim. Sua virtude é a grande consecução, a realização da Grande Obra. Portanto, a Grande Entrega, a abnegação daquilo que compreendemos como nosso ego é feita em *Yechidah*, a centelha divina que é a expressão verdadeira de nós mesmos, aquela parte dentro de nós que embora pressentida, ainda nos é desconhecida, e que desejamos conhecer.

Em relação à Árvore da Vida, os princípios morais e intelectuais de *Ruach* estão intimamente ligados às *Sephiroth*:

Memória: está relacionada com *Chesed*, chamado de Inteligência Coesiva ou Receptiva e cuja experiência espiritual nos oferece a Visão do Amor. Sua virtude é a obediência e seus vícios o fanatismo, a hipocrisia, a gula e a tirania. A memória é o arcabouço da consciência. É a faculdade que, combinando diversas sensações e impressões, torna-se um valioso instrumento do pensar.

Vontade: está relacionada com *Geburah*, compreendido como Força e Severidade. A experiência espiritual que nos fornece é a Visão do Poder. Sua virtude é a energia e a coragem, enquanto seus vícios são a crueldade e a destruição. A vontade, neste plano, é movida e muitas vezes comparável ao desejo. Representa, quando pertencente a um *Ruach* harmonizado, o poder do *Eu Mesmo* em ação. Na vida do homem comum é o senhor do homem, e não seu servo como deveria ser, obrigando-o a fazer coisas das quais deseja fugir.

Imaginação: está relacionada com *Tiphereth*, Beleza, cuja experiência espiritual é a Visão da harmonia das coisas. Sua virtude é a devoção à Grande Obra, e seu vício é o orgulho.

Tiphereth é na realidade o local da encarnação. Por essa razão chama-se "A Criança". E como a ideia de encarne do ideal divino também implica em desencarne sacrificial, atribuem-se a *Tiphereth* os Mistérios da Crucificação. Em *Tiphereth* D-us se manifesta na forma humana, e habita em nós, penetra no plano de consciência humana. A imaginação é uma faculdade mal compreendida, pois aquilo que dela se pensa é que apenas útil para gerar fantasias enquanto se sonha acordado. Na realidade é a fantasia rainha, pois associada à vontade forma a verdadeira arma mágicka, de todo aquele que adentra pelo campo da sempre oculta magia divina.

Desejo: está relacionado com a sephirah *Netzach*, Vitória. Sua imagem mágica é uma bela mulher nua, e sua experiência espiritual é a visão da beleza triunfante. Sua virtude é o desprendimento e seu vício é o impudor, a luxúria. *Netzach* é a esfera representativa dos instintos e das emoções, que nos fornecem os reflexos apropriados à existência. O desejo é identificado com a emoção e pode ser completamente dominado por *Nephesch,* escravizando o homem, ou controlado por *Neschamah*, elevando-o ao Ser Supremo.

Razão: é identificada na esfera de *Hod*, a Glória. A imagem mágica de *Hod* é um hermafrodita e sua experiência espiritual é a visão do esplendor. Sua virtude é a Veracidade e seu vício é a falsidade e a desonestidade. O "Sucesso Abandonado", a sublimação da reação instintiva que traria satisfação, é a chave dos poderes de *Hod*. É nesta esfera que a mente racional impõe seu comando sobre a natureza animal dirigindo-a para o alvo desejado. A razão é a faculdade lógica, o aspecto inferior de *Ruach*, visto que seus atributos superiores são a Vontade e a Imaginação, que são os equivalentes espirituais de *Chokmah* e *Binah*, Sabedoria e Entendimento.

Ruach sofre mudanças com o decorrer do tempo, deixa-se transtornar pelo fluxo de pensamentos mutáveis e pelas emoções convulsivas. Constitui aquilo que denominamos de Eu inferior e é o não entendimento de seu real papel que o leva a se deixar atrair por coisas frívolas, obscurecendo o seu próprio conhecimento sobre o *Eu Sou*, afastando-nos da Verdadeira Consciência, aquela que nos é própria. Somente abdicando da mente, destruindo sua natureza ilusória e as raízes desse elemento que lhe confere egoísmo pela simples combinação de percepções e recordações, manifestar-se-á o D-us interior.

Quando falo em destruição, abnegação e sacrifício não me refiro à destruição do veículo, do princípio em si, pois isso seria impossível e indesejável, visto que foi construído para servir aos intentos de *Yeschidah*. O que se destrói é o falso valor do ego, a ilusão de que ele é real e permanente e de que tudo o mais é produto de sua própria criação.

Ruach é o centro da autoconsciência e, devido à anomalia psíquica sofrida por este mecanismo de percepção, durante o seu longo contato com a matéria, autointitula-se o Grande Ego e julga ter poderes, vontade e intuição reais que o tornam senhor de sua própria existência. Assume as prerrogativas de uma existência independente e se afasta de seu senhor divino, a energia que o alimenta e sustenta, assemelhando-se ao demiurgo dos *gnósticos* que, ignorando *Sophia*, julga ter criado o universo. Este ego inferior, *Ruach*, é a grande oferenda que deve ser entregue em sacrifício ao nosso deus interno, sob os auspícios do nosso Sagrado Anjo Guardião.

Nephesch é a Alma Animal, representa o instrumento através do qual a mente entra em contato com a matéria para que possa interagir com ela, sentindo-a, julgando-a e finalmente reagindo a ela. É um princípio vegetativo e instintivo que somente diz respeito ao ato de viver. Esta alma animal é um princípio de energia, uma substância plástica que se constitui como energia vital, o molde astral para a elaboração do corpo físico, sendo conhecida como Corpo Astral, o nosso duplo etéreo. O Corpo astral pode ser comparado ao inconsciente, embora não possua mente ou inteligência própria, sendo alimentado pela luz astral, o inconsciente coletivo. Esta comparação se deve ao fato de que este elemento, assim como o inconsciente, registra impressões de fatos, pensamentos e ações, conservando um registro automático de vidas passadas.

O corpo da lua pode viajar livremente no espaço em qualquer direção e atravessar a matéria. Está adaptado para conhecer as coisas de sua própria natureza, em particular os fantasmas do plano astral. Crowley orienta que o mago não deve economizar energias para desenvolver este corpo astral, pois ele protege dos ataques, julga o caráter das pessoas e vigia o processo cerimonial.

Nephesch se relaciona com a nona sephirah, *Yesod*, que é o fundamento do homem inferior. A imagem mágica de *Yesod* é a de um homem belo desnudo e muito forte. Sua experiência espiritual é a visão do mecanismo do universo, bem como sua virtude é a independência e seu vício é a ociosidade. *Yesod* é o receptáculo das emanações das outras Sephiroth e o transmissor destas emanações a *Malkuth*, o plano físico. O texto *Yetzirático* diz que é a função de *Yesod* purificar as emanações, prová-las e corrigi-las; consequentemente, é na esfera de *Yesod* que ocorrem as operações destinadas a corrigir a esfera da matéria densa e é aqui que devem trabalhar aqueles que desejem produzir alterações no plano físico através da magia.

Nephesch, projetado para o contato com a matéria, compartilha da sua incoerência. Suas faculdades de sentir dor e prazer o reduzem a gastar uma excessiva atenção a certos fenômenos e a evitar outros. Consequentemente, para que ele execute sua função primordial, investigar o universo, necessita ser educado por severa disciplina. É um instrumento diabolicamente engenhoso para lidar com a matéria a fim de manter a sua própria inércia, sem a menor atenção à Tríade Superna (Kether, Chokmah e Binah), desligado como está da sua compreensão.

Infelizmente, seus pensamentos de liberdade foram vilipendiados por aqueles devotos de *Nephesch*, que envolvidos pela inércia da matéria, utilizam seus escritos para justificar a realização de seus próprios instintos. No entanto, todo aquele que busca com sincero fervor o caminho da santidade, transcende as imagens ilusórias do mundo material e parte, sob os auspícios do legado da "Grande Besta" , para a realização da Grande Obra, obtendo sucesso em sua consecução.

Porém, antes de começar a ascensão evolutiva, deve realizar o descenso de exploração do Eu Profundo (a Alma), uma imersão no Caos Primordial, tal como sinala a antiga formula Hermética do V.I.T.R.I.O.L., acróstico derivado da frase **Visita Interiora Terrae Rectificando Invenies Occultum Lapidem** (*Visita o interior da terra, retificando-te encontrarás a Pedra Oculta*). Isto quer dizer: "*desce nas profundezas de ti mesmo, ao Coração mais Secreto da Terra interna; funda-te, volta-te para dentro da alma, ao Reino de Perséfone; bebe de suas águas, funda-te na matriz do Tempo e espera o renascimento*".

Retificando: destilação trás destilação, separa o sutil do sólido, encontrarás a Pedra dos Filósofos (a matéria da Obra) ou "a Terra dos Filósofos" (a prática do Silêncio...). Continua buscando e descobrirás o Espelho do fundo da Alma refletindo a Luz do espírito... (*Invenit Sanctum*).

A "fórmula" do V.I.T.R.I.O.L. constitui, portanto, num convite ao processo de exploração do domínio das estratificações profundas do Ser. Sob a superfície da aparência exterior se esconde a Realidade Íntima das coisas. O Segredo Essencial da Arte está oculto no espírito humano: uma espécie de Força Mágicka capaz de transformar a matéria.

Retificar é "alambicar", separar o sutil do denso, destilar, depurar ou sublimar. Trata-se de uma exaltação da matéria da

Obra a um grau mais perfeito; é dar-lhe um grau maior de perfeição que lhe falta. É "separá-la" do *Caput Mortuum* e das 'fezes'. O *Caput Corvi* (a cabeça do Corvo) simboliza o começo da obra (em negro), a *Putrefação* que dissolve os erros fundamentais que entenebrecem a Alma... O Sinal de Aprendiz nos "fala" dessa "decapitação"...

Moderação na palavra, consentimento ao Silêncio, corresponde à disciplina da garganta dos Pitagóricos. O Corvo deve ser "decapitado", quer dizer, os conceitos intelectuais automáticos previamente mantidos no profano, os quais cristalizaram a consciência e a natureza emocional em uma rígida e reprimida entidade, tem que ser esgotados pelo processo de Dissolução; a raiz do mal, de imperfeição e de confusão que está latente na consciência, deve ser *"descoberto e reduzido"* (decapitado). A etapa inicial (cabeça) de putrefação (*Nigredo*), é, portanto, uma separação compreendida, da cabeça a parte inferior do corpo, entre a consciência superior (Espiritual) e a consciência animal (a mente inferior): o mundo dos conflitos, desejos e instintos com toda sua complacência e seu pensamento caótico...

A *Sublimação* pule, suaviza muitos "átomos corrosivos, ou átomos destruidores" pela conjunção dos materiais, e faz corromper muitas coisas "doces". Paracelso diz que os metais sublimados com o Sal Amoníaco, Sal dos Sábios ou Filósofos Herméticos se transformam em "azeites" quando se "expõe ao ar" (*vitrioleum*), e "se petrificam" quando se "digere" dito azeite ao fogo... (em sentido figurado, digerir é amadurecer pela reflexão...).

O V.·.I.·.T.·.R.·.I.·.O.·.L.·., como fórmula da Progênie Maçônica, indica e evoca um regresso ou retorno ao estado Primordial, um desejo de Reintegração Cósmica, um regresso a Mãe Terra (o Caos Primordial) ou Matéria Prima (a "semente" de cada ser). Todo Rito Iniciático começa com a "imersão no Caos"; por isso, entre os hermetistas é chamado "cabeça" o começo de uma coisa (Obra). A venda que cobre os olhos do aspirante a Iniciação Maçônica o submerge na noite do Caos. A nova Ordem somente pode surgir depois do Caos: *Ordo ab Chao... Post tenebras lux...*

A descida ao interior da Terra (marcha regressiva ao Caos Primordial) vai permitir a experiência ou realização do aspecto Superior do Ser. O Trabalho Catártico (de purificação), que elimina as falsas opiniões e prejuízos, acelera um despertar de novas reflexões e facilita o êxito da unificação dos dois aspectos da consciência, agora mutuamente conscientes um do outro. Portanto, o reconhecimento e a aceitação da superioridade da Consciência Espiritual (Divina) *Ruach*, por parte da consciência humana (cerebral) *Nephesch*, que ao subordinar-se se integra e se unifica (*conjunctio*), estabelecendo a harmonia da Paz. Este despertar do eu inferior está simbolizado pelas palavras de João (3,30-31):

> *"Importa que ele cresça e que eu diminua. Aquele que vem de cima é superior a todos. Aquele que vem da terra é terreno e fala de coisas terrenas. Aquele que vem do céu é superior a todos."*

Em *Brihad Upanishad* III 7,3, lemos:

> *"O que mora na terra é distinto da terra, e quem governa na terra não conhece, cujo corpo é a terra, quem governa a terra de dentro; ele é a tua alma, o Guia Interior, o Imortal. Por isso a Iniciação do 'Nadir' (Katabasis eis antron: a descida ao 'antro') nos permite seguir o conselho dos adeptos: 'renuncia ao ruído do mundo, desce em ti mesmo, pois ali se encontra o Tesouro Escondido de tua espiritualização."*

Dizia Paracelso:

> *"Olha no mais profundo da Terra, na profundidade do Inferno, no Terceiro Céu. Alcançareis mais que a sabedoria de Salomão, tereis mais associação com D-us que com Moisés e Aarón".*

> *"Devemos cerrar os olhos e invocar uma maneira de ver, uma condição de vigília da que todos somos legítimos herdeiros, ainda que sejam poucos os que se valem dela".*

> *"Aquele que olha no espelho não olha as sombras, senão o que elas fazem perceber, compreendendo a realidade através das aparências fictícias".*

A viagem para o fundo do nosso próprio ser nos fará encontrar muitas coisas das quais não temos conhecimento, e com as quais iniciamos nossos primeiros passos para aprender algo de nossa Real natureza. Contudo, antes de poder iniciar esses primeiros passos, é necessário estarmos devidamente preparados para o começo da Palingenesia que conduz à realização progressiva da Conversão ou Metanóia, a qual nos fará ver as coisas desde outro ponto de vista.

Essa "preparação" se consegue mediante o processo de "maturação" pela Reflexão, que é o redobramento do ser sobre ele mesmo. Pouco a pouco se vai conseguindo a revelação do Sagrado, o contato com o Divino, até alcançar a Visão Epifânica provocada, que abrirá o portal para um novo horizonte.

Ao abrir-se esta Porta, percebe-se o Mistério, o momento inefável de uma revelação que fará exclamar o postulante: *"grande D-us eu sou teu filho, contemplando teu Mistério"*. E a partir desse momento, a qualidade de sua vida espiritual haverá trocado... sua consciência acendeu a níveis de compreensão mais altos, pois a Luz Íntima foi revivida... *"Agora o postulante se converte num "luminoso" Homem Regenerado, "nascido de novo" (neófito), espiritualmente diferente a partir desse mesmo instante, do comum dos mortais"*.

Diz o *Kata Upanishad*:

"Mais além dos sentidos estão os rudimentos (elementos sutis da natureza humana); mais além dos rudimentos, a mente impulsiva (inferior); mais além desta, a razão; mais além da razão, o Ser Superior".

Sobre a necessidade da *"troca de mentalidade"* (Metanóia), lemos em Romanos 12,2:

"Não vos conformeis com este mundo, mas transformai-vos pela renovação do vosso espírito, para que possais discernir qual é vontade de D-us, o que é bom, o que lhe agrada e o que é perfeito."

E em Efésios 5,14:

"Desperta, tu que dormes! Levanta-te dentre os mortos e Cristo te iluminará".

O processo alquímico do resgate das partes essenciais da Alma imersa no ego inferior (*Nephesch*), para completá-la e unificá-la, está referido nos seguintes parágrafos bíblicos:

"Tem Corpos Celestiais e corpos terrestres. Mas o espiritual não é primeiro, senão o animal; em seguida o espiritual. O primeiro homem é da terra, terreno: o segundo homem que é o Senhor, é o do Céu"
I Coríntios 15,40,46-47.

Em Mateus 16,24-25:

"Se algum quer vir depois de mim, negue-se a si mesmo, e tome sua cruz e siga-me. Porque qualquer que quisesse salvar sua vida, a perderá, e qualquer que perder a sua vida por causa de mim, a salvará".

Similar afirmação podemos ler em João 12,25:

"Quem ama a sua vida, perdê-la-á; e quem neste mundo odeia a a sua vida, guardá-la-á para a vida eterna.".

Quando o falso é destruído, o verdadeiro é cada vez mais e mais evidente. Na consciente descida aos Infernos de nosso ser "morremos" e somos renascidos como Perséfone, ao ser resgatada do reino de Plutão. Sua descida prévia simboliza a imaginação que se há pervertido os desejos reprimidos.

Disse Jean Haab:

"Hécate (a que ilumina e guia através das trevas), representa um Símbolo Alquímico de primeira ordem: o V.I.T.R.I.O.L. Filosófico. A deusa desceu aos Infernos para conduzir a Perséfone para a Luz. Perséfone simboliza a Alma Humana e o germe da Pedra Filosofal. Os símbolos de Hécate são os punhais, as serpentes, as chaves (do Inferno) e o archote acesso. Archote que, como a natureza de Hécate é ardente, porém sua chama ardente de um fogo escuro não projeta nenhuma luz, esta última se encontra interiorizada na Pedra que ela dissolve e coagula sucessivamente."

"O fundo escuro da alma não contem somente o mal senão também um 'Rei', capaz de salvação e necessitado de salvação, sobre o qual dizem os alquimistas: 'no fim (da Obra) te surgirá 'o Rei' coroado com sua coroa, radiante como o Sol, brilhante como o Ántrax... durável no Fogo'"

Michael Maier, em sua obra *Symbola Aureae*, referindo-se à Ascensão Evolutiva (Regeneração de Adão), do *Regius filius* "prisioneiro no fundo do mar" cita:

"Ele vive e clama desde a profundidade (do mar), 'D-us que habita a torrente', voz do Senhor sobre as águas; fez tronar o D-us de glória, o Senhor sobre as águas imensas".

Segundo o Salmo 24 (Vulgata 23):

"Erguei, ó portas, os vossos batentes; ampliai-vos, ó portais antigos, e entrará o Rei da Glória. Quem é o Rei da Glória? O Eterno, forte e poderoso, o Eterno, poderoso na batalha. Erguei, ó portas, os vossos batentes; sim, ampliai-vos ó portais antigos, e entrará o Rei da glória. Quem é este Rei da Glória? O Eterno dos Exércitos, Ele é o Rei da Glória!"

Os Alquimistas designam alegoricamente o fruto maravilhoso de seus trabalhos como "o Rei poderoso", "o Monarca Magnífico", "o Soberano por excelência". Basilius Valentinus em *Las doce claves de la filosofia*, diz:

"Positivamente, o Rei é de Vidro, é a Alma Universal e Vermelha, inclusa no 'corpo de cristal' que ela ilumina e com ela é que forma 'o Carbúnculo dos Sábios', também chamado 'Grande Medicina' e também 'Pedra Filosofal'".

Por meio da arte se pode produzir algo que está acima da Natureza: o Sistema Secreto (Arcano) de Cultura Espiritual, mediante o qual os *disjecta membra* (os membros desagregados) do organismo humano se "coordenam" ("reunir o disperso"). Como diz a Tábua Esmeraldina: *"o que está abaixo é como o que está acima e o que está acima é como o que está abaixo, para fazer os milagres de uma só coisa"* (*Réi-unius*: uma coisa una, o *Lapis*, o *Filius Philosophorum* ou *Filius Sapientiae*).

Segundo Paracelso, "em cada homem vive um 'astro'" (*Anthropos Photeinos*: o Homem Luz, o Homem Espiritual que "se vestiu com um corpo de Adão"). O Verdadeiro Homem é o Astro em nós. No Centro do Coração habita a Alma Verdadeira. Segundo a Tradição Hindu: *"Purusha, diminuto como um dedo polegar; mora no coração de cada homem"*. Entre os Alquimistas, o "Agente Oculto", o *Argentum Vivum* do Mercúrio, é *Spiritus Vitae* ou *Spiritus Mercurialis*, *Lapis Philosophorum* ou *Filius Philosophorum*. Quer dizer: o homem Íntimo, eterno na envoltura mortal.

O PARADIGMA DA GRANDE OBRA
V∴I∴T∴R∴I∴O∴L∴ ACRÓSTICO

"Os planetas errantes ficam no céu; a terra é igual a eles com sua produção de metais. O Sol é o pai da Pedra, a errante Cyntia (Lua) sua mãe, o vento levou o filho em seu seio e a Terra o alimentou".

Tabula Smaragdina Hermetis

V.I.T.R.I.O.L., acróstico derivado da frase *"Visita Interiora Terrae Rectificando Invenies Ocultum Lapidem"*. (Visita os interiores da terra: retificando encontrará a Pedra Escondida). Acróstico de autoria de Stolcius em sua *Viridarium Chymicum* (Jardim dos Prazeres da Química), Frankfurt, 1624.

A Operação Alquímica (*Opus*) consiste essencialmente numa separação da Prima-Matéria do chamado Caos (no ativo: a Alma; e no passivo: o corpo), os que voltaram a reunir-se em Matrimônio Hermético, Bodas Química ou *Hieros Gamos* (*Conjunctio*) como Bodas-Ritual do Sol e Lua. Desta União surge o chamado *Filius Sapientiae*: Mercúrio transformado: a Consciência Divina e a consciência humana são "unidas" em *Santo Matrimônio*.

A Separação dos Elementos, que é o que purifica as substâncias impuras, realiza-se por meio da Meditação, quer dizer: a afirmação do espírito mais além do trabalho corporal e manual, a força de ação do Homem Interior (Superior). Por este Trabalho, o homem "se eleva em seu espírito" e se faz semelhante a Henoch, quer dizer, transforma-se "no Homem Celeste, o Homem dotado do Eterno".

O Trabalho Interior (Concentração, Meditação, Contemplação), permite ao Adepto da Arte Real, descobrir que é a "Luz Polarizada" ou 'Refletida'. Mediante dito Trabalho, aprende a dissolver toda dúvida e toda miragem (quimeras) de poderes ilusórios até alcançar o firme embasamento que é a Pedra, e poder continuar o Caminho, guiado pelo saber já alcançado e sustentado por uma atitude voluntária e consciente.

"'*Fazer voar a águia*', segundo a expressão Hermética, é '*fazer sair A Luz da Tumba*', e *levá-la a superfície, o que é próprio de toda verdadeira Sublimação*".

Assim com a descrição simbólica da Câmara de Reflexão representa a "preparação preliminar" do Candidato para sua Recepção e seu estado de crises interior (Caos), a concentração e a meditação em si mesmo, de igual modo, o simbolismo das Três Viagens está desenvolvida na descrição do V.I.T.R.I.O.L. filosófico. Viagens que efetua o recipiendário ao redor da Loja com os olhos vendados, ao término dos quais, logra descobrir a Luz... Cada Viagem representa uma nova etapa, um novo estado. Corresponde a cada um meditar sobre o profundo conteúdo esotérico dessas Viagens, para tratar de encontrar, perceber e descobrir, pelos próprios esforços, o sentido transcendente que subjaz sob esse maravilhoso simbolismo...

Tem que visitar o interior da Terra para poder encontrar o que está escondido sob a roupagem da aparência, descobrir os tesouros que ali se encontram (para quem saiba reconhecê-los) e tirar proveito dos valorosos ensinamentos da Personalidade Verdadeira. Diz Oswald Wirth, em sua obra *O Ideal Iniciático*: "*Se descemos é para subir outra vez e o nível que podemos alcançar na subida, depende justamente das profundidades que soubermos investigar*".

"*Nada pode renascer a um estado melhor sem morrer previamente e passar pelo período de 'dissolução' e de 'putrefação' de seus princípios anteriores*".

Aurifer

Para quem recebe a Iniciação Virtual[48] e está realmente "qualificado" para a Via Iniciática, o impacto do Ritual é, por si só, suficiente, como para provocar íntimas ressonâncias espirituais que o põem em condições de seguir, mais além das sutis sugestões dos Símbolos uma Verdade, que intui ainda que não haja logrado estabelecer nitidamente. Por isso, quem realmente anela fazer-se um genuíno Maçom tem que por em prática a Verdade Maçônica, que se oculta pudicamente no interior de sua própria Terra. Quem não passa por estas vivências do V.I.T.R.I.O.L. filosófico, não passará jamais pelas Portas da Verdadeira Iniciação. O verdadeiro Maçom deve esforçar-se e recordar que no espírito do homem mora uma espécie de Força Mágicka capaz de transformar a matéria: a Força que "libera a criatura", porém, a "Obra" depende do homem.

O Crisol que o Iniciado usa nesta Operação Alquímica é o Coração (ainda que não seja precisamente o órgão físico que bombeia o sangue). O Fogo é a Força Criadora, e a Mente com seus pensamentos, desejos e vontade, é o Operador. O processo da Obra dependerá exclusivamente da pureza e da intensidade dos pensamentos e desejos, e ainda mais da constância do propósito em foco...

"*Um Crisol para a prata, um forno para o ouro: mas é Jehovah quem prova os corações.*"

Provérbios 17,3.

"*Porque onde está vosso tesouro, ali também estará vosso coração.*"

Lucas 12,34 e Mateus 6,21.

"*O homem bom tira coisas boas do bom tesouro do seu coração, e o homem mau porque a boca fala daquilo de que o coração está cheio.*"

Lucas 6,45.

"*Submete-me a provas, experimenta meu coração e minha mente.*"

Salmos 26,2.

---

[48] *Iniciação VITRIOL* é a que vai desde o começo da Obra até a consecução do estado de "homem verdadeiro", passando por diversos graus que suporão a superação de provas que terão de determinar se o candidato está qualificado; a segunda, chamada Iniciação real ou efetiva, supõe o conhecimento e a experimentação de estados supra-humanos e atingir o estado de "homem transcendente". O candidato à Iniciação é como uma semente que, contendo todas as possibilidades de desenvolvimento e procriação, não as poderá plasmar enquanto não penetrar o interior da terra –a caverna iniciática–, descendo aos infernos e morrer, para nascer de novo. É por isso que o recém iniciado é chamado "neófito", ou planta nova (neo = nova; fito = planta), pois já venceu a primeira morte e está pronto para empreender seu desenvolvimento vertical e ascendente.

"Analisa-me, ó Eterno! Perscruta meu coração, testa-me e esquadrinha meus pensamentos. E se vires em mim um mau caminho, guia-me ao caminho certo."

Salmos 139, 23-24.

"À noite, perscrutaste meu coração, Tu me testaste, e de pecaminoso nada encontraste; meu pensamento é coerente com minhas palavras."

Salmos 17,3.

"E aquele que perscruta os corações sabe o que deseja o Espírito, o qual intercede pelos santos, segundo D-us."

Romanos 8,27.

"Mas quem poderá aguentar o dia em que ele vier? Quem ficará firme quando ele aparecer? Pois ele será como o fogo, para nos purificar; será como o sabão, para nos lavar."

Malaquias 3,2.

"Portanto, nada julgueis antes de tempo, até que o Senhor venha, o qual também trará à luz as coisas ocultas das trevas, e manifestará os desígnios dos corações; e então cada um receberá de D-us o louvor."

I Coríntios 4,5.

"No sentido de que, quanto ao trato passado, vos despojeis do velho homem, que se corrompe segundo as concupiscências do engano; e vos revistais do novo homem, criado segundo D-us, em justiça e retidão procedentes da verdade."

Efésios 4,22.-24.

"E vos revestistes do novo homem que se refaz para o pleno conhecimento, segundo a imagem daquele que o criou."

Colossenses 3,10.

Mas além do exoterismo da Bíblia e da *"letra morta"* que caracteriza o domínio especificamente religioso da mesma, está contido o Esotérico (neste caso Hermético), o lado "Interior", sem ser propriamente a ortodoxia; porque o Esoterismo, ainda tomando por base formas religiosas (como no presente caso

283

temos tomado abundantes textos bíblicos) está acima, e muito mais além, do ponto de vista Religioso (Místico). Aqui se trata de Iniciação, quer dizer, de Mistérios, Mistérios Menores, cujo domínio específico é a Arte Real.

O eminente ocultista e Ir∴ René de Guenon, em seu livro *A Crise do Mundo Moderno*:

"Consideremos sumamente recomendável esclarecer que a verdadeira Alquimia, Ciência Tradicional de ordem Cosmológica, ainda aplicável a ordem humana em virtude da Lei de Analogia, está constituída expressamente para permitir uma transposição ao domínio puramente espiritual, que confere dos seus ensinamentos um valor simbólico e uma significação superior".

Como resultado do auge alcançado pela subversão materialista neste mundo, algumas ciências modernas, pretendendo constituir-se em sucedâneas de certas Ciências Tradicionais, porém desprovidas de toda espiritualidade e transcendência, não constituem, em realidade, senão uma mera caricatura ou imitação simiesca das mesmas; uma "espiritualidade ao revés", cuja deformação não pode conduzir, por sua própria tendência, senão para o infra-humano.

Quando se fala de Iniciação, e especificamente da Iniciação Régia ou Real que transmite a Maçonaria, não se trata em absoluto de Psicologia, Psicanálises, Psicossínteses, etc., porque a Iniciação escapa completamente por sua mesma natureza ao domínio sobre o qual recaem nas atividades, investigações e experimentações dos psicólogos. Na Iniciação não se está tratando com enfermos nem com as produções do famoso subconsciente (infra-humano), senão com "*Homens Livres e de bons costumes*" que *a priori* caminham além do Supra-Humano: o "Supra Consciente". Não se trata de uma *"ruptura de níveis"* por baixo, pelos escuros caminhos profundos de um psiquismo difuso das religiões mais baixas do "homem inferior", senão da busca da Verdadeira Luz, essa *"Luz que ilumina a todo homem que vem a este mundo"*. São indiscutivelmente objetivos diametralmente opostos.

Sem desconhecer as grandes tentativas feitas por C.G. Jung, por modificar as teorias de Freud, assim como seus esforços (ainda com antolhos de psicanalistas) tratando de bosquejar algumas vias de antecipação, franqueando ligeiramente as fronteiras do "império científico" para alcançar uma aproximação da *Alquimia* e da *Gnoses*, invariavelmente ambas interpretações esteve submetida ao produto de aflorações da mente inferior de seus pacientes e aos influxos psíquicos de ordem evidentemente inferior. Dizia o mestre Sir Aurobindo Goshe: *"Freud não explorou senão um pequeno ângulo do homem interior com uma lanterna de mão".*

Em seu livro *O Eu e o Inconsciente*, C.G. Jung, apesar de confundir o verdadeiro processo Iniciático, por isto que os antropólogos, etnólogos e sociólogos qualificam impropriamente de *"rito de iniciação"*, ou seja, os ritos que se limitam ao rol de agregar o indivíduo na organização social externa, ao levantar na idade conveniente (os meninos se convertem em homens e as meninas em mulheres), há sem dúvida, certas frases que indicam outra coisa.

> *"As iniciações primitivas são evidentemente mistérios de transformação de máxima importância capital. Ninguém pode negar a enorme importância das iniciações. A idade moderna não possui nada equiparável na importância histórica das iniciações (comparem-se os testemunhos dos antigos, do tipo Mistérios Eleusianos). A Maçonaria, a Igreja Gnóstica da França, os legendários Cavaleiros Rosacruz, etc., são produtos mesquinhos de substituição de algo que, na lista histórica das perdas, deveria apontar-se com letra vermelha."*

Por isso que os eruditos expressam a meias verdades, quando tratam de invadir domínios por eles desconhecidos. Vemos nessa citação que acabamos de mencionar, que Jung confunde o grau maçônico Rosacruz, com os adeptos Rosacruzes, que eram algo mais que Cavaleiros; eram Sacerdotes ou Hierofantes, por isso podiam desenvolver as ordens de Cavalaria e Sacerdócio, pertencem a graus Hierárquicos totalmente diferentes. Um cavaleiro é o que a Tradição Oriental se denomina *Kshatriya* e sua Iniciação corresponde aos Mistérios Menores; é a Iniciação Real ou Régia, enquanto que um Sacerdote corresponde ao que essa mesma Tradição denominaria um Brahmam, e o Brahmam é superior ao *Kshatriya* por natureza, porque o Conhecimento é superior a ação. Ao primeiro corresponde a Arte Real, e ao segundo, a Arte Sacerdotal, duas funções distintas e diferenciadas. É por isso que toda organização realmente Tradicional deve comportar, por sua vez, a Iniciação Sacerdotal e a Iniciação Real ou Régia. Obviamente que a Iniciação Sacerdotal comporta o passo prévio para a Iniciação Real ou Mistérios Menores.

Quando falamos dos Adeptos Rosacruzes, não estamos nos referindo concreta e especificamente aos genuínos Rosacruzes que existiram antes do século XVII, e cuja época *"se retiraram do Ocidente ao Oriente"*. Somente a partir daí que se começou a chamar com esse nome. Outra coisa muito diferente são os *"Rosacrucianos"*, quer dizer, os discípulos mais ou menos direto dos Rosacruzes, entre os quais se desenvolveu a Via especial do Hermetismo Cristão, e que foram também os Mestres hábeis dos personagens históricos, que aparecem reestruturando a Maçonaria Moderna, a partir de 1717.

Voltando ao tema da Psicologia, queremos frisar que atualmente outros esforços começados por Jung estão sendo encaminhados pelos pesquisadores da Psicologia Transpessoal e da Psicoterapia Transpessoal, como Stanislav Grof, que, em suas investigações sobre a psicoterapia com LSD, observou que "todos os sujeitos terminavam por transcender o nível psicodinâmico para entrar em dimensões transpessoais". Efeito que também se pode obter espontaneamente (sem drogas), mediante a prática de diversas disciplinas como a meditação e o yoga. Porém, o que se alcança pelo uso de uma via artificial imediatamente, da outra forma levaria algumas dezenas de anos entre muitas disciplinas e métodos. Lógico que os efeitos e resultados desse imediato uso de um "exaltador de consciência", seja ele natural ou sintético, estaria condicionado ao nível consciencial do recipiendário, que poderia ser arremessado aos céus ou aos infernos do inconsciente. O LSD de Timothy Leary foi *a priori* um instrumento para aceder a um estado de consciência mais elevado. Nestes casos, o uso da droga não é evasão do mundo, mas uma tentativa de compreender o mundo mais a fundo, na sua essência, pelo menos nas intenções iniciais. Mas a partir de certa altura, a droga cria habituação, tem-se necessidade dela não para avançar, mas para permanecer imóvel. É muito provável que amanhã se descubra um fármaco qualquer capaz de proporcionar um estado de beatitude, e sem qualquer efeito secundário ou danos físicos. Concluindo, a droga não nos traz nenhum problema enquanto não nos escraviza (Crowley dizia: "*A droga liberta o livre e escraviza o escravo*"). Mas o que significa se tornar escravo? Que quem a toma não pode deixar de o fazer, deve continuar no âmbito da experiência que ela provoca. Não importa se esta experiência é mais alta ou mais baixa, feliz ou infeliz. Aquilo que suscita a nossa recusa é o fato de já não se poder sair dela.

  Alguém poderá objetar, mas então por que é que tanta gente usa drogas? Um viciado em heroína ou cocaína sabe muito bem que aquilo que sente depende das drogas, mas usa-a assim mesmo. Se os homens quisessem verdadeiramente estar conscientes, não usariam drogas que produzem estados emotivos artificiais, alucinações, deformações do espaço e do tempo. Há certamente drogados que desejam esquecer o mundo, deslizar para dentro de um sonho de que nunca mais queriam acordar. Mas quem de nós, em certas circunstâncias de nossas vidas, faria o mesmo? Quem usa estas drogas já não consegue suportar a vida sem isso, e, quando não dispõe delas, sofre terrivelmente e tem necessidade de outra droga para fugir a este estado.

  Porém, as drogas não são, generalizadamente, usadas para esquecer, para atordoar, mas para enriquecer, intensificar a própria experiência. As drogas sempre foram usadas nas religiões para produzir estados de consciência que favoreçam o contato com o divino. Contudo, também neste caso nos opomos ao seu uso contínuo e ininterrupto. Porque é um sono; porque a felicidade assim obtida não tem nada a ver com um confronto com a realidade. Mas então na nossa ideia de felicidade está implícito um confronto com o mundo real, uma ação neste mundo. No sonho, mesmo que seja um sonho de beatitude, falta algo essencial: o confronto com a realidade, o confronto com aquilo que se é aquilo que se poderia e gostaria de ser, a liberdade. No sonho nós somos totalmente determinados pelo fluxo do sonho. Ainda que tomemos decisões, estas não são decisões reais, não determinam nenhuma consequência, porque no sonho não há nem causa nem efeito, não há ação livre. No sonho falta-nos a consciência do sonhar que só pode manifestar-se através do confronto com outro estado, a vigília. Mas, sobretudo, no sonho, faltando o real, falta-nos o possível e, por conseguinte, a autodeterminação.

Se um deus nos dissesse: *"tenho o poder de fazer-te dormir e sonhar eternamente sonhos felizes. A escolha é tua: ou ficar acordado, mortal e infeliz, ou adormecido, imortal e feliz"*, que escolheríamos? Se o ser humano procurasse apenas o prazer, se tudo se movesse pelo princípio do prazer, não há dúvidas que deveríamos escolher o sonho. Contudo, experimentamos uma resistência, repugna-nos o adormecimento, parece-nos que a felicidade, no sonho, não é uma verdadeira felicidade, mas quase um sucedâneo. Não é próprio do homem ser feliz "em sonho", queremos sê-lo acordados, na vida real. E a vida do sonho é, por definição, uma vida não real. Mas que diferença faz para nós? Quando sonhamos não sabemos que sonhamos, a vida do sonho é subjetivamente real. Uma vez adormecidos, não podemos comparar. Mas é precisamente isso que nos perturba, o fato de não podermos "acordar": isto é, de reconhecer o sonho como sonho, de distinguir a ilusão da realidade.

Podemos, portanto, dizer que nós, homens, nos movemos pelo princípio do prazer? Sim, porque fazemos ações que procuram o prazer ou que, pelo menos, pensamos que o fazem. Mas, ao mesmo tempo, não, porque a promessa de um prazer contínuo, ou melhor, da própria felicidade não nos interessa se esta não puder realizar-se na realidade, consciente e livremente.

Já começam a falar de uma indagação sobre a natureza essencial do Ser. Também a reconhecer, de acordo com Gordon Allport que *"sobre a psicologia da liberação não temos nada"*. Porém, tudo segue sendo um empirismo levado a cabo por profanos (não iniciados, com técnicas profanas e mediante o estudo dos fenômenos sob o ponto de vista da fisiologia e do comportamento das fantasias do enfermo. Não obstante, nestes intentos saltam às vezes lampejos ou vislumbres do que deveria ser, como sinala um dos coautores do livro *Mais Além do Ego*:

> *"Ainda que estes descobrimentos têm uma aparência surpreendente com as descrições que repetidas vezes, ao longo dos séculos e das culturas, veem formulando aos praticantes avançados das disciplinas da consciência. E mais, os próprios físicos tem sugerido que alguns descobrimentos podem ser considerados com redescobrimento de uma antiga sabedoria; ou seja, o ser humano tem a capacidade de penetrar no inconsciente do passado da humanidade?"*

A Psicanálise, *"ciência moderna"* que descende, diz ela, do fundo do inconsciente, quer dizer, dos 'infernos', representa um 'selo' de inversão terrível. Notemos que analisa não os estados superiores do homem, senão todos aqueles que são inferiores, e exige que o 'paciente', quer dizer, o homem são, que vem a ele, deixe-se *"manipular"* no estado de sugestão e de hipnose, tal como uma marionete se deixa guiar pela mão de um manipulador. Para esta "nova ciência", não se trata de olhar o alto, o que seria portanto normal para toda vontade de alcançar os valores que ultrapassam o plano individual, senão de olhar para baixo, para o *"esgoto"* que é o inconsciente, isto é, etimologicamente o domínio onde o homem perde sua livre consciência, seu poder de decisão e de amor. As sugestões saídas deste *"bueiro"* encontram o seu "aprendiz de bruxo" que lhes permite materializar-se e tomar uma forma obsedante. Quem reina neste *"inconsciente qliphótico"*, onde a luz do sol, da vontade divina se esqueceu para sempre? – Certamente que não é um Iniciado que busca a Luz Maior! Que o homem regressa "metamorfoseado" é certo; só não se sabe o que resultará desses ensaios, como efeitos colaterais, às vezes com danos irreparáveis. Desse diálogo travado na obscuridade e na sombra das trevas, existe na verdade um *"batismo"* uma *"marca"* ou *"selo"*, este não pode ser senão o marcado por uma inversão que impõe para sempre a mancha e sua terrível obediência que os faz escravos inconscientes desta "contrainiciação"; quer dizer, uma grosseira "falsificação" da Iniciação. É digno observar que da mesma maneira que todo iniciado se encontra em comunicação com a Tradição e sua Luz, todo psicanalista deve ter "passado" ele mesmo por outro psicanalista. Perfeitamente ignorantes do caráter indiscutivelmente inferior das forças que tomam sobre si e manejam, os psicanalistas não são senão os auxiliares de uma vontade infra-humana. Enquanto que a Iniciação verdadeira é o desenvolvimento do psiquismo superior, existe, por outro lado, como passo inicial do distanciamento da "contrainiciação" um possível encontro de forças satânicas onde esta, numa "imersão obscura", materializa um resultado deletério e em corolário leva o buscador ao inevitável desenvolvimento do psiquismo inferior.

Sempre é necessário distinguir quando se fala de Psicanálises. Não deve confundir com a Psiquiatria, que é um ramo necessário e útil da Neurologia. Os logros desta última são impressionantes, especialmente no que concerne a quimioterapia. A psicanálise (a análise freudiana) ao submergir ao paciente em um pântano apresentando uma imagem suja de si mesmo, o separa de todas as fontes da vida, e, exatamente como deixa pressagiar, um Plutão desviado, arrasta-lhe para as fontes da morte.

Alan Watts em sua obra *A Suprema Identidade* diz:

> *"O mesmo emprego do termo 'o inconsciente' para a intimidade mais profunda, revela o pouco que sabe o homem ocidental acerca do que é em realidade sua consciência brutal".*

Em consequência da decomposição geral que aflige nosso mundo de hoje, subversão que mencionamos mais acima, surgem, como fungos, por todas as partes, os pretendidos "mestres e gurus" de toda laia, inventores e fundadores de revolucionários sistemas de controle mental e demais cursos que, segundo seus pragmáticos como agressivos propagandistas, asseguram um revolucionário programa para despertar os poderes da mente e estabelecer contato direto e efetivo com uma inteligência superior, etc.

Eis o que poderíamos definir como "psiquismo instantâneo". Como a moda do "café instantâneo", "purê instantâneo" e demais "novidades" de nossa sociedade de consumo. Desafortunadamente, não há maneira de fazer compreender a tantas pessoas que em todo o mundo se ariscam a tão sérios perigos; pessoas ingênuas que são as seguras vítimas desse tipo de treinamento psíquico, o mais seguro caminho para produzir sérios e até irreparáveis danos, que podem chegar a afetá-los física e mentalmente. Não se deve duvidar que exista psiquismo atávico negativo que pode ser facilmente desenvolvido em muitas pessoas, por quanto já está ativado em seu Eu inferior, basta para isso estabelecer linhas de contato entre a consciência em estado de vigília e nos níveis inferiores da mente. O perigoso desse "psiquismo instantâneo" é que não está sob o controle do ser em vigília normal e desde logo será, às vezes, impossível detê-lo ou extingui-lo...

A respeito dos supostos "contatos" com uma "inteligência superior", vejamos o que nos diz o M∴M∴ Ir∴René Guenon, em seu livro *L'Erreur Sprite*:

> *"O Psiquismo representa um domínio mal conhecido e mal definido, sobretudo, pelos resultados inevitáveis de investigações temerárias empreendidas neste domínio mais perigoso que qualquer outro, por pessoas que ignoram até as mais elementares precauções a tomar para abordá-las com segurança. Há quem vê no subconsciente o meio para que o homem se ponha em comunicação efetiva com o Divino. Entre os elementos mais diversos, o 'subconsciente' contem indiscutivelmente tudo o que, na individualidade humana, constitui rastros ou vestígios dos estados inferiores do ser, e com o que põe mais seguramente o homem em comunicação é com tudo o que em nosso mundo representa estes mesmos estados inferiores. Assim, pretender que isso é uma comunicação com o Divino, é verdadeiramente colocar D-us nos estados inferiores do ser: 'in-feris', no sentido literal dessa expressão. Esta inversão de Ordem Universal é precisamente o que chamamos 'Satanismo'; porém, como está claro que não é de nenhuma maneira desejável e que quem emite ou quem aceita tais teorias não se dão conta de sua enormidade, não se trata senão de satanismo inconsciente".*

A Iniciação e a Técnica do V.I.T.R.I.O.L. não têm absolutamente nada a ver com esses erros e deformações mencionados, que tão custosos lhes resulta aos afetados, tanto em sua saúde mental e física como no bolso, porque todos esses métodos não são gratuitos, custam dinheiro, bom dinheiro que irá engrossar as arcas insaciáveis de tantos vivaldinos e charlatães irresponsáveis, que têm desse modo assegurado todo um filão nesta vida; filão que passa de país em país, de cidade em cidade, sem que nenhuma autoridade o detenha e sem que suas vítimas se deem conta do engano e da consequente fraude, menos ainda do grande dano que lhes há sido infligido...

O chamado inconsciente do homem, apesar de seu talento, de seus recursos dramáticos, simulações e inventivas, muitíssimas vezes induz ao erro e ao engano com extraordinária habilidade. Se requer muita discriminação, amplo critério e ponderação, para poder valorizar, julgar e definir com acerto os fenômenos, impulsões e motivações abissais, pois sempre existe a tendência para o exagero, a credulidade e *"o maravilhoso"*. Por isso, é bom e aconselhável seguir a tradição Neoplatônica, para a qual é suspeitoso todo o inusitado, e observar uma conduta de extrema cautela no que diz respeito a *"fenomenologia"*, venha de onde vier. Sempre haverá um melhor recurso na "calibração" da impressão sensível, quando o interesse está neutralizado com a atitude de discernimento entre o genuíno e transcendente e o falso e contingente. Por outro lado, para aqueles que estão na "Senda", a própria Técnica Iniciática lhes vai indicando e confirmando passo a passo como devem proceder e o que deve esperar como resultado da ascese, e quem passou pelas autênticas vivências Iniciáticas não pode ser enganado por *"cantos de sereias"*, alucinações e fenômenos aparentemente extraordinários. O Método e a Técnica Iniciática são a melhor e mais segura proteção contra as insólitas e perigosas tendências do inconsciente...

> *"Um verdadeiro iniciado, diz Jacques Weiss, é um homem cuja Alma há entrado conscientemente em contato com seu Espírito, e que é capaz de manter voluntariamente este contato durante o tempo que lhe satisfaça. É uma tomada de consciência de faculdades já virtualmente adquiridas, e coordenar as noções correspondentes. O Espírito é a Chispa diretamente emanada de D-us, a 'chama interior' criada no Princípio; é a Natureza Superior do homem, o 'Mestre Íntimo', o 'Cristo em nós' (Emmanuel), o Verbo, o Logos, etc., o Espírito não necessita da Iniciação: ele é sabedor de tudo, ele sonda todas as coisas. Antes da Iniciação Real, a 'pequena voz interna' do espírito se deixa já ouvir em alguns corações e o homem Sabe sem ter necessidade de aprender. Mas, para conceber esta 'coroa de glória', foi necessário que ele liberara uma batalha a seu eu inferior, a seus instintos e paixões carnais, e que triunfará em tal empenho. As fases dessa batalha constituem nas provas que precedem a verdadeira iniciação".*

As antigas Ciências Tradicionais nos oferecem um tesouro incalculável quando são transmitidas e comunicadas pelo Organismo Tradicional correspondente. Sua atualização, reestruturação e renascimento no mundo do nosso tempo já haviam sido anunciados desde muitos anos. Esse novo florescimento é o que entre os seguidores da tradição Iniciática Ocidental tal como se conhece como *"O Retorno de Henoch"*. É uma adequação da Tradição Iniciática para a época em que vivemos, e que constitui na mais poderosa e extraordinária ajuda espiritual que possa ser oferecida ao homem de hoje.

O que há na natureza do homem, que faz com que possa levantar-se de novo, como a ave Fénix, de suas próprias cinzas (*Caput mortum*)?

O Sábio Humboldt disse em certa ocasião:

"A gente começa por negar uma coisa; depois afirmará que não tem quase importância; para acabar proclamando que 'todo mundo sabia' isso desde muito tempo..."

Diz o *Sepher Yetzirah*:

"Busca, pensa, combina e restabelece."

E os Antigos Mestres nos disseram:

"Ora, lege, lege, lege, re-lege, labora, et invenies".

No Interior da Terra ou *"nas profundidades da terra"*, aquilo que está mais além da consciência da vigília que é a consciência dos sentidos materiais. A Visita a essa Terra é a experiência subjetiva que vive o Iniciado ao transferir a consciência, desde o mundo físico de Malkuth até o mundo psíquico de Yesod. Tal visitação é, de fato, uma Viagem: Viagem de ida e volta pelo *"32º Caminho"* da Árvore Interior (Veja em nossa obra *SECRETUM, Manual Prático de Kabbala Teúrgica*). Caminho de introversão desde a consciência sensorial até as profundidades do Mundo Íntimo. Quando o Iniciado o percorre, está iniciando o *Caminho de Retorno*: o *Caminho de Henoch... O Caminho da Vida Eterna, o Caminho da Iniciação*.

A perfeição desta Obra permite ver os Segredos da Natureza "como um espelho".

"E vi assim como um mar de vidro mesclado com fogo; e os que haviam alcançado a vitória da besta, e de sua imagem, e de seu sinal, e do número de seu nome, estar sobre o mar de vidro, tendo as harpas de D-us"

Apocalipses 15,2.

E onde ele o colocou? - Encheu uma grande cratera que havia enviado à terra e ordenou a um arauto que proclamasse ao coração dos homens estas palavras:

> "Mergulha-te, tu que o podes, nesta cratera, tu que crês que subirás para Aquele que enviou à terra a cratera, tu que sabes porque vieste a ser."

Corpus Hermeticum, 4,4.

Aos filhos da Doutrina lhes recordamos as palavras de Arnaldo de Villanova em *Rosaire des Philosophes*.

"*A Arte não tem outros inimigos que os ignorantes*"

Enquanto escrevemos para quem tem interesse na Mensagem, não é necessário *"fazer muito estrondo"* para fazer-se ouvir, pois como afirma a tradição alquímica: *"os Arcanos se envilecem quando são desvelados; e profanados, perdem a sua graça".*

> "Não faças como aquele que aprende bem a coisa por seu nome, porém não pode ver nele a essência, se outro não lhe explica."

Dante: Paradiso, canto XX.

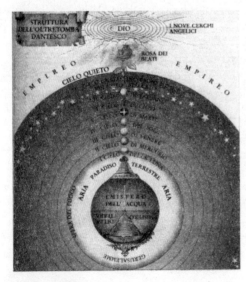

Portanto, quando o Maçom Operativo faz uso *"justo e perfeito"* do V.I.T.R.I.O.L. Filosófico que a Técnica milenar da Arte Real põe em suas mãos como instrumento ou ferramenta para a Grande Obra da "Construção do Templo Interior" (*o Terceiro Templo*), tem que recorrer a duas utilidades de Trabalho, duas faculdades imprescindíveis, dois sentidos internos que são a Imaginação e a Memória.

O SAGRADO ANJO GUARDIÃO

Tu que és eu mesmo, além de tudo meu;
Sem natureza, inominado, ateu;
Que quando o mais se esfuma, ficas no crisol;
Tu que és o segredo e o coração do Sol;
Tu que és a escondida fonte do universo;
Tu solitário, real fogo no bastão imerso;
Sempre abrasando; tu que és a só semente;
De liberdade, vida, amor e luz eternamente;
Tu, além da visão e da palavra;
Tu eu invoco; e assim meu fogo lavra!
Tu eu invoco, minha vida, meu farol,
Tu que és o segredo e o coração do Sol
E aquele arcano dos arcanos santo
Do qual eu sou veículo e sou manto
Demonstra teu terrível, doce brilho:
Aparece, como é lei, neste teu filho!

Aleister Crowley

APÊNDICE

No Princípio, antes de o Tempo ser, a Memória contém todas as sementes da Vida: o passado e o futuro estão aí no presente.

Misteriosamente, ó D-us e que Mistério..., surge o Tempo e separa-se em dois: dissolve-se um, cristaliza-se o outro; um torna-se luz, o outro treva; um torna-se amor, o outro morte. Só em parte, Memória e Vida acompanham o movimento do Tempo.

Todos os homens têm memória do Princípio e a memória no tempo; o espírito é a primeira, o corpo é a segunda, a alma está entre ambas.

O corpo é o lastro do espírito no tempo. A missão do espírito no homem é reintegrar o corpo no Princípio, através da ressurreição.

A meditação na corporeidade dissolve a sua fixidez e reintegra-a no espírito. A meditação serve-se do fogo da memória do Princípio para dissolver a fixidez da memória no tempo.

P. Sinde

AQUILO QUE NENHUM MAÇOM DEVE ESQUECER

Que:
    Na Humanidade há virtude; que no desinteresse há mérito; que o Espírito de Justiça engendra o da confiança; que o Espírito de Cooperação exige reciprocidade e que o Desejo de Progresso merece oportunidade.

Não se reconhecem fronteiras nem hierarquias na prática da Virtude. Não devemos estancar-nos, que a Vida Sã e Forte somente se consegue pela atividade e pelo exercício do trabalho. Somente o Estudo poderá livrar-nos de muitas debilidades e de muitas vergonhas. Se a comodidade e a negligência nos alcançam, devemos criar novos horizontes, para adiantar um passo a mais no caminho do saber, para separarmos da ignorância, para salvarmos do vício.

Sentir-se sem méritos para um posto preeminente é apreciar a Dignidade do Cargo e começar a ser credor de si mesmo.

A razão da Força constitui uma grave injuria na Humanidade.

O verdadeiro D-us é a Razão pura da natureza.

Viver com o espírito de joelhos, contemplando o tempo passado e com o rosto sempre voltado para trás, num empenho de quietude enervante e desvalorização é a forma mais cabal da Inércia Espiritual.

O Egoísmo insuportável é tão insolente como o Ódio e o Egoísmo.

Onde falta o Amor e a Caridade desenvolve-se a crueldade.

Não há crime que detenha a evolução da Democracia, que é a evolução da Humanidade.

A Paixão e o Ódio jamais se coadunam em acordo com a Razão, nem conduzirão à Ordem, e sem Ordem não pode haver vida feliz.

O Mal pode remediar-se com o Bem, porém se quiser remediar com algo maior, o resultado será um Mal ainda maior.

O Homem, no geral, desconhece a responsabilidade contraída pelo fato de sê-lo.

A Ventura do gênero humano somente se realizará com a fraternidade universal, com o amparo da Democracia

O Fanatismo e a Ignorância formam um casamento repugnante.

A Vida é como uma flecha, e, portanto, temos que saber a qual alvo vamos dirigi-la e como manejar o arco para apontar bem, depois dispará-la e deixá-la ir. Desejar coisas sem orientação é desperdiçar nossas vidas como o vapor que se dilata no ar.

A Lealdade é a primeira virtude do homem e a garantia de sua honradez.

A Força e a Razão elevam os homens ao Paraíso da Felicidade.

A Tirania é o furação que destrói a Felicidade dos povos.

O triunfo da Liberdade exige Valor e Perseverança.

Não basta ter um Direito é necessário exercê-lo.

A Ordem Moral é a Harmonia eterna entre a Liberdade das ações e a fatalidade dos acontecimentos.

A Dor é contingente que todos aportamos para dar mais realce ao grande drama da vida.

A desafortunada viagem que empreendemos desde o berço até o sepulcro, não tem mais flores que as que fazemos brotar por nossos próprios esforços; muitas vezes regadas com nossas lágrimas, e produto direto das sementes de nossas próprias obras, quando estas são de tal natureza que possam merecer a consagração, pela recordação de nossos irmãos, ou a exaltação ao sublime, pela gratidão da Humanidade.

Cada um de nós somos um Delicado Peregrino, que passa pela estepe em que se tem desvanecido todas as cores, para dar o espetáculo de uma imensa perspectiva, que vai acentuando pouco a pouco um fundo cinza da noite infinita...

Todos os Regimes de Opressão e Privilégio, todos os aproveitadores da dor humana, príncipes sem justiça e sacerdotes sem alma, têm sido e são inimigos dos cânones maçônicos.

A Excomunhão que o papado lançou contra a Francomaçonaria converteu nossa Ordem numa Sublime Instituição, eterna, universal e inspiradora da sagrada União entre os homens bons e honrados, qualquer que seja sua etnia, religião e cultura.

A Francomaçonaria é uma Fonte de inesgotável moral que atrai as almas boas e generosas. É o segundo Sol que ilumina a Humanidade. É a polidora das almas atrasadas e dos corações feridos pelo egoísmo e pela ira. É uma escola cívica, que orienta os homens para o caminho da honra. É força criadora. É o produto da Fraternidade que predica. Não é tradicionalista, nem conservadora, tampouco é impaciente e sabe aguardar. Nela está a verdadeira doutrina de D-us. É universal, porque não constitui um conhecimento isolado, senão uma Ordem de conhecimento de um conjunto arquitetônico harmônico, de razão ordenada e de beleza infinita. A Francomaçonaria é a forma ativa do pensamento. Deve permanecer-se como escola de fraternidade, de altruísmo, de aperfeiçoamento individual, onde se reúnem os homens que desejam aprender a viver coletivamente. Vem derramando abundantes provas de amor à humanidade.

A Vida da Francomaçonaria afeta em toda a Humanidade, porque queira ou não, nossa responsabilidade corre emparelhada com a influência que nossa filosofia moral exerce em todo o mundo.

O Maçom hoje, mais que nunca, deve espargir uma olhada em todos os sistemas políticos do mundo, e estudá-los, para desta maneira intuir, por sua vez, sem menosprezo e descrédito dos efeitos do porvir, o sistema único que proporcionará aos homens, junto com a "liberdade plena", o princípio humanista da verdade e da justiça.

Dizer "eu quisera fazer", é uma frase que sinala a morte de uma iniciativa. É uma falta de vontade, é uma falta de fins.

A Morte é um aspecto da vida, e a destruição de uma forma material; é o prelúdio da construção de outra. Chamamos "morte" a tudo aquilo que tem uma vida um pouco diferente da nossa... Não tem lugar para a morte! O homem deve viver como se nunca fosse morrer e morrer como se nunca tivesse vivido.

O Sinal seguro da verdadeira honradez é o conservar sereno na mais negra tempestade da vida. Rosto sereno, olhar inteligente e semblante alegre revelam a saúde da alma e do corpo. Tem que derreter a neve ante o beijo do Sol.

A Francomaçonaria tem sobrevivido a todas as obras humanas que foram criadas. Precisamente porque em todas as épocas e com todos os povos aconteceu o contrário. Aquele que a analise comprovará a "posição" que tem ocupado os "contrários" em todo tempo. Não têm sido eles os representantes do Progresso, da Democracia e da Liberdade humana, senão o contrário: têm estado ao lado da "reação", da "opressão", da "tirania", do "obscurantismo".

Pelo menos a Francomaçonaria, aceita por muitos, neste ponto, é claramente compreendida. Em igualdade de condições se encontram Sócrates, Galileu, Buda, Cristo, Colón, Servet e quantos têm representado a Democracia, o Progresso e o Altruísmo na História do mundo.

Somos inimigos do Papismo, porque ele é no fundo igual ao Fascismo e ao Nazismo, com uma única diferença de que o Papismo não dispõe da força bruta de que dispõem os outros sistemas para aniquilar os seus inimigos, além disso, o Papismo persegue, tortura e destrói com a mesma ferocidade, com a mesma intolerância e com o mesmo desprezo da personalidade humana como o fazem os outros sistemas totalitários. O Papismo declara: *"Quem não está comigo está contra mim e deve ser destruído"*, que é a alma de todo poder despótico. A Francomaçonaria nada tem a dizer a respeito das religiões positivas no que real e positivamente têm de espiritual, porque no espiritual todos coincidimos; o espiritual é sempre construtivo, sempre tem em conta o homem no seu aspecto divino, quer dizer, o verdadeiro Ser; entretanto, o Papismo não é uma religião, é um sistema de governo absoluto, o mais absolutista de todos os sistemas de governo conhecidos, o mais contrário à integridade espiritual e material do homem, isto é, o Papismo não é um sistema espiritualista, é um sistema materialista farisaico. Quando o Papismo faz um ato de contrição, *"ipso facto"* terminará morto. Recorde-se que através dos tempos o Papismo tem excomungado a Francomaçonaria. Esta que é amor, verdade, beleza e justiça; e aquele, ódio, hipocrisia, maldade e opressão.

Um homem civilizado, culto, um maçom, deve ser tolerante, capaz de discutir sobre qualquer assunto de uma maneira imparcial, sem prejuízos. Será equânime e saberá fazer o exame crítico de qualquer assunto novo, antes de rechaçá-lo ou aceitá-lo. A maioria dos homens vivem dominados pelo temor; temor ao desconhecido, temor à superstição, temor ao prejuízo, temor aos desejos, temor aos deuses, temor às crenças, sistemas e filosofias. Um homem civilizado ou culto, um maçom, não deve temer nada, porque o ser verdadeiramente culto, no estrito sentido da palavra, é a mais alta forma de triunfo espiritual. Tal homem, na verdade, tem levado a seu coração as águas da vida. E de alguma maneira que as águas vão por todas as partes, assim vai ele pelo mundo sem desejar nada, sem temer nada, sem querer coisa alguma para si. A isto se pode chegar somente, se a meta é o arbítrio definitivo, a autoridade absoluta. Tal homem é sensível, tal homem é puro, porque é um verdadeiro Maçom. Porque é diáfano e sereno, qual a montanha ao despontar o dia, porque há chegado a hora de emancipar em absoluto de toda experiência, porque passou por todas elas. Tal homem chegou à plenitude da vida, porque desejou pintar o quadro que a vida quis, e não fez com que suas estreitezas e suas limitações desfigurasse a tela corrompendo-a.

Para subir alto, deves começar de baixo; para ir longe, deves iniciar desde perto. Para chegar ao cume da montanha, deves passar primeiro pelas sombras do vale. O Maçom deve trabalhar e não ceder até poder dizer: Oh, Irmão! Porque tens vagado pelos vales, porque tens morado entre as sombras, porque tens sofrido e tens amado em plenitude de teu coração, quisera dizer-te que a senda direita e em linha reta é a única senda, que a união sincera é a melhor. E quando tenhas compreendido o caminho, quando tenhas alcançado esta união, o tempo e todas as complicações do tempo terão passado. Então serás tu o teu próprio Mestre, teu próprio D-us, tua própria luz. E uma vez que tenhas realizado sua exaltação consciencial, todas as demais coisas serão secundárias, e, por conseguinte, desnecessárias.

"O tempo, ah! O tempo; é um componente do sistema de medições usado para sequenciar eventos, para comparar as durações dos eventos, os seus intervalos, e para quantificar o movimento de objetos. O tempo tem sido um dos maiores temas da religião, filosofia e ciência, mas defini-lo de uma forma não controversa (que possa ser aplicada a todos os campos) de tudo tem eludido aos maiores conhecedores. Enfim, tempo é duração de consciência".

A.A.K.

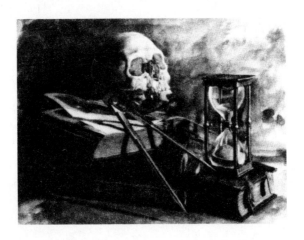

QUARTA PARTE

História, Mitologia, Cosmologia, Epistemologia e Religião

61. "O êxtase do Conhecimento e da Conversação do Sagrado Anjo Guardião traz paz à "alma do escriba" (sua mente consciente) pelo processo de imprimir uma tal energia aos seus pensamentos que o conflito normal entre eles (que causa a dor) torna-se insignificante, tal como os antagonismos pessoais de um regimento de cavalaria são esquecidos no ardor de uma carga."

31. "Então veio uma águia do abismo de glória e cobriu-o com sua sombra. Tão negra era a sombra que ele ficou invisível."

31. "A Águia simboliza a influência do Pai dos Deuses, também a mais alta forma de Vida Mágica, e o Governo do Ar, isto é, o poder de comandar o mundo dos pensamentos. Isto o cobre de maneira a esconder a personalidade dele."

A∴A∴ Publicação em Classe A.
Liber Cordis Cincti Serpente

Capítulo I
Origens históricas do Templo, do Cristianismo e suas relações com a Francomaçonaria.

SUMÁRIO

Rei Salomão

Templo de Salomão, uma data da Francomaçonaria; O templo dos judeus é o templo da iniciação; Semelhanças que tem ao do Sol – Os sete braços do candelabro – Os doze touros bebendo no mar de bronze – As duas Colunas – Degraus do templo – Grau de Companheiro – Mito de Hiram; Grau de Mestre – O símbolo primitivo de Osíris e de Ceres Eleusiana, são complementados por Hiram – Significação da luta da Luz contra as trevas, representados no Egito pelo casamento e na Grécia pela família, e na Judeia representará a associação e o envolvimento deste modo numa magnífica trindade – Companheirismo – Sociedades secretas dos Hebreus – Mistérios entre os Romanos – Cristianismo, proclama o pensamento da doutrina secreta.

Dez séculos antes da era cristã, pouco menos de quinhentos anos depois da saída do Egito, e cinquenta anos antes da época em que a história menciona o nascimento de Homero, quando as instituições de Orfeu não haviam sido ainda modificadas pela proclamação dos novos deuses, Salomão chegou, em meio das guerras civis excitadas por seus irmãos, a ocupar o trono de Davi, e se empenhou a refazer de novo o brilho da iniciação por meio da edificação de um templo famoso, o qual há dado o seu nome. Nos séculos anteriores, o povo hebreu não havia se notabilizado nem por sua magnificência, nem por suas riquezas, nem pelas manifestações artísticas.

Forçosamente arrastado por uma situação toda especial e pelos combates em que esteve constantemente ocupado, pelo positivismo da vida, parecia estar encerrado numa esfera intelectual bastante estreita, com exceção de sua literatura, religiosa e política. Por outro lado, as *Artes* haviam deixado depois dele, muito pouca luz, mas Davi as transformou, e sob os cuidados de Salomão suas conquistas neste gênero haviam sido rápidas e grandes.

Se nos fixarmos nas descrições do templo e nos ornamentos que lhe adornam, quantas proporções notáveis, seja no esplendor ou nas riquezas, quantas suntuosas prodigalidades na edificação da morada de Jehovah não encontraremos?

Poderemos acreditar na exagerada cifra de setenta mil obreiros encarregados de transportar os materiais, nos oitenta mil carpinteiros encarregados de cortar as madeiras nos bosques, nos trinta mil pedreiros que colocavam as pedras talhadas, desde muito longe trazidas sobre carretas; nos animais, do ouro que ostentavam, as cortinas carregadas do peso que produziam os imensos bordados de ouro com que se ocultava o Tabernáculo; naqueles candelabros de ouro maciço, suas lâmpadas suspensas, seus incensários cinzelados, e cheios de pedras preciosas, seus cálices elegantes, suas bandejas, todas talhadas em ouro fino; nas portas de nácar e marfim, com dobradiças de ouro em suas palmas, flores entreabertas, em suas grandes figuras de querubins ricamente esculpidas; nos cedros que revestiam a fachada dos muros e cobertas também de ouro?

Quantos tesouros não foram necessários para essas criações fantásticas! Quantos despojos de nações vencidas não se fez necessário amontoar para levar a cabo tão suntuosas obras? Quantas contribuições não houveram sido indispensáveis impor sobre o povo para que pagassem com carestia o luxo engalanado da habitação de seu D-us? Deixemos, contudo, ditas exagerações da Bíblia e a seus comentadores e na vaidade dos historiadores nacionais. A importância do templo não consiste para nós em suas riquezas, senão em sua fundação e emblema.

A origem maçônica desse Templo se revela em todas suas partes; tudo em sua construção foi tomado nas idades precedentes e dos mistérios antigos; as magnificências de Tebas e de Menfis vão reproduzir na Judeia para enaltecer ao G∴A∴D∴U∴. Todo artifício desse templo se relaciona com o sistema do mundo e, ao representar a ordem e a harmonia, oferece o quadro mais perfeito de beleza. O Sol, a Lua, os Planetas, o Zodíaco, os diversos elementos, o tempo com todos seus movimentos ou trocas, todos têm sua representação emblemática, e como consequência se encontram expostos à vista da população, que todos eram iniciados.

Este Templo, em seus detalhes, tem muita aparência com o do Sol. Os sete braços do candelabro representam os sete planetas e com a singularidade de semelhança em que se encontram dispostos os braços segundo a posição que cada um tem e o nome daquilo que simboliza. Os doze touros bebendo no mar de bronze se encontram colocados de três em três de modo que formem quatro grupos que olham os quatro pontos cardeais, e servem de emblema aos doze meses do ano, às quatro estações, constituindo em conjunto o ano, cuja imagem representativa tem o mar de bronze. Em cada uma das quatro faces da base, que formam os grupos mencionados, encontram-se esculpidas as quatro figuras do Zodíaco, que simbolizam os quatro pontos do firmamento: um leão, um boi, um homem e um abutre. As duas grandes figuras dos querubins simbolizam os hemisférios, e suas asas a rapidez com que passa o tempo e circula no Zodíaco.

Os ornamentos pontificiais que levam os sacerdotes nas grandes cerimônias, um representa a terra e outro a céu, do qual tem sua cor azulado. Outro, talvez o mais importante de todos, pela maravilhosa influência que tem exercido no pensamento dos escritores, se chamava o ornamento racional (era uma pedaço de tecido quadrado com o qual os sacerdotes judeus se adornavam nas cerimônias.

Cada uma das doze pedras preciosas que tinham engastadas no peitoral tinha o nome das doze tribos de Israel. Os partidários do maravilhoso lhes têm atribuído o dom de fazer milagres e fazer *chamadas* (invocações/evocações), carregados de pedras preciosas, que figuram na Jerusalém Celestial, e simbolizam a luz difusa do Zodíaco e essas mesmas pedras também adornavam a estatua de Ísis.

A filiação deste templo é evidente e prova que é o templo da Iniciação que Salomão fez construir como monumento da centralização política.

De fato, por simples analogia, o edifício material devia sofrer vicissitudes estranhas e desaparecer para o edifício intelectual se apoiar no primeiro; toma-se uma nova data e se assegura em tal fundamento.

O Templo de Jerusalém foi muitas vezes admirado e outras tantas abandonado pela inconstante multidão dos Hebreus. Um rei do Egito o saqueou e outro impôs a obrigação de respeitá-lo e o executa em suas práticas, outro cerrou suas portas e levantou outros deuses em seus altares para adoração. Ezequias o devolveu ao seu antigo esplendor, ainda que momentaneamente, e seu filho Manasés fez em pedaços o Tabernáculo de Jehovah. Depois de quatro séculos de existência e de afortunadas controvérsias, foi desmoronado por um incêndio pelas tropas da Babilônia. Construído novamente, depois da escravidão, converteu-se em fortaleza, e foi destruído totalmente no dia 10 de Agosto, setenta e um ano da era cristã, pelas tropas de Tito. Sobre suas ruínas se levantaram outros santuários, às vezes mesquitas outras católicos ou sinagogas, segundo a dominação de Jerusalém ou por fortuita situação do Oriente ou do Ocidente.

Não investigaremos o número de operários que se ocuparam na construção do Templo, posto que não seja do interesse atual da Francomaçonaria, nem para ciência, talvez deva ser estudado com os princípios da *gematria* kabbalística. Dito número foi considerável a julgar pelas proporções do edifício e pelas diferenças de operários, que se reuniam segundo a classe de trabalhos, que cada grupo desempenhava congregando-se para receber seus salários ao pé das duas Colunas, colocadas uma ao lado Norte e outra ao Sul, quer dizer, à direita e à esquerda da porta principal do Templo. A uma das Colunas se chamou J∴ e a da esquerda B∴ convertidas em um símbolo que se tem perpetuado até nossos dias.

Esses operários não eram Hebreus, pois um grande número deles haviam vindo de Tiro, já afiliados nas escolas de mistérios, que desde há muito tempo conheciam, pelas estreitas e frequentes comunicações entre tirianos e egípcios, e reunidos desde anteriores épocas nas associações. Haviam inclusive fabricado outros templos, oferecendo nessa época o primeiro exemplo dessas grandes corporações de obreiros, que encontraremos mais tarde na Idade Média empregados em semelhantes trabalhos, que chegaram até nós sem alteração nem grandes adiantamentos no progresso artístico.

Na edificação do Templo, estavam separados por grupos a condição particular dos trabalhos, assim é que formavam grêmios de carpinteiros, profissionais de cantaria, pedreiros, ferreiros, etc.; e subdividiam-se estes grêmios em aprendizes, companheiros e mestres, usando para se reconhecerem, os sinais e palavras, que segundo a opinião geral são, ainda, os mesmos que mantemos entre nós hodiernamente.

É neste Templo que nos apresenta pela primeira vez a origem do segundo grau da Francomaçonaria atual, grau que até este momento histórico tem permanecido oculto a nossa vista nos diferentes períodos que temos recorrido. Segundo a tradição simbólica, os companheiros não podiam penetrar no interior do Santuário, uma vez que este local só estava livre aos Mestres e daí o porquê da construção dos cinco degraus exteriores no Templo e os que até hoje estão presente em dito grau. Cada uma das ferramentas e materiais que eles usavam receberam uma significação, assim como esses mesmos degraus tão necessários para chegar ao peristilo se converteram hoje em dia numa alegoria.

Os materiais se apresentam em estado bruto ante os companheiros, e se lhes entregam o cinzel e o maço, a espátula, a régua, a alavanca, o esquadro e o compasso, para serem trabalhados e polidos. O cinzel e o maço para talhar e lavrar a pedra tosca; a espátula para cimentar afinando as superfícies; a régua para dirigir as linhas retas; a alavanca para levantar os materiais pesados; o esquadro e o compasso para terminar as proporções e nivelar as partes que irão constituir o todo; enfim, com o auxílio desses instrumentos obtém-se da pedra bruta a pedra cúbica, símbolo da perfeição, e os companheiros constroem os degraus do Templo. Conforme já vimos em capítulo anterior, esses degraus levam nomes emblemáticos, pois o primeiro denomina Inteligência, o segundo Retidão, o terceiro Valor, o quarto Prudência e o quinto Filantropia (Amor à humanidade); graduação que serve aos companheiros para subir até as duas Colunas J∴ e B∴.

Chegamos até aqui pelo campo das ideias materiais e devemos elevarnos a outra região mais fecunda em conceitos morais. A prova do Companheiro é a segunda que deve passar o Iniciado antes de penetrar no Templo, onde está reservado conhecer o Grande Mito de Hiram, quer dizer, o Grande pensamento da Iniciação. A primeira condição que se requer é a inteligência, porque a Francomaçonaria não quer soldados cegos ou ignorantes que marchem a impulsos da vontade alheia, nem quando se lhes diga: marchem, sejam máquinas; não, os adeptos da Francomaçonaria tem uma missão a desempenhar, e é preciso que eles compreendam bem e que saibam se podem consagrar-se a ela. Não é o fanatismo o que devemos desenvolver neles; é o sentimento do dever apoiado sobre a razão que devemos despertar nos neófitos.

A segunda condição exigida é a retidão, porque não queremos caminhos tortuosos, nem atos que a consciência possa reprovar, por fim, o caminho é duplo e grande e é necessário marchar na senda da retidão sem titubear.

Não queremos capitulações da consciência, nem restrições mentais, devemos ser equitativos e retos em todos nossos atos, pois a Francomaçonaria não quer triunfos comprados por meios ilícitos; queremos retidão na vida privada, retidão na vida pública, regra invariável do iniciado em todas as ocasiões e em todas suas circunstâncias.

A terceira condição que deve ter o iniciado é o valor. Por que haveremos de ocultar aos adeptos os perigos a que possam estar expostos, os ódios que contra eles se suscitam e as perseguições de que possam ser objeto? Na luta sempre viva e sangrenta que algumas vezes tratam de sustentar se necessita valor para suportá-la; o valor é indispensável, pois talvez tenham que fazer uso até das armas e deixar mártires em seu caminho.

A quarta condição que se impõe é a da prudência; pois se o valor é sempre necessário, não o é menos a prudência; não é justo que, ao expor seu repouso, sua fortuna e sua vida exponham as de seus irmãos por uma indiscrição. A Francomaçonaria não quer fanfarronada, nem demonstrações inúteis ou vaidosas; ela necessita desse valor refletido que vai sempre a um ponto traçado e sem arrojar-se loucamente a empresas fúteis. A maçonaria quer que se espalhe a ideia, que se fecunde sem descanso nem tréguas e quando o momento da oportunidade se apresente se faça triunfar. Neste sentido, não quer que soe as trombetas da vitória sem haver chegado a hora de recolher os louros.

A quinta condição que há de adornar ao bom companheiro é o amor à humanidade, último grau simbólico dos cinco que está obrigado a edificar, o amor a humanidade! É a ela a quem tudo deve consagrar-se, Atrás do egoísmo! Fora os pensamentos de personalidade! O francomaçom deve inclinar-se ante o interesse geral! Se tem dito em sua iniciação, quando viu resplandecer as espadas e de lhe anunciou que devia estar pronto a correr em socorro de seus irmãos, tal como eles estavam sempre dispostos a defender-lhe no perigo, lição sublime em que se ensina a que todo sentimento individual deve absorver-se no amor a humanidade, e que o bem estar dos homens é o único objeto dos esforços constantes do verdadeiro francomaçom.

Antes de chegar às colunas do templo, deve-se construir o pavimento, que há de cobrir completamente o espaço que se encontra entre elas. Dito pavimento é um mosaico composto de pequenos poliedros e de cimento, trabalho que se faz indispensável e inalterável, que desafiará os ultrajes do tempo, resistindo tanto quanto a duração dos séculos, e lhe demonstrará que a união com que estão enlaçados e mesclados é que lhes impõe a solidez perpétua. Por último, coloca-se entre as duas colunas, J∴ que significa a força e B∴ que significa a estabilidade, força e estabilidade, servindo de sustentação ao frontispício do templo moral, que deve levantar o francomaçom, templo que não concluirá se não incluir a sua obra à inteligência, a retidão, o valor, a prudência e o amor a humanidade.

Tal símbolo é o do companheiro, que se completará no templo quando tenha terminado suas provas e possa penetrar e tomar parte no sangrento drama de Hiram.

Osíris, assassinado por Tifón e seus companheiros, encontrado por Ísis e depois voltou à vida, foi no Egito o herói da iniciação; nos mistérios gregos foi substituído por Ceres. O Herói vai trocar de nome, no mito se aproximará mais da tradição primeira, que não se poderá desconhecer em sua transformação, porém, é a que será muito mais imponente; é o mesmo drama social que pela primeira vez vai desenvolver-se com mais clareza. Esta modificação do pensamento misterioso, complemento de ideias que não havia sido possível compreenderem-se antes, pelo véu com que os escritores iniciados as envolviam. Oferece o interesse poderoso que a Iniciação tem em sua essência.

Salomão pediu a Hiram, rei de Tiro, que havia sido um dos melhores amigos de seu pai, madeiras do Líbano para a construção do templo, recomendando-se também que lhe enviasse um homem que soubesse trabalhar em ouro, prata, bronze, ferro e toda classe de manufaturas esculpidas... a fim de dirigir os operários da Judeia e Jerusalém na construção de sua grande obra.

O rei de Tiro lhe mandou um homem hábil que tinha seu mesmo nome e foi quem construiu com Salomão a casa de Jehovah. O arquiteto que dirigiu os trabalhos foi Hiram, segundo alguns, e Adonhiram segundo outros.

Ele traçou os desenhos com determinação na execução dos planos, impondo em tudo a ordem e atividade, fazendo a talha das madeiras, pedras, ouro, prata e demais metais, cuidando que os obreiros fossem regularmente pagos, desempenhando para com eles os cuidados de um pai, e como tal era amado por aqueles. Sem dúvida, três maus companheiros, invejosos pelo talento e autoridade do mestre, envaidecidos, como todos os ignorantes orgulhosos, de que seus conhecimentos igualavam aos de Hiram, aspiraram a substituí-lo na direção das oficinas, e a repartir-se o poder que ele exercia. Conceberam então o projeto de tirar-lhe a palavra de mestre, ou seja, a palavra secreta com que os mestres se reconheciam entre si, sem levar em conta que a palavra de passe não constituía a base do saber e combinaram assassiná-lo depois de possuir o segredo.

Por fim, situaram-se um dia cada um deles em uma das três portas do templo e esperaram a saída de Hiram. Este chegou na porta do Oriente e um dos assassinos lhe pediu a palavra de mestre; o mestre Hiram, ao negá-la, o assassino que ali o aguardava lhe feriu com o maço. Hiram, foi para a porta do Meio dia perseguido pelo companheiro, e nesta se encontrou com o segundo que lhe pediu igualmente a palavra, e ao negá-la lhe feriu também, tomando então a direção de sua marcha para a porta do Ocidente, perseguido pelos dois anteriores, porém, ao chegar onde estava o terceiro, este lhe despregou um terrível golpe de maço na cabeça. Neste estado se lançam os três sobre ele, envolvem-lhe e lhe tapam o rosto com um véu negro e o transportam para muito longe durante a noite. Colocam-no numa fossa e o cobrem com folhas secas, plantando sobre a borda da fossa um ramo de acácia, para que servisse de sinal onde poderiam reconhecer o local, com o objetivo de precaverem se descobrissem o cadáver.

No dia seguinte os obreiros o esperaram inutilmente, e cheios de inquietude por seu atraso começaram a procurá-lo. Não encontrando-o, puseram-se a correr por todas as partes chamando-o e chorando; tal ato também executaram os assassinos, unindo-se aos outros com suas hipócritas lágrimas, gritos e buscas. Os obreiros, assustados pelo negativo resultado de sua procura, designaram então nove entre eles para continuar suas investigações, porém, a neve, a chuva e a neblina detiveram seus passos.

Enquanto isso ocorria, apresentaram-se os três maus companheiros para suceder o mestre na direção dos trabalhos; rechaçados por uns e aceitos por outros, a desordem substituiu a ordem. Sem dúvida, a maior parte dos obreiros não haviam perdido toda esperança, e por mais que o desaparecimento de Hiram havia deixado grande vazio e desconsolo entre eles, ao ponto de não cessar de senti-lo, porque a falta de sua direção proporcionou muitos erros e dificuldades, e então foi quando compreenderam que o mestre era uma daquelas inteligências privilegiadas e destinadas para dirigir, cuja superioridade se aprecia quando se nota a falta. Eles sentiam em meio da desordem que já não tinham seu guia nem seu archote que os iluminava, e em sua exaltação desesperada e espiritual, Hiram aparecia-lhes em suas contemplações, como um ser muito elevado e até maravilhoso, e eles acreditaram que não havia morrido, dando por resultado em suas comunicativas considerações ao que prorromperam em gritos; ele não está morto, ele é o D-us da luz e da verdade, ele não pode morrer! Os nove destinados a investigar seguiam ativamente seus descobrimentos, e por fim chegaram a um lugar deserto e retirado. Um ramo de acácia, sinal simbólico dos Iniciados, chamou-lhes a atenção, e um deles passou a mão sobre ela, com cujo ato ela se inclinou, ele a extraiu da terra e percebendo-se que não tinha raízes lhe surpreendeu um involuntário calafrio que cruzou por todos seus membros. Porém, reflexivo por um triste pressentimento, eles convieram em que ali poderia estar o tesouro que buscavam.

Então principiaram a separar as folhas que cobriam a parte superior e descobriram Hiram sem movimento vital, ao que fizeram um gesto de espanto... Ah, S∴M∴D∴. Um deles tratou de levantá-lo, e como o braço que ele havia segurado se lhe escapasse de suas mãos, acreditou, em sua perturbação, que se lhe havia separado do corpo e então gritou M∴B∴!

O pressentimento que haviam tido os companheiros não havia sido em falso. Hiram, atordoado pelos golpes que havia recebido, caiu ensanguentado, porém, não estava morto, e com o repouso, e talvez o efeito das folhas com que o cobriram havia curado suas feridas. Ele se levantou e disse aos companheiros: Não chorai, me haveis encontrado... e seu rosto se tornou radiante como o sol ao terminar estas palavras. Então se encaminharam todos para o templo onde os demais obreiros o reconheceram, saudaram-no com aclamações, coroaram-no de flores, queimaram perfumes e juraram ante ele não temer dali por diante outro guia nem mestre. Ele, por sua vez, ofereceu-lhe concluir o Santuário de Jehovah (G∴A∴D∴U∴) e os obreiros aplaudiram batendo palmas com as mãos...

Aqui está o mito hebreu em sua grandeza e impressivo de afetuosa simplicidade. Se nos referirmos à origem dos mistérios, veremos nele uma chispa refletida e procedente da poesia da Índia e da Pérsia. Reconhecemos que entre o mestre Hiram e o Osíris do Egito e Prosérpina da Grécia existe grande analogia, a humanidade seguiu sempre o simbolismo, igual em sua essência, ainda que com sucessivas transformações. Os três maus companheiros, que ferem a Hiram, cobrem-no com um véu e o ocultam com as folhas desprendidas das árvores, representam os três meses do inverno, durante os quais o sol se afasta, e os nove companheiros enviados em sua busca, trazem-no e o coroam de flores, significa os outros meses do ano. Os trabalhos se suspendem com a morte de Hiram e com sua aparição voltam a tomar seu pleno vigor. A cena, sempre igual dá a ideia do deus morto e ressuscitado, na luta das trevas com a luz do sol, que desaparece para voltar e apresentar-se. O mito hebreu não contém os detalhes poéticos do mito egípcio, nem a graça e o sentimento do mito Eleusiano; aquele é severo como o povo em que teve seu nascimento, e, portanto, compreende um pensamento maior, mais completo, um pensamento social, que se manifesta pela primeira vez nos mistérios com uma clareza e precisão até então desconhecida. É uma palavra de revelação que se faz ouvir entre as colunas do templo de Jerusalém, cujo eco ressoará nas idades futuras; é uma bandeira elevada sobre o templo imaterial ou moral da Francomaçonaria; e quanto as imensas riquezas amontoadas por Salomão na casa de Jehovah, não fica mais que uma vaga lembrança. Então, quando essas ruínas desaparecerem sob a poeira levantada pelo pisoteio destruidor dos conquistadores, encontraremos mais fecundo que os tesouros desse mesmo pensamento, sempre vivaz, maior, que as pilastras, mais alto que os frontispícios; bandeira imaculada e sempre ondeante.

Explicaremos este pensamento do símbolo hebreu, que é hoje o mesmo de nossos povos. No Egito, quando Osíris desapareceu encerrado no sepulcro em que Tifón o arrojou, Ísis sai só, a buscar o seu esposo amado. Na Grécia, quando o rei das trevas se apodera de Prosérpina, arrebatando-a dentre suas companheiras de jogo, Ceres sai também só e perambula pelo espaço para encontrar a sua filha; e por mais que filosoficamente proclame a uma lei do matrimônio, e a outra lei da fundação da família, ambas têm uma ação comum, um sentido progressivo naquelas sociedades semibárbaras. Era uma grande conquista a que se obtinha com a dupla proclamação do mito, que havia podido colocar sob a proteção do céu o casamento, ou a união social, e o amor familiar. A cena vai trocar, o horizonte vai alargar seu círculo gradual e moral, a civilização vai dar um novo passo, e é a doutrina secreta, e é a Francomaçonaria a quem se deve todos estes progressos. O matrimônio e a família repousaram em bases sólidas, Moisés proclama o trabalho como lei geral, como obrigação imposta a todos os homens, e isto é para nós o mais importante, ver o herói do símbolo, modificado pelos Iniciados em um trabalhador, em obreiro, chefe dos obreiros, num homem inteligente e laborioso, instruído em todas as artes.

Quantas conquistas morais representam este símbolo! Que marcha tão rápida em proveito das ideias sociais!

Osíris representa um guerreiro, um herói, Prosérpina, uma deusa filha de Júpiter esposa de Plutão. Pois bem, cessem as espadas, cessem de figurar esses carros alados, cessem Mercúrio e Ceres em sua intervenção maravilhosa sobre a humanidade. Já não haverá necessidade de recorrer a estas dinastias de príncipes e deuses, que vivem e trovejam sobre o firmamento. Hiram é um artista, um arquiteto, um fundidor de metais, um homem inteligente em tudo, em uma palavra, o homem do povo, o plebeu que substitui as castas superiores e até o mesmo Olimpo. Que transformação! Que pensamento mais sério e profundo poderia oferecer-se aos estudos do Porvir! Entoemos um cântico de glória aos mistérios antigos, que nos têm proporcionado o primeiro ensinamento, e, igualmente aos mistérios modernos, que se mantêm conservados sabiamente e aplaudido nesta mesma doutrina.

Há no símbolo uma significação não menos importante e não menos fecunda, a qual terá no porvir um valor superior, e abrirá uma senda nova na humanidade trabalhadora. Já temos observado nos mistérios do Egito e da Grécia, respectivamente, a ação solitária da esposa e da mãe, uma buscando o seu esposo e a outra a sua filha. Agora aparecerá a ação simultânea geral e em comum de uma associação de trabalhadores que perderam o seu chefe e o buscam como sua luz e guia, esforçando-se por encontrá-lo, posto que necessitem de sua direção. O mito antigo se despojará das cenas fantásticas e se tornará em simples, modesto como convém aos homens trabalhadores. As primeiras investigações dos obreiros são infrutuosas, e a associação delega nove de seus membros para continuar a obra importante para tudo que interessa aos iniciados em geral, e quando o mestre encontrou sua primeira palavra na seguinte frase: Vós me haveis deixado só e os maus me feriram! Palavra profunda que parece destinada a completar o símbolo.

Entraremos em um mundo novo de ideias e penetraremos em uma esfera diferente daquelas em que até este momento temos recorrido. Adeus poéticas imagens! Adeus comovedoras pinturas do amor conjugal, da intranquilidade e da dor maternal! O pensamento de associação há substituído ao do sentimento. Quantas mulheres jovens não haviam derramado lágrimas com a leitura da paixão de Osíris e com as desgraças de Isis ao recorrer às ribeiras do Nilo, inspecionando os canaviais que as povoam e interrogando pelo corpo de seu bem amado esposo e levantando por último a árvore que envolveu a tumba donde repousava? Que terno interesse não inspirava a esposa desafortunada, quando transformada em pomba revoava ao redor dessa mesma árvore, convertido em coluna sustentando o frontispício do Palácio?

Quantas lágrimas não se derramaram todavia na cena donde representava as viagens recolhendo os membros espalhados de seu amado esposo?

As esposas choravam por Ísis, as mães pelos tormentos de Ceres em busca de sua filha, e quantas não derramaram mais tarde pelas tristezas e dores de Maria em sua solidão ao pé da cruz no Calvário?

O mito hebraico renuncia a todos esses meios de encantos para comover, ele apresenta severo e despreza o falar ao coração para interessar a razão, o gênio de Moisés parece refletir-se e ressuscitar!

Já vistes a explicação astrológica do símbolo de Hiram, símbolo que traduzem os francomaçons modernos da seguinte maneira: Hiram é a razão eterna da qual emana a justiça e a liberdade, e os três maus companheiros são a ignorância, a mentira e a ambição, assim como os nove companheiros que buscam ao mestre significa a virtude, o estudo e as ciências com que se ilustra a humanidade.

A ambição dirige aos conjurados, a mentira foi a primeira em ferir, a ignorância lhe põe o véu sobre a cabeça e depois os três unidos intencionam a arrastar os obreiros, quer dizer, aos homens, o que simboliza o acúmulo de desgraçados que aflige a sociedade. A mentira tirou o direito de liberdade dos homens e pregou doutrinas contrárias, fazendo das leis uma falsa interpretação; infundiu o erro nos espíritos e confundiu todas as relações; a ambição se apoiou na mentira, rompeu a liberdade que estorvava para seus fins, estabeleceu o despotismo do qual se originaram a miséria; a escravidão, as perseguições, a intolerância religiosa que derramaram tanto sangue, fazendo cumplicidade com a ignorância, que armada da espada marchava a suas ordens como instrumento cego, degolando com furor aos designados, porque não se associavam a seguir seus caminhos.

Abreviemos estes detalhes, porque nós também temos que fazer o mesmo que os antigos iniciados, não dizer tudo. O que levamos exposto é suficiente para compreender que a Francomaçonaria segue em luta perpétua contra a ambição, a mentira e a ignorância, e deduzimos por consequência quão grande haverá de ser essa luta, e que número de inimigos haverá tido que combater desde os velhos tempos.

Com exceção da escola dos Essênios, as sociedades secretas haviam tido pouca influência no povo hebreu; porém, depois da divisão em dois reinos, e pelas guerras que teve que sustentar entre si com as nações vizinhas, durante o cativeiro na Babilônia, sob a dominação dos distintos amos, que disputavam o solo da Judeia, elas tomaram pouco a pouco um grande desenvolvimento. Não estranheis a falta de unidade social no meio de uma conflagração geral e de lutas incessantes, que faziam tremer o solo pátrio ameaçado constantemente da independência nacional e criando-se interesses opostos, modificando os costumes e ainda o culto propriamente dito. Por mais que a ideia de Jehovah, ou de um D-us único salvador, sempre brilhará sobre elas os grandes princípios maçônicos que jamais serão abandonados por nenhuma delas, e ainda os meios empregados para chegar na aplicação desses princípios, em tão deploráveis circunstâncias, já não sejam os mesmos, porque agitando-se em um círculo estreito tem que inclinar-se muito especialmente a um outro ponto da doutrina geral, é consequente que limitem sua ação a uma estrita aplicação mais conveniente e adequada aos nossos dias.

Os Fariseus se esforçavam em sustentar a lei ao pé da letra e observavam as práticas religiosas e a doutrina da imortalidade da alma. Esta sociedade estava dotada de ardente espírito de proselitismo e hospitalidade pela grande consideração que tinham com os estrangeiros, aos quais iniciava em grande número a suas crenças. Esta era uma escola religiosa e política seguindo o triunfo do povo judeu.

Os Saduceus se sujeitam mais ao espírito da lei que as práticas externas e creem suficientemente satisfazer as esperanças. Não admitem a existência dos espíritos angelicais, que é um princípio contundente ao politeísmo, nem tampouco acreditam na perpetualidade individual das almas. Rechaçavam a fatalidade e proclamavam a doutrina da perfectibilidade humana e a liberdade do homem.

Os Zeladores tinham por objetivo sacudir a opressão estrangeira a qualquer preço, ocupavam-se muito pouco das questões filosóficas. Para eles, era prioridade libertar sua nacionalidade, devolver-lhe seu nome e independência ainda que em troca tivesse que derramar até a última gota de sangue para conseguir o triunfo. Eles compreendiam que o dever dos homens enérgicos e inteligentes, era em primeiro lugar o reconstituir a pátria, e depois entregar-se às contemplações metafísicas. Eles fraternizam porque reconhecem a necessidade de união para independência de seu país.

Os Terapeutas, sucessores dos monges indígenas, e precursores dos padres da Tebaida, consagram-se à vida contemplativa, por certo bem inútil a pátria e a humanidade em geral, e não se sujeitam às práticas maçônicas mais que na proscrição absoluta da escravatura.

Os Alexandrinos tinham por base a igualdade ante a lei e solicitavam aos homens instruídos das nações estrangeiras a fim de espargir por todas as partes suas doutrinas. Preocupam-se pouco com a questão da nacionalidade e a diferença dos Zeladores, consideram a todos os homens como uma só família estreitando o princípio fraternal de Moisés. Talvez a isto se deva o que a versão dos Setenta saíra dos homens dessa escola. Um dos chefes desta escola, da qual o cristianismo tomará suas mais belas máximas, esforça-se em combater as ideias orgulhosas e falsa nobreza com que tanto se envaidecem os homens. Ouvi estas memoráveis palavras: Os homens que luzem alardeando de nobreza devem ser repreendidos, se é que a nobreza sustentam em sua descendência de pais ricos ou ilustres cidadãos em cargos públicos. A verdadeira nobreza pertence às personagens dotadas de inteligência e retidão, ainda que procedam de pais pobres, escravos ou trabalhadores. Acaso o homem que lhe falte a vista, o que perde a faculdade de falar lhe serve de garantia o que seus antecessores tenham tido boa vista ou tenham sido bons oradores? De que serve a justiça, a temperança, as virtudes públicas ou privadas dos avôs e dos netos ou filhos que não são justos, temperantes nem virtuosos? Herdam-se por fortuna as boas qualidades físicas e morais? Não, e o provam por milhares de exemplos que poderíamos citar. Ah! Se D-us dotara a nobreza de forma e voz humana, quantas não seriam suas alocuções.

Os mesmos autos, proclamando o bem que proporciona a igualdade, dizem: a vida mais longa de um homem não seria suficiente para enumerar os benefícios que proporciona a igualdade. Por ela se sustém o manancial da justiça; ela proporciona a melhor forma social e a mais perfeita república, a mais harmoniosa democracia, ou seja, a administração do povo pelo povo, ela presta força aos corpos e valor as almas.

Acreditamos estar ouvindo sussuros desses herdeiros da Iniciação, desses apóstolos das leis do templo, dos filósofos dos século X e VIII, e o pensamento, os problemas são sempre os mesmos, as épocas se distanciam; contudo, são idênticas as necessidades que nos acercam e nos confundem.

Entre as sociedades políticas e religiosas dos hebreus, que brilhou com esplendente luz, durante os cinco séculos de combate, dores e escravidão que precederam o nascimento de Jesus Cristo, foi a dos Essênios. Esta deve inspirar vivo interesse aos socialistas, porque a eles é quem oferece observação pelo sistema e objetivo como ela aplicava os princípios de sua Iniciação. Ela teve princípio durante a guerra em que os Sírios invadiram a Judeia, saquearam os templos e impunham suas crenças por meio da espada, crenças que não aceitaram do vencedor. Não querendo submeterem-se às leis nem à doutrina do estrangeiro, várias famílias buscaram abrigo nas escarpadas montanhas e nos desertos, transportando seus altares e estabelecendo uma forma governativa própria aos seus costumes e necessidades. Estabeleciam a igualdade civil e política, e como viviam retraídos e ameaçados pela espada do conquistador, estreitaram-se socialmente com leis comuns ao bem geral, posto que o perigo que lhes rodeava era também geral. Os preceitos da doutrina secreta impunham aos iniciados a obrigação de socorrer-se em todas as ocasiões que tivessem necessidade, lei que cumpriram ao extremo com suma religiosidade de criar interesses comuns para se ligarem mais contra o estrangeiro. Esta instituição se susteve depois da guerra, e seguiu com as vicissitudes que penetrou no povo hebreu, e os essênios se mostraram na cidade com as mesmas práticas que haviam iniciado no deserto. O trabalho e a caridade mútua eram suas principais regras de observação, e eles reprovavam toda classe de servidão, condenavam o princípio da guerra, mas defendiam a independência da pátria como princípio filosófico e aprontavam para luta dando prova de seu valor indomável nos combates contra os romanos[49], combates em que conservaram sempre sua antiga lei. Os Essênios se distinguiam pelo respeito fidelíssimo com que cumpriam suas menores promessas, assim é que não empregavam os juramentos, e os neófitos, no dia de sua iniciação, limitavam-se somente a declarar em voz alta sua vontade de pertencer à instituição. Prometiam em dito ato não fazer mal a ninguém, não se reunir com os maus, ajudar aos bons, comunicar-se sensivelmente e fielmente com os que mais tarde haveriam de iniciar, ensinar-lhes os livros e os mistérios da iniciação. Porém, ao mesmo tempo, prometiam não deixar que os estrangeiros descobrissem nem o mínimo, ainda que se vissem ameaçados com violência por eles. A moral dos Essênios se baseia no amor a D-us, amor à virtude e amor aos homens. O amor a D-us impõe caridade e rechaça a mentira; o amor à virtude implica na frugalidade, na modéstia e na constância; o amor aos homens compreende a caridade e a igualdade mais completa.

Temos exposto as sociedades que entre os hebreus conservam a tradição da iniciação primitiva e as transmite às gerações futuras, cumprindo, deste modo, o misterioso dever imposto aos adeptos e cujo cumprimento deve ter grande influência no destino da humanidade. Sem dúvida, não alcançaram seu objetivo por mais valor que despreguem contra o estrangeiro, pois suas lutas interiores os debilitam para resistência. As doutrinas maçônicas se conservaram em suas diferentes escolas, e culminaram num só corpo, enquanto o cristianismo perdeu sua autenticidade/originalidade para sempre, por criar e manter múltiplas seitas.

O culto hebreu se sustentará ainda entre os vencedores e subsistirá na Ásia e África sob o pesado jugo dos Turcos e Árabes, e viverá na Europa suportando as torturas e perseguições dos cristãos, porém, a nacionalidade desse povo reaparecerá. Vinte séculos mais tarde, restaurar o pensamento hebraico <u>foi possível; nes</u>te sentido, suas tentativas não foram inúteis.

[49] Toda pessoa que queria ser membro de uma Escola de Mistério entregava seus bens ao tesouro comum, um certo número de economias escolhidas eram o produto do trabalho de todos e se distribuíam a cada um em particular segundo suas necessidades. A cultura das terras e todas as profissões aplicáveis ao regime de paz formavam suas ocupações gerais.

No tempo que transcorre desde Salomão, rei das riquezas, de fausto, da voluptuosidade, rei coroado de murta (mirra) e rosas e em cujos braços reclinaram as rainhas do Oriente, até Jesus rei da pobreza, libertador da escravidão, coroado de espinhos e cravado numa cruz, aparece nas praias do mar da Sicília num pequeno povoado, numa comunidade, que devia, conforme seu aumento de provação, extinguir a liberdade de outros povos, reunir com ela os vencidos e escravos, dar-lhes título de cidadãos romanos para consolá-los em parte da nacionalidade que perdiam.

Os hebreus, tal como os egípcios, os dominadores e os vencidos, os cativos das margens do Nilo e os que haviam arrolados como rebanhos de animais, os que se passaram em carros de triunfo e os que seguiam-lhes encarcerados, todos enfim foram cair sob o jugo deste novo poder, confundindo-se para sempre sem rivalidade num destino comum, entre os vassalos de Roma, grande e vitoriosa potência daqueles tempos.

Esta deverá também propor seus mistérios talvez por herança do Oriente, ou já por reminiscência do Egito e Grécia, transmitidos à Itália, mostraram o espaço entre o mundo antigo e o mundo novo. Esta dupla origem, da qual encontramos o rastro bem marcado, exercerá uma influência singular nos mistérios de Roma. O gênio desses povos aparecerá bem caracterizado nos cultos de Ceres, de Prosérpina e de Baco; tomados dos gregos, e modificados pela fantasia da imaginação helênica, estão destinados a sofrer modificações, alterações, abusos e aberrações próprias da época. O mito egípcio, pelo contrário, conservou-se puro nos santuários da Etrúria e passa a Roma como o Culto de Mithra, cuja origem tem que buscar na Etiópia e no Egito. Nestes cultos tudo é sério e a iniciação tem sempre um fim, sempre o mesmo, o das doutrinas secretas, e oitenta provas precedentes na recepção, nelas se encontram o do batismo e do Cálice das amarguras, símbolos adotados pelo cristianismo e pela Francomaçonaria.

Nas cerimônias de iniciações dos antigos mistérios de Mithra, encontramos algumas passagens que indicam sua origem egípcia, principalmente ao terminar a recepção com um discurso sobre o tema de justiça e não sobre o direito aplicado nas necessidades do código romano. Terá a justiça como princípio geral compreendendo o relativo as comunicações sociais na situação dos cidadãos, na consideração de uns para com os outros, na organização política e social do Estado, ao patriarcado, aos plebeus e escravos, ao concernente à propriedade, a lei criminal e dos devedores, com respeito a guerra, conquistas, repartições de terras, direito dos estrangeiros, religião e formas exteriores.

Que outro círculo de sublimes ensinamentos podia traçar-se na imaginação? Que sucessos não poderiam surgir daquela escola para surpreender às nações, como efeitos surpreenderam as constituições romanas aos países onde se implantaram?

Numa sociedade em que questões ardentes se agitam, em que lutas civis estalam, apaziguam-se e renascem, em que dois elementos opostos pugnam alternativamente, não é possível por limites às investigações dos oradores. Não é possível encarcerar suas vozes em novas teorias, e as grandes ideias tomadas desde sua origem continuam servindo de tema para predicá-las aos iniciados. Assim, pois, Cícero, que era Iniciado, disse a respeito aos mistérios reproduzidos fielmente desde a antiguidade:

"Eles nos têm tirado da vida selvagem e nos têm elevado a vida social; e não somente nos proporcionam prazer na existência, senão também projetam em nosso leito fúnebre um raio de esperança".

Não é somente o culto de Mithra o que se tem rodeado de cerimônia misteriosas. Os atenienses tem dado a Roma o culto de Ceres e ela principia sua influência em toda a Itália. A Sicília se consagra por completo a esta Deusa e a sua filha, as quais, segundo a lenda, nasceram naquele país e o qual obsequiaram elas ao trigo.

Em meios desses campos de fertilidade, quando Prosérpina estava entre os arvoredos floridos, foi donde ela foi arrebatada pelo rei dos infernos no bosque do Etna. Todavia se mostra publicamente a profunda caverna em que se ocultou o raptor, enquanto esperava o momento propício para lançar-se sobre ela e conduzindo-a para Siracusa sepulta-se com ela nas entranhas da terra. A poesia pintou com as cores da ternura maternal as queixas da mãe aos fogos do vulcão. Dos templos lhes elevaram no Etna; Ceres e Prosérpina tiveram suas estatuas em bronze e mármore.

Em Siracusa também levantaram templos consagrados às mesmas divindades, que foram consideradas como protetoras da justiça e das leis, e obrigavam aos seus adictos a prestar terríveis juramentos ao pé de seus altares revestindo-se com o manto de púrpura e com os archotes acesos na mão.

Em Siracusa a este mesmo culto agregam outro simbolismo: conservam a tradição de que Callipo, conspirando contra D-us, prestou um juramento terrível para fazer distanciar toda suspeita, e, sem dúvida, violou seu juramento, assassinando-o no dia da festa da deusa, apesar de havê-la tomado por testemunha de pureza de suas intenções, e com a maior gravidade de que ele foi quem iniciou nos mistérios do mesmo D-us: primeiro exemplo de traição.

Catania também levantou a Ceres um santuário, que se fez célebre por estar servido por mulheres e meninas, e numa de suas capelas existia uma

321

estátua famosa que não podiam ver senão as mulheres, ao extremo de que os homens nem suspeitavam de sua existência naquele lugar. O pretor Verres teve indícios dela e mandou roubá-la do altar.

Roma também elevou templos por disposição do ditador Postumio, vencedor dos latinos, a Ceres, a Prosérpina e a Baco, a quem tributava a décima parte da pilhagem de guerra tomado do inimigo.

A superstição principia a obscurecer a razão, porque as colheitas chegaram a escassear por acidentes atmosféricos, e fazem oferendas a ditas divindades em súplica de comiseração. No ano seguinte, a fertilidade volta a seu estado normal e levantam novos templos em ação de graças, e como consequências se inventam os jejuns e presentes aos deuses, dedicam-lhes o produto das multas, e os sacerdotes fazem ainda outras coisas com o afã de dominar as imaginações; inventam a intervenção da divindade nas paixões humanas e sacrificam a proscrição presenteando nos templos dos proscritos.

Chegando com todas essas inovações numa época de decadência, as festas romanas em honra a Ceres e as cerimônias noturnas se convertem em libertinagem, pois as mulheres, que a princípio das instalações de ditas festas iam vestidas de branco, como símbolo de pureza, depois tornaram seus vestidos em transparentes sedas para entregarem-se às orgias mais lúbricas e desenfreadas. Uma delas, chamada Pompéia, mulher de César, levou o seu amante disfarçado com trajes de mulher na celebração dos mistérios.

Reprovar as mulheres daquela época desses extravios, quando a sociedade romana estava corrompida e conspirava por derrubar seus ineptos deuses e parecia mesmo como que trabalhava para levantar um novo culto, que viria, sem dúvida, a dividi-la e contra o qual uma parte da dita sociedade lutará em vão, é obra da crítica que não se fixa nos costumes próprios do tempo. Esses mistérios de Ceres, celebrados em Roma e que mencionamos somente para demonstrar até onde pode descender a corrupção humana, não tinham nada da Francomaçonaria antiga. Cícero, em seus elogios aos mistérios, combatendo a Claudius, porque os havia profanado, não disse nem uma palavra que se relacione com o pensamento e objetivo deles, prontos a reaparecer no cristianismo.

Sem esperá-lo e a imitação dos profetas quanto a ação, adiantando-se no pensamento e não limitando-se como eles a gemer nem a lançar ameaças, porém se animando do espírito regenerador para o porvir, João Batista, discípulo dos Essênios, aparece com seu grito de reforma, atraindo a atenção do povo judeu; batiza na água do Jordão os discípulos que se consagram a propagar suas doutrinas, e aos que lhe seguem atraídos por sua voz. Esse é o batismo judaico dos prosélitos que se estabeleceram mais tarde e que é uma das provas da iniciação da sociedade a que esse apóstolo pertence, esse é o símbolo da purificação da alma. Que quer esse profeta desconhecido, procedente de família pobre, e saído dentre a multidão para convocar seu povo nesta terra árida, pedregosa, deserta de árvores e verdor, as margens de torrente antiga, que os ardores do sol hão secado sua corrente e do que apenas fica um pequeno riacho oculto entre as areias sobre a ribeira que não se há fixado nessa desolação?

    Os profetas anteriores haviam anunciado antes em alta voz nas ruas e praças das cidades e nos pórticos dos templos, por que agora este o faz no deserto? Será que talvez seja porque a doutrina que ele se propõe a ensinar seja uma ameaça para a ordem pública e que não possam admiti-la nessas populações submetidas ao jugo romano? Será por ventura a sociedade do deserto uma medida de prudência para esquivar da vigilância dos dominadores? Ou será mais certo que esse deserto seja um símbolo por estar situado entre o mar e um rio? Não tratará o novo apóstolo de chamar os homens a uma nova fé, na renovação ou ressurreição, principalmente aos povos escravizados pelos romanos, e esta solidão sem barreiras, nem civilização, nem leis que contenham o movimento, não poderá ser uma lição que diga a todos, que todos estão obrigados a regeneração?

    João dizia aos que lhe seguiam: "Dai uma túnica, quando tenhais duas, a quem está desnudo; parti vosso pão com ele que tenha fome; não useis violências nem perfídias com ninguém e contenta-os com vosso soldo." Ele dizia igualmente aos juízes e cobradores dos impostos romanos: "não exijais mais dos preços que os hão comissionado de cobrar." Estas doutrinas na boca de João eram as mesmas da escola dos Essênios; porém o reformador não se limitava a elas: pois outros, antes dele, haviam pregado as mesmas ideias de caridade e de justiça; sua missão naquela época desgraçada houvera sido mais vulgar, e para inculcar princípios tantas vezes proclamados, não teriam sido necessárias as águas do Jordão.

    O povo hebreu, vencido e dominado por seus dominadores, dividido pelo espírito nacionalista que recorda as ideias de partidos políticos, e pelo interesse inerente aos que foram donos de sua pátria, esperava em segredo a um messias prometido pelos profetas, quer dizer, a um libertador que rompesse a opressão dos estrangeiros, e que ao sentar-se no trono da Davi fundasse um reino durador. Não é somente a nação judaica que deve ser regenerada pelo Messias. Todas as nações se levantaram após ouvir sua palavra, formando um povo de irmãos. O elemento político se mescla com o religioso, desde este movimento e o culto dos deuses romanos desaparece com sua dominação, posto que a humanidade se reunira na lei de Moisés proclamada de novo pelo Libertador. A humilhação de Israel será passageira e o povo judeu se levantará para nunca mais morrer. Este é o pensamento do reformador, esta é sua esperança, sua fé arraigada, dissimulada em seu anverso, porém sempre viva, e esperando que chegue o tempo predito pelos profetas, em que purificadas as tribos sejam dignas de ver o Messias. Assim, pois, o precursor começa a predicar a penitência entre aqueles que lhe rodeiam, apresentando-a como condição indispensável para receber o batismo, símbolo material da purificação das almas.

Penitência com que devem preparar-se para esperar ao que há de vir a reconquistar a independência perdida. Esta é a associação política religiosa que João Batista intenta fundar segundo as ideias da escola em que ele se instruiu e da qual ele há de ver sair o libertador do povo, o Messias. Esta escola tem seus adeptos e seus emblemas, ela propaga suas doutrinas, mas João crê chegado o momento de passar a aplicação de tais doutrinas e se lança entre o povo fazendo-se seguir pela multidão. O duplo caráter de sua missão se manifesta nos atos de sua vida, ele sobressai em sua época entre as mesmas crenças adotadas pela nação de fé de seus profetas. João quer levantar seus compatriotas do estado de decadência e proclama novamente a lei política e a lei religiosa, sem privilegiar uma e aniquilar a outra pela intervenção dos vencedores. O pensamento do triunfo dos hebreus é claro em sua essência, porém, ele trata de outro objetivo mais bem que o de sustentar lutas filosóficas. O interesse mais importante é exclusivamente para o povo judeu, posto que se nega a batizar os estrangeiros, cuja graça não lhes concederá até depois da vitória do povo de Moisés, que os associará a sua liberdade, suas esperanças não são as mesmas que as do povo de Israel, ele os convidará a que participem do festim da liberdade, porém não os chamará ao combate, porque ignora a que lado se inclinará.

A Francomaçonaria moderna não se tem equivocado com o conceito que forma sobre a missão de João Batista. Ela proclama o mesmo caráter, quando, ao modificar o nome de suas formas e ao dar nomes cristãos das antigas cerimônias, ligando recordações de uma antiguidade misteriosa com a glorificação de épocas do mundo regenerado, estabelece em ambos os hemisférios suas festas solsticiais sob o patrocínio do reformador João. A história, ao dar conta com o sangrento testemunho da morte violenta do apóstolo, indica claramente qual foi o pensamento político que a sentenciou. Não foi, como vulgarmente se acreditou, a reprovação expressada pelo predicador a respeito do casamento de Herodes o que produziu sua prisão e assassinato, não, o motivo real da dita execução foi o temor que causavam as turbulências populares que podia excitar o partido que João levantava, e se algum ressentimento pessoal veio ativá-lo, foi vergonhosamente na sombra, encobrindo com o manto hipócrita da política.

Sem dúvida, João Batista arrastava com sua predicação um grande número de homens que havia batizado, discípulos escolhidos e ensinados especialmente, instruídos e iniciados em seu pensamento e com muita facilidade ele pudera haver-lhes feito tomar as armas. Herodes Antipas temia que o povo judeu tomasse alguma determinação para libertar-se da dominação do povo romano e resolve tirar-lhe a vida de quem, com sua predicação, animava-os a buscar a liberdade.

A morte do predicador não detém a reforma, sua palavra tinha ecos distintos dos do deserto. Na história dos povos existem épocas que parecem sinalar indelevelmente para uma regeneração que nada poderá impedi-la; a voz de João ressoava, mesmo quando aparece outra voz muito mais enérgica, viva e veemente. Jesus havia recebido o batismo do apóstolo nas ribeiras do Jordão e assim que foi batizado começou a ganhar a admiração da multidão. De um espírito muito mais ativo, e impulsionado fortemente por um pensamento sumamente atrevido, Jesus o deixa muito atrás e prontamente o seu precursor João, que fez pressentir a chegada do Messias e lhe prepara sua recepção. Jesus exclama com a torrente de sua voz proclamando-se como o Messias verdadeiro, tantas vezes prometido e desde tanto tempo anterior esperado e ao apresentar-se anuncia a transformação do mundo em nome dos grandes princípios de liberdade, igualdade e fraternidade.

Seus discípulos lhe seguem e ele os envia para que anunciem pelo país a vinda do reinado messiânico, e inaugura sua missão de libertador com sua entrada em Jerusalém. Os atos de sua vida tão curta e tão pura representam o desenvolvimento de um desses princípios sustentados pelas sociedades secretas, cujos princípios guardam precisamente os povos no fundo de suas crenças, das que eles esperam o triunfo. É um grave erro crer e dizer que Jesus se rodeou de pescadores, e de que lhes disse: Siga-me, e que eles lhe seguiam cegamente e sem saber o que deles exigia nem aonde os conduzia. Jesus predicava a reforma social que invocam sempre os que sofrem. Parece que ele vinha realizar a mais doce esperança de tantas gerações, que passaram desvanecendo-se em uma espera sem limite. Sua melodiosa voz dizia aos escravos mágicas palavras de liberdade, aos pobres, encantáveis parábolas de igualdade e a todos em geral, as não menos doces alegorias de fraternidade. Ele também, como no mito de Hiram, proclamou a potestade, a superioridade intelectual escolhendo os seus apóstolos dentre os mais ínfimos, e quando disse aos pescadores do lago de Genesaré: "Deixai vossas redes e segui-me, vós sereis agora pescadores de homens!" Eles seguiam seus passos com a consciência da missão que eles empreendiam com zelo pela causa e cheios de confiança nas palavras do Mestre.

Não são estes os fanáticos que obedecem sem compreender o que lhes ordena, são soldados que seguem seu chefe, e que marcham com ele na conquista daquela batalha, mesmo que ainda não havia podido entrever os longínquos resultados. Apreciaram em parte sua compreensão no que diz respeito à geração a que eles pertencem, e à conduta que devam seguir na senda da vida em que se necessita uma troca radical. Deixemos a cada um sua glória, e não esqueçamos que depois da morte do Mestre os apóstolos se espargiram com ele a fim de estender sua palavra sobre a terra.

A atividade do povo não respondeu ao ato dos discípulos: Alguns homens de caráter ardente se uniram a João Batista e a Jesus; porém, a multidão, demasiadamente ignorante para compreender, ou negligente para apaixonar-se pelas doutrinas que exigiam sacrifícios, deixou ressonar sem emocionarem-se as vozes dos reformadores. Esta parte do povo judeu que havia esquecido o D-us de Abraão durante o cativeiro no Egito, murmurou contra Moisés e contra Jehovah no deserto, adorando ao bezerro de ouro enquanto seu libertador preparava a lei no Sinai; esta parte do povo, depois de tantos séculos, sempre foi a mesma, sem entusiasmo, sem confiança, e disposta somente em favor das crenças que nada lhes custava conquistar.

Todos os reformadores tiveram que lutar com essa deplorável apatia que sempre se apoderaram das massas populares, com esse amor ao repouso que os adormece nas cadeias, com esse temor instintivo que tende ao desconhecido e que lhes detém seus braços na espera de ação, amor e temor que não podem vencer nem destruir senão por esforços muito enérgicos, ou por sucessos que os entusiasmem e deem na paixão os triunfos que parecem estar reservados somente na razão.

Nem João Batista nem Jesus encontraram a sua nação preparada para a luta com a que unicamente podia sair triunfante a nação judaica. Ela havia recebido voluntariamente ao primeiro como a um dos profetas, dos que estavam acostumados a ouvir de tempos em tempos e dos quais raras vezes seguiam suas inspirações, talvez pelos gritos de desespero e ameaças que lançavam contra Jerusalém. Mas quando Herodes mandou prender este que anunciava a próxima vinda do Messias, a multidão que ele havia acreditado regenerar pelo batismo, ficou silenciosa e indiferente, nem uma voz de protesto se ouviu reclamando a liberdade do profeta, nem um braço se levantou para defendê-lo contra os soldados do Tetrarca; é assassinado no cárcere e nenhuma emoção popular se notou, nem sequer uma lágrima, nem sinal de simpatia, nem ainda o sentimento que deve despregar contra os abusos das formas judiciais, como se verificou neste caso. Somente seus discípulos vieram depois de sua morte, levaram o corpo e o enterraram.

Se indiferente mostrou este povo para com João Batista, desconfiado e cruel se portou com Jesus. Os habitantes de uma vila lhe rogam que se retire daquele país, ensinava na sinagoga e os concorrentes nem lhe consideravam como tal libertador, nem como Messias, nem acreditavam em sua sabedoria:

> *"Qual é sua ciência e quem se lhe havia dado? Não é ele o carpinteiro filho de Maria, irmão de Jaime, de José, de Judas, e de Simão? Seus irmãos não estão bem com nós".*

A indiferença desse povo feriu vivamente a Jesus e sua dor estalou em ameaças:

"Desgraçada de ti Corozain! Desgraçada de ti Betsaida! E tu Cafarnaum que hás sido elevada até o céu, tu serás humilhada até o inferno!" Os Fariseus diziam: *"O arroja os demônios por Belzebu, príncipe dos demônios".*

- E Jesus lhes disse: "Vós sois uma raça de víbora, cuja boca não pode falar bem, posto que o coração esteja corrompido.

Jesus não foi recebido favoravelmente pela sociedade judaica bem acomodada, porque a dominação estrangeira a havia envilecido, e os sábios e doutores se mostraram surdos as palavras do Messias; suas queixas referentes a este ponto se mesclam com amargos sarcasmos, porém de doçura inefável:

"Eu te celebro, meu pai, porque hajas ocultado estas verdades aos sábios e as revelastes aos pequenos..." "Com quem eu compararei esta geração? Esta é parecida aos que se sentam nas portas e que gritam a seus companheiros: temos tocado flauta e não haveis dançado; temos cantado com lúgubre assento e não haveis chorado?"

Algumas vezes, deixava-se levar por uma indignação que resultava em reproches e ameaças; outras vezes se abandonava a sorte que ele mesmo previa com admirável resignação.

A morte de João Batista parecia haver exercido grande influência na missão de Jesus. Até este momento ele havia sonhado com a vinda de seu libertador público e a repulsão manifestada por ele a todos os estrangeiros na iniciação de seu batismo, indica o bastante respeito a seus olhares particulares. Entretanto, vendo a inércia de um povo que deixa encarcerar e assassinar o profeta que queria libertá-los, Jesus se vê surpreendido de estupor, ele se distancia dessa multidão que segue os passos dos pescadores e que permite que o assassinem; ele toma uma barquinha e vai para um lugar deserto em que deseja estar só, levando consigo os seus apóstolos para que eles também repousem. Tristeza profunda parece embargar seu ânimo.

A luta política é unicamente a que pode fazer ressuscitar o reino dos judeus e dar uma pátria livre aos filhos de Moisés, deserdados pela derrota de sua nacionalidade. O reino que lhes anuncia o Messias não se pode estabelecer simplesmente com a palavra, deve fundar-se com as armas e não com os oradores e os profetas. Vã esperança! Vãs predições dos profetas inspirados pelo amor à independência. A luta não é possível nesse momento, nem com aquela geração bastarda criada pelo jugo. Os Hebreus esperavam um Messias e não compreendiam que era preciso ajudar-lhe, que era preciso aceitar o pensamento sem fixar-se no homem que o indica. Eles não reconhecem em Jesus as condições, eles acolhem sem entusiasmo as predições do reformador e criticam seu nascimento e se interrogam sobre o filho do carpinteiro se é ou não descendente da casa de Davi. Jesus lança ao espaço sua primeira palavra de amargura quando disse que nenhum profeta será venerado em sua pátria.

O desalento não chega ao seu limite. Jesus espera e continua sua missão apostólica despertando nos corações os sentimentos adormecidos impulsos na conquista de sua liberdade, e bem pronto a independência que ele encontrou no princípio, e as burlas suscitadas contra sua doutrina se transformam num ódio implacável, engendrado pelo egoísmo. Os pretendidos guardiões da religião, sacerdotes e doutores encastelados no texto da lei, cuja leitura mata e seu espírito vivifica, irritam-se porque Jesus batiza e é seguido por numerosos discípulos, ameaçam-lhes, forma-se a tempestade e Jesus se afasta, e eles lhe perseguem, sem, contudo, haver interposto um lago entre eles com sua retirada para Galilea. Não obstante eles combinam em matá-lo sob o frívolo pretexto de que não respeitava o cumprimento de santificar os Sábados.

E está aqui um sucesso digno de ser notado! A missão de Jesus foi dirigida realmente contra os romanos, contra a dominação que esses exercem, e, portanto, tinha que ser favorável num todo na liberdade do povo judeu, e este povo se alça indignado contra seu libertador. Raça degenerada, que não haverá meio algum para tirá-la de seu indiferentismo e que parece como que condenada a cumprir um triste destino.

Esse momento de terrível angústia é decisivo para a vida de Jesus e sinala outro período diferente do verdadeiro. O pensamento do reinado messiânico material se extingue, a esperança voa e apenas fica uma tênue claridade que ilumine algo da obscuridade em que se encontra envolta o estado desse povo que não estava preparado, a hora da liberdade civil não estava marcada, todavia lhe chegará por ventura? O espírito de Jesus se fixa em novos pensamentos; aceita-os com desgosto, porém, no fim se decide por eles, seu papel se torna desde agora em um Messias resignado, que vem a sofrer e a levantar um reino puramente espiritual, e aos que lhe perguntam se ele era rei lhes responde que *"seu reino não era desse mundo"*. Sem dúvida, sente dor em sua alma ofendida e irritada em ver a cegueira desse povo que rechaça aos que querem libertá-los da dominação estrangeira, povo dormido sem sonho do porvir, e encarcerado com os ferros inquebrantáveis do jugo. Sua afligida alma se desborda prorrompendo em predições terríveis e em abomináveis maldições: "Desgraçados de vós, Fariseus, que recorreis à terra e ao mar para poder conseguir um prosélito, e se o conseguis o conhecerás no inferno. Desgraçados de vós, sepulcros branqueados, formosos por fora e por dentro cheios de ossos e restos."

Sua dolorosa angústia aumenta ao extremo ao ponto de verter lágrimas de profunda tristeza quando lhes disse:

> *"Jerusalém, Jerusalém, tu que hás dado a morte aos profetas; tu que apedrejas aos que se hão enviado para tua regeneração, quantas vezes há querido reunir a teus filhos como a galinha reúne os seus filhinhos sob suas asas e vós não haveis querido; vossa casa vai estar deserta e de tudo não ficará pedra sobre pedra".*

Contudo, ao mesmo tempo que a dor lhe oprime e lhe faz lançar gritos de angústia, sua ação modifica, suas predições tomam outra direção e sua missão toma proporções mais amplas. Ele prevê o importante cargo que desempenharam os bárbaros ao implantar-se o cristianismo, eles não puderam levantar o espírito de seu povo contra os romanos, e ele convoca então a outros povos pagãos, posto que querem fazê-los participar da nova vida e para fazê-los compreender com maior exatidão seu pressentimento, e para protestar por última vez contra a apatia dos Hebreus, ele grita na presença do Centurião de Cafarnaum:

> *"muitos virão do Oriente e do Ocidente para sentar-se na mesa no reinado dos céus, e os verdadeiros filhos do reino serão arrojados nas trevas do espaço."*

Nas grades do templo de Jerusalém, apodera-se a aflição de seu espírito pela acolhida com que o recebem os principais de seus compatriotas, e prorrompe na seguinte e muito significativa ameaça:

> *"Já os tenho dito que o reino de D-us os será tirado e será dado a uma nação que produzirá seus frutos"*

Ainda concebe outro pensamento que o anima e o dirige e se revela com bastante clareza, quando disse aos seus apóstolos:

> *"Não ireis ao meio dos gentios nem entrareis em Samaria (cidade dos samaritanos), porém ide antes às ovelhas que se perderam da casa de Israel.*

Mais tarde troca de opinião e ele mesmo entra em Samaria, conversa com os samaritanos, toma-os como exemplo para uma de suas mais sublimes e encantadoras parábolas, e por último manda os seus discípulos a predicar sua doutrina entre os pagãos:

329

"Ide e ensinai a todas as nações".

Não se pode desconhecer que o pensamento de Jesus foi, a princípio, como o de João Batista e como o dos Essênios e demais sociedades secretas, político e religioso. Não foi possível aplicá-lo em vida, porém se cumprirá depois de sua morte e numa esfera de dilatado círculo. Seus inimigos o aprisionaram e sua missão foi concluída, ele foi condenado ao suplício, amarrado a uma cruz e a multidão que lhe segue não se atreve a libertá-lo das mãos dos inimigos, nem a livrá-lo da morte. As zombarias e crueldades lhe perseguem até a hora suprema, as mulheres unicamente protestam com gritos e lágrimas, e cheio, todavia, desse amargo pensamento, em vista da cegueira dos hebreus, grita ao ver que as mulheres choravam por ele:

"Filhas de Jerusalém, não choreis por mim, chorai por vós mesmas e vossos filhos!"

Com efeito, essa Jerusalém que o condena a morte é destruída. Os ávidos procuradores de Roma provocam os povos à revolução para destruí-los e a ocasião desprezada pelos judeus não se apresentará em seguida. Porém, nos destinos da humanidade se tratará de muitas outras coisas e não do povo que se deixa levar por sua própria indolência. Considerando materialmente o reinado de Jesus vemos que em seu princípio se limitava a lutar pela liberdade de uma pequena nação, que não tinha representação no cenário internacional. Porém, sob o ponto de vista espiritual, no qual consideramos o seu reinado, posto que ele convocasse todo gênero humano à nova fé, politicamente não houvera encontrado naqueles momentos simpatias entre os outros povos, mas no espiritual devia resistir contra as perseguições e encontrar confessores e prosélitos até entre seus próprios verdugos.

O reinado de Jesus se principia na sombra, invisivelmente, e ignorado de seus contemporâneos. Neste sentido, já se engrandecerá nos séculos vindouros, sua glória resplandecerá em várias partes da terra, sua doutrina irá chamando os homens um por um, sua palavra ressoará nos impérios civilizados, como nas imensas estepes habitadas pelos selvagens sem lei ou educação. Com efeito, parece condição de nossa própria impotência o não fixar-se nas consequências, e se no exterior e impressionável do momento, assim pois, quando se levanta um cadafalso para executar um homem que revolucionou contra as sociedades de seu tempo e termina nas praças públicas e a vista de uma multidão com quem há revolucionado, nesse momento silencioso e frio os juízes e o poder que o farão condenado respira livremente e se dormem tranquilos na crença de que o peso que os oprimia caiu com aquela cabeça que se perdeu na expiação de sua culpa, porém na esfera intelectual as ideias não morrem com aquele que as propagava, desde que seu pensamento ressoa se faz imortal, porque as gerações se apoderam dele como herança que lhes pertence. Quando Jesus sucumbiu na cruz, uma voz pronunciou estas palavras: *Consumatum est!* Tudo está concluído. Erro estúpido, nada havia concluído; tudo estava apenas começando. Este erro, próprio de todos os tempos e das sociedades, é a causa eterna dos crimes políticos e religiosos que ensanguentaram o mundo pela luta de interesses materiais e intelectuais. Acreditou-se acabar com o pensamento ao executar um corpo, acreditou-se inutilizar a língua dos profetas cerrando-lhes a boca, imbecil pretensão: os verdugos chegaram tarde, a palavra ressoava e seu eco se transmite sem que nada pudesse detê-lo.

Segundo temos visto na história do passado, nessa época o pensamento religioso estava envolto no mistério e oculto com o véu do mito e símbolo secreto. O objeto principal se confundia com o pensamento na mesma obscuridade convencional, a verdade não se revelava, mais que os adeptos, ficando envolta para a multidão numa nuvem que lhes impedia de vê-lo no todo. Assim foi que apenas Jesus deixou de existir e se amparou nele a lenda mística apresentando-o como herói de uma nova iniciação. Ele havia nascido da união de uma mulher com uma das *"três pessoas"*; ele havia sido adorado pelos magos que vieram do Oriente guiado por uma estrela, o mesmo que Buda com quem Jesus tem surpreendentes semelhanças, posto que ambos discutissem com os doutores da lei surpreendendo-os com sábias respostas. Jesus se retirou ao deserto, como fez Zoroastro, para preparar-se ao apostolado. Jesus ressuscitou como Osíris e Hiram e desapareceu como o Sol, para reaparecer mais brilhante. Também venceu o espírito das trevas na luta do dualismo a imitação do D-us da Pérsia e tal como este deve vir um dia inaugurar sua nova vida que não terá fim. Entretanto, nasce uma ideia, não nova, porque já a temos previsto na Índia, porém mais clara e precisa em harmonia com o Gênesis de Moisés a respeito da queda do homem no Paraíso. Esta é a causa por que Jesus resgatou com a sua morte o gênero humano, e reconciliou a culpável terra com o céu; este pensamento contribui poderosamente com os demais elementos de triunfo que brindam as circunstâncias para que triunfe vitoriosamente a nova fé.

Quando os discípulos de Jesus se dispersaram depois da morte de seu mestre para predicar, e a lenda cristã se estendeu sigilosa e misteriosamente, os homens que na Judeia compunham a Francomaçonaria daquela época haviam vivido espiritualmente das doutrinas secretas que até então haviam conservado com respeito religioso; porém, uns estavam desanimados por haver esperado muito tempo o triunfo e outros, pelo contrário, encontravam-se possuídos desse ardor que produz nos espíritos enérgicos a certeza de combater pela verdade em proveito da humanidade em geral. Encontramos a prova desse ardor em grande número das sociedades existentes em nossa época sobre os diferentes pontos do globo. Essa nova disposição de ânimo em que se encontravam os iniciados devia servir admiravelmente ao cristianismo para proporcionar-lhes suas adesões auxiliares em dois campos não opostos, mas diferentes.

Faltava o espírito de proselitismo na religião maçônica, como já temos podido observar nos Essênios e em seus representantes mais distinguidos da Judeia; os desanimados iam seguir o cristianismo porque, realizando o pensamento da Francomaçonaria, dava-lhes a esperança do triunfo pelo céu de predicação que antes não tinha e que compreendiam que por semelhante meio chegariam seguros ao sucesso de seus ideais; os fervorosos não tinham nada que negar ao acolher a nova lenda; eles encontravam um elemento ativo e uma satisfação que acalmava suas impaciências. Tanto para uns como para outros, o cristianismo era um triunfo porque reanimava o espírito que sempre os havia guiado e ao encontrar nele todos os princípios maçônicos, facilmente se lhes fazia abraçá-lo com grande entusiasmo.

Todos os historiadores sinceros que escreveram sobre a essência cristã, época de transformação, e investigaram as circunstâncias, reconheceram unanimemente, e sem explicar o mistério, que uma ideia geral se havia amparado das sociedades da Grécia e Roma, muito antes da vinda de Jesus, ideia que recusava a observância do politeísmo reduzindo-o a impotência. Era tão iminente o perigo para esse paganismo vacilante que seus mais fervorosos guerreiros fizeram supremos esforços por modificá-lo e espiritualizá-lo. Tentativa inútil! Ele não se prestava mais às necessidades dos povos, as sociedades cansadas do materialismo respiravam com prazer uma classe de cristianismo, que parecia não esperar mais que uma personalidade para sentar-se sobre os altares em substituição dos antigos deuses.

A que obedecia a extensão de semelhante ideia? Quem a havia engendrado? Onde havia tido seu princípio? Quem a havia propagado? Era a ideia procriadora dos mistérios, era o espírito objetivo das sociedades secretas inoculadas no mundo humano pelos adeptos que serviram aos apóstolos; brisas chegadas do Oriente, recorrendo lentamente na terra para fecundá-la e fazê-la reverdecer; raio do sol que se aumentava e abrasava esquentando e madurando as colheitas do mundo intelectual e moral?

A Francomaçonaria havia proclamado a unidade de D-us desde sua origem asiática e o povo egípcio havia desconhecido sob diferentes símbolos que o envolvia. O pensamento predicado nos templos, santuários derrubados pela picareta dos conquistadores e sepultados nos escombros e sob as ervas e musgos dos séculos; a Grécia amparando-a e revestindo-a de cores brilhantes a havia embelezado com as flores de sua poesia; Roma a havia disfarçado com os vestidos de linho de suas jovens sacerdotisas; e, quando menos se espera, sobressai repentinamente estalando no espaço, esparramando suas luzes pelo mundo, aparecendo sem véu, ressoando seu eco nas ribeiras fluviais, nos bairros, nas colinas, nas cidades e nos povos em que se havia conservado a tradição sob o pesar da decadência política.

Esse era um pensamento sublime de igualdade e de liberdade, predicando a uma nação vencida e submetida, porém que se estremece sob o freio, este era um pensamento de fraternidade que convidava a todos os homens. Enquanto isso, procedente das ideias maçônicas estendidas pelo mundo com esperança de predominar teórica e filosoficamente, o cristianismo se abria a passos rápidos por uma reação singular, prova irrecusável da certeza em que emergia o pensamento humano e os espíritos mais elevados entre os pagãos se aderiram aos elementos da religião primitiva, desnaturalizada em suas formas, que até se haviam esquecido e apagado em grande parte das cerimônias. Eles perscrutavam as lembranças e despertavam um pensamento que se havia refugiado no fundo das consciências e investigavam na mitologia de Samotracia, de Atenas e de Roma, os vestígios de uma religião mais pura. Esforçaram-se por reconstruir um culto que eles pretendem remontar até Orfeu, iniciado no Egito e fundador dos mistérios da Grécia, um dos maiores apóstolos das doutrinas secretas em cujo culto se apoiam para provar que o paganismo pode satisfazer a todas as necessidades da alma. Eles se amparavam no pensamento espiritualista que flutuava soberanamente por todas as partes, e se resguardavam do interesse do paganismo que se desmoronava. Lutavam em revestir uma religião desgastada, e querendo sujeitar, com ela, a marcha do tempo. Todavia, desconheciam a maneira de transformá-la, não sabiam como desviá-la de seu antigo caminho, nem dar-lhe como auxilio o que a dita religião devia destruir.

Como corolário, a Instituição Maçônica oferecia um espetáculo até então desconhecido nos anais da filosofia; o cristianismo descendente dela proclamava suas mais puras verdades com clareza e rigidez de expressões, clareza e rigidez que não haviam empregado. As escolas filosóficas que predicavam contra ele publicamente, combatendo-o em todos os momentos de sua aparição e com essas mesmas ideias maçônicas, desconhecidas por todo tempo e ressuscitadas então para salvar as formas já velhas que haviam envolvido as ideias e as havia ab-rogado.

Os filósofos neoplatônicos de sua época, Plotino, Porfírio, Jâmblico de Calcis, Proclo Licio, escritores vigorosos e Fl. C. Juliano, o Imperador, adotaram as grandes máximas do cristianismo. E por mais que eles vissem o sentido político dessa religião, e compreendessem o perigo iminente dela sobre os poderes, não temiam tanto a proclamação dos princípios declarados por suas razões, como se temiam a troca de nome e de formas na religião popular, porque viam como consequência a queda dos tronos passando o poder a outras mãos. Dessa apreciação nasceu a luta que sinalou os primeiros tempos do cristianismo. Já era inútil todo esforço em sustentar um culto que decaía por sua impotência apesar das perseguições contra seu rival, e que se levanta como gigante vencendo quantos obstáculos se lhe apresentam.

Com os pés descalços e o báculo na mão, marcharam os apóstolos a proclamar este pensamento. As virgens derramariam seu sangue na arena dos anfiteatros por sustentá-lo, seu eco ressoará nas grades dos pórticos e nos locais públicos, ele agitará a multidão que venha para recrear a vista aos sangrentos dramas onde os tigres e os leões destroçavam as vítimas; vítimas ou mártires que farão sua conquista moral, assim como os Bárbaros do Norte farão sua conquista material com a espada aproveitando-se da desordem e saqueando Roma.

O pensamento maçônico triunfa no cristianismo, as doutrinas maçônicas passam por completo a nova lei depois de tantos séculos de luta e de diversas sortes, sucesso grande e formoso como nenhum outro.

Jesus não havia criado nenhum culto, nem havia indicado suas formas, nem submetido a seus discípulos a cerimônias; longe disso, ele se sublevou várias vezes contra as práticas externa dos fiéis observadores da lei de Moisés, práticas que, a seu modo de ver, não constituíam a verdadeira virtude. Seu especial pensamento foi o de livrar o espírito e o corpo dos laços inúteis deixando unicamente aqueles que tratam da moralidade e fraternidade. Assim, pois, o cristianismo foi em seu princípio uma simples iniciação e uma comunidade de pensamentos e buscaram suas habitações ocultas para a multidão em grutas, e em bosques donde estabeleceram seus primeiros templos. Não existiam realmente cerimônias e se haviam encontrado na lenda do mestre interpretada com espírito de lucro, a predicação vinha a vivificar aos discípulos, dando ânimo aos pensamentos sociais que são a base da doutrina de Jesus. Sem dúvida, antes de chegar ao poder material na luta de ambos os pensamentos disputados pelas mais acaloradas inteligências, o cristianismo adotava nas formas, numerosas práticas do paganismo de cujo efeito resultou uma fusão. Os primeiros cristãos, para livrar-se da perseguição, haviam em muitos pontos ocultado Jesus sob o nome e atributos de um personagem pagão e para demonstrar quão viva estava a lenda maçônica, apresentavam o culto de Jesus sob o ritual do culto de Orfeu.

O espírito de proselitismo se apropriou dos primeiros cristãos, porque os males que afligiam a humanidade lhes aplainavam o caminho para conseguir com aumento tão fabuloso, posto que os oprimidos e deserdados de bens se albergavam em suas associações sob a esperança de liberdade e de igualdade com que lisonjeavam suas inteligências. Esperança não vaga nem limitada aos princípios de equidade cuja realização estava longe, mas sim ativa e radiante, batendo suas asas douradas donde descendia sobre eles o valor e a determinação. Para conquistar e realizar essas promessas não necessitava mais que amar-se mutuamente.

Os pensamentos sociais que constituíam a essência do cristianismo e das sociedades secretas esperavam suas conquistas sem violências, sem meios materiais, sem brilho das cerimônias, sem representações que seduzam ou cativem, mas pela persuasão convincente que nasce do estado real da humanidade. Uma organização democrática se havia constituído; os proprietários entre os cristãos formaram de suas sobras pecuniárias um fundo social que se dedicava ao socorro dos necessitados. Desse modo, a pobreza, fonte de tantas misérias morais e de tantas outras formas de miséria, era satisfeita por uma caridade fervorosa e inteligente evitando ao desgraçado implorar ao socorro necessário, humilhação que tem sido em várias ocasiões o primeiro escalão de um abismo lamacento e de corrupção.

Toda sociedade bem organizada, inspecionada para que nenhum de seus membros receba dano algum em suas pessoas, em suas fortunas nem em seus direitos civis, então se chamará sociedade de justiça, exercendo, por sua vez, um direito e um dever sobre os cidadãos que tem por força que inclinar-se ante ela com respeito, posto que seja uma cadeia pesada que ligue os povos e impede o desenvolvimento de novos pensamentos já políticos, muito mais se lhe aliam no trabalho de sua regeneração. Os cristãos não queriam submeter-se à justiça dos romanos, nem dos judeus, nem muito menos à justiça dos pagãos que lhe impunham juramentos opostos a suas crenças. Eles tratavam de fundar uma sociedade nova com regras particulares, porém sem ter intervenção na justiça civil.

A comunidade, guiada pelo amor, o sacrifício e a abnegação, via poucas vezes estalar diferenças ou contrariedades em seu seio, pois seu interesse principal era mostrar-se ante seus inimigos como era bem unida. Se existia algum desgosto entre seus membros, não acudia aos tribunais do país, senão que nomeava entre eles um tribunal de árbitros ao qual se submetiam a todo juízo. Protesta energicamente contra a dominação estrangeira e contra seus chefes nacionais que não aceitaram o cristianismo. Com esse sistema, sacudia o jugo sem empregar a força, isto é, com sua suave emancipação. Os Imperadores e chefes viram seu poder político ameaçado e eis aqui o porquê das perseguições, pois temiam a queda de seus tronos com a propaganda cristã que comprometia seriamente a tranquilidade pagã, não no culto que já estava caído por meio da filosofia, senão quanto ao político.

Com essa moral, as sociedades secretas deixaram de existir, pois o cristianismo, predicando suas doutrinas sustentadas com vigor sob a lâmina de seus verdugos e discutidas em público com os doutores do paganismo, ressoava agradavelmente. Com o batismo dado por João Batista no Jordão, ao qual os apóstolos convidavam a humanidade, já não tinham a necessidade de ocultar-se; a iniciação é a mesma, as provas subsistem, os neófitos se submetem sem que se lhes exija segredo, e a luta empreende sua obra sob o claro dia com seu estandarte em que vão inscritas as divisas de liberdade, igualdade e fraternidade, suficientes para vencer a sociedade civil que tinha os povos escravizados.

Uma religião tão pura, tão cheia de amor que falava da alma, e tão espiritual respondia muito bem às necessidades dos povos, para quem proclamava sua independência esquecendo sua origem e copiando das religiões antigas os ritos, cerimônias e formas que subjugavam o pensamento, limitado espírito de observações que Jesus havia censurado aos fariseus e aos doutores da lei, dando origem à hipocrisia e à perseguição. Ela ia converter-se também em guerreira fazendo uso das armas que Jesus havia condenado.

Constituída sobre bases que seus concílios lhe proporcionaram com a filosofia, faz remover questões ardentes e interessantes na humanidade, adotadas pelos chefes que colocaram a cruz em seus estandartes, e impulsionada pelo espírito de conquista manifestado nela desde sua infância como essência de seu gênio particular, que estourará em todas as épocas e que em vinte séculos não perdeu seu vigor; e por esse caráter dominante, fez-se opressora depois de haver sido mártir e exerceram a decapitação com aqueles que não quiseram aceitá-la ou que não compreendam suas novas modificações.

Os evangelistas Mateus e Lucas haviam posto na boca de Jesus estas tristes palavras, impróprias no caráter que atribuíam ao mestre, e sobretudo tomando-as ao pé da letra:

"Não é a paz o que eu trago à terra, senão a espada. Eu vim para separar o homem, o pai do filho, do lugar materno, a nora para que se desvincule da sogra e os criados para que se apartem de seus amos."

Evangelho S. Mateus X VS. 34,35 e 36.

"Eu trago o fogo e quero que o ascendam. Vós haveis acreditado que eu tenha vindo a trazer a paz na terra; não, não é assim, eu os trago a divisão. Quando haja cinco pessoas em uma casa elas se dividirão, três contra dois e dois contra três; o pai contra os filhos e estes contra o pai, a mãe contra as filhas, e estas contra a mãe. Se algum vem a mim, e não quer sacrificar-se a seu pai, a sua mãe, a seus filhos, a sua esposa, e seus irmãos e irmãs, até sua própria vida, não poderá ser meus discípulo."

Evangelho S. Lucas XII VS. 49,51,53 e XIV.

Pois bem, essas palavras, que têm um sentido simbólico, significando a abnegação decidida que o reformador esperava de seus discípulos (esse sacrifício absoluto que é o que proporciona o triunfo), serão interpretadas ao pé da letra pelos insensatos e realizarão as mais deploráveis divisões sem inquietar-se se compreenderam ou não o pensamento de Jesus. Eles separaram o que a lei civil havia unido e o que a religião havia benzido, eles levaram a perturbação às famílias em nome daquele que havia pregado o amor e a fraternidade.

As paixões humanas, já excitadas pelo entusiasmo religioso, já as tomando como pretextos, converteram-se em espesso véu para ocultar muitos crimes. Multidões de seitas religiosas se formaram na sombra desta unidade, que convidava a união de pensamentos, e se principiaram a disputar o batismo na Iniciação. Lançaram-se mutuamente anátemas degradantes, desgarraram-se e até se perseguiram egoisticamente. E os altares de um deus de paz se tingiram de sangue humano, e como nos maus dias do Egito, os membros palpitantes das vítimas arrojados na fogueira se retorciam no fogo devorador que às vezes presenciavam com festas repugnantes. Os sacerdotes afogavam as lamúrias dos condenados com os cânticos de seus pretendidos louvores a um deus que rechaça com horror semelhantes oferendas, e que o odor das carnes queimadas se mesclava com os perfumes dos incensários perdendo-se entre as nuvens sem chegar ao trono da divindade. Extravagâncias do homem! Loucuras da humanidade! O sangue pedirá vingança e sua voz será bem ouvida!

Com esses acontecimentos, a palavra do Mestre se perderá... e então se encontrará nas sociedades secretas e ressoará nos templos da Francomaçonaria moderna produzindo novos milagres e gravando-se nos corações dos adeptos, tão profundamente, que nenhum poder terrestre será suficiente para apagá-la muito menos ainda ofuscá-la.

Capítulo II
Reflexões sobre os mistérios do berço das Religiões como uma crítica necessária

COSMOLOGIA E EPISTEMOLOGIA

Buscar o conhecimento. Desvendar os mistérios do universo. Iluminar os caminhos do saber. Encontrar uma verdade maior. Desde os tempos mais primórdios, grandes civilizações distinguiram-se por fazer de sua cultura uma fonte de inspirações, para desvendar os arcanos mais impenetráveis com os quais o homem tem se confrontado diante de sua existência. Nessa procura através da articulação cerebral, aliada à natureza transcendental humana, o misticismo da religião e a pragmática compreensão racional provocada pela filosofia levaram o homem a conclusões aparentemente exatas, mas que com o passar do tempo foram substituídas por outras compreensões mais concretas ou científicas. A verdade não conhece mistério; os mistérios estão apenas relacionados ao erro e à impostura. A necessidade de enganar, se tais necessidades puderam admitir, a tudo deu origem. Por isso os seus dogmas estão sempre envoltos na sombra e no segredo. Filhos da noite temem a luz. Vejamos, todavia, se conseguimos projetá-las nos seus antros tenebrosos levantando levemente este véu.

  O Egito teve as suas iniciações conhecidas pelo nome de mistérios de Osíris e Isis. Foram em grande parte cópia destes os de Baco e Ceres. A comparação que cada qual pode fazer das viagens e aventuras da Ceres dos gregos com as de Ísis dos egípcios oferece de semelhança mais do que bastantes para se reconhecer a filiação destas duas fábulas. Os poemas sobre Baco e a história de Osíris, as cerimônias praticadas em honra destas duas divindades, e a divindade das duas reconhecidas por todos os povos da antiguidade, dão a certeza de que os mistérios deste deram origem aos daquele.

Cibele e Átis tiveram as suas iniciações, bem como os Cabiras, mas não falaremos aqui a história das cerimônias particulares de cada uma destas divindades, nem a enumeração dos lugares onde esses mistérios se haviam estabelecido. Encontrar-se-ão todos esses pormenores na magnífica obra de Charles-François Dupuis, *Origine de Tous les Cultes, Religion Universelle, Paris, 1835*. O leitor que pretender aprofundar nessas "águas" poderá encontrará edições *fac-símiles* no mercado americano. Aqui limitaremos tentar apreender o caráter geral, e a fixação do fim dessas espécies de instituições, a apresentar o conjunto de feições comuns a todas, e a dar uma ideia dos meios empregados para tirar o maior partido desse expediente político-religioso.

Os mistérios de Elêusis, e, em geral, todos os mistérios, tinham por finalidade melhorar a nossa espécie, aperfeiçoar os costumes, e conter os homens por meio de vínculos mais fortes que os das leis morais. Se o meio não nos parece bom, porque depende da ilusão e da influência supersticiosa do sobrenatural, não podemos deixar de convir, sob este ponto de vista, na louvabilidade do fim. Por isso o orador romano, Cícero, inclui entre as instituições mais úteis à humanidade os mistérios de Elêusis, cujo efeito foi, diz ele, civilizar as sociedades, suavizar os costumes selvagens e ferozes dos primeiros homens e fazer conhecer os verdadeiros princípios de moral que iniciam o homem no único gênero de vida digno dele, isto é, fazer do animal homem um ser humano. Foi neste sentido que se disse de Orfeu, por ter introduzido na Grécia os mistérios de Baco, domesticara os tigres e os cruéis leões, e comovera, com os acordes harmoniosos da sua lira, as árvores e os próprios rochedos.

Os mistérios tinham por finalidade estabelecer o reino da justiça e o da religião, no sistema daqueles que entenderam que justiça e religião se deviam apoiar reciprocamente. Essa dupla finalidade está contida neste verso de Virgílio: *"Discite justitiam moniti, et non temnere divos"* (Aprendei de mim a respeitar a justiça e os deuses), são as palavras de Virgílio, no livro 6º da Eneida, põe na boca de Flégias, rei lendário, que, tendo-se vingado de uma afronta de Apolo, deitando-lhe fogo ao templo, foi pelo deus precipitado no Tártaro, onde a fúria Tisífone lhe envenena tudo quanto toca, e onde enorme rochedo incessantemente o ameaça de lhe cair em cima e de o esmagar. O hierofante dava uma grande lição aos iniciados que vinham aos santuários aprender aquilo que deviam aos homens e o que se supunha que deviam aos deuses.

Era assim que o céu concorria para estabelecer a ordem e a harmonia na Terra.

Para que a legislação imprimisse esse caráter sobrenatural, de tudo se lançou mão. O quadro imponente do universo e o maravilhoso da poesia mitológica forneceram aos legisladores o assunto das cenas, tão surpreendentes como variadas, que se representavam nos templos do Egito, da Ásia e da Grécia. O que pode produzir ilusão, todos os recursos da mecânica e da magia, que não eram outra coisa senão o conhecimento secreto dos efeitos da natureza e a arte de imitá-los, a pompa brilhante das festas, a variedade e riqueza das ornamentações e paramentos, a majestade do cerimonial, o poder encantador da música, os coros, os cantos, as danças, o som estridente dos címbalos, destinados a excitar o entusiasmo e o delírio, mais favoráveis aos transportes religiosos do que o sossego da razão, tudo foi empregado para atrair e prender o povo à celebração dos mistérios.

Sob o atrativo do prazer, da alegria e das festas, ocultou-se muitas vezes o intuito em que se estava de dar úteis lições, e tratando o povo como criança, instrui-se tão bem como quando se aparenta querê-lo apenas divertir. Foi por grandes instituições que se procurou formar a moral pública, e as reuniões muito concorridas pareciam próprias para se atingir esse fim. Nada mais pomposo que uma procissão dos iniciados a caminho do templo de Elêusis. Danças e cantos sagrados em todo o percurso da procissão, que igualmente se assinalava pela expressão de uma alegria santa, devocional e mística. Recebia-os um vasto templo, cercado de um adro enorme. A julgar pelo número de iniciados reunidos nos campos de Triásis quando Xerxes entrou na Ática, eram mais de trinta mil. Os ornamentos interiores do templo e os quadros misteriosos que se encontravam dispostos circularmente no âmbito ou contorno do santuário, eram os mais próprios para excitar a curiosidade e penetrar na alma de um santo respeito. Tudo o que lá se via, tudo o que lá se cantava, era maravilhoso e de modo a imprimir um grande assombro nos iniciados. Os olhos e os ouvidos lá eram igualmente impressionados por tudo quanto pode transportar o homem para fora da sua esfera mortal.

Não somente o universo foi exposto, em seu todo, à vista do iniciado, sob o emblema do ovo, mas também se procuravam representar as divisões principais, quer da causa ativa e da causa passiva, quer do princípio da luz e do princípio das trevas, os quais ainda se presenciam nas nossas iniciações.

Diz-nos Varrão (Polígrafo e poeta latino, que viveu entre 116 e 27 anos a.C. e foi um dos maiores sábios do seu tempo) que os grandes deuses venerados na Samotrácia eram o céu e a Terra, considerados, um como princípio ativo, outro como princípio passivo das gerações. Noutros mistérios era celebrada a mesma ideia pela exposição do *Falo* e do *Cteis*, isto é, dos órgãos reprodutores dos dois sexos. É o *Lingam* e o *Yoni* dos hindus.

O mesmo se deu com a divisão do mundo nos seus dois princípios, luz e trevas. Segundo Plutarco, historiador e moralista grego, este dogma religioso havia sido consagrado nas iniciações e nos mistérios de todos os povos, e o exemplo que nos fornece, tirado da teologia dos magos e do ovo simbólico, produzido por estes dois princípios, é disso uma prova. Havia cenas de trevas e de luz que se faziam passar sucessivamente aos olhos do recipiendário introduzido no templo de Elêusis, localizado na Ática, não longe de Atenas. Possuía um templo dedicado a Demeter, ou Ceres, deusa da agricultura, afamado pelos mistérios que nele se celebravam, e que recordavam os combates em que andam empenhados no mundo esses dois chefes opostos.

No antro do deus Sol, Mithra, entre os quadros misteriosos da iniciação, figurava a descida das almas a Terra, e a sua volta ao céu através das sete esferas planetárias. Aí se faziam representar igualmente os fantasmas das potências invisíveis que prendiam as almas aos corpos ou as libertavam dos seus laços.

Milhares de homens foram testemunhas destes diversos espetáculos, acerca dos quais não era permitido dar explicações, e de que os poetas, os historiadores e os oradores nos deixaram alguma ideia no que disseram de Ceres e da filha.

No mesmo templo se vê o coche da deusa, tirado a dragões. Parecia adejar sobre a Terra e sobre os mares. Era uma verdadeira peça teatral religiosa, um deleite pela variedade das cenas, pela pompa das decorações e pelo jogo das pompas. Impôs-se o respeito pela seriedade dos atores e pela majestade do cerimonial. Alternativamente se excitou aí o temor e a esperança, a tristeza e a alegria. Mas aconteceu a essa ópera como às nossas, foi sempre de pouca utilidade para os espectadores e só redundou em benefício dos diretores, pois na verdade o que estava em "jogo" era o experienciar dessas encenações, vivenciar de forma como se fosse a única realidade, o mito profundamente aplicado como na vida cotidiana dos profanos: de um lado, os atores, e do outro os expectadores, que somente tinham um lampejo dessa forma de realidade.

Os hierofantes, ou sacerdotes que presidiam aos mistérios, como homens marcantes que conheciam bem o caráter do povo e a arte de dirigi-los, de tudo tiraram partido para levá-los aonde queriam e para fazê-los acreditar nos seus espetáculos. Quiseram que a noite cobrisse com o seu véu aqueles mistérios, como eles próprios os cobriam com o manto do segredo. A obscuridade favorece o prestígio e a ilusão, e, por isso, dela fizeram uso. O quinto dia da celebração dos mistérios de Elêusis era célebre pela profissão dos archotes, na qual os iniciados, levando cada qual um archote na mão, desfilavam em fila de dois a dois.

Era de noite que os egípcios celebravam os mistérios da paixão de Osíris no meio de um lago. Daí o fato de designarem-se muitas vezes pelos nomes de vésperas e de noites santas, essas espécies de sacrifícios noturnos. A noite de sábado para o domingo de páscoa é uma dessas vésperas sagradas. Procurava-se, muitas vezes, a obscuridade, celebrando a festa em cavernas tenebrosas ou sob a copa espessa das árvores de um bosque cuja sombra inspirava um religioso sentimento de pavor e atração, o *mysterium tremendum*.

Fizeram dessas cerimônias um meio de excitar a curiosidade do homem, que se irrita à medida que os obstáculos se lhe opõem. Os legisladores imprimiram toda a atividade a esse desejo, pelo segredo rigoroso que impunham aos iniciados, a fim de que se pudesse criar naqueles que não eram iniciados o desejo de admissão ao conhecimento das coisas que lhes pareciam tanto mais importantes, quanto menos pressa havia de lhes comunicar. Deram a esse espírito de mistério um pretexto especioso, a saber: as conveniências que havia em imitar a divindade, que só se oculta na intenção de que o homem a procure, e fez das operações da natureza um grande segredo, que só com muito estudo e muito esforço se consegue penetrar. Àqueles a quem se confiava esse segredo comprometiam-se pelos mais terríveis juramentos a não revelar. A respeito dele só era permitido conversar com os iniciados, e aquele que fosse indiscreto, revelando-o a outros, era condenado a morte. Era igualmente punido com a morte o não iniciado que entrasse no templo onde se celebravam os mistérios.

Aristóteles foi acusado de impiedade pelo hierofante Eurimedonte, por ter sacrificado aos manes (almas dos mortos, consideradas como divindades e invocadas sobre os túmulos) de sua mulher, conforme o rito usado no culto de Ceres. O filósofo foi obrigado a retirar-se para Cálcis, e, para lavar essa nódoa da sua memória, ordenou em testamento que se erigisse uma estátua a Ceres. Porque o sábio, cedo ou tarde, acaba por sacrificar ao preconceito dos tolos. Sócrates, moribundo, consagra um galo a Esculápio, para se desculpar da censura de ateísmo, e Bufon confessa a um frade capucho que queria ser enterrado pomposamente. É o calcanhar de Aquiles para os maiores homens. Teme-se a perseguição, e dobra-se o joelho perante os tiranos da razão humana.

Voltaire foi maior na sua morte, por isso a França livre o levou ao Panteão.

E Bufon, que foi levado a S. Medard, não saiu de lá senão para ser enterrado no cemitério da sua terra, e ali ficou.

Ésquilo foi acusado de haver posto em cena assuntos misteriosos, e só conseguiu ser absorvido provando que nunca tinha sido iniciado. A cabeça de Diágoras foi posta a preço, por ele ter divulgado o segredo dos mistérios, a sua filosofia quase lhe custou a vida.

Oh! Quem poderá, com efeito, ser impunemente filósofo, no meio de homens atacados de delírio religioso! Há tanto perigo em contrair tais homens, como em assanhar os tigres. Por isso dizia o bispo Sinésio:

"Serei filósofo só para mim, e serei sempre bispo para o povo."

Com tais máximas, deixa-se de ser filósofo e fica-se impostor.

Os cristãos ou os seus doutores tinham, ainda no século XIV, a sua doutrina secreta. Não convinha, segundo eles, levar aos ouvidos do povo os mistérios sagrados da teologia.

"Afastai-vos, profanos, dizia outrora o diácono quando os cristãos iam celebrar os seus mistérios. Que os catecúmenos saiam e mais os que ainda não estão admitidos!"

Tinham tomado esta fórmula dos antigos pagãos, como lhe tinham tomado tudo o mais. Com efeito, o arauto, ao começar a celebração dos mistérios antigos, não deixava de proferir a terrível interdição: *"Para longe daqui todo o profano!"*- Queria dizer todos os que não estavam iniciados.

Proibiam-se a entrada no templo de Ceres e a participação nos mistérios a todos aqueles que não gozavam de liberdade, ou cujo nascimento não fosse reconhecido por lei, as mulheres de má vida, os filósofos que negavam a Providência, tais como os epicuristas e os cristãos, cuja doutrina exclusiva prescrevia as outras iniciações. Essa interdição ou excomunhão passava por grande castigo, já que privava o homem de todos os benefícios da iniciação e das altas promessas com que se iam entretendo os iniciados, tanto para esta vida como para a outra.

O iniciado ficava pertencendo a uma classe de homens privilegiados na natureza e na sociedade, e passava a ser, segundo as escolas de mistérios, o favorito dos deuses.

O mesmo se dá entre os cristãos.

Só para o iniciado o céu abria os seus tesouros. Feliz durante a vida pela sua virtude e pelos benefícios dos deuses, podia ainda conseguir para além do túmulo uma felicidade eterna.

Os padres da Samotrácia afamaram a sua iniciação, com promessas de ventos favoráveis e de feliz navegação para aqueles que lá se faziam iniciar. Os iniciados nos mistérios de Orfeu supunham-se libertos do império do mal, e a iniciação fazia-os passar a um estado de vida que lhes dava as mais felizes esperanças.

"Evitei o mal e achei o bem", dizia o iniciado logo que se tinha purificado.

Um dos frutos mais preciosos da iniciação nesses mistérios era entrar em relação com os deuses, ainda durante esta vida, e sempre depois da morte. São esses os raros privilégios que os iniciados nos mistérios de Orfeu vendiam aos parvos que caiam na patetice de comprá-los, e sempre, como entre nós, sem outra garantia além de credulidade.

Os iniciados nos mistérios de Elêusis persuadiam-se de que o Sol só para eles brilhava com uma claridade pura. Lisonjeavam-se de que as deusas os inspiravam e lhes davam prudentes conselhos, como se vê por Péricles.

A iniciação dissipava os erros, afastava as desgraças, e, depois de ter espalhado a alegria no coração do homem durante a sua vida, dava-lhe ainda as mais afagadoras esperanças no momento da morte, como atestam Cícero, Isócrates e o retórico Aristides. Depois desta vida, ia o iniciado habitar estâncias onde brilhava uma luz pura.

A tardia velhice nelas deixava as suas rugas e readquiria toda a agilidade e vigor da mocidade. Lá, dentro das escolas de mistérios, não havia dor e por toda a parte se encontravam arvoredos em flores e campos cobertos de rosas perfumadas de inspiradores aromas.

A tão encantadores quadros só faltava a realidade sem ilusões. Mas, o que é o homem sem o sonho e as abstrações? Mas há homens que, à semelhança desse louco de Argos, gostam de viver de ilusões e não perdoam ao filósofo que, com uma pancada da sua varinha, faz desaparecer toda essa decoração teatral em que os padrões lhes envolvem o túmulo. Procuram-se consolações, quer dizer, deseja-se ser enganado, e não faltam os impostores neste mundo para satisfazer suas vaidades e ilusões.

Foram essas magníficas promessas que fizeram Téon de Alexandria dizer que a participação nos mistérios era coisa admirável e para nós fonte dos maiores benefícios. Sem dúvida, não se limitava essa felicidade à vida presente; como se vê, a morte não era um aniquilamento para o homem, como o era para outros animais, era a passagem a uma vida infinitamente mais feliz que a iniciação imaginou para nos compensar da perda desta, porque a impostura não teve coragem bastante para prometer neste mundo uma vida sem velhice e isenta da lei comum a tudo quanto neste mundo respira. O artifício teria sido tosco demais, era preciso lançar mão das regiões do desconhecido e ir entretendo o homem com o que ele havia de ser quando já não existisse. Campo imenso estava aberto à impostura, e não havia receio de que um morto voltasse à Terra para acusar aqueles que o tinham enganado!

Por isso mesmo que tudo se ignorava, tudo se podia fingir. É a criança que chora quando se separam para sempre da sua mãe, mas que sossega ao dizerem-lhe que ela voltará. Foi dessa disposição do homem para em tudo crer quando nada vê, para se agarrar a todos os ramos de esperança quando tudo lhe escapa, que o hábil legislador soube aproveitar-se para estabelecer o dogma de uma vida futura e a crença da imortalidade da alma, dogma que, supondo-o verdadeiro, não se apoia absolutamente em nada mais do que na necessidade que os legisladores julgaram ter de o imaginar para melhor dirigir seus interesses políticos.

Tudo se pode impingir acerca de um lugar que ninguém conhece e do qual jamais alguém voltou para desmentir os embusteiros. Foi essa ignorância absoluta que construiu a força dos padres da igreja e de todos os líderes religiosos.

Não examinei aqui o que vem a ser alma, se ela é distinta da matéria, que entra na composição do corpo, se o homem é duplo a melhor título do que todos os animais, nos quais não se reconhecem senão como corpos simples organizados de maneira a produzirem todos os movimentos que os animais realizam, e a receberem todas as sensações que eles experimentam. Não examinarei também se o sentimento e o pensamento produzidos em nós, e cuja ação se desenvolve ou enfraquece conforme os nossos órgãos se desenvolvem ou se alteram, sobrevivem ou não ao corpo, ao qual o seu exercício parece intimamente ligado, e da organização do qual, posta em harmonia com o mundo, sentimento e pensamento parecem um simples efeito. Igualmente não examinarei se, depois da morte, o homem pensa e sente mais do que pensava e sentia antes mesmo de nascer. Seria investigar no que para o princípio harmonioso de um instrumento musical quando o instrumento se despedaça. Examinarei apenas o motivo que levou os legisladores antigos a imaginar e asseverar essa opinião, e as bases sobre as quais a estabeleceram.

Os chefes das sociedades, e os autores das iniciações destinadas a aperfeiçoá-las, perceberam bem que a religião não poderia servir utilmente à legislação, senão quando a justiça dos deuses viesse em apoio à dos homens. Procurou-se, pois, a causa das calamidades públicas nos crimes dos homens. Se o trovão rebaova nos céus, era Júpiter irritado contra a Terra. As secas, as chuvas em demasia, as doenças que atacavam os homens e os rebanhos, a esterilidade dos campos e os outros flagelos, não eram o resultado da temperatura do ar, da ação do Sol sobre os elementos, não eram, em suma, efeitos físicos, mas sinais inequívocos da cólera dos deuses.

Tal era a linguagem dos oráculos.

O embuste sacerdotal fez tudo para propagar esses erros, que julgou úteis à manutenção das sociedades e próprios para o governo dos homens pelo medo. Mas a ilusão não era completa. Muitas vezes, as gerações mais culposas não eram infelizes, ao passo que povos justos e virtuosos viviam frequentemente atribulados e chegavam a ser destruídos. Fato idêntico se dava na vida particular, e o pobre raramente era o mais corrompido. Pedia-se, como Calímaco (Καλλίμαχος), que foi um escultor e arquiteto grego, ativo na segunda metade do século V a.C., aos deuses virtude e alguma riqueza, porque sem esta a virtude pouco brilha, e a riqueza seguia a maioria das vezes a audácia e o crime. Era necessário justificar os deuses e absorver da censura à justiça divina.

Supôs-se então, para explicar tamanho desconcerto, ou um pecado original ou uma vida anterior. Mas, generalizadamente, foi imaginada uma vida futura para a qual a divindade se reservava o dispor tudo no seu devido lugar punindo o vício que na Terra não tivesse punição e coroando recompensa pela prática da virtude. Assim, a convenção reconheceu a imortalidade da alma, sem que, até hoje, se esteja de acordo sobre esta questão.

- O que vem ser a alma?
- É distinta do corpo?
- É matéria?
- Existe mais alguma coisa além da matéria?
- Pode a matéria pensar?

Só um decreto cortou todas estas dificuldades, por assim o julgarem útil à moral e à legislação no governo do próprio Robespierre (Arras, 6 de maio de 1758 — Paris, 27 de julho de 1794), que também queria uma moral como os nossos cruéis padres a queriam.

Este dogma parecia ser o laço de toda a ordem social e justificar a Providência divina, que, entrincheirada na vida futura, aí espera os mortos.

Para dar verossimilhança a esta ficção, os antigos procuraram primeiro estabelecer que, de fato, existia no homem, além do corpo, mortal, um princípio pensante, imortal; que este princípio, chamado alma, sobrevivia ao corpo embora nada disso jamais se tenha provado empiricamente. Este dogma da imortalidade da alma, nascido da necessidade da legislação, fundou-se na sua materialidade e na eternidade da matéria.

Sabemos que os antigos deram ao mundo uma grande alma e uma inteligência imensa, das quais emanavam todas as almas e inteligências particulares. Essa alma era toda material, uma vez que era formada da substância pura além do fogo (éter), isto é, desse elemento sutil universalmente espalhado por todas as partes animadas da natureza, e que é a origem do movimento de todas as esferas e da vida dos astros e da vida dos animais terrestres. Tal qual gota d'água que não se aniquila, e, mesmo dividida por evaporação se eleva nos ares, ainda que condense e caia em forma de chuva, indo em seguida precipitar-se no leito dos mares e confundir-se aí na imensa massa das águas, tal era a sorte da alma na opinião dos antigos, e principalmente na opinião dos pitagóricos.

"*Todos os animais*, segundo Sérvio, comentador de Virgílio, *recebem da terra a carne, da água os líquidos que lhe circulam no corpo, do ar a respiração, e o instinto do sopro da divindade. Assim é que as abelhas têm uma pequena porção da divindade. Foi soprando, que o D-us dos judeus animou o homem e o barro de que lhe fez o corpo. E esse sopro é o sopro da vida. É de deus e do seu sopro,* continua Sérvio, *que tiram a vida todos os animais quando nascem. Essa vida, na ocasião da morte, dissolve-se e torna a entrar na alma do grande todo, e os restos do corpo, na matéria terrestre."*

Aquilo que chamamos morte não é um aniquilamento, segundo Virgílio, mas uma separação de duas espécies de matéria, uma das quais fica neste mundo, indo a outra reunir-se ao fogo sagrado dos astros, desde que a matéria da alma recupere toda a simplicidade e pureza da matéria sutil de que procedeu; *aurai simplicis ignem*

"*Donec longa dies, perfecto temporis orbe Concretam exemit labem, purumque reliquit Aetherium sensum, atque aurai simplicis ignem.*"

Eneida, liv. 6.º, versos 45 a 47

Só quando, terminado o prazo, o longo tempo Lavou a funda mancha, e o espírito etéreo, Fogo do claro céu, bem puro já deixou.

"*Porque,* diz Sérvio, *nada se perde no grande todo nem nesse fogo simples de que é formada a substância da alma. É eterno como D-us, ou melhor, ele é a própria Divindade, e a alma que dele emana está associada a sua eternidade, porque a parte segue a natureza do todo.*"

Virgílio diz das almas: "*Igneus est ollis vigor, et coelestis origo. Igneus est ollis vigor et coelestis origo Seminibus...*"

Eneida, liv 6.º versos 730 e 731.

Tradução: Ígneo vigor, celeste origem tem tais almas, que são formadas desse fogo ativo que brilha nos céus, e que para lá voltam depois de se haverem separado do corpo.

Encontra-se a mesma doutrina no sonho de Scipião. Foi daí que as almas desceram, diz Scipião ao falar da esfera das fixas. É para aí que hão de voltar, pois procederam desses fogos celestes que se chamam estrelas. O que vos chamais de morte, não é senão o regresso à verdadeira vida, o corpo não passa de uma prisão na qual momentaneamente a alma se encontra cativa. A morte rompe-lhe os laços e restitui-lhe a sua liberdade e a sua verdadeira existência.

As almas, segundo os princípios desta teologia, são imortais, visto que fazem parte desse fogo inteligente que os antigos chamavam alma do mundo, espalhada por todas as partes da natureza, e principalmente pelos astros, formados da mesma substância etérea de que também eram formadas as nossas almas. Foi daí que elas desceram por geração, para aí hão de voltar pela morte.

Nessa opinião se basearam as quimeras da fatalidade e as ficções da metempsicose, do paraíso, do purgatório e do inferno.

A grande ficção da metempsicose, espalhada por todo Oriente, prende-se ao dogma da alma universal e da homogeneidade das almas, que só diferem entre si aparentemente e pela natureza dos corpos aos quais se une o fogo-princípio que lhes compõe a substância. As almas dos animais de toda espécie, segundo Virgílio, derivam do fogo éter, e a diferença das operações que neste mundo realizam provém da diferença dos receptáculos, isto é, dos corpos organizados que esse fogo recebe. Ou, como diz Sérvio: *"A maior ou menor perfeição das suas operações depende da qualidade dos corpos"*.

Os Hindus, entre os quais principalmente se estabeleceu o dogma da metempsicose, pensam também que a alma do homem é de natureza absolutamente idêntica a dos outros animais. Eles acreditam que o homem não tem preeminência alguma sobre os animais sob o ponto de vista da alma, e que a tem simplesmente pelo corpo, cuja organização é mais perfeita e mais própria para receber a ação do grande Ser, isto é, do Universo. Os hindus apoiam-se no exemplo das crianças e dos velhos, cujos órgãos são ainda fracos demais ou já demasiadamente enfraquecidos, para que os sentidos tenham toda a atividade que se manifesta na idade viril.

Estando a alma no exercício das suas operações, necessariamente submetida à natureza do corpo que anima, e procedendo todas as almas do imenso reservatório chamado alma universal, origem comum da vida de todos os seres, segue-se que essa fração do fogo éter que anima um homem, podia igualmente animar um boi, um leão, uma águia, uma baleia ou qualquer outro animal. A ordem do destino quis que fosse um homem, e tal homem. Mas quando a alma estiver liberta desse primeiro corpo e houver regressado ao seu princípio, poderá passar ao corpo de outro animal, e a sua atividade não terá outro exercício senão o que lhe for permitido pela organização do novo corpo que a recebe.

Toda a grande obra da natureza se reduz a organização e destruição sucessivas, nas quais a mesma matéria é mil vezes empregada de mil diversas maneiras. Portanto, a matéria sutil da alma, arrastada nesta corrente, leva a vida a todos os moldes que se lhe apresentem.

Assim como a mesma água saída do mesmo reservatório entra pelos diversos canais que lhe são abertos, e vai jorrar em jato ou espalhar-se em cascata, conforme os caminhos que se lhe apresentaram, para se confundir mais longe num leito comum, evaporar-se em seguida, formar nuvens que, levadas pelo vento a várias regiões, irão fazê-la cair num rio qualquer, para voltar de novo ao oceano, do qual a evaporação a tirará ainda, para fazer seguir o curso de um regato, ou ascender em seiva sob o córtex de uma árvore e destilar-se em líquido agradável, assim também o fluído da alma, difundido nos diversos canais da organização animal, desprender-se-á da massa luminosa de que é formada a substância etérea, que era atraída para a terra pela força geradora que se distribuía por todos os animais, e subia e descia constantemente no universo, e circulava em novos corpos diversamente organizados.

Tal o fundamento da metempsicose, que veio a ser um dos grandes instrumentos da política dos antigos legisladores e mistagogos. Não foi somente uma consequência da opinião filosófica, segundo a qual a alma era uma fração da matéria do fogo eternamente em circulação no mundo, foi também, na sua aplicação, um dos grandes recursos empregados para governar o homem pela superstição.

Timeu de Locres, filósofo pitagórico, comunicou de modo notável no desenvolvimento das teorias de Platão. Entendia que entre os diferentes meios indicados para dirigir os indivíduos que não podiam elevar-se pela força da razão nem da educação até a verdade dos princípios sobre os quais a natureza assentou as bases da justiça e da moral, para esses apontava "as fábulas sobre os *Campos Elíseos* e o *Tártaro*, e sobre todos esses dogmas estrangeiros que ensinavam que as almas dos homens frouxos e tímidos passavam ao corpo das mulheres que por sua fraqueza se expunha à injúria; as dos assassinos ao corpo dos animais ferozes; as dos homens lúbricos ao corpo dos javalis ou dos porcos; as dos levianos e inconstantes ao das aves; a dos indolentes, dos ignorantes e dos néscios ao dos peixes. É a justa *Nêmeses*, dizia Timeu, que, de acordo com os deuses terrestres, vingadores dos crimes de que foram testemunhas regulavam esses castigos na segunda vida. O deus árbitro de todas as coisas aos deuses terrestres e a *Nêmeses* confiou a administração deste mundo inferior.

Os dogmas estrangeiros são os que eram conhecidos no Egito, Pérsia e Índia, sob o nome de *metempsicose*. O seu fim mistagógico está bem acentuado na referida passagem de Timeu, que consente que se empregue tudo, sem exceção do embuste e da influência sobrenatural, para governar os homens.

Esse preceito, infelizmente, foi demasiadamente seguido. Foi do Oriente que Pitágoras trouxe para a Grécia e para a Itália essa doutrina. Esse filósofo, e também Platão depois dele, ensinaram que as almas dos que viveram delituosamente passavam, depois da morte, para animais inferiores, a fim de aí sofrerem, sob essas diversas formas, o castigo das faltas cometidas, até serem reintegradas no seu primeiro estado. Deste modo, a metempsicose era um castigo dos deuses.

Manés, fiel aos princípios desta doutrina oriental, também não se contenta em estabelecer a transmigração da alma de um homem para outro homem; pretende igualmente que a dos grandes pecadores era mandada para o corpo de animais mais ou menos vis, mais ou menos imundos. E isto conforme os seus vícios ou as suas virtudes. Não duvido de que se este sectário tivesse vivido em nosso tempo, teria feito passar para almas de porcos as almas dos nossos clérigos comendatários, dos nossos cônegos e dos nossos gordos frades, pela grande afinidade que o seu gênero de vida tem com os animais imundos, assim como não duvido de que ele consideraria a nossa Igreja, na Idade Média, uma verdadeira Circe.

Mas os nossos doutores tiveram o grande cuidado de proscrever a metempsicose. Fizeram-nos a favor de nos dispensar dessa fábula, e contentaram-se com fazer-nos assar depois da morte. O bispo Sinésio não foi tão generoso; pretendeu que aqueles que se haviam desleixado no recomeçar um novo gênero de vida inteiramente contrário ao precedente.

Esse bispo seguia ainda os dogmas teológicos que Timeu classifica de estrangeiros, estranhos ou bárbaros.

Os simonianos, os valentinianos, os basilídios, os marcionitas, em geral todos os gnósticos, professaram também a mesma opinião acerca da metempsicose. Segundo Nicolas-Antoine Boulanger (Barão d'Holbach, Paris 1722-1759), na sua obra *L'antiquité dévoilée par ses usages*, Amsterdam, Marc-Michel Rey, 1777, essa doutrina era tão antiga e estava tão universalmente espalhada no Oriente, que se julgaria ter descido do céu, de tal modo que ela é sem pai, sem mãe, sem genealogia. Heródoto encontrou-a no Egito, estabelecida desde a mais remota antiguidade. Também constitui a base da teologia dos Hindus, e a matéria fundamental das metamorfoses e das encarnações famosas das suas lendas.

A metempsicose é admitida em quase todo o Japão, por isso os habitantes do país quase consumem exclusivamente vegetais. É também um dogma dos *Talapões* ou religiosos *Siamitas*, e dos *Tao Té Ching* na China. Encontra-se entre os *Calmucos* e nos habitantes do Mogol. Os tibetanos acreditam até que as almas podem passar para as plantas, para as árvores, para as raízes; mas só sob a forma de homens é que podem merecer revoluções mais felizes, e por elas passar, até que cheguem à luz primitiva em que se hão de tornar. Os *Maniqueus* tinham também metamorfoses em abóboras e melões.

Foi assim que uma metafísica demasiadamente sutil e um requinte de misticismo

desvairou os homens. O fim desta doutrina era habituar o homem a desprender-se de matéria vil à qual está ligado neste mundo, e fazer-lhe desejar um pronto regresso ao lugar de onde as almas primitivamente haviam descido.

Amedrontava-se o homem que se entregava a paixões desregradas, e faziam-lhe recear ter que passar um dia por essas metamorfoses humilhantes e dolorosas, como hoje ainda nos metem medo com os caldeirões do inferno.

351

Era por isso que se ensinava que as almas dos maus passavam a corpos vis e imundos, que atacadas de doenças cruéis a fim de castigá-las e corrigi-las. E aquelas que não se convertiam depois de certo número de revoluções eram entregues à *fúrias* e aos maus gênios para serem atormentadas, e depois eram novamente enviadas ao mundo, como para uma nova escola, e obrigadas a percorrer novo curso de vida.

Assim, vê-se que todo sistema de metempsicose se assenta na necessidade que se julgou ter de conter os homens durante a vida, pelo temor do que lhes possa acontecer após a morte, isto é, numa grande impostura política e religiosa. O tempo libertou-nos desse erro. A base em que se assenta a maioria das religiões é o dogma da imortalidade, da maneira que é demonstrada e fundamentada, terá a mesma sorte quando a humanidade for bastante esclarecida para não acreditar na necessidade de tal ficção puramente para conter os homens, uma vez que o fundamento da espiritualidade na evolução ou reintegração está muito além dessas tolices.

Da mesma necessidade inventaram os dogmas do *Tártaro* e o dos *Campos Elíseos*, que em Timeu se encontram ligados como sendo um dos mais seguros meios de condução dos homens para o bem. É verdade que o livro aconselha este remédio somente nos casos desesperados, e até lhe compara o uso dos venenos da medicina. Infelizmente, para a nossa espécie, preferiram prodigalizar-lhe o veneno a ministrar-lhe os remédios que nos poderia fornecer uma educação sabiamente conduzida e fundada nos princípios eternos da razão.

> *"Quanto ao indócil e rebelde à voz da sabedoria,* diz Timeu[50], *caiam sobre eles as punições com que as leis o ameaçam."* Até aqui nada há que dizer, mas Timeu acrescenta: *"Que o horrorizem também com os terrores religiosos, impressos sempre por esses discursos em que se pintam a vingança dos deuses celestes e os suplícios inevitáveis reservados aos criminosos nos infernos[51], assim como as outras ficções que Homero coligiu, segundo as antigas opiniões sagradas. Porque, assim como, às vezes, para se curar o corpo, se empregam venenos, quando o mal não cede a remédios mais sãos, assim também se contêm os espíritos pela mentira, quando se não podem conter pela verdade."*

[50] Timeu, nome de uma obra de Platão, na qual este sábio expõe a teoria das suas ideias. É uma espécie de filosofia natural. Timeu, ou Timeu de Locres é também o nome de um filósofo grego a que se lhe atribui como pessoa; é importante distinguir quando estamos falando do filósofo e quando estamos nos referindo à obra de Platão.

[51] Inferno e céu, segundo a mitologia, todas as almas, depois da morte, iam habitar os infernos, etimologicamente lugares inferiores. Mas os infernos dividiam-se em duas partes; os *Campos Elíseos* ou simplesmente o *Elíseo*, para onde iam as almas dos heróis e das pessoas virtuosas; e o *Tártaro*, lugar tenebroso, de tormentos, destinado aos maus. O *Elíseo* corresponde ao céu dos cristãos, e o *Tártaro* ao inferno desses.

Aí está um filósofo que ingenuamente nos declara o seu segredo, que é o de todos os antigos legisladores e padres. Estes apenas diferem dele em não terem aquela franqueza. Confesso que o meu respeito profundo pela verdade e pelos meus semelhantes obsta a que eu seja daquela opinião, que é, todavia, de todos aqueles que dizem que é preciso um inferno ao povo, ou, por outro lado, que lhe é preciso uma religião e a crença nas penas futuras e na imortalidade da alma (uma coisa é imortalidade do espírito, a qual nós aceitamos, outra coisa é a imortalidade da alma, como personalidade contínua, que é uma impostura e insustentável).

Examinemos aonde os conduziu, e que meios utilizaram para propagar este grande erro que foi o de todos os sábios da antiguidade que quiseram governar os homens, o de todos os chefes das sociedades e das religiões, e que ainda é o grande erro dos nossos dias.

Imaginada essa grande ficção política pelos filósofos e pelos legisladores, apoderaram-se dela os poetas e os mistagogos, procurando introduzi-la no espírito dos povos. Para isso a consagraram, uns em seus cantos, outros na celebração dos seus mistérios. Revestiram-na com os encantos da poesia e envolveram-na no espetaculoso e nas ilusões mágicas. Todos se encarregaram de enganar os homens, sob o especioso pretexto de torná-los melhores e de mais facilmente os manejarem.

A mais ampla liberdade se abriu às ficções. O gênio dos poetas e o gênio dos padres jamais se estancavam quando era preciso pintar, seja a ventura do homem virtuoso, depois da morte, ou seja no horror das terríveis prisões destinadas à punição dos crimes. Cada qual fez dessas ficções um quadro a seu modo, e cada qual procurou exceder as descrições, que já tinham sido feitas antes dele, dessas regiões desconhecidas, desse mundo de nova criação que a imaginação poética povoou as sombras de quimeras e fantasmas, com o intuito de aterrorizar o povo, pois se julgou que o seu espírito pouco se familiarizaria com as noções abstratas da moral e da metafísica. Os *Campos Elíseos* e o *Tártaro* agradavam e impressionavam mais. Fizeram, portanto, passar sucessivamente diante dos olhos do iniciado as trevas e a luz. A mais escura noite, acompanhada de medonhos espectros, era substituída por uma luz brilhantíssima cujo fulgor envolvia a estátua da divindade.

Ninguém se aproximava sem tremer diante desse santuário em que tudo estava preparado para dar o espetáculo do *Tártaro* e do *Elíseo*. Era no *Elíseo* que o iniciado, finalmente introduzido, dava pelo quadro de encantadoras veigas, iluminadas por um céu puro, era também neste lugar que ouvia as vozes harmoniosas e os majestosos cantos dos coros sagrados. Era então que, tornado absolutamente livre e remido de todos os males, juntava-se à multidão dos iniciados, e na cabeça uma coroa de flores, celebrando com eles as santas orgias.

Deste modo, os antigos representavam neste mundo, em suas iniciações, o que afirmavam ter de acontecer um dia as almas quando elas fossem libertas do corpo e arrancadas da prisão escura, em que o destino as havia encarcerado ao uni-las à matéria terrestre. Nos mistérios de Ísis, dos quais Apuleio[52] nos deu pormenores, obrigava-se o recipiendário a passar pela região tenebrosa do imperador dos mortos. Daí ia para outro recinto que representava os elementos, e era finalmente admitido na região luminosa em que o mais fulgurante Sol fazia desaparecer as trevas da noite. Eram os três mundos: o terrestre, o elementar e o celeste.

"Aproximei-me, dizia o iniciado, dos confins da morte, havendo desprezado o limiar de Prosérpina, daí fui surgindo através de todos os elementos. Vi depois aparecer uma luz brilhante e achei-me na presença dos deuses."

Era essa a autópsia[53]. O Apocalipse de São João é um exemplo dela.

O que a mistagogia punha em cena nos santuários, ensinava-o publicamente aos homens a poesia e até a filosofia nas suas ficções. Disso decorrem as descrições dos *Campos Elíseos* e do *Tártaro* que se encontram em Homero, Virgílio e Platão, e as que todas as teologias nos deram, cada qual a seu modo.

Nunca houve na Terra nem dos seus habitantes descrição tão completa como a que os antigos nos deixaram desses países de nova criação conhecidos pelos nomes de Inferno, *Tártaro* e *Campos Elíseos*. E esses mesmos homens limitados nos seus conhecimentos geográficos, entraram nos mais circunstanciados pormenores sobre a morada das almas depois da morte, sobre o governo

---

[52] Apuleio ou Lucius Apuleius (125 - 164): filósofo e escritor satírico romano nascido em Madaura, na Numídia (hoje Argélia), notável figura da literatura, da retórica e da filosofia platônica de sua época. Educado em Cartago e Atenas, viajou pelo Mediterrâneo, estudando ritos de iniciação e cultos. Profundo conhecedor de autores gregos e latinos, ensinou retórica em Roma antes de regressar à África para casar-se com uma rica viúva. Em virtude da oposição da família da noiva ao casamento, escreveu *Apologia,* uma espécie de autobiografia. Escreveu ainda diversos poemas e tratados, entre os quais *Florida,* coletânea de trabalhos de eloquência, mas sua obra mais conhecida é *O asno de ouro,* uma narrativa em prosa em 11 livros a que inicialmente chamou *Metamorfoses,* as aventuras do jovem Lúcio, que é transformado pela magia em burro e que só recupera a forma humana graças à intervenção de Ísis, a cujo serviço se consagra, e cujo episódio mais destacado dessa obra-prima, o único romance da antiguidade a chegar completo aos nossos dias, é a bela fábula de *Amor e Psiquê,* que pode ser interpretada como uma alegoria da união mística, relacionando cenas grotescas, terrificantes, obscenas e, em parte, deliberadamente absurdas. O tema desta obra foi retomado por muitos escritores, entre os quais, no século XIX, os poetas ingleses William Morris e Robert Bridges. Outras passagens também reconhecidas em *Decameron,* de Giovanni Boccaccio, no *Don Quixote,* de Miguel de Cervantes, e no *Gil Blas* de Alain Le Sage. Morreu em Cartago.

[53] Chamava-se Autópsia, nos antigos mistérios, aquela parte da iniciação em que os iniciados se lisonjeavam de serem admitidos à contemplação da divindade, e também tinha este nome o estado de alma daquele que julga estar em relação direta com D-us, contemplá-lo, falar-lhe, ouvi-lo, etc.

de cada um dos dois impérios que constituem o domínio das sombras, sobre os hábitos, o regime de vida, penas e prazeres, e até sobre os próprios costumes dos habitantes dessas duas regiões. A mesma imaginação poética que havia criado esse novo mundo, com igual facilidade o distribuiu e arbitrariamente imaginou o plano dessa distribuição.

Sócrates, no *Fédon* de Platão, obra destinada a estabelecer o dogma da imortalidade da alma e a necessidade da prática das virtudes, fala do lugar para onde se dirigem as almas depois da morte. Imagina uma espécie de Terra etérea, superior à que habitamos e situada numa região luminosíssima. É o que os cristãos chamam céu, e o autor do *Apocalipse* a Jerusalém Celeste. A nossa Terra nada produz que se compare às maravilhas dessa estância sublime. As cores lá são mais vivas e brilhantes, a vegetação, infinitamente mais ativa, as árvores, as flores, os frutos, de um grau de perfeição muito superior aos que temos neste mundo. As pedras preciosas, os jaspes, as sardônias emitem um brilho infinitamente maior que o das nossas, que não são mais do que o sedimento e a parte mais grosseira que delas se destacou.

Esses lugares estão semeados de pérolas de puríssima água. Por toda a parte o ouro e a prata deslumbram a vista, e o espetáculo que essa terra apresenta delicia os olhos dos seus felizes habitantes.

Os animais são muito mais bonitos e de organização mais perfeita que os nossos.

A água é substituída pelo elemento do ar que, por sua vez é substituído pelo fluído éter. As estações são com tanta felicidade temperada, e que nunca haveria doenças por lá. Os templos são habitados pelos próprios deuses, com os quais os homens convivem. Os habitantes dessa deliciosa morada são os únicos que vêem o Sol, a Lua e os astros, tais como eles realmente são e sem que nada lhes altere a pureza da luz.

Vê-se que a magia das fadas criou os *Campos Elíseos* para divertir as velhas crianças e lhes inspirar o desejo de irem um dia habitá-los, mas só a virtude aí deve ter entrada.

Assim, aqueles que se distinguirem pela sua piedade e pela exatidão, no cumprimento de todos os seus deveres sociais, irão habitar essa estância quando a morte os houver libertado dos laços do corpo e tirado deste lugar tenebroso em que a geração precipitou as nossas almas. Para lá irão todos aqueles a quem a filosofia tiver desembaraçado das feições terrenas e expurgado das máculas que a alma contrai pela sua união à matéria.

Há, pois, razão, conclui Sócrates, para darmos todos os nossos cuidados neste mundo ao estudo da filosofia e a prática de todas as virtudes. As esperanças que se nos propõem são suficientemente grandes para corrermos os riscos dessa opinião, e para não lhe quebrarmos o encanto.

E aí está, bem posto em foco, o fim da ficção. Aí está o segredo dos legisladores e o charlatanismo dos mais célebres filósofos.

Outro tanto aconteceu com a fábula do *Tártaro*, destinada a horrorizar o crime pela vista dos suplícios da vida futura. Supõe-se que essa terra não oferece por toda a parte o mesmo espetáculo, e que nem todas as suas partes são da mesma natureza, porque têm sorvedouros e abismos infinitamente mais profundos do que aqueles que nós conhecemos. Essas cavernas comunicam entre si nas entranhas da Terra, por meio de vastas e tenebrosas sinuosidades e por meio de canais subterrâneos por alguns dos quais derivam águas, algumas frias outras quentes, e por outras torrentes de fogo que neles se precipitam ou uma vasa espessa que escorrega lentamente.

A maior dessas aberturas é a que chama *Tártaro*. É nesse imenso abismo que se precipitam todos os rios que de lá saem depois por uma espécie de fluxo e refluxo, semelhante ao do ar que os nossos pulmões aspiram e expelem. Como no paraíso de Moisés, lá se notam quatro rios principais. Um deles é o *Aqueronte*, que forma, debaixo da Terra, imenso pântano, no qual vão reunir-se as almas dos mortos. É outro o *Piriflegetonte*, que rola no seu leito inflamadas torrentes de enxofre. Lá está ainda o *Cocito*, e, mais longe o *Estígio*. É nesta estância terrível que a justiça divina atormenta os culpados com todas as espécies de suplícios. Logo à entrada se encontra a medonha *Tisífone*, embrulhada num manto ensanguentado, e que, noite e dia, está de guarda à porta do *Tártaro*. Essa porta é defendida também por uma enorme torre, cercada de tríplice muralha que o *Flegetonte* contorna com as suas ondas ardentes, nas quais rolam com fragor blocos enormes de rochedos em brasa.

Quando alguém se aproxima dessa horrível morada, ouve-se o estalar dos açoites que retalham o corpo dos desgraçados, os seus lastimosos gemidos misturam-se ao ruído das cadeias que trazem de volta.

Lá se vê também uma pavorosa hidra de cem cabeças, sempre pronta para devorar novas vítimas. Lá um cruel abutre se repasta das entranhas sempre renascentes de um notável delinquente. Outro infeliz impede com esforço um descomunal rochedo, que está encarregado de fixar no cume de uma alta montanha, e que, mal se aproxima do ponto de fixação, imediatamente rola com um grande estrondo até ao fundo do vale, obrigando o mísero a recomeçar um trabalho sempre inútil.

Outro ainda, amarrado a uma roda que gira sem descanso nem esperança, tem de repouso a sua dor.

Mais adiante, um desditoso está condenado a uma fome e sede que eternamente o devoram, apesar de colocado no meio das águas e debaixo de árvores carregadas de frutos. No momento em que se inclina para beber, a onda fugitiva escapa-se da boca, e entre os seus lábios não se encontra mais do que terra árida e lodo imundo. Estende-se a mão para colher um fruto, o ramo pérfido eleva-se, e, para lhe irritar a fome, torna a descer logo que o infeliz retira a mão.

Mais longe, cinquenta criminosas jovens estão condenadas a encher um tonel crivado de orifícios pelos quais a água sai por todas as partes (deve referir-se as *"Danaidas"*, mas não compreendo porque são 50 e não 49 as condenadas. Eram 50 as filhas de *Danaus* e todas casaram no mesmo dia. Tinham combinado matar os maridos na primeira noite de núpcias, e assim o fizeram, à exceção de *Hipermnestra* que poupou *Linceu*).

Não há gênero de suplícios que o gênio fecundo dos mistagogos não tenha inventado para intimidar os homens, a pretexto de contê-los, ou antes, de sujeitá-los e entregá-los ao despotismo dos governos. Porque estas ficções não ficaram na classe dos romanos vulgares, infelizmente, ligaram-nos à moral e à política.

Esses aterradores quadros estavam pintados nas paredes do templo de Delfos. Essas narrações entravam na educação que as amas e as mães crédulas davam aos filhos. Falava-se do inferno, como ainda se falam de almas do outro mundo e lobisomens, tornando-lhes as almas tímidas e fracas. Sabe-se quanto são fortes e duradouras as primeiras impressões, principalmente quando a opinião geral, o exemplo da credulidade dos outros, a autoridade de grandes filósofos tais como Platão, e de poetas célebres tais como Homero e Virgílio, um hierofante respeitável, cerimônias pomposas, augustos mistérios celebrados no silêncio dos santuários, quando os monumentos da arte, as estátuas, os quadros, quando tudo, enfim, reúne-se para inspirar com o imponente nome de verdade santo, revelado pelos próprios deuses e destinado a fazer a felicidade dos homens.

Um julgamento solene e terrível decidia a sorte das almas, e o código pelo qual se era julgado fora redigido por padres e legisladores segundo a noção que tinham do justo e do injusto, e conforme a conveniência das sociedades e principalmente conforme convinha a quem as governava. Não era ao acaso, como diz Virgílio, que as almas se destinavam a moradas diferentes nos infernos. Era sempre uma sentença justa que decidia a sua sorte.

Após a morte, as almas se dirigiam a um *trívio*, cujo um dos caminhos partia para a direita, outro para a esquerda. O primeiro levava aos *Campos Elíseos*, e o segundo ao *Tártaro*. Aqueles que haviam obtido sentença favorável passavam para a direita, os culpados para a esquerda.

Esta ficção sobre a direita e esquerda foi copiada pelos cristãos na sua fábula do juízo final, ao qual, no fim do mundo, Cristo deve presidir. Diz Cristo aos bem-aventurados que passem à direita, e aos réprobos, que passem para a esquerda[54]. Ora, de certo modo não foi Platão que copiou o autor da lenda de

---

[54] S. Mateus, cap. 25 – vers. 32 a 34, e 41.

Cristo, a não ser que também o façam profeta. A ficção é própria do sistema dos dois princípios. O caminho da direita era atribuído ao princípio do bem, e a segunda opção era do princípio do mal. Encontra-se também a mesma ficção em Virgílio: o mesmo famoso *trívio* ou bifurcação, um dos ramos da qual, o da direita, conduz aos *Campos Elíseos*, e o outro, o da esquerda, leva ao lugar dos suplícios ou ao *Tártaro*[55].

Faço esta observação para aqueles que julgam o evangelho uma obra inspirada, porque isso prova que estes dogmas são muito anteriores àqueles do cristianismo.

Era a esse *trívio* que se dirigiam as almas dos mortos para comparecerem perante o supremo juiz. Ao consumarem-se os séculos, a terrível trombeta se fazia ouvir e anunciava nova ordem de coisas. Mas havia também um julgamento logo após a morte de cada homem. *Minos* lá estava nos infernos a agitar a urna fatal. Ao seu lado, as Fúrias vingadoras e a multidão de gênios malfazejos se encarregavam de executar as terríveis sentenças que ele proferia. Associaram a *Minos* dois outros juízes: *Eaco* e *Radamanto* e, às vezes, *Triptoleme*, célebre nos mistérios de Ceres, nos quais se ensinava a doutrina dos castigos e recompensas.

Os Hindus têm o seu *Zomo*, ou, segundo outros, *Jamen*, que exerce também as funções de juiz nos infernos. Os japoneses, sectários de Buda, fazem dele igualmente o juiz dos mortos. Os lamas têm *Erlic-Can*, déspota soberano dos infernos e julgador das almas.

Vasta campina ocupava o meio desse *trívio* em que *Minos* residia e no qual se reuniam os mortos. Os magos, que imaginaram também campina semelhante, diziam que ela estava toda semeada de *asfodelos*. Os judeus tinham o seu vale de *Josafá*. Cada qual arranjou a sua fábula, mas todos se esqueceram de que uma verdade envolta em mil mentiras depressa perde a sua força, e de que, embora fosse verdadeiro o dogma das recompensas e das penas, o havia de tornar inacreditável e maravilhoso.

Era o anjo da guarda que conduzia os mortos ao medonho tribunal. A teoria dos anjos da guarda não é nova, encontra-se entre os persas e os caldeus. Entre os gregos fazia o gênio familiar às vezes de anjo de guarda. Este que tinha sempre velado pelo comportamento daqueles a quem guardava, só lhes permitia o transporte das boas e más ações. O lugar divino onde as almas se reuniam para serem julgadas chamava-se o *Campo da Verdade*, certamente porque verdade ne-

---
[55] *Hic lócus est partes ubi se via findit in ambas:*
Dextera, quae Ditis magni sub moenia tendit;
Hac iter Elysium nobis: at laeva malorum
Exercet poemas, et ad impia Tartara mittit.
Eneida – liv. 6º, vers. 540 a 543.
Eis se bifurca a estrada: à esquerda o paço fica
Do Grão Pluto; por esta ao Elíseo Iremos;
A destra pune os maus, ao *Tártaro* ímpio leva.

nhuma aí se ocultava, e crime nenhum escapava ao conhecimento do grande juiz.

Nada se vê nesta ficção que os cristãos não copiassem. Também os seus doutores eram, na generalidade, *platonistas*. São João, no Apocalipse, qualifica o supremo juiz de fiel e verdadeiro.

Nesse julgamento é impossível mentir, como diz Platão. Virgílio igualmente nos assevera que *Radamanto* constrange os culpados à confissão dos crimes que na Terra cometeram e cujo conhecimento haviam, e de tal se vangloriavam, ocultado aos mortais. Em outras palavras, os cristãos dizem o mesmo quando ensinam que, no dia do juízo todas as consciências se desvelarão e tudo sairá a lume. Era também isso que acontecia aos que perante o tribunal estabelecido no *Campo da Verdade*.

Podem separar-se os homens em três grupos. Uns são verdadeiramente virtuosos e têm a alma liberta da tirania das paixões, é o menor número, são esses os eleitos, porque muitos são chamados e poucos os escolhidos. Outros têm manchada a alma dos mais negros delitos, o número destes, felizmente, não é também o maior. Há, porém, outros que constituem o maior número, que têm os costumes vulgares, semivirtuosos, semiviciosos, nem são dignos das brilhantes recompensas do Elíseo, nem dos suplícios terríveis do *Tártaro*.

Esta tríplice divisão, que a ordem social naturalmente nos apresenta, é dada por Platão no seu *Fédon*. Neste diálogo, Platão distingue realmente três espécies de mortos que comparecem no medonho tribunal dos infernos. Igualmente se encontra em Plutarco, que se ocupa do mesmo assunto e que, na sua resposta aos discípulos de Epicuro, disserta sobre o estado das almas depois da morte. Aí foram os cristãos, que já o dissemos, nada inventaram, buscar o seu paraíso, o seu inferno e o seu purgatório, que é um meio termo entre os dois primeiros, e ao qual vão parar aqueles cujo procedimento ocupa igualmente o termo médio entre o dos homens muito virtuosos e o dos muito criminosos.

Ainda para isso não há necessidade de revelação. Com efeito, como, naturalmente, na maneira de viver dos homens se podem distinguir três graus, e como entre os maiores crimes e as maiores virtudes há o procedimento comum ou vulgar em que o vício e a virtude se misturam, sem que tanto um como a outra nada tenham de bem saliente. É claro que a justiça divina, para dar a cada qual o que lhe pertencia, deveria ter feito idêntica distinção entre essas três maneiras de tratar os que compareceriam perante o seu tribunal. Deviam portanto ser três os lugares para onde ela mandava àqueles que eram julgados.

> "*Quando os mortos,* diz Platão, *chegam ao lugar aonde o respectivo gênio familiar os conduz, começa-se primeiro por julgar os que viveram em conformidade com às regras da probidade, piedade e justiça, os que dessas regras absolutamente se afastaram, e os que estão entre os primeiros e os segundos.*"

Os judeus supõem que D-us tem três livros, que abre para julgar os homens, o livro da vida para os justos, o livro da morte para os maus, e o livro dos homens melhores do que estes e piores do que aqueles.

Era depois do mais severo exame das virtudes e dos vícios que o juiz proferia a sentença, apunha um selo na fronte do julgado. Esta ficção *platonista* encontra-se também entre os cristãos, na obra de iniciação nos mistérios do cordeiro, ou seja, no Apocalipse. Aí se observa efetivamente entre a multidão de mortos, que uns, os condenados, trazem na fronte o selo da besta infernal, ou gênio das trevas, os outros têm na fronte o sinal do *cordeiro* ou gênio da luz.

Os julgamentos eram em grande parte feitos sobre o código social, e era nisto que a ficção tinha um fim verdadeiramente político. O supremo juiz recompensava as virtudes que as sociedades têm interesse em animar, e punia os vícios que elas desejariam ver proscritos.

Se as religiões a isso se tivessem limitado não teriam degradado tanto como degradaram a razão humana, e quase se lhes poderia perdoar o artifício em atenção à utilidade do fim. Satisfazem-no as fábulas de Esopo, por causa do seu fim moral, e ninguém pode acusá-lo de impostura, visto que nem as próprias crianças por elas se deixam iludir, mas as fábulas dos *Campos Elíseos* e do *Tártaro* são criadas à letra por muitos homens a quem elas mantêm numa perpétua infância.

Entre os gregos e romanos, essa grande fábula sacerdotal tinha por fim manter as leis, animar o patriotismo e os talentos úteis à humanidade, pela esperança das recompensas do Elíseo, e também evitar os crimes e os vícios no seio das sociedades, pelo temor dos suplícios do *Tártaro*. Pode afirmar-se que principalmente entre eles ela deve ter produzido bons resultados, ainda que a ilusão não tenha sido duradora, visto que dela já descriam (anulavam) as velhas no tempo de Cícero.

Excluíam-se dos *Campos Elíseos* todos aqueles que não tinham procurado sufocar uma conspiração nascente e que, pelo contrário, haviam-na fomentado. Nem essas honradas criaturas que hoje, a todos os momentos, falam com saudade da religião dos seus pais, isto é, dos seus antigos privilégios. Nem dos sacerdotes que lá seriam admitidos, já que se encontram à frente de todas as conspirações tramadas contra a sua pátria, entregaram os seus concidadãos ao ferro dos inimigos externos e aos punhais dos inimigos internos e se ligaram com toda a Europa conjurada contra a terra que viu nascer. Isto são crimes em toda a parte. Entre eles, porém, eram virtudes que o juiz supremo deve recompensar.

Eram também excluídos dos *Campos Elíseos* todos os cidadãos que se haviam deixado corromper, que haviam aberto ao inimigo as portas de uma praça, que lhe tinham fornecido navios, aparelhos, velame, cordoalha ou tudo o que é necessário para fazê-los manobrar, dinheiro, etc., os que tinham lançado na servidão os seus compatriotas e lhes tinham dado um senhor.

Este último dogma tinham-no imaginado os estados livres, e, de certo, não deve a sua origem aos padres, que só queriam nas sociedades senhores e escravos.

A filosofia depois procurou nessas ficções um freio para conter o próprio despotismo que nos primeiros tempos as tinham imaginado. Platão coloca no *Tártaro* os ferozes tiranos tais como Ardiu da Panfília, que tinha assassinado um irmão mais velho e até o próprio pai, ancião respeitável, e que se havia maculado com um sem número de outros crimes. Os cristãos trataram melhor a Constantino, cheio de crimes tão infames como aqueles, mas que lhes protegeu a seita.

A alma depois da morte conservava todas as máculas dos crimes cometidos, e era por elas que o supremo juiz pronunciava a sua sentença. Platão observa, e com razão que as almas que mais e maiores manchas tinham eram quase sempre as dos reis e de todos os depositários de um grande poder. Tântalo, Tício, Sísifo, haviam sido reis na Terra, e eram nos infernos os primeiros réprobos e os mais terrivelmente supliciados.

Mas os reis nunca foram logro dessas ficções. Nunca as impediram de tiranizarem os povos, como não obstaram aos vícios dos papas nem os embustes dos padres, apesar de a impostura e a mentira deverem ser punidas nos infernos. Sim, porque os impostores, os perjuros, os celerados, os ímpios, etc., eram banidos dos *Campos Elíseos*.

Virgílio enumera os principais delitos de que a justiça divina tirava vingança no *Tártaro*. Vê-se aqui um irmão ao qual um ódio sanguinário armou o braço contra seu próprio irmão, um filho que maltratou o pai, um patrício que enganou em cliente, um avarento, um egoísta, e é destes últimos o maior número. Mais adiante se observa o infame adúltero, um escravo infiel, um cidadão que se armou contra os seus concidadãos. Este vendeu a pátria por dinheiro, aquele se fez pagar para fazer passar ou revogar leis. Vê-se noutra parte um pai incestuoso que maculou o leito de sua filha, esposas cruéis que assassinaram os maridos, e por roda a parte se pune o homem que afronta a justiça e os deuses.

Nota-se em geral que os autores destas ficções, a princípio, só aplicaram penalidades aos crimes que prejudicam a humanidade ou ao bem social, porque a satisfação e o aperfeiçoamento da sociedade eram o fim principal da Iniciação. Minos punia nos infernos os mesmos crimes que outrora teria punido na Terra, em conformidade com as sábias leis dos cretenses, admitindo-se que ele tenha reinado em Creta. Se os crimes contra a religião foram também punidos é porque, segundo o sistema desses legisladores, a religião era considerada um dever e o principal vínculo da ordem social, e, portanto, a irreligião não podia deixar de ser incluída entre os maiores crimes de que os deuses deveriam tirar vingança.

Assim era que se dizia ao povo que o maior crime de muitos condenados célebres consistia em não terem eles feito muito caso dos mistérios de Elêusis, que o de Salmoneu fora o querer imitar o raio de Júpiter; e o de Íxion, o de Órion, o de Tício, o tentarem violar certas deusas, porque os deuses, assim como os homens, não querem admitir rivais.

A ficção dos *Campos Elíseos* concorria, juntamente com a do *Tártaro*, para o mesmo fim moral e político. Virgílio coloca nos *Campos Elíseos* os heroicos defensores da pátria que em defesa dela morreram (exatamente aqueles que os padres no século XVII° mandaram matar). A que ponto se perverteu o espírito das antigas iniciações! Ao lado deles encontraram-se os inventores das artes, os autores das descobertas úteis, e em geral todos os beneméritos da humanidade, que por isso adquiriram direito à recordação e ao reconhecimento dos seus semelhantes. Foi para robustecer esta ideia que se imaginou a apoteose, de que mais tarde a lisonja abusou. Com esta finalidade se ensinava nos mistérios, que Hércules, Baco, e os Dioscuros eram simples homens que, pelas suas virtudes e pelos serviços que prestaram, haviam conseguido atingir a mansão da imortalidade. Nela foi colocado Scipião pela gratidão dos romanos, cujos descendentes livres lá poderiam também colocar o Scipião dos franceses.

Na sua qualidade de poeta, Virgílio coloca nos *Campos Elíseos,* e em lugar de destaque, aqueles a quem Apolo inspira, e os que, em nome dos deuses, transmitem os oráculos, tanto a respeito de moral como os simplesmente divinatórios.

Cícero, como estadista que amava ternamente a pátria, lá dá lugar também àqueles que se tiverem assinalado pelo seu patriotismo, pelo tino com que hajam governado os estados, ou pela coragem que tenham revelado para salvá-los; aos amigos da justiça, aos bons filhos, aos bons pais, e principalmente aos bons cidadãos. O cuidado, diz o orador romano, que o cidadão pela felicidade dá pátria torna fácil à sua alma o regresso aos deuses e ao céu que é a sua pátria verdadeira.

Aí está uma instituição, aí estão dogmas bem próprios para animar o patriotismo e todos os talentos úteis à humanidade. É o homem que bem serve a sociedade que lá se recompensa, e não o monge ocioso que dela se isola, tornando-a encargo e vergonha.

Segundo Platão, são a beneficência e a justiça que nos *Campos Elíseos* recebem recompensa. Lá se encontra o justo Aristides, que pertence ao pequeno número daqueles que nunca abusaram do grande poder de que estiveram revestidos, e sempre com escrupulosa integridade administraram os cargos que lhe foram confiados. Também possuem os mais seguros e sagrados direitos a um lugar nos *Campos Elíseos*, a piedade e principalmente o amor da verdade e as investigações que por ela se fazem. Platão, porém, deu a esta ideia tão exagerada extensão, que a podemos considerar o gérmen de todos os abusos introduzidos pelo misticismo na antiga ficção sobre os *Campos Elíseos*.

Com efeito, o sábio concede lá um lugar de evidência ao que vive consigo mesmo, sem se importar com os negócios públicos, simplesmente ocupado em purificar de paixões a sua alma, que somente almeja pelo conhecimento da verdade, que se liberta dos erros que cegam os outros homens, que despreza os bens que eles estimam, e põe todo o seu esforço em formar a sua alma para as virtudes.

Essa opinião que os antigos formaram da preeminência da filosofia e da necessidade que o homem tem de purificar a alma, para contemplar a verdade e entrar em relações com os deuses, é muito anterior a Platão; antes que este o fizesse, já Pitágoras a havia tirado do misticismo oriental.

Foi por abuso desta doutrina que os espíritos fracos, a pretexto de maior perfeição, isolaram-se da sociedade, na crença de que, por uma contemplação ociosa, mereceriam os *Campos Elíseos* até então reservados e prometidos simplesmente aos talentos úteis e à prática das virtudes sociais. Tal foi a origem do erro que substituiu ridículos a virtudes e o egoísmo do solitário ao patriotismo do cidadão. A princípio, a iniciação não ia tão longe, foi isso a obra das sutilezas filosóficas.

Esse esforço constante do filósofo por separar a alma do contágio do corpo e por se libertar das paixões, para estar mais desimpedido e mais leve no momento de partir para a outra vida, degenerou em abstrações da vida contemplativa e originou todas as virtudes quiméricas conhecidas pelos nomes de celibato, abstinências, jejuns, que tinham por fim o enfraquecimento do corpo e conseguintemente o da sua ação sobre a alma.

Foi essa pretensa perfeição que, falsamente considerada virtude, fez esmaecer esta, pondo em seu lugar práticas ridículas às quais se concederam os mais brilhantes favores do Elíseo. A religião cristã, assim como todas as da Índia, é uma das provas mais completas deste abuso.

Terminado o julgamento pelo confronto do procedimento de cada qual com o código sagrado de *Minos*, passavam para a direita as almas virtuosas, guiadas pelo respectivo anjo da guarda (*Daimon*) ou gênio familiar, e tomavam pelo caminho dos *Campos Elíseos* e das Ilhas Afortunadas. As almas culpadas de grandes crimes, levadas pelo gênio malfazejo que lhes aconselhava o mal, passavam para a esquerda e seguiam o caminho do *Tártaro*, levando atrás das costas a sentença enumeratória das suas culpas. Finalmente, aquelas cujos vícios não eram incuráveis iam para um purgatório temporário, sujeitar-se a suplícios que revertiam em seu favor, e que era o meio único de expiação das suas faltas. As dos réprobos, pelo contrário, sujeitas a tormentos que do seu suplício se tirava.

Entre os que se punem, diz Platão, alguns há que, pela conformidade dos seus crimes, reputam-se incuráveis, tais como os sacrílegos, os assassinos e todos os que se enegreceram por delitos atrozes. Esses, bem o merecem, precipitam-se no *Tártaro*, de onde nunca sairão. Mas aqueles cujos pecados, grandes na verdade, forem, todavia, dignos de perdão (vem a ser os nossos pecados veniais), não obstante serem metidos nas prisões do *Tártaro*, lá estarão apenas por um ano. Passado esse tempo, repelem-nos nas ondas, a uns pelo *Cocito* e a outros pelo *Periflegetonte*.

Uma vez chegados ao pântano do Aqueronte, pedem em altos gritos o perdão daqueles a quem prejudicarem no pântano e serem aí recebidos. Se conseguem enternecê-los e obter deles o consentimento, descem ao pântano e aí terminam os seus tormentos, se não conseguem, são novamente repelidos para o *Tártaro* e daí lançados nos rios. E esse gênero de suplício só acaba para eles quando conseguem pela compaixão vencer os ultrajados. Tal é a sentença contra eles proferida pelo terrível julgador.

Também Virgílio fala das penas expiatórias aplicadas àqueles que não estavam suficientemente puros para entrar nos *Campos Elíseos*. Essas purificações eram dolorosas para as almas, eram verdadeiros suplícios. Supõe-se que as almas, ao saírem do corpo, raras vezes, estavam bastante purificadas para se unirem ao fogo éter do qual tinham procedido. O seu contato com a matéria terrestre as tinha carregado de porções heterogênias de que haviam de libertar-se antes de poderem confundir-se com o seu elemento primitivo. Todos os meios conhecidos de purificação eram, portanto, empregados: a água, o ar, o fogo. Por isso, umas eram expostas à ação do vento, que as agitava, outras mergulhadas em tanques profundos para neles se lavarem das suas nódoas, outras passavam por um fogo depuratório. Cada homem experimentava em seus manes uma espécie de suplício, até merecer a admissão nos campos brilhantes do *Elíseo*, mas muitos poucos obtinham esta felicidade.

Ora, aí está bem claramente um purgatório para as almas que não tinham sido precipitadas no *Tártaro*, e que podiam ter esperança de entrar um dia na mansão da luz, convencidos de que nunca passaram de copistas dos antigos filósofos e teólogos (*gnósticos*) pagãos.

Notamos, na passagem de Platão, que se podia reduzir a duração desses suplícios preparatórios, apiedando por meio de súplicas aqueles a quem se tinha ultrajado. No sistema cristão, o primeiro ultrajado era D-us, e era preciso, portanto, tentar comovê-lo; e os padres, intermediários reconhecidos pela divindade, encarregam-se dessa comissão, pagando-lha. E está nisto o segredo da igreja: a origem das suas imensas riquezas. Por isso, o deus deles tantas vezes repete: *Livrai-vos de aparecer diante de mim com as mãos vazias*.

Foi assim que os padres e as igrejas enriqueceram com piedosos donativos. Deste modo, as instituições monásticas se multiplicaram a expensas das famílias espoliadas pela imbecilidade religiosa de um parente e pelas velhacarias dos padres e dos monges. Por toda a parte a ociosidade monacal engordou à custa da substância dos povos, e a igreja, tão pobre em sua origem, explorou muito vantajosamente o domínio do purgatório, para nada mais ter a recear da indigência dos primeiros séculos, e até para insultar com o seu luxo a mediania do artífice laborioso.

Felizmente para nós, uma vez que o mundo transformou depois da revolução francesa, que acabou por operar uma espécie de resgate, aquela nação tornou a tomar dos padres e dos frades a posse desses imensos bens, fruto da usurpação de tantos séculos, e não lhes deixou senão os bens celestes com os quais eles pareciam importar-se muito pouco, mas que lhes pertencem por direito de invenção. Oxalá se o restante da Europa tivesse seguido esta prática, hoje certamente seríamos um mundo mais sóbrio e consciente da missão humana que é buscar a verdade. Por mais justo que esse resgate pareça, os tiranos da nossa razão não renunciaram muito facilmente aos seus antigos roubos. Para se conservarem na posse do que haviam usurpado, afiaram de novo os punhais de S. Bartolomeu, abrasaram a pátria no incêndio da guerra civil, e a toda parte levaram os archotes das fúrias sob o nome de facho da religião. Em torno deles abandaram todos aqueles que viviam dos abusos de prevaricação.

A nobreza se fez orgulhosa, colocou os seus privilégios sob a proteção dos altares, como último entrincheiramento do crime, o ateu contrarrevolucionário fez-se devoto; a prostituta dos paços quis ouvir a missa do padre rebelde às leis do seu país; a cortesã que, no teatro, vivia do produto do seu vício, queixou-se a D-us de que a revolução lhe roubou os seus bispos e os seus ricos abades; o papa e o chefe dos antipapistas uniram-se para a guerra; os incas tornaram-se bons cristãos; todas as espécies de hipocrisia e malvadez marcharam sob o estandarte da cruz, porque todos os crimes são bons para os padres, e os padres bons para todos os crimes.

Foi o padre que abençoou os punhais da *Vendeia* e dos *chouans*, é ele que acaba por cobrir a Suíça com os cadáveres dos seus valorosos filhos a quem burlou. E eis a religião cristã, bem digna de haver tido Constantino, o Nero do seu século, por seu protetor, e por chefes os papas incestuosos e homicidas, tais como o assassino de *Basseville* e do valente *Duphot*. Acaso a filosofia causou tantos males?

É agora ocasião de examinar e pesar bem entre si as vantagens e inconvenientes das ficções sagradas, das instituições religiosas em geral, e particularmente da religião cristã, de ver quem mais ganhou, se foram as sociedades ou se foram os padres. Já estamos convencidos de que era bom o fim das iniciações em geral, e de que, se em vez de ser sempre empregada por velhacos ávidos de poder e de riquezas, a impostura criadora da fábula do paraíso e do inferno para os néscios fora sempre dirigida por homens atilados e virtuosos tanto quanto é lícito que um impostor o seja, poderia até certo ponto ser tolerada por aqueles que, contra a minha opinião, julgam que é permitido enganar para se ser mais útil. Assim é que às vezes se perdoa a ternura materna ao preservar o filho de um perigo certo inspirando-lhe terrores quiméricos, ameaçando-o com o lobo para o tornar mais dócil aos seus ensinamentos e para impedir de se prejudicar, embora, afinal, valesse mais olhar por ele, recompensá-lo ou puni-lo, do que imprimir-lhe na alma terrores pânicos que no futuro o tornam tímido e crédulo.

Os que admitem as penas e recompensas futuras se baseiam em que D-us, sendo justo, deve premiar a virtude e castigar o crime, mas deixam que os padres decidam sobre o que a virtude e o crime veem a ser. É, portanto, a moral sacerdotal que D-us está encarregado de manter, e sabe-se quanto ela é absurda e atroz. Se D-us só deve punir ou recompensar o que é contrário ou conforme a moral natural, a religião natural basta ao homem, já que ela se funda no bom senso e na razão. Nesse caso não é propriamente a religião que nos faz falta, mas sim a moral e o dever, e então estamos de acordo. Fora a chamada moral religiosa? Fora os indignos padres? De acordo ainda.

Mas a fábula do Elíseo e do *Tártaro* nem sempre se conteve no círculo da moral admitida por todos os povos nem no interesse bem conhecido de todas as sociedades. O espírito de misticismo e a doutrina religiosa apoderaram-se dela para nela basearem as suas quimeras. Assim, ao lado dos dogmas da moral comuns a todos os filósofos antigos colocaram os cristãos um sem número de preceitos e regras de vida tendentes a degradação da alma, ao aviltamento da razão, e aos quais todavia se conferem as maiores recompensas do céu.

Efetivamente! Que espetáculo mais humilhante para a humanidade, do que ver um homem forte e vigoroso viver de esmolas, por um motivo religioso, em lugar de viver do produto do seu trabalho! Um homem que, podendo nas artes e no comércio passar uma vida útil para ele e para os seus concidadãos, prefere não passar de um apalermado contemplativo, porque a religião promete as suas brilhantes recompensas a este gênero de inutilidade social! E não se diga que é isso um abuso da moral cristã, quando pelo contrário, constitui a sua perfeição e o padre ensina que todos devemos visar a perfeição. Um frade cartucho em delírio, um insensato trapista que, como os outros doidos, se condenavam a viver sempre encerrados, sem comunicação com o resto da sociedade, ocupados em meditações tão tristes como inúteis e quiméricas, vivendo austeramente, extenuando-se, esgotando santamente todas as forças do corpo e do espírito para ser mais agradável ao Eterno, não eram aos olhos da religião, como o são aos olhos da razão, uns loucos para os quais as ilhas de Anticítera não forneceriam heléboro bastante, eram mais é uns santos homens que a graça divina tinha elevado à perfeição e para os quais D-us reservava no céu um lugar tanto mais alto quanto mais sublime era tal gênero de vida.

Moças simples e crédulas, caricatamente recatadas, cantando à noite, não lindas canções, mas hinos idiotas de que felizmente nada entendiam, tudo em honra de um ser que não as ouvia; orando e meditando no isolamento, chegando até a flagelar-se, pondo a sua virgindade sob a proteção das grades e dos ferrolhos que nunca se abriam nem corriam senão perante a lubricidade de um diretor, não eram, aos olhos dos padres, cabeças fracas atacadas de um delírio habitual e que se sequestravam da sociedade como as outras doidas dos nossos hospitais; santas é que elas eram; santas moças que tinham consagrado a D-us a sua virgindade, e que, a força de jejuns, de privações e principalmente de ociosidade, atingiam um estado de perfeição que as colocavam acima do lugar que teriam ocupado no céu se, satisfazendo o voto da natureza, se houvessem tornado mães e tivesse criado filhos exemplares para a sociedade.

Tinham renunciado aos mais ternos afetos que ligam os homens entre si, e, consequentemente à doutrina cristã, haviam abandonado pai, mãe, irmãos, irmãs, parentes, amigos, para se unirem ao esposo espiritual ou Cristo, e tinham-se amortalhado em vida para um dia ressuscitarem com ele e se juntarem ao coro das virgens santas que povoam o paraíso. Eis o que se chamavam almas privilegiadas. E o maior crime da revolução francesa foi ter destruído esses privilégios e em seguida tê-lo restituído à sociedade essas infelizes vítimas da impostura sacerdotal.

Não se levanta a voz contra os algozes que as tinham precipitado nessas horríveis masmorras, nessas bastilhas religiosas, mas clama-se contra o legislador humano que daí as arrancou, e fez brilhar também a liberdade nesses túmulos, em que a superstição prendia a alma sensível, mas pouco ilustrada que havia seduzido. Tal é o espírito dessa religião, tal a perfeição, ou antes, a degradação a que ela conduz a nossa espécie. Porque, repito, não se trata de um abuso, mas de uma consequência dos seus dogmas. E tanto assim, que o autor da lenda de Cristo põe na boca do seu herói a seguinte frase:

> *"Na verdade vos digo, que ninguém deixará, por mim e pelo evangelho, casa, irmãos, irmãs, pai, mãe, filhos e terras, que presentemente e no século futuro não receba cem por um."*

S. Mateus, cap. 19.º, vers. 29 – S. Marcos, cap. 10.º vers. 29 e 30 – S. Lucas, cap. 18.º, vers. 29 e 30.

Quantos desgraçados não arrastou essa falsa moral para a solidão e para os mosteiros!

O casamento é apresentado no evangelho como um estado de imperfeição, quase como tolerância para as almas fracas. Um ouvinte de Cristo, assustado por essa moral, observa que, sendo o casamento tão cheio de perigos, é preferível não casar. O pretenso doutor responde que nem todos são capazes de renunciar ao casamento, mas somente aqueles a quem o céu concedeu tal resolução (S. Mateus, cap. 19º, vers. 10, 11 e 12.).

E aí está o celibato, esse vício antissocial, elevado à categoria de virtude, e reconhecido como estado de perfeição que nem a todos foi dado atingir.

Convenhamos, de boa fé, em que, se os legisladores antigos assim tivessem organizado as sociedades, e conseguido que semelhante doutrina calasse no espírito de grande número de homens, as sociedades não teriam subsistido por muito tempo. Felizmente o contágio dessa vida perfeita não atacou o mundo inteiro, sem que, todavia, deixasse de lhe produzir muitos prejuízos de que ainda nos ressentimos.

Foi assim que os requintes do misticismo oriental destruíram os efeitos das iniciações primitivas. Estas conseguiram atar os primeiros laços sociais; aquelas, só podiam rompê-los. Os selvagens, dispersos pelas florestas com suas mulheres e filhos, alimentando-se do fruto do carvalho ou vivendo da caça, eram ainda homens, antes de serem civilizados; os solitários da Tebaida[56] depois de aviltados pelo misticismo, já o não eram. Ora, na minha opinião, é mais digno o da cidade de Oxirinque (Cidade da antiga Tebaida), inteiramente povoada de monges e virgens.

O historiador francês, Rollin, na sua história antifilosófica, diz ser a população desta cidade um dos milagres da graça e honra do cristianismo. Pode ser; mas então o cristianismo é a vergonha da humanidade. Introduzir nas sociedades os seus dois maiores e terríveis flagelos – o celibato e a ociosidade – longe de se aperfeiçoá-la, é destruí-la. O paraíso dos cristãos parece-se muito com a cidade de Oxirinque.

Em vez dos grandes homens que edificaram cidades, que fundaram impérios, ou que a custa do seu sangue os defenderam; em vez dos homens de gênio que, pelos seus conhecimentos sublimes, pela invenção das artes e por descobertas úteis, ergueram-se acima do seu século; em vez dos chefes das numerosas populações civilizadas pelos hábitos e pelas leis; em vez dos *"Orfeus[57]"* e dos *"Linos[58]"* colocados por Virgílio nos seus *Campos Elíseos*, ao céu dos cristãos eu vejo chegar bojudos frades, embiocados em hábitos de todas as ordens; fundadores ou chefes de ordens monásticas, aspirando, pela sua orgulhosa humildade, aos primeiros lugares do paraíso. Na sua pegada ou

---

[56] Tebaida, ou alto Egito; capital, Tebas, de onde veio Tebaida. Foi nos desertos que cercam a Tebaida que viveram os primeiros anacoretas e eremitas cristãos.

[57] Músico lendário da Grécia. Os acordes de sua lira eram tão harmoniosos que, ouvindo-os, as feras perdiam nesse momento toda a sua ferocidade e corriam para junto de grande artista. Com os seus cantos acompanhados dos sons da lira comoveu Orfeu as próprias divindades infernais.

[58] Poeta lendário, contemporâneo de Orfeu.

vejo aparecer capuchinhos de longa barba e pés enlameados, aos ombros uma capa escura e suja e principalmente a pesada sacola dos *metragirtas* cheias das esmolas do pobre; aparecem ainda, sob o hábito da indigência, piedosos gatunos que prometeram o paraíso a troco de algumas cebolas, e que nele vão tomar o seu lugar em recompensa do aviltamento que eles chamam humildade cristã. Ao lado deles vejo irmãos *ignorantinos*, cujo merecimento único é nada saberem, pois lhes disseram que a ciência é mãe do orgulho e que só entram no céu os pobres de espírito.

Que moral! Ó Orfeu! Ó Lino! Tereis vós jamais acreditado que o gênio criador dos *Campos Elíseos*, nos quais Virgílio vos deus o primeiro lugar, havia de ser um dia título da exclusão, e que havia de chamar orgulho ao vôo da imaginação e do espírito que vós tínheis procurado exaltar por meio de ficções próprias para animar os grandes talentos?

De igual modo, a humanidade não viu Voltaire descer ao *Tártaro* e subir S. Labre ao céu? E vós, filósofos, que tínheis procurado o aperfeiçoamento da razão humana, associando a religião à filosofia, pudesseis, acaso, suspeitar que o primeiro sacrifício que se lhe havia de fazer o da própria razão e da razão inteira? Foi, todavia, o que aconteceu e o que vereis ainda por muito tempo os séculos vindouros.

Só o crente se salvará, diz a religião cristã. Logo, o descrente será condenado e entregue às Fúrias. Ora, o filósofo não crê, mas julga e raciocina e aquele que raciocina não merece suplícios eternos; doutro modo a divindade seria culpada, porque tendo dado ao homem a razão, armava-lhe assim um laço, e igualmente o seria ocultando-lhe a verdade nos sonhos do delírio e nesse maravilhoso que a sã razão reprova.

Mas não; tudo o que mata a razão ou a degrada é um crime aos olhos da divindade, porque a razão é a voz do próprio D-us.

Quanto aos legisladores que procuraram na religião um meio de estreitar os laços da vida social e de chamar o homem aos deveres santos da família e da humanidade, eu poderia perguntar se teriam calculado que havia de haver uma iniciação em que o iniciador diria aos sectários:

> *"Credes que vim trazer a paz a terra" - Não, afianço-vos o que vim trazer foi a guerra; porque de agora avante sempre que se encontrarem cinco pessoas numa casa, essas cinco pessoas se dividirão e farão guerra umas as outras, três contra duas e duas contra três. O pai fará guerra ao filho, o filho ao pai, a mãe a filha, a filha a mãe, a nora a sogra, a sogra a nora."*

S. Lucas, cap. 12.º vers. 51 a 53 – S. Mateus, cap. 10.º, vers. 34 e 35

Essa horrível moral, infelizmente, foi pregada em excesso pelos padres durante a revolução francesa. Eles levaram a divisão a todas as famílias, e interessaram na sua causa ou, melhor, nas suas vinganças todos aqueles que os puderam servir pelos seus escritos, pelo seu crédito, pelo seu dinheiro ou pelas suas armas. Separaram da pátria todos os que tiveram a fraqueza de prestar ouvidos aos seus discursos sediciosos. Fizeram muitas imprecações do seu mestre:

"Se alguém vier a mim sem aborrecer o seu pai e a sua mãe, sua mulher, os seus filhos, os seus irmãos, as suas irmãs e até a sua própria vida, esse não poderá ser meu discípulo."

S. Lucas, cap. 14.º, vers. 26 – S. Mateus, cap. 10.º vers. 37 a 40

A quantos crimes não tem aberto a porta semelhante moral! A igreja, durante a revolução francesa, foi a arsenal de todos os delitos e a própria religião lhes tinha preparado os germens na sua doutrina exclusiva e intolerante.

Quando se estabelece como máxima fundamental de uma instituição, que é preciso sacrificar a esta tudo quanto a natureza e a sociedade nos oferece de mais querido, as famílias e as sociedades veem imediatamente dissolverem-se os seus vínculos sempre que o ordenam os interesse do padre que nunca deixam de confundir-se com os dos deuses. Não há moral mais santa do que a moral pública, e foi só para robustecê-la que os legisladores imaginaram a moral religiosa.

A única desculpa da invenção das religiões está no fato de serem elas, dizem, necessárias à manutenção da sociedade; portanto, a religião que da sociedade se isola, que acima dela se ergue, que se rebela contra suas leis e que à mesma rebeldia arrasta os cidadãos, essa religião é um flagelo destruidor da ordem social; é preciso dela se libertar a terra.

O catolicismo está entre esses casos, e o chefe de tal seita considera seus mais fiéis agentes os que aramaram contra a pátria, são esses os seus ministros queridos. Pois bem! É preciso devolver-lhes, como peste, à sua origem. A obediência cega a um chefe de inimigos, embora ele use o nome de chefe da Igreja, é crime de lesa-nação; e essa obediência, a religião ordena-a. Quem examinar bem a série das revoltas dos padres católico-romanos contra a autoridade de várias nações, através dos tempos, facilmente se convencerá de que não é um simples abuso e acaso, mas uma consequência necessária da organização hierárquica dessa religião. Ela é que é má e é, portanto, ela que é preciso mudar ou desaparecer. Poupemos o povo enganado, mas guerra sem perdão aos enganadores. A profissão da impostura deve ser proscrita de uma terra livre. Lembrem-se dos males que essa religião causou por intermédio dos seus ministros e dos pontífices, lembrem-se das desordens por ela introduzidas nos diversos impérios pela resistência dos seus padres a autoridade legítima, e verão que isso que em nosso tempo acontece não é um extravio momentâneo nem um abuso de alguns homens, mas sim o espírito da Igreja, que em toda a parte quer dominar, e que na doutrina do seu evangelho, a par das máximas de humildade, encontra o próprio fundamento da sua ambição. No evangelho se encontram estas palavras:

> *"Tudo o que tiverdes ligado na terra, será ligado no céu; e tudo o que tiverdes desligado na terra, será igualmente desligado no céu."*

S. Mateus, cap. 18.º vers. 18

O céu obedece, pois, às vontades do padre, e o padre tem a sua ambição, porque é um homem com todas as paixões dos outros homens.

Julguemos, pelo que aí fica, da extensão das suas pretensões e do império que ele se arroga neste mundo. Era por isso que o padre que colocava a coroa na cabeça dos reis, e que desobrigava os povos do juramento de fidelidade. Os nossos antigos druidas faziam outro tanto.

É esse poder colossal que eles, saudosos, hoje choram, e é em nome da religião que o reclamam, ainda que só pudessem pô-lo novamente de pé sobre as cinzas fumegantes do universo. Mas, tenho esperança, esse poder vai acabar como todos os flagelos que não têm senão um tempo, e não deixará atrás de si, como o raio, senão um cheiro repugnante.

Não falarei dos dogmas que só contêm absurdos morais, como é, por exemplo, o preceito da humildade cristã. Certamente, orgulho é vício e tolice, mas o desprezo de si mesmo não é virtude. Qual é o homem de gênio que, por humildade, se possa julgar um néscio e, para maior perfeição, esforça-se por fazê-lo acreditar aos outros? Qual o homem honrado que de si próprio tenha opinião que se tem de um velhaco, e sempre por humildade? O preceito é absurdo, por isso que não é possível levar tão longe a ilusão. Quis a natureza que a consciência do homem de honra fosse a primeira recompensa do homem da sua virtude, e que a do mal fosse o primeiro suplício dos seus crimes. É, todavia, a essa humildade que se promete o céu, a essa humildade que deprime o gênio e sufoca os germens dos grandes talentos, a essa humildade que, encobrindo ao homem as suas verdadeiras forças, torna-o incapaz desses generosos esforços que o levam a grandes empreendimentos para sua glória e para a glória dos impérios que ele defende ou governa. Ao herói vencedor dos reis ligados contra a França direis: por ventura, que será maior aos olhos da divindade se conseguir persuadir-se de que vale menos do que os generais vencidos? Ele terá sem dúvida a modéstia própria dos grandes talentos, mas não a humildade de frade capuchinho pregada pela religião cristã, única iniciação em que se lembram de fazer a apoteose da covardia que impede o homem de sentir o que vale e que, a seus próprios olhos o avilta. Porque, duas uma, se é simplesmente modéstia, entra na classe das virtudes, cuja prática todas as filosofias antigas recomendaram, ou se é proselitismo alienado, que não condiz com a realidade da natureza humana.

Dá-se o mesmo com o preceito da abnegação de si mesmo, tão recomendada pelo cristianismo, preconceito cujo sentido ainda não consegui adivinhar. Querer-se-á dizer que o homem tem sua própria opinião quando ela é assinada, às suas comodidades, aos seus desejos naturais e legítimos, aos seus afetos, aos seus gostos, a tudo o que contribua para fazer neste mundo a sua felicidade por meio de prazeres honestos? Aconselhar-se-á o homem a que renuncie ao uso de todas as suas faculdades intelectuais para se entregar à investigação de virtudes quiméricas, aos arroubos da contemplação e aos exercícios de uma vida religiosa tão difícil para nós como infrutífera para os outros?

Mas deixemos aos doutores da seita o cuidado de explicar esse preceito de uma moral tão enigmática, e examinemos nesses dogmas que não é simplesmente absurdo, mas que é infinitamente perigoso nas suas consequências e funesto às bases das sociedades.

Haverá dogma mais detestável do que aquele que arvora cada cidadão em sensor acerbo do procedimento do seu vizinho, mandando-lhe considerar um publicano, isto é, um homem digno da execração dos outros, sempre que ele não obedeça aos conselhos da caridade cristã, tantas vezes mal entendidas? É, todavia, o que ensinam esses livros maravilhosos chamados evangelhos, nos quais se nos injunge que repreendamos o nosso irmão, primeiramente sem testemunhas; que, se ele não nos ouvir, o denunciemos à igreja:

"Ora, se teu irmão pecar contra ti, vai, e repreende-o entre ti e ele só; se te ouvir, ganhaste a teu irmão;

Mas, se não te ouvir, leva ainda contigo um ou dois, para que pela boca de duas ou três testemunhas toda a palavra seja confirmada.

E, se não as escutar, dize-o à igreja; e, se também não escutar a igreja, considera-o como um gentio e publicano".

S. Mateus, cap. 18°, vers. 15 a 17

Quantas vezes não se tem cruelmente abusado deste conselho nas perseguições, secretas ou públicas, movidas em nome da religião e da caridade àqueles que involuntariamente cometerem algumas fraquezas, e mais frequentemente ainda aos que tiveram um espírito suficientemente elevado para se erguerem acima dos preconceitos populares? Assim é que o amor pela religião e um mal entendido proselitismo fazem do homem religioso o espião dos erros de outrem. A pretexto de lastimar as fraquezas alheias, assoalham-se estas, exageram-se; e se maldizente e caluniador por caridade e os crimes que tantas vezes se imputam a outrem não passam de atos de tino e razão, disfarçados sob os mais odiosos nomes.

Em referência a esse dogma em **foco**, onde se recomenda aos seus discípulos que não se inquietem com as faltas alheias! Este preceito implica tolerância social, e sem essa tolerância os homens não podem ser felizes vivendo juntos.

O cristão, pelo contrário, é intolerante por princípio de religião e dessa intolerância, que eu chamaria constitucional na organização de tal seita, é que saíram todos os males que o cristianismo fez às sociedades. A história da Igreja, desde a sua origem até nossos dias, não é senão o quadro sangrento dos crimes cometidos em nome de D-us contra a humanidade, e os dois mundos foram e ainda serão, por muito tempo, atormentados pelos acessos dessa raiva religiosa, originada no dogma do evangelho que quer que se obrigue a entrar no grêmio da igreja aquele que a tal se recusa. Daí partiram os morticínios de S. Bartolomeu e os dos habitantes do Novo Mundo; daí foi lançada a tocha que acendeu as fogueiras da Inquisição.

Para provar quanto é horrível essa seita, basta pintá-la tal qual ela se mostrou sempre, desde Constantino, momento em que princípio a ser bastante poderosa para perseguir, até essa espantosa guerra da Vendeia cujas centelhas ainda se tornariam a ascender se as vitórias dos republicanos e o seu amor pela humanidade não comprimissem neste momento esse fogo oculto debaixo da capa do padre.

Sem o golpe de estado tão necessário de 18 do Frutidor, o Sol teria alumiado, cometidos pelos padres em nome de D-us, crimes ainda maiores e mais morticínios do que todos aqueles de que a história já deu medonho espetáculo. E há quem se obstine em querer religião e padres! Sem as medidas contra eles tomadas teriam os nossos padres feito esquecer os sangrentos efeitos da *rabbia papale* (raiva ou furor papal) no que no sisma do Ocidente (divisão na igreja, nos séculos 14.º e 15.º, durante a qual dois e até três papas governaram simultaneamente a igreja e mutuamente se excomungaram), no século décimo quarto, ordenou a morte de cinquenta mil desgraçados; os morticínios da guerra dos hussitas (defensores da doutrina de João Huss, precursor da reforma religiosa) que custou à humanidade cinquenta mil homens; os da América, onde foram vitimados muitos milhões dos seus habitantes só porque, não sendo senão homens, não eram cristãos; teriam feito esquecer a S. Bartolomeu e a pavorosa Vendeia, visto que queriam exceder-se a eles próprios em perversidade. Saídos das montanhas da Suíça, como outros tantos animais ferozes, espalhavam-se já pela França, trazendo-lhe a toda a parte, em nome do deus da paz, a carniça e a morte.

Mas o gênio da liberdade levantou-se mais uma vez e repeliu esses monstros para as suas cavernas, dentro das quais pensam em novos crimes. E sempre para maior honra de D-us e da santa religião, que fere com uma sentença de morte a todo aquele que não dobra o joelho perante o seu orgulhoso poder! Quem não é por mim, diz o legislador, é contra mim, e toda árvore que não dá fruto corta-se e é lançada ao fogo.

Eis o resultado dessa moral a que alguns apraz chamar moral divina, como se outra moral divina houvesse que não fosse a moral natural. Direi como o seu evangelho: É pelos seus frutos que devemos julgar. É certo, e já o dissemos, que os seus livros santos encerram vários princípios de moral que a sã filosofia deve aceitar. Mas essas máximas não são propriamente deles; são anteriores à seita, e encontram-se em todas as morais filosóficas e religiosas de todos os povos. O que exclusivamente lhes pertence são várias máximas absurdas ou perigosas por suas consequências, e não creio que alguém se sinta tentado a invejar-lhes moral semelhante.

Tomo agora a peito principalmente combater o preconceito muito generalizado, a saber: que se os dogmas do cristianismo são absurdos, a moral é boa; o que não podemos aceitar é o falso e absurdo, quando se entende por moral cristã a que pertence exclusivamente aos cristãos e quando se não dê esse nome à moral que é conhecida bem eles antes deles e que eles simplesmente adotaram (adaptaram), ou melhor, desfiguraram, misturando-a com preceitos ridículos e dogmas desassisados.

Mais uma vez, nada do que é bom lhes pertence, e é deles tudo o que é mau ou ridículo na sua moral. E é só essa a moral que, propriamente, podese dizer em particular aos cristãos e não falarmos na dos faquires indianos, da qual ainda se pode considerar proveniente se lhe não é paralela.

E aqui está um dos grandes inconvenientes das religiões, qual é o de confundir todas as noções naturais do justo e do injusto, das virtudes e dos crimes, introduzindo na moral, sob o nome de religião, virtudes e vícios desconhecidos no código da natureza. Assim, os habitantes da ilha Formosa, que incluem entre os crimes dignos do *Tártaro* o latrocínio, o assassinato e a mentira, lá introduzem também o deixar de andar nu em determinadas ocasiões. O católico introduziria o de andar, uma só vez que fosse. Beber vinho é crime na Turquia; na Pérsia era pecado sujar o fogo; para um *buariano* é pecado dizer que D-us está no céu.

Os cristãos introduziram essa confusão na sua moral, criando vícios e virtudes que só existem no seu sistema religioso, e aos quais assinalaram castigos e recompensas eternas. Os seus doutores multiplicaram infinitamente os crimes, e abriram à alma mil caminhos para o *Tártaro*. Entre eles todo o pecado considerado mortal mata a alma e a bota às vinganças eternas de uma divindade inclemente; e sabe-se como é grande o número dos pecados mortais no seu código pela das consciências. A criança que nasce é condenada ao *Tártaro* se lhe não entornam água por cima da cabeça. Quase que não há ato, desejo, pensamento, em questão de amor, que não seja qualificada de pecado mortal. Quase que não há prática ordenada pela igreja, cuja inobservância não seja um pecado digno do *Tártaro*, de modo que a morte de toda a parte nos cerca a alma por pouca reflexão e experiência que tenhamos. Eis a religião que, segundo dizem, conforta o homem!

Aquele que se permite comer carne nos dias consagrados a Vênus e a Saturno, em cada semana planetária, pois os cristãos são tão ignorantes que ainda estão ligados ao culto dos planetas; ou o que como durante os quarenta dias que precedem o plenilúnio imediato ao equinócio da primavera, é condenado aos suplícios do inferno. Aquele que falta muitas vezes seguidas à missa do dia do Sol, ou domingo, mata igualmente a alma. O que obedece ao desejo imperioso da natureza, que tente para a sua reprodução, é precipitado no *Tártaro* se não obtém licença do padre que renunciou ao casamento legítimo para viver em concubinagem, e que ainda hoje anatematiza os casamentos reconhecidos por lei, quando o selo da religião ou, melhor, da rebelião, não foi neles impresso pelo padre refratário às leis da pátria.

Ora, aí está o que em nossos dias se chama moral religiosa, indispensável à manutenção das sociedades, vista a necessidade de uma religião.

Não ser pontual, ao menos uma vez cada ano, em comer "D-us" na sua metamorfose de pastel sagrado, ou rir dos parvos que, ajoelhados e de boca aberta recebem da mão de um impostor o *pão-deus*, destinado bem depressa a tornar-se o deus *Sterculus*, que vai descer aos lugares baixos da terra; não ir confiar as travessuras amorosas a um padre gasto pelo vício, e que arma laços à castidade e à inocência, tudo isso são crimes que, no sistema dos católicos, merecem a morte eterna, e o *Tártaro* não tem suplícios bastantes para punir tão evidente desprezo de toda religião. E eis o que, no sistema religioso, chamam-se pecados; eis o que se castiga nos infernos; pune-se o homem que teve bastante juízo para se rir das tolices dos outros; e enquanto a credulidade e a impostura levam diretamente aos *Campos Elíseos*, a sabedoria e razão precipitam-nos no *Tártaro*. Em outros termos, a religião, de certa forma, tenta convencer-nos de forma equivocada com a Tradição grega, onde os idiotas e néscios teriam o reino dos céus e os gnósticos e sábios se precipitariam no Tártaro – o que é uma grande inversão de valores.

E note-se que não se trata aqui de simples conselhos evangélicos dados às almas privilegiadas; é o direito comum pelo qual se regem rigorosamente todos os fiéis. É isto que se chama a religião de seus pais, na qual se quer viver e morrer, e sem a qual não se podem esperar nem a ordem nem a felicidade sociais.

O grande crime da revolução francesa foi ter querido destruir esse grande edifício de impostura, à sombra do qual todos os abusos e todos os vícios tranquilamente reinaram. Foi isso que armou o fanatismo contra a liberdade republicana, a causa primária de todas as nossas desgraças. E, aí está, numa palavra, a religião dessa honrada gente, isto é, daqueles que nunca tiveram nenhuma e que nesse nome só veem uma senha de reunião para todos os crimes.

O mesmo gênio que abusou da denominação de crimes, dando-a aos mais simples e inocentes atos, criou também virtudes quiméricas que se colocaram ao mesmo nível das virtudes reais, e que até, como mais acima observamos, muitas vezes sobre estas obtiveram preferência. Daí nasceu uma confusão de todas as coisas, confusão que perverteu a verdadeira moral, substituindo-a pela moral postiça que tem o nome de moral cristã. O povo foi levado a acreditar que eram virtudes os atos de devoção ou que as podiam substituir, desde que supôs bastarem-lhe as virtudes religiosas e assim a moral religiosa destruiu a moral natural.

Os chineses atribuem aos seus *bonzos* a decadência da antiga moral na China. Foram os *bonzos* que substituíram por práticas supersticiosas o cumprimento dos verdadeiros deveres. O povo deu ouvidos a esses sedutores, que lhe acenavam com todos os graus da felicidade neste mundo e no outro. Entregou-lhes à mágica influência, dizem os chineses, e julgou cumpridos todos os seus deveres. Quantas pessoas não há entre nós que, atendendo à sua exatidão em ouvir missa e ir ao confessionário, julgam-se isentas dos deveres impostos pela moral pública e vida social. Quantas outras que, por serem fiéis aos padres, creem-se dispensadas de o serem à pátria, de lhe respeitarem os magistrados e principalmente aos seus iguais. Os próprios padres lhe apodariam de crime de obediência às leis do país, tão fácil é desnaturar a moral em nome da religião.

Dir-se-á também que não passa isso de um abuso da religião cometido pelo povo, e que apenas se dá na classe menos instruída. Pois será assim, mas essa classe é a mais numerosa, precisamente aquela para a qual dizem ser necessária uma religião, e, portanto, a que dela abusa. Mas não, não é somente o povo que toma por virtudes atos religioso, os próprios chefes das sociedades têm feito outro tanto.

Os bispos da *Mingrélia* (região da Rússia asiática, ao sul da *Cólchida*) estão diariamente em festa e passam a vida em refeições de gula. Em compensação, abstém-se de carne em certo dia, julgando por isso dispensados de todas as virtudes. Pensam que, oferecendo ouro ou prata a algumas imagens, os pecados lhes serão perdoados. O penúltimo dos reis franceses, o mais crapuloso de todos, não faltava nunca à missa. Luís XI cometia os crimes sob a proteção de uma pequena imagem da Virgem.

Os cristãos da América põem no jejum toda a sua religião. Os camponeses franceses do século XVIII tinham o hábito de embebedarem-se ao sair da missa, e o domingo mantém-se apenas pela imoralidade e pelas reuniões de prazeres e desregramentos. Os persas consideram a pureza legal a parte mais importante do seu culto. Trazem sempre na boca esta máxima do seu profeta: *"A religião baseia-se na consciência sem mancha, e metade da religião é ter a consciência limpa."* Na religião muçulmana julga-se fiel o que traz o fato e o corpo bem limpos, faz sem falta as cinco orações diárias, jejua no mês de Ramadan e faz, pelo menos uma vez na vida, a viagem à Meca.

Mallet, na sua *História da Dinamarca*, observa com razão que em geral os homens consideram a moral uma parte acessória das religiões. Na religião cristã introduziu-se a distinção absurda entre virtudes humanas e as virtudes religiosas e é sempre às últimas, que são virtudes quiméricas e nada mais, que se dá a preferência. Os Scipões, os Catões, os Sócrates, só tinham virtudes humanas, os grandes homens do cristianismo, só virtudes religiosas. E quais são esses grandes homens do cristianismo, que nos dão para modelo? Nem um só que se recomende por virtudes verdadeiramente sociais, pela sua dedicação à coisa pública, por descobrimentos úteis, pelas qualidades particulares que caracterizam um bom pai, um bom marido, um bom filho, um bom irmão, um bom cidadão e quando, por acaso, possui uma dessas virtudes, é ela um simples acessório do seu elogio. O que nele se louva são austeridades, abstinências, mortificações, práticas piedosas ou antes, supersticiosas, um grande zelo na propaganda da sua quimera. São estes os chamados santos ou perfeitos da seita.

Basta um lance de olhos à vida desses pretendidos santos para nos convencermos da verdade. Efetivamente, que são eles na sua maior parte? Entusiastas, fanáticos ou imbecis, que, à força de religião, abjuraram do senso comum, e, como os faquires da Índia, de quem eram discípulos, impuseram-se ao povo por atos de grande esforço, tais como os do tal Simeão, o estilita, que se manteve de pé, sobre um pé só, durante vinte anos, em cima de uma coluna e que, por este meio, julgou mais cedo chegar ao céu.

Eu teria vergonha de trazer para aqui maior número de exemplos das virtudes sublimes de que os cristãos fazem alarde. Convido os que tiverem curiosidade e tempo para percorrer as lendas desses heróis do cristianismo, a munirem-se de paciência, e desafios a que citem um ou dois cujas pretensas virtudes resistam ao exame, já não digo de um espírito filosófico, mas de um homem atilado.

Foi assim que tudo se achou deslocado na moral. Que os ridículos e as ações mais desequilibradas usurparam o lugar das verdadeiras virtudes, enquanto os atos mais inocentes foram disfarçados em crimes. Como consequências, que confusão nas ideias de bem e mal moral! Se aquele que dá nascimento a um homem sem licença do padre (e este não a pede a ninguém; só toma conselho da necessidade) se torna tão culpado como o que o destrói pelo ferro ou pelo veneno, então amor e homicídio são igualmente crimes aos olhos da natureza, da razão humana, e da justiça divina. Se o homem que comeu carne ou, até, que não jejuou no dia de Vênus que precede a festa equinocial do Sol da primavera (sexta-feira santa) é condenado ao *Tártaro*, para aí sofrer eternamente, ao lado do que embebeu um punhal no peito do pai ou da mãe, então comer certos alimentos que uma e outra coisa são pecados que igualmente matam a alma e merecem suplícios eternos. Acaso não se está vendo que essa extravagante associação de ridículos que ela proscreve, redunda necessariamente em prejuízo da moral e expõe, a maioria das vezes, o homem religioso a deixar-se enganar quando, confundidas sob as mesmas cores, apresentam-se-lhe coisas tão diferentes em sua natureza? É então que as pessoas formam em si uma falsa consciência, que concebe escrúpulos tão grandes a propósito da infração de um preceito absurdo, como se tratasse de impingir a lei mais inviolável e sagrada para todo o homem probo e virtuoso.

Do dogma dos prêmios e castigos da vida futura ou da sua crença só deveria resultar, como consequência, a necessidade de uma vida virtuosa. Mas não se limitariam a isto: imaginou-se que se poderiam evitar os castigos e merecer as recompensas da outra vida por meio de práticas religiosas, peregrinações e austeridades que, certamente, não são virtudes. Daí procede que o homem dê tanta importância a práticas supersticiosas e pueris, como deveria dar a virtudes verdadeiras e a qualidades sociais. Além disso, a multiplicidade dos deveres que se lhe impõem afrouxa o laço que os une, e leva frequentemente o homem a enganar-se. Se não é ilustrado, engana-se quase sempre, e avalia as coisas segundo o grau de importância. É de recear principalmente que o povo (porque o povo é religioso), quando uma vez transpôs a linha dos deveres que reputam sagrados, estenda o desprezo que votou a uma proibição injusta e ridícula a uma outra que o não é, e confunda na mesma infração as leis que, sob as mesmas penalidades, o legislador lhe ordenou que observasse. Igualmente é para recear que ele se julgue dispensado das chamadas virtudes humanas, ou sejam, as verdadeiras virtudes, por ter abandonado as virtudes religiosas que tinham um caráter sagrado, e que de fato verdadeiras quimeras.

Na verdade, o povo pode pensar que aquele que lhe proíbe, como crime, o que a necessidade imperiosa da natureza lhe ordena e parece legitimar, igualmente o engana quando lhe proíbe o que a moral natural condena e que se os impulsos do amor não são inocentes, pois que uns e outros provêm do temperamento.

É para recear que a proibição de roubar o pão alheio, ainda quando a necessidade aperte, pareça-lhe tão contrária aos direitos que lhe deu a natureza (pois esta deixou a todos os homens a Terra e seus produtos), como é contrária ao bom senso e muitas vezes à saúde a proibição de, em certos dias, comer o pão que é só dele, embora a fome lhe ordene. Chegará talvez a pensar que as ameaças do inferno, feitas ao primeiro crime, são tão reais como as que têm por direito o segundo, atentando a que o legislador e o padre, que o iludem num ponto, bem o podem iludir nos dois. Como lhe não permitiram refletir sobre a legitimidade das interdições, que lhe fizeram, nem sobre a natureza dos deveres impostos, e como ele não tem outro critério senão uma fé cega, desde que deixa de ser crédulo deixa quase sempre de ser virtuoso, pois que, tendo-o sempre habituado a procurar fora do seu coração as fontes da justiça e da moral, nunca fez uso da luz da razão para se esclarecer na sua vida e no seu procedimento. Uma vez que o povo deixa de crer no inferno, deixa também de crer na moral que no temor do inferno se apoiava; e deixa de crer quando lhe apresentem como crime os atos mais inocentes e naturais. Como dever ser eternamente condenado por violar os mais ridículos preceitos dos padres, pouco lhe importa como a sentença de morte foi proferida contra ele, e o inferno o espera como presa que não pode escapar-lhe.

Conheço a resposta que vão dar-me: Não é irrevogável a sentença, a religião colocou a esperança no arrependimento, na confissão do pecado e na clemência divina que, dócil à voz do padre, absorve e livra de remorsos o culpado. Confesso que é esse um remédio inventado pelos mistagogos antigos contra o desapego, mas sustento que o remédio é pior do que o mal, e que o bem (pouco) que a Iniciação poderia produzir foi destruído por esses novos específicos preconizados pelo charlatanismo religioso.

As cerimônias expiatórias, destinadas a fazer esquecer aos deuses os crimes dos homens, fizeram que os próprios culpados depressa os esquecessem também; o remédio colocado tão perto do mal dispensou do cuidado de evitá-lo. Maculava-se voluntariamente o manto da inocência quando à mão se tinha a *água lustral* que devia purificá-la, e quando a alma, ao sair dos banhos sagrados, reaparecia em toda a sua pureza primitiva. O batismo e a penitência, que entre os cristãos é um segundo batismo, produzem esse efeito maravilhoso.

Por isso vemos tantos cristãos que tudo se permitem, porque lhes basta, para ficarem quites, ir à confissão e comer depois do sagrado pastel. Conseguida a absolvição do padre, julgam ter direito a essa nobre confiança que do padre o homem irrepreensível.

Os habitantes de Madagascar julgam que, para obter o perdão das suas culpas, basta eles molharem uma moeda de ouro num vaso de água, e engolir em seguida a água. Assim, a religião, a pretexto de aperfeiçoar o homem, forneceu-lhe um meio de sufocar o remorso que a natureza ligou ao crime, e lhe deu coragem nos seus desvarios, deixando-lhe a esperança de voltar ao seu grêmio quando quisesse, a recuperar as lisonjeiras esperanças que ela fornece, com a simples condição de cumprir certas formalidades religiosas.

    Bem entendeu o sábio Sócrates, quando nos pintou o homem injusto que, ante o temor dos suplícios do *Tártaro*, tranquiliza-se dizendo que na iniciação se encontram meios seguros para apartar esse temor. Amedrontam-nos, diz o apologista da injustiça, com os suplícios do inferno, mas quem ignora que há o remédio das Iniciações? Quem desconhece que elas nos são o recurso maravilhoso e nos ensinam que há deuses que nos livram das penas devidas ao crime? Temos cometido injustiças, é certo, mas essas injustiças deram-nos dinheiro. Dizem-nos que os deuses se deixam vencer por meio de prece, de sacrifícios e de oferendas. Pois bem! Os frutos dos nossos roubos nos fornecerão com que os aplacar.

    Quantos estabelecimentos religiosos, quantos templos, em tempo de nossos avós, não deveram a sua fundação a semelhante modo de ver! Quantos edifícios sagrados não tiram a sua origem de grandes crimes cujo esquecimento desse modo se procurou, desde que os bandoleiros condecorados ou enriquecidos se julgaram quites com a divindade, partilhando com os seus padres os despojos dos desgraçados! Foi assim que, entre os homens, pretenderam apagar a lembrança dos seus delitos, foi por dotações piedosas que julgaram próprias para levar ao olvido das suas atrocidades, os próprios deuses que dessas atrocidades deviam ser os vingadores. Com tais dotações já se não é ladrão entre os cristãos.

> « *Si l'on vient à chercher, pour quel secret mystère,*
> *Alidor, à ses frais, bâtit un monastère...*
> *C'est un homme d'honneur, de piété profonde,*
> *Et qui veut rendre à Dieu ce qu'il a pris au monde* ».

Boileau, sat. 9, v. 163

> Se alguém vem procurar algum mistério secreto
> À custa Alidor leva a erguer um convento...
> É que homem probo ele é, cheio de amor profundo,
> E que quer dar a D-us o que roubou ao mundo.

    Os primeiros reis fundaram grande número de igrejas e mosteiros para perdão dos seus crimes, porque se julgava, diz o abade Velly, que a justiça cristã consistia em erigir tempos e sustentar monges.

    Não há religião que não tenha tido as suas lustrações (Cerimônias purificatórias), expiações e indulgências, cujo pretendido efeito era levar os deuses ao esquecimento dos crimes dos mortais, e, por conseguinte, animá-los a cometerem outros, enfraquecendo assim o medo que a ficção do *Tártaro* lhes podia inspirar.

Orfeu, que lançou mão de todas as espécies de charlatanismo religioso a fim de, com mais segurança, dirigir os homens, tinha imaginado remédios para a alma e para o corpo. Esses remédios eram todos pouco mais ou menos da mesma eficácia, porque então se podiam nivelas os médicos do corpo e os da alma, Esculápio e Orfeu. As abluções, as cerimônias expiatórias, as indulgências, as confissões e os *Agnus Dei* (oração que começa por aquelas palavras e se diz à missa: *Agnus Dei qui tollis peccata mundi, miserere nobis!* Cordeiro de D-us que perdoa os pecados do mundo, tem compaixão de nós. Também se chamou *Agnus Dei* uma espécie de medalha feita de cera benta e óleo do crisma, representando o cordeiro pascal, e, por extensão, quaisquer pequenas estampas representando o mesmo), etc., que estão para a moral como os talismãs para a medicina. Estes dois específicos, saídos da mesma fábrica, só aos tolos conseguem enganar; só a fé os vulgariza.

Orfeu passava entre os gregos por ter inventado as iniciações, as expiações dos grandes crimes, e achado o segredo de afastar os efeitos da cólera dos deuses e de alcançar a cura das doenças. Inundava a Grécia um sem número de rituais que lhe eram atribuídos, assim como a Moisés entre os hebreus e que prescreviam a forma dessas expiações. Por desgraça da humanidade, não somente se fez persuadir aos particulares, mas também a cidades inteiras, que por meio de sacrifícios expiatórios, festas e iniciações, todos se podiam purificar dos seus crimes e libertar-se dos suplícios com que a divindade ameaçava os culpados; que a religião oferecia esses recursos a vivos e a mortos, nos chamados *téletes* ou mistérios. Daí veio que os sacerdotes de Cibele, os de Ísis, os *orfeotéletes*, como os capuchinhos e religiosos mendicantes, espalharam-se por entre o povo, para lhe tirar dinheiro, a pretexto de iniciá-lo e de salvá-lo do fatal destino, porque o povo é sempre o pasto dos padres, e a credulidade popular o mais rico patrimônio sacerdotal.

Vemos em Demóstenes que a mãe de Ésquines vivia dessa profissão, cujos módicos lucros juntava aos das suas prostituições. Teofrastes, descrevendo o caráter do supersticioso, representa-o como os nossos devotos escrupulosos, que vão frequentemente ao confesso. Diz-nos que é muito pontual, no fim de cada mês, em visitar os sacerdotes de Orfeu, que o iniciam nos seus mistérios e que, nessas visitas, faz-se acompanhar de sua mulher e filhos.

À porta da mesquita de Aliem Meseched-Ali[59], encontram-se daruezes[60] que, a troco de pequena soma de dinheiro, oferecem as suas orações aos peregrinos. Espreitam principalmente o pobre crédulo e supersticioso para, em nome da divindade, esvaziar-lhe as algibeiras. Os nossos porta-vozes de evangelhos fazem o mesmo; no Oriente recitam evangelhos sobre a cabeça de um muçulmano doente contando que lhes paguem; porque os orientais, nas suas

---

[59] Um dos primeiros califas. Foi casado com Fátima, filha de Maomé.
[60] Religiosos muçulmanos. Também se chamam dervixes, e afrancesadamente, derviches.

doenças, apegam-se aos santos de todas as religiões.

A invocação de *Omito⁶¹*, entre os chineses, basta para purificar dos crimes maiores, e daí procede que os chineses da seita de Fo proferem a cada momento estas palavras: *O-mito-Fo!* por meio das quais resgatam todas as suas culpas; entregam-se depois às suas paixões, na certeza de que lavam todas as manchas pelo mesmo preço. Admiro-me de que o jesuíta missionário que aponta os fatos indicados não tenha notado que, entre nós, possuem pouco mais ou menos a mesma virtude o *Óh bom Jesus!* e o bom *peccavi*. Mas Júpiter criou-nos a todos alforjeiros, como diz o La Fontaine:

> *« Le fabricateur souverain
> Nous crea besaciers tous de même manière;
> Il fit pour nos defauts la poche de derrière
> El celle de devant pour les defautas d'autrui. »*

O sumo criador
Alforjeiros nos fez a todos igualmente;
Para as nossas culpas, deu a bolsa posterior;
Para as alheias, porém, o saco fez da frente.

Por isso, os Hindus estão persuadidos de que, se um doente morre tendo na boca o nome de D-us, e se até o último suspiro o repete, esse doente vai direto ao céu, principalmente se tem na mão a cauda de uma vaca.

Os brâmanes não deixam de contar, em nenhuma manhã, a história maravilhosa de *Gosjendre-Mootsjam*, e diz-se que todo aquele que lê todos os dias, recebe o perdão de todos os seus pecados. Convenhamos em que fica barata a absolvição de um celerado. Possuem certos lugares considerados santos que absolvem de igual modo os que lá morrem ou lá dirigem em peregrinação. Igualmente possuem certas águas que têm a virtude de purificar de todas as máculas da alma. Tais as águas do Ganges, da mesma forma que os ocidentais têm o Jordão e as pias batismais.

Biache, um dos interlocutores do Ezourvedão, diz que há, no país chamado Magnodecham, um lugar santo onde basta fazer alguma oferenda para livrar do inferno os antepassados.

Os hindus têm as mais fantásticas opiniões sobre um pequeno arbusto chamado *Toloschi*. Basta vê-lo para se obter o perdão dos pecados, basta tocá-lo para se ficar purificado de todas as máculas.

Eram todas estas opiniões e todas estas práticas estabelecidas pelas diversas religiões, autorizadas e aconselhadas pelos padres, que, sob a apa-

---

[61] Omito é, na China, o deus dos sectários de Fo, isto é, dos budistas, uma vez que Fo é no nome lá dado a Buda.

rência de socorro ao homem culpado, perverteram a moral natural, a única verdadeira, e destruíram o efeito que se esperava das instituições religiosas, principalmente da fábula do *Tártaro* e do Elíseo.

Porque enfraquecer a voz imperiosa da consciência, corresponde a enfraquecer a moral. Esta censura é principalmente feita à confissão e às virtudes que com ela se relacionam. A natureza gravou no coração do homem leis sagradas que ele não pode infringir sem incorrer no remorso da infração. É o remorso o vingador secreto que a natureza põe na pegada do criminoso. A religião sufoca esse verme roedor, quando faz crer ao homem que a divindade lhe esquecer o crime, e que uma confissão feita aos pés do impostor do padre o reconcilia com o céu ultrajado. E que réu pode ter receio da consciência quando o próprio D-us obedece?

A facilidade das reconciliações não é o vínculo mais forte da amizade, e ninguém receia delinquir quando se tem a certeza do perdão do céu. O poeta árabe Abu-Naovas dizia a D-us:

"Nós entregamo-nos ao erro, Senhor, porque vimos que o perdão não se fazia esperar."

Efetivamente, o remédio, quando vem sempre depois do mal, obsta a que este seja temido, e torna-se ele próprio um grande mal.

Exemplo frisante é o povo que vai habitualmente confessar-se, sem se tornar melhor. Esquece os seus erros logo que sai da guarita do pretenso vigilante das consciências (quer dizer: loqo que sai do confessionário). Depondo aos pés do padre o fardo dos remorsos, que talvez lhe pesasse toda a vida, goza desde logo da tranquilidade do homem honesto, e desembaraça-se do único suplício que pode punir o crime que fica secreto. Quantos delitos não tem gerado a funesta esperança de um bom *peccavi*[62] que deve terminar uma vida manchada de crimes, e garantir-lhe a imortalidade dos bem-aventurados! No espírito do criminoso, a ideia da clemência divina sempre contrabalançou o temor da sua justiça, e a morte é o termo que lhe fixa o regresso à virtude.

Quer dizer: o criminoso renuncia ao crime, no mesmo momento em que, para sempre, vai estar na impossibilidade de cometer mais, e em que um padre vai, na sua opinião, livrá-lo dos castigos que, pelos seus pecados, merecia. Tal instituição é, pois, um grande mal, visto que substitui o verdadeiro freio que a natureza pôs ao crime, por um freio artificial cujo efeito a própria instituição destrói.

Se é justo que a consciência do homem probo lhe recompense as virtudes, também é justo que a do culpado lhe puna os delitos. São estes os ver-

---

[62] Palavra latina que quer dizer: *pequei* e que é ao mesmo tempo a confissão e o arrependimento de um pecado.

dadeiros *Campos Elíseos* e o verdadeiro *Tártaro*, criados pela solicitude da própria natureza. É ultrajá-la querer ampliar-lhe a obra, e mais ainda pretender absorver um réu, e isentá-lo do suplício que ela secretamente inflige pela perpetuidade dos remorsos.

As antigas iniciações tinham também os seus tribunais de penitência, nos quais um sacerdote, sob o nome de Coés, ouvia a confissão das culpas a expiar. Um desses desgraçados impostores, ao confessar o famoso Lisandro (general espartano), instava-o com perguntas imprudentes. Lisandro perguntou-lhe se ele falava em seu próprio nome ou se em nome da divindade:

– Em nome da divindade
– Responde-lhe o Coés.
– Bem, então retira-te, disse-lhe Lisandro, que, se ela me interrogar, lhe direi a verdade.

É a resposta que qualquer pessoa sensata deveria dar aos modernos Coés ou confessores, que se inculcam órgãos da clemência e justiça divina, supondo que as pessoas sensatas possam apresentar-se a esses espiões das consciências, que se servem da religião para melhor abusar da fraqueza de incautos, tiranizando-lhes a razão, imiscuindo nos negócios de suas casas, seduzindo-lhes mulheres e filhas, roubando-lhes segredos de família, e até, frequentemente, para as dividir no intento de as dominar ou despojar.

Além disso, os antigos não levavam tão longe como nós o abuso dessas espécies de remédios. Houve certos crimes que eles privaram do benefício da expiação e entregaram aos remorsos e à vingança eterna dos deuses.

Nada mais frequente, efetivamente, do que ver os antigos darem a certos crimes o epíteto de irremissíveis, ou crimes que por motivo nenhum podiam ser expiados. Afastavam-se dos santuários de Elêusis os homicidas, os celerados, os traidores da pátria e todos os maculados de grandes delitos. Daqui resultava que também eram excluídos dos *Campos Elíseos* e metidos no negro lodaçal dos infernos.

Estabeleceram-se purificações para o homicídio, mas somente para o homicídio involuntário ou necessário. Quando os antigos heróis praticavam assassinatos, eles podiam recorrer à expiação. Depois dos sacrifícios exigidos, derramava-se sobre a mão criminosa a água destinada a purificá-la, e desde esse momento voltava o herói à sociedade e preparava-se para novos combates. Hércules fez-se purificar depois da morte dos centauros. Mas essas formas de expiação não lavavam toda a espécie de mácula. Os grandes culpados tinham a recear toda a vida os horrores do *Tártaro*, ou só podiam resgatar os seus crimes à força de virtudes e de ações louváveis.

As expiações legais não tinham a propriedade de restituir a todos as acariciadoras esperanças de que a inocência gozava. Nero não ousou apresentar-se no templo de Elêusis. As suas atrocidades aí lhe proibiram a entrada para sempre. Constantino, maculado de toda a espécie de culpas, tinto de sangue de sua esposa, apresenta-se aos padres pagãos para que o absolvam de tantos atentados. Respondem-lhe que, nas diversas espécies de expiações, nem uma se conhece capaz de purificá-lo, e que nenhuma religião oferece socorro bem eficaz contra a justiça dos deuses por ele ultrajados. E Constantino era imperador.

Um dos aduladores palacianos, testemunha da sua perturbação, e da agitação de sua alma rasgada pelos remorsos que nada podia aplacar, diz-lhe que não é incurável o seu mal que existem, na religião cristã, purificações expiatórias de todas as perversidades sejam quais forem a sua natureza e número; que uma das promessas dessa religião é que todo aquele que a abraçar, por mais ímpio e celerado que seja, pode esperar que os seus crimes lhes serão desde logo perdoados.

Desde esse momento, Constantino declara-se protetor de uma seita que tão favoravelmente trata os grandes criminosos. Era um celerado que procurava iludir-se e sufocar os remorsos. Dando crédito a alguns autores, esperou o fim da vida para se fazer batizar, na intenção infame de consagrar a vida toda inteira ao crime, reservando para a beira da morte aquele recurso que lhe lavaria todas as nódoas.

Assim, Elêusis fechava as portas a Nero, os cristãos tê-lo-iam recebido no seu grêmio, se ele se lhes mostrasse favorável. Reivindicam Tibério para o número dos seus protetores, e de espantar é que o Nero o não tenha sido. Horrenda religião essa que inclui entre seus iniciados os mais cruéis tiranos, e os absorve de seus crimes! Que, se Nero se houvesse feito cristão, se tivera protegido a igreja, teriam feito dele um santo! Por que não? Constantino, tão culpado como ele, é na verdade um dos santos do panteão cristão. No século nono, recitava-se-lhe o nome em Roma na celebração dos mistérios cristãos. Houve, na Inglaterra, várias igrejas com seu nome. Foi esse mesmo S. Constantino que, em Constantinopla, mandou construir um lugar de prostituição onde se tinham preparado para os devassos todos os meios de gozo.

E eis os santos venerados pela religião cristã, quando o crime, revestido do poder, dá-lhe o seu apoio. A razão e a natureza jamais teriam absolvido Nero, a religião cristã tê-lo-ia absolvido se ele fizesse batizar, porque se sabe que o batismo apaga todas as culpas e dá aos batizados o manto da inocência. Pretende Sófocles, no Egito, que nem toda a água do Danúbio chegaria para lavar os crimes da família de Laio, uma só gota de água batismal tê-lo-ia feito. Horrorosa instituição!

Há monstros que é preciso abandonar aos remorsos e ao pavor da consciência culpada. A religião que apazigua o terror dos grandes celerados é incitamento ao crime, e o maior dos flagelos tanto na moral como na política;

é preciso expurgar a terra dela. Era então necessário pagar uma iniciação que tantas lágrimas e tanto sangue custou ao mundo, para ensinar aos iniciados que um *deus* morreu para absorver o homem de todos os crimes, e lhe preparar remédios contra o justo pavor em que a natureza envolve o coração dos grandes culpados? Porque, em última análise, foi esse o fim, é esse o fruto da morte do pretendido herói da seita.

É preciso convir em que, se houvesse um *Tártaro*, devia ele ser para tais doutores.

Capítulo III
Maçons e Jesuítas

"É provável que toda perfeição da civilização, e todo o progresso conquistado na filosofia, na ciência e na arte entre os povos antigos, devem-se a essas instituições que, sob o véu do mistério, conseguiram glorificar as mais sublimes verdades da religião, da moralidade, e da virtude, e imprimi-las nos corações de seus devotos... O principal objetivo delas era transmitir a doutrina de um D-us único, da ressurreição do homem para a vida eterna e da dignidade da alma humana, e levar as pessoas a verem a sombra da divindade, na beleza, grandiosidade e esplendor do universo".

MACOY, Robert - General History/ Cyclopedia and Dictionary of Freemasonry - Published by Masonic Publishing Company, New York, 1869. p. 357.

"Nós também estamos de acordo que o maçom deve acreditar num Ser Supremo, mesmo que este Ser seja a própria Humanidade. Se possível, deve pertencer e participar de alguma religião seja ela cristã, judaica, islâmica, budista ou qualquer outra – Mas, um maçom católico ou um católico maçom, das duas uma, ou está enganado ou está enganando."

A.A.K.

A Companhia de Jesus e os seus métodos pedagógicos encontraram uma forma de organização que abrangia todas as camadas da sociedade, e estava espalhada por todas as partes da Terra. Na Liga Maçônica surgida na Inglaterra no começo do século XVIII, e não podia deixar de acontecer que entre essa liga e os jesuítas, "a cavalaria ligeira do Papa", explodisse, logo em seguida, uma guerra encarniçada.

Nascida, no que concernia ao seu ritual, das *"Lojas de Pedreiros"*, da Idade Média, a *"Honorable Society and Fraternity of Freemasons"* viu-se desde o início sob a influência absoluta do *"Deísmo"* inglês, tal como ele fora criado por Locke, Shaftesbury e Toland. Na busca de uma "religião natural" que não tirava as suas verdades senão da inteligência humana, os maçons haviam-se constituído em adversários sistemáticos de todo o dogmatismo eclesiástico, embora admitindo o princípio da existência de um Ser supremo, rejeitavam toda e qualquer doutrina dogmática sobre a natureza desse Ser supremo. Dentro de sua sociedade, cada membro teria o direito de formar as suas ideias próprias sobre D-us, princípio de tolerância esse que se encontrava em oposição flagrante com a intransigência inflexível com que a Igreja Católica se atinha a doutrina da Revelação no seu sentido literal.

Por outro lado, a Moral dos maçons era de conformidade absoluta com os princípios do Racionalismo, baseada exclusivamente em hipóteses e objetivos humanos. A Virtude só deveria ser julgada segundo as faculdades naturais do Homem, mas não de acordo com os pontos de vistas do *"Pecado Original"* e da *"Graça"*. O objetivo moral da Maçonaria não consistia na obtenção da bem-aventurança celeste, mas no maior aperfeiçoamento possível do homem durante a sua existência terrena.

A Cúria romana reconhecera logo o perigo dessa *"Anti-Igreja Humanitária"*, que visava também a uma universalidade colocada acima dos Estados e das nacionalidades, e cujo objetivo consistia na substituição do Catolicismo por um *"Templo da Humanidade"*. A Maçonaria, por sua vez, conhecia a hostilidade que o Catolicismo incubava contra ela e especialmente nos jesuítas é que os irmãos da liga entreviam *"os inimigos jurados da Maçonaria"*, *"os mais terríveis adversários da Tolerância, os piores detratores da Liberdade"*.

Dentro em breve, desenvolveu-se ao lado da Maçonaria uma outra associação similar, a *"Ordem dos Iluminados"*, que desde a sua origem constituiu uma organização de luta contra os jesuítas. Seu fundador, Weishaupt, um professor de Ingolstade, odiava os jesuítas de todo o coração e criou a sua liga dos iluminados com a intenção manifesta de *"utilizar para o bem os mesmos meios que a Ordem dos jesuítas empregava para o mal";* esses meios consistiam, antes de tudo, na adoção de uma obrigação de obediência incondicional que lembrava as *Constituições de Loyola*, e uma vigilância mútua e ampla dos membros da Ordem, assim como de uma espécie de confissão auricular, que cada subordinado era obrigado a fazer ao seu superior.

O padre Franck, confessor da Corte bávara, não teve dificuldades em induzir o Príncipe Eleito Carlos Teodoro a que proibisse essa sociedade secreta, que logo depois disso foi totalmente suprimida. Já nessa ocasião, veio à tona a afirmação de que os jesuítas haviam impedido o florescimento da Ordem dos Iluminados, contrabandeando para dentro dela alguns elementos de confiança; esses elementos se esforçaram então, e com êxito, para semear a confusão no espírito dos discípulos de Weishaupt, para afastá-los de seus firmes princípios primitivos, conseguindo assim a destruição completa dessa sociedade.

Posteriormente, mais uma vez foram formuladas asserções desse mesmo teor sobre as relações entre os jesuítas e os maçons. Desde o instante em que no interior das Lojas se revelavam graves falhas administrativas, os historiadores maçônicos perguntavam se não teriam sido os jesuítas astuciosos, emissários da Ordem, que se haviam insinuado na associação com o intuito de corrompê-la perfidamente.

Essa suspeita surgiu desde o início da organização das Lojas maçônicas na Inglaterra. Ficou-se admirado de ver figurar nas primeiras listas de sócios, os nomes de vários membros do partido *"jacobita"*, e procurou-se explicar o fato admitindo a hipótese de que os jesuítas tinham tentado utilizar-se da Maçonaria para recolocar no trono a dinastia católica dos Stuarts. Quando, em 1737, Miguel de Ramsay instituiu na Maçonaria os *"graus superiores"*, pretendeu-se ver nisso uma artimanha dos jesuítas, e muitos maçons acreditavam que Ramsay houvesse sido recrutado pela Companhia de Jesus e se tivesse encarregado de introduzir na associação o espírito da hierarquia católica. Em 1902, o historiador maçom J.G. Findel ainda escrevia que em toda a superfície do globo os jesuítas tinham conseguido semear a cizânia e a discórdia na Maçonaria, abastardando os ritos e criando graus hierárquicos.

Um exame mais acurado demonstrou, na verdade, que as afirmações desse gênero haviam sido, muitas vezes, inspiradas por um temor inegável aos jesuítas. Inácio Aurélio Fessler, o grande reformador da associação, já havia zombado dessa mania de farejar o dedo dos jesuítas por toda a parte, observando que uma influência direta ou indireta dos mesmos sobre a Maçonaria não era coisa *"nem demonstrável nem provável"*. Como quer que fosse, o fato é que todas essas suspeitas bastam para mostrar o ódio mortal que não deixou de existir entre os maçons e jesuítas, a partir do século XVIII.

A despeito da hostilidade da Igreja, manifestada da maneira mais característica nas condenações proferidas pelas bulas pontificiais *"In eminenti"* ou *"Providas"*, a Maçonaria se manteve e celebrou com o *"Esclarecimento"* uma aliança tão tímida quanto eficaz. os chefes do Racionalismo, Montesquieu, D'Alembert, Diderot, La Mettrie, Helvetius, La Chalotais e Voltaire pouco tempo antes de sua morte, eram todos membros da Loja parisiense

389

"*Nove Irmãos*", e suas obras, da mesma forma que as doutrinas de Rousseau, eram familiares a todos os maçons da época. Se a Enciclopédia foi levada a cabo, deve-o ela muito ao encorajamento e à ajuda que lhe prestou a Loja de Paris.

A partir daí, o "*Esclarecimento*" não cessou de ministrar aos maçons armas intelectuais contra a Igreja e os jesuítas. Em compensação, a Maçonaria pôs à disposição dos racionalistas a sua organização, cujas redes se estendiam por todo o orbe terrestre. Foi assim que estes se encontraram investidos de um considerável poderio político, pois, nessa época, os estadistas mais influentes da Europa estavam afiliados à Maçonaria.

Quando o Irmão La Chalotais reclamava em suas obras a expulsão dos jesuítas da França, o Ir∴ Choiseul se esforçava por tornar efetiva essa medida mediante relatório e informações apresentados ao Rei. E, ao mesmo tempo que o Racionalismo travava esse combate espiritual e tentava o aniquilamento total da Companhia de Jesus, os IIr∴ Pombal, Aranda, Du Tillot, Kaunitz e van Sweten agiam de maneira que em virtude de seus conselhos, seus éditos, suas medidas de repressão, não somente o espírito jesuítico, mas a Ordem mesma fosse extirpada de Portugal, na Espanha, no Ducado de Parma e, por fim, na própria Áustria. A abolição da Companhia de Jesus, que o Papa Clemente XIV, sob a pressão exercida pelos "déspotas esclarecidos", foi obrigado a decretar, selou o triunfo conquistado pelos esforços combinados do Racionalismo e da Maçonaria, sobre os adversários detestados.

UMA SÍNTESE DA HISTÓRIA DOS PAPAS

MISTÉRIOS E INIQUIDADES DA CORTE DE ROMA

    A História dos Papas, com o seu lúgubre cortejo de assassínios, envenenamentos, torturas, incestos, parricídios, atravessou dois mil anos de despotismos. A História dos Reis apresenta-nos igual período de crimes e atentados monstruosos. Depois do Vaticano, o Louvre; a França depois de Roma; e os senhores orgulhosos, quer ponham na cabeça a tiara dos papas, quer a coroa dos reis, esmagaram sempre os povos sob uma dupla tirania... A Francomaçonaria sempre foi perseguida pelo povo da Santa Sé, seja através de bulas, encíclica ou mesmo de invencionices sórdidas contra nossa Sagrada Ordem. É de bom alvitre que a nossa Ordem nunca deixe de lembrar o passado funesto desta instituição e dos crimes hediondos através dos séculos.

    A cegueira do fanatismo tem desaparecido, gradualmente, graças ao progresso e à civilização; a razão e a tolerância substituíram as paixões religiosas que impeliam os homens aos mais horríveis atentados, e os faziam assemelhar-se antes a tigres furiosos que a seres humanos.

    O orgulho e a insaciável ambição dos papas tinham encontrado auxiliares poderosos nos reis absolutos, muitas vezes dóceis para imporem aos povos as suas execráveis vontades. Para submeterem os fracos, aumentarem os seus domínios e elevarem-se finalmente a tal extremo de audácia, que até se intitulavam representantes de D-us na Terra, e se julgavam com o direito de dar reinos, depor príncipes e repartir o mundo.

As trevas da ignorância obscureciam então todos os espíritos; os povos, embrutecidos numa medonha escravidão, destruíam uns aos outros como animais ferozes, para agradarem aos seus tiranos e satisfazer-lhes as paixões desregradas. Séculos de desgraça, de morticínios, de incêndios, de fomes!

Abusando da credulidade dos povos, os reis devastavam impérios com guerras insensatas, e tornavam desertas cidades, vilas e aldeias. Os papas, monstros mais covardes e mais ferozes que os da antiga Roma e de Bizâncio, sentados no trono pontifício, cingindo o triplo diadema do orgulho, da hipocrisia e do fanatismo, rodeados de psicopatas, assassinos, envenenadores e cortesãos, entregavam-se a toda a casta de devassidão, e insultavam assim as desgraças públicas.

Mas, por fim, dissiparam-se as trevas. Dos crimes, dos assassínios, da miséria e da devastação surgiram as verdades; verdades terríveis e eternas, que a política dos reis tinha enterrado sob as ruínas dos impérios destruídos.

Que grande e magnífica lição de História! Ela percorre os séculos passados em que a barbaridade inexorável dos padres, auxiliada pela ignorância dos homens, assolava o mundo, muitos séculos em que os habitantes dos campos, miseráveis e esfarrapados, causavam horror aos próprios bandidos, que não achavam para roubar senão cadáveres insepultos! Ela nos traz à memória as épocas de desastres, de confusão, de miséria, em que as mais insignificantes propriedades eram fortificadas por ingleses, franceses e romanos, infelizes mercenários dos reis e dos nobres que não queriam perder as suas presas. Todos estavam de acordo para roubar os lavradores, assassinar os povos, e, espantosa e horrivelmente, os próprios animais, acostumados ao contínuo toque de rebate anunciado anunciando a chegada dos soldados, eles próprios fugiam espavoridos a se esconderem nos seus palheiros.

É na História que as nações aprendem a julgar os reis e os imperadores, déspotas inflexíveis e inexoráveis, que levaram milhares de homens a guerras cruéis, para sustentarem as mais injustas pretensões, aumentarem as suas riquezas e o número dos seus escravos, satisfazerem o desenfreado luxo dos cortesãos e a sórdida avidez das concubinas, e finalmente ocuparem o seu espírito inquieto, desconfiado e cheio de aborrecimento.

Os povos conhecerão as grandes verdades da História e saberão com que audácia ímpia, por que sacrílegos pactos os reis e os papas foram os causadores das maiores desgraças da Europa durante dois mil anos de tirania e fanatismo.

No reinado de Tibério, apareceu um homem, filho de Miriam, chamado Jesus. Nesse tempo as nações jaziam nas trevas da ignorância, a lei de Moisés estava obscurecida pelas tradições humanas, os costumes dos israelitas e dos demais povos estavam extremamente corrompidos. Esse homem extraordinário não se contentou em gemer pela sorte da Humanidade, pregou, dogmatizou, ensinou uma moral severa, oposta às máximas imorais do século. Os seus discípulos, pobres e escolhidos nas ínfimas camadas sociais, ensinaram aos homens o que tinham aprendido com este Mestre, sábios preceitos, moral santa e rígida, uma doutrina misteriosa, dogmas incompreensíveis.

Os discípulos do Cristo não queriam impor pela força os seus preceitos; pelo contrário, sofreram toda a casta de perseguições, e as suas prédicas, acompanhadas pelos seus bons exemplos, fizeram os mais rápidos progressos.

O Homem-deus foi perseguido com zelo ao que ele próprio empregava em combater o vício, e terminou a sua carreira num suplício infame.

Os primeiros cristãos distinguiam-se pelos nomes de irmãos, de santos, de fiéis, eram humildes, obscuros, pobres, e sustentavam-se com o produto do seu trabalho. Eles se espalharam secretamente pela Grécia, alguns foram a Roma, misturados com os judeus, a quem os romanos tinham permitido o exercício do seu culto numa sinagoga.

Foi pelo ano 60 da nossa era que os cristãos começaram a separar-se da comunhão judaica. Assim, atraíram sobre si violentas guerras da parte das sinagogas espalhadas em Roma, na Grécia, no Egito, na Ásia. Foram acusados de ateísmo por seus irmãos judeus, que os excomungavam três vezes no dia de sábado.

Formaram-se algumas igrejas e tornou-se completa a separação entre cristãos e israelitas. Os romanos tinham igual desprezo pelas duas religiões; esse povo, o mais tolerante do mundo, sofreu-lhes as extravagâncias enquanto eles não atacaram a ordem estabelecida pelas leis, mas quando estes obscuros sectários se tornaram perseguidores, quando escarraram nas imagens dos deuses, quando quebraram estátuas, então o prefeito de Roma os entregou ao cutelo do algoz.

Desde o primeiro século que os apóstolos e os seus sucessores se ocultavam nas catacumbas de Roma, reuniam-se nas aldeias e nas cavernas; os papas não tinham ainda um trono episcopal, não se consideravam ainda superiores aos reis; nessa época nem derrubavam os impérios.

As esmolas dos neófitos tornaram muito lucrativo o lugar dos bispos das grandes cidades; o crédito deles estendeu-se na razão direta das suas riquezas; a insolência e audácia desta gente foram crescendo gradualmente, até que o seu poder temível conseguiu subjugar os povos ignorantes e fanatizados.

Assim que as igrejas tiveram definitiva construção, distinguiram-se os fiéis em cinco classes: os vigilantes das almas, que eram os bispos; os anciãos da sociedade, que eram os padres; os servos ou diáconos; os crentes ou iniciados, que tomavam parte nas ceias dos fiéis; os catecúmenos (Indivíduos que estudavam a doutrina, para poderem ser batizados) que esperavam o batismo. Todos trajavam como o resto dos homens, e a nenhum era imposto o celibato.

À medida que aumentavam em número, os cristãos revoltavam-se contra o culto do império romano, forçando assim as autoridades ao emprego de medidas de rigor contra uma seita que perturbava a ordem pública. Ninguém perseguia os judeus, que estavam separados dos nazarenos, e que se encerravam nas suas sinagogas, onde lhes era permitido o livre exercício do seu culto, fato que aliás se dava com todas as outras religiões.

Mas como os cristãos se declaravam inimigos de todas as religiões, e em especial da do império, foram muitas vezes punidos pelas leis; daí vem essa multidão de mártires com que os padres criaram nas suas lendas. Afirmam os historiadores que poucos cristãos morreram mártires, que ninguém foi perseguido pelas crenças religiosas, mas sim por fatos que todas as leis condenavam.

Os próprios concílios eram tolerados; houve cinco no primeiro século, dezesseis no segundo e trinta no terceiro. Os imperadores viam com desprezo, e às vezes com indignação, os progressos dessa nova religião, que fundava o seu culto nas ruínas dos deuses do império.

Diocleciano, que passa por ter sido um perseguidor, foi durante dezoito anos declarado protetor dos cristãos, que ocupavam lugares importantes junto a ele, que, aliás, até se casou com uma cristã, e consentiu que em Nicomédia, sua residência, se construísse um templo em frente ao seu palácio.

Galério convenceu Diocleciano de que a seita que ele protegia estava embrutecida pelo fanatismo. O imperador publicou então um edito ordenando a destruição da basílica de Nicomédia, um fanático fez em pedaços o edito de Diocleciano. Procedendo-se a indagações, apareceram provas duma surda conspiração que se estendia de um a outro extremo do império. Antioquia, Jerusalém, Cesareia, Alexandria estavam cheias destes intolerantes inovadores, os focos desta conspiração estavam na Itália, em Roma, na África e na Ásia Menor, mais de duzentos destes perturbadores foram condenados à morte.

Chegamos agora à época em que Constantino pôs o Cristianismo no trono. Desde então os cristãos, animados dum zelo furioso, começaram a perseguir sem misericórdia, a provocar questões da maior extravagância, a constranger pelo ferro e pelo fogo os pagãos a abraçassem o Cristianismo.

Constâncio Cloro tinha uma amante que era cristã, mãe de Constantino, e conhecida pelo nome de Santa Helena. César Constâncio Cloro morreu em Iorque (Inglaterra), numa época em que os filhos que tinha da filha de Maximiliano Hércules, sua mulher legítima, não podiam pretender ao império. Constantino, filho da concubina, fez-se eleger imperador por cinco ou seis mil soldados alemães, gauleses e ingleses.

Esta eleição, feita por soldados sem consentimento do senado nem do povo romano, foi consagrada pela vitória obtida contra Maxêncio, eleito imperador em Roma, e Constantino subiu a um trono manchado de assassinatos. Parricida execrável, mandou decapitar os dois Licínios, marido e filho de sua irmã, nem poupou os seus próprios filhos e a imperatriz Fausta, mulher deste monstro, que foi afogada num banho por ordem do marido. Em seguida, ele consultou os pontífices do império, para saber que sacrifícios poderia oferecer

394

aos deuses para remir os seus crimes. Os sacrificadores recusaram-lhe as ofertas, e ele foi repelido com horror pelo grão sacerdote, cuja voz gritava:

-Longe daqui os parricidas, a quem os deuses nunca perdoam!

Então um padre lhe prometeu o perdão dos seus crimes se ele se purificasse com a água do batismo, e o imperador se fez cristão. Constantino saiu logo de Roma e veio estabelecer a sua nova Capital em Constantinopla. No seu reinado, os ministros da religião cristã começaram a mostrar a ambição que tinham sabido ocultar durante três séculos. Seguros de impunidade lançaram a mulher de Maxêncio no Oronte, assassinaram-lhe os pais, mataram magistrados no Egito e na Palestina, saquearam-lhes os palácios, arrancaram do seu retiro a viúva e a filha de Diocleciano, e lançaram-nas no mar.

Constantino presidiu ao concílio em Niceia, exilou Ario, tornou a chamá-lo, baniu Atanásio, e morreu nos braços de Eusébio, chefe dos arianos, só consentindo que o batizassem no leito de morte, a fim de escapar aos tormentos do inferno.

Constâncio, filho e sucessor de Constantino, imitou todas as suas barbaridades; reuniu, como ele, concílios que mutuamente se prescreveram e anatematizaram. Atanásio sustentou o seu partido na Europa e na Ásia à força de astúcia e de violências. Os arianos amaldiçoaram-no. Os exílios, as prisões, os tumultos e os assassínios assinalaram o fim do abominável reinado de Constâncio.

Joviano e Valentiniano concederam plena liberdade de consciência. Os partidos serviram-se dessa concessão para satisfazerem os seus ódios e fúrias uns contra os outros.

Teodósio declarou-se favorável ao concílio de Niceia. A imperatriz Justina, que reinava na Ilíria, na África, como tutora de Valentiniano, proscreveu-o.

Os gôdos, vândalos, borguinhões e francos, quando invadiram o Império Romano, encontraram nele as doutrinas de Ário, e os vencedores adotaram a religião dos vencidos.

O papa Anastácio apaziguou com a sua justiça e com a sua tolerância as discórdias religiosas que dividiam as igrejas do Oriente e do Ocidente, mas em breve o ódio dos padres pôs termo, com um crime, a uma vida que podia ter sido gloriosa para a religião e querida da Humanidade.

Maomé apareceu no sétimo século, fundou uma nova religião e o maior império do mundo. Expulso de Meca, reuniu os seus discípulos, estabeleceu as bases de sua teologia, e, à frente das hostes árabes, marchou para as mais surpreendentes conquistas.

Os cristãos estavam divididos por grosseiras heresias, os persas faziam uma guerra terrível ao império do Oriente, os judeus e os católicos perseguiam-se mutuamente com ódio implacável, tudo era confusão na Igreja e no Estado.

Os bispos ainda não arrogavam a si próprios a jurisdição temporal, mas a fraqueza do império do Ocidente fez nascer esta usurpação escandalosa que encheu a Europa de fogueiras, desastres e ruínas.

Pepino, rei dos francos, ligou-se sucessivamente com os papas Zacarias e Estevão para ocultar aos olhos dos povos a usurpação da coroa da França, os seus crimes e roubos, o assassínio de seu irmão; ele abandonou à Santa Sé (Latim: Sancta Sedes Episcopalis) os domínios conquistados aos lombardos.

Estevão III, padre hipócrita, não tardou a assinalar o seu novo poder com os excessos da mais desenfreada ambição.

Sob Estevão IV, o furor chegou ao maior extremo, o clero dividiu-se em facções, e o papa foi eleito no meio de horrorosa carnificina: o pontífice, após a sua vitória, mandou arrancar os olhos e a língua de Constantino II, seu predecessor.

Carlos Magno invadiu a Lombardia, apoderou-se da herança dos sobrinhos e despojou o sogro para puni-lo por ter defendido-os, ordenou que fosse conduzido a Lião a ferros, e condenou-o a terminar os dias numa prisão.

Então Leão III pôs-lhe na cabeça uma coroa de ouro, e nos ombros um manto de púrpura. Mas os descendentes de Carlos Magno não puderam conservar em Roma a influência que este usurpador tinha adquirido concedendo aos papas as terras que tinha roubado dos lombardos.

Pascoal I, com uma audácia criminosa, mandou arrancar os olhos e cortar a cabeça, no palácio patriarcal de Latrão, a Teodoro, primicério (principal dignitário de uma igreja) da Igreja romana, e a Leão, seu genro, por se terem conservado fiéis a Lotário. Pela morte do Papa, o povo se opôs a que o enterrassem, e queria arrastar o cadáver pelas ruas de Roma.

Eugênio, seu sucessor, ocupou-se em fazer transportar, dos sepulcros da Itália, ossadas podres, restos horríveis da natureza humana, e os enviava para França e Inglaterra, vendendo-os, a peso de ouro, como relíquias à Europa cristã e ignorante.

Sérgio, cognominado o "Focinho de Porco", fazia publicamente o vergonhoso tráfico dos sacramentos e de todos os cargos da Igreja.

Leão IV teve o descaramento de garantir aos bispos a impunidade dos maiores crimes. Depois da morte de Leão, uma mulher se sentou na cadeira de S. Pedro, celebrando a missa, criando bispos, dando os pés a beijar os príncipes e ao povo. A papisa Joana ficou grávida, graças aos seus amores com um cardeal, e morreu de parto, no meio duma cerimônia religiosa.

No século IX, os gregos separaram-se dos latinos, ridículas disputas deram lugar a quinze séculos de assassinatos, lutas sangrentas, atrocidades de toda a casta, vinte e nove cismas sanguinolentos mancharam no Ocidente a cadeira de Roma.

Os árabes e os turcos escravizaram as igrejas de Roma e da África, e fundaram a religião maometana sobre as ruínas do Cristianismo.

A Igreja romana manteve-se no meio das perturbações, das discórdias, das ruínas. Durante essa época de anarquia, os bispos e os abades, na Alemanha, fizeram-se todos príncipes, e os papas chegaram a ter poder absoluto em Roma.

Estevão VII, incitado por implacável fúria, mandou violar a sepultura de Formoze, tirar o cadáver de lá, e levá-lo para um sínodo (assembleia religiosa) a fim de ali ser insultado. Então, esse corpo hediondo, coberto com trajes pontificais, foi interrogado no meio de clamores loucos e escandalosos: *"Porque foi quem sendo tu bispo do Porto, usurpaste, por espírito de ambição, a cadeira universal de Roma?..."* E em seguida o papa, obedecendo a um requinte de bárbara perversidade, esbofeteou as duas faces do cadáver, mandou-lhe arrancar os hábitos sacerdotais, ordenou que lhe cortassem três dedos e a cabeça, e que o atirassem depois com tudo no rio Tibre.

Sérgio usurpou o trono pontifício. Levava publicamente uma vida de deboche com a famosa cortesã Marózia. Seu filho veio a ser papa sob o nome de João XII e excedeu-o com os seus monstruosos crimes; os cardeais e os bispos acusaram-no de incesto com a própria mãe, de estupros, adultérios, homicídios, profanações e blasfêmias.

Gregório V mandou cortar os pés, as mãos, a língua e as orelhas de João e de Crescêncio, e passeá-los assim mutilados, pelas ruas de Roma.

Benedito IX foi elevado a papa na idade de doze anos, pela intriga e pelo ouro do conde de Toscanella; cedo se entregou aos mais vergonhosos excessos de depravação e deboches. Os romanos, fatigados de tanta imoralidade, expulsaram-no de Roma, e nomearam outro papa, Silvestre III. Benedito, auxiliado pela família, tornou a apoderar-se do trono pontifício, mas, vendo-se objeto do ódio universal, e prevendo uma queda terrível, vendeu a Santa Sé e consagrou um terceiro papa, chamado João XX, e depois se retirou para o palácio do pai, onde se entregou às mais infames voluptuosidades.

Depois de ter feito esse tráfico odioso, voltou-lhe ao espírito o desejo de mandar, e esse desejo levou-o pela terceira vez à cadeira desonrada. Os romanos lhe tinham horror. Numa atitude pura vontade de poder e vaidade, consegue seu trono papal concomitantemente com outros dois papas, operando assim um triplo cisma. Propôs aos seus adversários a partilha, em três, dos rendimentos da Igreja.

Esses três antipapas, por um escândalo espantoso, dividiram em três partes o patrimônio dos pobres, exploraram a credulidade dos povos, reinando com audácia, um em São Pedro, outro em Santa Maria Maior, e o terceiro no palácio de Latrão.

Execrável triunvirato!!!

Um padre astuto, avaro e dissoluto comprou dos três papas os seus títulos infames ao papado e sucedeu-lhes sob o nome de Gregório VI.

Hildebrando, o monge de Cluny, o envenenador de papas, o mais indigno de todos os padres, usurpou o trono pontifício e adotou o nome de Gregório VII, lançou anátema contra os reis, excitou guerras públicas com incontáveis cadáveres, excomungou o imperador da Alemanha, tirou-lhe o título de rei, desligou os povos do juramento de obediência, sublevou os príncipes, e reduziu o pobre imperador a tal grau de infortúnio que se lhe perturbaram as faculdades mentais. E então, de excesso de orgulho e de degradação, o rei veio a ter com o papa *"na força do inverno, em jejum, descalço, em mangas de camisa, com uma tesoura e uma vassoura na mão"*.

Adriano, filho de um mendigo inglês, quis que o imperador Barbaroxa lhe segurasse o cavalo e, para juntar a barbaridade ao seu triunfo, exigiu que o famoso Arnaldo de Bréscia lhe fosse entregue para ser queimado vivo, por ter pregado contra o luxo dos padres e contra os crimes dos papas.

Alexandre levou ainda mais adiante do que seus predecessores os ultrajes aos reis. O imperador Frederico, para livrar seu filho Otão, prisioneiro dos romanos, mandou pedir ao papa que o absolvesse da excomunhão. O inflexível Alexandre ordenou que o imperador viesse pessoalmente pedir-lhe perdão, em presença de todo o povo reunido, sem manto nem coroa, e com uma vara de bedel na mão, prostrando-se com a face por terra.

Apenas viu o imperador estendido diante da porta da Igreja, Alexandre pôs-lhe um pé no pescoço, exclamando:

- Tu pisarás serpentes e basiliscos, esmagarás o leão e o dragão.

Celestino III deu triste exemplo duma avareza insaciável. Alexandre tinha calçado os pés de Frederico Barbaroxa, que pediu a liberdade do filho. Esse novo papa, em troca de dinheiro, coroou o imperador Henrique IV, monstro execrável que renovou o ímpio sacrilégio de Estevão VII, mandando desenterrar o cadáver de Tancredo para que o carrasco lhe cortasse a cabeça; também mandou arrancar os olhos do jovem Guilherme, filho de Tancredo, depois tê-lo castrado, condenou injustamente o conde Jordão ao horrível suplício de ser amarrado a uma cadeira de ferro ardente e coroado com um círculo de ferro em brasa.

Inocêncio III inventou as cruzadas contra os infiéis, aumentou os seus tesouros com as riquezas dos povos, e tratou com Saladim para que este não entregasse os lugares santos ao imperador da Alemanha.

Esse papa traidor e sacrílego estabeleceu o monstruoso tribunal da inquisição, pregou a cruzada contra os albigenses, despojou dos seus Estados Raimundo VI, conde de Tolosa. Enviou S. Domingos, munido de poderes para perseguir, pelo ferro, pelo fogo e por tormentos inauditos, os infelizes hereges. O infame Domingos, com um crucifixo numa das mãos e uma tocha na outra, excitava a carnificina, e sessenta mil cadáveres ficaram enterrados sob as ruínas da cidade reduzida a cinzas.

Tolosa, Carcassone, Albi, Castelnaudary, Narbone, S. Gil, Arles, Aix,

Marselha e Alvinhão foram devastadas pelas tropas do papa.

Raimundo, conduzido à presença dum legado pontifício, despido até a cintura, descalço, foi açoitado e arrastado, por uma corda, à roda da sepultura dum frade que tinha sido assassinado pelo povo.

Gregório IX, para sustentar a sua ambição e o desenfreado luxo da sua corte, lançou tributos em França, Inglaterra e Alemanha, excomungou reis, sublevou povos e fez que os seus próprios súditos o expulsassem de Roma.

Raimundo VII, católico, mas filho de um herege, foi perseguido e despojado dos seus domínios; o papa mandou um legado à França para manter a abominável guerra da Provença com o Languedoc; Raimundo defendeu-se com coragem; os povos, fatigados da insaciável avidez de Gregório IX recusaram pagar os impostos, repeliram as hostes católicas e obrigaram o papa a assinar a paz.

O pontífice, detido na sua marcha, condenou Raimundo a pagar mil marcos de prata ao seu legado, dois mil a abadia de Citeaux, mil a de Grand-Selve, trezentos a outra, tudo em remissão dos seus pecados, como atesta o tratado assinado diante da porta da catedral de Paris.

Inocêncio IV, em meio a seus crimes, praticou uma ação generosa que foi um bem para a humanidade. Tomou a defesa dos judeus da Alemanha, a quem os príncipes e os padres católicos perseguiam para se lhes apoderarem dos seus bens.

Nesse século de selvageria, o falso zelo religioso servia de pretexto às mais revoltantes injustiças; inventavam-se calúnias contra os judeus, aos quais se acusava de celebrarem a Páscoa comendo o coração de uma criança recém-nascida; se aparecia o corpo de um homem assassinado, os judeus eram logo submetidos à tortura, e condenados aos mais atrozes suplícios.

Urbano IV assinou um tratado vergonhoso com S. Luís e Carlos d'Anjou, para se apoderar do reino de Nápoles e dividir os Estados do jovem Conradin. O papa destruiu os escrúpulos do rei da França, e fez que o duque d'Anjou jurasse abandonar a Santa Sé os domínios a que pretendia, e pagar-lhe um tributo anual de oito mil onças de ouro.

Clemente IV continuou a política do seu antecessor; o jovem Conradin voltou aos seus Estados e deu uma batalha decisiva, em que ele próprio foi feito prisioneiro com Frederico de Áustria. Após longo e duro cativeiro, Carlos d'Anjou, por ordem do papa, condenou-os a morrerem nas mãos do algoz. O jovem duque de Áustria foi executado primeiro. Conradin agarrou na cabeça do seu inimigo e, abraçado a ela, recebeu o golpe fatal.

Martinho IV subiu à cadeira de São Pedro e fez um acordo sacrílego com Carlos d'Anjou, tirano político, feroz usurpador da Sicilia, ao passo que o papa era o tirano sagrado de Roma.

As crueldades desses monstros provocaram a indignação geral. Formou-se vasta conspiração, cuja alma era João de Prócida, fidalgo de Salerno, que excitou Miguel Paleólogo a reunir-se a ele. Foi à Espanha convidar Pedro de Aragão, e percorreu as cidades da Sicília incitando os espíritos à vingança.

No terceiro dia da Páscoa de 1282, à hora das vésperas, deu-se o sinal da matança; ao som dos sinos, um grito de morte ressoou em todas as cidades da Sicília. Os franceses foram assassinados nas igrejas, nas praças públicas, nas casas; por toda a parte havia mortes e vinganças; dez mil cadáveres foram os sangrentos troféus das Vésperas Sicilianas!

Bonifácio VIII foi feito papa depois de ter mandado assassinar o seu predecessor. Esse papa ultrajou os povos, afrontou os reis, perseguiu encarniçadamente os gibelinos, partidários do imperador da Alemanha, inventou o jubileu para fazer entrar nos seus cofres as riquezas das nações, e provocou tão profundo ódio que os Estados se reuniram em Paris, por ordem de Fellippe o Bello, para julgarem o papa. O arcebispo de Narbonne acusou-o de ser simoníaco, assassino, usurário, de não crer na eucaristia nem na imortalidade da alma, de empregar a violência para apanhar os segredos da confissão, de viver em mancebia com suas duas sobrinhas e de ter tido filhos com elas e, finalmente, de ter empregado o dinheiro das indulgências em subornar os sarracenos para invadirem a Sicília.

Nogaret e Sciarra Colonna foram encarregados de levar ao papa a ordem de vir a Lião para ser julgado por um concílio geral. Eles chegaram, à frente de trezentos cavaleiros, à cidade de Anagni, residência de Bonifácio. Como encontrassem resistência, arrombaram o palácio e apresentaram ao papa o ato de acusação. Bonifácio, cego de furor, injuriou grosseiramente Nogaret e amaldiçoou o rei da França e os seus descendentes até a quarta geração.

Então Sciarra Colonna bateu-lhe com o seu braçal de ferro no rosto, a ponto de lhe fazer sangue.

Clemente V e Fellippe o Bello acusaram de enormes crimes os Templários, e condenaram-nos ao mais horroroso suplício, para se apoderarem dos bens deles. Por ordem do rei, o grão-mestre dos Templários, acompanhado dos seus cavaleiros, foi conduzido ao suplício para ser queimado vivo em presença dos cardeais e dos padres, que contemplaram friamente os postes incendiados.

Depois de ter repartido com o rei da França as riquezas dos Templários, Clemente V estabeleceu a sua corte em Avinhão, e entregou-se publicamente aos mais depravados deboches com o sobrinho e com a filha do conde de Foix; pregou uma nova cruzada contra os turcos, vendeu indulgências, e, juntando o ridículo à infâmia, deu a cada cruzado o direito de salvar quatro almas do purgatório!!!

E durante todos esses séculos têm vivido os povos curvados sob o jugo implacável desses papas criminosos!

João XXII apoderou-se da tiara, sentou-se no trono pontifício e disse:

"*Sou papa*". Para consolidar essa usurpação, lançou anátemas contra o imperador da Alemanha e contra o rei da França, perseguiu as seitas, queimou os hereges, incitou os povos à revolta, armou os príncipes, pregou novas cruzadas, traficou com indulgências, vendeu benefícios, e amontoou nos seus tesouros vinte e cinco milhões de florins, arrancados do mundo cristão.

Benedito XII pôs cobro às ladroeiras dos frades, revogou os impostos com que o seu antecessor tinha sobrecarregado os povos, praticou uma moral severa, reformou o clero, expulsou da corte os padres corruptos, e morreu no meio dos seus trabalhos apostólicos.

Clemente VI comprou a célebre Joana de Nápoles o condado de Avinhão, por trezentos mil florins de ouro, que nunca pagou, e declarou-a inocente da morte de seu marido, André, que ela tinha mandado assassinar.

Com Urbano VI começou a maior cisma que tenha desolado o Ocidente. Dois papas se sentaram no trono pontifício, Urbano VI em Roma e Clemente VII, antipapa, em Avinhão; durante cinquenta anos, os dois pontífices e os seus sucessores excomungaram-se mutuamente e desencadearam cruéis guerras civis, pelo lado de Urbano, a Itália, Nápoles, a Hungria, a Espanha; a França apoiava Clemente VII, por toda a parte se cometiam crimes e crueldades por ordem de Clemente ou pelo fanatismo de Urbano.

A infeliz e culpada Joana mandou quarenta mil ducados ao papa para sustentar o seu partido, em sinal de gratidão Urbano fê-la estrangular ao pé dos altares, o pontífice tinha instigado aquele nefando crime a Carlos de Duras, filho adotivo de Joana e herdeiro dos seus Estados.

Tendo esse príncipe se recusado a repartir com o papa o espólio de Joana, a fúria de Urbano voltou-se contra seis cardeais suspeitos de favorecerem o partido de Carlos de Duras; o pontífice mandou metê-los, carregados de ferros, em covas imundas, arrancar-lhes os olhos, as unhas dos pés e das mãos, quebrar-lhes os dentes, rasgar-lhes as carnes com ferros em brasa; depois desses corpos, horrivelmente mutilados, e ainda vivos, foram metidos em sacos de couro e lançados ao mar.

Clemente VII reinava em Avinhão, lançava impostos enormes sobre as igrejas da França, para enriquecer os cardeais e custear o desordenado luxo da sua corte. O seu procedimento igualava o do seu competidor, o odioso Urbano VI, em violências, traições e crimes.

Os dois papas desolavam a Europa com seus exércitos e com os seus partidários. O furor tinha extinguido os sentimentos de humanidade; por toda a parte se viam as traições, os envenenamentos e os assassinatos; procuravam dar remédios às calamidades públicas, mas os dois papas opunham-se a tudo quanto podia trazer paz a Igreja.

Com os seus sucessores continuou o cisma. Não podendo os cardeais vencer a obstinação dos dois papas, reuniram um concílio em Piza, e citaram

Benedito XIII e Gregório XII a comparecerem nele e como ambos se recusaram a isso, o patriarca de Alexandria, acompanhado pelos de Antioquia e Jerusalém, pronunciou, em voz alta, na basílica, de portas abertas e em presença do povo reunido, a sentença definitiva de deposição contra os dois papas.

Alexandre V tentou confirmar a união da Igreja, reformar os costumes do clero, dar os cargos sagrados a homens virtuosos, e morreu em consequência dum clister envenenado, ministrado por ordem do cardeal Baltazar Cossa. O assassino reuniu o conclave, e apoderando-se do manto pontifical, lançou sobre os ombros e exclamou:

- Sou papa!

Os cardeais, assustados, confirmaram a eleição de João XXIII, mas os papas depostos, Benedito XIII e Gregório XII, fizeram reviver as suas pretensões ao trono papal. Uma guerra horrível, excitada pelos anátemas, ensanguentou a Prússia e a Itália; o império tinha três imperadores, como a Igreja tinha três papas, ou antes, nem Igreja nem império tinham chefes. Reinava a anarquia em toda a parte.

Reuniu-se um concílio geral, em que se procedeu à disposição do papa João XXIII. Os bispos e os cardeais acusaram-no de assassínios, incestos, envenenamentos, sodomia, de ter tido relações imorais e sacrílegas com mais de trezentas religiosas, de ter deflorado três irmãs suas, de ter mandado prender uma família para abusar da mãe, do filho e do pai.

Martinho V mandou queimar vivo João Huss e Jerônimo de Praga, chefes duma seita nova, que pregava contra os crimes dos padres e contra a ambição dos pontífices, e que aconselhavam aos homens os sentimentos de humanidade. Em seguida, esse papa organizou uma cruzada para submeter a Boêmia; mas os habitantes dessas regiões, exaltados pelos generosos princípios de liberdade, lutaram corajosamente contra o fanatismo. Foram enviados embaixadores a Praga, portadores de propostas de paz, mas os boêmios responderam *"que um povo livre, não precisa de papa nem de rei"*.

O imperador e os legados do papa tomaram pessoalmente o comando dos exércitos que deviam obrigar os hussistas a não comungarem com as duas espécies: - pão e vinho. Enorme demência!!! Por uma coisa tão pueril, a Alemanha foi lançada nos horrores da guerra civil! Mas as causas dos povos triunfaram, as tropas do imperador foram batidas em muitas batalhas, e o exército pontifício foi derrotado completamente.

Eugênio IV foi feito papa, e confirmou o Cardeal Julião Cesário na sua ligação da Alemanha para exercer contra os hussistas as mais cruéis perseguições.

No seu reinado, passou-se um fato da máxima gravidade. Travou-se uma luta entre os poderes da Igreja, o concílio de Bâle quis impor-se ao papa e este declarou o seu poder superior ao de todos os concílios. Então os padres votaram um decreto terrível, declarando Eugênio IV prevaricador, incorrigível, sodomita, incestuoso, e depuseram-no de papa *"por ser o seu procedimento escandaloso para a Igreja"*.

Felix V foi nomeado papa, e Eugênio IV tornou-se antipapa, os concílios de Florença e de Bâle excomungaram-se mutuamente, sucederam-se as deposições, as violências e as crueldades. Witteleschi, arcebispo de Florença, foi assassinado por ordem de Eugênio, os reinos dividiram-se, tomando uns partido por um e outros por outro, promovendo-se assim um cisma que durou até a morte de Eugênio.

No pontificado de Nicolau V ocorreu a memorável tomada de Constantinopla pelos turcos. Os embaixadores gregos pediram-lhe que lhes desse alguns socorros em homens e em dinheiro, mas o pontífice repeliu-os desabridamente, pelo que se deve atribuir a perda dessa poderosa cidade à perfídia da cúria romana, que sacrificou o baluarte da cristandade, a traiu miseravelmente um povo a quem devia socorrer!

O mérito e a santidade de Calixto III elevaram-no ao trono pontifício, que ele honrou pelas suas virtudes e pelo gênio.

Xisto IV empregou todos os seus cuidados e toda a sua solicitude no aumento das suas riquezas, acrescentou os impostos, inventou novos cargos e vendeu-os em leilão, para saciar a ambição de Pedro Rière de Savona e de seu irmão Jerônimo, aos quais fizera cardeais, e que se prestavam aos seus vícios infames.

Esse imundo papa estabeleceu também em Roma um nobre lupanar, em que as cortesãs lhe pagavam por uma semana uma peça de ouro; tal rendimento excedia a vinte mil ducados anuais. E esse fato odioso, que basta para tornar eternamente abominável a memória de Xisto IV, tendo-lhe a família do cardeal de Santa Lúcia requerido que lhe fosse permitido o exercício da sodomia durante os três meses mais quentes do ano, o papa escreveu abaixo do dito requerimento:

- *"Deferido, como requer!"*

Esse papa organizou uma conjuração contra Lourenço e Julião de Médicis, e enviou a Florença Rafael Rière e durante uma missa solene, enquanto o cardeal levantava a hóstia, os conjurados apunhalaram Julião de Médicis. Lourenço defendeu-se com coragem, e, apesar de ferido, conseguiu fugir para a sacristia. O povo atirou-se aos conjurados, desarmou-os, e, na sua justiça, enforcou-os nas janelas da igreja, assim como a Salviati, arcebispo de Piza, em trajes pontificais.

A Xisto sucedeu Inocêncio VIII, custando-lhe a eleição, em castelos, benefícios e ducados de ouro, mais do que valiam os tesouros da Santa Sé. Estavam esgotados os recursos, mas restava o gênio dos papas. Inocêncio VIII nomeou cinquenta e dois vendedores de bulas, encarregando-os de explorar os povos, e juntou-lhes mais vinte e seis secretários, cada um dos quais lhe comprava o emprego por dois mil e quinhentos marcos de ouro.

A sua vida privada foi manchada pelos mais vergonhosos escândalos; educado na corte de Afonso da Sicília, tinha adquirido horríveis vícios de sodomia. A sua notável beleza tinha-o feito admitir em Roma na família de Filipe, cardeal de Bolonha, para servir a monstruosos prazeres. Por morte do seu protetor, ele foi o querido de Paulo II e de Xisto, que o fizeram cardeal.

O grão-mestre de Rodes entregou ao papa Inocêncio o jovem príncipe Zizimo, para o subtrair às perseguições de seu irmão Bajazet.

O sultão do Egito mandou embaixadores para oferecerem ao papa quatrocentos mil ducados e a cidade de Jerusalém, em troca do príncipe Zizimo, que queria por suas tropas a marchar pela conquista de Constantinopla, e comprometendo-se a entregar essa cidade aos cristãos, mas o sultão Bajazet pagou melhor, e o ambicioso pontífice conservou Zizimo prisioneiro.

Chegamos agora ao reinado de um papa que, na opinião de todos os historiadores, foi o monstro mais execrável, que veio ao mundo. Uma depravação até então desconhecida, uma ambição insaciável, uma crueldade mais que bárbara, tais eram as qualidades de Rodrigo Bórgia, eleito para sob o nome de Alexandre VI.

As suas paixões eram tão desregradas, que tendo-se enamorado de uma viúva que tinha duas filhas, não contente em possuir a mãe, obrigava também as pobres crianças a satisfazer-lhe a brutalidade dos desejos. Meteu-se com uma das raparigas num convento e continuou os seus incestos com a mais bonita, chamada Rosa Vanozza, que lhe deu cinco filhos, um dos quais foi César Bórgia Vanozza, que teria excedido os crimes de seu pai, se ao próprio demônio fosse possível igualá-los.

Durante o pontificado de Inocêncio, os assassinos e os bandidos tinham-se multiplicado de tal forma, que os cardeais, antes de entrarem para o conclave, viam-se obrigados a guarnecer de mosqueteiros os seus palácios, e a colocar peças de artilharia pelas avenidas.

Roma estava transformada num mercado público, onde se vendiam os cargos sagrados. Rodrigo Bórgia comprou publicamente os sufrágios de vinte e dois cardeais, e foi eleito papa.

Armado do poder sacerdotal, os seus vícios nefandos ostentaram-se abertamente. Ele se entregou aos mais monstruosos atos de devassidão, e os dois irmãos, Francisco e César, juntamente com a irmã, Lucrecia Bórgia, associavam-se com o pai nas suas infames voluptuosidades.

A imoderada ambição do papa já não conhecia limites. Todas as leis divinas e humanas eram calçadas aos pés; ele fazia e desfazia alianças, pregava cruzadas, lançava tributos aos reinos cristãos, inundava a Europa com suas legiões de frades, apoderava-se das riquezas que eles traziam, e chamava Bajazet à Itália, para incitá-lo contra o rei da França.

Mais tarde, a sua política fê-lo procurar o apoio de Carlos VIII e, protegido pelos franceses, Alexandre VI pode arruinar os pequenos soberanos da *Romagna*, apunhalar uns, envenenar outros, aterrorizar os espíritos, e preparar para César Bórgia o domínio absoluto da Itália.

A sua avareza insaciável inventava os meios mais sacrílegos para se enriquecer, vendia os cargos sagrados, os altares, o Cristo... e tornava depois a apoderar-se de tudo para vender outra vez.

O Cardeal de Módena foi nomeado distribuidor de graças e dispensas. À sombra do nome desse ministro da iniquidade, vendiam-se honrarias, dignidades, casamentos, divórcios e como a simonia do cardeal não rendia o bastante para sustentar o fausto da família de Alexandre, o papa ministrou-lhe o famoso e funesto veneno dos Bórgias, para se apoderar das imensas riquezas que o cardeal tinha acumulado.

O papa nomeava cardeais e deles recebia a paga. Depois, tendo declarado a Santa Sé herdeira de todos os prelados, envenenava-os, para se enriquecer com os espólios.

Como, porém, ainda que todos os crimes não lhe fornecessem riqueza que lhe saciasse a sua desmedida ambição, o pontífice fez espalhar a notícia de que os turcos ameaçavam invadir a cristandade e, sob a máscara da religião, extorquiu somas tais que ultrapassam tudo quanto se poderia imaginar.

Enfim, Alexandre VI, manchado de assassínios, deboches, incestos monstruosos, convidou um dia a cear, em casa de César Bórgia, dois cardeais de quem queria herdar. Por engano, o papa tomou o vinho que estava destinado para eles, o terrível vinho dos bórgias, e entregou ao demônio a sua alma execrável.

Os povos, fatigados do jugo insuportável dos bispos de Roma, arruinados pela ambição insaciável dos padres, começaram a despertar do sono letárgico em que até então jaziam.

Lutero, frade da ordem dos Agostinhos, rebelou-se contra Leão X e contra o vergonhoso escândalo das indulgências. Converteu povos e reis à sua doutrina, engrandeceu-se com todo o poder do seu gênio, e arrancou metade da Europa à tirania dos papas.

Clemente VII provocou, com as suas perfídias, a cólera do imperador Carlos V. Roma foi posta a saque por um espaço de dois meses; as casas foram saqueadas e as mulheres violentadas; o exército do rei católico praticou mais atrocidades do que as inventadas durante trezentos anos pelos tiranos pagãos contra os cristãos. Os pobres romanos eram pendurados pelos pés, queimados, esquartejados, forçados a pagar fortíssimos resgates extorquidos pelas mais horríveis torturas e finalmente foram sujeitados aos maiores suplícios para expiarem os crimes do seu pontífice.

Católicos e protestantes encheram a Alemanha de incêndios, mortes e ruínas.

A missa foi juridicamente abolida em Estrasburgo.

Paulo III tinha obtido o chapéu de cardeal entregando Júlia Farnese ao monstro Alexandre VI. Quando se viu papa, envenenou a própria mãe para se lhe apoderar da herança, e, reunindo um duplo incesto a um duplo parricídio, fez morrer uma de suas irmãs por ter ciúmes dos outros amantes dela, e envenenou Base Sforce, marido de sua filha Constança, que ele tinha já corrompido com uma infame devassidão.

Depois, esse vigário do Cristo começou a perseguir bárbara e violentamente os infelizes protestantes. Os seus sobrinhos foram os executores das suas crueldades, e gabaram-se publicamente de terem feito correr rios de sangue, em que os cavalos podiam nadar. Enquanto se passavam tantos horrores, o papa estava entregue às incestuosas voluptuosidades, nos braços de sua filha Constança.

Foi nessa época que Inácio de Loiola fundou a ordem dos Jesuítas.

Calvino, espírito sublime, elevou a sua voz poderosa contra a tirania dos papas, e continuou os progressos das reformas religiosas. Júlio III fulminou anátemas contra os luteranos, fê-los morrer no meio de horrorosos suplícios, e, juntando a depravação a crueldade, elevou ao cardinalato um rapazinho que exercia o duplo emprego de guardar um macaco e de prestar-se aos vergonhosos prazeres do papa.

Paulo IV excitou a fúria do rei da França contra os protestantes, formou uma liga odiosa para destruí-los e encheu de ruínas a Europa. Por sua morte, o povo de Roma, livre desse jugo iníquo, forçou os cárceres da inquisição, queimou prisões e conventos, saqueou igrejas, derrubou a estátua do papa, quebrando-lhe a cabeça e a mão direita e foi arrastada durante três dias pelas da cidade e depois atirada ao Tibre.

Pio IV reuniu o concílio de Trento; esse grave acontecimento não produziu nos povos a mínima impressão.

O pontífice quis sustar a decadência da Santa Sé, e, para isso, excitou o fanatismo de Carlos IX da França e de Felippe II da Espanha, e reuniu esses dois príncipes em Baiona para tratar dos meios de exterminar os calvinistas e os luteranos.

O começo do pontificado de Gregório XIII foi assinalado pelo mais horroroso dos crimes, a matança de S. Bartolomeu, conluio abominável tramado pelos conselhos de Filippe da Espanha e pelas sugestões de Pio IV.

As perseguições, as fogueiras, as guerras, tinham aumentado prodigiosamente o número dos calvinistas. Catarina de Médicis, essa cruel e infame Jezabel, como os não pudesse exterminar pela força, recorreu à perfídia. Carlos IX, habituado as crueldades, violento até o extremo, aceitou os planos criminosos da mãe, e assim foi definitivamente resolvida a matança geral dos protestantes.

Na véspera de São Bartolomeu, a maia noite, o relógio do palácio deu o sinal; o sino de São Germano d´Auxerre começou a tocar a rebate, e, ao som lúgubre dos sinos, os soldados invadiam as casas dos protestantes, matavam as crianças nos berços, apoderavam-se das mulheres e depois de saciarem nelas os seus bestiais desejos, abriam-lhes as entranhas, donde tiravam crianças em gestação, as quais, por um requinte de atroz ferocidade, arrancavam e devoravam os corações.

No meio de tantos horrores, passou-se um fato tão infame que chega a parecer incrível. Carlos IX, esse rei para sempre execrável, estava armado com um arcabuz, fazendo fogo de uma das janelas do palácio do Louvre contra os infelizes que se atiravam ao Sena para se safarem a nado.

Essa janela ficou sendo um monumento imorredouro da horrível selvageria dos reis.

Gregório XIII dirigiu as suas felicitações a Carlos IX pelo maravilhoso êxito da sua empresa.

Por morte do papa, o cardeal de Montalto entrou no conclave, velho, fraco, encostado a uma muleta. As ambições dos cardeais reuniram os sufrágios nesse velho que parecia já tão próximo da sepultura. Começou o escrutínio e apenas este chegava ao meio da apuração, Montalto, sem esperar pelo resto, atirou com a muleta para o meio da sala, endireitou a sua elevada estatura, estendeu os braços com os punhos fechados em sinal de ameaça, e entoou o *Te-Deum* com a voz tão possante que ecoou retumbante por toda a abóbada da capela. Montalto foi eleito papa e adotou o nome de Xisto V; hipócrita e inflexível ligou-se secretamente à rainha Isabel e lançou anátemas contra o seu reino; em seguida, excomungou o rei de Navarra e o príncipe de Condé, e empregou todos os esforços possíveis para reacender na França as fúrias do fanatismo por intermédio das suas legiões de frades.

Clemente VIII renovou as cenas de orgulho dos seus predecessores, quis obrigar Henrique IV, rei da França, a ir pessoalmente descalço receber a penitência e reconhecer ao papa o direito de investi-lo na realeza. Mas o papa teve de se contentar com os embaixadores que vinham em nome do rei, e essa ridícula cerimônia realizou-se, em presença do povo, na igreja de S. Pedro de Roma. Gregório XV aconselhou Luís XIII a perseguir os protestantes, continuou as guerras contra a Boêmia e, não podendo converter os habitantes de Genebra, ordenou ao duque de Sabóia que lançasse fogo à cidade e lhe matasse toda a população.

Sob Urbano VIII, o célebre Galileu, esse velho que tinha passado setenta anos estudando os segredos da natureza, foi arrastado ao tribunal da inquisição, condenado, metido numa masmorra, e obrigado pela tortura a retratar a grande verdade de que "*a terra gira à roda do sol*".

Clemente IX, espírito elevado, sábio profundo, animou as artes, recompensou os sábios, rodeou o trono pontifício de todas as inteligências do século.

Diminuiu os impostos e empregou os seus tesouros em socorrer os venezianos da ilha de Candia (Creta) contra os infiéis, extinguiu as ordens religiosas que oprimiam os povos e, sob pretexto de piedade, entregavam-se à preguiça e à devassidão.

Pela eloquência e moderação, ele soube apaziguar as intermináveis discórdias de jansenistas e molianistas e pôr um freio à desmedida ambição de Luís XIV, que assolava a Europa com desastrosas guerras.

As intrigas dos jesuítas entregaram aos turcos a ilha de Candia. Esse generoso papa, ferido no íntimo da alma pela traição desses padres indignos, lançou a anátema contra eles, e morreu após um pontificado que durou três anos.

A Santa Sé nunca tinha sido ocupada por um homem mais virtuoso do que Clemente IX. A sua memória deve ser querida dos cristãos e serve de alívio ao espírito no meio da longa série de crimes de que consta a história dos papas.

Sob Inocêncio XI renovaram-se as perseguições contra os luteranos e contra os calvinistas; foram demolidos os templos e destruídas as cidades, milhares de franceses foram mortos pelos soldados de Luís XIV, e os protestantes foram expulsos do reino.

Inocêncio XI, seguindo o exemplo do que tinha feito Gregório XIII, por ocasião da horrorosa carnificina da noite de S. Bartolomeu, mandou felicitações a Luís XIV, e ordenou regozijos públicos em Roma, em honra do odioso rei da França.

O pontificado de Clemente XI foi atingido pelas discórdias religiosas. Os Jesuítas foram acusados de prestarem a Confúcio, na China, o mesmo culto que a Jesus Cristo. O papa enviou o cardeal de Tournon a Pequim para reprimir tão criminosa idolatria. Este virtuoso prelado, vítima do seu zelo, morreu entre as cruéis perseguições que lhe promoveram os jesuítas.

Esta terrível congregação, propagada pela cúria romana, estendeu o seu odioso poderio a todos os reinos e inspirou terror a todos os povos.

Clemente XI provocou geral indignação com a famosa bula *Unigenitus*, e as guerras religiosas continuaram até a sua morte.

Benedito XIII quis renovar o escândalo dessa bula provocadora, mas a filosofia começava a fazer progresso e as pretensões do papa, que outrora teria feito correr rios de sangue, apenas inspiraram universal desprezo.

A moderação de Benedito XIV reparou os males causados pelos seus predecessores. Ele acabou com as dissidências religiosas, repeliu os jesuítas, moderou a bula *Unigenitus*, e fez que cessassem as guerras que afligiam a França.

Esse papa, uma das glórias da Igreja, trouxe à cadeira de S. Pedro um espírito de tolerância que exerceu salutar influência em todos os reinos. A religião do Cristo não se impõe ao espírito dos povos pela perseguição nem do fanatismo. Benedito revelou, nas altas funções de que estava investido, um espírito ilustrado, uma grande prudência que nenhuma paixão perturbava um perfeito desinteresse e um grande amor pela justiça.

Ele reformou os costumes do clero e suprimiu as ordens dos frades, odiadas de todos os povos, empregou os seus tesouros na fundação de hospitais e de escolas populares e em magníficos prêmios as artes, inspirou a todos os homens o desejo de aproveitarem o benefício da ciência e de saírem das trevas da ignorância.

Clemente XIII não imitou as virtudes nem a moderação do seu predecessor. Protegeu declaradamente os jesuítas, lançou anátemas e com a sua audácia, preparou a ruína da Santa Sé.

Os excessos dos jesuítas começavam já a fatigar demais os povos. Os crimes e a ambição dessa seita assustavam os reis e finalmente explodiu o ódio que essa Companhia a todo mundo inspirava. Os jesuítas foram expulsos da França; espalharam-se pela Europa, Ásia e América; foram expulsos dos estados do rei da Espanha, das duas Sicílias, de Parma e de Malta; esta maldita seita, justamente odiada por toda a Humanidade, foi extinta em quase todos os países que tinham sido teatros do seu poder, como nas Filipinas, no México, no Paraguai e no Brasil.

A França tirou, ao papa, Avinhão e o condado de Venassim, que pertenciam à coroa.

Pela sua parte, o rei de Nápoles apoderou-se das cidades de Benevento e Ponte-Corvo. Em toda a parte proscrita a famosa bula *In Coena Domini*, monumento de loucura e orgulho que os papas lançavam de Roma todos os anos desde o tempo de Paulo III.

Começavam a dissipar-se as trevas pontificais, príncipes e povos já não se prostravam aos pés dos padres, nem adoravam o servo dos servos de D-us.

Clemente XIII viu cair em ruínas o velho colosso de Roma, e morreu de desgosto por não poder retardar-lhe a queda.

Com Clemente XIV, subiu a filosofia ao trono pontifício. Esse papa conseguiu conservar por algum tempo o fantástico poderio da Santa Sé. O seu bom caráter e a sua moderação reconquistaram-lhe as potências que o fanatismo e os manejos secretos do seu predecessor lhe tinham alienado.

Portugal tinha cortado relações com a corte de Roma e queria nomear um patriarca independente; as cortes da França, Espanha e Nápoles estavam indignadas pela ridícula excomunhão lançada por Clemente XIII contra o duque de Parma. Veneza pretendia reformar, sem consultar o papa, as comunidades religiosas que empobreciam a nação.

409

A Polônia queria reduzir a autoridade da Santa Sé. Na Itália, a própria Roma não ocultava a sua indignação e parecia lembrar-se de que tinha já dominado o mundo.

Clemente XIV, por uma política hábil, e por uma prudência e tática consumadas, sustou aquele movimento, mas os padres, inimigos da tolerância, não perdoaram ao pontífice a sua política conciliadora, e Clemente XIV morreu envenenado.

Já a liberdade, esse facho sublime da razão, estendia as suas brilhantes claridades por todos os espíritos. Os homens começavam a sacudir o vergonhoso jugo da superstição. Nas massas populares manifestava-se um estado irrequieto de espírito e um presságio das revoluções morais.

Pio VI tentou o temível poder dos pontífices de Roma, e para isso prosseguiu a política execrável dos seus predecessores.

O imperador da Áustria José II impediu o aumento dos mosteiros, que ameaçavam invadir-lhe o reino. Suprimiu bispados, fechou seminários e protegeu os seus Estados contra o domínio da Santa Sé. O Grão duque de Toscana preparou as mesmas reformas, dissolveu confrarias, aboliu a autoridade dos núncios e proibiu que, para o julgamento dos eclesiásticos, se consultasse a cúria romana.

Em Nápoles, um ministro filósofo subtraiu à avareza dos papas as indulgências, os benefícios, as nomeações de curas e párocos. Esse mesmo ministro aboliu o vergonhoso tributo duma égua branca, ricamente ajaezada, com ferraduras de prata, e carregada com uma bolsa com seis mil ducados, que a nação pagava anualmente ao pontífice.

O soberano aprovou a política do seu ministro, proibiu a entrada das bulas nos seus Estados, ordenou aos bispos que concedessem as dispensas que era costume comprar-se ao papa, tirou a este último o direito de nomear bispos nas Duas Sicílias, e expulsou do reino o internúncio.

Preparava-se então a Revolução Francesa. Os Estados Gerais, reunidos em Versalhes, decretaram reformas no clero, aboliram os votos monásticos e proclamaram a liberdade da consciência humana.

O papa promoveu sanguinolentos tumultos em Avinhão, para ver se conseguia ligar de novo este domínio à Santa Sé. A Assembleia Nacional repeliu-lhe as pretensões e proclamou solenemente a reunião desta cidade à França.

As tropas francesas conquistaram a Itália e Pio VI, tão covarde quanto hipócrita, mendigou a aliança da República.

A justiça de uma grande nação é inflexível, o assassínio do general Duphot reclamava uma reparação solene e enérgica, o pontífice foi posto para fora de Roma, e conduzido à fortaleza de Valence, na França foi onde terminou a sua carreira, envilecido pela covardia e pela perfídia.

O conclave reuniu-se em Veneza e, após cento e quarenta dias de corrupções e intrigas, o beneditino Chiaramonti foi eleito papa sob o nome de Pio VII.

O pontífice conseguiu a aliança com a República, e foi assinada a célebre concordata.

Começou uma nova era para os destinos da França, a República cedeu lugar ao império, e Napoleão subiu ao trono.

O papa viu-se obrigado a ir a Paris sagrar o imperador, aumentando assim a magnificência daquela impotente cerimônia. A falta de energia de Pio VII entregou-o indefeso aos conluios que o ódio do clero tramava com os inimigos do imperador. Napoleão, indignado com as maquinações surdas dirigidas contra o seu poder pelos conselheiros do papa, publicou um decreto mudando o governo de Roma, declarando os Estados da Igreja reunidos ao império, e depondo o papa do poder temporal. Os dois despotismos encontravam-se e combatiam-se.

A velha audácia do clero sobreviveu às revoluções. Pio VII tentou empregar os raios do Vaticano.

A bula de excomunhão foi afixada de noite nas ruas de Roma. Essa bula chamava o povo à revolta, excitava-o a carnificina e designava os franceses à vingança pública, mas, Roma, livre do jugo sacerdotal, ficou surda ao apelo do fanatismo, despedaçou o estandarte de S. Pedro, e em todos os monumentos romanos flutuaram as brilhantes cores da França.

Sucediam-se as guerras na Europa, eram conquistados os reinos, caíam os velhos governos, aparecia a França com toda majestade da sua glória.

Mas Napoleão elevou novos tronos e caiu aos golpes dos reis coroados por ele.

Essa terrível catástrofe mudou os destinos das nações, entregou-as de novo ao domínio dos padres e restituiu ao papa a herança de S. Pedro.

Pio VII fez a sua entrada triunfal em Roma, abriram-se os templos, cantaram-se ações de graças para celebrar o regresso dos povos à escravidão e o santo padre morreu rodeado dos seus cardeais, entre as pompas e magnificências do poder.

Depois dele, outros papas têm ocupado a cadeira de S. Pedro, Pio VIII, Leão XII, Gregório XVI, Pio IX, mas a passagem silenciosa desses papas é tão insignificante que a História nem dá por ela.

Os pontífices orgulhosos, que lançavam anátemas contra os reinos, que davam e tiravam impérios, que sujeitavam todos os povos sob o jugo do fanatismo e do terror, hoje, esses pontífices, submissos e aliados à Áustria ou a França, mendigam humildemente a proteção dos imperadores para esmagarem os romanos e conservarem na cabeça a tiara pontifical.

Esta magnífica "peça de arquitetura", *História dos Papas*, de Maurice Lachatre foi escrita no século XIX, por ocasião da revolução francesa e termina alertando o povo da Itália:

> *"Povos da Itália, despertai do sono letárgico em que dormis! Olhai para o Capitólio! Lembrai-vos da antiga Roma e dos seus gloriosos destinos!!!... Formadas que estejam as vossas legiões, as sombras dos grandes homens da República marcharão na vossa frente à conquista da Liberdade!"*

Àquele que quiser aprofundar nesta parte da história, sugerimos a leitura da obra prima de Maurice Lachatre, em seis robustos volumes, que deveria figurar em todas as bibliotecas, para deleite daqueles que se dedicam aos estudos dos fenômenos sociais e estado de progresso e cultura dos povos. Nas boas bibliotecas públicas certamente estará disponível para consulta, sua primeira edição data de 1813, havendo também outra edição de 1892.

Outras obras também de elucidação e que acrescentarão um juízo mais ampliado sobre este assunto são: de Ruy Barbosa (Janus) *O Papa e o Concílio*; *O Papa Negro*, de Ernesto Mezzabota; *Roma, o Jesuitismo e a Constituinte* de Pedro Tassier; *Jesus e a sua Doutrina*, de A. Leterre; *História das Sociedades Secretas* de Pierre Zaccone, em dois volumes; *Carta de Taillerand*, Bispo de Autin e Príncipe de Benevento ao Pontífice Pio VII, em resposta a sua Excomunhão; *Discurso do Bispo Strossemeyer*, no concílio de 1870; *O Padre, a Mulher e o Confissionário*, do ex-Padre Carlos Chiniquy; *Cinquenta anos na Igreja Católica Apostólica Romana*, do ex-Padre Carlos Chiniquy; *O Cristianismo do Cristo e de seus Vigários*, do Padre Alta; *Catolicismo, Partido Político Estrangeiro*, de Sussekind de Mendonça; *A Monita Secreta*, etc.

AS VINTE E SEIS CONDENAÇÕES DA MAÇONARIA

"Quanto à liberdade, seu dia pode tardar, mas virá; 'summa dies et ineluctabile tempus'. Infalivelmente, mais cedo ou mais tarde, há de ser vitoriosa. Há de sê-lo por si por essa religião, não de 'fábulas ineptas e senis'; não de praxes farisaicas e sensualistas; não sepultada no ministério de uma língua morta; não a desses pseudo-apóstolos do paganismo infabilista, caluniadores do Evangelho, pregadores hipócritas e mentirosos da opressão sacerdotal, com a boca cheia de D-us e a consciência cauterizada de interesses mundanos; não a das diabrices no púlpito, na imprensa, nas pastorais, nas letras apostólicas; não a do ódio, da cisão entre os homens, da desconfiança no lar doméstico, da separação entre os mortos, do privilégio, do amordaçamento das almas, da tortura, da ignorância, da inteligência no espírito e no corpo, do cativeiro moral e social; mas a do 'homem novo', renascido sob a cruz; do espírito que vivifica, e não da letra que mata; da comunicação interior entre o coração de D-us; da caridade e brandura para com todos os homens; religião de luz, que se alimenta de luz; e que na luz se desenvolve; religião cujo pontífice é o Cristo; religião de igualdade, fraternidade, justiça e paz; religião em cujas entranhas se formou a civilização moderna, em cujos seios sugou a leito de suas liberdades e de suas instituições e a cuja sombra amadurecerá e frutificará a sua virilidade; religião de tudo quanto o ultramontanismo nega, amaldiçoa e inferniza. Por ela o altar algum dia e não longe, não terá mais uma especulação; por ela as consciências não terão mais contas que dar de si senão ao Onipotente; por ela todas as crenças serão iguais perante a lei, todas as convicções igualmente respeitáveis, às transações políticas e às realezas impopulares"

(Do *"O Papa e o Concílio"* Ruy Barbosa)

"Eu não preciso dos padres da igreja para realizar um deus no céu. Isto quer dizer meu filho, que eu acredito ter um D-us vivo dentro de mim!"

Eça de Queiroz

Não há indiferentismo religioso quando se diz que o Maçom, devendo obedecer à lei moral, não pode ser um ateu estúpido nem um libertino irreligioso. O que a Maçonaria faz é deixar aos membros a liberdade na escolha do sistema que, admitindo a existência de um Princípio Criador, sob a designação de Grande Arquiteto do Universo, não faça desse Princípio um símbolo odioso, uma bandeira de combate aos largos vôos do pensamento humano.

413

Mas Jesus, o Cristo, segundo Mt. 28, 19-20 e Mc. 16, 15-16, ordenou

"Ide pelo mundo inteiro e fazei discípulos meus todos os povos, batizando-os em nome do Pai, do Filho e do Espírito Santo, ensinando-os a observar tudo o que vos tenho mandado. Quem crer e for batizado, será salvo; quem não crer, será condenado".

Cristo deu a palavra, ensinou e pregou de acordo com sua essência. Mas jamais disse que para ensinar, para convencer e batizar, criassem legiões de clérigos aos quais, aliás, não foi autorizado a recorrerem a meios terroristas - torturas morais e físicas, a fogueira e a asfixia, o esquartejamento em vida - para forçar a conversão, para matar a crença e impor um novo sistema ritualístico ou litúrgico, que pode ser mais rico e mais belo, mas que em nada modifica a verdade intuitiva. O Grande Arquiteto do Universo é UM só.

A missão da Francomaçonaria não é converter incrédulos, nem batizá-los, e muito menos entregá-los à escravidão da Igreja de Roma. A sua função se resume a ajudar os seus membros a administrarem as suas vidas e condutas, dentro dos princípios de uma sã moral, e para isso é que só admite *"homens bons e verdadeiros, homens de honra e probidade, seja qual for a diferença de convicções que possa existir entre eles".*

Ninguém trabalha mais contra o cristianismo que a sua própria Igreja. De fato, a Igreja condena os reformadores, condena os revolucionários, e condena as figuras legendárias da epopéia de todos os povos. e condena-os porque eles libertaram, sacudiram as algemas de escravidão e guiaram os povos por caminhos nunca por outros trilhados. Ela condena sem reparar que tudo isso fez Jesus, que tudo isso ele praticou.

Dos maiores rebeldes, dos mais inspirados renovadores, nenhum mais divinamente determinado, que esse nobre visionário da Judeia, assassinado pelo seu sonho e vítima do seu ideal. Se o clericalismo condena hoje os que perscrutam e anseiam, se ele tem palavras de anátema para todos aqueles que têm gritos de fome e ambições de justiça, porque não condena a Jesus, que sendo o maior dos homens, agiu contra as misérias e tiranias de sua época.

Certamente nos dirão que Cristo era o verdadeiro filho de D-us, o único pioneiro da boa-nova, e que sendo o verbo, dentre os demais, exprime verdade e certeza. Mas isso, o mesmo dizem os judeus de Moisés, proclamam os israelitas de Jehovah, os maometanos de Maomé e apregoam os sequazes de todas as religiões dos profetas que os ensinaram. Com a mesma sinceridade com que o sectário de Cristo afirma a divindade do filho de Maria, afirma também o crente de Buda. E se assim não fosse, se tal fato não sucedesse, onde estaria o motivo da irredutibilidade secular das crenças, e do antagonismo sangrento das religiões? Não é o monoteísmo, pela unidade do princípio de imanência, pelo conceito basilar de origem criadora, essencialmente antagônico da ideia de vários deuses?

O homem é o único ser vivo insatisfeito com a sua natureza. Sempre foi assim, até no passado mais remoto, de tal forma que imaginou seres imortais e felizes: os deuses. Só quem é frágil, infeliz, mortal, e não quer sê-lo, pode imaginar alguém que não o seja e considerá-lo mais real que si próprio. Os deuses foram sempre aquilo que os homens desejavam ser. Ou melhor, foram sempre aquilo que o homem sentia que deveria ter sido, a parte mais profunda, mais verdadeira, mais nobre de si. Para pensar em si próprio, o homem teve de desdobrar-se, por um lado, o seu eu, miserável e mortal, por outro, a divindade. O ser humano nunca aceitou sua natureza mortal, ainda que essa realidade sempre caminhasse ao seu lado. Ao criar seus deuses, somente fez por enganar a si próprio, ou melhor, entreter-se num labirinto de possibilidades altruístas em teoria, enquanto que na prática nunca deixou de ser o autêntico egoísta. Por isso, podemos afirmar que: o ser humano sempre teve um discurso e um percurso totalmente antagônicos.

Parece contraditório a postura da Igreja anatematizando os rebeldes, conspirando contra os modernistas e atacando a democracia e os homens que a defendem. Convertida em instituição política, como todos os regimes políticos, como toda a obra do homem que o tempo condena ou melhora, a Igreja busca manter-se, empregando os meios de que dispõe, das armas que os tempos lhe facultam para aplicarem tudo aquilo que o seu Ícone maior jamais pregou.

A Santa Sé, em aproximadamente duzentos anos, surpreendeu o mundo com vinte e seis condenações da Francomaçonaria, como sinônimo de Democracia e Liberdade.

- A primeira em 28 de Abril de 1738 pela *In Eminenti* do papa Clemente XII.

- A segunda em 27 de Março de 1744, endereçada por Benedito XIV ao cardeal Tencin.

- A terceira em 16 de Maio de 1751 pela "*Providas*" do mesmo pontífice.

- A quarta em 14 de Setembro de 1758 pela "*A Quo Die*" de Clemente XIII.

- A quinta em 3 de Setembro de 1759, pela "Ut Primum" também desse irredutível adversário do pensamento moderno.

- A sexta em 25 de Novembro de 1766 pela "*Cristianoe Republicoe Salus*" ainda em Clemente XIII.

- A sétima em 25 de Dezembro de 1775 pela *"Inscrutablie"* de Pio VI.

- A oitava em 13 de Setembro de 1821 pela *"Ecclesiam a Jesu Cristo"* de Pio VII.

- A nona em 13 de Março de 1825 pela *"Quo Graviora"* de Leão XII.

- A décima em 21 de Maio de 1828 pela *"Traditi"* de Pio VIII.

- A décima primeira em 15 de Agosto de 1832 pela *"Mirari Vos"* de Gregório XVI, o qual, na ânsia de suster o movimento renovador que visava recristianizar a Igreja, e que tinha por figuras centrais os padres Gebert, Lacordaire, Senlis, Lamennais, e o grande pensador católico Maontalembert expediu a encíclica *"Mirari Vos"* condenando os "Rebeldes" e pedindo contra eles o apoio do braço secular. Condenava também a Liberdade de Consciência, o Direito de Opinião, e a Liberdade de Imprensa.

- A décima segunda em 9 de Novembro de 1846 pela *"Qui Pluribus"* de Pio IX, aquele para que quando bispo de Imola ingressara na Maçonaria.

- A décima terceira em 20 de Abril de 1849 pela *"Quibus Quantisque Malis"* do já referido "maçom renegado" Mastai Ferretti.

- A décima quarta em 8 de Fevereiro de 1850, ainda do supracitado Pio IX.

- A décima quinta em 8 de Dezembro de 1864 pela "Quanta Cura", igualmente de Pio IX, incluindo as famosas proposições do *"Syllabus"* que Rui Barbosa viria a qualificar de monstruosidades pagãs; Rui Barbosa, prefácio à obra de Döllinger *Der papst und das Concil* (O Papa e o Concílio) pág. VI.

- A décima sexta em 25 de Setembro de 1865 pela *"Multiplices Inter"* do mesmo criador da infalibilidade papal.

- A décima sétima em 12 de Outubro de 1869 pela *"Apostolicae Sedis"*, penúltimo estremeção do já ex-senhor do domínio temporal.

- A décima oitava em 21 de Novembro de 1873 pela *"Quanta Multa"*, verdadeiro grito de desespero do papa que repelira Mazzini para acabar prisioneiro dos patriotas italianos.

- A décima nona em 15 de Fevereiro de 1882, com a *"Etsi-Nos"* de Leão XIII.

- A vigésima em 20 de Abril de 1884 pela *"Humanum Genus"* também de Leão XIII; o habilíssimo pontífice que propunha concessões sócias mediante desistência de certas liberdades políticas.

- A vigésima primeira em 15 de Outubro de 1890 com a *"Ab Apostolici"* do mesmo papa.

- A vigésima segunda em 8 de Dezembro de 1892, dirigida ao Episcopado Italiano, e na qual Leão XIII confiava na justiça divina para reaver o poder temporal que a Maçonaria e a Carbonária haviam arrebatado ao seu inábil predecessor.

- A vigésima terceira em 20 de Junho de 1894 pela *"Praeclara"* onde a confiança já era pouca e o desânimo aumentava.

- A vigésima quarta em 19 de Março de 1902 pela *"Annum Ingressi"*, onde Leão XIII sumariava muitas coisas interessantes.

- A vigésima quinta em 11 de Fevereiro de 1906 pela *"Vehementer"* que, como seu nome indica, era o programa do novo papa, Pio X, que sugeria retiradas estratégicas, mas se não desinteressava de problemas táticos; foi este papa que no consistório de 21 de Fevereiro de 1906 proferiu o voto de excomunhão maior contra a lei de separação na França, e pela *"Jandudum in Luzitânia"*, de 24 de Maio de 1911, excomungou a lei de separação portuguesa.

- A vigésima sexta em 6 de Janeiro de 1907, também de Pio X, é dirigida contra a França; A França: uma vez mais!

Todas essas constituições encíclicas, bulas e outras letras refletem o inconformismo da Igreja com a evolução social e política dos povos. Acusando a Maçonaria, ela sabe que acusa a própria Liberdade. Uma coisa que ressalta à vista desalmada é que não é uma questão de fé, nem o zelo pelas almas, o que irrita e leva a Igreja aos lances mais dramáticos. O que sempre a impeliu à luta inglória contra todas as manifestações de independência, foi o horror à emancipação política das nações como corolário da emancipação espiritual dos povos.

A perda do poder temporal deixou a Santa Sé desorientada, e de tal forma, que não se apercebeu da marcha do tempo, nem do triunfo cada vez maior das ciências.

Houve um papa, mais hábil que os outros, que ainda tentou obstar o progresso das ideias modernas, disciplinando o espírito humano dentro dos limites teológicos, mas já era demasiadamente tarde. Esse papa foi Leão XIII, repetido mais tarde por Pio X:

> *"Ninguém ignora, diz ele, que entre a multidão das diversíssimas ciências que se patenteiam ao espírito do homem, o primeiro lugar cabe de direito à Teologia, e de tal modo que era uma máxima da antiga sabedoria que o dever das outras ciências, como as artes, é estarem-lhe submissas como escravas".*

Leão XIII, "litt, *AP. IN MAGNA* de 10 de Dezembro de 1889, e Pio X Enc. *Pascendi* de 8 de Setembro de 1907.

Imagine que tudo isto fosse assim. Que todos os grandes cientistas, Sadi Carnot, Franklin, Laplace, tivessem de submeter-se (escravizar-se) às concepções estreitas da Teologia. Não teríamos ainda hoje a termodinâmica, o pára-raios, nem a exposição do sistema do mundo. Sabe-se o que fizeram a Galileu e a Damião de Góis... Conhece-se a hostilidade com que sempre foram tratados os homens de pensamento livre.

> *"Onde está o escritor, o poeta, o filósofo, o pensador que vós aceiteis?"*

- Exclamava Victor Hugo em 1850 invectivando os clericais.

Já era demasiado tarde quando a teologia já perdera o seu prestígio como fonte de ensinamentos, e os próprios católicos o confessavam ao sugerirem que ela se adaptasse ao espírito moderno e admitisse, sem combater, o progresso que abria as grandes clareiras do futuro. O pior inimigo da Santa Sé são os próprios profissionais dessa instituição através de suas ações indeléveis pelos séculos afora. A Igreja devia transigir com a ciência e não pretender escravizá-la. Para isso, teria de libertar o clero da sujeição ao preconceito dos dogmas.

Digredindo um pouco desse escopo, lembremos que há bem pouco tempo, muitos, inclusive o povo da Santa Sé, defendiam seus interesses dizendo que os negros eram desprovidos de alma.

A história de dezenove séculos cristãos é uma longa demonstração do malefício efeito da proteção do Estado sobre o Cristianismo. O pacto de aliança entre a soberania e o altar é, foi e há de ser sempre pela força das coisas, um pacto de mútua e alternativa servidão. A religião apoiada no monopólio civil, não pode senão adulterar-se e, enfraquecendo-se, decair.

Os católicos liberais têm invocado esta verdade em relação ao catolicismo, como argumento decisivo da sua superioridade e origem divina. Não vemos, porém, que ela se aplique exclusivamente ao culto romano. Todas as confissões abrangidas no grêmio do evangelho apresentam a mesma condição: em todas, o contato do poder é um contato de morte.

A política é a paixão de Roma. Enlaçá-la por meio de privilégios temporais ao governo do Estado é criar-lhe em seu redor a atmosfera mais conveniente à expansão dessa tendência fatal à liberdade, à natalidade, ao desenvolvimento das nações.

O romanismo não é uma religião, mas uma política, e a mais viciosa, a mais inescrupulosa, a mais funesta de todas as políticas.

Durante a primeira época da igreja, debalde a crítica histórica procura na organização dela as leis e os elementos que hoje lhe servem de base. A unidade não resultava então senão do acordo espontâneo das almas, porque a cristandade era uma pura democracia espiritual, sem centro oficial, sem meios de coação externa, sem relação temporal com o estado. A noção pagã de um pontífice máximo seria nesse tempo uma enormidade tal, que ainda ao papa Estevão (253-257) negou formalmente Cipriano o direito de sentenciar entre dois bispos divergentes.

Depois de publicadas todas essas encíclicas, os herdeiros do trono de S. Pedro, mesmo não insistindo em novas publicações, sempre declararam que ainda estava em vigência as proibições aos católicos de se afiliarem à Franco-maçonaria, sob pena de excomunhão. Recentemente, por volta no ano de 2000, o representante (Bispo) da Santa Sé, no Rio de Janeiro, afirmou em nota de um jornal de grande circulação daquela cidade: que aqueles que sendo cristãos e católicos afiliados à Maçonaria, deveriam optar entre uma ou outra, e que ainda estavam em vigência as proibições de um católico ser maçom, pelas bulas emitidas no passado. Dessa forma, lembro que dois IIr∴ de minha Oficina, sendo *"cambonos de padres"* (daqueles que ajudam nas missas), daquela metrópole pediram *quite placet*, pois estavam confusos e com a consciência pesada. Mas tudo isto se deve ao não cumprimento correto na Sindicância, no momento da proposta para ser um de nossos valorosos Obreiros. Além de ser livre e de bons costumes, não cabe em nossas fileiras, fanáticos religiosos e beatos fundamentalistas, independente da religião que professem. Precisamos, sim, de homens visionários, livres e que possam não só entender nosso sistema simbólico e filosófico, do 1º ao 33º (caso a Of∴ adote o R∴E∴A∴A), aplicando este conhecimento da Arte Real na própria evolução, extensivo a toda humanidade.

Não existe religião acima da Verdade, cuja mestra é a Natureza. Queres conhecer a Verdade, observa a Natureza! Como um livre pensador que sou, li diversas obras antimaçônicas escritas por padres, entre outras autoridades da Igreja, e não tive outra impressão senão de que as invencionices estapafúrdias desses, além de não terem fundamento, foram, na maioria das vezes, interpretações retiradas dos nossos Rituais e liturgias, sem as devidas Instruções e chaves pertinentes aos nossos mistérios, restritas ao verdadeiro adepto. Puramente superficiais e maldosas, essas publicações tiveram como corolário a tentativa de denegrir a nossa Sagrada Ordem! Para comentar ou escrever sobre nossos mistérios e rituais, não basta ler nossos rituais e manuais oficiais, tem de ser maçom, tem que ter realmente entendido nosso sistema em sua plenitude. Uma formação maçônica completa, no *Rito Escocês Antigo e Aceito*, leva-se mais de doze anos, exige dedicação, estudo sério, frequência assídua nos Templos Maçônicos. Assim como em qualquer universidade, temos que pesquisar, meditar, discutir e elaborar muitas pranchas e monografias para a elevação aos graus da Arte Real.

Capítulo IV
Efemérides maçônicas, a linha do tempo historial

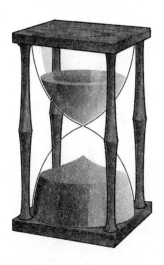

926 - Convenção Maçônica de York.

1182 - O arcebispo de Colônia, tendo-se apoderado da Westfália, põe-se à testa dos francojuízes (*vehmgerichte*) que adquirem assim muita importância, estendendo-se em toda a Alemanha. A Santa Vehme era um tribunal secreto, cuja origem, ao que parece, remonta ao tempo de Carlos Magno, tendo sido instituído para manter a paz pública e a religião, julgando todos os crimes que as perturbassem, principalmente os cometidos pelos poderosos. Os membros desse tribunal, chamados francojuízes, envolviam-se no mais profundo segredo e julgavam os crimes que os seus iniciados, espalhados em toda a Alemanha, apontavam-lhes. Os iniciados eram obrigados a executar as sentenças dos juízes, mas o mais das vezes os juízes eram os próprias executores. O condenado era apunhalado por mão desconhecida e o seu cadáver pendurado numa árvore sobre a qual era fixado um punhal, sinal de vingança da Santa Vehme. Os abusos posteriormente cometidos os fizeram abolir pelos imperadores, tendo sido finalmente destruído por Carlos V. Desapareceram no século XVI.

1184 - Instituição do tribunal da Inquisição.

1275 - 1ª Convenção Maçônica de Estrasburgo.

1277 - 22 Mai - Erwin de Steinbach lança a primeira pedra do portal da catedral de Estrasburgo.

1459 - Constituição dos Maçons de Estrasburgo.

1464 - 2ª Convenção Maçônica de Rastibona.

1469 - Convenção Maçônica de Spira.

1498 - O imperador Maximiliano I confirma as Constituições dos Maçons de Estarsburgo.

1535 - Convenção Maçônica de Colônia.

1538 - 15 Abr - Carlos V confirma, de Barcelona, as Constituições dos Maçons de Estrasburgo.

1551 - 24 Jun - A Rainha Isabel da Inglaterra manda uma força para dissolver a Grande Loja quando se achava reunida em sessão anual.

1563 - 27 Ago - Data dos estatutos da Grande Loja de Estrasburgo, sob o título *Companhia Geral dos Pedreiros Livres da Alemanha*.
- 28 Set - Revisão das Constituições dos Maçons de Estrasburgo.
- Convenção Maçônica de Basiléia.

1564 - 2ª Convenção Maçônica de Estrasburgo.

1570 - 11 Abr - O imperador Maximiliano II, confirma as Constituições.

1621 - 16 Set - O imperador Fernando II confirma, de Viena, as Constituições dos Maçons de Estrasburgo.

1703 - As Lojas Inglesas resolvem abrir os seus Templos aos homens honestos de todas as profissões.

1717 - 24 Jun - Fundação da Grande Loja da Inglaterra.
- Convenção Maçônica de Londres.

1721 - 29 Set - A Grande Loja da Inglaterra encarrega o Irmão Anderson de rever as antigas Constituições.

1722 - 25 Mar - A Grande Loja da Inglaterra decide mandar imprimir as Constituições redigidas por Anderson.

1723 - 17 Jan - A Grande Loja da Inglaterra aprova as Constituições revistas por Anderson.

- Fundação da Grande Loja de Massachusetts (América do Norte).

1725 - 23 Nov - A Grande Loja da Inglaterra confere às Lojas o direito de conferir os graus 2 e 3, reservando para si a colação.

1730 - Convenção Maçônica de Dublin.

1733 - Restabelecimento da 1ª Loja em Boston, São João nº 1.

1736 - Fundação em Edimburgo da Grande Loja da Escócia.

- Fundação de uma Grande Loja da França, convertida em Grande Oriente de Paris, em 1772.

1737 - Primeiros vestígios do grau de Kadosch.

- Introdução definitiva da Maçonaria em Hamburgo pela Loja *Absalão*.

1738 - Fundação em Viena da *Ordem dos Moisés*, espécie de Maçonaria de adoção.

- Fundação de um Grande Oriente da França.

1740 - 20 Jun - Frederico II, rei da Prússia, dirige em Charlottemburg, pela primeira vez, os trabalhos de uma Loja.

- 13 Set - Fundação em Berlin, da Grande Loja *Três Globos*.

- 30 Out - Fundação da Grande Loja de Hamburgo na qualidade de Loja Provincial.

- O Grão-Mestre da Ordem de Malta expulsa os maçons dos Estados submetidos ao domínio de sua Ordem.

1741 - Fundação da Ordem Heredan na Escócia.

1743 - 14 Mar - A Inquisição de Lisboa persegue e prende maçons.

1748 - 31 Out - Fundação da primeira Loja em Luisburgo (Nova Escócia).

1751 - 2 Jul - Fernando IV, interdita a Maçonaria na Espanha.
- Carlos, rei de Nápoles, publica um edito contra maçons.

1753 - 13 Set - A Grande Loja da escócia lança a primeira pedra fundamental para a Praça do Comércio em Edimburgo.

1754 - 25 Set - Fundação da Grande Loja da Suécia.
- 24 Nov - Instalação em Paris de um Capítulo de altos graus conhecido sob o título de Capítulo de Clermont.
- Fundação em Paris do Rito de Perfeição.

1756 - Fundação da Grande Loja Nacional dos Países Baixos.
- Convenção Maçônica de Haya.

1763 - 1ª Convenção Maçônica de Iena.
- Convenção Maçônica de Edimburgo.

1764 - 11 Jun - Congresso Maçônico em Iena (Alemanha).
- 20 Jun - Fundação da Grande Loja da Pensilvânia (América do Norte).

1766 - 28 Out - Fundação em Frankfurt de uma Grande Loja Provincial da Grande Loja da Inglaterra.

1767 - Convenção Maçônica de Altemburgo.

1770 - 16 Jun - Fundação da Grande Loja Nacional da Alemanha.

1772 - 24 Dez - Fundação do Grande Oriente da França.

1773 - 24 Jan - Honras fúnebres tributadas pela Loja *Nove Irmãs*, com sede em Paris, a Helvetius, um dos seus fundadores.

1774 - Fundação da Grande Loja Nacional dos Francomaçons da Alemanha.

1775 - 15 Nov - Primeira publicação de um Calendário maçônico em Londres com permissão da Grande Loja.

- Fernando IV, de Nápoles, promulga um edito restabelecendo o do pai contra os maçons.

- Convenção de Brunswick.

1776 - 1 Mai - Fundação da Ordem dos Iluminados por Adam Weishaupt (1748-1830).

Os Iluminados da Baviera

O rei Felipe, o Belo, e o papa Clemente V foram os carrascos dos Templários históricos e os coveiros da Ordem do Templo. A Francomaçonaria neotemplária reatualiza esse episódio-sombra da História, reclamando-se da sua filiação espiritual (e mesmo histórica, como o pretende a E.O.T. do barão de Hund), e acusando a realeza e a Santa Sé. No entanto, os Francomaçons adeptos das diversas escolas espirituais, esotéricas, místicas e iluministas que florescem na paisagem neotemplária e cavalheiresca, são geralmente sujeitos submissos, ou mesmo devotados, às autoridades constituídas.

A luta aberta contra o trono e contra o altar é assumida por uma Ordem que, embora na sua origem não o seja, rapidamente se torna maçônica: a Ordem dos Iluminados da Baviera.

Adam Weishaupt (1748-1830) - professor de Direito em Ingolstadt, na Baviera, funda a 1º de Maio de 1776 a Ordem dos Iluminados, que se situa nos antípodas das correntes "iluministas" de Martinez de Pasqually, Saint-Martin, Swendenborg, Mesmer, Cagliostro, etc. Weishaupt é materialista e ateu, e, apesar das suas precauções, vê-se obrigado enfrentar a malevolência dos seus colegas nessa universidade de Ingolstadt que constitui o bastião dos jesuítas na Baviera. Compreende-se, pois, o seu projeto: colher nos jesuítas a disciplina que os caracteriza e a dissimulação que está na origem da sua força, para melhor combater o obscurantismo. O seu sistema torna cada iniciação uma etapa de uma desmistificação que conduz o adepto a rejeitar progressivamente as suas crenças religiosas e os seus preconceitos sociais a fim de trabalhar para a regeneração da humanidade.

Os começos são lentos e difíceis. No final de 1779, a Ordem conta apenas com algumas dezenas de membros e não ultrapassa as fronteiras da Baviera. Porém, a adesão em 1780 do barão Adolf Von Knigge, discípulo de Rousseau, provoca um desenvolvimento considerável. Knigge, membro da Estrita Observância, ganha para a sua causa o barão Von Dirfurth que, juntamente com Bode (o editor de Lessing) e alguns outros, participa no Convênio de Wilhemsbad. Em 1784, a Ordem conta com 2400 membros, alguns dos quais são personalidades importantes. Ela implanta-se sobretudo na Áustria, onde José II lhe é favorável. Em Março de 1785, o eleitor da Baviera, Charles Théodore, influenciado pelo seu confessor, um antigo jesuíta, proíbe os Iluminados e lança contra eles perseguições policiais. Porém, na Áustria e em alguns Estados alemães, eles não são inquietados e continuam a desenvolver-se.

O Ensino dos Iluminados exige dos adeptos um trabalho intelectual considerável. No primeiro grau, têm de estudar os *Diálogos Maçônicos* de Lessing, as obras de Herder, de Wieland e de Jean-Jacques Rousseau.

O iniciados nos graus superiores estudam Helvétius. É proposto ao iniciado do 8º grau, o "Cavaleiro escocês", o modelo de Jesus Cristo, mas com a seguinte precisão: "Não dobres nunca o joelho diante daquele que é um homem como tu." O iniciado do 9º grau, o "Sacerdote", é posto de sobreaviso em relação à tirania dos dogmas e das Igrejas e aprende que só a razão pode estabelecer o reino de D-us sobre a terra. O iniciado do 10º grau, o "Príncipe", compromete-se a combater o despotismo e a deixar de fazer qualquer distinção entre os reis, os pobres e os mendigos. O impetrante é introduzido no Templo acorrentado, sendo depois libertado das correntes que simbolizam a escravatura na qual o mantêm o Estado e a religião.

Goethe, membro da Loja Amália das Três Rosas, em Weimar, filiado à Estrita Observância Templária, adere por curiosidade, mas as suas ideias conservadoras não tardam a fazer com que se afaste. Para lá das fronteiras de língua alemã, as marcas deixadas pelos iluminados estão longe de ser insignificantes. Se ninguém acredita hoje em dia que a Revolução Francesa tenha sido o resultado de uma conspiração maçônica ou iluminada, não deixa de ser verdade que encontramos antigos Iluminados entre os revolucionários e, sobretudo, entre aqueles que levam mais longe as reivindicações sociais, como por exemplo Nicolas de Bonneville, escritor e jornalista, que afirma que a Constituinte deve incluir uma lei agrária, ou Isaac Lange, em quem Jaurès verá um precursor do comunismo, ou então, e sobretudo, Philippe Buonarotti, que será amigo de Babeuf e o promotor do carbonarismo.

Uma breve reflexão

As correntes espiritualistas, místicas e esotéricas da Francomaçonaria, com a cavalaria, a lenda templária e as "ciências secretas", afastam-se das Constituições de Anderson, que afirmam a primazia do comportamento e da moral sobre a fé e a pertença comunitária. As Constituições andersonianas de 1723 e 1738 reúnem todos os homens, "sejam quais forem as suas religiões", na base de um mínimo religioso: "Não ser nem ateu estúpido nem libertino irreligioso {...} ser homem leal e de probidade." Os Maçons espiritualistas dos diversos ramos templários e iluministas propõem, pelo contrário, um máximo religioso: ou um cristianismo aprofundado até os seus arcanos secretos, e que se poderia tornar a religião universal, ou um aprofundamento místico que, partindo de qualquer uma religião de origem, desde que seja monoteísta, conduz a um terreno de encontro "num plano superior". A entrada dos judeus e muçulmanos etc., não é, por conseguinte proibida, e nos dias de hoje, eles são geralmente admitidos no Rito Escocês Retificado, o rito que perpetua a tradição templária, cavalheiresca e mística da Estrita Observância Templária, dos Eleitos-Cohen, da Reforma de Lyon e do espírito do Convento de Wilhemsbad.

A tradição veterotestamentária e a Kabbala são honradas nesse meio que evolui cada vez mais no sentido de um judaico-cristianismo. A impossibilidade de os judeus e mulçumanos acederam aos altos graus (no século XVII), desejada por Willermoz, será esquecida pouco a pouco, até ser (quase) inteiramente abolida no século XX.

Quanto aos judeus emancipados e racionalistas, eles estão mais à vontade nos meios maçônicos que permanecem ligados à letra e ao espírito das Constituições de Anderson. Aos alguns judeus que no século XVIII se tornam francomaçons pertencem todos, salvo raras exceções, a Lojas que preferem a ação social, a filantropia e as ideias novas ao hermetismo e à mística. Entre essas raras exceções, pensamos Loja Urânia, de São Petesburgo, que inicia negociantes judeus alemães em 1788. No entanto, Lojas "esclarecidas" também recusam os judeus, como vimos a propósito de Mendelssohn.

O barão Von Knigge, brilhante figura das Luzes e devotado à causa dos Iluminados da Baviera, revela-se um antissemita vulgar no seu livro Über dem Umgang mit Menschen ("Como se conduzir com os homens"), uma espécie de manual da arte de viver. No capítulo intitulado "A propósito dos Judeus e da maneira de os tratar", ele exprime todos os estereótipos do judeu cúpido e avaro, ainda que admita existirem "entre os judeus pessoas nobres, generosas e de boa-vontade", Por outro lado, os judeus não se precipitam em direção às Lojas, bem longe disso! Para os judeus emancipados, instruídos e abastados, a Francomaçonaria constitui o lugar privilegiado de confraternização e de integração num meio cristão até então fechado. Porém, os judeus, em sua maioria, não são nem emancipados nem instruídos nem abastados, são sim marginalizados socialmente, e só nas suas tradições religiosas encontram a força de que necessitam para sobreviver. Eles ignoram totalmente a Francomaçonaria e, quando não a ignoram, consideram-na um lugar de perdição.

1777 - 3 Jul - O grande Oriente da França cria a palavra semestral, o que foi seguido por todas as demais potências maçônicas.
- 6 Nov - Fundação da Grande Loja da Virgínia (América do Norte).

1778 - 14 Jan - A língua alemã é adotada na Grande Loja Royal York, em Berlin, em vez de francesa, até então usada.
- Convenção Maçônica de Lion (França).
- Fundação do Diretório Escocês Helvético.

1779 - 25 Mai - Instalação da Grande Loja Provincial da Rússia.

1781 - 5 Set - Fundação da Grande Loja de Nova York (América do Norte).

1782 - 9 Jul - Convênio de Wilhelmsbad.
- Convenção Maçônica de Wilhelmsbad.

1783 - 18 Mar - Fundação da Grande Loja Eclética de Frankfurt.
- 31 Jul - Fundação da Grande Loja Maryland (América do Norte).

1784 - Fundação do Grande Oriente da Polônia e Lituânia.

1786 - 14 Jan - Fundação da Grande Loja da Carolina do Norte (América do Norte).
- 1 Mai - Frederico II da Prússia eleva os graus do Rito Escocês até o 33.
- 26 Ago - Instalação, em Rouen, de uma Grande Loja e de um Grande Capítulo Provincial, de Heredon e Kilw∴ junto à Loja *Ardente Amizade*.
- 12 Out - 1º Consistório (em Paris) do Rito Escocês.
- 22 Out - Instalação da 1ª Grande Loja do Rito Escocês na França.
- 16 Dez - Fundação da Grande Loja da Geórgia (América do Norte).
- 18 Dez - Fundação da Grande Loja de Nova Jersey (América do Norte).

1787 - 4 Jan - Instituição em Londres do Gr∴ Cap∴ Royal Arc Grad
- 24 Mai - Fundação da Grande Loja da Carolina do Sul (América do Norte).

1788 - Foi fundado pelo Ir∴ Bartholomy Kuspine uma escola maçônica para meninas (Royal Cuberland Free Masons School).

1789 - 8 Jul - Fundação da Grande Loja de Connecticut (América do Norte).
- 18 Jul - Fundação da Grande Loja de New-Hampshire (América do Norte).

1791 - 08 Abr - Prisão de Cagliostro por motivos da Maçonaria.
- 20 Jul - Fundação da Grande Loja de Rhod-Island (América do Norte).

1793 - 9 Jul - A Grande Loja da Inglaterra autoriza a publicação do jornal *Freemason's Magazine*, que ainda existe.

1794 - 14 Out - Fundação da Grande Loja de Vérmont (América do Norte).

1795 - Convenção Maçônica de Paris.

1797 - 22 Nov - Aprovação da Constituição Maçônica Alemã.
- Convenção Maçônica de Paris.

1798 - 11 Jun - Fundação da Grande Loja Royal York de Berlin.
- 11 Jun - Constitui-se a Grande Loja Royal Arc da Alemanha.

1799 - 9 Jan - Fundação do Grande Conselho Geral dos Estados Unidos (Royal Arc Rite York).
- 12 Ago - O Parlamento inglês ordena a supressão das sociedades secretas, exceto a Ordem maçônica.

1800 - 16 Out - Fundação da Grande Loja de Kentucky (América do Norte).

1801 - 16 Mai - A Grande Loja de Edimburgo lança com solenidade a pedra para os *wests docks* ao pé do porto de Leith.
- 31 Mai - Fundação do Supremo Conselho para a Jurisdição do Sul dos Estados Unidos.

- Fundação da Loja *Reunião*, no Rio de Janeiro, filiada ao Or∴ da Ilha de França.

1802 - 5 Jul - Fundação na Bahia da Loja *Virtude e Razão*.

1803 - Fundação do Grande Oriente da Itália (reformado em 1861).

1804 - 21 Mai - Fundação do Archi-Cap da Holanda.
- 22 Set - Fundação do Supremo Conselho da França.
- 23 Set - O Conde Gras Telley instala em Paris o Rito Escocês.

1805 - 10 Jul - Fundação do Supremo Conselho da Itália.
- Fundação do Grande Oriente de Portugal.
- Aparição em Milão do Rito de Misraim.

1806 - 6 Jun - Fundação da Grande Loja de Delaware (América do Norte).
- São suspensos os trabalhos maçônicos no Brasil devido à perseguição do Conde Arcos, Vice-Rei.

1807 - 30 Mar - Reapareceu a Maçonaria no Brasil, com as instalações, na Bahia, das Lojas *Virtude* e *Razão Restaurada*.
- Chegada da família real. - Estava fundada a Maçonaria no Brasil, funcionando regularmente suas Lojas, ao sul e ao norte, com relativa preponderância na vida pública por intermédio de seus membros, agindo secretamente para o vingamento das ideias liberais, operando através dos ministérios dos templos o estabelecimento da independência. A presença do regente estacou por algum tempo o movimento autonomista, pela transformação súbita que se operou no Brasil, elevado, de improviso, a sede da monarquia portuguesa, dando a perceber claramente aos patriotas mais esclarecidos que esse grande acontecimento político virtualmente estabelecia a independência da colônia. E esse colapso na marcha da ideia de autonomia deve-se à orientação governamental do príncipe de Bragança.

1808 - 7 Jan - Fundação da Grande Loja de Ohio (América do Norte).
- 10 Set – Circula, pela primeira vez no Brasil, um Jornal com o título *"Gazeta do Rio de Janeiro"*.
- 14 Set - Decreto do Sup∴ Cons∴ da França marcando as joias dos graus.
- 2 Dez - Os maçons, tendo à frente o Príncipe de Gales, lançam a

primeira pedra fundamental para o Teatro de Convento-Garden.

- 5 Out - Fundação de uma Loja em Madri justamente no mesmo local onde antes funcionou o Tribunal da Inquisição.

1810 - O *"Carbonarismo"* na Itália - A **Carbonária** era uma sociedade secreta e revolucionária que atuou na Itália, França, Portugal e Espanha nos séculos XIX e XX. Fundada na Itália por volta de 1810, a sua ideologia se assentava em valores libertacionais e fazia-se notar por um marcado anticlericalismo. Participou nas revoluções de 1820, 1830-1831 e 1848. Embora não tendo unidade política, já que reunia monarquistas e republicanos, nem linha e ação definida, os carbonários (da italiano *carbonaro*, "carvoeiro") atuavam em toda a Itália. Reuniam-se secretamente nas cabanas dos carvoeiros, derivando daí seu nome. Foi sugerido que o espaguete à carbonara foi por eles inventado. Inventaram uma escrita codificada, para uso em correspondência, utilizando um alfabeto carbonário.

Durante o domínio napoleônico, formou-se na Itália uma resistência que contou com membros de uma organização secreta – a Carbonária. A Carbonária tinha uma organização interna semelhante à da Maçonaria, com a qual, aliás, tinha algumas afinidades ideológicas (combater a intolerância religiosa, o absolutismo e defender os ideais liberais) e esteve aliada em certos momentos, havendo mesmo elementos que pertenciam às duas organizações. Surgiu em Nápoles, dominada pelo general francês Joaquim Murat, cunhado de Napoleão Bonaparte. Lutava contra os franceses, porque as tropas de Napoleão haviam iniciado uma espoliação da Itália, embora defendessem os mesmos princípios de Bonaparte.

Com a expulsão dos franceses, a Carbonária queria unificar a Itália através de uma revolução espontânea da classe trabalhadora, comandada por universitários e intelectuais, e implantar os ideais liberais.

Os membros da Carbonária, principalmente da pequena e média burguesia, tratavam-se por primos. As associações da Carbonária tinham uma relação hierárquica. Chamavam-se choças (de menor importância), barracas e vendas, sendo estas as mais importantes. As vendas, cada uma contendo vinte membros, desconheciam os grandes chefes. Todas as orientações eram transmitidas por elas. Havia uma venda central, composta por sete membros, que chefiava o trabalho das demais. A Carbonária não tinha nenhuma ligação popular, pois, como sociedade secreta, não anunciava suas atividades. Além disso, a Itália era uma região agrícola e extremamente católica, com camponeses analfabetos e religiosos, que tradicionalmente se identificavam com ideias e chefes conservadores.

Silvio Pellico (1788–1854) e Pietro Maroncelli (1795–1846) foram membros proeminentes da Carbonária. Ambos foram presos pelos austríacos por anos, muitos dos quais na fortaleza Spielberg, em Brno, no sul da Morávia. Depois de solto, Pellico escreveu o livro *Le mie prigioni*, descrevendo seus dez anos na prisão. Maroncelli perdeu uma perna na prisão e ajudou na tradução e edição do livro de Pellico em Paris (1833). Outros proeminentes membros da sociedade foram Giuseppe Garibaldi e Giuseppe Mazzini, o qual, posteriormente, saiu da sociedade e passou a criticá-la.

As revoluções foram sufocadas pela França de Luís Napoleão e pelos Habsburgos austríacos, que procuravam manter seu significante poder na Itália (Veneza e Milão eram parte do Reino Lombardo-Veneziano governado pelo Império Austro-Húngaro e o Reino das Duas Sicílias era governado por um monarca Bourbon, muito influenciado pelo governo francês). O fracasso das revoluções mostrou que a unificação não seria alcançada por idealismo. A unificação italiana foi realizada posteriormente entre 1860-1870 pela diplomacia e guerra sob a égide do Reino da Sardenha-Piemonte.

1810 - 5 Abr - Constituição de um Capítulo Real de Heredon e Kilwinning "I. Napoleão" em Leorne, Itália.

- 21 Jan - Fundação da Grande Loja Zur Sonne.

1811 - 19 Mar - Estabelecimento de uma Sociedade de cultura patriótica, em Aavau, (Suíça) pela Loja Fidelidade Fraternal.

- 27 Mai - Carlos XIII rei na Suécia instituiu uma Ordem civil especialmente dedicada aos Maçons dignos deste título.

- 30 Ago - Inauguração do templo do Grande Oriente Helvético-Romano, em Lausanne.

- 11 Set - Fundação da Grande Loja da saxônia, em Dresde.

1812 - 12 Jul - Fundação da Grande Loja da Louisiana (América do Norte).

1813 - 14 Out - Fundação da Grande Loja do Tennessee (América do Norte).

- 25 Dez - Festa na qual se congratulou a reconciliação dos maçons ingleses.
- Organização do Supremo Conselho da jurisdição do Norte dos Estados Unidos.

1814 - 21 Jan - Instalação do Rito Misraim em Paris.

1815 - Fundação da Grande Loja Astréa, em São Petersburgo (Dissolvida em 1822).

1816 - Estabelecimento do Grande Encampamento dos Estados Unidos.

1817 - 6 Mar - Revolução pernambucana para a qual bastante contribuiu a Maçonaria local.
- 11 Mar - Fundação do Supremo Conselho da Bélgica.
- 28 Ago - Constituição do Grande Conselho dos Maçons do Royal Arc d'Escócia.

1818 - 12 Jan - Fundação da Grande Loja de Indiana (América do Norte).
- 27 Jul - Fundação da Grande Loja do Mississipi (América do Norte).

1819 - Instalação no Rio de Janeiro da Loja *Comércio e Artes* pelo Capitão de Engenheiros João Mendes Vianna.

1820 - 10 Mar - São fuzilados em Cádiz mais de 500 maçons por prepararem o povo para festejar o juramento da Constituição do ano 12.
- 1 Jun - Fundação da Grande Loja de Maine (América do Norte).
- 26 Set - Suspensão dos trabalhos em algumas Lojas da Rússia por terem intrometido na política.
- 21 Abr - Fundação da Grande Loja de Missouri (América do Norte).

1821 - 14 Jun - Fundação da Grande Loja do Alabama (América do Norte).
- 27 Jul - O Supremo Conselho da França estabelece os distintivos dos membros Oficiais e dignitários de sua Grande Loja.
- 6 Ago - Criação da *Ilustre Loja do Supremo Conselho,* em Lisboa, para socorrer e proteger os fracos e propagar a instrução.
- 13 Set - Condenação da Maçonaria pelo Papa Pio VII, *Eclesiam.*
- Fundação de uma Grande Loja da França.

- 29 Dez - Era redigida, para ser entregue ao príncipe, por intermédio de José Clemente Pereira, uma representação magistralmente elaborada por frei Sampaio (conforme o testemunho de Clemente Pereira no parlamento, em sessão de 14 de Junho de 1841), lida e aprovada em reunião do Gr∴ Or∴ do Brasil. O príncipe cedeu em 9 de Janeiro, ficaria no Brasil! Era esta sua resolução, como declarou em sessão da Loja "Comércio e Artes", quando José Bonifácio fez entrega, a 16 de Janeiro de 1822, da representação paulista. A intervenção da Maçonaria nesse episódio preliminar da independência é um fato incontestável. Organizado o ministério, entrando para ele José Bonifácio, passou o governo a resistir com firmeza as determinações de Lisboa.

1822 - 28 Mai - Assembleia no Rio para fundação do Grande Oriente.

- 17 Jun - É fundado o Grande Oriente do Brasil no Rio de Janeiro.

- 21 Jun - Instalação das 3 Lojas Metropolitanas *Comércio e Artes, União e Tranquilidade e Esperança de Niterói.*

- 1 Ago - Interdição da Maçonaria na Rússia.

- 2 Ago - É iniciado, na Loja *"Comércio e Artes"*, S.M. o Imperador D. Pedro I, então príncipe regente. Vencia a Maçonaria mais uma etapa no caminho da autonomia política do Brasil. Foi nesses momentos de apuro em que o príncipe, informado dos serviços que a sua causa e do Brasil havia prestado e estava prestando à Maçonaria, trabalhando ativamente com o seu primeiro vigilante, movido porventura de curiosidade tão natural na sua idade e não menos de argumentos de seus catequizadores, que lhe citaram casos de outros reis da Europa, que, para fins políticos, haviam igualmente professado, deixou-se convencer e quis ver a luz maçônica. Proposto pelo grão-mestre, seu ministro, para ser iniciado nos mistérios da ordem, aceitou a proposta. Foi iniciado no 1° grau, de maneira regular e prestou juramento, adotando o nome histórico de *"Guatimosin"*, no dia 13 do 5° mês da verdadeira luz, 5822 (era maçônica, correspondente a 2 de agosto da era vulgar), em assembleia extraordinária do povo maçônico, do Rio de Janeiro, trabalhando no grau de aprendiz, presidida pelo grão-mestre e à qual compareceram Felipe Néri Ferreira, mestre, membro do governo do Pernambuco; Lucas José Obes, mestre, procurador da província Cisplatina e Le Breton, mestre, que assistiram como visitantes. Fez-se a iniciação na forma prescrita pela liturgia e o príncipe prestou o juramento regularmente. Depois elevado a mestre e eleito grão-mestre, cargo que assumiu, presidindo várias sessões. Rio Branco dá a posse do príncipe como tendo sido no dia 14 de setembro. (Há um equívoco, porque o príncipe não assistiu a essa reunião e só veio a se empossar no dia 4 de outubro; esse equívoco resulta do fato de Rio Branco (barão) não conhecer o calendário *adonhiramita*, usado pela Maçonaria em 1822, que tinha como 1º dia do 1º mês (do ano maçônico) o 21 de março. O barão, naturalmente, em seu cálculo, tomou por base o calendário do rito moderno, só muito depois adotado no Gr∴ Or∴ do Brasil, e de acordo com o qual o ano maçônico começa em 1º de março.

- 4 Out - Investidura de D. Pedro I, no cargo de Grão Mestre do Grande Oriente do Brasil.

- Foi um período de agitação proveitoso o decorrer do ano civil de 1822. Os maçons progridem na ideia de emancipação quanto à metrópoles e de liberdade política sob a forma de governo monárquico representativo quanto à constituição interna do Brasil.

- 9 Set - Data em que ainda não era conhecido no Rio de Janeiro, o que se passara no Ipiranga, no dia 7, na ausência, portanto, do príncipe, celebrou o Gr∴ Or∴ do Brasil uma sessão da mais alta importância, sob o malhete de Gonçalves Ledo, que proferiu enérgico discurso, demonstrando a vantagem de ser firmada inabalavelmente a proclamação da independência e da realeza constitucional na pessoa do príncipe D. Pedro, o que foi aclamado por unanimidade e com o maior entusiasmo. Em seguida, mostrou-se a necessidade de ser a moção discutida, para que aquele que pudesse ter receio de que fosse precipitada a medida de segurança e engrandecimento da pátria que se propunha, perdessem-no, convencidos pelos debates de que a proclamação da independência do Brasil era a âncora de salvação da mesma pátria. Fizeram uso da palavra vários obreiros, todos mantendo a moção e reconhecendo a necessidade imperiosa de se agir com brevidade e energia e ser aclamado rei o príncipe D. Pedro, como seu defensor perpétuo e constitucional.

- 14 Set - Reuniu-se novamente o Gr∴ Or∴ do Brasil, sob a presidência do primeiro vigilante Ledo, que, após haver censurado ao Ir∴ frei Francisco de Santa Tereza de Jesus Sampaio por ter publicado num periódico, "*Regulador*", de que era redator, princípios contrários à santa causa e do mesmo ter-se justificado com apoio de toda a assembleia, propondo Ledo, na presidência, a reconciliação pelo ósculo e abraço fraternal que transmitia. Disse o presidente que em face da boa disposição dos ânimos de todos os brasileiros, conforme em aclamar "Augusto Defensor Perpétuo e Rei Constitucional do Brasil", o grão-

435

mestre dos maçons, que foram os primeiros a dar impulso à opinião pública, se adiantassem e pusessem em execução os meios precisos para que nenhuma corporação civil os precedesse na glória de tão honrosa empresa, e assim se mandassem às províncias emissários encarregados de propagar a opinião abraçada e obter adesões e que se fizesse as despesas dos encarregados da importante missão com os fundos que se achavam em caixa, o que foi aprovado, mas que não foi realizado por ter corrido um tronco especial para esse fim.

- 25 Out - Interrupção dos trabalhos do Grande Oriente do Brasil

- Após a suspensão dos trabalhos do Gr∴ Or∴ do Brasil, começaram as atividades nessa nova organização, sob o título de "*Apostolado*", onde as intrigas continuavam e, segundo diziam os da época, planos tenebrosos se urdiam nele contra a pessoa do imperador, planos esses de acontecimentos que deveriam ter lugar na capital do império. Pensavam os conspiradores aproveitar o não comparecimento do príncipe D. Pedro às sessões, por se achar de cama no seu palácio em São Cristovão, em consequência de uma queda que sofreu, do que lhe resultou a fratura de uma costela, para darem execução aos seus intentos.

Dois depoimentos, corroborados por documentos existentes nos arquivos, comprovam fatos que durante anos pairavam no terreno das conjecturas. É o próprio médico de D. Pedro quem conta, na mesma noite em que fora chamado pelo príncipe aflito, após a célebre e histórica queda, e é possível que, com o intuito de acalmar a alguns amigos do príncipe (em face de um bilhete de próprio punho e que se encontra como relíquia em um quadro na biblioteca do Gr∴ Or∴ do Brasil. Adiantasse já se achar com boa disposição de espírito, tanto que com ele conversará demoradamente e lhe contará porque adotou o nome histórico de *Guatimosin* e porque se fizera a eleição, substituindo José Bonifacio, no grão-mestrado, sem que o Andrada tivesse conhecimento.

O bilhete, cuja redação conservamos *ipsis litteris*, está redigido assim:

"*Meu Doutor.*

A dor da espádua continua semi forte e mesmo ardor aponto de qualquer movimento por mais pequeno que seja me incomoda muito veja o que quer que faça.

Seu amo e am∴

D. Pedro."

Considerações sobre a turbulenta situação da Maçonaria no Brasil no início do século XIX

A verdade é irmã gêmea da consciência. O homem tem uma necessidade vivíssima da verdade. É-lhe tão preciosa como o ar que respira. Quando ouve uma mentira, ofende-se; quando a diz, ofende e é ofendido.

A consciência é a inspiradora dos deveres: é o coração da piedade, da humanidade e de outras virtudes, menos pintadas que os meros deveres e obrigações da razão.

Quando a consciência morre, a verdade adoece... Quando a verdade se apresenta altiva e forte, é porque a consciência está viva e altaneira. É a glória de ambas, para a felicidade de todos, - do passado, ou do presente.

Na nossa Pátria, podemos afirmar com segurança, ante os Anais Maçônicos Fluminenses, que as primeiras tentativas de estabelecimento da Maçonaria datam do começo de século XIX, embora que, oficialmente, dê-se a data de 1822, quando, em 17 de Junho desse ano, foi fundado o G∴O∴B∴.

Verdade é que desde o século dezoito, encontravam-se na Terra de Santa Cruz maçons dispersos, iniciados no estrangeiro, mas que não ousavam formar Lojas, receosos da perseguição do fanatismo religioso dominante na época.

Mas a civilização foi aplainando todas essas dificuldades, até que, no ano de 1800, cinco maçons dispersos, formaram (no Rio de Janeiro) uma Loja e começaram, com inviolável segredo, a iniciar pessoas que gozavam de crédito, instruídas e bem morigeradas. Essa primeira Loja, que se chamou UNIÃO, avultou logo em adeptos e, como nela se incorporassem outros maçons que já, então, precipitavam a trabalhar, concordaram todos, em memória disso, em fazer um só corpo, para melhor se coadjuvarem, chamando-se desde logo REUNIÃO.

Já os maçons fluminenses trabalhavam com alguma regularidade no Rito dos Doze Graus quando, feita a paz de Amiens, entrou no porto do Rio de Janeiro a Corveta de guerra francesa "Hydre", com destino à Ilha de Borbom, é porque Mr. Laurent e mais alguns oficiais fossem maçons, pediram para visitar a Loja e, cheios de admiração, a vista do zelo com que debaixo de tantos perigos se trabalhava, deram atestado do seu reconhecimento e aceitaram contentes a prancha que se ofereceu para filiarem a Loja Reunião no Círculo do

437

Oriente da Ilha de França, o que se efetuou, recebendo-se dali, por intermédio do mesmo MR. Laurent, a Carta de Reconhecimento e Filiação, os Estatutos e Reguladores, que se costumam dar em tais casos.

Poucos meses depois, em 1804, apareceu, vindo de Lisboa, um Delegado do Grande Oriente Lusitano com a Constituição e Regulamentos ali organizados, querendo, quase por força, que a ele se submetesse a Loja Reunião.

Nesse particular a luta prosseguiu. Outras Lojas foram fundadas na Bahia e em Pernambuco, sob os auspícios do Grande Oriente Lusitano e do Grande Oriente da França, e, algumas independentes, sem obediência estrangeira, mas todas trabalhando no Rito Adonhiramita, ou dos doze graus.

Mudando-se a Corte Portuguesa para o Brasil, as Lojas Reunião, Constancia e Filantropia e Emancipação, então existentes, prosseguiram em seus trabalhos, não obstante a intolerância do Governo, instalou-se outra Loja com o título distintivo de S. João de Bragança, composta, em parte, de empregados do paço e com ciência do Príncipe Regente, além da Loja Comércio e Artes instalada em 1815 e que se conservava independente, adiando a sua incorporação ao Grande Oriente Lusitano, porque seus dignos membros aspiravam à instalação de um *Supremo Poder Maçônico Brasileiro*.

Eram os ideais de patriotismo se confundindo com os ideais de Liberdade.

Em Campos de Goitacazes, existia, também, uma Loja independente a que seguiram-se outras com os títulos de Firme União, União Campista e Filantropia e Moral. Na Bahia, tinha-se instalado uma Grande Loja que não progrediu, nem se fez reconhecer, caindo progressivamente em marasmo as Lojas que lhe serviam de base, com exceção da que tinha por título "Humanidade".

Em Pernambuco existiam algumas Lojas em atividade e um Capítulo que trabalhava regularmente e possuía as precisas decorações.

Em outras Províncias, os ideais maçônicos iam encontrando adeptos e outras Lojas, aqui e ali, organizavam-se.

Em 1817, com o rebentar da revolução em Pernambuco, a Maçonaria passou a ser perseguida pelo Governo, sendo suspenso o funcionamento das Lojas então existentes.

Afirma, porém, o autor da *"Exposição Histórica da Maçonaria do Brasil"* que o zelo maçônico não adormeceu. Reuniram-se em outros pontos, reconhecendo-se que o fim da Ordem não era somente a beneficência, mas também o melhoramento da espécie humana, pelo aperfeiçoamento dos costumes, das ciências e das artes, pela liberdade do comércio e pelo desenvolvimento e proteção à agricultura, fontes primárias, todas essas, da riqueza das nações que têm amor ao trabalho.

A opressão, ao invés de trazer esmorecimentos, fazia que as reuniões das Lojas tomassem força e vigor.

A Loja Comércio e Artes, cuja atuação era das mais importantes, em 1822, dividiu-se em três para dar lugar à instalação do Grande Oriente do Brasil, poder maçônico independente de Portugal.

As três Lojas, chamadas metropolitanas, tomaram as denominações de "Comércio e Artes", conservação do nome antigo, "União e Tranquilidade" e "Esperança de Niterói".

O novo Poder Maçônico, ou "Grande Oriente do Brasil", conseguiu ser reconhecido pelas maçonarias da França, Inglaterra e Estados Unidos, passando a ter uma atuação brilhantíssima na história da recente Nação Brasileira.

Assim é que, nesse mesmo ano de 1822, a Assembleia Geral do Povo Maçônico, realizada no dia 20 de Agosto, a Independência do Brasil era solenemente proclamada. Pedro I fora iniciado maçom, tomando, assim, conhecimento do movimento que se projetava.

Depois do 7 de Setembro, a Maçonaria experimentou novas perseguições. Fundara-se uma sociedade com o título de APOSTOLADO, adotando sinais, toques e palavras, dividida em centúria e decúria, sendo um de seus fins guerrear o Grande Oriente do Brasil.

Em plena Câmara, membros do Apostolado chegaram a pedir a deportação dos verdadeiros maçons.

O Imperador Pedro I, então Grão Mestre, ordenou o fechamento de todas as Lojas maçônicas, ato que foi entregue ao eminente maçom Joaquim Gonçalves Ledo, quando, no dia 27 de Outro desse mesmo ano de 1822, presidia uma reunião da Grande Loja, na qualidade de seu Primeiro Grande Vigilante.

Muitos maçons foram, então, presos na Fortaleza de Santa Cruz, processados e deportados.

O Apostolado, porém, teve duração efêmera. Pouco tempo depois do fechamento do Grande Oriente, o Imperador invadiu, de surpresa, uma de suas sessões, ordenou a retirada dos sócios, tomou conta do arquivo, dissolvendo, destarte, a Sociedade.

Mais tarde, o Imperador, querendo mostrar-se arrependido, mandou decorar um Templo na sua quinta e chácara da Ponta do Caju e convocou os Veneráveis das Lojas Metropolitanas para que ali fossem efetuar suas sessões. Consultados, porém, os "operários", recusaram aceder ao imperial convite.

Obstinado, como era, o então Grão Mestre e Imperador, convocou os maçons funcionários públicos e outros elementos de sua casa, reunindo-se em Loja, e até iniciando profanos.

Essas Lojas provisórias não puderam prosseguir nos trabalhos maçônicos. Reconhecendo o Imperador a fraqueza do seu malhete, nesse particular, abandonou o intento de fazer Maçonaria à força.

Com esse incidente, a Maçonaria Brasileira passou nove anos adormecida, sem atividade digna de nota.

Em 1831, reinstalaram-se as Lojas Metropolitanas. O Grande Oriente reabriu as portas do seu Templo. No ano seguinte, organizava-se a Constituição Maçônica do Brasil (24 de Outubro de 1832).

Nesse mesmo ano, foi sobredita promulgação realizada, organizando-se a Companhia "Glória do Lavradio" , entidade que construiu a majestoso prédio onde hoje funciona o Poder Central da Maçonaria História do Brasil.

Proliferou, então, por todas as Províncias, a criação de Lojas Simbólicas e Capítulos Maçônicos, sendo que o Grande Capítulo Provincial da Bahia estabeleceu-se no mesmo ano de 1832.

Os trabalhos maçônicos tomaram vigor, em nossa Pátria, reunindo em seus Templos a fina flor do mundo brasileiro e construindo um patrimônio histórico elevado, nobre e patriótico.

1822 - 29 Out - O prefeito da cidade de Luçon (França) proíbe as reuniões de todas as sociedades secretas.

- Convenção Maçônica de Washington.

1823 - 25 Mar - Aprovação pelo Apostolado do projeto da Constituição Brasileira, sendo o relator Antônio Carlos.

- 25 Jul - D. Pedro dissolve o *Apostolado* do qual era Arconte-rei.

- É fuzilado na Espanha Sardó, por ter sido encontrado em seu poder um diploma de maçom.

1824 - 8 Jan - Instituição de escolas de ensino mútuo, pela Loja Beneficência, em Angers.

- 10 Mai - D. Miguel (Portugal) estabelece uma comissão especial para punir os oficiais portugueses que fossem maçons.

- 13 Ago - Fundação do Supremo Conselho da Irlanda.

- 9 Out - Ordem do rei da Espanha Fernando VII, impondo a pena de morte e confisco aos bens de todos os maçons.

- 22 Dez - Organização definitiva do Supremo Conselho do Grau 33 do Rito Escocês, em Paris.

- Fernando VII da Espanha decreta uma sentença de morte aos maçons.

1825 - 10 Fev - São presos em Madri 50 estudantes por terem fundado uma Loja maçônica.

- 13 Mar - Condenação da Maçonaria pelo Papa Leão XII, Enc. *"Quod graviora"*.

1826 - 7 Mar - Antônio Caro é enforcado em Murcia por ser maçom.

1827 - 30 Abr - O Grão Mestre Duque de Sussex, lança a pedra fundamental da Universidade de Londres.

1828 - O Marquês de Labrillana e o Capitão Alvarez de Soto Mayor, foram na Espanha condenados a morrer enforcados por suspeitos de pertencerem à Maçonaria.

1829 - 24 Mar - Condenação da Maçonaria pelo Papa Pio VIII.

- 28 Nov - Condenação de maçons em Barcelona por terem trabalhado em Loja.

- Fundação do Supremo Conselho do Brasil.

- Foi surpreendida uma Loja em Barcelona e os seus membros presos. O Venerável foi enforcado.

1830 - 5 Jul - Instalação da Grande Loja da Flórida (América do Norte).

1831 - 3 Nov - Reinstalação do Grande Oriente do Brasil, sendo eleito Grão Mestre José Bonifácio de Andrada e Silva.

- 7 Nov - Lei brasileira declarando livres todos os africanos que fossem importados pelo Brasil.

- 15 Nov - Reinstalação dos trabalhos do Grande Oriente do Brasil e das primeiras três Lojas.

- 5 Dez - O Grande Oriente do Brasil adota interinamente a Constituição do Grande Oriente da França, de 1826.

- Fundação do Grande Oriente do Peru.

1832 - 22 Fev - Fundação da Grande Loja de Arkansas (América do Norte).

- 15 Ago - Condenação da Maçonaria pelo Papa Gregório XVI – Enc. *"Miralvos"*.

- 24 Out - Juramento da Constituição do Grande Oriente do Brasil.

1833 - 23 Fev - O Grande Oriente da Bélgica promulga os seus Estatutos Gerais.

- 25 Fev - Fundação do Grande Oriente da Bélgica.

- 8 Jun - O Grande Oriente do Brasil autoriza a despesa para a liberdade de uma escrava.

- 25 Ago - Intimação do Cônsul Geral da Rússia, em Londres, aos vice-cônsules russos nos domínios britânicos, para que se afastem da Maçonaria.

- 6 Nov - O Grande Oriente do Brasil estabelece uma mensalidade de 60.000 aos Expostos da Santa Casa de Misericórdia no Rio de Janeiro.

- Fundação do Supremo Conselho da Colômbia e Nova Granada.

1834 - 6 Fev - O Grande Oriente do Brasil estabelece para os seus membros o distintivo que atualmente se usa.

- 25 Jun - O Grande Oriente do Brasil decide mandar educar 15 meninos e 5 meninas sob a direção de uma comissão especial.

- 24 Set - Falece o Ir∴ D. Pedro I, ex-Gr∴ Mestre da Maçonaria Brasileira.

1835 - 6 Jul - O Grande Oriente da França autoriza o Ir∴ Cezar Moreau a publicar o periódico mensal *O Universo Maçônico*.

- 22 Set - O Grande Oriente do Brasil autoriza a despesa para a liberdade de um escravo.

1836 - 16 Jul - O Grande Oriente do Brasil manda organizar Almanaque Maçônico.

1837 - 20 Dez - Fundação da Grande Loja do Texas (América do Norte).

1838 - 28 Abr - Condenação da Maçonaria pelo Papa Clemente XII, Enc. *In emimente apostolatus specula.*

1839 - Criação do Rito de Memphis, com 91 graus.

1840 - 16 Mar - Fundação de um Capítulo militar "Os Amigos da Ordem", na Bélgica.

- 24 Mar - Reforma na Inglaterra do sistema de beneficência maçônica.

- 6 Abr - Fundação da Grande Loja de Illinois (América do Norte).

- 17 Ago - Congresso Maçônico de Estrasburgo.

- 17 Ago - O Supremo Conselho de Portugal declara irregulares todos os corpos maçônicos que tratarem de questões religiosas ou políticas.

1842 - 31 Mar - Introdução do uso da música em iniciação na Loja "*Philantropia*", em Lisboa.

- 18 Abr - O Supremo Conselho da França decreta uma bandeira maçônica geometrizada de azul e branco, tendo no branco duas mãos estendidas em sinal de socorro e uma cruz em cima.

- 30 Mai - Criação de um fundo especial para acudir as viúvas de maçons pela Loja "*Ramo de Oliveira*", em Bremen.

- 15 Nov - Liga de amizade entre o Grande Oriente do Brasil à Grande Loja de Nova York.

- Fundação do Supremo Conselho de Portugal.

1843 - 18 Jan - A Loja União, da Irlanda, ocorre as despesas com a educação de 4 meninos órfãos.

- 2 Mar - O Supremo Conselho de Portugal promulga o seu Regulamento Geral.

- Convenção Maçônica de Baltimore.

1844 - 8 Jan - Fundação da Grande Loja de Iowa (América do Norte).

- 12 Mar - Instalação da 1ª Loja de Adoção, sob o nome de Candura, em Paris.

- 22 Jun - Fundação da Grande Loja Suíça Alpina.

- 15 Ago - Condenação pelo Grande Oriente da França, do jornal *L'Oriente*, do qual era redator o Ir∴ Clavel.

- 22 Ago - Condenação, pelo Grande Consistório dos Ritos da Grande Loja de Dublin, contra a existência da Sociedade denominada: *Príncipes Maçônicos d'Irlanda.*

- 14 Set - Fundação da Grande Loja de Michigan (América do Norte).

- 9 Nov - Grande assembleia do Grande Capítulo dos Cavaleiros Rosa Cruzes da Irlanda, em Dublin.

- 13 Nov - Criação do *Synhedrio Geral de Beneficência* pelo Supremo Conselho de Portugal.

- 31 Dez - Inauguração solene do *Synhedrio Geral de Beneficência.*

1845 - 22 Jan - Baile maçônico dado em Londres, em benefício do asilo dos maçons velhos e enfermos.

- 16 Fev - A Loja "Amizade e Fraternidade", ao Oriente de Dunkerque, institui uma escola gratuita de adultos para os operários.

- 22 Mar - Instituição de um colégio maçônico para 60 pensionistas, pela Grande Loja de Missouri (América do Norte).

- 23 Mar - Fundação, pelo rei da Dinamarca, de uma instituição central maçônica de beneficência.

- 11 Abr - Iniciação de um surdo-mudo na Loja "Monte Sinai", em Paris.

- 20 Abr - Iniciação da construção de um edifício para o "Asilo Real Britânico de meninos órfãos", pela Grande Loja Provincial do Condado de Devonport.

- 5 Jun - Promulgação da Constituição reformada, da Grande Loja de Nova York.

- 24 Jun - Promulgação da Constituição reformada da Grande Loja de Hamburgo.

- 24 Jun - Unidade administrativa da Maçonaria Suíça, com a fusão efetuada.

- 1 Jul - Na Foz do Douro abre a Loja *"Regeneração Portuense"* uma escola para 33 meninas pobres.

- 4 Jul - Formação de uma biblioteca maçônica pela Loja *"Vicit vin virtus"*, em Harlem, Holanda.

- 14 Jul - Os maçons do Cabo da Boa Esperança, com as autoridades da Inglaterra, Holanda e França, lançam a primeira pedra para a fábrica de gás na cidade.

- 21 Jul - Congresso Maçônico das Lojas do Oeste da França em La Rochelle.

- 26 Out - Fundação em Londres do Supremo Conselho da Inglaterra.

- 3 Nov - Liga de amizade entre o Grande Oriente do Brasil e a Grande Loja de Hamburgo.

- 18 Dez - O Supremo Conselho de Portugal aprova o Regulador do *Synhedrio Geral de Beneficência*.

- 20 Dez - Liga de amizade entre o Grande Oriente do Brasil e a Grande Loja da Alemanha.

1846 - 6 Jan - A Loja "Forbes", de Abeerden, Escócia, celebra o aniversário secular de sua fundação.

- 2 Mar - Fundação da Grande Loja "Concórdia" (*Zur Eintrach*) Alemanha.

- 2 Jul - Decreto do santo Oficio, em Roma, proibindo o livro português *História da Maçonaria*, pelo autor da Biblioteca Maçônica.

- 16 Ago - Instalação do Congresso Maçônico em Estrasburgo, no qual se deliberou discutir no futuro Congresso a seguinte questão: Qual deve ser o fim da Maçonaria à vista dos progressos da civilização.

- 9 Nov - Condenação da Maçonaria pelo Para Pio IX. Enc. *"Qui pluribus*".

- Fundação do Supremo Conselho da Escócia.

1847 - Convenção Maçônica de Baltimore.

1848 - 18 Out - Funda-se em Edimburgo uma sociedade sobre a vida para os maçons escoceses, que ainda existe.

1849 - 7 Set - Fundação do Supremo Conselho de Luxemburgo.

1850 - 17 Mar - Fundação da Grande Loja de Kansas (América do Norte).

-18 Abr - Fundação da Grande Loja da Califórnia (América do Norte).

- 16 Abr - Fundação da Grande Loja de Oregon (América do Norte).

1851 - 18 Mai - Condenação da Maçonaria pelo Papa Benedito XIV. Enc. "*Providas*".

1852 - Na Espanha foram surpreendidas várias Lojas e seus membros presos.

1853 - 23 Fev - Fundação da Grande Loja de Minnesota (América do Norte).

1855 - 6 Jan - O rei da Dinamarca substitui o sistema da *Stricta Observancia* pelo Zinnendorf.

- 3ª Convenção de Paris.

1856 - Fundação do Supremo Conselho do Uruguai.

1857 - 20 Abr - Fundação da Grande Loja do Chile.

- 23 Set - Fundação da Grande Loja de Nebraska (América do Norte).

- 21 Dez - O Grande Oriente do Brasil adota o Regulador Geral para as Lojas do Rito Escocês Antigo e Aceito.

1858 - Constituição do Supremo Conselho da República Argentina.

- 16 Nov - Fundação da Grande Loja Nacional da Dinamarca.

- 9 Dez - Fundação da Grande Loja do estado de Washington (América do Norte).

1859 - 31 Jan - Reconstituição do Grande Oriente Lusitano Unido.

- 27 Dez - Fundação do Supremo Conselho de Colón para Cuba.

- Fundação da Grande Loja de Cuba.

1860 - Constituição do Supremo Conselho do México.

1861 - 19 Mai - Fundação da Associação dos Francomaçons Alemães.

- Fundação do Supremo Conselho de Turin que depois se transformou em Supremo Conselho da Itália.

1864 - 4 Set - Fundação do Supremo Conselho do Egito.

- Fundação do Supremo Conselho de Florença.

1865 - 16 Jan - Fundação da Grande Loja de Nevada (América do Norte).

- 20 Abr - Promulgação da Constituição e Estatutos Gerais para o Grande Oriente do Brasil, elaborada, em 25 de Novembro de 1863, pela Comissão Especial.

- 25 Set - Condenação da Maçonaria pelo Papa Pio IX Alloc. Cons. Enc. *"Multiplices inter"*.

- Fundação do Supremo Conselho da Venezuela.

1866 - 24 Jan - Fundação da Grande Loja de Montana (América do Norte).

- 16 Mai - Fundação da Grande Loja de West Virginia (América do Norte).

- Fundação da Grande Loja de Nova Scotia (América do Norte).

- 9 Out - Fundação da Grande Loja de New-Brumswick (América do Norte).

1867 - 16 Dez - Fundação da Grande Loja de Idaho (América do Norte).

1868 - Fundação do Grande Oriente da Grécia.

1869 - 28 Out - Fundação do Grande Oriente de Quebec (Canadá).

1870 - Fundação do Supremo Conselho do Chile.

- Fundação do Supremo Conselho do Paraguai.

1871 - 20 Abr - Fundação do Supremo Conselho da Guatemala.

- 20 Dez - Fundação da Grande Loja de British Columbia (América do Norte).

1873 - 1 Mar - Fundação do jornal "A Luz", órgão da Loja 21 de Março, do Natal (Rio Grande do Norte).

- 29 Mai - o Papa Pio IX manda ao bispo de Pernambuco, uma carta apostólica concitando a obediência das encíclicas contra a Maçonaria
- 21 Nov - Condenação da Maçonaria pelo Papa Pio IX.
- 24 Mar - O Grande Capítulo Geral Francês e o Grande Capítulo da França concluíram um acordo de fusão.

1875 - 12 Mai - Fundação da Grande Loja de Manitoba (América do Norte).
- Congresso Maçônico de Lausanne.
- Convênio dos Supremos Conselhos de Lausanne.
- 24 Jun - Fundação da Grande Loja de Prince Edward. Island (América do Norte).
- 21 Jul - Fundação da Grande Loja do Sul de Dakota (América do Norte).

1876 - 29 Abr - Condenação da Maçonaria pelo Papa Pio IX. Litt. "*Exorte in esta*".
- 8 Mai - Fundação da Grande Loja Nacional do Egito.
- 6 Ago - Fundação da Grande Loja do Novo México.

1880 - Congresso do Livre Pensamento, em Bruxelas.

1881 - Fundação do Supremo Conselho da Romênia.

1882 - 25 Mar - Fundação da Grande Loja do Arizona (América do Norte).
- Congresso do Livre Pensamento em Londres.

1883 - 23 Fev - Por decreto n. 70, é criada a Ordem dos Beneméritos da Maçonaria no Brasil.
- 14 Out - Fundação da Associação das 5 Lojas Independentes da Alemanha.
- Congresso do Livre Pensamento em Amsterdã.

1884 - 16 Abr - Fundação da Grande Loja da Austrália Meridional.
- 20 Abr - Condenação da Maçonaria pelo Papa Leão XIII. Enc. "*Humanus Genus*".

1885 - 8 Out - Fundação da Grande Loja de Porto Rico.

- Congresso do Livre Pensamento em Anvers.

1886 - 23 Mar - Fundação da Grande Loja Simbólica da Hungria.

1887 - Congresso do Livre Pensamento em Londres.

1888 - 13 Mai - Lei Brasileira declarando extinta a escravatura no Brasil, votada na Câmara por 84 deputados favoráveis e 9 contra, e no Senado por 43 contra 6 senadores.

- 4 Jul - Fundação do Grande Oriente da Espanha.

- 1 Set - Fundação da Grande Loja da Nova Galles do Sul (Austrália).

1889 - 21 Mar - Fundação da Grande Loja de Victória, Melbourne (Austrália).

- 12 Jun - Fundação da Grande Loja do North Dakota (América do Norte).

- 28 Ago - O Grande Oriente do Brasil manda adotar o novo Ritual para o Rito Escocês Antigo e Aceito.

- 28 Ago - Promulgação da Constituição do Grande Oriente do Brasil, aprovado pela Assembleia Geral em 1º de Agosto.

- Congresso Maçônico Internacional de Paris.

- Congresso do Livre Pensamento em Paris.

1890 - Separação da Igreja do Estado, no Brasil.

- 24 Mar - Toma posse do cargo de Grão Mestre da Ordem o Generalíssimo Manoel Deodoro da Fonseca.

- 29 Abr - Fundação da Grande Loja da Nova Zelândia.

- 12 Jun - Fundação da Grande Loja da Tasmânia (Austrália).

- 11 Nov - A Maçonaria Espanhola foi reconhecida como entidade jurídica.

1891 - 15 Abr - Falece, presidindo uma sessão magna da Loja *"Amor da Ordem"*, do Poder Central, o Ir∴ Josino do Nascimento Silva, Grão Mestre Adjunto.

- 10 Mai - Fundação da Grande Loja da Noruega.

- 1 Jul - App∴ do Ritual do grau 30 pelo M∴ Pod∴ Supremo Conselho.

- 21 Jul - App∴ do Ritual C∴R∴C∴ pelo Gr∴ Cap∴ do R∴ Mod∴.

- 1 Ago - App∴ do Ritual C∴R∴C∴ pelo M∴ Pod∴ Sup∴ Cons∴.

- 11 Ago - Apr∴ do Ritual de C∴R∴C∴ pelo Gr∴ Cap∴ dos CCav∴ Noach∴.

- 22 Set - É resolvida a criação da Biblioteca do Grande Oriente do Brasil.

- 21 Dez - O Marechal Deodoro da Fonseca renuncia o cargo de Grão Mestre da Ordem.

1892 - 28 Jan - Promulgação da Constituição e Reg∴ Ger∴ para o Gr∴ Or∴ do Brasil, app∴ pela Ass∴ Ger∴ em 30 de Novembro de 1891.

- 28 Jun - App∴ do Ritual dos GG∴ SSimb∴ do Rito Mod∴ pelo Gr∴ Or∴ do Brasil.

- 10 Nov - Fundação da Grande Loja de Oklahoma Territory (América do Norte).

- Congresso do Livre Pensamento em Madri.

1893 - 28 Mai - A Maçonaria em São Paulo constitui um Grande Oriente autônomo e independente.

- 30 Jun - Fundação da Grande Loja do Rio Grande do Sul (Brasil).

- 26 Jul - Fundação do Grande Oriente Nacional da Venezuela.

- 14 Out - A Maçonaria no Rio Grande do Sul (Brasil) organiza um Grande Oriente Independente.

1894 - 20 Jun - Condenação da Maçonaria pelo Papa Leão XIII. Litt. *"Praeclara gratulationis"*.

- Congresso Maçônico Internacional em Anvers.

- Fundação da Grande Loja Escocesa da França.

1895 - 5 Jul - O bispo D. Joaquim, de São Paulo, expede uma pastoral contra os maçons.

- Congresso do Livre Pensamento em Bruxelas.

1896 - Congresso Maçônico Internacional em Amsterdã.

- 7 Jan - Promulgação da Constituição para o Grande Oriente do Brasil app∴ pela Ass∴ Ger∴ de 21 de Dezembro de 1897.

1899 - Reorganização do Sup∴ Cons∴ do Chile.

- Fundação da Grande Loja da Costa Rica.

1900 - Set - Congresso Maçônico Internacional em Paris.

- 31 Dez - Promulgação da Const∴ app∴ pela Ass∴ Ger∴ em 21 de Dezembro do Grande Oriente do Brasil.

- Congresso Maçônico no Porto (Portugal).

- Congresso do Livre Pensamento em Paris.

1902 - 7 Set - Congresso Maçônico Internacional em Gênova.

- Congresso Maçônico Internacional em Genebra.

- Congresso do Livre Pensamento em Genebra.

1903 - 1 Jan - Abertura do Bureau Internacional de Relações Maçônicas em Neuchatel (Suíça).

- 7 Jan - Eleição do Pod∴ Ir∴ Dr. Lauro Sodré para o cargo de Membro Efetivo do Supremo Conselho do Brasil.

- 23 Mar - O Grande Oriente do Brasil decreta a criação do Monte Pio maçônico.

- 23 Mar - O Grande Oriente do Brasil decreta feriado o dia 18 de Maio, data aniversária da abertura do Cong∴ da Paz.

- 23 Jun - O Grande Oriente do Brasil aprova o Reg∴ da Com∴ de Polícia.

- 20 Out - Fundação da Grande Loja da Guatemala.

- Congresso Maçônico de Coimbra.

1904 - 9 Jan - Fundação da Associação de Filantropia Maçônica do Asilo Henrique Valadares, no Pod∴ Centr∴..

- 30 Abr - Realiza-se no Pod∴ Centr∴ o 1º Congresso Maçônico Brasileiro.

- 22 Set - É instituído por Dec∴ nº 276, o Gr∴ Or∴ Estadual do Amazonas.

- Set - Congresso Maçônico Internacional em Bruxelas.

- 16 Dez - Por Dec∴ nº 280, é dividido em seis zonas maçônicas o Estado de Minas, com um Delegado em cada zona.

- 21 Dez - É promulgado o Decreto aprovando o tratado de paz e amizade entre o Grande Oriente do Brasil e o da Argentina.

- Congresso Maçônico Internacional de Bruxelas.

- Congresso do Livre Pensamento em Roma.

1905 - 30 Jan - É nomeado para exercer interinamente o Grão Mestrado da Ordem o Pod∴ Ir∴ 33º Senador Francisco Glycerio.

- 24 Ago - Fundação, em Belém do Pará, da Liga Maçônica Contra o Confissionario pelos IIr∴ Octaviano Bastos e Antônio C. A. Ribeiro.

- 30 Set - Convocação da Assembleia Constituinte, que se realizou em 3 de Maio de 1906, para o fim de rever a Constituição que então vigorava.

- É transferida para 3 de Maio de 1906 a reunião da Assembleia Constituinte convocada para 24 de Fevereiro pelo Decreto n° 306 de 30 de Setembro desse ano.

- Congresso do Livre Pensamento em Paris.

1906 - 3 Jun - Instalação da Assembleia Constituinte a qual aprovou a Constituição decretada em Fevereiro de 1907.

- 3 Jun - Reconhecimento da Grande Loja da França pelas Grandes Lojas da Alemanha.

- 21 Set - Congresso Maçônico Sul Americano reunido em Buenos Aires, Argentina, no qual o Grande Oriente do Brasil foi representado pelos IIr∴ Dr. Mário Gitahy de Alencastro e pelo insigne ocultista Professor Dario Velloso.

- Congresso do Livre Pensamento em Buenos Aires.

1907 - 24 Fev - O Grande Oriente do Brasil adota nova Constituição e Regulamento Geral.

- 24 Fev - Publicação da Constituição Maçônica que se acha em vigor.

- 15 Jun - Conferência Internacional dos Supremos Conselhos, que teve lugar em Bruxelas, Bélgica, tendo sido o Supremo Conselho do Brasil representando na mesma pelo Pod∴ Ir∴ Dr. Vicente Ferrer de B. Wanderley Araújo.

- 7 Jul - 1ª Manifestação Maçônica Internacional em Schlucht.

- Fundação do Supremo Conselho do Egito.

- 12 Jul - Instalação do Conselho da Ordem da Maçonaria Brasileira, criado pela Constituição de 24 de Fevereiro desse ano.

- 24 Set - Aprovação do tratado de aliança e amizade celebrado entre os GGr∴ OOr∴ do Brasil e Lusitano Unido.

- Congresso do Livre Pensamento em Praga.

- Convênio dos SSupr∴ CCons∴ em Bruxelas.

1908 - 2ª Manifestação Maçônica Internacional em Bale.

1909 - 1º Mai - Fundação do Supremo Conselho do Império Otomano.

- 1º Mai - Fundação do Grande Oriente Otomano.

- 4 Jul - 3ª Manifestação Internacional em Baden-Baden.

- 14 Jul - Reunião do 2º Congresso Maçônico Brasileiro, no Pod∴ Central.

- 24 Ago - Fundação da Liga Moral de Resistência, no Pará.

- 20 Set - É assinado o acordo entre o Grande Oriente do Brasil e o Grande Oriente do estado do Rio Grande do Sul.

1910 - 11 Set - Reunião Maçônica Internacional em Bruxelas.

- Congresso do Livre Pensamento em Bruxelas.

1911 - 9 Jul - 4ª Manifestação Maçônica Internacional em Paris.

- 11 Ago - Aprovação do Reg∴ interno do Sup∴ Cons∴ do Brasil.

- 11 Ago - O Sup∴ Cons∴ do Brasil dá a sua aprovação à fundação do novo Sup∴ Cons∴ para o Reino da Sérvia.

- 11 Ago - É nomeado pelo Cons∴ Ger∴ da Ordem para exercer interinamente o Gr∴ Mestrado da Ord∴ o Pod∴ Ir∴ Dr. Floresta de Miranda.

- 19 Set - Aprovada pelo Gr∴ Cap∴ dos CCav∴ Noach∴ do Rit∴ do Gr∴ 13.

- 20 Set - Congresso Maçônico Paranaense, realizado na cidade de Curitiba, Estado do Paraná.

1912 - 23 Set - Congresso Maçônico Internacional em Roma.

- 26 Mai - 5ª Manifestação Maçônica Internacional em Luxemburgo.

- 1º Set - Congresso do Livre Pensamento em Munique.

- 12 Set - O Gr∴ Or∴ do Brasil cria a Beneficência Maçônica.

1913 - 25 Ago - 6ª Manifestação Maçônica Internacional em Haia.

1914 - 1 Mai - Congresso Maçônico no Estado do Paraná.

- 15 Ago - 7ª Manifestação Maçônica Internacional em Frankfurt.

- 28 Nov - O Gr∴ Or∴ do Brasil decreta a criação do título de *Benfeitor da Ordem* e um quadro de honra para as Lojas que cumprirem os deveres morais de delicado exercício das ideias maçônicas.

- 28 Nov - O Gr∴ Or∴ do Brasil incorpora o Hospital Maçônico do Asilo Henrique Valadares.

- 28 Nov - O Gr∴ Or∴ do Brasil decreta a criação de um selo adesivo para ser utilizado em documentos maçônicos.

- 28 Nov - O Gr∴ Or∴ do Brasil cria o Cadastro Geral da Ordem.

- 19 Dez - O Gr∴ Or∴ do Brasil abre um crédito de 3.000 francos em favor da Gr∴ Loj∴ da França como socorro as vítimas da guerra.

- 23 Dez - O Gr∴ Or∴ do Brasil decreta a criação do Rito Brasileiro.

- 23 Dez - O Gr∴ Or∴ do Brasil autoriza ao Sub∴ Gr∴ Cap∴ do Rito de York a solicitar dos obreiros e Oficinas de sua jurisdição os fundos necessários para a sua manutenção.

1915 - 23 Dez - O Gr∴ Or∴ do Brasil decreta a obrigatoriedade para todos os filhos de maçons o ensino da língua nacional.

1916 - 13 Abr - O Gr∴ Or∴ do Brasil decreta uma fórmula especial para sindicâncias de profanos.

- 30 Ago - O Gr∴ Or∴ do Brasil estabelece o modo pelo qual devem as Lojas adquirir personalidade jurídica.

- 17 Out - O Gr. Or∴ do Brasil reconhece, consagra e autoriza o Rito Brasileiro.

- 21 Nov - O Gr. Or∴ do Brasil cria um gabinete de insígnias.

- 21 Nov - O Gr. Or∴ do Brasil cria o registro do patrimônio maçônico em poder das Lojas.

- 21 Nov - O Gr. Or∴ do Brasil cria a revisão de 5 em 5 anos dos quadros das oficinas.

- 24 Nov - O Gr. Or∴ do Brasil decreta a criação de uma Assistência médica, odontológica e judiciária para maçons.

- 24 Nov - O Gr. Or∴ do Brasil decreta a criação de um Cassino Maçônico para maçons e suas famílias.

- 24 Nov - O Gr. Or∴ do Brasil decreta deverem as Lojas no mês de Abril realizar sessões especiais, a fim de deliberarem medidas que possam constituir projetos de lei.

- 26 Nov - O Gr. Or∴ do Brasil decreta a abertura de um crédito de 2000 liras para subscrição promovida pela Com∴ Maç∴ pro Cruz Vermelha Italiana.

- 20 Dez - O Gr. Or∴ do Brasil decreta a criação de medalhas a serem conferidas às Lojas que se distinguirem na prática das ideias maçônicas.

1917 - 27 Mai - O Papa Benedito XV sancionou e promulgou o novo Código de Direito Canônico, no qual os cânones 634, 693, repelem os maçons.

- 13 Jun - O Gr. Or∴ do Brasil decreta a adoção e incorporação ao patrimônio da legisl∴ do Gr∴ Or∴, a *Constituição do Rito Brasileiro* contendo sua Declaração de Princípios, Estatutos, Regulamentos, Rituais e Institutos.

- 30 Jun - Congresso das Potências Maçônicas Aliadas e Neutras em Paris.

- 20 Set - Congresso Maçônico no Estado do Paraná – Brasil.

- 21 Dez - O Gr. Or∴ do Brasil promulga o Reg∴ da Beneficência Maçônica.

1918 - 23 Jun - A Grande Loja da Inglaterra comemora o seu bicentenário.

- 21 Jun - O Gr. Or∴ do Brasil estabelece as bases para a reforma da sua Constituição Maçônica.

1919 - 21 Jan - O Sup∴ Cons∴ da Bélgica rompe relações com os Corpos Maçônicos na Alemanha, Áustria e Turquia.

- 27 Ago - Realiza-se, em Oklahoma (Estados Unidos), uma sessão maçônica de iniciação de 59 profanos, a qual começou ao meio dia e só terminou dia 30, durando, portanto, 72 horas. A cerimônia foi dirigida por 4 turmas que se revezaram de 6 em 6 horas e os profanos eram iniciados um a um.

- 12 Dez - O Gr. Or∴ do Brasil decreta a criação do Conselho Maçônico de Instrução.

- 21 Dez - O Sup∴ Cons∴ e a Gr∴ Loja da França celebram a festa da Ordem Escocesa.

- 22 Dez - A Ass∴ Ger∴ do Gr∴ Or∴ do Brasil reforma o seu regimento interno.

- 25 Dez - O Gr. Or∴ do Brasil subvenciona com a quantia de 60.000 anuais os Asilos de Mendicidade do Ceará e Maranhão.

- 25 Dez - O Gr. Or∴ do Brasil adota medidas contra o alcoolismo.

1921 - 4 Jun - Congresso Internacional dos SSupr∴ CCons∴ Confederados em Lausanne.

- Fundada a G∴ L∴ de Queensland (Austrália). Jun 19 - Fundada a G∴ L∴ do Equador.

- 19 a 23 Out - É celebrado o Congresso Maçônico Internacional em Suíça. A Declaração de Princípios e Estatutos é assinada pelas GG∴ LL∴ de Nova York, Viena, Bulgária, Espanha, França, Itália, Países Baixos, Lusitano Unido do Portugal e Turquia. É fundada a Associação Maçônica Internacional. É rejeitado (Portugal e Espanha votam a favor) o pedido da França para iniciar mulheres. A Maçonaria brasileira é advertida mais uma vez, por algumas irregularidades, sendo Delegado o Irmão Mario Behring: o R∴E∴A∴A∴ e o Rito Moderno estavam ligados por um Tratado em 1864, prática não tolerada em outros países; o G∴ M∴ eleito assumia o comando também dos GGr∴ Filosóficos como Sob∴ G∴ Com∴, outro fato de irregularidade, assumindo o G∴ M∴ Adjunto como Lugar-Tenente Com∴. De volta à Brasil, Mario Behring transmitiu a advertência e a partir deste ano foi feita a separação dos dois Altos Corpos, R∴E∴A∴A∴ e Moderno, cada um elegendo separadamente seus dignitários máximos. (Fonte: Rev. A Verdade Jan/Fev 1990, artigo de Aluízio José de Freitas).

- Fundada a G∴ L∴ Nacional da Polônia com Patente da G∴ L∴ Nazionale de Roma.

- George VI, futuro Rei da Inglaterra, é eleito V∴ M∴ da sua Loja Mãe, Navy Lodge N° 2612, Londres.

- Dez - No III Congresso da Internacional Comunista, o relator Trotsky solicita e é aprovado, que a adesão à Organização Maçônica Internacional seja proibida a todos os membros do Partido Comunista, porque a Maçonaria representa um processo de infiltração na pequena burguesia, a solidariedade é um obstáculo a ação proletária, a liberdade é oposta a ditadura do proletariado e a Maçonaria pratica ritos que lembram a religião e sabe-se que a religião submete o povo.

1922 - Fundada em Oklahoma a Ordem paramaçônica Ordem do Arco-Íris para garotas entre 11 e 20 anos pelo Ven∴ M∴ Mark Sexson, grau 33 de MacAlester, Oklahoma.

- 19 Fev - Fundada a G∴ L∴ Nacional da Colômbia (Bogotá).

- 15 Mai - Fundada a G∴ L∴ de Honduras.

- 29 Mai - Inaugurado em Laussane, Suíça, a 3ª Conferência Internacional dos SSup∴ CCons∴ com representação de França, Bélgica, Portugal, Grécia, Itália, Holanda, Iugoslavia, Suíça, Jurisdição Sul e Norte dos USA, Brasil, Peru, Uruguai, Argentina, Cuba, México, República Dominicana, Centro América e Egito. Regulamenta procedimentos administrativos e declara que cada Supremo Conselho deve ser soberano e livre de toda fiscalização, etc. É inadmissível que as GG∴ LL∴ intervenham diretamente ou indiretamente na eleição de oficiais dos SSup∴ CCons∴.

- 28 Jun - Ao assumir o cargo de G∴ M∴ do G∴ O∴ do Brasil (período 28.6.22 a 13.7.25) recebendo o grande malhete das mãos do General Tomás Cavalcante de Albuquerque, Mario Behring não aceita o cargo de Sob∴ G∴ Com∴ sem que houvesse uma eleição para isto. Desta forma, e por sua exigência, tomou posse por eleição, também, simultaneamente, como Sob∴ G∴ Com∴ do Supr∴ Cons∴ do R∴E∴A∴A∴.

- 18 Ago - É iniciado Jean Sibelius, músico finlandês na Loja Suomi. É considerado, depois de Mozart, o maior compositor de músicas maçônicas.

- Fundado o Supr∴ Cons∴ da Polônia.

- Fundado o G∴ O∴ de Dinamarca e do Norte seguido do G∴O∴ da Dinamarca, este último com o apoio da G∴ L∴ da França e da Itália. Nov 11 - Por iniciativa de Mario Behring é fundada a G∴ L∴ Simbólica Regional de São Paulo.

1923 - 13 Jan - Benito Mussolini declara ser incompatíveis a Maçonaria com o fascismo.

- 12 Fev - O Grande Conselho Fascista presidido por Benito Mussolini, considera os programas maçônicos como antifascistas e inicia uma perseguição geralmente cruel, contra a Ordem. (Fonte: Nicola Aslan, História da Maçonaria).

- Fev - Fundada a G∴ L∴ Nacional Checoslovaca sob os auspícios da G∴ L∴ da Iugoslávia.

- Congresso da Associação Maçônica Internacional em Genebra. Foram admitidos Grécia, Venezuela, Colômbia, Filipinas, Puerto Rico e San Salvador.

- Fundada a G∴ L∴ Nacional de Romênia com autorização do G∴ O∴ da França.

- É iniciado Enrico Ferni, Prémio Nobel de Física, na Loja Lemmi, Roma.

- É eleito 1º G∴ Vig∴ da G∴ L∴ Unida de Inglaterra, o futuro Rei George VI.

1924 - 23 Jan - Conforme ordem de Benito Mussolini as Lojas italianas são atacadas pelos fascistas.

- É eleito G∴M∴ da G∴L∴ Provincial de Middlessex, o futuro Rei da Inglaterra, George VI. - A Maçonaria filipina instala em Manila um Hospital para Crianças, com capacidade para 170 leitos.

- Congresso da Associação Maçônica Internacional. Foram admitidos Equador, Guatemala, Peru e Haiti.

- 15 Jul - A Constituição Apostólica *Si Unquam* do Papa Pio XI concede aos confessores a faculdade de excomunhão àqueles que estivessem inscritos na Maçonaria.

- 9 Ago - Fundada a G∴L∴ de Finlândia.

1925 - 10 Jan - O governo italiano emite decreto proibindo aos funcionários públicos pertencer à Maçonaria.

- 23 Jan - Realizada uma Assembleia do Povo Maçônico, convocada pelo G∴ M∴ Mário Behring do G∴ O∴ do Brasil, para protestar contra a perseguição à Maçonaria promovida por Mussolini na Itália e Primo de Rivera na Espanha e pela deposição do Presidente maçom do Chile, Arturo Alessandri.

- O ditador espanhol Primo de Rivera fecha as Lojas maçônicas.

- 18 Mai - É extinta a G∴ L∴ Simbólica Regional de São Paulo.

- 22 Nov - Tendo em vista as violentas perseguições do fascismo à Maçonaria, na Itália, o G∴ M∴ Torrigiani dá ordem de autodissolução das Lojas de Províncias e Ilhas adjacentes. (Fonte: Pe. Benimelli em Maçonaria e Satanismo).

- A G∴ L∴ de Nova York revoga autorização de 1917 para visitar Potências com as quais não existam relações fraternais, provocando um rompimento com o G∴ O∴ da Bélgica.

- A Maçonaria inglesa doa £ 30.000 para manter e educar 1600 crianças e 1400 maçons anciãos e viúvas.

- Congresso da Associação Maçônica Internacional em Genebra.

- Alexander Fleming é eleito V∴ M∴ da Loja Santa Maria Nº 2682, Inglaterra.

- Repressão fascista na Itália contra a Maçonaria. O G∴ M∴ Torrigiani é condenado a 5 anos de deportação. Os maçons Neciolini, Filatti e Consoli são assassinados em Florença. O General Capello é condenado a 30 anos de prisão. O G∴ M∴ Torrigiani dissolve espontaneamente as Lojas.

- Fundado o G∴ O∴ de Romênia.

- 25 Dez - A constituição apostólica Servatoris Jesu Christi, do Papa

Pio IX, concede aos confessores a faculdade de excomunhão a quantos estivessem inscritos na Maçonaria. (Fonte: Pe. Valério Alberton)

- A G∴ L∴ de Utah proíbe a iniciação de mórmons.

1926 - Vários maçons de Viena se reúnem para uma controvérsia em Aquisgran com o padre antimaçom Hermann Grüber da Companhia de Jesus.

- Manifestação Maçônica em Belgrado sob os auspícios da Associação Maçônica Internacional.

- Mar - Fundada a G∴ L∴ de Romênia por Lojas americanas jurisdicionadas à G∴ L∴ de Nova York.

- 9 Mai - O Almirante Richard Byrd, maçom, ao sobrevoar pela primeira vez o Pólo Norte deixa cair do avião um estandarte maçônico com o esquadro e o compasso.

- 17 Jun - O Sob∴ Com∴ do Brasil Mario Behring assina um Tratado com o Gr∴ M∴ do G∴O∴ do Brasil Fonseca Hermes estabelecendo que no R∴E∴A∴A∴ os chamados graus simbólicos ficariam com o Supr∴ Cons∴ como é norma internacional. Entretanto, os que não concordavam fizeram imediatamente uma Assembleia Geral que revogou o Tratado e insistiu com o G∴ M∴ Fonseca Hermes na sua anulação. O G∴ M∴ não concordou com esta decisão e, não suportando as pressões contra ele, renunciou a favor do Adjunto Otávio Kelly.

- 15 Dez - Charles Linbergh, aviador norte-americano, o primeiro a fazer a travessia de avião sem escalas entre USA e Europa, recebe o grau de M∴ M∴ na Loja Keystone Nº 243, Saint Louis.

- Ao terminar o ano, a seguinte é a população maçônica nas principais Potências do mundo.

1927- - 13 Jan - Gustav V, Rei da Suécia, celebra seus 50 anos de maçom.

- 22 Mai - Fundada a G∴ L∴ da Bahia.

- 22 Jun - Fundada a G∴ L∴ do Rio de Janeiro

- 24 Jun - O G∴ O∴ de Amazonas (Brasil) muda para G∴ L∴ Maçônica do Amazonas.

- 26 Jun - Mário Behring convoca uma sessão extraordinária do Sup∴ Cons∴ do Brasil que, por votação unânime, denuncia o Tratado de 17.6.26 (separação dos graus) desligando-se do G∴ O∴. Nesta mesma sessão, o Supr∴ Cons∴ reconhece a primeira G∴ L∴ do Brasil, a G∴ L∴ Simb∴ da Bahia. Fixa normas de reconhecimento interpotêncial.

- 2 Jul - Fundada a G∴ L∴ Simb∴ do Estado de São Paulo com Carta Constitutiva N° 3 expedida pelo Supr Cons e assinada por Mário Behring. Carlos Reis, Inspetor Litúrgico do Supr∴ Cons∴ para São Paulo, foi eleito seu primeiro G∴ M∴.

- 28 Jul - Fundada a G∴ L∴ do Estado de Pará (Brasil).

- 1 Ago - Otávio Kelly, G∴ M∴ do G∴O∴ do Brasil, reafirmando ser o autêntico Sob∴ G∴ Com∴, organiza outro Supr∴ Cons∴ o que é irregular pois não pode haver dois SSupr∴ CCons∴ em um mesmo país.

- 3 Ago - Pelo Decreto N° 7, o legítimo Supr∴ Cons∴ presidido por Mário Behring declara irregular o Supr∴ Cons∴ de Otávio Kelly e começa a incentivar a fundação de GG∴ LL∴.

- 24 Ago - Fundada a G∴ L∴ de Paraíba (Brasil).

- 25 Set - Fundada a G∴ L∴ do Estado de Minas Gerais (Brasil).

- No Congresso da Associação Maçônica Internacional, por 16 votos contra 2 (França e Luxemburgo), aprova-se que a fórmula do G∴ A∴ D∴ U∴ devia subsistir para lograr a adesão de Inglaterra e dos países anglo-saxões. Noruega é novo membro da Associação. É aprovada a publicação de um Anuário.

- Fracassam intentos de aproximação da Maçonaria francesa e da União Eclética da Alemanha.

1928 - 8 Jan - Fundada a G∴ L∴ do Rio Grande do Sul (Brasil).

- 19 Mar - Fundada a G∴ L∴ de Ceará (Brasil).

- 26 Jul - O regime comunista de Moscou fecha todas as Lojas maçônicas.

- Fundada a G∴ L∴ do Estado de Rio Grande do Sul (Brasil).

- É instituída nos EEUU, a Sociedade Philalethes, organização independente de maçons que "buscam mais luz e tem mais luz para dar" e propunham-se corresponder com outros irmãos interessados em estudos sobre a Ordem.

- Manifestação Maçônica Internacional em Verdún.

- 21 Nov - Henry Ford é declarado membro honorário da Loja Zion N° 1.

1929 - 28 Fev - Franklin D. Roosevelt, sendo Governador do Estado, recebe o grau 32 em Albany, capital do Estado de Nova York.

- 25 Abr - É fundada no Rio de Janeiro, a Federação Brasileira da Ordem Maçônica Universal Mista *O Direito Humano*. (Fonte: Kurt Prober em A Bigorna)

- 29 Abr - Inaugurada em Paris a IV Conferência Internacional dos SSup∴ CCons∴ com a participação de: França, Espanha, Bélgica, Portugal, Suíça, Turquia, Holanda, Iugoslávia, Tchecoslováquia, Romênia, Áustria, Jurisdição Sul e Norte de USA, Brasil, Peru, Colômbia, Uruguai, Argentina, Cuba, México, Venezuela, Chile, Paraguai, Canadá, Equador e Egito. É determinado que nenhum Supr∴ Cons∴ pode exercer jurisdição sobre as GG∴ LL∴. É reconhecido como regular o Supr∴ Cons∴ dirigido pelo irmão Mário Behring; os três representantes do Sup∴ Cons∴ criado em 1927 por Otávio Kelly não são recebidos.

- 4 Set - A G∴ L∴ Unida da Inglaterra dita normas de reconhecimento interpotêncial: 1) Cada G∴ L∴ deverá ter sido estabelecida por uma G∴ L∴ devidamente reconhecida ou por 3 ou mais Lojas regularmente constituídas. 2) A crença no G∴ A∴ D∴ U∴ e na sua vontade revelada. 3) Todos os iniciados prestarão seu juramento sobre ou na presença completa do Livro da Lei Sagrada aberto, pelo qual significa a revelação do Alto que liga a consciência do indivíduo particular que se inicia. 4) Os afiliados da G∴ L∴ e das Lojas individuais serão exclusivamente homens; cada G∴ L∴ não terá relações maçônicas com nenhum tipo de Lojas mistas ou com Corpos que admitam mulheres como membros. 5) A G∴ L∴ terá jurisdição soberana sobre todas as Lojas de seu território com inspeções regulares. Será independente e governada por si mesma, com autoridade sobre seus obreiros que serão dos graus simbólicos (Ap∴, Comp∴ e M∴). Tal autoridade jamais poderá ser dividida com qualquer outro Corpo ou Potência, ou sofrer inspeções ou interferências de qualquer espécie. 6) As 3 Grandes Luzes da Francomaçonaria (Livro da Lei, Esq∴ e Comp∴) estarão sempre expostas quando a G∴ L∴ ou suas Lojas subordinadas estejam trabalhando, sendo o principal delas o Livro da Lei. 7) A discussão de religião ou política dentro da Loja será estritamente proibida. 8) Os princípios dos Antigos Limites, costumes e usos da Ordem serão estritamente observados. (Fonte: José González Ginorio, As Fontes do Direito Maçônico).

- 20 Nov - Fundada, com 7 Lojas que dependiam da G∴ L∴ do Chile, a G∴ L∴ da Bolívia. Seu primeiro G∴ M∴ é Norberto Galdo Ballivián.

1930 - 12 Abr - É expedida pela G∴ L∴ do Chile a Carta Constitutiva da G∴ L∴ da Bolívia.

- Jul - Fundada a G∴ L∴ da Alemanha, com sentimento universalista.

- 27 Jul - Fundado o Supr∴ Cons∴ da Alemanha sob a base de 8 Lojas. Asilou-se posteriormente em Israel.

- 27 Out - Benito Mussolini alerta que "os maçons que dormem podem despertar-se. Eliminando-os assegura-se que dormirão para sempre". (Fonte: Pe Benimeli em Maçonaria e Satanismo)

- A G∴ L∴ da Tchecoslováquia obtém o reconhecimento da G∴ L∴ Unida da Inglaterra e da G∴ L∴ de Nova York.

- Congresso da Associação Maçônica Internacional realizado em Bruxelas aceita como novos membros Brasil, Cuba e México. Cria-se um Tribunal especial para o diferendo entre o G∴ O∴ espanhol e a G∴ L∴ de Puerto Rico. O próximo Congresso será nesse mesmo ano em Constantinopla.

- E. Jovin faz uma segunda tradução das Constituições de Anderson no francês destinada a profanos.

- O Ir∴ Almirante Richard Byrd, ao sobrevoar o Pólo Sul pela primeira vez, deixa cair do avião um estandarte com o esquadro e o compasso.

- Conforme estatística de USA, o seguinte é o movimento maçônico no mundo:

REGIÃO	LOJAS	IRMÃOS
USA	16.277	3.293.886
Canadá	1.346	198.534
América Latina		50.000 (aproximado)
Inglaterra	5.919	463.700
Europa	1.600	170.000
T O T A L		4.176.120

1931 - 27 Jan - Um grupo de Mestres americanos e chineses, todos exaltados no estrangeiro, decidem formar uma Loja em Shangai para aproximar à Maçonaria os candidatos chineses; o grupo solicitou primeiro à G∴ L∴ de Massachusets mas ele foi denegado e, finalmente, a G∴ L∴ de Filipinas aceitou-lo. Ao saber, a G∴ L∴ de Massachusets cortou relações com a G∴ L∴ de Filipinas. Cinco Lojas recebem a Carta Patente de Filipinas.

- Unem-se os dois GG∴ OO∴ da Dinamarca e formam a G∴ L∴ da Dinamarca.

- Três Lojas americanas (Pagoda, de Mukden, Carta Patente de 1926, Dailien, de Dairen, Carta Patente de 1927 e Sundaro, de Harbin, Carta Patente de 1928) abatem colunas na China pela guerra sino-japonesa e pelas hostilidades dos Generais do Norte.

- 29 Jul - O Papa Pio XI emite a Encíclica Non Abbiamo Bisogno, na qual relaciona a Maçonaria entre as forças que, na Itália, favorecem o anticlericalismo.

- 17 Out - O Sup∴ Cons∴ do Chile outorga Carta Constitutiva ao Sup∴ Cons∴ da Bolívia.

- A G∴ L∴ Suíça Alpina restabelece o uso da Bíblia no Ara.

- A Espanha conta com 159 Lojas e 12.000 Irmãos entre os quais se incluem: Luis Companys que seria Presidente da Catalunha, José Ortega e Gasset, filósofo, Antonio Machado, poeta, Cláudio Sánchez, historiador. Jiménez de Azua e Fernando de los Rios, catedráticos, Fernando Valera, chefe de Governo e os escritores Juan Ramón Jiménez e Corpus Barga. Azorín pertenceu à Maçonaria na sua juventude.

1932 - Jan - Conferência de Chefes da Maçonaria Simbólica Sul-americana realizada em Santiago, Chile, como preâmbulo do primeiro Congresso Maçônico Ibero-americano. Estabelecem-se normas de reconhecimento interpotêncial conforme aprovadas pela Associação Maçônica Internacional em 1927. É estudado o Direito de Asilo maçônico conforme a G∴ L∴ da Paraíba, Brasil, que apresentou a necessidade de conceder asilo ao Governo maçônico quando perseguido pelo governo civil.

- 19 Mai - O Duque de Connaugh, o Príncipe de Gales e o Duque de Kent, inauguram o novo Hospital Maçônico da G∴ L∴ Unida da Inglaterra.

- 6 Out - Fundada a G∴ L∴ de Pernambuco (Brasil). Fundada a G∴ L∴ Nacional da Palestina.

- Pela segunda vez é denegado a Francisco Franco seu pedido de ingresso na Maçonaria. (Fonte: Informe do Prof. Ferrer publicado na Revista História, Junho de 1977).

1933 - 15 Jan - Fundada a G∴ L∴ do Estado Baja Califórnia (México).

- 12 Out - Na Grécia, Pastoral do Santo Sínodo da Igreja Ortodoxa condena a Maçonaria.

- Na expedição ao Pólo Sul, o Almirante Richard Byrd tinha na sua comitiva de 80 homens, 60 maçons, com os quais foi fundada a Loja Antarctica Nº 777, sob a jurisdição da G∴ L∴ da Nova Zelândia.

1934 - 1 Abr - No decreto Geminata Laetitia do Papa Pio XI, há referências contra a Maçonaria.

- 27 Jun - A Rainha da Inglaterra inaugura a Escola Superior da The Royal Masonic Institution for Girls, em Rickmansworth Park, Londres.

- 10 Dez - Na Suíça é entregue uma petição assinada por 56.228 cidadãos solicitando a dissolução da Maçonaria no país; transformada em Plebiscito, foi derrotada em 1936. (Fonte: Kurt Max Hauser na revista O Prumo).

- A G∴ L∴ Simb∴ da Alemanha, dissolvida por Hitler, suspende seus trabalhos na Alemanha e prossegue em Jerusalém e Saarrebrüken.

- O Primeiro Ministro da Romênia, Duca, foi assassinado por um estudante que pensou que ele era maçom e, portanto, perigoso para a política nacionalista. Duca não era maçom.

- O Convento Anual da Associação Maçônica Internacional, programado inicialmente para ser realizada em Madri foi mudada para Luxemburgo devido a Guerra Civil espanhola. Foram aceitas as GG∴ LL∴ de México e Uruguai e foram feitos estudos para a defesa da Ordem que está sendo atacada em vários países.

- O Santo Sínodo da Igreja Grega proíbe aos seus prelados, Papas e outros membros do clero ser maçons mas os fiéis ficam liberados se quiserem pertencer à Maçonaria.

- No Congresso do Partido Laborista da Inglaterra foi apresentada moção para excluir do partido aos maçons, moção que foi rejeitada pela grande maioria.

1935 - 15 Fev - O Congresso Espanhol aprova por 82 votos contra 26, moção para que fossem afastados das Lojas maçônicas os chefes e oficiais do Exército nelas inscritos. (Pe Benimelli em Maçonaria e Satanismo)

- 6 Mai - Assinado um Tratado de Aliança Fraternal entre o G∴ O∴ do Brasil e a G∴ L∴ Unida da Inglaterra que convencionava que as Lojas do Rito de York no Brasil, passavam automaticamente para a jurisdição da G∴ L∴ Unida da Inglaterra. (Fonte: José Castellani).

- 21 Mai - Em Portugal é sancionada por Antônio Oscar de Fragoso Carmona, Antônio de Oliveira Salazar e Manoel Rodrigues Junior, a Lei de Defesa Contra as Sociedades Secretas, lei aprovada pela Assembleia Nacional e que proibia associações secretas no país. A Maçonaria passa a ser legalmente extinta, mas continua-se reunindo na clandestinidade.

- 8 Ago - Adolfo Hitler decreta a dissolução da Maçonaria na Alemanha. Os Templos maçônicos são saqueados, e muitos maçons alemães são presos e assassinados. A G∴ L∴ de Hamburgo recebe asilo da G∴ L∴ de Chile onde continua seu trabalho maçônico. (Fonte: Livro dos Dias - 1999)

- 5ª Conferência Internacional dos SSup∴ CConsel∴, em Bruxelas.

1936 - 17 Jan - O General Douglas Mac-Arthur é iniciado pelo G∴ M∴ das GG∴ LL∴ Filipinas Samuel Hawthorne, sem cerimônia de iniciação, usando das prerrogativas estabelecidas nos Landmarks.

- 28 a 31 Ago - É realizado em Praga o Convento ordinário da Associação Maçônica Internacional.

- 15 Set - Franco inicia uma dura repressão contra a Maçonaria na Espanha. É formado um Tribunal contra a Maçonaria, o comunismo e demais sociedades clandestinas. 80.000 expedientes contra presuntos maçons são emitidos sendo que na Espanha não haveria mais de 15.000 maçons. A Falange Espanhola, partido político de Franco, ocupa o Templo maçônico de Tenerife, e organiza visitas à Câmara das Reflexões, mediante o pagamento de 0,50 pesetas. (Fonte: Padre Benemeli em Maçonaria e Satanismo).

- 23 Set - O ABC de Madri informa que em Granada haviam sido fuzilados todos os maçons pertencentes à Loja local, inclusive os que estavam "adormecidos" há tempos. (Fonte: Pe. Benimelli em Maçonaria e Satanismo).

- Fundada a G∴ L∴ Cosmos do Estado de Chihuahua (México).

1937 - Uma lei recente do governo português proíbe qualquer participação em atividades maçônicas sob pena de 6 meses de prisão.

- A G∴ L∴ de Hamburgo, em virtude do Direito de Asilo maçônico, traslada sua sede à Valparaíso, Chile.

- 16 Jun - O deputado polonês M. Dudalaski apresenta um projeto de lei proibindo a Maçonaria com penas de 5 anos e mais de prisão.

- 25 Out - O governo de Getulio Vargas no Brasil clausura provisoriamente todas as Lojas maçônicas por um período de 2 anos e 9 meses.

- 28 Nov - Por 515.000 contra 236.000 votos, o povo suíço rejeita o pedido de proibição da Maçonaria apresentado por nazistas e fascistas.

- 20 Dez - Fundada a G∴ L∴ de Texas (USA).

1938 - O partido nacional socialista de Hitler lança um manifesto contra à Maçonaria.

- O governo do Brasil revoga o decreto do ano anterior que fechou as Lojas maçônicas.

- A G∴ L∴ Unida da Inglaterra dispõe em seus Propósitos e Relações de Ordem que: "A Bíblia, a que se referem os maçons com o Volume da Lei Sagrada, estará sempre aberta nas Lojas. Todo candidato tem que prestar seu juramento sobre o Livro ou Volume que, segundo sua religião, dê sentido de santidade ao juramento ou promessa que faz sobre ele. Esta disposição é imperativa para que as Lojas cumpram os requisitos de regularidade".

- George II, Rei da Grécia, é eleito V∴ M∴ da sua Loja Mãe Mac Walwood N° 5143, Londres.

- 24 Nov - Os jornais informam de um decreto do governo da Polônia fechando as Lojas maçônicas e confiscando suas propriedades.

- 21 Dez - Decreto de Franco ordena a destruição de toda inscrição ou símbolo maçônico.

1939 - 9 Fev - A Lei de Responsabilidades de Franco, deixa fora da lei todas as Lojas maçônicas (Fonte: Frederico Guilherme Costa, na revista A Verdade)

- 24 Fev - Fundada a G∴ L∴ Ocidental da Colômbia.

- 7 Mar - Henry Ford é declarado Membro Vitalício da sua Loja Mãe Palestina N° 357, Detroit.

- 25 Jun - Cisma na Maçonaria argentina. Dissidentes da G∴ L∴ fundam o G∴ O∴ Federal Argentino.

- 30 Jul - A G∴ L∴ de Hamburgo abate suas colunas ao ser fechada pelo regime nazista.

- Set - É realizada a 6ª Conferência Internacional dos SSup∴ CCons∴ em Boston (USA).

- 14 Lojas maçônicas são dissolvidas pelo Ministro do Reich e Interior de Prússia.

- O governo dos Soviets autoriza novamente o funcionamento da Maçonaria.

- Jornalista nazista é condenado pelos Tribunais da Suíça a pagar indenização por injúrias e calúnias difundidas contra a Maçonaria.

- Alexander Fleming é eleito V∴ M∴ da Loja Misericórdia N° 2386 da Inglaterra.

- Sob jurisdição estrangeira, trabalham Lojas em Hongkong e 18 cidades da China continental.

1940 - 12 Mar - Fundada a G∴ L∴ de Hidalgo (México)

- 1 Mai - Francisco Franco proíbe a Maçonaria e estabelece uma pena de 12 a 30 anos de prisão aos maçons caso persistirem nas suas reuniões.

- 5 Ago - É dissolvida pelo regime nazista a G∴ L∴ de Iugoslávia. É dissolvida pelo regime nazista a G∴ L∴ da Tchecoslováquia.

- 7 Ago - Arthur Groussier, Presidente do Cons∴ da Ordem do G∴ O∴ da França, em carta endereçada ao Marechal Pétain declara que: "O G∴ O∴ cessa suas atividades e todas as Lojas que dele dependem devem renunciar imediatamente a prosseguir em seus trabalhos".

- 13 Ago - Uma lei assinada pelo Marechal Pétain, proíbe as associações secretas e determina o sequestro de seus bens. Note-se que as obediências maçônicas não são sociedades secretas; em todos os países elas são declaradas perante a lei. O segredo é de ordem iniciático.

- 19 Ago - Um decreto do governo francês dissolve o G∴ O∴ e a G∴ L∴.

- 20 Set - Os nazistas fecham a Maçonaria na Noruega e a guarda pessoal do traidor o Major Vidkun Quisling, aloja-se no Templo Maçônico de Oslo.

- 28 Nov - Alfred Rosenberg, em discurso em Paris, logo após a queda da França, acusa as Maçonaria mundial pela derrota da Alemanha na 1a Guerra mundial, já que elas estariam aliadas a comunidade financeira judaica. (Fonte: A Ordem Maçônica de 1975)

- 29 Nov - As forças alemãs de ocupação proíbem em Noruega a Maçonaria.

- 6 Dez - Henry Ford recebe o grau 33 em Detroit.

- Harry S. Truman, senador, é eleito G∴ M∴ da G∴ L∴ de Missouri.

- Fusão do G∴ O∴ e a G∴ L∴ em Uruguai.

- As 49 GG∴ LL∴ e USA distribuem para fins de beneficência durante 1940 US$ 4.670.000 e as GG∴ LL∴ de Canadá US$ 292.230.

1941 - 27 Fev - São dissolvidas pelo governo francês a G∴ L∴ Nacional Independente e a Obediência do Direito Humano (misto). Abr 14

- Assinado Convênio de Amizade entre a G∴ L∴ do Pará (Brasil) e o G∴O∴B∴. O convênio foi denunciado pelo G∴O∴B∴ em 30/12/1949

- 1 Ago - O maçom José Rouig da G∴ L∴ da França é fuzilado pelos alemães, dando início a sangrenta repressão em contra da Maçonaria. O anuncio da sua execução foi pregado nos muros de Paris.

- 11 Ago - Uma lei do governo francês ordena publicar no Jornal Oficial os nomes dos dignitários (funcionários das Lojas e detentores de Altos Graus) ao mesmo que aplica a estes últimos o estatuto dos judeus vedando-lhes o exercício de funções públicas. Dentro da repressão, cria-se um Serviço das Sociedades Secretas.

- 26 Ago - O Governo *nazi* da Alemanha ordena o fechamento das Lojas maçônicas em Bélgica e o Sob∴ G∴ Com∴ Georges Petre é fuzilado.

- 29 Out - Na França ocupada pelos alemães, circula o Nº 1 do Boletim de Informações Antimaçônicas publicado pelo Centro de Ação e Documentação, dirigido por Henry Coston, na antiga sede da G∴ L∴ da França. (Fonte: Pe. Benimelli em Maçonaria e Satanismo)

- A G∴ L∴ de Ontário, Canadá, resolve manter e educar 1.000 crianças inglesas transferidas ao Canadá, enquanto a guerra durar.

- Os maçons ingleses fundem todas suas condecorações e medalhas de ouro e metais preciosos em barras, doando ao governo civil £ 10.000 como aporte para a defesa.

- O Supr∴ Cons∴ da Jurisdição Sul de USA remete $US 40.000 para os maçons franceses perseguidos pelos alemães.

- A organização maçônica cubana El Zapato Escolar distribui 27.584 pares de calçado entre 1.346 escolas do país.

- George VI, rei da Inglaterra, instala seu irmão carnal o Duque de Kent como G∴ M∴ da G∴ L∴ Unida da Inglaterra, que já conta com 5.216 Lojas.

1942 - Alexander Fleming é eleito Gr∴ Primeiro Vig∴ da G∴ L∴ Unida da Inglaterra.

1943 - Fundada a Loja Fortitude U. D. em Chungking com Carta Patente da G∴ L∴ da Califórnia.

- Out - Após sucessivas conferências realizadas em Montevidéu e Buenos Aires, os representantes de Chile, Argentina e Uruguai, decidem reunir os maçons da América na primeira Conferência Interamericana da Francomaçonaria Simb∴ como etapa prévia de uma Conferência Mundial.

- 15 Dez - O G∴ M∴ da G∴ L∴ da França, Michel Dumesnil de Gramont, designado para representar o movimento de Libertação-Sul e o Conselho Nacional da Resistência na Assembleia consultiva provisória, consegue que o General De Gaulle anule a lei de 13 de Agosto de 1940 e as disposições subsequentes relativas às associações chamada secretas. Supunha-se que estas nunca tivessem deixado de existir. A publicação da anulação foi seguida da reabertura das oficinas argelinas. O despertar das diversas obediências processou-se conforme ocorria a libertação dos territórios.

- A G∴ L∴ Unida da Inglaterra conta com 400.000 irmãos. O Domínio de Canadá conta com 171.300 irmãos. As 7 GG∴ LL∴ da Austrália contam com 20.000 irmãos. As 47 GG∴ LL∴ de USA contam com 2.499.400 irmãos.

1944 - 30 Mar - Fundado no Rio de Janeiro o G∴O∴ Estadual Independente, dissidência do G∴ O∴ do Brasil; em 1957 muda seu nome para G∴ L∴ Simb∴ do Estado de Rio de Janeiro.

- Dez - Reativada a G∴ L∴ da Romênia que tinha adormecido durante a dominação nazista.

1945 - Fundada a G∴ L∴ Oriental da Colômbia.

- A G∴ L∴ de Nova York ordena à G∴ L∴ de Cuba a recolocar a Bíblia no Altar.

- 18 Mai - Fundação da G∴ L∴ do Brasil, resultante do Movimento Maçônico Restaurador, criado em 1944.

- 4 Out - Leon Mauvais, em nome do Comitê Central do Partido Comunista francês, escreve ao G∴ M∴ do G∴ O∴ da França declarando que seu Partido "decidira admitir maçons desde que declarassem aceitar sua doutrina, conformar-se com suas regras, ações, forma de organização e normas do Partido que aplicará sua própria política e disciplina, em todas as circunstâncias e motivos".

- 21 Out - Na França, as Lojas de Adoção rebelam-se e se desligam da

G∴ L∴ de França e fundam a União Maçônica Feminina de França, que em 1952 viria a se converter na Grande Loja Feminina de França. (Fonte: Minoru Tamura no boletim Ampulheta, Ferraz de Vasconcelos, SP)

- Fundada a G∴ L∴ Oriental da Colômbia.

1947 - 14 a 20 Abr - Realizada a Conferência Maçônica Interamericana com 43 GG∴ LL∴ da América, em Montevidéu. Foram reafirmados os princípios e declarações de 1875 em Lausane, ou seja, reafirmados os pontos de vista do G∴ O∴ da França no que se refere a crença em D-us, na imortalidade da alma e o uso da Bíblia. Foram aprovados fundamentos para o Direito Maçônico Interpotencial, que na sua maioria são normas de reconhecimento.

- Reergue colunas a G∴ L∴ da Tchecoslováquia.

1948 - 13 Mar - Fundado o G∴ O∴ Unido no Rio de Janeiro. Potência irregular, em 1950 iria a absorver a G∴ L∴ do Brasil, também irregular. Em 22 de Dezembro de 1956 foi reincorporado ao G∴ O∴ do Brasil. (Fonte: José Castellani em seu livro Do Pó dos Arquivos).

- Mai - A G∴ L∴ do Uruguai publica uma resolução que torna possível a admissão de candidatos que sejam ateus.

- Jul - É fechada pelo regime comunista a G∴ L∴ da Romênia. Out 29 - Na França, a G∴ L∴ Independente e Regular fundada em 1913, adota oficialmente o título de G∴ L∴ Nacional Francesa.

- Alexander Fleming é G∴ Past Vig∴ da G∴ L∴ Unida da Inglaterra.

- 13 Nov - Fundada a G∴ L∴ de Piauí (Brasil).

- I Reunião dos SSob∴ GG∴ CCom∴ das Américas realizada em La Havana.

1949 - 16 Jan - Fundada a G∴ L∴ da China (Taipei, Taiwan)

- Mar 18 - Consagrada a G∴L∴ da China.

- 2 Out - O Cardeal Schuster, arcebispo de Milão, alerta para as novas e violentas ofensivas que a Maçonaria está preparando contra a Igreja. (Fonte: Pe Valério Alberton no livro Maçonaria e Igreja Católica).

- A G∴ L∴ Unida da Inglaterra reitera a norma de 1938 sobre o juramento sobre o Volume da Lei Sagrada.

469

1950 - 11 Mar - O G∴ O∴ Unido, uma potência espúria, cisão do G∴ O∴ B∴, incorpora a G∴ L∴ do Brasil, outra potência espúria que fora instalada em 1945. (Fonte: A Gazeta Maçônica, agosto de 1996). Mar 20

- A G∴ L∴ Unida da Inglaterra adverte à G∴ L∴ do Uruguai que a primeira condição para ser membro da Ordem é a crença no Ser Supremo e lembra da presença da Bíblia no Altar, mas a G∴ L∴ do Uruguai responde que não pode seguir esta orientação.

- 28 e 29 Abr - A G∴ L∴ Unida da Inglaterra exige a dissolução da Associação Maçônica Internacional por estar nela incluída a Maçonaria ateia francesa.

- 24 Jul - Instalação do G∴ O∴ Estadual de Santa Catarina.

- Ago - Fundada a Confederação Brasileira da Maçonaria Simbólica sob a presidência de Agnelo Bittencourt, com a finalidade de unir as várias GG∴ LL∴ Estaduais, numa espécie de corpo maçônico nacional, mas independente do G∴ O∴ do Brasil. Participam as GG∴ LL∴ do Pará, Rio de Janeiro, São Paulo, Paraná, Rio Grande do Sul e do G∴ O∴ de Amazonas, Acre e Territórios Limítrofes.

- 6 Set - A G∴ L∴ Unida da Inglaterra retira seu reconhecimento da G∴ L∴ do Uruguai, como reflexo da Primeira Conferência da Confederação Maçônica Internacional de 1947.

- II Reunião dos SSob∴ GG∴ CCom∴ das Américas realizada na Cidade de México.

- O governo comunista proíbe a Maçonaria na Hungria. Em 1990, a Instituição começa a ser reorganizada.

1951 - 23 Fev - O Xá de Pérsia Reza Pahlevi é investido do grau 33.

- 2 Jun - A G∴ L∴ do Estado de São Paulo, declara-se dissidente do Supremo Conselho Regular, do Rio de Janeiro.

- 23 Jul - Fundada a G∴ L∴ Nacional da Islândia, tendo como primeiro G∴ M∴ o Ir∴ Bjornsson, que era o Presidente da República.

- Desde que Wyoming tornou-se Estado, todos os governadores entre 1890 e 1951 foram maçons, com exceção da S[ra] William A. Ross, que no entanto era casada com maçom.

- O G∴ M∴ T. F. Wei é obrigado a declarar a G∴ L∴ da China em recesso devido as permanentes intervenções do governo comunista.

- Fundada a G∴ L∴ do Estado de Goiás com Carta Constitutiva da G∴ L∴ do Estado de São Paulo.

- Fechada pelo governo comunista a G∴ L∴ da Tchecoslováquia.

1952 - A G∴ L∴ do Uruguai elimina qualquer referência ao G∴A∴ D∴U∴. A G∴ L∴ Unida da Inglaterra declara irregular à G∴ L∴ do Uruguai, sendo esta última também condenada por outras Potências Regulares.

- 16 Jun - O Daily Mirror de Londres publica artigo detalhando os sinais, toques e palavras usadas pelos maçons. Ao que parece, um jornalista de nome Douglas Howell conseguiu infiltrar-se na Ordem com fim preconcebido de revelar seus mistérios.

- Maurice Paillard, antigo membro do Conselho do G∴ O∴ da França e V∴ M∴ da Loja Hiram, de Londres, edita na Inglaterra uma tradução francesa, com o texto original defronte em inglês, das Constituições de Anderson. Paillard faz uma longa introdução onde, polemicamente, afirma que a Maçonaria francesa é mais fiel às Constituições de Anderson do que a Maçonaria inglesa. A tradução de Paillard ressente-se de alguns erros de tradução interpretando "Fraternity" como "Confrérie", "Fame" como "Renommée", etc.

1953 - 20 Out - Constituída a G∴ L∴ do Estado de Israel como continuação da G∴ L∴ da Palestina.

- A G∴ L∴ da França decide que doravante o juramento será prestado sobre as 3 Grandes Luzes e que o Livro da Lei Sagrada será aberto durante o trabalho das Lojas. Essa decisão foi referendada pelo Convento da Obediência em Setembro de 1954.

- Alexander Fleming recebe homenagem pelos serviços prestados à G∴ L∴ de Nova York.

- Por exigência do governo americano, a Maçonaria espanhola volta a ver a luz, mas por enquanto somente existem Lojas militares no exército americano.

1954 - 5 Jan - Decreto do Santo Ofício inclui no índice de livros proibidos, uma obra sobre a denominada Maçonaria Joaninha. O decreto termina com uma nota observando que a determinação seria uma advertência eficaz aos católicos a fim de não se deixarem enganar pelos que tentam persuadir de uma pretensa mudança de atitude da Maçonaria com relação à Igreja Católica. (Fonte: Pe. Valério Alberton em Maçonaria e Igreja Católica)

- 15 Mai - As GG∴ LL∴ dos Países Baixos, Suíça Alpina, Viena, Luxemburgo e Alemanha, reúnem em Luxemburgo e assinam a Convenção de Luxemburgo destinada a constituir-se em um instrumento de regularidade e união entre as Obediências da Europa continental.

Meses mais tarde, o G∴ O∴ D'Itália também adere a essa Convenção. Uma das cláusulas da Convenção ordena o rompimento com as Potências consideradas irregulares.

- III Reunião dos SSob∴ GG∴ CCom∴ das Américas realizada em Santiago, Chile.

1955 - 26 Fev a 5 Mar - Terceira Conferência Interamericana da Maçonaria Simb∴ realizada em La Havana.

- 25 Mai - A G∴ L∴ Nacional da França e a G∴ L∴ da França preparam um projeto para a união das 2 potências.

- 25 Nov - O Conselho Federal da G∴ L∴ da França abandona o projeto de união com a G∴ L∴ Nacional da França.

1956 - 9 a 13 Abr - 7ª Conferência Internacional dos SSup∴ CCons∴ realizado em La Havana.

- 21 Abr - Fundada a G∴ L∴ de Santa Catarina (Brasil).

- Set - A G∴ L∴ da França adere à Convenção de Luxemburgo.

- No Seul funcionam duas Lojas dependentes da G∴ L∴ das Filipinas. Um Hospital para crianças em Pisam é mantido pelo Clube Maçônico local. O Hospital de Mulheres Sam Dong de Seul é mantido pelo Jau Succon Club local que é integrado por militares maçons das forças armadas de USA destacadas na Coréia do Sul.

- Gamal Abdel Nasser fecha a Maçonaria no Egito.

1957 - 16 Mar - Fundada a G∴ L∴ do Japão.

- 17 Jun - Na Quinta Mesa Redonda das GG∴ LL∴ Brasileiras realizada em Belém do Pará foi escolhido o 20 de Agosto como Dia do Maçom, no Brasil. A data escolhida resultou ser uma equivocada interpretação do calendário maçônico feita pelo irmão Barão do Rio Branco derivada do fato da Ata da Sessão em que o G∴ O∴ do Brasil fez, praticamente uma Declaração de Independência, estar datada como o 20° dia do 6° mês maçônico do Ano da Verdadeira Luz de 5822 o que, para o Barão do Rio Branco, seria o 20 de Agosto, pois o ano começava, de acordo com o calendário maçônico no dia 1° de Março; o 6° mês teria, então, iniciado no dia 1° de Agosto, acrescentando-se 4000 anos para se achar o Ano da Verdadeira Luz. Mas ocorre que o calendário usado pelo G∴ O∴ do Brasil, na época de sua fundação não era esse, mas sim um mais aproximado do calendário hebraico religioso e usado no Rito Adonhiramita, no qual funcionava o G∴ O∴ na época; nesse calendário o ano começava no 21 de Março e consequentemente, o 6º mês iniciava-se no dia 21 de Agosto, então a histórica sessão aconteceu no dia 9 de Setembro de 1822. O irmão Gonçalves Ledo, que dirigiu a sessão apresentou uma declaração de Independência, sem saber que ela já havia sido proclamada, em São Paulo, no dia 7, dados os precários meios de comunicação da época. (Fonte: Rev. A Verdade Abril 1983, artigo de José Castellani). Quando tomaram conhecimento do erro, anos mais tarde, as GG∴ LL∴ decidiram manter a data de 20 de Agosto argumentando que ela já formava parte da tradição.

1958 - Nov - O G∴ O∴ da França e a G∴ L∴ da França preparam um projeto de união das potências; após 5 reuniões o projeto fracassa.

- IV Reunião dos SSob∴ GG∴ CCom∴ das Américas realizada em Lima.

1959 - Fev 21 - Fundado o Sup∴ Cons∴ de Costa Rica. Set

- A G∴ L∴ da França, para se ajustar à Convenção de Luxemburgo, suspende suas relações com o G∴ O∴ da França por um ano, suspensão que será definitiva se o G∴ O∴ não recuperar a sua regularidade.

- O rei Hussein da Jordânia, é iniciado pelo Gr∴ Secretário da G∴ L∴ do Líbano. (Fonte: Revista "Atualidades Maçônicas" de 1959)

1960 - 27 Mar - Fundada a G∴ L∴ de Maranhão.

- A G∴ L∴ Unida da Inglaterra emite um comunicado alertando que tanto o G∴ O∴ da França como a G∴ L∴ da França encontram-se irregulares.

- O G∴ O∴ dos Países Baixos e a G∴ L∴ Unida da Alemanha rompem relações com a G∴ L∴ da França.

1961 - 25 Fev a 5 Mar - 5ª Conferência Maçônica Interamericana realizada em San Juan de Puerto Rico.

- 22 Abr - Fundada a G∴ L∴ da África do Sul.

- Nov - É consagrada a G∴ L∴ da Índia sendo o primeiro G∴ M∴ Sua Alteza o Doutor Sir Syed Raza Ali Khan, Nabab de Rampur.

- 8ª Conferência Internacional dos SSup∴ CCons∴ realizada em Washington.

- USA e Canadá tem 4.100.139 irmãos distribuídos em 15.768 Lojas. Canadá tem 259.282 irmãos. (Fonte: Les Cahiers da G∴ L∴da France).

1962 - Lício Gelli, que posteriormente seria protagonista do escândalo da P-2 é iniciado na Loja Romagnoni.

- 24 Nov - Fundada a G∴ L∴ do Estado de Mato Grosso (Brasil). Quando do desmembramento do Estado passou a se chamar G∴ L∴ do Estado de Mato Grosso do Sul.

- 6 Dez - Durante o Concílio Vaticano II, o Bispo de Cuernavaca, México, questiona a atitude da Igreja para com as sociedades secretas e, em especial, a Maçonaria, que nem sempre foi e nem é antirreligiosa. (Fonte: Pe. Valério Alberton no livro *"Maçonaria e Igreja Católica"*.)

1963 - 16 Fev - Fundada a G∴ L∴ de Brasília.

- As GG∴ LL∴ da Suíça, Bélgica e Itália suspendem seus relações com a G∴ L∴ da França.

- Começa a ser estudado pelo Vaticano um novo Código de Leis Canônicas.

- V Reunião dos SSob∴ GG∴ CCom∴ das Américas realizada em Buenos Aires.

1964 - 17 Set - A G∴ L∴ da França decide assinar um Tratado de Aliança Fraternal com o G∴ O∴ da França, mas ele não é aceito pelo seu Convento por 140 votos a favor contra 82.

1965 - 7 Fev - Em Puerto Rico, os maçons da Loja Discípulos de Hiram Nº 104, devidamente paramentados, assistem à missa celebrada pelo pároco Antônio Hernandes, na Igreja Santa Bernardette. (Fonte: Pe. Valério Alberton, A Maçonaria e a Igreja Católica)

- 14 Jul - No encerramento de uma Sessão de Iniciação que presidia, falece vítima de colapso cardíaco, o Irmão Manoel de Luna Filho, G∴ M∴ da G∴ L∴ de Pernambuco (Brasil). (Fonte: Boletim do G∴O∴B∴)

- Ago - O astronauta norte-americano Leroy Gordon Cooper Jr. membro da Loja Carbondale Nº 82 Colorado, na viagem espacial da Gémini V levou a joia oficial do grau 33 e a bandeira do Rito Escocês.

1966 - 19 Jul - Fundada a Confederação da Maçonaria Simb do Brasil por iniciativa de Washington Pelucio, G∴ M∴ da G∴ L∴ do Estado de São Paulo, e proposta da G∴ L∴ do Ceará.

- 10 Out - O jornal Tribuna Italiana publica a Oração aos Maçons, supostamente atribuída ao Papa João XXIII poucos dias antes da sua morte.

1967 - 9ª Conferência Internacional dos SSup∴ CConsel∴ realizada em Bruxelas

1968 - 14 Out - O G∴ M∴ da G∴ L∴ Unida da Alemanha, Theodor Vogel interpela o cardeal Franz Köening de Viena sobre o controvertido Cânone 2335 e, dessa troca de argumentos, surge uma comissão composta de maçons e autoridades eclesiásticas que se encontraram em diversas ocasiões nas cidades de Innsbruck, Eiselden, Nüremberg e Lichtenau.

- VI Reunião dos SSob∴ GG∴ CCom∴ realizada em Guatemala.

1969 - 28 Mar - Alec Mellor, escritor e advogado católico francês, é iniciado na Loja L'Espoire Nº 35, de Paris, com autorização do Vaticano.

- 20 Jul - Os astronautas norte-americanos Ir∴ Edwin E. Aldrin Jr. e Neil A. Armstrong, plantam no Mar da Tranquilidade, da Lua, uma bandeira norte-americana e um emblema maçônico da Loja Azul.

- 5 Out - A Convenção das GG∴ LL∴ Unidas da Alemanha aprova por 228 votos contra 6 e 4 abstenções continuar o diálogo, iniciado por iniciativa de Theodor Vogel, com os representantes da Igreja Católica que já estava na quarta reunião.

1970 - 1 a 7 Mar - Realiza-se em São Domingos, República Dominicana, a VIII Conferência Interamericana da Francomaçonaria Simb∴ com a quase totalidade das GG∴ LL∴ Regulares latino-americanas e uma maior participação das GG∴ LL∴ do Brasil.

- 30 Abr - Fundado o Supr∴ Cons∴ do Irã, e que foi fechado quando da deposição do Xá.

- 5 Jul - Uma comissão de maçons da G∴ L∴ Unida da Alemanha e autoridades eclesiásticas emitem a Declaração de Lichtenau após várias reuniões tentando acabar com a controvérsia entre católicos e maçons. "Estamos cientes das antigas controvérsias que por tempo já suficiente tem levado à condenação dos maçons. É inútil manter vivas essas controvérsias. Nós, portanto, sinceramente damos as boas vindas a este começo de diálogo que, não obstante as divergências existentes, trouxeram à tona o desejo de se alcançar um entendimento. Nós concordamos que as bases deste diálogo exigem um SIM à dignidade do gênero humano. Somos da opinião que as Bulas Papais referentes à Maçonaria só tem importância histórica e não tem sentido nos tempos atuais. Temos a mesma opinião sobre a Lei Canônica, pois, pelo que foi exposto anteriormente, torna-se impossível a uma

475

Igreja que ensina, de acordo com os mandamentos de D-us a amar seus semelhantes, justificar essas condenações contra a Maçonaria"

- 28 Out - O Presidente eleito do Chile Ir∴ Salvador Allende, antes de ser empossado no cargo é recebido pela G∴L∴ do Chile em uma sessão Especial, tradição que acontece cada vez que um Irmão é eleito Presidente da República.

- 10ª Conferência Internacional dos SSup∴ CConsel∴ realizada em Barranquilla (Colômbia).

- Theodor Vogel e Alfred Rosti da G∴ L∴ Unida da Alemanha informam ao G∴ Sec∴ da G∴ L∴ Unida da Inglaterra, ao G∴ M∴ da G∴ L∴ de Nova York e ao Past G∴ M∴ da G∴ L∴ de Maryland o conteúdo dos diálogos com a Igreja Católica.

- 8 Nov - Fundada a G∴ L∴ do Estado do Espírito Santo.

- Japão totaliza 4.541 maçons distribuídos em 20 Lojas. A G∴ L∴ do Japão tem sido reconhecida por 109 GG∴ LL∴ (Informe do G∴ M∴ Chester O. Nielsen).

1971 - 25 a 28 Mar - Reunião em Santiago do Chile dos SSob∴ GGr∴ CCom∴ dos SSupr∴ CCons∴ que integram o Cone Sul da América Latina: Chile, Argentina, Bolívia, Equador, Paraguai, Peru e Uruguai.

- 6 Jul - Falece o músico negro norte-americano Louis Armstrong, que em vida pertenceu à Loja Montgomery, da Potência Prince Hall.

- Surge a proposta de realização de encontros entre os maçons brasileiros e a Igreja católica, feita por D. Ivo Lorscheider.

- VII Reunião dos SSob∴ GG∴ CCom∴ das Américas realizada em Caracas.

1972 - 14 Abr - Quarta Reunião Zonal da Confederação Maçônica Internacional realizada em Tacna, Peru, com a presença de Argentina, Bolívia, Chile, Paraguai, Peru e Uruguai. É analisada a limitada participação das GG∴ LL∴ do Brasil nas 8 reuniões já realizadas e a falta de trabalhos apresentadas em todas elas.

- 13 Set - A G∴ L∴ Unida da Inglaterra concede reconhecimento ao G∴ O∴ da Itália.

- 28 Nov - Na Grécia, o Santo Sínodo da Igreja Ortodoxa que já condenara a Maçonaria em pastoral de 1933, reafirma essa condenação. (Fonte: Alec Mellor).

1973 - 23 Mar - A Alta Corte de Casablanca declara que a Maçonaria é compatível com o Islã.

- 20 Ago - Fundada a G∴ L∴ do Acre (Brasil).

- 11 Set - Um golpe militar liderado por Augusto Pinochet (que foi iniciado numa Loja na cidade de Arica, norte do Chile, mas não passou do grau de Ap∴) depõe e mata o Presidente Salvador Allende, M∴ I∴, neto do G∴ M∴ da G∴ L∴ do Chile, Ramón Allende Padin.

- 14 a 21 Out - Nona Conferência Interamericana da C. M. I. Em Buenos Aires com a assistência de 30 GG∴ LL∴ latino-americanas.

- A Loja Astro da Arábia N° 163, São Paulo, funda a Escola de 1° grau Comendador Elias Zarzur, localizada em um bairro pobre da cidade, que começa com 50 alunos; em 1975 passa a ter 250 alunos, em 1977 já tem 500 alunos e em 1991 chega à 1000 alunos e com o mesmo nível de qualidade dos melhores colégios de São Paulo.

- Fundado o Supr∴ Cons∴ Independente da Finlândia.

- Conforme pesquisa realizada pela Conferência Nacional de Bispos Brasileiros, de 1.164 Lojas maçônicas existentes no Brasil, 85% adotam o R∴E∴A∴A∴, 5,94% o Moderno ou Francês, 4,95% o Adonhiramita, 2,23% o Brasileiro, 1,48% o de York e 0.37% o de Schröder ou Rosa Cruz Retificado.

1974 - 18 Jul - Em resposta a esclarecimentos sobre o cânon 2335 do Código Jurídico Canônico solicitados pelo Cardeal John Joseph Krol de Nova York, o Cardeal Prefeito da *Sacra Congregatio Fidei* escreve o seguinte: muitos bispos têm se dirigido a essa Sacra Congregação indagando sobre a força e o significado do cânon 2335 que proíbe aos católicos, sob pena de excomunhão se filiarem à Maçonaria ou outra associação da mesma natureza. Durante a longa verificação dessa situação, a Santa Sé frequentemente consultou conferências episcopais interessadas para que pudesse familiarizar-se com a natureza dessas associações e a direção que atualmente tomam. A grande divergência nas respostas, contudo, refletindo a diferente situação existente em cada nação, não permitiu à Santa Sé, modificar a legislação atual, a qual continua em vigor até que a nova Lei Canônica seja publicada pela competente Comissão Pontifical para o Código da Lei Canônica. Ao considerar casos particulares, deve ser lembrado que a lei penal está sujeita a interpretação rigorosa. Portanto, pode-se ensinar e aplicar com segurança a opinião dos autores que sustentam penalização aos que se filiem à associações que conspirem contra a Igreja. Clérigos, religiosos e membros de instituições seculares continuam proibidos, em qualquer caso, de se filiarem à qualquer instituição maçônica".

- 23 Jun - Fundada a G∴ L∴ Maçônica do Estado do Rio Grande do Norte (Brasil).

- 18 Jul - Em resposta a esclarecimentos sobre o cânon 2335 do Código Jurídico Canônico solicitados pelo Cardeal John Joseph Krol de Nova York, o Cardeal Prefeito da *Sacra Congregatio Fidei* escreve o seguinte : muitos bispos têm se dirigido a esta Sacra Congregação indagando sobre a força e o significado do cânon 2335 que proíbe aos católicos, sob pena de excomunhão se filiarem à Maçonaria ou outra associação da mesma natureza. Durante a longa verificação dessa situação, a Santa Sé frequentemente consultou conferências episcopais interessadas para que pudesse familiarizar-se com a natureza dessas associações e a direção que atualmente tomam. A grande divergência nas respostas, contudo, refletindo a diferente situação existente em cada nação, não permitiu à Santa Sé, modificar a legislação atual, a qual continua em vigor até que a nova Lei Canônica seja publicada pela competente Comissão Pontifical para o Código da Lei Canônica. Ao considerar casos particulares, deve ser lembrado que a lei penal está sujeita a interpretação rigorosa. Portanto, pode-se ensinar e aplicar com segurança a opinião dos autores que sustentam penalização aos que se filiem à associações que conspirem contra a Igreja. Clérigos, religiosos e membros de instituições seculares continuam proibidos, em qualquer caso, de se filiarem à qualquer instituição maçônica".

1975 - 9 Abr - Gerald Ford, sendo Presidente de USA, é eleito por unanimidade Membro Ativo do Supremo Conselho Internacional da Ordem DeMolay e o seu Grão Mestre Honorário, em sua reunião realizada em Orlando, Florida.

- 24 a 27 Jul - Quinta reunião da VI Zona da C. M. I., realizada em Santiago do Chile, com assistência de Argentina, Bolívia, Chile, Paraguai, Peru e Uruguai e o G∴ M∴ da G∴ L∴ de Guanabara como invitado especial, Heitor Correa de Melo.

- 11ª Conferência Internacional dos SSup∴ CCons∴ realizada em Indianápolis (EEUU).

1976 - 26 Jan - A Conferência Episcopal de São Domingos divulga nota esclarecendo que não existe incompatibilidade entre ser católico e ser filiado a uma associação que exija ações e atitudes concretas ou mentalidade contrárias à fé cristã ou à Igreja.

- 2 a 8 Mai - Décima Conferência Interamericana da Francomaçonaria Simb∴ celebrada em Rio de Janeiro.

- O G∴ O∴ D'Itália exclui à Loja Propaganda Due e ao seu autotitulado G∴ M∴ Licio Gelli.

1977 - Mai - 6ª Reunião da VI Zona da C. M. I. realizada em Montevidéu.

- 2 Mai - O Governo da Cuba emite decreto para que todas as instituições inscrevam-se em registros oficiais. As autoridades consideraram que algumas Lojas maçônicas não cumpriram as Disposições e foram multadas. Só a multa da G∴ L∴ foi de US$ 95.000. As razões do governo havidas em conta para essa ação é que as Lojas mantiveram em seus registros a maçons exilados e que proporcionaram ajuda aos familiares de maçons presos ou executados.

1978 - 4 Jul - É instalado o novo Soberano Grande Comendador do Supremo Conselho da Espanha, que já tinha sido reestabelecida na Espanha após ser suprimida durante a época franquista.

- 12 Jul - Fundado o G∴ O∴ Estadual do Espírito Santo (Brasil).

- 15 Jul - O Colégio Jurisdicional Islâmico declara que a Maçonaria é um movimento clandestino com clara relação e com o judaísmo e o zionismo internacional.

- 7 Out - Fundada a G∴ L∴ do Estado de Mato Grosso (Brasil), com sede em Cuiabá. (Veja 1962)

1979 - Fev - É registrada como pessoa jurídica, com sede em Manaus, a entidade denominada "Maçonaria Glória do Ocidente", sem Carta Constitutiva de nenhuma G∴ L∴ que testemunhe sua regularidade. Esta entidade se infiltrou em alguns Estados brasileiros organizando Lojas e iniciando profanos no Rito de York.

- O Governo espanhol declara ilegal à Maçonaria, sendo negada a inscrição no registro de Sociedades do G∴ O∴ da Maçonaria Espanhola Simb∴ Regular.

- 2 Abr - Fundado o G∴ O∴ do Estado de Alagoas (Brasil).

- 22 Mai - O G∴ O∴ Espanhol inicia uma ação judicial na Audiência Nacional conseguindo a anulação da resolução que declarava ilegal à Maçonaria.

- Fundada em Bélgica uma nova G∴ L∴. Trata-se da G∴ L∴ Regular de Bélgica dirigida pelo irmão Charles Wagemann.

- A G∴ L∴ Nacional Francesa, descontenta com certas declarações de G∴ M∴ de Bélgica, Herman Buskens, suspende suas relações com a mencionada Potência, sendo posteriormente imitada por varias GG∴ LL∴ norte-americanas e pela G∴ L∴ Unida da Inglaterra.

- O Irmão Charles Bernardin, membro do Conselho da Ordem da França e do Grande Colégio de Ritos, recenseou 206 livros chegando ao seguinte levantamento sobre os supostos origens da Maçonaria :

Vinte e oito autores afirmam que a Maçonaria foi fundada por pedreiros construtores de catedrais

11 atribuem sua fundação à Inglaterra
03 atribuem à França
01 à Suécia
01 à China
01 ao Japão
01 à Viena
01 à Veneza
05 aos jesuítas
07 aos antigos Rosa-Cruzes
05 às Cruzadas
12 aos Templários
01 aos Abigeois
02 à Sociedade Nova Atlantis de Bacon
04 aos Druidas
01 aos Germanos
03 aos Escandinavos
02 à Torre de Kilwinning (Escócia)
09 à antiga Roma
07 à Grécia
18 ao Egito
01 ao Oriente (sem maiores precisões)
01 à Pérsia
01 à Zoroastro
01 aos Magos
06 à Índia antiga
01 à antiga Caldéia
06 aos Judeus
01 à Ordem dos Assassinos
01 aos Maniqueanos
10 aos primeiros cristãos e mesmo à Jesus Cristo

03 aos pedreiros que construíram o Templo de Salomão
01 aos pedreiros que construíram a Torre de Babel
03 aos sobreviventes do Dilúvio
20 indicam que o origem da Maçonaria se perde na noite dos tempos
15 remontam à Criação e afirmam que ela já existia no Paraíso Terrestre
01 autor afirma que a Maçonaria já existia antes da criação do Mundo.

(Fonte: Publicado no *Le Crapouillot*, 1978-1979, Paris)

1980 - 18 Jul - As GG∴ LL∴ do Brasil, na Conferência de GG∴ MM∴ realizada em Brasília, fazem uma declaração de apoio as mensagens do Papa João Paulo II emitidas durante sua recente visita ao Brasil.

- 26 Out a 1 Nov - XI Conferência Interamericana da Francomaçonaria Simb∴ celebrada em Caracas.

- 12ª Conferência Internacional dos SSup∴ CCons∴ realizada em Paris.

1981 - Com a fundação do Sup∴ Cons∴ do grau 33 do R∴E∴A∴A∴ em Camerum, são 55 Sup∴ Cons∴ criados no mundo, conforme a lista seguinte:

1. Charleston (EEUU) em 1801
2. França em 1804
3. Itália em 1804
4. Espanha em 1811
5. Jurisdição Norte (EEUU) em 1813
6. Bélgica em 1817
7. Venezuela em 1824
8. Irlanda em 1826
9. Brasil carta patente em 1829 e instalação em 1832
10. Peru em 1830
11. Colômbia em 1833
12. Haiti em 1836
13. Portugal em 1842
14. Inglaterra e Gales em 1845
15. Escócia em 1846
16. Uruguai em 1856
17. Argentina em 1858
18. Cuba em 1859
19. México em 1860
20. República Dominicana em 1861

21. Turquia em 1861
22. Egito em 1864
23. Chile em 1870
24. Paraguai em 1870
25. Guatemala em 1871
26. Hungria em 1871
27. Grécia em 1872
28. Suíça em 1873
29. Canadá em 1874
30. Tunísia em 1880
31. Romênia em 1881
32. Equador em 1910
33. Iugoslávia em 1912
34. Países baixos em 1913
35. Panamá em 1913
36. Polônia em 1922
37. Czechoslováquia em 1922
38. Áustria em 1925
39. Alemanha em 1930
40. Bolívia em 1931
41. Líbano em 1934
42. Bulgária em 1936
43. Filipinas em 1950
44. Itália em 1960
45. El Salvador em 1960
46. Nicarágua em 1961
47. Honduras em 1961
48. Costa Rica em 1961
49. Israel em 1966
50. Irã em 1970
51. Finlândia em 1973
52. Luxemburgo em 1976
53. Marrocos em 1977
54. Gabão em 1980
55. Camerum em 1981

(Fonte: William Almeida de Carvalho no site Pietre Stones, do Ir Bruno Gazzo)

1981 - 17 Fev - Declaração do Vaticano confirma a carta de 1974, pela qual os católicos podem pertencer a Lojas Maçônicas, desde que estas não maquinem contra a Igreja. (Fonte: Pe. Valério Alberton)

- 2 Mar - O Vaticano repete a proibição aos católicos de ingressar na Maçonaria sob pena de excomunhão.

- 6 Mai - A polícia romana invade a Loja maçônica Propaganda-2, ou simplesmente P-2, da jurisdição do G∴ O∴ do Palácio Giustiniani e a Promotoria comunica ao seu G∴ M∴ Licio Gelli que ele e a Loja estão sob investigação. A loja tem 953 membros, inclusive brasileiros. As acusações contra a P-2 são: pagamento de subornos, sonegação de impostos na industria petrolífera, complô para estabelecer um regime autoritário na Itália, colaboração na simulação de sequestro do financista Michele Sindona condenado por fraude bancário no USA, quebra fraudulenta do Banco Ambrosiano, participação no atentado terrorista na Estação de Bologna, etc.

- Considerando que na edição de 1981 da *List Of Lodges*, aparece uma Loja Propaganda-2, a G∴ L∴ do Estado de São Paulo solicita informações do G∴ O∴ D'Itália que responde que a Loja Propaganda-2 nada tem a ver com a P-2 do escândalo. O Sr Lício Gelli, ex-maçom, fundou uma Loja para iniciar pessoas que ele mesmo escolhia segundo critérios estritamente pessoais e resolveu chamá-la P-2.

- A Confederação da Maçonaria Simb∴ do Brasil exclui da organização a G∴ L∴ do Estado de Guanabara por negar-se esta a prestar informações sobre o envolvimento de vários de seus membros com a Loja P-2.

- 8 Ago - Fundado o Supr∴ Cons∴ da República de Camarões.

- 20 Ago - Instalação da G∴ L∴ de Roraima.

- Fundada a G∴ L∴ de Alaska.

1982 - A G∴ L∴ Nacional Francesa continua sendo a única potência maçônica da França reconhecida como regular pela G∴ L∴ Unida da Inglaterra; tem sua sede em Neuilly-sur-Seine e conta com 220 Lojas e 6.000 membros, radicados também em alguns países africanos. Obediências francesas não reconhecidas como regulares são: o G∴ O∴ da França sito na rue Cadet 16, Paris, com 30.000 membros e a G∴ L∴ da França sita na rue de Puteaux 8, Paris.

- 21 a 23 Mar - XII Conferência Maçônica Interamericana realizada em Lima, Peru.

- O G∴ O∴ de São Paulo, subordinado ao G∴ O∴ do Brasil, edita as Constituições de Anderson de 1723 na língua portuguesa com o texto original em inglês defronte. A tradução é de João Nery Guimarães e trata-se da primeira edição em português.

- Filipinas registram 207 Lojas maçônicas com 15.037 obreiros.
- A G∴ L∴ da Finlândia conta com 88 Lojas e 4.000 maçons.
- 6 Nov - Fundada a G∴ L∴ da Espanha.

1983 - O Parlamento italiano aprova a lei N° 17 que declara a Loja P-2, secreta e subversiva, sendo dissolvida.

- 26 Out - O Governador de São Paulo institui o Dia do Maçom a ser comemorado anualmente no 20 de Agosto (Lei N° 3889) (veja 1957).
- 15 Nov - Fundada a G∴ L∴ de Sergipe.
- A G∴ L∴ do Japão conta com 18 Lojas e 3.796 maçons.
- 26 Nov - A Sagrada Congregação para a Doutrina da Fé emite uma declaração, assinada pelo seu Perfeito Cardeal Ratzinger, negando a comunhão aos maçons.

1984 - O Vaticano decreta um novo Código de Leis Canônicas, a *Sacrae Disciplinae Legis*, que reduz de 2.412 para 1.278 artigos. O novo Código começou a ser elaborado em 1963, precisou de 2.000 horas de reuniões de 93 Cardeais, 62 assessores e 186 Bispos e juristas. A pena de excomunhão para maçons fica a critério do Bispo local.

- 31 Jan - A G∴ L∴ de Utah elimina a restrição maçônica em contra da religião mórmon. Hoje o relacionamento entre as duas instituições tem melhorado muito, e a Igreja de Jesus Cristo dos Santos dos Últimos Dias (Mórmons) aceita sem restrições o ingresso de seus membros na Maçonaria.

- 14 Mai - O Ministério do Interior da Espanha, autoriza o funcionamento do *Centro de Estudos Históricos de La Masoneria Española*, com sede na Universidade de Zaragoza. (Fonte: Frederico Guilherme Costa, na revista A Verdade)

- 30 Jul - 37 Lojas regulares, pertencentes ao G∴ O∴ D'Itália, reunidas em Assembleia decidem separar-se e reconstituir a G∴ L∴ Geral da Itália, como resultado do escândalo da P-2. De 210 Lojas que solicitam afiliação 123 são recusadas. A nova Potência se compromete a manter os Landmarks do uso do Volume do Livro da Lei, o Esquadro e o Compasso, a crença em D-us e na imortalidade da alma. Sua regularidade está baseada na Carta de Fundação original datada em 16 de Março de 1805.

1985 - 10 Mar - Fundada a G∴ L∴ do Estado de Rondônia.

- Mar - O Sínodo da Igreja Anglicana reunido em Londres decide investigar a Maçonaria para determinar se a prática e a crença maçônicas são compatíveis com o Cristianismo.

- 12 Abr - Fundado o Supr∴ Cons∴ da Ordem DeMolay para Brasil.
- Set 08 - É realizado em Atibaia, SP, o 15º Congresso Nacional da Federação Maçônica Mista Universal O Direito Humana. (Fonte: Kurt Prober na revista A Bigorna).
- 13ª Conferência Internacional dos SSup∴ CCons∴ realizada em Washington.
- O Supr∴ Cons∴ do Brasil expulsa o G∴ M∴ da G∴ L∴ do Estado de São Paulo (GLESP), Walter Ferreira, do grau 33 que tinha proposto a constituição de um Supr∴ Cons∴ na Região Sul do Brasil.
- Maçonaria no mundo, conforme *List of Lodges*, edição 1985, da Masonic Relief Association of the United States and Canadá. Notas: USA conta unicamente os Mestres. Não todas as Potências incluídas nesta Lista estão com seus dados atualizados ou completos. Não estão incluídas as Potências consideradas irregulares (ex. G∴ O∴ da França. G∴ O∴ do Brasil; o G∴ O∴ do Brasil foi reconhecido como regular posteriormente sendo incluído no Livro). Pelo anterior, esta Lista não pode ser considerada um Censo maçônico mundial, mas, os dados aqui contidos permitem estimar que no mundo existam 170 GG∴ LL∴, com 40.000 Lojas e 6.000.000 maçons, incluindo os 3 graus.

GRANDE LOJA	FUNDAÇÃO	LOJAS	IRMÃOS	DADOS ATUALIZADOS
Alabama	1821	406	63.445	Sim
Alaska	1981	13	1.898	Sim (Veja Estado de Washington)
Arizona	1882	71	16.246	Sim
Arkansas	1838	351	45.478	Sim
Califórnia	1850	607	179.661	Sim
Colorado	1861	168	32.453	Sim
Connecticut	1789	133	31.619	Sim
Delaware	1806	31	8.698	Sim
Distrito de Columbia	1811	37	9.353	Sim
Flórida	1830	326	82.776	Dez.27.83
Georgia	1735	466	87.687	Sim
Hawai				Sim - Incluídas com Califórnia
Idaho	1867	84	10.318	Sim
Illinois	1840	727	143.003	Sim
Indiana	1818	543	139.845	Sim
Iowa	1844	460	57.810	Sim
Kansas	1856	373	65.212	1983
Kentucky	1800	463	92.248	Sim
Louisiana	1812	285	42.632	Dez.31.83
Maine	1820	200	37.339	Jan.01.84
Maryland	1787	129	38.746	Sim
Massachussets	1733	327	85.775	Sim
Michigan	1826	486	107.811	Sim
Minnesota	1853	237	45.540	Sim
Mississipi	1818	302	44.913	Sim
Missouri	1821	518	88.000	Sim

485

Montana	1866	129	14.919	Sim
Nebraska	1857	226	30.621	Sim
Nevada	1865	42	7.592	Set.15.83
Nova Hampshire	1789	80	13.718	Sim
Nova Jersey	1786	213	64.710	Sim
Novo Mexico	1877	67	11.641	Dez.31.83
Nova York	1781	840	147.546	Sim
North Carolina	1787	394	72.700	Dez.31.83
North Dakota	1889	91	8.145	Sim
Ohio	1808	671	215.573	Sim
Oklahoma	1909	316	58.113	Dez.31.83
Oregon	1851	171	27.656	Dez.31.83
Pennsylvania	1731	571	202.241	Sim
Rhode Island	1791	45	11.230	Sim
South Carolina	1737	328	73.605	Sim
South Dakota	1875	139	12.458	Sim
Tennessee	1813	381	94.646	Sim
Texas	1937	960	204.397	Sim
Utah	1872	31	4.538	Dez.31.83
Vermont	1794	97	12.172	Sim
Virginia	1778	357	66.000	Estimado
Washington, Estado	1858	261	42.548	Sim (Inclui 7 Lojas de Alaska)
West Virginia	1865	155	40.003	Sim
Wisconsin	1843	264	36.950	Sim
Wyoming	1874	52	9.900	Sim
África do Sul	1961	132	4.362	Sim
Alemanha	1737	388	21.000	Sim
Argentina	1857	75	7.150	Sim
New South Wales (Austr)	1888	735	65.904	Sim
Queensland (Austrália)	1921	467	28.628	Sim
South Australia	1884	205	15.443	Sim
Tasmânia (Austrália)	1890	79	6.817	Sim
Victoria (Austrália)	1889	763	61.100	Sim
Western Australia	1900	278	15.232	Sim
Austria	1784	45	1.800	Sim
Bélgica	1979	21	---	Não
Bolivia	1929	24	980	Sim
Amazonas (Brasil)	1904	33	---	Não
Bahia (Br)	1927	84	16.000	1982
Ceará (Br)	1928	36	---	Não
Goiás (Br)	1951	103	4.728	1982
Maranhão (Br)	1960	35	2.481	1982
Mato Grosso do Sul (Br)	1962	44	1.555	1984
Minas Gerais (Br)	1927	166	---	Não
Pará (Br)	1927	44	2.601	Sim
Paraíba (Br)	1927	23	---	1980
Paraná (Br)	1941	51	---	Não
Pernambuco (Br)	1932	40	1.700	Sim
Piauí (Br)	1948	30	2.300	Sim
Rio de Janeiro (Br)	1944	92	4.000	Sim
Rio Grande do Sul (Br)	1928	54	2.300	Sim
Santa Catarina (Br)	1956	35	1.143	Sim
São Paulo (Br)	1927	213	---	Não
Alberta (Canadá)	1905	161	13.949	Sim
British Columbia (Ca)	1871	173	21.839	Sim
Manitoba (Ca)	1875	100	10.221	Dez.31.83
Nova Brunswick (Ca)	1867	51	7.396	Sim
Nova Scotia (Ca)	1866	116	10.167	Dez.31.82
Ontário (Ca)	1855	650	101.069	Sim
Prince Edward Island (Ca)	1875	16	1.289	Sim
Quebec (Ca)	1869	101	10.431	Sim
Saskatchewan (Ca)	1906	152	10.712	Sim
Chile	1862	153	---	Não

China	1949	8	780	Sim
Nacional de Colombia	1922	6	---	Não
Colombia	1922	22	---	Não
Ser\ G\ L\ Nac\Col.	1920	7	---	Não
Ocidental (Colômbia)	1935	12	---	Não
Oriental (Colômbia)	1945	6	---	Não
Costa Rica	1899	11	385	Sim
Cuba	1859	324	19.892	Sim
Dinamarca	1745	68	---	Não
República Dominicana	1858	28	---	Não
Cuscatlan (El Salvador)	1912	14	---	Não
Escócia	1736	1.121	---	Não
Equador	1921	7	---	Não
Espanha	1982	22	---	Não
Filipinas	1912	220	15.848	Sim
Finlândia	1924	96	4.200	Sim
Nacional da França	1775	310	---	Não
Grécia	1811	68	---	Não
Guatemala	1903	28	825	Sim
Holanda	1756	150	6.800	Sim
Inglaterra	1717	8.222	600.000	Sim
Islândia	1951	14	2.157	Sim
Índia	1961	255	13.793	Sim
Irã	1969	43	---	Não
Irlanda (Eyre)	1729	977	---	Não
Israel	1932	62	3.000	Sim
G\ O\ Itália	1805	566	---	Não
Japão	1957	18	3.397	Sim
Luxemburgo	1803	4	205	Sim
Baja Califórnia (México)	1933	28	2.000	1983
B. Juarez, Coahuila (Me)	1890	56	2.275	1984
Cosmos, Chihuahua (Me)	1936	28	632	Sim
El Potosí (Me)	1891	13	---	Não
Nuevo Leon (Me)	1905	78	4.500	Sim
Ocidental Mexicana (Me)	1912	17	---	Não
Tamaulipas (Me)	1909	84	3.446	Sim
Valle de México (Me)	1862	179	5.503	Sim
York (Me)	1862	12	502	Sim
Nova Zelândia	1890	419	32.500	Sim
Noruega	1891	37	15.137	Jun.01.83
Panamá	1916	9	---	Não
Paraguai	1869	8	750	1984
Peru	1862	143	4.908	Sim
Porto Rico	1885	71	4.494	Dez.31.80
Suécia	1760	67	---	Não
Suíça	1844	59	3.656	Sim
Turquia	1909	67	5.025	Sim
Uruguai	1940	51	2.100	Sim
Venezuela	1824	91	---	Não

1986 - 6 Jun - É exaltado a Mestre, o ex Presidente Jânio da Silva Quadros, na Loja Nova Era Paulista, sob a jurisdição da G∴ L∴ M∴ do Estado de São Paulo (GLESP).

1987 - 25 Jul - A XVI Assembleia da Confederação da Maçonaria Simb∴ do Brasil, com a presença de 25 GG∴ MM∴ emite a Carta de São Paulo solicitando à Assembleia Nacional Constituinte: a preservação dos recursos naturais do país, livre iniciativa com justiça social, sentido social do uso do solo, surgimento de agremiações legítimas de representação popular e um Novo Pacto Social para o surgimento de uma verdadeira Nova República.

- 16 Set - A G∴ L∴ da Espanha obtém o reconhecimento da G∴ L∴ Unida da Inglaterra.

1988 - 11 a 15 Abr - É realizada no Rio de Janeiro a XIV Assembleia da Conferência Maç∴ Interamericana.

- 3 Jul - Fundação do Supremo Conselho do Irã.

- 20 Ago - Fundação da G∴ L∴ do Amapá. (Fonte: O Livro dos Dias - 1999)

1989 - 18 Fev - Fundada a G∴ L∴ de Côte D'Ivoire, em Abidjan, Costa do Marfim.

- 19 a 21 Fev - A Conferência Maçônica Interamericana é convidada a participar da Conferência dos GG∴ MM∴ de USA, o conclave mais importante da Maçonaria norte-americana, apresentando seu Plano Maçônico Regional.

- 20 Mai - O Sínodo Geral da Igreja Presbiteriana da Escócia aprova o texto de uma circular dirigida aos membros maçons da Igreja, convidando-os a abandonar a Maçonaria, por ser esta irreconciliável com a fé cristã. (Fonte: Frederico Guilherme Costa em A Maçonaria Dissecada).

- 5 Nov - Fundação da G∴ L∴ Maçônica do Estado de Tocantins.

1990 - Jan - O Brasil conta com 27 GG∴ LL∴ e 1.592 Lojas.

- 29 Jan - Em Guanambi, Bahia, é fundado pelo Colégio dos Mestres da Maçonaria Brasileira o G∴ O∴ da Bahia.

- 24 Mar - O Presidente da Itália Francesco Cosiga, criticou em carta ao Conselho Superior da Magistratura, a proibição que os magistrados tenham qualquer vínculo com a maçonaria.

- 26 Jun - É reativada a G∴ L∴ da Iugoslávia comparecendo para prestar apoio aos representantes das GG∴ LL∴ da Áustria, Itália, Suíça e Hungria e irmãos de Luxemburgo, Holanda, Grécia, Austrália e Canadá.

- 6 a 11 Jul - XX Assembleia da Confederação da Maçonaria Simbólica do Brasil, na cidade de Curitiba, Paraná, para discutir assuntos da Ordem e temas de cunho social e político.

- O Sup∴ Cons∴ da Maçonaria para a Itália, toma a decisão de instituir a Ordem DeMolay, solicitando do Sup Cons da Ordem DeMolay para o Brasil, a Carta Constitutiva temporária.

- 11 Nov - 45 membros da G∴ L∴ da Finlândia visitam Potências da América do Sul, entre elas São Paulo.

- 17 Nov - Renasce na Tchecoslováquia a G∴ L∴ que tinha sido fechada por Hitler em 1939 e, posteriormente, pelos comunistas em 1948.

- 14ª Conferência Internacional dos SSup∴ CCons∴ realizada em México.

- USA conta com 1.200 Capítulos da Ordem DeMolay e 36.000 membros. Em Brasil há cerca de 10.000 membros.

1991 - 10 a 14 Abr - A Confederação da Maçonaria Interamericana, sob a presidência de Jorge Barrera Vasquez, do México, conta com 56 GG∴ LL∴ de 21 países americanos e está subdividida em 6 Zonas sendo : I (México), II (Cuba, República Dominicana, Haiti, Puerto Rico), III (Costa Rica, El Salvador, Guatemala, Honduras, Nicarágua, Panamá), IV (Colômbia, Equador, Venezuela), V (Brasil) e VI (Argentina, Bolívia, Chile, Paraguai, Peru, Uruguai). O Secretário Geral da Confederação afirma que os contatos para ingresso da CMI na ONU encontram-se nos trâmites finais.

- 4 Set - O jornal Times, de St. Petersburgo, Florida (USA), informa que um candidato a maçom feriu-se na medula espinal durante cerimônia de iniciação na Loja Joshua Nº 105, de St. Petersburgo, quando foi jogado várias vezes para cima num tapete, estando vendado; a vítima iniciou um processo contra a Loja recebendo uma indenização de US$ 8.000.000 mais pensão por vida de US$ 8.500. A Loja Joshua Nº 105 não é jurisdicionada à G∴L∴ da Florida e também não aparece no livro *List of Lodges*.

1992 - 19 Jan - A G∴ L∴ Nacional da França consagra a Loja Harmonie 698, composta em sua maioria por irmãos russos residentes.

- 9 Jun - Em Indianápolis, EEUU, na Assembleia Anual da Convenção Batista do Sul, é concluído que a Maçonaria é uma fraternidade, não podendo ser vista como religião e por tanto não há como se pronunciar sobre a compatibilidade ou incompatibilidade com o cristianismo. (Fonte: Descartes de Souza Teixeira no livro Antimaçonaria)

- 17 Fev - Don Le Fevre, ex portavoz da Igreja de Jesus Cristo dos Santos dos Últimos Dias (Mórmons) declara que a Igreja "recomenda com firmeza que seus membros não se afiliem a organizações que são secretas, tem juramentos que limitam sua atuação, ou poderia provocar a perda de interesse nas atividades da Igreja". (Publicado no Salt Lake Tribune, sectio D1)

- 4 Set - A mesma Loja Harmonie 698 é transferida para Moscou onde foram iniciados 19 candidatos e regularizados 2 maçons procedentes de uma Potência irregular.

1993 - Mar - O primeiro Bethel no Brasil da Ordem Internacional de Filha de Jó, é instalado no Rio de Janeiro.

- Mai - Encontro em Porto Alegre entre a Igreja católica e a Maçonaria brasileira buscando um esclarecimento objetivo sobre a doutrina católica e a doutrina maçônica.

- 23 Jul - 27 GG∴ MM∴ das GG∴ LL∴ brasileiras reúnem-se em Belém, Estado do Pará, em sua XXII Assembleia Geral Ordinária e emitem um manifesto à Nação.

- 25 Nov - XII Reunião dos GG∴ SSob∴ CCom∴ das Américas, em Santiago do Chile, inaugurado pelo Presidente da República, que não é maçom.

- 9 Dez - A G∴ L∴ Unida da Inglaterra reconhece a G∴ L∴ Regular d'Itália.

1994 - 1 Fev - Fundação do G∴ O∴ Estadual do Espírito Santo, filiado à Confederação Maçônica do Brasil.

- 10 Mar - A G∴ L∴ Nacional da França reconhece a G∴ L∴ Regular d'Itália.

- 22 a 25 Set - XXVII Assembleia Geral da Confederação Maçônica Centro-Americana em Cidade de Panamá. No último dia é reservado para uma reunião extraordinária da Confederação da Maçonaria Interamericana, quando os Estatutos são modificados possibilitando o ingresso das GG∴ LL∴ da Espanha e Portugal.

- 14 Dez - A G∴ L∴ Unida da Inglaterra reconhece a G∴ L∴ Prince Hall, de maçons negros, norte-americana. (Fonte: O Livro dos Dias - 1999).

1995 - Mar - As GG∴ LL∴ de Nebraska e Louisiana reconhecem o G∴ O∴ do Brasil.

- 5 Mar - A G∴ L∴ do Estado de Israel reconhece a G∴ L∴ Regular d'Itália Abr 13 - A G∴ L∴ do Estado de Israel reconhece o G∴ O∴ do Brasil.

- 15ª Conferência Internacional dos SSup∴ CConsel∴ realizada em Lausanne.

1996 - 2º Encontro Mundial de GG∴ MM∴ da Maçonaria, realizado em Portugal, com a presença de 15 GG∴ MM∴ do Brasil.

1997 - 9 a 12 Abr - XVII Grande Assembleia da Confederação Maçônica Interamericana com a presença de 20 dos 21 países membros (falta de Guatemala), em Santiago do Chile.
- 31 Dez - A G∴ L∴ de Quebec contava com 92 Lojas e 6.354 irmãos. O Rito usado é o de Emulação (York).

1998 - 19 Abr - Em Cuba existem 415 Lojas, sendo 106 em La Havana; três delas trabalham no Rito de York Americano e o resto no R∴E∴A∴A∴. A sede da G∴ L∴ de Cuba fica num prédio de nove andares (onde a G∴ L∴ ocupa 2 deles) sito na rua Salvador Allende, ex Carlos III.
- 8 Out - Novo encontro em Porto Alegre, entre representantes da Igreja Católica e a Maçonaria brasileira para aproximar as duas instituições. Como fato curioso, participam da reunião, o Past∴ G∴ M∴ de São Paulo Pandolfo e Monsenhor Pandolfo, irmãos carnais.

1999 - 15 Out - A G∴ L∴ Maç∴ do Estado de São Paulo e o G∴ O∴ do Brasil (Federação Maçônica Brasileira) assinam um Tratado de Amizade e Reconhecimento Mútuo.
- Nov - A G∴ L∴ de São Paulo instala o Sup∴ Gr∴ Capítulo dos Maçons da Ordem do Santo Real Arco de Jerusalém; três Capítulos são fundados, sendo os primeiros na América Latina. O Real Arco é mencionado na 1ª Constituição de Anderson; ele é criado conforme o interes de Lojas do Rito de Emulação, mas membros do R∴E∴A∴A∴ podem pertencer. Ele não se constitui num corpo filosófico e não se organiza no sistema de graus.
- 12 a 15 Nov - IV Conferência Mundial de GG∴ LL∴, realizado em São Paulo, com participação de GG∴ MM∴ de 25 GG∴ LL∴ além do G∴ M∴ Geral do G∴ O∴ do Brasil. Nove grupos de trabalho debateram 10 teses : A busca do crescimento da Maçonaria, com qualidade. (G∴ L∴ da Argentina) O impacto da Internet na Maçonaria, seu futuro e responsabilidades. (G∴ L∴ de Connecticut) Se a liberdade falhar. (G∴ L∴ da Grécia) Os princípios e padrões de reconhecimento entre as GG∴ LL∴ (G∴ L∴ da Índia) A Maçonaria

491

livre. Sua qualidade e seu papel na sociedade do próximo milênio. (G∴ L∴ do Haiti) A educação como meio de extensão dos valores maçônicos. (G∴ L∴ do Chile) Projeto de um programa maçônico de intercâmbio cultural. (G∴ L∴ de Brasília) Direitos humanos numa sociedade multicultural. (G∴ O∴ da Itália) Quais as GG∴LL∴ qualificadas para participar em futuras Conferências Mundiais de GG∴ LL∴ (G∴ L∴ da Colômbia) Projeto de um programa de intercâmbio cultural da FUNLEC. (G∴ L∴ de Mato Grosso do Sul Brasil) É assinada a Carta de São Paulo recomendando a aplicação dos preceitos maçônicos na sociedade moderna.

- 6 Dez - É assinado em Brasília um Tratado de reconhecimento mútuo entre o G∴ O∴ do Brasil e a G∴ L∴ de Mato Grosso do Sul.

- 8 Dez - A G∴ L∴ Unida da Inglaterra reconhece a G∴ L∴ de São Paulo, como Potência regular. A G∴ L∴ de São Paulo completa mais de 150 reconhecimentos de Potências.

- 11 Dez - É assinado um Tratado de reconhecimento mútuo entre o G∴ O∴ do Brasil e a G∴ L∴ de Rio de Janeiro.

- Consagrada a G∴ L∴ de Marrocos pela G∴ L∴ Nacional da França.

2000 - 16ª Conferência Internacional dos SSup∴ CCons∴ realizada no Rio do Janeiro.

2001 - Abr - A G∴ L∴ de Minnesota reconhece a G∴ L∴ da França

2002 - A G∴ L∴ N∴ F∴ suspende suas relações com a G∴ L∴ de Minnesota, por esta ter reconhecido a G∴ L∴ da França, e condiciona sua ação ao retiro do reconhecimento da G∴ L∴ da França.

- 13 Jul - A G∴ L∴ de Minnesota suspende seu reconhecimento da G∴ L∴ da França, para não prejudicar os trabalhos da Conferência de GG∴ MM∴ de EEUU programada para Fevereiro 2003, em Minnesota.

- Noruega, com 4.500.000 habitantes, tem hoje 17.000 maçons reunidos em 80 Lojas.

2003 - 17 Jan - A G∴ L∴ Prince Hall, de Massachussets, reconhece a G∴ L∴ Regular da Itália.

POSFÁCIO
I

REFLEXÃO SOBRE O HUMANISMO MAÇÔNICO, DENTRO DO EXISTENCIALISMO PROFANO.

"Nunca será demais sublinhar que utopia não é aquilo que é impossível de realizar, mas tão-só o que ainda não se realizou!"

A.A.K.

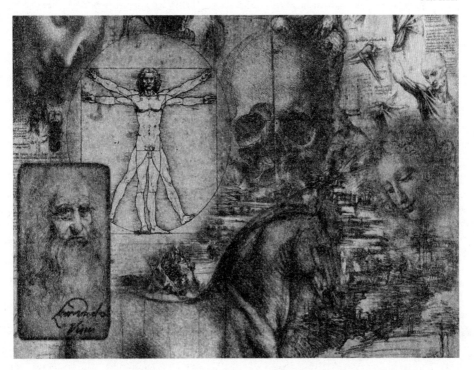

Humanismo, uma questão de espiritualidade e práxis maçônica.

Cumprimos a obrigação de deixar uma mensagem, uma provocação, no final deste trabalho. Falamos em iniciação, aperfeiçoamento, existência, e críticas às digressões de uma realidade que idealizamos; cabe-nos a necessidade e a oportunidade de trazer a baila um tema em "particular" que fará toda diferença caso possa se realizar com a colaboração de todos. Não chega a ser uma tese, mas uma reflexão dentro da nossa realidade.

Dizia o grande místico Karl von Eckartshausen que: *"A verdade absoluta não existe no reino dos fenômenos. Nem sequer nas matemáticas a encontramos, porque as suas regras e princípios estão fundados em certas hipóteses respeitantes à grandeza e à extensão, já por si de carácter fenomênico. Mudem-se os conceitos fundamentais das matemáticas e o sistema inteiro será modificado".*

O que podemos entender por humanismo?
- Segundo o *Diccionário Enciclopédico de Masonaria,* de Frau Abrines, temos:

A palavra, como meia dúzia de outras, é uma derivação do latim *humanus* (humano). Foi utilizada pela primeira vez por Proudhon, por volta de 1856, do alemão *Humanismus,* ou seja, o adjetivo humanista precedeu o substantivo há alguns séculos.

No plano literário, o humanismo é o movimento de espírito representado pelos pensadores "humanistas" do Renascimento para valorizar o espírito humano que reata saltando por cima da Idade Média (cuja grandeza indiscutível do século XIII é eclipsada por uma decadência evidente) com a cultura greco-latina em nome da qual se rejeita, por vezes com um vigor muito *rabelaisiano*, todo o aparelho escolástico, ao formalismo, por vezes ridículo, de uma escolástica decadente, opõe-se uma cultura mais viva. Para ele, manifesta-se o melhor do antigo. Neste sentido, a filosofia dos humanistas, de ascendência pagã, sacode o jugo da teologia. Ao espírito de submissão, particularmente ao pensamento de Aristóteles, sucede o espírito de exame, o gosto pela crítica.

DUAS VERTENTES PODEROSAS: HUMANISMO E ESPIRITUALIDADE

De um lado a gnose, ética e a razão e do outro o mito, o teísmo, deísmo e a fé no grande Ser invisível.

1- **O Humanismo gnóstico e esotérico**: impregnado de "humanidades" greco-latinas e de cultura bíblica – Pico della Mirandola, Agrippa, Erasmo, Rabelais, Montaigne, Bruno, Campanella, Leonardo da Vinci, etc. Navegou no platonismo, no aristotelismo, estoicismo, neoplatonismo, hermetismo, alquimia, astrologia, Kabbala, etc. pretende reunir os homens num mesmo amor do verdadeiro e do justo, procurando um sentido profundo, próprio do esotérico unindo conhecimento e sentido, coração e razão, verdade e bem.

2- **O Humanismo racionalista**: busca nos ilustres antecessores gregos, cristãos, mulçumanos, judeus, os pré-socráticos, Platão, Aristóteles, Plotino, Agostinho, Tomás de Aquino, Avicenas, Averrois, Maiomonides, entre outros. Via racional certamente, mas com um pouco de mística, uma vez que é preciso uma boa quantidade de fé no racionalismo para pensar que o real é racional e a medida da razão humana. Neste sentido, unem-se os conceitos filosóficos com as ciências de Newton e Galileu, com uma boa dose de fundamentos cartesianos acompanhada da nova física e da matemática, em suma: o empirismo e a razão.

3- **O Humanismo ético e político**: Kant é o primeiro a tomar consciência dos problemas que coloca a ética dentro de um conhecimento metafísico seguro. E a moral kantiana empresta à Maçonaria as máximas que até hoje desfrutamos – Age como se a tua máxima devesse servir de lei universal para todos os seres racionais, toma sempre o homem como fim, nunca apenas como um meio. Daí permanece um problema: como assegurar, fora de toda a autoridade repressora, o respeito duradouro do homem face a princípios, a regras morais das quais ele se sabe o autor? Como igualmente, na política, garantir a submissão do cidadão às leis que ele vota e a um poder cuja legitimidade já não é sagrada, mas depende da "Vontade do povo", soma das vontades individuais? – Unicamente na medida, segundo Rousseau e Kant, em que o homem conserva individualmente um sentido do sagrado, do incondicional, do absoluto, somente adequado a eventualmente pesar mais do que o seu interesse egoísta, ou mesmo do que a sua vida.

4- **O Humanismo materialista e cientista**: Pretende esperar da nova ciência que nos diga finalmente essa verdade segura a libertar os homens das opressões naturais, da ignorância, das superstições religiosas e a consagrá-los finalmente nas luzes do conhecimento e da razão. Diderot, Helvétius, Holbarch, Condorcet são seus defensores. Para eles, é preciso considerar o homem como o puro produto de uma necessidade material, de choques mecânicos entre átomos, e do acaso, como um puro objeto, entretanto capaz, por retroação, de agir sobre um mundo à sua mercê, de transformá-lo; um homem objeto e demiurgo ao mesmo tempo, a quem, em lugar e no lugar da resignação racional é proposta uma esperança de omnisciência e de omnipotência, soberbamente exprimida pela célebre profissão de fé determinista e mecanicista do matemático Laplace, de onde produzirão bem-estar e felicidade e em corolário a virtude e a sabedoria.

5- **O Humanismo da força vital da liberdade e da vontade**: Nietzsche e Sartre indicarão necessariamente estas tendências. Em Nietzsche, a Vontade de Poder e ao mesmo tempo efeito e causa dessa força; e Sartre faz dela um absoluto individual, uma pura contingência própria da consciência humana, um poder arbitrário de escolha, de criação escapando a todo o constrangimento natural, lógico e social. Uma tentativa de salvação da liberdade à custa da verdade e da razão com coerência, onde se acredita a possibilidade de realizar um tipo de humanismo.

Esta breve evocação histórica ilustra bem até que ponto o humanismo variou, oscilou de um extremo ao outro entre a verdade e liberdade, universalismo e individualismo. Digressões que afetaram particularmente a Maçonaria, explicando em grande medida as suas divisões, as suas ambiguidades, os seus tumultos. Ao ponto de podermos desesperar do humanismo e da Maçonaria se certos acontecimentos que se desenrolaram no decurso do século que finda, tragédias políticas sem precedente, nova aproximação da realidade pela física, tudo isto prova que ainda passaremos por muitas reflexões moldando através do tempo a adequação do homem em sua eterna busca de um humanismo pragmático.

SARTRE NA CONFERÊNCIA DE 29 DE OUTUBRO DE 1945, EM PARIS

"Só existe realidade na ação; O homem não é nada mais que seu projeto, ele não existe senão na medida em que se realiza e, portanto, não é outra coisa senão o conjunto de seus atos, nada mais além de sua vida". E diz: *"É por isto que nossa doutrina (liberdade) apavora certo número de pessoas".*

O "outro" é indispensável para minha existência, tanto quanto, ademais, o é para meu autoconhecimento. Nestas condições, a descoberta de meu íntimo revela-me, ao mesmo tempo, o outro como uma liberdade colocada diante de mim, que sempre pensa e quer a favor ou contra mim. Assim, descobriremos imediatamente um mundo que chamaremos de intersubjetividade, um mundo em que o homem decide o que ele é e o que os outros são.

Reportando ainda ao pensamento *sartreano* da pessoa e da personagem, diríamos que o nosso trabalho em Loja visa, no indivíduo, a despojar a pessoa da personagem (V∴M∴P∴E∴S∴M∴V∴), onde:

"O existencialismo não é, sobretudo, um ateísmo no sentido de empenhar-se para demonstrar que Deus não existe. Declara, ao contrário, que, mesmo que Deus exista, isso não mudaria nada; este é o nosso ponto de vista. Não quer dizer que creiamos que Deus existe, mas que achamos que o problema não é sua existência ou não. O homem precisa encontra-se ele próprio e convencer-se de que nada poderá salvá-lo de si mesmo, mesmo que houvesse uma prova incontestável da existência de Deus. Neste sentido, o existencialismo é um otimismo, uma doutrina de ação, e apenas por má-fé é que, confundindo seu próprio desespero com o nosso, os cristãos podem nos chamar de desesperançados."

Jean-Paul Sartre, *O Existencialismo é um Humanismo*,
Vozes de Bolso, RJ, 1996 – pg.44.

Isso que acabou de ser esboçado coaduna, em parte, com o ideal da Maçonaria, recordar nossas premissas e verdades não chega para idealizarmos a Ordem. Precisamos ter nosso projeto humanista de formatação pragmática, conhecer nossa realidade social, e mais, não basta conhecê-la e interpretá-la, precisamos sim de tentar modificá-la, transformá-la literalmente. Independente das disfunções e de desprazeres de todas as ordens, nós como maçons, não devemos conformar sempre com princípios que não tenham conhecimento de causa – seja por preguiça, ignorância ou vaidade, diante dos instrumentos colocados à nossa disposição.

É fácil esboçar os laços através de dois séculos de humanismo, do século XVI à criação da Maçonaria Simbólica nos anos 1717 – 1723. Os movimentos religiosos, o próprio catolicismo, recolheram e adaptaram aquilo que lhes parecia conciliável. Essa foi, em grande parte, a obra de Jesuítas que tiveram bastante cuidado em riscar todos os métodos críticos e ameaçaram cair num outro formalismo em resposta ao movimento das Luzes.

Outro significado: o sentido propriamente filosófico do termo humanismo. Trata-se à partida de uma crença no desenvolvimento infinito do espírito humano, mas, sobretudo, de uma doutrina *"que toma o homem como fim e como valor superior"* (Sartre). Isto não impede o humanismo de tomar diversas formas e, muito frequentemente, de se afirmar com qualificações ou qualificativos.

Sob pretexto de variantes, pode-se tratar de uma aniquilação da originalidade do humanismo. Temos direito de falar de um *"humanismo cristão"* ou de um *"humanismo marxista"*? Nessa reflexão, o que pode ser um *"humanismo maçônico"*?

Daí, reportamos ao nosso Ritual, quando, na abertura do nosso trabalho, o Ven∴ Mestre pergunta ao Ir∴ Chanceler:

- O que é a Maçonaria Ir∴ Chanceler?

- E ele responde: É uma instituição que tem por objetivo tornar feliz a Humanidade, pelo amor, pelo aperfeiçoamento dos costumes, pela tolerância, pela igualdade, pelo respeito à autoridade e a crença de cada um.

- E segue perguntando:
- Ela é regional?
- Chanceler responde: Não, Ven∴ M∴, ela é universal e suas OOf∴ se espalham por todos os recantos da Terra, sem preocupação de fronteiras e de raças.

"Igualmente, para cada ser humano, haverá um D-us por inteiro, plantado no seu mais fértil entendimento, feito todo Ele de crenças, descrenças, dúvidas, ansiedades, desejo e medo".

A.A.K.

Na nossa percepção, logicamente de pura subjetividade, vemos que a Maçonaria, de acordo com os ensinamentos do nosso Rito (R.E.A.A.), não poderia se afastar desse eixo, de buscar uma maneira, seja pela militância da *práxis*, isto é, pelo exercício de um trabalho humanista propriamente dito, munido de teoria e prática. Manter essa *"ferramenta"* somente num horizonte imaginário de essência simbólica ou especulativa é um desperdício do conhecimento (sabedoria) sugerido pelos *Mestres Passados*. Não podemos esquecer que o simbolismo é consubstancial com o pensamento e com uma prática maçônica. Em outras palavras, o pensamento humano é, portanto, uma pura síntese indissociável da razão, da imaginação, do conhecimento técnico e da experiência. O que torna sempre atual e renovadora a iniciação maçônica, que reúne razão, intuição, afetividade, imaginação simbólica e concilia práticas dos ritos e práticas filosóficas. E aprende também a desconfiar das armadilhas do pensamento, simplismo, idolatria, literalidade, confusões. O homem deve acreditar, mas não deve ver nessas crenças senão postulados ou hipóteses. Por conseguinte, nossa reflexão tem tão somente a pretensão de focar um ponto obscurecido da nossa Tradição.

O humanismo nunca foi e não é monopólio das obediências maçônicas, na busca pela paz, justiça, verdade, liberdade e fraternidade. Todo o mundo e organizações estão envolvidas; não é, portanto, um privilégio de pensar o humanismo numa ou noutra Ordem, seja ela secreta (iniciática) ou profana. Neste sentido, uma espiritualidade sinaliza dentro do altruísmo que um exercício pessoal, na via do espírito, de caráter desinteressado tanto nas questões de conhecimento e de aperfeiçoamento, onde mobiliza ao mesmo tempo os recursos da inteligência e os da sensibilidade.

A pergunta é: construiremos nossa liberdade em caráter existencialista e subjetivista em harmonia com nossos iguais, ou humanisticamente enfoquemos objetivos que nos arrebatará aos níveis superiores da Tradição a qual somos partícipes?

Examinemos no silêncio de nossas fileiras e com discrição que rodeia nossos trabalhos e interroguemo-nos sobre o segredo maçônico, fórmula vazia da maioria dos discursos *"profanos"* sobre a Maçonaria. Repetimos, muitas vezes, que não há um *"segredo"* do qual a Maçonaria, seja depositária e que revela aos seus membros. Observemos notadamente que as Lojas praticam sistematicamente a porta fechada, disposição à qual recorrem por vezes a maior parte das associações, partidos políticos, sindicatos, etc. Essa porta fechada permite a cada Irmão o distanciamento do mundo exterior, favorecido pelo ritual e pela linguagem maçônicas, tendendo a libertar o meio intelectual e afetivo da Loja do condicionamento dados pelos hábitos e pelos reflexos próprios da vida profana.

"Cada ser humano tem uma forma particular de se sintonizar com a sua verdade mais íntima, mas nem todos conseguem sintonizar-se harmonicamente e, por maioria de razão, têm dificuldade em expressá-la. É plausível que expressar a nossa verdade seja útil ao outro e a nós, que nos eleve a qualidade da sintonia, mas teremos de ter presente que não será útil indiferenciadamente para todos; para alguns será até prejudicial".

A.A.K.

No artigo1 das "Obrigações" de 1723, a proscrição do ateísmo é evidente. Não teremos a ingenuidade de explicar que o maçom (segundo Anderson) não é um "ateu estúpido"; pode ser um ateu inteligente! Neste caso, ele poderia também ser um libertino religioso – o que é absurdo. De fato, estúpido e irreligioso são epítetos de natureza (como gostamos deles na retórica clássica): o ateu é estúpido como a neve é branca, etc. Poderiam ter sido utilizados outros, por exemplo, *perigoso, odioso* ou *insensato*, mas tais adjetivos induzem uma atitude repressiva ou agressiva enquanto que *estúpido* implica a compaixão e a esperança de que a ateu deixe de o ser ao ser iluminado... Nos nossos dias, já não consideramos o ateu como o considerávamos no início do século XVIII. E na fidelidade ao espírito de Anderson de tolerância e de união, a Maçonaria, em algumas Obediências e Ritos pode aceitar e receber os ateus. Sempre incitando os seus adeptos, ateus ou não, a não se fecharem estupidamente nas suas certezas, mas a colocarem-se continuamente em condição de tolerância com as crenças individuais.

Outro ponto que precisamos levantar para prosseguirmos numa direção: qual a vocação da Francomaçonaria? – É uma ferramenta revolucionária, democrática, liberal ou apenas multi-ideológica? – Belo atoleiro, não só para as obediências, mas para toda Maçonaria, tanto no sentido subjetivo quanto objetivo, uma vez que desde a Constituição de Anderson de 1723, o seu sentido liberal foi corrompido e desgastado em várias direções, muitos acontecimentos modificaram a maçonaria universal, por falta de um diálogo fecundo, a partir do nosso fundamento ético e simbólico comum, que permitiria o avanço numa única e profícua direção para uma Francomaçonaria universal, a qual todos os maçons não cessa de reclamar e da qual o humanismo teria atualmente uma grande necessidade.

O humanismo, os seus valores éticos, democráticos, republicanos ou laicos, e a Maçonaria que se quer liberal, não terão futuro a não ser que, no lugar de encarquilhar nos combates do passado, afrontem as realidades do hoje, as ameaças que se abatem sobre a natureza, sobre o homem, a sua liberdade, as suas culturas, a sua vida espiritual, um tecnologismo, um economicismo, um negocismo sem limites que não têm por finalidade mais do que eles próprios.

O papel do humanismo e da Maçonaria não é tanto o de encontrar soluções técnicas para estes problemas; os especialistas em cada área são mais adequados para se encarregar disso, mas o de se consagrar em primeiro lugar a formar homens livres e de qualidade e cidadãos responsáveis capazes de trabalhar, através do exemplo e da sua ação na sociedade, para um desenvolvimento cultural, ético e espiritual de todos os humanos, aberto ao universal e o único que é apropriado para reunir no respeito pelo outro, na equidade e na fraternidade.

Para que isso aconteça, humanismo e Maçonaria devem tomar antes de tudo consciência da sua dimensão espiritual legada pela sua dupla origem, filosófica *greco-latina* e religiosa *judaico-cristã*, e perceber que, neste novo contexto, os inimigos de ontem podem, em alguns casos, ser aliados de hoje devido às suas origens, sempre velando para cultivar e afirmar a sua via espiritual própria fundamentada no livre exame, na tolerância e no universalismo.

PALAVRAS FINAIS
II
Um tributo ao Eterno

A questão de D-us

O maçom é obrigado, por vocação, a praticar a moral; e se compreende na Arte, nunca se converterá num estúpido ateu nem num homem imoral. Ainda quando em tempos antigos os maçons estavam obrigados a praticar a religião que se observava nos países onde habitavam, hoje se acredita mais oportuno não lhes impor outra religião que aquela em que todos os homens estão de acordo e deixar-lhes completamente livres a respeito de opiniões pessoais. Esta religião consiste em serem homens bons e leais, quer dizer, homens honrados e probos, qualquer que seja a diferença de seus nomes ou de suas convicções. Deste modo, a Maçonaria se converte num centro de união e é o meio de estabelecer a verdadeira amizade entre pessoas que tiveram permanecidas separadas entre si.

"*Quando as percepções dos animais não são suficientemente distintas para serem recordadas, os animais ficam na condição de simples seres viventes, e suas almas são mônadas simples, como ocorre no sono profundo. É bem de se distinguir, na percepção, o que é estado interior da mônada, representando coisas externas, e apercepção, que é a consciência ou o conhecimento reflexivo deste estado interior, o que não é dado a todas as almas, nem é dado, em todos os tempos, à mesma alma.*"

(AMORC. *Gottfried W. Von Leibniz* -Volume 8, pg 13 - Brasil – 1985).

O Monadismo Espiritualista de Gottfried Wilhelm Von LEIBNIZ

Esta reflexão sobre a teoria das mônadas de Leibniz intenciona demonstrar como esta parte significativa do pensamento *leibniziano* tem repercussões em suas concepções morais e transcendentais, na medida em que o homem é elemento integrante de um universo harmônico e único. Busca também comparar, sustentar e refletir a partir desta teoria as verdades inerentes a complexidade do homem, nas suas extensões suprassensíveis, diante de uma realidade metafísica, transcendente e científica. Embora o foco das reflexões esteja ora no homem, ora em D-us, o *"fio de Ariadne"* que leva à saída do labirinto se mantém entre os dois pontos, que se fundem num só; um sistema dialético. Leibniz afirma a possibilidade humana de desatar o nó e explicar a contingência através do princípio de razão suficiente, que concilia dois aspectos fundamentais da metafísica e da teologia *leibnizianas*; notadamente, um aspecto lógico (quantitativo) e um aspecto moral (qualitativo), dando origem a um racionalismo moral, cujo corolário é o famoso otimismo do filósofo, que pretende fundamentar a existência de D-us através do pensamento filosófico, dando às mônadas essa função. A fundamentação deísta que pode coadunar com a realidade maçônica diante da questão de D-us.

Introdução

"É verdadeiro, completo, claro e certo. O que está embaixo é como o que está em cima e é igual ao que está embaixo, para realizar os milagres de uma única coisa. Ao mesmo tempo, as coisas foram e vieram do Um, desse modo as coisas nasceram dessa coisa única por adoção. O Sol é o pai, a Lua a mãe, o vento o embalou em seu ventre, a Terra é sua ama; o Telesma do mundo está aqui. Seu poder não tem limites na Terra. Separarás a Terra do Fogo, o sutil do espesso, docemente com grande perícia. Sobe da Terra para o céu e desce novamente a Terra e recolhe a força das coisas superiores e inferiores. Desse modo obterás a glória do mundo e as trevas se afastarão. É a força de toda força, pois vencerá a coisa sutil e penetrará na coisa espessa. Assim o mundo foi criado.»

FESTUGIERE, André-Jean - *La révélation d'Hermès Trismégiste.*
Vol. II: Le Dieu cosmique - Ed. Lecoffre – Paris, 1949.

Todos os homens têm algo de poetas e algo de filósofos. Filosofia (Filo" e Sofia) significa amor à sabedoria. Esse desejo é comum a todos os seres racionais, já que todos os seres racionais amam a sabedoria e desejam o saber.

Mas, o que o homem deseja saber? A aspiração humana pelo conhecimento não tem limites, porque o homem quer saber tudo. Não existe saber que o sacie a não ser que chegue a um conhecimento total que encerrem em si todos os outros. Essa suprema aspiração é natural no homem e é a que lhe confere dignidade. Nossa exigência imediata é a que nos cobra conhecer a nós mesmos e as coisas que nos circundam; em outras palavras, a origem, a formação e o destino do mundo em que vivemos, isto é, o saber de quais são as causas primeiras da realidade. A Ciência das causas primeiras em geral se chama Metafísica (ta; meta; ta; fusica;) ou filosofia primeira. Historicamente, o primeiro problema é o do mundo ou problema cosmológico.

O mundo pode ser considerado desde dois pontos de vista: na multiplicidade das coisas que se manifestam a nossa experiência (fenômeno ou aquilo que aparece) ou em sua essência. Do primeiro ponto de vista, a física e as outras ciências naturais aceitam perfeitamente; do segundo, a metafísica, a qual se pergunta o que é o mundo, sua origem e sua essência. Num questionamento que cada um se faz começa uma reflexão, está implícita a persuasão da qual sucede do ser um ou mais elementos primitivos dos quais deriva a multiplicidade das coisas. O problema da origem do mundo é o problema das causas ou das causas primeiras da realidade física. Uma solução que se adote vai implícita em outro problema: qual é o valor e o significado do mundo? E, ao dizer do mundo, entende-se do homem e de sua vida. O problema da origem do mundo é, portanto, um problema do homem, que quer inteirar-se com exatidão da imensa casa em que habita, de quem de fato e de direito e condição daquele que a ocupa. O interesse pelo destino do mundo é no fundo o interesse pelo nosso próprio destino.

O corpo nos coloca em relação com as coisas, é nosso *vitrô* sobre a realidade. O primeiro contato que temos com a realidade é, portanto, sensível. É um contato com o mundo tal como aparece a nossos sentidos, com o mundo que chamam fenomênico. Nossa primeira reflexão se exercita imediatamente com os fenômenos que se nos apresentam com o qual já pomos ao mundo como objeto de conhecimento. A realidade que nos circunda deixa de ser considerada em sua imediatez sensível e resulta objeto inteligível de nossa mente. O mundo começa a não ser mais uma realidade panorâmica, e sim um problema por resolver.

As qualidades do mundo físico que se concebem sobre as demais são a multiplicidade e variabilidade das coisas (o devir). Porém, refletindo na multiplicidade, começamos a apreciar certa unidade na ocorrência de alguns fenômenos. A partir desta reflexão nasce em nós a convicção de que sob a aparente diversidade deve haver entre os fenômenos algo de comum, um laço constante. Como nós não o vemos, terminamos concluindo que não é sensível. É algo impalpável, invisível. O que é?

O inexpressável engendra sempre estupor e perplexidade, apresentando-se numa primeira reflexão como um *"quid"* (o quê) animado, uma força, que é algo corpóreo, sim, mas extraordinariamente corpóreo. Assim nasce nos povos primitivos o *mito* que, sequer deixa de ser a primeira expressão da filosofia. Toda classe de fenômenos vêm reduzida a uma só causa, a uma única força. Pouco a pouco se adverte que os fenômenos de classe diversos têm também entre si laços e se imaginam relacionados entre várias causas. Delineia-se, assim, uma *ordem* da Natureza, e dentro desta ordem, a multiplicidade das coisas encontra sua unificação.

A ordem da Natureza se apresenta numa reflexão em amadurecimento e mais atenta não só como algo corpóreo, como também reclamando ela mesma uma causa. Chega-se assim a concepção de um Princípio absoluto, causa do mundo e de sua ordem e transcendente ao homem e às coisas. O problema da origem do mundo, em sua raiz, apresenta-se como problema religioso. Neste processo de unificação do múltiplo e na postulação de uma Causa suprema a qual tudo se deve, satisfazem-se as exigências fundamentais do pensamento humano.

Com a multiplicidade reclama, e não em menor grau, a atenção do homem na mutabilidade das coisas. Os fenômenos se repetem, é verdade; porém, não se repete ao mesmo fenômeno. O raio de hoje é certo que é um raio, mas não é o de ontem; aos seres viventes se lhes classifica sempre em espécies, mas os seres que vivem hoje não são os de ontem. E mais, o mesmo ser não é sempre o mesmo; cada dia perde e adquire algo até que desaparece de nossos olhos para sempre. O devenir é a lei das coisas do mundo. Refletindo sobre o devenir, o homem se encontra com dois elementos: o movimento e um *"quid"* que é a medida do mesmo. A este *"quid"* (o quê) lhe dá o nome de tempo, que se apresenta infinito como o devenir que - infinito - se desprega no tempo com ritmo nunca retardado. E é aqui que vemos surgir outro problema: se na profundidade do devenir tem, como prova o repetir-se dos fenômenos, algo que é constante, que valor tem, na comparação com ele, e que significação adquire aquilo que sucederá? Esgota-se no decorrer do tempo ou permanece algo mais além do fluxo temporal? É real aquilo que ocorrerá ou o que é? Esconde-se aqui a exigência profunda do porque de nosso nascer e do nosso morrer, do porque da vida. O homem adverte que as coisas da Natureza, inclusive sua contingência, não podem ser totalmente vãs e passageiras; qual e quem produz com sua múltipla atividade, sejam as manifestações menores ou grandiosas das civilizações milenares, não pode desaparecer sem deixar outro rastro que a pálida recordação que se perde na profundeza do tempo; o homem sente que seu patrimônio espiritual não pode ser pura aparência, um tênue tecido de ilusões.

Dessa situação dramática nascem: o desespero, se o homem se convence de que nada escapa a sorte comum e que todas as coisas físicas ou humanas nascem, crescem com o tempo e no tempo se submergem; a serenidade, quando o devenir faz surgir a convicção de que há uma Realidade que não depende da lei do tempo, e sim que é a que governa o próprio devenir e ao tempo. O ato praticado de toda sã filosofia deve ser o de alimentar esta serenidade, conservá-la e torná-la cada vez mais firme, prestando-lhe um fundamento racional e seguro. Só isso justifica o significado e os atributos da existência e faz com que o sentimento de infinito assombro que experimentamos ao contato com as coisas (a sublime imensidão do céu estrelado, o espetáculo imenso do mundo terrestre) e o sentimento de estupor e aturdimento – como uma dessas alucinações com as quais surpreendem os sonhos, que nos fazem viajar por caminhos estranhos a distâncias longínquas em horas sem medida, desvanecendo-se em nossa pessoa –mudam-se no gozo de participar da vida universal, no reencontro de nossa personalidade espiritual com a firme confiança da imortalidade do espírito e com a serena esperança de uma vida ao outro lado da vida.

Na Grécia antiga, os pré-socráticos, também chamados naturalistas ou filósofos da *physis* (*natureza* - entendendo-se este termo não em seu sentido corriqueiro, mas como *realidade primeira, originária e fundamental*, ou *o que é primário, fundamental e persistente, em oposição ao que é secundário, derivado e transitório*), tinham como escopo especulativo o problema cosmológico, ou cosmo-ontológico, e buscavam o princípio (ou *arché*) das coisas. Encontraram respostas para essas questões que até hoje, no mundo moderno, em "plena" consciência da era atômica e diante de todo aparato para comprovarem a estrutura da substância infinitamente microscópica. Segundo *Stuart Hameroff,* o grande paradigma do mundo científico está sustentado pelos filósofos da antiga Grécia, e que, em se tratando de física quântica, todos sabem quase nada a esse respeito. Agora pergunto como puderam os gregos do século VI a.C., sem o mínimo de tecnologia, poder afirmar tantas verdades imutáveis e que ainda são os melhores conceitos dos dias atuais? Como podem os astrônomos da antiguidade terem afirmado a existência de tantos planetas a milhões de distância da Terra, que jamais poderiam ser visualizados a olho nu, ter a noção exata de sua localização no espaço, sua constelação, etc, e que somente hoje com a tecnologia avançada podem ser observados? Não estaria aí uma prova de que dentro do micro (o homem) está toda estrutura da grande verdade que sempre buscamos, a do macrocosmo? – Que algo existe é indiscutivelmente aceitável, constatá-lo foi e será o desafio do ser humano! E daí não estaria uma possível constatação, por relatividade, de que em nós existirá uma mônada imortal que terá sua rota no caminho da Luz e da reintegração, no sentido de um *big bang* invertido? Estariam nossos filósofos medievais equivocados diante de suas ilações sobre a imortalidade dos homens? Não seria a soma de todas essas mônadas imortais as células de um imenso corpo invisível daquilo que chamamos de D-us, consciente de si e àquelas tão só conscientes de si próprias também, mas alienada do conhecimento de sua complexidade final ou das *causas primeiras*; da mesma forma que temos (algo dentro de nós) consciente das células de nossa mão e que essas células não têm consciência do nosso Eu transcendente, somente uma correspondência genética por afinidade no DNA? – O que é verdadeiramente mais importante, o Ser suprassensível e eterno ou a aparência perecível e finita? - Já dizia Saint-Exupéry, Antoine, no *Pequeno Príncipe*: *"O essencial é invisível aos olhos"*. Bom, neste caso, cada um pode avaliar, entender e responder para si mesmo como melhor lhe aprouver, afinal estamos em uma rota a qual o *"caminho"* é *pessoal, intransferível* e *solitário* e todos farão, de acordo com a Lenda da *"Queda"*, o trajeto inverso, ou seja, o roteiro da reintegração; é só uma questão de Tempo; que está fora do racional e do próprio *"tempo e espaço"*; neste caso, tempo é duração de consciência, a qual todos terão como desafio a reconquista da consciência primeva, ou plena consciência de toda Verdade que buscamos nos porões da nossa infância cósmica.

Um cientista materialista e cético, que postula apenas um tipo de substância (a matéria física) e uma classe de propriedades (as propriedades físicas) é infinitamente mais limitado que outro cientista, que além de acreditar nas partes sensíveis da matéria ainda a percebe pelos seus atributos; o racional e o irracional caminham lado a lado, onde para o racional, avança o *"irracional"* para além da lógica cartesiana e certamente sinaliza o "segredo" *a posteriori*, que ainda poderá ser reconhecido, frente à razão, cognição e determinação pelo valor, o poder, a vontade e o arbítrio, daquilo que ainda se encontra no inconsciente; nas profundezas psíquicas das sensações místicas da alma do ser humano; daquilo que sempre impulsionou o homem, a acreditar *a priori* para depois conhecer e entender; o que vem a ser muito diferente de irracionalismo moderno e infundado; o *"irracional"* aqui é empregado no sentido de desconhecido, daquilo que está fora do *"tempo e do espaço"* não poderá conduzir ou até mesmo reduzir as possibilidades desconhecidas em puro *niilismo* irrefletido e irresponsável; negar pelo simples fato de não conseguir tolerar o desconhecido.

Nós, seres humanos, lidamos diuturnamente, desde nossas primeiras impressões, com três palavras: *ser, tempo* e *vida*, mas, se nos perguntarem o significado desses termos, embaraçamos todo raciocínio e não definimos plenamente esses conceitos. Palavras do tipo "Mônadas" nunca fizeram parte do vocabulário profano e seus significados ultrapassam as compreensões sensíveis. Os gregos, *atomistas*, tinham suas teorias, que somente foram comprovadas pela ciência depois de centenas de anos.

- Será que teremos que aguardar mais 2 mil anos para certificar a teoria das mônadas diante do ceticismo natural do ser humano, e este, por sua vez, olhando para dentro de si não encontrará já esta resposta substancialmente real e se qualificando como parte fundamental de toda uma história epistemologicamente do suprassensível?

– Que somos partículas infinitamente complexas, disso não podemos ter dúvidas, e ao olharmos para o Universo, não deparamos angustiadamente com nossas possibilidades transcendentes e caímos numa angústia do paradigma monádico, simples e inteligente, como a própria natureza humana?

– Não será que estará na natureza a resposta para toda verdade silenciosa, que nos anuncia claramente no interior de nossa sagrada chama, que chamamos razão?

– Não existe outro deus no universo senão o ser humano!

– A ciência tem como objetivo a busca constante da verdade, vive trocando os conceitos, de acordo com as argumentações que vão invalidando outras menos sustentáveis, mas, a verdade nunca muda, apenas mudam os conceitos humanos, ela está sempre lá, imutável, o que muda verdadeiramente é a maneira de aceitação dos seres humanos, de acordo com suas vocações dos interesses objetivos ou subjetivos; a verdade é sempre aquilo que foi, é e será!

O que são as verdades científicas senão as leis da natureza que regem o movimento da matéria, da consciência e do corpo vital?

Um paradoxo do materialismo é o de que, se a matéria é a verdade suprema, ou seja, se tudo é feito de matéria, não faz sentido as leis da física governarem a matéria, ou a matemática se aplicar a física. Mas, a ciência dentro da consciência faz sentido que existam leis científicas. Aí eu pergunto: o que vem primeiro, o movimento ou a intenção, e qual é sensível e qual é o suprassensível? – Não temos outra resposta senão admitir que primeiramente a intencionalidade dê origem a matéria; que é autônoma por si mesma.

Pequena biografia de Leibniz, sua vida e principais teses

Gottfried Wilhelm Leibniz – (1646- 1716) nasceu no dia primeiro de julho, na cidade alemã de Leipzig. Era filho de um professor de filosofia moral. Sua família era de origem eslava. Criança ainda, explorava a biblioteca do pai. Viu os autores antigos e escolásticos. Tomou contato com Platão e Aristóteles. Com quinze anos começou a ler os filósofos modernos: Bacon, Descartes, Hobbes e Galileu. Leibniz foi de um espírito universal, muito inteligente, que revelou aptidão e genialidade em diversos campos. Bertrand Russel fala que era admirável, mas não como pessoa; pois escreveu para ser popular e agradar os príncipes. Cursou filosofia na cidade natal, matemática em Jena, com vinte anos. Cursou também jurisprudência em Altdorf. Em 1663, aluno da faculdade de filosofia, escreveu um trabalho sobre individualização.

Influenciado pelo mecanicismo de Descartes, que mais tarde refutou, expôs suas ideias em um livro, onde associava a filosofia e a matemática. Esboçou as primeiras considerações do que viria a ser sua grande descoberta matemática: o cálculo infinitesimal. Leibniz o desenvolveu esse trabalho na mesma época que Newton, porém, um pouco depois.

Ingressou na sociedade secreta e mística dos sábios *Rosacruzes*. Em 1668, entrou na corte de Eleitor de Mogúncia. Ganhou uma pensão participando da *Rosa † Cruz* em Nuremberg, que lhe abriu as portas para a política.

Quando ingressou na corte, traçou um caminho que podemos associar ao de Bacon. Era ambicioso e movia-se agilmente pela corte em busca de seus projetos, muitos dos quais utópicos. Um de seus projetos filosóficos, antigo já, era a criação de um alfabeto do conhecimento humano. Foi nesse sentido influenciado pela lógica de Aristóteles.

Em 1670, Leibniz ascendeu para conselheiro da corte de justiça, em Mogúncia. No seu novo cargo, partiu para uma missão diplomática: convencer o rei absolutista francês (Luís XIV) a conquistar o Egito para proteger a Europa da Invasão dos turcos e mouros. Esse pedido foi recusado.

De 1672 a 1676 Leibniz viveu em Paris. Sua missão que resultou em fracasso procurava evitar guerras entre os Europeus, desviando as tropas francesas para o Egito. Conseguiu permissão para continuar em Paris, o que lhe foi vantajoso para estudar, pois gozou do contato com a elite intelectual francesa. Em 1676, completou a descoberta do cálculo infinitesimal. Newton tinha inventado um novo método de cálculos. Embora as descobertas tivessem o mesmo objetivo, formas feitas sob pontos de vista diferentes. Leibniz calculava através do infinitamente pequeno.

Em Paris havia conhecido e ficado amigo do matemático Huyghens. Conheceu também o filósofo Arnauld (1612-1694) e Malebranche. Viajou para Londres e entrou para a Royal Society. Voltou para Paris. Sua estada lá continuou sendo de grande importância intelectualmente. O alemão ainda não era considerada uma língua culta, e ele aprendeu francês perfeitamente.

Quando voltava para a Alemanha, passou de novo por Londres, onde conheceu Newton. Na Holanda, conheceu Spinoza. Conversaram sobre metafísica e Spinoza mostrou a Leibniz os originais de *Ética*.

Em 1676, vai para Hannover, onde se torna bibliotecário chefe. Passou os anos finais de sua vida nessa cidade, salvo algumas viagens. Foi conselheiro da corte, historiógrafo da dinastia e um dos responsáveis por Hanôver ter se tornado um eleitorado.

Viajou pela Europa para conseguir documentos que fossem importantes para o seu papel de historiador. Foi para Áustria e depois, Itália. Na Itália, passou por Nápoles, Florença e Veneza.

Leibniz era a favor da união das igrejas. Foi sócio da Academia Científica de Paris e de Berlim, que ele próprio fundou.

Em 1711, viajou para a Rússia, onde aconselhou Pedro, o grande, czar russo. Pedro queria elevar a Rússia ao nível dos maiores reinados europeus. Em 1713 Leibniz foi elevado a conselheiro da corte de Viena.

Os últimos anos da vida de Leibniz foram tristes e solitários. Sua protetora, a princesa Sofia, havia morrido. Jorge I da Inglaterra não o queria mais por lá. As diversas cortes e academias de que fez parte esqueceram-no. Assim, perdeu prestígio. A Royal Society deu o crédito da invenção do cálculo infinitesimal para Newton.

Leibniz, que teve uma vida agitada, escrevia e meditava à noite. Seus trabalhos são breves em tamanho, não exigiram muita elaboração. Leibniz escreveu em latim e francês. Morreu com setenta anos em funeral acompanhado por seu secretário. Havia brigado com a corte de Hannover.

Dentre as muitas obras de Leibniz, destacam-se: *Discurso da Metafísica; Novos ensaios sobre o entendimento humano* (resposta a Locke); *Sobre a origem das coisas; Sobre o verdadeiro método da filosofia; Teologia e correspondência.*

Leibniz procurou expor conceitos de validade atemporal na sua filosofia. Ele chamava tal filosofia de perene, e quis conciliá-la com a filosofia moderna. A filosofia moderna havia tomado caminhos diferentes da antiga e escolástica. Leibniz descobriu que era uma questão de perspectiva, mas todas as filosofias podiam ser unidas sob muitos aspectos. Ele resgatou a visão teleológica escolástico-aristotélica, que atribuía uma causa a tudo. De Descartes aproveitou a aplicação da matemática ao mundo.

Leibniz criticou a materialismo moderno. Apesar disso, era um racionalista. Seu racionalismo, como o de Zenão, chegava ao paradoxo.

Usando a teoria da causalidade, Leibniz explica a existência de D-us. Diz que ele não faz nada ao acaso, é supremamente bom. O universo não foi feito apenas pelo homem, mas o homem pode conhecer o universo inteiro. D-us é engenhoso, é capaz de formar uma "máquina" com apenas um simples líquido, sendo necessário apenas a interação com as leis da natureza para desenvolvê-la. A vontade do criador está submetida à sua lógica e a de seu entendimento. É uma visão racionalista do mundo, e a mente divina seria impregnada de racionalidade. Mas o mundo é mais do que a razão pode concatenar. O valor da razão reside no seu lado prático. Ela pode conhecer o princípio matemático das coisas, dos conhecimentos específicos, mas ignora as causas últimas.

Leibniz, apesar de ser influenciado por Descartes, zombou da simplicidade do método. E refuta o mecanicismo. Diz que a extensão e o movimento, figura e número, não passam das aparências, não são a essência. Existe algo que está além da física da extensão e movimento, e é uma força de natureza metafísica.

Descartes havia dito que a constante nos fenômenos mecânicos é a quantidade – movimento. Leibniz fala que isso é um erro, para ele a constante é a força viva, a energia cinética.

O ponto principal do pensamento de Leibniz é a *teoria das mônadas*. É um conceito neoplatônico, que foi retomado por Giordano Bruno e Leibniz desenvolveu. As mônadas (unidade em grego) são pontos últimos se deslocando no vazio. Leibniz chama de enteléquia e mônada a substância tomada como coisa em si, tendo em si sua determinação e finalidade.

Para Leibniz, o espaço é um fenômeno não ilusório. É a ordem das coisas que se relacionam. O espaço tem uma parte objetiva, a da relação, mas não é o real tomado em si mesmo. Assim como o espaço, o tempo também é um fenômeno.

As leis elaboradas pela mecânica são leis de conveniência, pela qual D-us criou o melhor dos mundos. Assim como o mecanicismo, Leibniz critica a visão cartesiana de máquinas. Os seres orgânicos são máquinas divinas. Em cada pequena parte desses seres, há uma peça dessas máquinas, que são do querer divino. É a maneira pela qual se realiza o finalismo superior.

Para conhecermos a realidade, precisamos conhecer os centros de força que a constituem, as mônadas. São pontos imateriais como átomos. São e formam tudo o que existe. São unas assim como a mente. A mente apresenta diversidade, bem como várias representações. A mônada deve ser pensada junto com a mente. As atividades principais das mônadas são a percepção e a representação. Elas têm tendências a várias percepções.

Uma mônada só é distinta da outra pela sua atividade interna. As mônadas têm dois tipos de percepção, a simples e a consciente. A última é chamada de apercepção. Somente algumas mônadas apercebem, e elas têm mais percepções inconscientes que conscientes.

Leibniz identificou a percepção inconsciente na natureza humana. É aquele estado de consciência no qual a alma fica sem perceber nada distintamente, nós não nos recordamos do que vivemos. Certamente Leibniz falava daquele estado especial de não entendimento e não associação em que a alma fica "amorfa". Mas tal estado não é duradouro, enquanto estamos nele, parecemos as mônadas.

Leibniz, na sua doutrina das mônadas, fala que *"cada mônada espelha o universo inteiro"* (AMORC. *Gottfried W. Von Leibniz* -Volume 8, p. 36 - Brasil – 1985).

Tudo está em tudo. Isso se aplica também ao tempo, ele diz: *"o presente está grávido do futuro"* (AMORC. *Gottfried W. Von Leibniz* -Volume 8, p. 30 - Brasil – 1985). Uma mônada se diferencia da outra, porque as coisas estão presentes em maior ou menor grau nelas, e sob diferentes ângulos e aspectos.

"Não existem duas substâncias exatamente idênticas, pois se houvesse

elas seriam a mesma" (AMORC. *Gottfried W. Von Leibniz* -Volume 8, pg 28 - Brasil – 1985). A realidade é composta de minúsculas partículas, tem uma riqueza infinita. D-us conhece a tudo perfeitamente.

Leibniz fala da lei da continuidade. Uma coisa leva a outra, na natureza não há saltos. Entre um extremo e outro, há um nível médio.

D-us é a mônada das mônadas (LEIBNIZ, Gottfried Wilhelm). *Novos Ensaios Sobre o Entendimento Humano* (Nova Cultural 2004, pg.156), uma substância incriada, original e simples. D-us criou e cria, a partir do nada, todas as outras substâncias. Uma substância, por meio natural, não pode perecer. Só através da aniquilação. Também, de uma não se criam duas. Uma mônada é uma substância, e é uma coisa sem janela, encerra em si mesma sua finalidade.

Como já disse, as mônadas são imateriais. Porém é da relação entre elas que nasce o espaço e matéria. A mônada é atividade limitada, pois a atividade ilimitada só se encontra em D-us (um tipo especial). É dessa imperfeição, que torna a essência obscura que nasce a matéria.

Poderíamos perguntar: mas para onde vai a mônada quântica? - Antigamente, as pessoas pensavam de maneira dualista. Os hindus situavam *lokas* específicos em certos locais dos Himalaias. Os gregos imaginavam que o espaço exterior fosse o Céu. Mas os espiritualistas das escolas iniciáticas sempre souberam a verdade; Platão, ou os sábios dos *Upanishads* responderiam a essa pergunta dizendo que o Céu é transcendente. Uma das maiores realizações conceituais da física quântica é o conceito da não-localidade quântica, que nos dá algo a que nos referirmos quando as tradições espirituais empregam a palavra "transcendente". Mas, o que é a não localidade? É uma conexão entre potencialidades externas ao espaço-tempo que podem afetar eventos do espaço-tempo. Onde se situa? Está em toda parte (porque cada ponto do espaço e do tempo pode ser conectado através da não-localidade) e em parte alguma (porque não podemos localizá-la). E convenhamos, o que isso significa? - Meditemos!!!

Os organismos são uns agregados de mônadas unidos por uma enteléquia superior. Nos animais essa enteléquia é a alma. Nos homens, a alma é entendida como espírito.

Uma coisa já está em potência na semente. Até aí nada de novo. O original, em Leibniz, é que não existe geração nem morte. Só existe desenvolvimento, no sêmen já existe um animal. Ele só precisa se desenvolver.

As substâncias brutas espelham mais ao mundo do que a D-us. O contrário nas substâncias superiores: D-us governa o mundo com leis materiais e espirituais. *Existem vários pequenos deuses*, que são partes inalienáveis do grande D-us.

Leibniz, para explicar a interação entre a matéria e o espírito, formulou três hipóteses:

1) Uma ação recíproca

2) Intervenção de D-us em todas as ações

3) A harmonia preestabelecida. Cada substância tira tudo de seu interior, segundo a vontade divina.

O famoso princípio da razão suficiente de Leibniz é junto com sua *monadologia*, a pedra lapidar de sua metafísica. Esse princípio postula que cada coisa existe com uma razão de ser. Nada acontece ao acaso.

Estamos no melhor dos mundos possíveis, o ser só é (só existe) porque é o melhor possível. A perfeição de D-us garante essa vantagem. D-us escolheu dentre os mundos possíveis, o que melhor espelhava sua perfeição. Ele escolheu esse mundo por uma necessidade moral. Mas se esse mundo é tão bom por que existe o mal? Na Teódiceia, Leibniz identifica três tipos de mal:

1) O mal metafísico, que deriva da finitude do que não é D-us

2) O mal moral, que advém do homem, não de D-us. É o pecado.

3) O mal físico. D-us o faz para evitar males maiores, para corrigir.

Leibniz diferencia a verdade de razão da verdade de fato. A verdade de razão é absoluta, pois está no intelecto de D-us. Por exemplo: as leis da matemática e as regras de justiça e bondade. O oposto dessas verdades é impossível. As verdades de fato admitem opostos. Elas poderiam não existir, mas têm um motivo prático para existirem.

No livro *Novos ensaios sobre o entendimento humano,* Leibniz analisa o livro de Locke, *Ensaio sobre o entendimento humano.* Ele critica o empirismo de Locke (nada existe na mente que não tenha estado nos sentidos) e defende, como Descartes, um inatismo. Ele localiza qualidades inatas na alma, como o ser, o uno, o idêntico, a causa, a percepção e o raciocínio. Leibniz retoma Platão, e sua teoria de reminiscência das ideias, dizendo que a alma reconhece virtualmente tudo.

Leibniz coloca que as condições para a liberdade são três: a *inteligência*, a *espontaneidade* e a *contingência*. A liberdade da alma consiste em nela encerrar um fim em si mesma, não dependendo de externos.

Provocando reflexões

> *"Existem muitas pétalas numa rosa, porém poucas exalam o perfume de seu coração. Buscai, pois, ao Íntimo, para que sua fragrância possa adoçar e purificar a mente."*
>
> URBANO Jr, Helvécio de Resende. **Absinto**, *O Inebriante Templo Maçônico*. Edições Tiphereth777, Juiz de Fora. 2007.

Não precisamos nos esforçar muito para aceitar que dois mais dois são quatro ($2 + 2 = 4$), pois desde criança fomos acostumados a respeitar os resultados das cifras matemáticas sem questionar. Mas, por outro lado, quando se trata de metafísica ou sabedoria ontológica, tudo passa a ser questionado e dificilmente temos argumentos suficientes para explicar aquilo que está claro dentro de cada um de nós, mesmo que nada seja dito; talvez pela forma habitual e cartesiana de compreendermos o mundo moderno que nos impede de ir além do literal e com perguntas, às vezes pueris, somos interpelados, até com indignação, por expor os frutos de nossas reflexões mais íntimas; mas, que por conveniência, ou preguiça, de pensar vemos nossas verdades, que é imanente a todo ser humano, serem refutadas sem a mínima tolerância; porém, no fundo de cada ser humano, se colocarem a cabeça para pensar corretamente não se decepcionarão, e certamente irão chegar ao mesmo ponto de entendimento. Ou seja, depois de lerem ou ouvirem comedidamente estas reflexões, e meditarem sobre tudo isso ontologicamente, provavelmente verificarão que não estamos enganados, por outro lado, se continuarem enganando a si mesmos (de fora para fora), ou seja, da boca para fora, talvez nunca entenderão o que são em realidade.

A verdadeira fonte da expressão individual verdadeira procede da luminária central da mente; essa é a inteligência soberana que move e dirige todos os corpos mentais dentro de sua órbita. A questão da inteligência não é puramente linear e sim holográfica. Existem vários níveis de inteligência – até um cão pode manifestar certos níveis de compreensão, mas somente o ser humano alcança plenamente os melhores níveis de percepção e tem consciência disso, geometriza pensamentos, a partir de um metabolismo mental, equações evoluídas de possibilidades infinitas. Os porquês irrefletidos, ou puramente infundados somente limitam os diálogos e impendem avanços reais aos níveis mais exaltados de compreensão.

> *"Agora, que haja um velar deste santuário: agora, que a luz devore homens menores e os consuma com suas cegueiras! Pois 'o pior cego é aquele que não quer enxergar'; e ele cairá na cova chamada 'Porque', e lá ele perecerá com os cães da Razão".*

CROWLEY, Aleister. *Liber Al Vel Legis*. Routledge & Kegan Paul Ltd, Londres, 1976.

> *"Agora uma maldição sobre Porque e sua parentela! Possa Porque ser amaldiçoado para sempre! Se Vontade para e grita Por Que, invocando Porque, então Vontade para e nada faz. Se Poder pergunta por que, então Poder é fraqueza. Também razão é uma mentira; pois há um fator infinito e desconhecido; & todas as suas palavras são intrigas. Basta de Porque! Seja ele danado para um cão!"*

CROWLEY, Aleister. *Liber Al Vel Legis*. Routledge & Kegan Paul Ltd, Londres, 1976.

Avancemos, portanto, aos infinitos meandros dos pensamentos, além da razão menor e busquemos uma compreensão de que a lógica de nossa natureza supra-humana convém a um bom pensador; busquemos, enfim, elevar o pensamento além da razão e além da pura contestação rasa e infundada. Nosso cérebro está aparelhado num sistema formal, que conhecemos pelos cinco sentidos, este ocupa um percentual de 1% de sua capacidade plena; os 99% restantes estão para aquilo que chamamos de percepções da para-normalidade (PES – percepção extra-sensorial); são àqueles pequenos *flashbacks* demonstrados através de sensações de *déjà vu* ou *déjà vi* (uma reação psicológica, fazendo com que sejam transmitidas ideias de que já se esteve naquele lugar antes, já se viu aquelas pessoas, ou outro elemento externo. O termo é uma expressão da língua francesa que significa, literalmente, já visto), ou, quando se cantarolamos uma música, que não ouvíamos há muitos anos, e ao ligar o rádio, lá está ela tocando exatamente naquele ponto que em estava sintonizado; ou quando estamos precisando de x de dinheiro e ao caminharmos tradicionalmente todos os dias sempre na mesma direção, de repente, viramos quase que autonomamente noutra direção, que nada tinha com nosso rumo do destino inicial. Ao virarmos a esquina deparamos com um amigo, que não víamos há dezenas de anos, esta pessoa nos devia uma quantia, que nem lembrávamos mais; exatamente o mesmo valor que tanto necessitávamos, e depois dos cumprimentos formais, essa pessoa se lembra da dívida e imediatamente preenche um cheque, com suas devidas compensações financeiras, encerrando assim de maneira mágica nosso sufoco financeiro. É dentro desse nível consciencial que podemos admitir as *"passagens"* transcendentes, fora do *"tempo e do espaço"*, além dos sentidos de percepções ontológicas; dos tipos: saudade, amor, premonição e intuição pura, livre de dissipação sem ânsia de resultados, que se seguidas nos conduzirão aos melhores caminhos; das quais não precisamos de provas materiais para admiti-las, pois estão além do convencional, além do sensível; é nesse nível de consciência que poderemos admitir a teoria das "*Mônadas quânticas*", transcendentais, imortais e migratórias. Quando ouvimos ou lemos sobre este assunto, para nós, é como se fosse um fato familiar, soa como uma relembrança, uma recordação e nem precisamos buscar uma sistemática elucidação cartesiana para que possamos aceitar pacificamente essa realidade. Entre o *racional e prático* e o *mental e teórico* temos o *real espiritual*. Como afirmava Platão "*no Mundo das Ideias*", o real está lá, aqui é tudo uma cópia precária; se entendermos essas razões então já teremos uma chance de estarmos no caminho da verdade.

O físico e médico *Stuart Hameroff*, numa de suas palestras no Campus da UFJF, em 2010, discursou longamente sobre os níveis conscienciais da mente, e fez uma comparação do cérebro humano como um novelo de barbante enrolado; e afirmou que em suas pesquisas encontrou que aquilo que percebemos está tão somente vinculado na parte externa desse fio, de onde avaliamos tudo a partir dos cinco sentidos, e como ele é oco, a parte interna também tem suas apreensões e relações perceptivas, sendo essas percepções atribuídas ao sexto sentido, ou além dos sentidos chamados sensíveis e racionais.

O Conceito de Substância e a Mônada em Leibniz

Enquanto Locke iniciava a crítica do empirismo, Leibniz, uma das mentes universais da história do pensamento humano, reelaborava com poderosa originalidade o racionalismo cartesiano, e formulava um sistema riquíssimo com motivos sugestivos, causando assim muita influência na filosofia posterior. A principal tarefa que se propôs foi a de aprofundar sobre as bases da filosofia cartesiana e da metafísica aristotélico-escolástica, através de uma revisão crítica entre uma e a outra. Efetivamente, partindo da filosofia das formas substanciais própria de Aristóteles e dos Escolásticos, e um pouco inclinado ao atomismo de Gassend e de seus seguidores (enquanto que o atomismo, por um lado, contradizia o princípio da divisibilidade da matéria até o infinito, do outro lado conduzia a uma concepção inorgânica e sem unidade da realidade) passou ao mecanismo matemático de Descartes; e por isso, quando aprofundou nele, percebeu que era necessário voltar à metafísica. Sem dúvida, Leibniz advertiu no atomismo uma justa exigência: por, como fundamento da física, uma multiplicidade infinita de unidades reais e indivisíveis. Mas ele substitui os átomos materiais, sem unidade e sem realidade, por seus "átomos formais", pontos metafísicos. Contudo, o mecanismo cartesiano, eficaz para eliminar as chamadas causas ocultas da Escolástica, não lhe pareceu suficiente para uma completa explicação das coisas.

Descartes havia reduzido a matéria à extensão, porém tal afirmação deixava sem explicação muitos fenômenos que observamos; por exemplo, o da resistência que a matéria oferece ao movimento. Resistência significa força, mas o conceito de força é um conceito metafísico. Leibniz, na realidade, já no começo de suas meditações, havia chegado à conclusão de que o movimento e a multiplicidade são os elementos da quantidade e que, portanto, a essência dos corpos não era a extensão e sim o movimento. Além disso, a extensão é indiferente ao movimento, e se a matéria fora *res extensa*, não poderia diferenciar-se em imagem e magnitude. Assim, pois, a essência dos corpos, tendo um princípio de movimento, deve ser algo *inextenso*. Na extensão não lhe pertence de nenhum modo o conceito de substância, porque a substância é por essência unidade, enquanto que a extensão é divisível até o infinito. A substância é, pois, *una e simples*. Consequentemente, ela não pode ser muito menos que o átomo físico, que, como possuidor de uma magnitude, é também divisível. É, portanto, necessário corrigir as velhas formas substanciais, consideradas erroneamente como atos. Elas ocupam um lugar intermediário entre a matéria ou potência e a forma ou ato. A forma substancial renovada assim, simples e indivisível, é, para Leibniz, *centro de força*. A matéria, em sua realidade metafísica, é força, e. por isso, o corpóreo é metafisicamente imaterial e análogo ao espírito. Sendo força, já não é indiferente como a extensão, e sim atividade. Todo centro é centro de atividade e não há seres absolutamente passivos. O Universo não é mais que um conjunto dessas infinitas substâncias simples ativas. Não há uma única substância, segundo o monismo de Spinoza, e sim infinitas, tendo cada uma individualidade própria, porque onde há atividade não pode faltar a individualidade. Às substâncias simples e ativas Leibniz lhes dá o nome de *mônadas*. Essas primitivas forças metafísicas servem para estabelecer os princípios gerais da Natureza e não para explicar os problemas particulares dela. Como disse Boutroux, a cadeia está suprimida da metafísica, mas é a física que nos proporciona os anéis. Nos fenômenos da Natureza tudo se produz ao mesmo tempo mecânica e metafisicamente; o mecanismo é a superfície, a metafísica é o interior. O atomismo e o cartesianismo, definitivamente não contradizem Platão nem a Aristóteles, e sim que se encontram perto deles. A verdadeira substância, a que Leibniz chama *mônada*, é real como os átomos físicos de Demócrito e exata (indivisível) como os pontos matemáticos de Descartes.

A mônada, para Leibniz, é uma entidade dotada de força e de unidade. A força não é a potência nem o ato, e sim a *vis activa* (A *vis activa* corresponde ao processo no qual o ente detém para si as condições de determinação. Heidegger esclarece que:

> "A vis activa é, por conseguinte, um certo agir, mas não a ação na realização propriamente dita; ela é uma capacidade, mas não uma capacidade em repouso. Designamos o que Leibniz aqui visa tender para... melhor ainda, para poder exprimir o específico, de certa maneira já efetivado, momento de agir, o impelir, pulsão".
>
> HEIDEGGER, Martin, *A determinação do ser do ente segundo Leibniz*, p. 218. São Paulo: Abril Cultural, 1979.

Impressa desde a criação em cada mônada, um esforço inato da mônada, uma espécie de ação virtual. O conceito de força exclui que a mônada seja algo material e implica unidade, que não pode encontrar-se numa realidade puramente corpórea. No mundo, tudo é força e tudo trabalha continuamente.

A mônada, como substância simples, não tem nem nascimento nem fim. Seu começo é a criação. A quantidade de mônadas é infinita, mas cada mônada é distinta das demais. Mas numericamente diferem pela qualidade e pelos caracteres psíquicos. Sem dúvida, apesar desta nova concepção da substância, Leibniz – com os *"ocasionalistas"* – excluía a ação recíproca entre as mônadas, cada uma delas estaria encerrada em si mesma, "carente de aberturas", como ele disse. Vejamos como o filósofo se esforçará para superar a dificuldade que apresenta a impenetrabilidade das substâncias.

Temos dito que a mônada é *vis activia* e como tal é susceptível de mudanças e essas mudanças são contínuas em cada mônada. Ela não é causada pela influência mecânica de outras substâncias, e sim engendrada por um princípio interno da mônada. Neste sentido, Leibniz diz que a mônada está dotada de espontaneidade. Se a mônada é ativa, é desenvolvimento contínuo. A mônada é simples, mas suas alterações e relações são múltiplas. A percepção concilia a multiplicidade e a simplicidade da mônada. Os vários elementos se unificam no ato mental que é a percepção; *perceptio nihil aliud est quam multorum in uno expressio*. Todo ato do pensamento é um ato de unificação de relações múltiplas. A atividade da mônada é, concretamente, *força representativa* de uma variedade de conteúdos mentais, que a mônada tira de seu núcleo e que unifica na percepção. Toda percepção é um momento de vida da mônada, que inclui a pluralidade dos momentos de vida precedentes, enquanto ela mesma é o momento particular de uma futura percepção mais rica em conteúdo. Daí a concreção da representação *leibniziana*, que neste sentido, antecipa-se a Kant e também a Hegel. Uma representação mais ampla não anula a representação precedente menos compreensiva, e sim que a inclui em si, dispondo-se ela mesma a constituir-se em elemento concreto de outra representação. Por isso, Leibniz dizia que *"o presente está grávido do futuro"* (AMORC. *Gottfried W. Von Leibniz* -Volume 8, p. 30 - Brasil – 1985). Em sua atividade, a mônada não tem pausa. Atividade, como temos dito, é esforço, precisamente esforço da mônada de expressar-se a si mesma, quer dizer, de adquirir uma progressiva consciência daquilo que virtualmente contém. Perceber é ao mesmo tempo *apetecer*. Além do mais, a força representativa, a mônada tem, pois, *força apetitiva*. Tal atividade não só é própria da *mônada-alma*, e sim também de todas as mônadas que compõem o mundo, inclusive das que parecem que estão privadas de vida. Essa afirmação não é paradoxal, nem o dinamismo de Leibniz é uma forma vulgar de animismo. Podem-se ter representações sem consciência de tê-las, pode-se perceber sem saber que se percebe. O erro dos cartesianos estava em querer identificar a passividade ou privação de vida com a matéria, considerando como passividade o que é propriamente atividade inconsciente ou subconsciente. Somente as *mônadas-almas* têm consciência de suas representações e sabem que percebem. Este saber é o que Leibniz chama *apercepção*, que coincide também com o esforço da mônada de ter progressivamente percepções distintas. Tal tendência é até o infinito, porque a mônada não consegue jamais sua completa perfeição.

Portanto, cada mônada tem um campo de percepções distintos, além do qual sua representação é obscura e confusa. Para Leibniz, a percepção é *clara* quando um objeto se distingue dos outros, quando *obscura*, quando não se distingue; *distinta*, quando discerne das particularidades do objeto; *confusa*, quando não é discernido. A percepção distinta e da qual a consciência é conhecedora é a *apercepção*.

As percepções das quais não se têm consciência são chamadas por Leibniz de *percepções insensíveis*. Em todo momento temos percepções; sem dúvida, não nos damos conta delas, porque são tão pequenas que não são advertidas. Isto explica como a alma nunca está inativa; ela percebe continuamente, ainda sem aperceber-se. Os cartesianos e Locke erraram ao não se darem conta disso e ao ter admitido que os corpos pudessem estar sem movimento e as almas sem pensamento. Há muitos indícios de que a todo momento temos uma infinidade de percepções, mas sem *apercepção* e sem reflexão. Leibniz, entre outros, põe o exemplo do rumor do mar.

> "Para perceber este rumor, tal como sucede, é necessário que se percebam as partes que compõe o todo, quer dizer, o rumor de cada onda, enquanto que cada um desses pequenos rumores somente é percebido no conjunto confuso dos demais e não se notaria se a onda que o produz estivesse só. É necessário, efetivamente, ser afetados um pouco pelo movimento desta onda e ter alguma percepção de cada um desses rumores, por menores que sejam; de outro modo não se perceberia o rumor de cem mil ondas, posto que cem mil "nadas" não poderia fazer nenhuma coisa."
>
> HEIDEGGER, Martin, *A determinação do ser do ente segundo Leibniz*, p. 227, Abril Cultural, São Paulo, 1979.

De todas as ações que parecem arbitrárias, encontramos sua explicação precisamente nas percepções insensíveis, que explicam também as diferenças de caráter e de temperamento.

A teoria da percepção inconsciente explica o princípio da hierarquia das mônadas. O corpo determina o ponto de vista da alma, estando a alma unida ao corpo. Como temos visto, a percepção da alma consiste no grau de distinção de suas percepções. Os graus são infinitos e, entre eles, Leibniz distingue três fundamentais: os viventes, os animais, os homens. O vivente só possui a percepção e *apetição* pura e simples; o animal é o grau da mônada dotada de uma percepção mais distinta, quer dizer, de sensibilidade. O sentir, para nosso filósofo, é um grau intermediário entre a percepção e a *apercepção*. O terceiro grau, que constitui no dos animais racionais ou homens, é próprio das almas dotadas de razão e de reflexão. Assim, todo o Universo é uma imensa hierarquia de mônadas; das mais ínfimas, que só têm pura percepção, às mais elevadas, que têm consciência. No vértice da hierarquia se encontra o espírito puro, no qual tudo está em ato. Tal perfeição absoluta permanece sempre na mônada como *esforço* e jamais como *ato*. A mônada tende a adquirir a percepção consciente de todo o Universo e está ordenada a alcançar tal aspiração suprema, mas esta sua aspiração é irrealizável. Portanto, ela vê o Universo sempre "desde um ponto de vista". Este ponto de vista, segundo o grau de *apercepção* mais ou menos elevado da mônada, é diverso entre as várias mônadas e é por isso que Leibniz disse que não tem duas mônadas iguais.

Leibniz, como temos acentuado, havia conservado o princípio da impenetrabilidade das substâncias e havia dito que as mônadas "*careciam de entradas*". Essa doutrina fazia inexplicáveis as relações entre a alma e o corpo e efetivamente, de que modo as substâncias, entendidas como forças, podem operar umas sobre as outras? Como se explicam as relações entre as almas? Leibniz recorre ao célebre princípio da *harmonia preestabelecida*. Segundo essa hipótese, D-us, no ato da criação, trabalhou de tal modo que as modificações internas de cada mônada correspondem exatamente umas nas outras. Entre as mônadas não pode existir um influxo real (enquanto não têm em si mesmas partes susceptíveis de mudança), mas isso não significa que não tenham relações entre si. Sua verdadeira relação consiste em uma *influência ideal* de todo interior. As mônadas operam umas sobre as outras de modo metafísico, ficando salvada a espontaneidade de cada uma e encontrando-se todas essas espontaneidades. Isto é verdadeiro até certo ponto, porque a hipótese da harmonia compromete os elementos mais originais e mais duradouros da especulação *leibniziana* e, precisamente, o princípio da atividade da mônada, o sentido profundo da interioridade da verdade e da insaciável busca da mesma.

A Matéria como fenômeno e a Metamorfoses das Mônadas

Na teoria da harmonia preestabelecida os corpos são substâncias paralelas das almas. Vejamos agora, em poucas palavras, qual é a teoria *leibniziana* da matéria. Leibniz distingue uma matéria *prima* completamente passiva e uma matéria segunda, que tem em si a ação: a primeira é abstrata, a segunda concreta. A matéria *prima* é a matéria apreendida em si mesma, em sua nudez, de tudo passiva, sem nenhum princípio de movimento, que por si só pode engendrar somente um puro mecanismo desorganizado. A união da matéria prima de um princípio de movimento engendra a matéria *segunda* ou vestida. Cada mônada encerra em si a matéria nua ou princípio passivo, além disso, o elemento ativo ou força ativa. A mônada jamais pode ser privada da passividade, porque de outro modo seria ato puro como de D-us. A matéria prima não é igual em todas as mônadas, e esta graduação de passividade dá lugar a uma espécie de lei de compensação: o grau de imperfeição de cada mônada existe em razão do grau de imperfeição das outras. Isto conduz à formação de agregados de mônadas, nos quais as mais imperfeitas se subordinam às menos imperfeitas, que é o centro do sistema e encontra no agregado subordinado dela o próprio limite. O agregado se chama "organismo vivente", resultante de uma mônada, central (alma) e do agregado das outras mônadas, que formam o corpo ou matéria segunda (*pluribus ex monadibus materia resultat secunda*). A mesma doutrina é considerada em função da mônada como centro de perfeição. Neste caso, a matéria prima está constituída pelo conjunto das percepções obscuras ou confusas, e a matéria segunda, pelo reagrupamento de tais percepções, que tem, por isso, uma percepção distinta.

Nesta teoria, qual é a realidade do mundo material? A matéria, para Leibniz, não é mais que *fenômeno*; o que verdadeiramente existe é imaterial (atualmente esta teoria é sustentada pela física quântica). Isto não significa que a matéria se confunda com os fantasmas dos sonhos, enquanto que os fenômenos, diferente dos fantasmas, estão bem fundados (*phaenomena bene fundata*). A matéria definitivamente é um conjunto de fenômenos logicamente ordenados.

Agora podemos precisar melhor a união da alma com o corpo. O corpo é um agregado que constitui a respeito da alma um conjunto das percepções confusas, sobre as quais dominam as percepções distintas. Não existem agregados definitivos, enquanto que as partes de todo agregado flutuam e, portanto, pouco a pouco a *mônada-alma* perde seu corpo, mas para adquirir outro. Quando a alma perde o organismo ao qual estava unida sucede a *morte*; quando adquire um novo organismo, ocorre o *nascimento*. Mas no sentido metafísico não há nascimento nem morte. Através das contínuas vicissitudes de nascimentos e morte, as mônadas estão tão destinadas a durar quanto o mundo. Não há *metempsicoses*, e sim *metamorfoses*, como desenvolvimento e processo de evolução. Dessa maneira, Leibniz acreditava haver conciliado o dualismo cartesiano de matéria e espírito sem comprometer, como fizeram os *ocasionalistas* e Spinoza, a realidade das substâncias finitas.

A Teoria do Conhecimento

Consideremos agora mais de perto o problema do conhecimento, que Leibniz expôs sistematicamente nos *Novos Ensaios* concomitantemente com o *Ensaio* de Locke.

O problema principal é o da origem das ideias. Nele, Leibniz toma posições entre o *"inatismo"* e o empirismo de Locke. Descartes sustentava que algumas ideias (a ideia de D-us, os princípios lógicos, os princípios morais, etc.) foram impressas em nós por D-us; Locke, em troca, sustentava que todas as nossas ideias derivavam da experiência externa (sensação) e da interna (reflexão). Também, para Leibniz, a verdade residia no meio entre os dois extremos. Locke, negando as ideias inatas, havia tido o mérito de despertar a vagação dos filósofos, cada vez que não encontram uma explicação, recorrem a um princípio inato; mas havia caído no erro de não se dar conta da distinção entre verdades de fato e verdades de razão. Sua teoria explica as primeiras, mas não as segundas, enquanto que a experiência só pode dar verdades contingentes e não verdades necessárias. Locke havia feito a Descartes uma objeção fundamental: admitidas as ideias inatas, assim como nem todos os homens (por exemplo: as crianças, os idiotas, alguns selvagens) têm conhecimento delas e, os que o tem, o adquirem depois da percepção de outras ideias, segue-se uma afirmação absurda: ter um pensamento no pensado. De outro lado, Descartes poderia fazer outra observação a Locke; se a alma é *tabula rasa*, em que se distingue do corpo e como pode ser capaz de experiência? A doutrina da mônada faz possível a Leibniz conciliando as duas teorias.

Nem Locke nem Descartes se aperceberam da distinção entre *percepção* e *apercepção* ou consciência distinta. Se a percepção fosse sempre *apercepção*, Locke teria razão ao objetar-lhe a Descartes que o inatismo é absurdo e é refutado pela experiência, o mesmo que Descartes teria razão ao sustentar que o homem desde seu nascimento tem a *apercepção* de certas ideias. Leibniz, em troca, observa que admitir ideias inatas não significa que se encontre em nós um estado de atualidade (*apercepção*) de modo que se possa ler como o édito do pretor em sua tábua; significa que estão em nós um estado de *virtualidade* potencial, e é com árdua reflexão que a alma adquire consciência dela. Transcrevemos a claríssima exemplificação que Leibniz faz de sua teoria no *Prefácio* aos *Novos Ensaios*:

> *"Me tenho servido da semelhança de um bloco de mármore que tem estrias, mas se bem que um bloco de mármore informe ou de tábuas enceradas, ou, em outras palavras, dos quais os filósofos chamam de tabula rasa. Já que se a alma se assemelhasse a essas tablitas vazias, a verdade estaria em nós como a figura de Hercules está num pedaço de mármore, quando o mármore é completamente indiferente a receber esta ou outra obra. Mas se no bloco houvesse estrias que assinalasse a figura de Hércules com preferência a outras, este bloco lhe estaria já disposto, e Hercules lhe seria de algum modo como inato, ainda que fosse sempre necessário o trabalho para descobrir estas estrias e poli-las, dando-lhe o que impede sua aparição. Do mesmo modo as ideias e a verdade nos são inatas como indicações, disposições, hábitos, ou virtualidades naturais, e não como ações, enquanto que estas virtualidades vão sempre acompanhadas de algumas ações correspondentes e com frequência insensíveis"*
>
> LEIBNIZ, Gottfried Wilhelm. *Novos Ensaios Sobre o Entendimento Humano*, Nova Cultural, 2004, Brasil.

Nossa alma está, assim, pré-formada, quer dizer, contém virtualmente as verdades necessárias, que com sua atividade descobre fazendo-as claras e distintas. Assim se salvam os direitos da experiência, válida para as verdades contingentes, sem negar aquela da razão, que atende às verdades necessárias.

Essa solução do problema da origem das ideias está em harmonia com a doutrina *leibniziana* das mônadas. A *mônada-alma* carece de entradas, sendo, pois inata, não podendo a experiência, por conseguinte, proporcionar-lhe as ideias. Além do mais, cada mônada é distinta das outras (e não só numericamente) e, consequentemente, cada alma tem um conteúdo intrínseco a ela que lhe distingue das outras. Disto segue que cada mônada tem uma essência própria resultante de um conjunto de *virtualidades*, da qual adquire consciência mediante a *apercepção*.

Lançado o problema da origem das ideias, passamos a indicar quais são para Leibniz os princípios fundamentais do conhecimento. São dois: o *princípio de contradição* (é falso aquilo que implica contradição; é necessária a proposição $2 + 2 = 4$, porque o contrário é falso enquanto implica contradição); e o *princípio de razão suficiente* (a fim de que uma coisa seja, é necessário que se dê uma razão para que seja assim e não de outro modo). Aos dois princípios correspondem duas ordens de verdade: ao primeiro, as *verdades de razão*; ao segundo, as *verdades de fato*. As primeiras são necessárias, quer dizer, têm razão em si mesmas, que podem ser encontradas mediante a análise e por meio da qual se chega às verdades primitivas. Demonstrar é analisar, quer dizer, fazer explícito o predicado implícito na essência do sujeito. As segundas, em troca, são contingentes. Por mais que um fato se analise, não é possível encontrar a razão de sua existência na essência. Meu ato de escrever neste momento é um fato que existe, mas que poderia também não existir (fato contingente), e sua razão não está contido em minha essência. Sua razão é uma infinidade de outros atos passados e presentes, que constituem a razão suficiente de meu ato de escrever, mas que para mim sempre fica obscura e indemonstrável, enquanto que só é clara para D-us. As verdades de fato não são, pois, reduzidas a verdades necessárias e são atestadas pela experiência, enquanto que as verdades de razão, necessárias, não dependem da experiência e são inatas no sentido mais acima esclarecido e demonstrado.

  Todas as doutrinas expostas se entrelaçam na ideia de D-us, na qual encontra especialmente seu fundamento a harmonia preestabelecida. A respeito das provas da existência de D-us, Leibniz renova as tradicionais: *a priori*, ou deduzidas da essência de D-us: *a posteriori*, ou induzidas das coisas distintas de D-us. A prova *a priori* é o argumento ontológico de Santo Anselmo e de Descartes. Leibniz o aperfeiçoa num certo sentido. O conceito de D-us não implica contradição, e assim D-us é *possível* como Ser perfeitíssimo; mas para o Ser perfeitíssimo a tendência da existência se traduz imediatamente em ato. Por isso, só é possível que D-us exista; n'Ele, possibilidade de existir e existência real se identificam. Leibniz tira as provas *a posteriori* da harmonia preestabelecida (para que haja acordo entre as mônadas é necessário que D-us exista como Autor delas); e das coisas contingentes: tudo o que existe deve ter uma razão suficiente de sua existência, e D-us é precisamente a razão suficiente de todo o Universo. Em sua essência, D-us é *uno*, e absolutamente *perfeito*; é a Mônada Suma, o Ato puro.

Necessidade e Liberdade, o Problema do Mal

Todas as demais mônadas são criadas por D-us, são contínuas fulgurações da divindade e, portanto, a criação é uma ação contínua de D-us.

Quais são as relações entre D-us e o criado? A criação é necessária? Para Spinoza, não há criação e sim derivação *necessária* do mundo a partir de D-us, e em D-us não se dá escolha alguma. Para Leibniz, por seu lado, nem tudo é geometricamente necessário na criação (por exemplo: eu escrevo do escritório, não é necessário, porque eu poderia escrever em qualquer outro lugar sem que isto implique contradição). Para os Cartesianos, D-us é de tudo indiferente e cria as coisas com um decreto *arbitrário*. Leibniz rechaça uma e outra doutrina, assinalando seu erro comum; não conceber mais necessidade que a *geométrica*. A esta e a da indiferença dos Cartesianos, substituem-nas pela *necessidade moral*, que consiste na escolha do melhor que inclina sem fatigar. Aqui é de grande importância a aplicação que Leibniz faz do *"princípio de razão suficiente"*. As essências de todas as coisas existem em D-us *ab aeterno* como essências, quer dizer, como possibilidades. Entre tantos mundos possíveis, D-us dá existência a um só e a escolha se realiza sobre a base do *"critério do melhor"*, que é a razão suficiente do existir de nosso mundo. Nisto consiste a necessidade moral: D-us não podia deixar de escolher o *melhor* dos mundos possíveis e não dar-lhe existência. Também eram possíveis os outros mundos, mas não eram "convenientes". A existência de nosso mundo, portanto, é necessária moralmente, mas é logicamente contingente, sem que, sem dúvida, seja arbitrária, porque o arbitrário e o irracional são indignos de D-us. Somente a criação das essências ou possíveis é necessária com uma necessidade geométrica absoluta.

O mesmo critério do melhor, que vale para a criação, preside também o desenvolvimento do mundo.

A concepção de Leibniz é, pois, otimista. Como se explica então a existência do mal no mundo? Leibniz trata desse problema na *Teodicea*, quer dizer, na *"Justificativa de D-us"*. Distingue três formas do mal: *metafísico* (imperfeição em geral), *físico* (a dor) e *moral* (o pecado). O primeiro se acha implícito no conceito mesmo de finito: o mundo como finito devia ser imperfeito e não podia não ser finito, porque de outro modo se fizera identificado com D-us e não teria existido jamais. O mal físico é também inevitável e, de outra parte, D-us não tendido somente a felicidade das criaturas inteligentes, e sim a perfeição do conjunto. E isto ainda sem dizer que na vida futura a dor se tornará um bem para as criaturas virtuosas. Por último, do mal moral ou pecado não se pode acusar a D-us. Dele só se é responsável o homem que o realiza, porque não sabe fazer bom uso da liberdade de sua vontade, que por si mesmo é um bem.

Conclusão

> *"O argumento de Górgias é o seguinte: Tal como as coisas vistas são ditas visíveis, porque são vistas; e as coisas audíveis, audíveis, porque são ouvidas; e que não rejeitamos as coisas visíveis porque não as ouvimos, nem eliminamos as coisas audíveis porque não as vemos (cada categoria, com efeito, deve ser julgada pelo sentido que lhe é específico, e não por um outro); assim, as coisas pensadas, mesmo se não são vistas pela visão nem ouvidas pela audição, também serão, pelo único fato de serem apreendidas a partir do critério que lhes é próprio. Se, com efeito, alguém pensa que carruagens correm sobre o mar, mesmo se não as vê, é, mesmo assim, levado a crer que carruagens correm sobre o mar. Ora, isto é absurdo. O ente não é, portanto, pensado ou apreendido."*
>
> Platão, *Gorgias*, pg 206, Instituto de Estudios Politicos – Buenos Ayres – 1951.

O verdadeiro cientista é aquele que se torna consciente da existência objetiva da dimensão integral da realidade e compreendeu que o crescimento real constitui o propósito básico da existência; e diante do "desafio" de descobrir as verdades da vida, com sinceridade e seriedade, colocou-se abertamente ao seu progresso espiritual conhecendo-se e projetando-se além dos seus limites visíveis.

Prometeu disse a Héracles:

> "*Seu esforço é muito desprezível enquanto se ocupa com as coisas do mundo, deixando de lado a consideração do que é maior que elas. Na verdade, nunca será um homem completo até que aprenda aquelas coisas que são mais elevadas que as humanas. Mas, se você aprender essas coisas, então aprenderá as coisas humanas também. Contudo, se você aprender apenas o que é daqui, vai vagar como as bestas. Aquele cuja diligência está voltada para as coisas do mundo e que encerrou a razão e a prudência do espírito no que é fraco e tacanho, não é um homem sábio, mas é como um animal que se compraz num monte de esterco. Sublimes, na verdade, são todas as coisas celestes, e ocorre que, sobre elas, temos um juízo divino.*"

GIANNANTONI, Giannantoni Gabriele. *Diogenes' interpretation of Prometheus and Oedipus*, Londres, 1990.

De fato, se os entes são visíveis, audíveis e, de maneira geral, sensíveis, eles que, precisamente, subsistem do lado de fora, mas que, dentre estes, os visíveis sejam apreendidos pela visão, os audíveis pela audição, e não contrariamente, então como podem ser revelados a outrem? Pois o meio através do qual revelamos é o discurso, mas discursos não são as coisas que subsistem e que são. Então, não são os entes que revelamos ao próximo, mas o discurso, que difere das substâncias. Se nosso intelecto aceita um conceito como sendo uma verdade, então nossas emoções começam a se organizar ao redor desta ideia, focalizando-a e tornando-se afáveis ao conceito e geometrizando-o argumentativamente de acordo com o passar do tempo. Quando isto acontece, o conceito deixa de ser uma mera quimera (hipótese ou suposição intelectual) e torna-se parte do modo como vivemos e do modo que esperamos que as coisas se apresentam para nós.

Max Karl Ernst Ludwig Planck (Kiel, 23 de Abril de 1858 — Göttingen, 4 de Outubro de 1947) foi um físico alemão, considerado o pai da física quântica e um dos físicos mais importantes do século XX. Planck foi agraciado com o Nobel de Física em 1918, afirmava como físico e como homem que dedicou toda sua vida à ciência exata e à investigação da matéria, que estava certamente livre da suspeita de ser considerado um entusiasta sobre as pesquisas do átomo e que para ele, na verdade, não existia matéria. Toda matéria é originada e composta de uma única força, que movimenta as partículas do átomo, e as conserva como o menor sistema solar do átomo. E que desta forma teríamos que aceitar um Espírito consciente e inteligente atrás dessa força. Esse espírito é a origem de toda matéria. A matéria visível e perecível não seria real, mas sim o espírito universal e imortal que é a única verdade. E concluía que não se sentia envergonhado em denominar este Criador misterioso do mesmo modo, como foi em todos os antigos povos civilizados da terra das eras passadas: D-US. A física quântica pode constituir uma ponte entre a ciência e o mundo espiritual, pois, segundo ela, pode-se "reduzir" a matéria, de forma subjetiva e no domínio do abstrato, até a consciência - causa da "intelectualidade" da matéria. A consciência transforma as possibilidades da matéria em realidade, transformando as possibilidades quânticas em fatos reais. Essa consciência deve apresentar uma unidade e transcender o tempo, espaço e matéria. Não é algo material, na realidade, é a base de todos os seres. [63]

O homem é parte inalienável de um corpo, como células inconscientes com capacidade para conscientizar desse fenômeno (D-us) e se tornar consciente de sua verdadeira natureza; basta dar-lhe tempo para que o fermento na reminiscência da memória deste possa perceber a sua intrigante consistência divina. O ser humano é o resultado da ação dessa Força e nós devemos nossa existência a ela. Ela nos criou. Nós possuímos o intelecto e o livre arbítrio. Portanto, essa Força, a causa da nossa existência, necessariamente deve ter tais qualidades, como consciência, inteligência e arbítrio num grau muito superior ao nosso. Acreditar em algo contrário seria não científico.

Para concluir, podemos dizer que Leibniz representa um momento a mais do grande desenvolvimento da filosofia racionalista. Sua interpretação da substância e da mônada, do mesmo modo que sua descoberta da harmonia universal e preestabelecida, longe de desconsiderar a moralidade e a liberdade humanas, encara-as sob uma nova ótica. Afinal, Leibniz será sempre o ponto epigonal de um modo de se fazer filosofia que, mesmo centrado sobre o ranço de um certo conservadorismo religioso, tem por tarefa assegurar-nos que a filosofia tem algo a dizer aos pósteros, exatamente na medida em que interpreta o sentido da ação humana na terra. Não importa se ela esteja enredada numa forma de explicação que abraça filosofia e fé cristã. Leibniz, apesar de todos seus esforços, não logra vencer o que se chama o "fatalismo geométrico" de Spinoza e que constitui o problema central de sua especulação. Uma vez ad-

---

[63] Cabe lembrar que os físicos, a partir das pesquisas do norte-americano Murray Gel Mann nos aceleradores de partícula, já admitem a existência de um domínio externo ao mundo cósmico dito material onde provavelmente existam agentes ativos também chamados *frameworkers*, capazes de atuar sobre a energia do Universo, modulando-a e dando-lhe formas de partícula atômica, ou seja por outras palavras - o espírito, chamado também "Agente Estruturador"por vários físicos teóricos.
Outra teoria quântica, que vem de encontro a existência de uma "partícula divina consciencial" no final da escala das partículas subatômicas, é a teoria das supercordas. Essa teoria foi melhorada e é defendida por um dos físicos teóricos mais respeitados da atualidade Edward Witten, professor do *Institute for Advanced Study* em Princeton, EUA. De maneira bastante simples e resumida, a teoria das supercordas postula que os quarks, mais ínfima partícula subatômica conhecida até o momento, estariam ligados entre si por "supercordas" que, de acordo com sua vibração, dariam a "tonalidade" específica ao núcleo atômico a que pertencem, dando assim as qualidades físico-químicas da partícula em questão.

mitido que os atos da alma estejam ligados causalmente de modo que cada um deles é necessariamente a determinação dos precedentes, já não se pode falar de liberdade. Leibniz pode justificar a espontaneidade, não a liberdade. Sem dúvida, a especulação de Leibniz permanece como uma das instituições especulativas mais grandiosas e sugestivas. O conceito de substância como força e o sistema das mônadas como substâncias ativas; o princípio do conhecimento como enriquecimento interior, devido a aspiração incessante da percepção suprema compreensiva de tudo; a concepção da identidade da mônada consigo mesma e a redução da matéria a fenômeno que determina o ponto de vista do espírito, ponto de vista que toca até o infinito; a grandiosa visão de mônadas infinitas em infinita atividade, que se resolve em infinita busca interior da verdade, são intuições que assinalam uma das etapas fundamentais, não só do desenvolvimento histórico do espiritualismo de Platão adiante, e sim do pensamento humano em geral, e recorrem e informam, ademais da filosofia de Kant, e grande parte da filosofia pós-kantiana até nossos dias.

Bibliografia

ABRINES, Frau Lorenzo. *Diccionario Enciclopédico sobre la Masonería*. La Academia, Habana/Barcelona, 1891.

AMBELAIN, Robert. *Cérémonies et Rituels de la Maçonnerie Symbolique*. Éditions Niclaus N. Bussière, Succ, Paris, 1966.

_____. *Scala Philosophorum ou la Symbolique des Outils dans L´Art Royal*. Éditions Niclaus N. Bussière, Succ., Paris, 1965.

AMORC. *Gottfried W. Von Leibniz*. Volume 8. Brasil, 1985.

ASMOLE, Elias. *The Institutions Laws And Ceremonies of The Most Noble Order of The Garder*. Genealogical Publishing Company, Frederick Muller Reprint, United Kingdom, 1971.

BAYARD, Jean-Pierre. *Le Symbolisme Maçonnique Traditionnel*. Symboles, Edimaf, France, 1991.

BENSION, rav Ariel. *O Zohar - O Livro do Esplendor*. Polar Editorial & Comercial, SP, Brasil, 2006.

BLANCHARD, John. Scotch Rite - Masonry Illustrated - *The Complete Ritual of The Ancient And Accept Scottish Rite*. Charles T. Powner Co., Washington DC, 1964.

BOIRAC Émile. *Oeuvres philosophiques de Leibniz*. Editores Janet, Paul, Paris, 1866.

BOULANGER, Nicolas Antoine & HOLBACH, Paul-Henri Thiry. *L'Antiquité Dévoilée Par Ses Usages*. Amsterdam, Michel Rey, 1772.

BUBER, Martin. *Eu e Tu*. Centauro, SP, 2001.

CASSARD, André. *Manual de Masonería*. Macoy y Sickles., New York., 1861.

CASSIRER, Ernst. *El sistema de Leibniz, en su fundamento científico*. Marburgo - 1908.

CHANGEUX, Jean-Pierre e CONNES, Alain. *Matéria e Pensamento*. Ed. Unesp, SP, Brasil, 1995.

CHURCHLAND, Paul M. *Matéria e Consciência*. Editora Unesp, Brasil, 1988.

CONSTANT, René. *Les Hauts Grades du Rite Écossais et la Régularité Maçonnique*. Editions de l' Universite De Bruxelles, 2002.

CORDOVERO, Moïse. *La Douce Lumière*. Verdier, France, 1997.

531

CROWLEY, Aleister. *Liber Al Vel Legis*. Routledge & Kegan Paul Ltd, Londres, 1976.

CYLIANI. *Hermès Dévoilé*. Chacornac & Cie, Paris, 1961.

D'OLIVET, Fabre. *La Lengua Hebraica Restituída*. Editorial Humanitas, Barcelona, 2007.

DESCHAMPS, N. *Sociétés (Les) Secrètes et la Société ou philosophie de l'histoire contemporaine*. Oudin Frères, Paris, 1882-1883.

DUPUIS, Charles. *Abrégé de l'Origine de Tous les Cultes*. Librairie de la Bibliothèque Nationale, Paris, 1836.

FESTUGIERE André-Jean. *La révélation d'Hermès Trismégiste. Vol. II: Le Dieu cosmique*. Ed. Lecoffre, Paris, 1949.

FIGUIER, Louis. *Histoire du Merveilleux dans les temps modernes*. Hachette, Paris, 1860.

FLUDD, Robert. *Etude du Macrocosme. Traité d'Astrologie Générale*. H. Daragon, Paris, 1907.

FORESTIER, René Le. *La Franc-Maçonnerie Occultiste Au XVIII° Siècles & L'Ordre Des Élus Coens*. La Table D'Émeraude, Paris, 1987.

_____. *La Franc-Maçonnerie Templière Et Occultiste Au XVIII° ET XIX° Siècle*. La Table D'Émeraude, Paris, 1987.

FRANCK, Adolphe. *Dictionnaire des Sciences Philosophiques*. Librairie Hachette et Cie., Paris, 1885.

GABIROL, Selemo IBN. *Poesia Secular*. Ediciones Clasicos Alfaguara, Madrid, 1968.

GIANNANTONI, Giannantoni Gabriele. *Diogenes' interpretation of Prometheus and Oedipus*. Londres, 1990.

GOSWAMI, Dr. Amit. *A Física da Alma*. Ed. Aleph, São Paulo, 2005.

_____. *A Janela Visionária*. Ed. Cultrix, São Paulo, 2000.

GUÉRILLOT, Claude. *La Rose Maçonnique - Tome I e II*. Guy Trédaniel Éditeur, Paris, 1995.

HALL Manly P. *The Secret Teachings of All Ages*. Philosophical Research Society, Los Angeles, CA, 1975.

HAMEROFF, Stuart. *Toward a Science of Consciousness Debates*. Massachusetts, U.S.A., 1998.

HAZIEL. *Le Grand Livre de Cabale Magique*. Éditions EB Bussière, Paris, 1989.

HEIDEGGER, Martin. *A determinação do ser do ente segundo Leibniz.* Abril Cultural, São Paulo, 1979.

JOLY, Alice. *Un Mystique Lyonnais Et Les Secrets de La Franc-Maçonnerie Jean-Baptiste Willermoz.* Demeter, Paris, 1986.

JUSTE, Michael. *The Occult Observer.* Atlantis Bookshop (Michael Houghton), London, 1950.

KAPLAN, Aryeh. *Sefer Yetzirah*; *The Book of Creation.* Samuel Weiser, York Beach, ME:, 1993.

KARPPE, S. *Etude sur les origines et la nature du Zohar.* Editions Slatkine, Genéve, Honore, 1982.

KAYDEDA, José María. *Los Apocrifos, Jeshua y Otros Libros Prohibidos.* Rea, Málaga, 1987.

LASSAY, Louis Charbonneau. *L'Esotérisme De Quelques Symboles Géométriques Chrétiens.* Éditions Traditionneles, Paris, 1988.

LEIBNIZ, Gottfried Wilhelm. *Novos Ensaios Sobre o Entendimento Humano.* Nova Cultural, Brasil, 2004.

_____. *Pensées de Leibniz sur la religion et la morale.* Paris, 1898.

LEVINAS, E. *Totalidade e infinito.* Trad. José Pinto Ribeiro. Lisboa, Edições 70, 1988.

LIGOU, Daniel. *Dictionnaire Universel de la Maçonnerie.* Editions de Navarre-Editions du Prisme, Paris, 1974.

_____. *Histoire et Devenir de la Franc-Maçonnerie.* Bosc, Lyon, 1930.

LUQUET, G.H. *La Franc-Maçonnerie Et L´´Etat En France Au XVIII° Siècle.* Vitiano, Paris, 1963.

MARIEL, Pierre. *Les Authentiques Fils de la Lumière.* Le Courrier Du Livre, Paris, 1973.

_____. *Rituels et Initiations des Sociétés Secrètes.* Editions Mame, 1974.

MONTAIGNE, Aubier. *Lulle.* Bibliothèque Philosophique, Paris, 1967.

MOPSIK, Charles. *Les Grands Textes de la Cabale.* Verdier, Paris, 1993.

MYER, Isaac. Solomon Ben Yehudah Ibn Gebirol. *Qabbalah – The Philosophical Writings.* Ktav Publishing House, Inc. New York, 1888.

NAUDON, Paul. *Histoire et Rituels des Halts Grades Maçonniques - Le Rite Ecossais Ancien et Accepté.* Dervy Editions, Paris, 1966.

NEFONTAINE, Luc. *Symboles Et Symbolisme Dans La Franc-Maçonnerie.* Editions de l'Université de Bruxelles, 1997.

OTTO, Rudolf. *O Sagrado.* Ed. Vozes, Petrópolis - Rio de Janeiro, Brasil, 2011.

PESSOA, Fernando. *Poesias Ocultistas.* Aquariana, Brasil 1995.

PIKE, Albert. *Moral and Dogma of the Ancient and Accepted Scottish Rite of Freemasonry.* L.H. Jenkins, Richmond, Virginia, 1919.

PLATÃO. *Gorgias.* Instituto de Estudios Políticos, Buenos Ayres, 1951.

POPPER, Kal. *Le réalisme et la science.* Hermann, 1990.

POZARNIK, Alain. *Mystères et Actions du Rituel D'ouverture en Loge Maçonnique.* Dervy, Paris, 1995.

REYLOR, Jean, *A la Suíte de René Guénon... Sur la Route des Maîtres Maçons.* Editions Traditionnelle, Paris, 1960.

ROMAN, Denys. *René Guénon et les Destins de la Franc-Maçonnerie.* Les Editions de L'Oeuvre, Paris, 1982.

SAINT-EXUPÉRY, Antoine. *O Pequeno Príncipe.* Editora Agir, São Paulo, 1974.

SAINT-GALL, Michel. *Dictionnaire du Rite Ècossais Ancien et Accepté.* Éditions Télètes, Paris, 1998.

SAINT-MARTIN, Louis-Claude de. *Controverse Avec Garat.* Paris, Fayard, 1990.

_____. *Lettres Aux Du Bourg.* Robert Amadou, L'initiation à Paris, 1977.

_____. *Mon livre vert,* Cariscript, Paris, 1991.

SARTRE, Jean-Paul. *O existencialismo é um humanismo.* Vozes de Bolso, São Paulo, 1996.

SCHIKANEDER, Emmanuel. *Wolfgang Amadeus Mozart -La Flauta Mágica.* Daimon, México D.F., 1986.

SCHOPENHAUER. *Mémoires sur les Sciences Occultes.* Paul Leymarie, Paris, 1912.

SECRET, François. *Hermétisme et Kabbale.* Bibliopolis, Napoli, 1992.

SÉROUYA, Henri. *Les Philosophies de L'Existence.* Librairie Fischbacher, Paris, 1957.

SIMON, T. *[Albert de Pouvourville] T. Théophane [Léon Champrenaud] Les Enseignements Secrets de la Gnose.* Archè Milano, 1999.

STABLES, Pierre. *Tradition Initiatique Franc-Maçonnerie Chrétienne.* Guy Trédaniel Éditeur, Paris,1998.

STEVENSON, David. *Les Origines de la Franc-Maçonnerie - Le Siècle Écossais* 1590-1710. Éditions Télètes, Paris, 1993.

URBANO Jr, Helvécio de Resende. *Absinto, o Inebriante Templo Maçônico*. Edições Tiphereth777, Juiz de Fora, 2007.

_____. *Kabbala; Magia, Religião & Ciência*. Edições Tiphereth777, MG, Brasil, 2006.

_____. *Manual Mágico de Kabbala Prática*. Edições Tiphereth777, MG, Brasil, 2005.

_____. *Maçonaria, Simbologia e Kabbala*. Editora MADRAS, SP, Brasil, 2010.

_____. *Secretum*. Editora ISIS, SP, 2014.

_____. *Templo Maçônico*. Editora MADRAS, SP, Brasil, 2011.

VEJA, Amador. *Ramon Llull y el Secreto de la Vida*. Ediciones Siruela, S.A., Madrid, 2002.

VIVEKANANDA, Swami. *Entretiens Et Causeries*. Albin Michel, Paris, 1955.

VOLTARE. *Dicionario Filosófico*. Atena Editor, Portugal, 1945.

VULLIAUD, Paul. *Joseph de Maistre - Franc-Maçon - Suivi de Pièces Inédites*. Archè, Milano, 1990.

WAITE, A.E. *Emblematic Freemasonry*. London, 1925.

_____. *The Brotherhood of The Rosy Cross*, London MCMXXIV.

WARRAIN, Francis. *L´Ceuvre Philosophique de Hoené Wronski*. Les Éditions Véga, Paris, 1936.

WIRTH, Oswald. *El Simbolismo Hermetico*. Editorial Saros, Buenos Aires, Argentina, 1960.

ZAMRA, David ben Shlomo. *Magen David*. Amsterdam, 1713.

ZOHAR, Danah e MARSHALL, Ian. *Inteligência Espiritual*. Ed. Record, São Paulo, 2000.

_____.*O Ser Quântico*. Editora Best Seller, São Paulo, 1990.

NOTAS SOBRE O AUTOR

O valor do conhecimento é colocado à prova por seu poder de purificar e enobrecer a vida do estudante ansioso de adquirir o conhecimento e, depois, empregá-lo na evolução de seu caráter e no auxílio à humanidade.

Helvécio de Resende Urbano Júnior, conhecido entre os Iniciados de diversas Ordens pelo nome iniciático de Ali A'l Khan S ∴ I ∴, nasceu em Entre Rios de Minas, Minas Gerais, em 1956. Muito cedo se voltou para as arguições filosóficas do por que da vida, como uma necessidade pungente que assolava sua alma ansiosa para descobrir a razão lógica de sua existência e a de seus semelhantes.

Quando percebeu que a necessidade de se ajustar às regras superiores da Vida era o único caminho para conquistar a clara Luz da Inteligência Iluminada, que lhe permitiria obter as respostas que tanto buscava para justificar sua jornada humana fez-se, então, Iniciado em várias Ordens identificadas com os Mistérios Antigos, tais como a Maçonaria, o Martinismo, o Rosacrucianismo, o Druidismo e a O.T.O, sempre conquistando patentes em seus graus mais elevados nessas agremiações espiritualistas e recebendo, como recompensa, a conquista da chave do conhecimento secreto que lhe abriu as portas dos Reinos Internos, onde repousa a Verdade Final. Toda a sua trajetória nos últimos quarenta anos foi dedicada a esse afã, tendo, através da Kabbala, sempre buscado com muita sinceridade a visão de seu *Sagrado Anjo Guardião*.

Como *buscador*, teve a oportunidade de conhecer verdadeiros mestres, que o ajudaram a balizar sua caminhada na senda da *Luz Maior*, brindando-o com *efetivas* palestras iniciáticas, cujo objetivo maior esteve assentado em orientá-lo em como conquistar a ciência necessária para conquistar as ferramentas imprescindíveis na lapidação da pedra bruta transformando-a em pedra polida. Dentre estes, podemos citar os saudosos Irmãos: Paulo Carlos de Paula, M∴M∴18°; *Miguel*, da *FRA* da cidade de Santos Dumont, MG; Euclydes Lacerda de Almeida, M∴M∴18°, *Frater Aster /T.* 2° = 9 □ A∴A∴, que foi uma das maiores, senão a maior autoridade Thelêmica do Brasil; Lachesis Lustosa de Mello, *Druida Derulug,* divulgador do druidismo no Brasil.

Helvécio demonstra, nesta obra, que a cada instante na existência do ser humano existe uma aposta descarnada de tudo ou nada, mediante aquilo que é possível, dentro das limitações do homem, onde julga e escolhe diante das opções plenas de recursos. O desafio do desamparo, cujo pragmatismo é *pessoal, intransferível e solitário*, como ato finito, porém, ao mesmo tempo, livre de desespero, em apelação da possibilidade infinita, para realizar sua concretização como *homem de desejo* e, em corolário, sua reintegração. Nesse farto material coletado nos vários redutos espiritualistas, através de boas reflexões e provocações, buscou sinceramente as respostas, que arguiam constantemente seu intelecto aprendendo e ensinando, plantando e colhendo, servindo e sendo servido na selva da experiência humana.

Com o presente livro, o autor pretende preencher uma lacuna importante na literatura maçônica espiritualista e gnóstica no nosso País. Teve o cuidado e o zelo de dar informações que certamente ultrapassarão tudo que foi escrito, muitas vezes, de forma nem sempre consentânea à verdade iniciática. Podemos afirmar ainda que esta obra estabelece um roteiro seguro e técnico, para o estudante sério, pois ela está favorecida com a experiência e vivência maçônica do próprio autor.

Sabemos que o homem tem necessidade de crer naquilo que não vê, mas, acima de tudo, a busca do desconhecido é para ele o princípio mesmo de toda a atividade do espírito, o que lhe dá sua razão de ser. Com este livro, a literatura ocultista brasileira é enriquecida com informações antes não reveladas e que permitem ao estudante empreender sua libertação da crença e o coloca na posição de ver além das aparências. Que esta obra obtenha o sucesso para o bem daqueles que a compulsarem com seriedade e dedicação.

 Panyatara. 27/01/2015.

Jayr Rosa de Miranda, da FRA do Rio de Janeiro, escritor, astrólogo e eminente espiritualista a serviço da Causa Maior.